학문을 키워주는 미래로의 산책

온고지신
인문학

에게 드립니다

온고지신(溫故知新)

'온고(溫故)'는 옛것을 익힌다는 뜻이고, '지신(知新)'은 새것을 안다는 뜻으로 새로운 것을 알기 위해서 옛것을 익히고 배워야 한다.

온고지신 인문학 9

편저:박일봉

일봉 고사성어

육문사
Yukmoonsa

온고지신 인문학 **9**

일봉 고사성어

초판 1쇄 | 2019년 5월 15일 발행

편저자 | 박일봉
편집교정 | 이정민
디자인 | 인지숙
펴낸이 | 이경자
펴낸곳 | 육문사

주소 | 경기도 고양시 일산동구 산두로 128. 909동 202호
전화 | 031-902-9948
팩시밀리 | 031-903-4315
출판등록 | 제313-2011-2호 (1974. 5. 29)

ISBN 978-89-8203-030-7 04140
      978-89-8203-100-7 (세트)

이 도서의 국립중앙도서관 출판예정도서목록(CIP)은 서지정보유통지원시스템
홈페이지(http://seoji.nl.go.kr)와 국가자료종합목록시스템(http://www.nl.go.kr/kolisnet)에서
이용하실 수 있습니다. (CIP제어번호 : CIP2019011815)

故事成語

고사성어를 시작하며……

중국의 사서오경(四書五經)과 제자백과서(諸子·百家書) 및 여러 책들에는 고사성어(故事成語)가 많다. 중국은 유구한 역사를 지닌 나라다. 중국의 역사는 전설시대라고 일러지는 삼황(三皇)과 오제(五帝) 시대에 시작되어, 하(夏)·은(殷)·주(周) 삼대를 지나, 춘추시대와 전국시대 그리고 진(秦)·한(漢)·삼국시대(三國時代)와 진(晉)·남북조시대(南北朝時代)를 거쳐 당(唐)·송(宋)에 이르기까지, 수천 년 동안 수많은 왕조가 일어났다가 사라져 갔다.

우리 민족은 예로부터 중국의 고사성어를 많이 사용해 왔다. 원래는 중국의 고사성어들이지만 거의 대부분 우리나라의 국어사전이나 한한사전(漢韓辭典)에도 실려 있다. 즉 우리 민족의 고사성어라고도 할 수 있는 것이다. 고사성어란 고사에서 유래된 한자(漢字) 관용어를 말한다. '고사'란 유래가 있는 역사적인 일을 가리키고, '성어'는 옛사람들이 만들어낸 관용어를 가리킨다. 고사성어는 여러 책들에서 유래된 교훈이나 경구를 함축된 글자로 표현하여, 사람의 심리와 감정을 비유적인 내용을 담아 묘사하였다. 4글자로 된 것이 많기 때문에 사자성어(四字成語)라고 부르기도 한다.

오늘날 인생을 살아가는 데 이와 같은 고사성어를 많이 알아 두는 것이 필요하며, 이러한 고사성어를 그 원전까지 거슬러 올라감으로써 의미를 올바로 이해하기를 바라는 것이, 이 책을 엮게 된 첫째 의도이다. 고사성어는 원래 한문으로 되어 있을 뿐 아니라, 그 지니고 있는 뜻이 또한 심오하여, 서양의 고전들처럼 우리말로 번역된 것만 읽고서는 그 속뜻까지 이해하기 어렵다. 현행 고등학교 한문 교과서에 고사성어를 실은 의의(意義)도 여기에 있다 하겠다. 그래서 고등학교 학생 정도의 한문 실력만 있으면 한자 공부에서 문장 해석과 문법에 이르기까지, 고사성어를 원문으로 읽을 수 있도록 자세히 설명했다.

예를 들어 〈국어사전〉에서 일거양득(一擧兩得)을 찾아보면 다음과 같이 나온다.

일거양득(一擧兩得):한 가지 일을 하여 두 가지 이익을 거둠. 일석이조(一石二鳥)와 같음.

또 〈한한사전(漢韓辭典)〉에서 찾아보면,

一擧兩得(일거양득):한 가지 일로 두 가지 이익을 봄.

또 〈국어사전〉에서 천재일우(千載一遇)를 찾아보면,

천재일우(千載一遇):좀처럼 만나기 어려운 기회.

또 〈한한사전(漢韓辭典)〉에서 찾아보면,

千載一遇(천재일우):천년에 한 번 만남. 좀처럼 만나기 어려운 기회.

라고 실려 있다.

이상의 두 가지 설명은 얼핏 보기에는 큰 차이가 없는 것처럼 보이지만, 사실은 큰 차이가 있는 것이다. 그래서 설명을 길게 인용하였으며 그때그때 원문을 실어 놓았다. 독자들은 이 책으로 선현들의 통찰과 지혜가 담긴 고사성어(故事成語)의 뜻을 완전히 이해하고, 그 고사성어의 역사적 배경을 분명히 이해하기 바란다. 유구한 세월을 지나 오늘날까지 전해지는 수천 년의 지혜가 담긴 중국 고전에 나오는 고사성어의 역사적 배경과 원전(原典)의 충실한 해석으로, 인생의 많은 지혜를 배우도록 힘을 기울여 주기 바랄 뿐이다.

편저자 朴一峰

차 례 / 고사성어(故事成語)

가

佳人薄命

가 인 박 명

미인은 대체로 불행하거나 명이 짧다는 뜻으로, 재주가 많고 출중한
사람의 운명이 평탄치 않을 때 쓰는 말이다.

아름다울 **가** 사람 **인** 엷을 **박** 목숨 **명**

소식(蘇軾, 1036~1101)은 북송(北宋) 후기의 대문장가이며 학자이다.
관계(官界)에 들어가서는 일생의 거의 전부를 정적(政敵)과 항쟁으로 보
내어 관리로서는 몹시 불행하였다. 이곳저곳의 지방 관리를 역임했으나
만년에는 특히 불운하여 해남도(海南島)에 귀양 가 지내다 겨우 사면을
받고 돌아오는 도중 강소성(江蘇省) 상주(常州)에서 병으로 죽으니 나이
66세였다.

극도의 역경 속에서 살았지만 그의 인품이나 문학은 자유활달하고 기
량이 풍부했다. 유학자이면서 때로는 노장적(老莊的)이기도 하고 불가적
(佛家的)이기도 하여 호장(豪壯)하고 때로는 섬세하며 고답적이면서도
아랫사람들의 인정을 잘 살피는, 모순을 안에 지닌 큰 영걸(英傑)이었다.

이 시는 〈전적벽부(前赤壁賦)〉를 지은 사람의 작품이라는 것을 생각하
면 더욱 흥미를 갖게 된다.

이 시는 1086~8년 사이에 지은 것이다. 〈가인박명(佳人薄命)〉은 어린
승려를 노래한 칠언율시(七言律詩)로 되어 있다.

雙頰凝酥髮抹漆 眼光入廉珠的皪

故將白練作仙衣 不許紅膏汗天質
吳音嬌軟帶兒癡 無限閒愁總未知
自古佳人多命薄 閉門春盡楊花落

두 볼은 엉긴 우유와 같고 머리는 옻칠을 한 것처럼 새까맣고,
눈빛이 발에 들어오니 주옥과 같이 빛난다.
본디 흰 비단으로 선녀의 옷을 지으며,
입술연지는 천연의 바탕을 더럽힌다 하여 바르지 않았네.
오나라 사투리의 애교 소리는 어린아이를 닮았는데,
무한한 그 사이의 근심 다 알 수 없네.
예로부터 아름다운 여인의 운명 박함이 많아,
문을 닫고 봄이 다하니 버들꽃 떨어지네.

苛政猛於虎
가 정 맹 어 호

가혹한 정치는 호랑이보다 더 사납다는 뜻으로, 가렴주구(세금을 가혹하게 거두어들임)의 폐해를 비유하는 말.

가혹할 **가** 정사 **정** 사나울 **맹** 어조사 **어** 범 **호**

이 이야기는 ≪예기≫ 단궁(檀弓) 하편(下篇)에 나오는 공자의 설화 한 토막이다.

공자가 제자들을 데리고 태산(泰山:산동성)의 길을 가고 있을 때의 일이다. 한 부인이 길가에 있는 무덤 앞에 앉아서 울고 있었는데 몹시 슬프게 들렸다. 그래서 공자는 수레의 앞채에 몸을 기대고 그 울음소리에 귀를 기울였다. 이윽고 제자인 자로(子路)에게 명하여 묻게 했다.

"부인의 우는 소리를 들으니 거듭하여 슬픈 지경을 당하신 것으로 생각되는데 도대체 무슨 일이 있었습니까?"

그러자 부인은 이렇게 대답했다.

"네, 말씀하신 그대로입니다. 옛날에 저의 시아버님 되시는 분이 호랑이에게 잡아먹혔는데 얼마 전에는 저의 남편이 호랑이에게 잡아먹혀서 죽었고 이번에는 자식이 또 호랑이에게 잡혀 죽었습니다."

공자가 이 말을 듣고 물었다.

"이렇게 무서운 곳이라면 왜 다른 곳으로 이사 가지 않는 거요?"

그러자 부인이 대답했다.

"이곳에서 살면 무거운 세금을 내지 않아도 되기 때문입니다."

이 말을 듣고 공자는 제자들에게 이렇게 가르쳐 일깨웠다.

"너희들도 가슴에 잘 새겨 두어라. 가혹한 정치가 사람을 잡아먹는 호랑이보다도 더욱 두렵다는 것을."

가혹한 정치, 그것은 일반 백성들에게는 무엇보다도 가렴주구(苛斂誅求:세금을 가혹하게 거두어들임)를 의미하는 것이다. 공자는 죄 없는 한 부인에게서 '가혹한 정치가 없기 때문'이라는 한마디 말을 듣고 세금을 무겁게 거두어들이는 정치의 두려움을 깊이 느꼈던 것이다.

또 당송팔대문장가(唐宋八大文章家)로 널리 알려져 있는 당나라의 유종원(柳宗元)은 이 이야기를 근거로 〈포사자설(捕蛇者說:뱀 잡는 사람의 이야기)〉을 써서, '아아, 세금을 많이 거두는 독이 이 뱀보다 심함을 누가 알랴(嗚呼 孰知賦斂之毒 有甚是蛇者乎)'라고 했다.

肝膽相照
간 담 상 조

간과 쓸개를 서로에게 내보인다는 뜻으로, 진심으로 마음을 터놓는
절친한 사이를 비유함.

간肝 쓸개膽 서로相 비출照

당(唐)나라 중기의 유종원(柳宗元, 773~819)은 당송팔대가(唐宋八大
家)의 한 사람으로, 그의 고문(古文)은 '한유(韓柳)'라고 불릴 만큼 한유
(韓愈)와 더불어 일컬어지고 있으며, 두 사람은 평생 좋은 친구였다.

유종원은 순종(順宗)이 태자 시절에 왕숙부(王叔父)들과 함께 환관의
횡포를 억제할 수 있도록 혁신 관료의 그룹을 만들었다. 10대 순종의 즉
위와 함께 새로운 정책을 폈지만 보수파와 환관들과 충돌하여 예부(禮
部)의 속관(屬官)에서 유주 자사(柳州刺史)로 좌천되었다.

11대 왕인 헌종(憲宗) 때 중앙의 조정으로 부름을 받았으나 또다시 유
주 자사로 좌천되었다. 이때 그의 동료인 유몽득(劉夢得)도 변경인 귀주
(貴州)로 좌천되었는데 그것을 늙은 어머니에게 말하지 못하고 있다는
소식을 듣고 유종원은 대신 말씀드리겠다고 눈물을 흘리며 동정했다.

한유는 그 우정에 감동되어 뒤에 유종원을 위하여 쓴 〈유자후묘지명
(柳子厚墓誌銘)〉에서 이렇게 기록하고 있다.

"아아, 선비는 궁지에 몰렸을 때야말로 그 절의(節義)가 나타나는 법이다. 세상 사람들은 마음에도 없이 서로 담소하며 손을 마주잡고, '간과 쓸개를 내놓아 서로 보이고', 태양을 가리키며 눈물을 흘리고, 살아 있는 동안이나 죽은 뒤에도 배신하지 않겠다고 맹세를 한다.

그야말로 성실한 모습이지만 일단 털끝 같은 작은 이해에 당면하면 전혀 낯선 사람같이 행동하며, 상대방이 함정에 빠졌을 때 손을 내밀어 구원할 생각을 하지 않고 도리어 함정에 밀어 넣고 돌을 집어 던지려는 자들뿐이다."

'간담상조(肝膽相照)'란 앞에 있는 글의 '간과 쓸개를 내놓아 서로 보인다.'에서 나온 말이다. 즉 '서로 상대방의 가슴속까지 이해하는 친한 친구.'를 말하는 것이다.

干將莫耶
간 장 막 야

천하에 둘도 없는 명검이나 보검. 출중한 사람이라도 교육을 받아야 크게 된다는 뜻.

막을 **간** 장수 **장** 깎을 **막** 어조사 **야**

수천 년이나 되는 옛날 고사성어의 세계가 다시 눈으로 확인할 수 있는 현실이 되어 나타난다. 발굴된 유물은 이와 같은 기적을 가능하게 만든다. 1955년에 중국에서 발굴한 유물 중에 호북성(湖北省) 강릉(江陵)에 있는 망산(望山) 1호 묘에서 출토된 월왕(越王) 구천(勾踐)의 동검(銅劍)이 있다. 검신(劍身)에 온통 마름모꼴의 무늬가 새겨져 있고 '월왕구천 자작자용검(越王鳩淺(勾踐) 自作自用劍)'의 아홉 글자가 새 모양의 전서(篆書)로 새겨져 있으며 칼날 양면에는 남색 유리와 녹송석(綠松石:터키석)이 박혀 있다.

이 칼의 제작 연대와 거의 같은 시대의 ≪오월춘추(吳越春秋)≫의 오왕(吳王) 〈합려내전(闔閭內傳)〉에 의하면, 합려는 월나라에서 바친 칼 세 자루를 보물로 삼고 있었다.

오(吳)나라에서는 구야자(歐冶子)와 같은 대장간의 명장(名匠)인 간장(干將)에게 명검(名劍) 두 자루를 주조할 것을 명령했다. 간장은 정선(精選)한 청동(靑銅)을 모아 주조하기 시작했는데 3년이 지나도 구리는 녹지 않았다. 그리하여 아내인 막야(莫耶)는 머리칼과 손톱을 잘라 노(爐)에 던져 넣고 동녀(童女) 300명이 풍구를 불어 겨우 구리를 녹여 주조에 성공하여, 칼 하나에는 간장(干將), 또 하나에는 막야(莫耶)라는 이름을 붙였다는 故事가 보인다.

당시 철은 악금(惡金)이라 불렀고 청동(靑銅)은 미금(美金)이라고 불렀으며, 무기를 만드는 데 사용했다고 한다. 같은 ≪오월춘추≫에 구야자(歐冶子)가 만든 명검(名劍)을 형용한 글이 있거니와, 그 형용사는 출토(出土)된 구천(勾踐)의 구리칼을 방불케 한다고 한다.

≪순자≫ 성악편(性惡篇)에 다음과 같은 글이 실려 있다.

환공(桓公)의 총(葱), 태공의 궐(闕), 문왕의 녹(錄), 장군(莊君)의 홀(曶), 합려(闔閭)의 간장(干將)과 막야(莫耶)와 거궐(鉅闕)과 벽려(辟閭)

는 모두 옛날의 좋은 칼이다. 그러나 숫돌에 갈지 않으면 날카롭지 아니하니, 사람의 힘을 얻지 못하면 자르지 못한다.

桓公之葱 太公之闕 文王之録 莊君之曶
闔閭之干將莫耶 鉅闕辟閭 此皆 古之良劍也.
然而不加砥礪 則不能利 不得人力 則不能斷.

환공은 제환공(齊桓公)이고, 태공은 주(周)나라 무왕(武王)의 스승인 강태공(姜太公)이며, 문왕은 주문왕(周文王)이고, 장군은 초장왕(楚莊王)이며, 합려는 오왕(吳王) 합려(闔閭)이다. 각각 임금이 가지고 있던 명검의 이름을 들어 비록 명검이라도 숫돌에 갈지 않으면 날카롭지 못하고, 사람의 힘을 얻지 못하면 물건을 자를 수 없다고 했다. 즉 인위적인 것을 가해야만 비로소 명검이 될 수 있다고 하여 순자(荀子)는, '사람의 성품은 악한 것이니, 그 선하다는 것은 거짓(僞)이다.' 라고 말하며 그의 성악설(性惡說)을 증명하고 있다.

乾坤一擲
건 곤 일 척

흥하든 망하든 하늘에 운명을 맡기고 한판 승부를 결행한다는 뜻으로, 하늘과 땅을 걸고 한 번 주사위를 던진다는 말.

하늘 **건** 땅 **곤** 한 **일** 던질 **척**

이 시는 한유(韓愈:자는 퇴지(退之), 호는 창유(昌黎), 768~824)의 〈과홍구(過鴻溝:홍구를 지남)〉라는 칠언절구(七言絕句)에 나오는 말이다.
홍구(鴻溝)는 현재 중국 하남성(河南省) 개봉(開封) 서쪽을 흐르는 강으로 고로하(賈魯河)라고 부른다.

용은 지치고 호랑이는 피곤하여 이 강을 가르니,
억만 창생들은 성명(性命)이 있다.
누가 군왕을 권하여 말 머리를 돌릴 수 있을까?
건곤(乾坤)을 걸고 진정 한 번 던진다.

龍疲虎困割川原 億萬蒼生性命存
誰勸君王回馬首 眞成一擲賭乾坤

이 시는 한(漢)나라와 초(楚)나라 싸움의 한 토막을 읊은 것이다.
한(漢)나라의 유방(劉邦, B.C. 247~195)과 초(楚)나라의 항우(項羽, B.C. 232~202)는 서로 협력하여 진(秦)나라 왕조를 쓰러뜨렸는데, 그 뒤에 두 사람은 천하의 맹주(盟主)가 되기 위하여 격렬한 전쟁을 전개했지만 좀처럼 승부가 나지 않았다.

시에서 말한 '용은 지치고 호랑이는 피곤한 상태'에 빠져 결국 두 사람은 '천하를 둘로 나누어 영토로 삼자'고 약속했다. 그 경계선은 홍구(鴻溝)로, 홍구에서 서쪽은 유방(劉邦)의 한(漢)나라가 차지하고 홍구에서 동쪽은 항우(項羽)의 초(楚)나라가 차지하기로 결정을 보았다. 이 시는 한유(韓愈)가 홍구를 지나갈 때 감회를 읊은 것이다.

천하를 이분(二分)함으로써 전쟁은 끝나고 억만 백성들의 생명은 보존할 수 있었다. 그러나 유방(劉邦)의 막하인 장량(張良)과 진평(陳平)이 유방(劉邦)에게 권했다.

"지금 초(楚)나라 군대는 지쳐 있고 식량도 없습니다. 더구나 제후들은 한(漢)나라에 마음을 두고 있습니다. 지금이야말로 초(楚)나라를 멸망시킬 하늘의 때입니다."

이리하여 서쪽으로 돌아가려던 유방의 말 머리를 동쪽으로 돌리게 한 것이다. 유방도 이제는 됐다고, 항우와의 약속을 어기고서 동쪽으로 가 있는 항우와의 일전(一戰)에 천지를 걸고 해하(垓下)에서 포위하기에 이른 것이다.

건곤(乾坤)이란 원래 ≪역경(易經)≫의 두 괘명(卦名)으로 ☰과 ☷이며, 이것은 또 천지를 의미하기도 한다. 천지를 걸고 이기느냐 지느냐의 큰 승부에 주사위를 던져, 유방은 항우를 추격하여 해하(垓下)에서 그를 대패시키고 영광스러운 한 왕조(漢王朝)를 세우게 된다.

한편 항우는 해하(垓下)에서 애희(愛姬) 우미인(虞美人)에게 스스로 목숨을 끊게 하고, 자신도 양자강(揚子江)가 오강(烏江)에서 목숨을 잃는다.

'건곤일척(乾坤一擲)'이란 천하를 얻느냐 잃느냐, 하는 승부를 걸고 모험을 할 때 쓰이는 말이다.

乞骸骨
걸 해 골

임금에게 바친 심신이지만 자신의 몸을 해치지 말라는 뜻이며, 신하들이 주군에게 사퇴할 때 청원하는 말.

빌 **걸** 뼈 **해** 뼈 **골**

한(漢)의 3년(B.C. 204)에 초(楚)나라 군대 때문에 형양(滎陽)으로 쫓겨 가 있던 한왕(漢王) 유방(劉邦)은 식량이 부족하여, 길의 양쪽에 담을 쳐서 황하(黃河)로 연결 후 오창(敖倉)에서 식량을 운반해 왔다.

그런데 항우(項羽)가 자주 이 길을 습격하기 때문에 길이 끊어지기 쉬웠다. 한왕은 강화를 청하여, 형양으로부터 서쪽 땅만을 한(漢)나라의 영토로 하겠다고 요청했다. 항우(項羽)가 허락하려 했으나 지모(智謀)의 신하인 역양후(歷陽侯) 범증(范增)이 반대하고 나섰다.

"지금의 한(漢)나라는 쳐부수기 쉬운 상대입니다. 이때 형양(滎陽) 서쪽의 땅을 뺏지 않으면 반드시 후회할 것이오."

항우는 이 제안에 따라 범증과 함께 급히 형양을 포위했다. 궁해진 한왕은 형양 서쪽의 땅을 할양(割讓)할 것을 제안하여 화의(和議)를 청했지만 항우는 허락하지 않았다.

극도로 곤궁해진 한왕은 이 사실을 진평(陳平)에게 말하고 그 방책을 물었다. 그러자 진평은 이렇게 대답했다.

"항우의 강직한 신하는 아보(亞父:항우가 범증을 존경하여 아버지의 다음가는 사람이란 뜻으로 아보라고 불렀다)와 종리매(鍾離昧) 등 몇 명에 지나지 않습니다. 왕께서 만일 대금을 흐트려 반간(反間)을 행하여 군신(君臣) 사이를 이간시키신다면 항우는 원래 의심이 강하여 참소하는 말을 잘 믿는 성격이기 때문에 초(楚)나라는 내부로부터 붕괴될 것입니다."

한왕은 이 말에 찬성하여 황금 사만 금을 주어 진평으로 하여금 계획을 실행하게 했다. 진평은 황금을 뿌려 초(楚)나라 군대로 많은 반간(反間)을 보내며 말하게 했다.

"종리매(鍾離昧) 등의 장군은 공적이 큰데도 왕에게 봉(封)함을 받지 못하여, 항우를 미워하며 한(漢)나라에 내통하려 하고 있다."

항우는 과연 종리매(鍾離昧) 등을 신임하지 않게 되었다. 항우는 이와 같이 의심을 품고는 있었지만 아직 범증에 대한 신뢰는 잃지 않고 있었다.

이 무렵 항우는 어떤 사정이 있어 한왕에게로 사자를 보냈다. 한왕은 진평의 지혜로, 최고급 요리를 갖추어 사자를 맞이하며 사자의 말을 듣고 깜짝 놀라는 시늉을 했다.

"나는 아보(亞父)님의 사자인 줄로 알고 있었더니 뭐라고? 항우가 보낸 사자였나?"

하더니 그 요리를 물리고 거친 요리로 바꾸게 했다. 사자는 돌아가 이 사실을 항우에게 자세히 보고했다.

이로 인하여 항우는 범증(范增)도 의심하게 되어 그의 권한을 축소했다. 범증은 항우의 마음속을 알자 크게 노하며 말했다.

"천하의 일은 대충 정해졌습니다. 뒷일은 군왕이 스스로 행하시오. 원컨대 나는 해골을 빌어 졸오(卒伍)로 돌아가려 하오."

天下事大定矣. 君王自爲之. 願賜骸骨歸卒伍.

이상은 ≪사기≫ 항우본기(項羽本紀)에 실려 있는 글로, 이와 똑같은 글이 〈진승상세가(陳丞相世家)〉에도 기재되어 있다. 이 글에서 마지막 부분은 '원컨대 해골을 청하여 돌아가려 하오.'로 되어 있다. '해골을 청한다.'는 말은 '자기의 한 몸을 임금에게 바친 것으로, 돌려달라.'는 뜻이다.

그리고 나서 범증은 항우의 곁을 떠나 팽성으로 돌아가려 했는데 도중에 등창이 나서 죽었다.

格物致知
격 물 치 지

사물의 본질과 이치에 대하여 깊이 연구하여 자기의 잘못을 바로잡고 지식을 명확하게 함.

바로잡을 격 만물 물 이를 치 알 지

≪대학≫은 원래 오경(五經)의 하나인 ≪예기≫ 가운데 한 편이었는데 송학(宋學)의 대성자(大成者)로 알려진 남송(南宋)의 주자(朱子)가 ≪예기≫ 가운데 한 편이었던 ≪중용≫과 함께 떼내어 ≪논어≫, ≪맹자≫와

아울러 '사서(四書)'라고 이름 붙여, 처음 학문하는 사람이 반드시 읽어야 할 경전(經典)으로 삼았다.

'격물치지(格物致知)'란 ≪대학≫에 실려 있는 말로서 제1장에서 풀이한 바는 '대학(大學)의 도(道)는 밝은 덕을 밝히는 데 있으며, 백성들을 새롭게 하는 데 있으며, 지극한 선함에 멈추는 데 있다(大學之道 在明明德 在親民 在止於至善).'는 소위 세 강령(綱領)과, '사물에 이르러 앎을 이루고, 뜻을 성실히 하여 마음을 바르게 하고, 몸을 닦고 집안을 정돈하며, 나라를 다스리고 천하를 평화롭게 한다(格物致知 誠意正心 修身齊家 治國平天下).'는 소위 여덟 가지 조목을 이루는 데 있다.

전십장(傳十章)은 이 세 가지 강령과 여덟 가지 조목을 다시 풀이한 것이며, '격물치지(格物致知)'란 '사물의 이치를 근거로 지식을 명확히 한다'는 뜻이다.

結草報恩
결 초 보 은

은혜를 입은 사람이 죽어서도 잊지 않고 은혜를 갚는다는 뜻으로, 풀포기를 묶어 놓아 적이 걸려 넘어지게 해서 은인을 구해 주었다는 고사에서 유래된 말.

맺을 **결** 풀 **초** 갚을 **보** 은혜 **은**

중국 춘추시대에 진(晋)나라 위무자(魏武子) 첩의 부모가 위무자의 아들 과(顆)에게 은혜를 갚은 이야기이다.

가을 7월(음력)에 진(秦)나라 환공(桓公)은 진(晉)나라를 공격하여 보씨(輔氏)라는 곳에 군대를 머물게 했다.

이때 진왕(晉王)은 직(稷)이라는 곳에서 군대를 총동원하여 오랑캐의 땅을 침략, 여왕(黎王)을 사로잡아 앞세우고 돌아왔다. 그런데 낙수(洛水)까지 오자 위과(魏顆:진(晉)의 경대부(卿大夫))가 진(秦)나라의 군대에게 보씨(輔氏)에서 패하여 두회(杜回)를 적군에게 사로잡히게 했다. 진(秦)나라 군대는 그 기세가 놀라운 용사들로 편성되어 있었던 것이다.

이보다 앞서 위무자(魏武子)에게는 사랑하는 첩이 있었는데 그녀에게는 아들이 없었다. 위무자는 병이 위독했다. 그래서 그는 본처의 아들인 과(顆)에게 말했다.

"나의 사랑하는 첩을 반드시 개가(改嫁)하게 하라."

병이 더 위독해지자 위무자는 아들인 과에게 다시 말했다.

"나의 사랑하는 첩을 반드시 순사(殉死)하게 하라."

위무자가 죽자 아들 과는 그 첩을 개가하게 하고서, 이렇게 말했다.

"사람은 병환이 위독해지면 마음이 혼란해집니다. 저는 아버님의 올바른 정신으로 하신 말씀에 따르기로 하겠습니다."

보씨(輔氏)의 싸움에서, 과는 어떤 노인이 풀을 엮어 두회(杜回)를 가리고 있는 것을 보았다. 두회는 무릎을 꿇고 쓰러졌으며 이리하여 사로잡히게 되었던 것이다.

그날 밤 과는 꿈에서 그 노인을 보았다. 그 노인은 이렇게 말했다.

"나는 개가한 첩의 아버지입니다. 당신 아버님이 옳은 정신으로 하신 말씀에 따라 주어서 그 은혜에 보답하고자 한 것입니다."

이후 '결초보은(結草報恩)'이란 죽어서 혼령이 되어도 은혜를 잊지 않고 갚는다는 뜻으로 쓰이고 있다.

秋七月 秦桓公伐晉 次于輔氏. 壬午 晉侯治兵于稷 以略狄土 立黎侯而
還. 及洛魏顆敗 秦師于輔氏 獲杜回 秦之力人也.

初魏武子有嬖妾無子. 武子疾 命顆曰 必嫁是. 疾病則曰 必以爲殉及卒.
顆嫁之曰 疾病則亂 吾從其治也.

及輔氏之役 顆見老人結草 以亢杜回 杜回躓而顚 故獲之. 夜夢之曰 余而
所嫁婦人之父也. 爾用先人之治命 余是以報.(≪좌전≫ 선공(宣公) 15年)

傾國之色

경 국 지 색

임금이 혹하여 국정을 게을리 할 만큼 뛰어나게 아름다운 미인을 일
컫는 말.

기울 **경** 나라 **국** 갈 **지** 빛 **색**

경국(傾國)이란 원래 '나라를 위태롭게 한다'는 뜻으로 ≪사기≫의 항
우본기(項羽本紀)에 있다.

즉 한왕 유방(劉邦:뒤의 한고조(漢高祖))과 초(楚)나라 패왕(霸王) 항우
(項羽)가 천하를 다투고 있을 때 유방의 부모와 처자가 항우의 포로가 된
적이 있었는데, 후공(侯公)이라는 유세가가 항우를 설득하여 화의를 성
립시켜 그 부모와 처자를 유방에게로 돌아오게 했다.

그때 세상 사람들이 후공(侯公)을 가리켜,

"그는 천하의 변사이다. 그가 있는 곳에서는 변설로 나라를 기울게 한
다."

此天下辯士 所居傾國.

라고 평했기 때문에, 유방은 후공(侯公)의 공을 상 줄 때 '경국(傾國)' 이
라는 말을 대신하여 '평국군(平國君)' 이라는 칭호를 주었다고 한다.

그런데 '경국(傾國)' 이 '경성(傾城)' 과 아울러 미인(美人)을 일컫는 말
로 쓰이게 된 것은 이연년(李延年)의 다음과 같은 시에서 유래한다.

북방에 아름다운 사람이 있어,
세상을 끊고 홀로 서 있네.
한 번 돌아보면 사람의 성을 기울이고,
두 번 돌아보면 사람의 나라를 기울게 하네.
어찌 성을 기울이고 나라를 기울임을 알지 못하랴.
아름다운 사람은 두 번 얻기 어렵네.

北方有佳人 絕世而獨立
一顧傾人城 再顧傾人國
寧不知傾城與傾國 佳人難再得

이연년(李延年)은 한무제(漢武帝, B.C. 141~87) 때의 협률도위(協律都
尉:음악을 맡은 관리)로 음악적 재능이 풍부한 사람이었다.

그에게는 누이동생이 있었는데 그야말로 절세미인(絕世美人)이었다.

앞의 시는 그의 누이동생의 아름다움을 한무제 앞에서 노래한 것이라고 한다.

한무제는 이때 이미 50 고개를 넘고 있었으며 애인도 없는 쓸쓸한 생활을 보내고 있어 곧 그녀를 불렀다. 그리고 아름답고 춤을 잘 추는 그녀에게 한무제는 바로 매혹되었다. 이연년(李延年)의 이 누이동생이 바로 한무제 만년에 총애를 한 몸에 받은 이부인(李夫人)이었다.

鷄口牛後
계 구 우 후

소의 꼬리가 되기보다는 닭의 부리가 되라는 뜻으로, 큰 것의 꼴찌가 되는 것보다 작은 것의 우두머리가 낫다는 말이다.

닭 **계** 입 **구** 소 **우** 뒤 **후**

소진(蘇秦)은 동주(東周)의 낙양(洛陽) 사람이었다. 제(齊)나라의 귀곡선생(鬼谷先生)에게서 학문을 배웠다. 자기 나라를 떠나 몇 해 동안 유세(遊說)하다가 완전히 곤궁해져 집으로 돌아왔다. 그의 형제와 형수와 누이동생까지 비웃으며 말했다.

"땅에서 일도 하지 않고 입으로 논의에 열중하고 있었으니 곤궁하게 되는 것은 당연하지."

소진(蘇秦)은 반박할 말이 없어 자기 방에 틀어박혀 장서(藏書)를 꺼내놓고 깡그리 읽어 갔다. 그런데 갑자기,

"사나이로 태어나서 학문을 해도 출세하지 못한다면 책을 아무리 읽더라도 무슨 소용이 있겠는가?"

라는 생각이 들었다. 그래서 ≪음부(陰符)≫라는 병서(兵書)를 꺼내 놓고 1년 동안 열심히 읽어 인생의 의미를 미루어 생각하는 재주를 익히고는,

"이것이라면 지금 세상의 군주들에게 유세(遊說)할 수 있다."

고 생각한 다음, 우선 주(周)나라 현왕(顯王)을 유세하려 했다. 그러나 소진에 대한 일을 이미 알고 있었기 때문에 상대해 주지 않았다. 이어서 진(秦)나라로 가서 혜왕(惠王)을 유세하려 했지만 상앙(商鞅) 사건이 겨우 수습되었기 때문에 유세하는 선비를 미워하는 풍조가 강했으므로 여기에서도 채용되지 못하였다. 방향을 바꾸어 조(趙)나라로 갔지만 재상인 봉양군(奉陽君)이 떫은 얼굴로 맞이했다.

그래서 이번에는 연(燕)나라로 가서 문후(文侯)에게 유세했다.

"연(燕)나라로서 다급한 문제는 강대하나 멀리 떨어진 진(秦)나라보다 국경을 접하고 있는 조(趙)나라와의 관계입니다. 그래서 우선 조(趙)나라와 맹약(盟約)을 맺고 이것을 다른 제후들에게도 알려서 진(秦)나라를 상대하는 것이 상책이라는, 소위 합종(合縱)의 계획입니다."

문후(文侯)는 기분이 좋아져 수레와 말과 금과 비단을 내려 주고 소진을 조(趙)나라로 보냈다. 조(趙)나라에서는 봉양군(奉陽君)이 죽고 없었으므로 숙후(肅侯)에게 알현(謁見)했다. 소진이 강물 흐르는 듯 유세하자 숙후(肅侯)는 마음에 들어 수레 100대, 황금 1,000일(鎰), 고리로 된 구슬 100쌍, 비단 1,000필을 주고 소진을 사절로 삼아 여러 나라에 파견하기로 했다.

소진이 다음에 간 것은 한(韓)나라였다. 선혜왕(宣惠王)을 알현하자 소진은 이렇게 유세했다.

"한(韓)나라는 토지가 견고하고 뛰어난 무기를 생산하며 사졸들은 용

감합니다. 이 유리한 조건과 대왕의 현명함을 가지고서도 진(秦)나라를 섬긴다면 천하의 웃음거리가 될 뿐입니다. 진(秦)나라에 호의를 보이면 진(秦)나라는 틀림없이 토지의 할양을 요구할 것입니다. 금년에 토지를 주면 내년에는 더욱 많은 토지를 요구할 것입니다.

한계가 있는 토지를 가지고 부득이 요구에 응한다는 것은 소위 '원망을 사고 재앙을 불러들이는 결과'가 될 것이며 싸우지 않고서 국토를 베어 주는 결과가 될 것입니다. 제가 들은 바에 의하면, '차라리 닭의 머리가 될지언정 소의 꼬리는 되지 말라.'고 하였습니다. 지금 서면(西面)을 하고 두 손을 마주잡아 진(秦)나라를 섬기는 것은 소의 꼬리가 되는 것과 마찬가지입니다. 현명한 대왕께서 한(韓)나라의 강병(强兵)을 옹호하면서 소의 꼬리라는 이름을 듣는 것은 대왕을 위하여 제가 부끄러워하는 바입니다."

以有盡之地 而逆無已之求 此所謂市怨結禍者也. 不戰而地已削矣. 臣聞鄙諺曰 寧爲鷄口 無爲牛後. 今西面交臂而臣事秦 何異於牛後乎. 夫以大王之賢挾彊韓之兵 而有牛後之名 臣竊爲大王羞之.

선혜왕(宣惠王)도 소진의 변설에 놀라 합종(合縱)의 맹약에 가담했다.

소진은 다시 위(魏)나라, 제(齊)나라, 초(楚)나라로 유세를 하고 돌아다니며 그 나라의 군왕을 설복했다. 이리하여 여섯 나라는 합종(合縱)의 맹약을 굳게 맺고 힘을 합치게 되었다. 소진은 그 맹약의 장(長)이 되어 여섯 나라의 재상을 겸임하게 되었다.

조왕(趙王)에게 보고하기 위하여 북쪽으로 향하던 소진은 도중에 낙양(洛陽)을 통과했다. 주(周)나라의 현왕(顯王)은 길을 깨끗이 쓸고 교외까지 사자를 보내어 소진을 맞이했다.

소진의 형제와 형수와 아내들은 정면으로 얼굴을 들지 못하고 머리를 숙인 채로 식사 심부름을 하였다. 소진이 웃으면서 형수를 향해 말했다.

"전에는 그처럼 뽐내시더니 이번에는 아주 고개조차 드시지 못하는 것은 웬일입니까?"

그러자 형수는 몸을 굽히고 얼굴을 마룻바닥에 대며 사과했다.

"당신은 벼슬이 높고 돈도 많이 가지고 있기 때문입니다."

'닭의 입이 될지언정 소의 꼬리가 되지 말라.' 는 것은 큰 것에 따르기보다 설사 작더라도 머리가 되라는 의미이다.

鷄肋
계   륵

닭의 갈비는 먹을거리가 못 되나 그냥 버리기에는 아깝다는 말로, 큰 이익은 없으나 버리기는 아까워 이러지도 저러지도 못하는 상황을 뜻한다.

닭 **계** 갈비 **륵**

후한(後漢) 마지막 황제인 헌제(獻帝, 189~230)가 즉위할 때부터 이미 천하는 소란했으나 그 말기가 되자 위(魏) · 오(吳) · 촉한(蜀漢)의 '삼국정립(三國鼎立)'의 형세가 굳어져 가고 있었다.

건안(建安) 21년(216)에는 위(魏)의 조조(曹操)가 스스로 왕위에 올라 위왕(魏王)이라고 자칭하였다. 그리고 3년 뒤인 건안(建安) 24년에는 유비(劉備:촉한의 소열황제)와 한중(漢中)의 땅을 다투었다.

이때 유비는 익주(益州)를 근거지로 점령하고 있어 한중(漢中)은 일단 평정되어 있었다. 따라서 군대 배치는 이미 끝나 있었고 병참(兵站)도 확보되어 있었다.

그러나 조조는 그만한 준비가 없었기 때문에 전투를 진행시킴에 있어 고전에 빠져, 진군을 시켜도 전진하지 못하고 수비에도 곤란한 상황에 직면하고 있었다.

그때 조조는 막료(幕僚)들에게 '계륵(鷄肋)'이라는 명령을 내렸다. 막료들은 그것이 무슨 뜻인지 모르고 있었지만 주부(主簿) 벼슬을 하는 양수(楊修)만이 이것을 정확하게 해석했다.

양수가 혼자 말했다.

"대저 닭의 갈비는 먹을 것이 없지만 버리자면 아까운 생각이 든다. 왕께서는 이곳을 버리고 돌아가시기로 결정한 것이다."

修獨曰 夫鷄肋 食之則無所得 棄之則如可惜. 公歸計決矣.

이때 조조는 이익이 없다고 후퇴하여 한중(漢中)을 확보한 유비는 스스로 한중왕(漢中王)이 되었다. 그러나 위(魏)나라는 결국 촉한(蜀漢)과 오(吳)나라를 멸망시키고 천하를 통일하기에 이른 것이다.

이 이야기는 ≪후한서≫ 양수전(楊修傳)에 실려 있으며, '닭의 갈비(鷄肋)'는 그다지 쓸모 있는 것은 아니지만 버리기는 아까운 일이라는 비유로 쓰이고 있거니와, 이와 같은 의미와는 별도로 몸이 작고 약한 비유로 사용되는 예가 ≪진서(晋書)≫ 유령전(劉怜傳)에 실려 있다.

즉 '죽림칠현(竹林七賢)' 중에서도 술을 잘 마시기로 유명한 유령(劉

怜)이 어느 때 술에 취하여 속된 사람과 싸움을 했다. 상대방이 옷소매를 뿌리치며 주먹을 휘둘러 덤벼들자 유령(劉怜)은 천천히 이렇게 말했다.

"닭의 갈비와 같은 내가 어찌 그대의 주먹을 맞고 족히 편안할 수 있겠는가?"

怜徐曰 鷄肋 安足以安尊槃.

이 말을 들은 상대방은 싸움을 그쳤다고 한다.

鷄鳴狗盜
계 명 구 도

닭 울음소리와 개 흉내를 잘 내는 좀도둑으로, 천한 재주를 가진 사람도 때로는 요긴하게 쓸모가 있다는 뜻.

닭 **계** 울 **명** 개 **구** 훔칠 **도**

맹상군(孟嘗君) 전문(田文)은 제선왕(齊宣王) 때 재상을 지낸 전영 (田嬰)의 아들이었다. 전영에게는 40명이 넘는 아들들이 있었다.

전문은 천한 첩의 아들이었는데 길하지 못한 5월 5일에 태어났기 때문에 곧 내다 버리게 된 것을 그 어머니가 몰래 키웠다.

그런데 자랄수록 현명하다고 알려지게 되어, 제후가 사자를 보내 전문을 맏아들로 삼도록 요청했기 때문에 전영이 승낙했던 것이다. 전영이 죽자 전문은 그 뒤를 이어 설(薛)의 영주가 되었다.

맹상군 전문이 집안을 계승하자 재산을 털어 빈객들을 초대하여 예절로 대우했기 때문에 인재들이 운집(雲集)하고 식객(食客)들이 수천 명이나 되었다. 죄를 범하여 도피 중에 있는 사람이라도 일기일예(一技一藝)를 지니고 있으면 기꺼이 빈객으로 삼았다.

진소왕(秦昭王)이 맹상군의 현명함을 듣고 그를 초빙하였다. 진소왕은 맹상군을 재상으로 삼으려 했지만, 제(齊)나라 왕족인 맹상군이 진심으로 진(秦)나라를 위하여 도모할 이유가 없다고 하며 말리는 사람이 있었기에 진소왕(秦昭王)도 마음을 달리하게 되었다.

그러나 이렇게 되어 맹상군을 제(齊)나라로 돌려보내면 진소왕의 계략을 원망하여 진(秦)나라에 대적할 것이 틀림없기 때문에 맹상군을 죽이는 편이 낫다는 결론에 이르게 되었다.

맹상군은 형세가 이상하게 돌아가자 진소왕이 총애하는 첩에게 사정을 부탁했다. 그러자 총애하는 첩이 이렇게 말했다.

"나에게 호백구(狐白裘:여우 가죽으로 만든 옷)를 주신다면 잘 수습해 보겠습니다."

맹상군이 진(秦)나라에 왔을 때, 천 금이나 하는 값비싼 호백구(狐白裘)를 진소왕(秦昭王)에게 바쳤다. 그와 똑같은 것을 갖고 싶다는 것이었다. 그런데 맹상군에게는 호백구가 한 벌밖에 없었다.

궁지에 빠진 맹상군은 그 일을 식객들과 상의했다. 그러나 아무도 대답하는 사람이 없었다. 그때 가장 말석에 앉아 있던 개 도둑질을 잘하는 사람이 이렇게 말하는 것이었다.

"신이 능히 호백구를 얻어 오겠습니다."

이리하여 그날 밤 개처럼 진(秦)나라 궁궐의 창고 속으로 잠입하여 먼저 바친 호백구를 용케 훔쳐 왔다.

맹상군이 이를 걱정하여 모든 식객들에게 물었지만 능히 대답하는 사람이 없었다. 그때 가장 아랫자리에 개 도둑질을 잘하는 사람이 있다가 말했다. '신이 능히 호백구를 얻어 오겠습니다.' 그날 밤 그는 개가 되어 진(秦)나라 궁중의 창고로 들어가 먼저 바친 호백구를 가지고 왔다.

孟嘗君患之 徧問客 莫能對. 最下坐有能爲狗盜者曰 臣能得狐白裘. 乃夜爲狗 以入秦宮藏中 取所獻狐白裘至.(≪사기≫ 맹상군열전(孟嘗君列傳))

이 호백구를 진소왕의 총애하는 첩에게 바쳤던 바, 그녀가 소왕에게 잘 무마하여 소왕은 맹상군을 석방했다.

맹상군은 급히 진(秦)나라 서울을 빠져나가 국경으로 향하여, 한밤중이 지난 다음 함곡관(函谷關)까지 왔다. 그런데 함곡관의 규칙으로 첫닭이 울기 전에는 나그네들을 통과시키지 않도록 되어 있었다.

맹상군은 쫓아오는 사람이 있을까 근심이 되었다. 그러자 말석에 있던 식객 중 닭의 울음소리를 잘 내는 사람이 있었다. 그가 닭의 울음소리를 흉내 내자 그곳에 있던 닭들이 일제히 소리 내어 울었기 때문에 겨우 문서를 보이고 함곡관을 빠져나올 수 있게 되었다.

맹상군은 추격해 오는 사람이 이를 것을 두려워했다. 식객의 아랫자리에 있던 사람 중 능히 닭의 울음소리를 내는 자가 있어 모든 닭이 다 울자 드디어 문서를 보이고 나갔다.

孟嘗君恐追至. 客之居下坐者 有能爲鷄鳴 而鷄盡鳴 遂發傳出.(≪사기≫ 맹상군열전(孟嘗君列傳))

진(秦)나라에서 추격해 온 사람이 함곡관에 도착한 것은 한참 뒤의 일이었다.

처음 맹상군이 이 두 사람을 식객으로 받았을 때 다른 식객들은 한자리에 있는 것을 부끄럽게 생각했지만 이 일이 있은 뒤부터는 누구나 맹상군의 방식에 승복했다.

그렇지만 '계명구도(鷄鳴狗盜)'라고 하면 역시 경멸의 뜻으로 사용되고 '군자가 배워서는 안 될 천한 재주를 가진 사람.'의 뜻이 된다.

왕안석(王安石)의 〈독맹상군전(讀孟嘗君傳)〉에도 '맹상군이야말로 계명구도(鷄鳴狗盜)의 영웅일 뿐이다.'라고 쓰여 있다.

鼓腹擊壤

고 복 격 양

배를 두드리고 발을 구르며 흙덩이를 친다. 배불리 먹고 흥겨워하는 매우 살기 좋은 시절을 뜻함.

북**고** 배**복** 칠**격** 흙**양**

유가(儒家)의 글에 '옛날의 성왕(聖王)'이라고 하면 요(堯)임금과 순(舜)임금으로부터 시작되어, 이어서 하 왕조(夏王朝)의 시조인 우(禹)임금, 은 왕조(殷王朝)의 시조인 탕(湯) 임금, 주 왕조(周王朝)의 시조인 문왕(文王)과 무왕(武王)을 손꼽는 것이 통례이지만 이 이야기는 이들 성왕

(聖王)의 첫머리에 있는 요(堯)임금의 덕을 찬양한 것이다.

요임금의 성은 이기(伊祁)이고 이름은 방운(放勛)이며 황제(黃帝)의 증손인 곡(嚳)임금의 아들이다. ≪사기≫ 오제본기(五帝本紀)에 보면 '어진 덕은 하늘과 같고 지혜는 신과 같아서, 가까이 가면 태양과 같이 따뜻하고 우러러 보면 구름과 같이 사랑에 넘친다.'고 기록되어 있다.

후세 사람들은 요임금이 절약과 검소한 생활을 감수하자 '지붕을 이은 띠와 남가새를 자르지 않고 서까래의 끝을 자르지 않았다(茅茨不剪 采椽不斲).'라든가, '흙계단이 세 단뿐이다(土階三等)'라고 형용하여 요임금이 얼마나 검소한 생활을 하였는가를 잘 표현하였다.

그 요임금이 50년 동안 천하를 다스렸는데 잘 다스려지고 있는지, 백성들이 자기를 천자로 받들기를 원하고 있는지 어떤지에 대하여 확신을 가질 수 없었다. 측근자에게 물어도 알지 못하고, 관리들에게 물어도 알지 못하고, 백성들에게 물어도 알지 못하였다.

요임금이 허름한 옷차림으로 거리로 나가 보니 어린이들이 동요를 부르고 있었다.

우리 백성들이 이렇게 지내는 것은
그대가 왕위에 계시기 때문입니다.
우리들은 근심도 모르고 걱정도 모르면서,
임금이신 당신의 다스림에 따르고 있습니다.

立我烝民 莫匪爾極
不識不知 順帝之則

'우리 백성들이 근심 걱정 없이 살아갈 수 있는 것은 당신의 어지신 덕의 덕분입니다. 당신이 인간의 본성에 위배되는 일을 하시지 않기 때문에 우리들은 근심과 걱정 없이 당신의 다스림에 따를 뿐입니다.' 하는 뜻이다.

요임금은 어린이들이 이와 같은 동요를 부른다는 것에 가슴이 설레었다. 그런데 노인들의 생활이 마음에 걸렸다. 그러자 저쪽 땅바닥에 아무렇게나 다리를 놓고 앉아 있는 노인들이 있었다. 가까이 다가가 보니 입에 든 음식을 우물거리면서 고복격양(鼓腹擊壤)의 노래를 부르고 있는 것이었다. 고복(鼓腹)이란 배를 내놓고 두드리는 일이며, 격양(擊壤)이란 땅을 치는 일로, 노인들이 배를 두드리고 땅을 쳐 박자를 맞추면서 노래를 흥겹게 부르고 있는 것이었다. 요임금이 귀를 기울여 들어 보니 이렇게 노래하는 것이었다.

해 뜨면 나가 일하고, 해 지면 들어와 쉬네.
우물을 파서 마시고, 밭 갈아서 먹으니,
임금의 힘이 어찌 나에게 있으랴 !

日出而作 日入而息
鑿井而飮 耕田而食
帝力何有於我哉 (≪십팔사략≫ 권1)

해가 뜨면 들에 나가 일하고, 해가 지면 들어와 쉬네. 우물을 파서 물을 마시고, 들에 나가 밭 갈아 먹는다. 임금의 힘이 어찌 나에게 관계가 있으랴, 하는 뜻이다.

이야말로 요임금이 목표로 삼은 정치였던 것이다.

만물이 스스로 대자연의 법칙에 따라 그 기능을 발휘하여 만물이 공존하는 조화를 실현시키는 것처럼, 민중이 스스로 인간 본래의 성품에 따라 그 기능을 발휘하여 백성들이 공존공영(共存共榮)하는 조화를 실현하고 있는 것이다. 요임금이 생각하고 있던 정치는 그와 같은 것이었다.

노인들이 부른 노래를 〈고복격양가(鼓腹擊壤歌)〉라고 말하며, '고복격양'은 백성들이 태평연월(太平烟月)을 즐긴다는 의미의 비유로 사용되고 있다.

孤城落日
고 성 낙 일

해가 지는 외딴 성에 적군에게 고립된다, 남의 도움을 받지 못하는 사정이나 형편을 뜻함.

외로울 **고** 성 **성** 떨어질 **락** 날 **일**

원군이 오지 않는 고립된 성과 기울어지는 낙조, 즉 세력이 쇠퇴하여 도와주는 사람도 없고 홀로 마음이 가녀린 상태에 빠져 있는 것을 비유로 사용하는 말이다.

이 시는 왕유(王維, 699~759)의 칠언절구(七言絕句)인 〈送韋評事(위평사를 보냄)〉에서 읊은 것이다.

장군을 따라서 우현(右賢)을 취하고자 하니,
모래밭으로 말을 달려 거연(居延)으로 향하네.

멀리 한나라 사자가 소관(蕭關) 밖에 온 것을 아니,

근심스러워 보이는구나, 고성낙일(孤城落日)의 물가여.

欲逐將軍取右賢 沙場走馬向居延

遙知漢使蕭關外 愁見孤城落日邊

　왕유(王維)는 이백(李白) 두보(杜甫)와 아울러 일컬어지는 성당시대(盛唐時代)의 대표적인 시인으로, 동양화 같은 고요함과 그윽한 자연시(自然詩)를 수립한 사람이다.

　여기에서는 요새 밖의 땅을 배경으로 한 이국정서(異國情緖)가 이 시를 재미있게 꾸며 주고 있다.

　시 제목의 '평사(評事)'란 재판을 맡아 다스리는 관직으로, 위평사(韋評事)가 장군을 따라 변방 밖으로 나가는 것을 보내는 내용이다.

　한(漢)나라 때 흉노족에는 좌우에 현왕(賢王)이 있었는데 한 번은 우현왕(右賢王)이 한(漢)나라 군대에게 포위되었다가 간신히 도망친 일이 있었는데, 우현(右賢)을 사로잡는다는 역사적 사건을 노래하며 마치 장군을 따라 변방에 나아가 적의 대장을 사로잡은 것처럼 의기 충천하게 사막으로 말을 달리는 듯한 모습을 그리고 있다.

　이 시에 나오는 소관(蕭關)은 하서 지방(河西地方)을 말하는 것으로 지금의 감숙성(甘肅省)에 해당된다. 당(唐)나라 초기에는 왕조의 세력이 신강성(新疆省) 근처에까지 뻗어 있었지만 서쪽과 남쪽과 북쪽으로부터 다른 민족의 압박 때문에 그 세력이 항상 완전히 유지되지는 못하고 있었다.

　그런데 서쪽의 수비는 소위 '실크 로드'를 확보하기 위해 중요하였으며, 서역(西域)과 중국 본토에 이어지는 가늘고 긴 하서(河西) 지방에 점점이 늘어선 여러 도시에는 당나라 군대가 배치되어 있었다. 신강성에 인접한 서북쪽 끝에 옥문관(玉門關) 돈황(敦煌)이 있고, 다시 동남쪽으로 내려와 주천(酒泉)·장액(張掖)·무위(武威) 등이 줄지어 있고, 소관(蕭關)은 중국 본토 방면에서 나오는 출입구에 해당된다.

거연(居延)이란 주천(酒泉) 땅을 말하고 그 남쪽에는 해발 5,564미터나 되는 기련산(祈連山)이 우뚝 솟아 있으며 북쪽에는 만리장성의 서쪽 끝을 넘어서 사막지대로 이어져 있다.

시(詩)로 다시 돌아가면, 우현왕(右賢王)을 잡기 위하여 의기양양하게 사막을 달려 거연(居延)의 요새로 향했을 것이다. 그러나 멀리 저쪽의 소관(蕭關) 밖에는 한(漢)나라의 사자인 당신이 나와 무엇을 볼 수 있을 것인가? 사막에 우뚝 선 외로운 성과 그 근처에 떨어지는 저녁 해, 당신은 근심에 잠겨 그것을 바로 보지 않을 수 없을 것이다. 나는 요원하게 먼 그곳에서 풀 길 없는 당신의 마음을 이 장안(長安)에서 생각한다.

이 시는 직접적으로 세력이 쇠퇴하여 도움도 기대도 할 수 없는 불안한 상태에 있음을 비유하여 '고성낙일(孤城落日)'이라 부른 것이 아니다. 어디까지나 요새 밖의 쓸쓸한 풍경을 노래한 것이며, 그곳에 간 친구의 안타까움을 상상하며 위로하는 기분으로 읊은 것이다.

요새 밖의 안타까움을 '고성(孤城)'과 '낙일(落日)'이라는 사물에 집약시킨 왕유(王維)의 필치도 멋지지만, 홀로 쓸쓸하게 썩어버릴 일에 마음이 안 놓이는 것을 상징으로 이것을 인용하는 후세 사람의 말의 사용법 또한 묘미가 있다.

도와줄 수도 없고 풀이 죽어 지쳐 있는 사람을 '고성낙일(孤城落日)의 느낌'이라고 말할 때, 유머러스하기도 하고 손을 빌려 주고 싶게 된다.

曲學阿世
곡 학 아 세

자신이 배운 것을 올바르게 펴지 못하고 세속에 아부하여 인기를 얻으려는 태도나 행동을 가리키는 말.

굽을 **곡** 배울 **학** 아첨할 **아** 세상 **세**

원고생(轅固生)은 제(齊)나라 사람으로 전한(前漢)의 4대 황제인 경제(景帝) 때의 학자였는데 ≪시경≫을 밝게 안다고 해서 박사(博士)가 되었다. 그는 강직한 사람으로서 자기가 옳다고 생각한 것은 어떤 사람이라도 두려워하지 않고 곧바로 말했다.

경제(景帝)의 어머니인 두태후(竇太后)는 노자를 몹시 좋아했다. 어느날 그녀가 원고생(轅固生)을 불러 노자의 책에 대하여 물었다. 그러자 원고생은 이렇게 말했다.

"그런 책은 종들의 말에 불과합니다."

두태후는 화가 나서 원고생을 사육장으로 보내 돼지를 잡도록 명령했다. 경제는 원고생이 바른말을 했을 뿐 죄가 없다는 것을 알고 있었기 때문에 남몰래 날카로운 칼을 그에게 주었다. 원고생은 그 칼로 어려움 없이 돼지를 죽일 수 있었다.

그로부터 얼마 후 경제는 원고생을 청렴결백한 선비라고 하여 청하왕(淸河王)의 태부(太傅)로 임명했다. 그리하여 원고생은 오래도록 태부의 소임을 끝낸 다음 병으로 사퇴했다.

경제 다음으로 무제(武帝)가 즉위하자 현량한 선비라는 이유로 다시 원고생을 불러냈다. 그러나 아부 잘하는 유학자들이 원고생을 꺼려하여 이렇게 말했다.

"원고생은 이미 늙었습니다."

이리하여 무제는 그를 파면시켜 돌려보냈다. 그때 원고생은 이미 90여 세가 되어 있었다.

원고생이 부름을 받았을 때 설(薛)나라 사람인 공손홍(公孫弘)도 역시 부름을 받았다. 원고생은 공손홍을 꺼려하며 흘기는 눈길로 그를 보았다. 그리고 이렇게 말했다.

"공손군, 올바른 학문에 힘써 말을 하게. 학문을 굽혀 세상에 아부해서는 안 되네."

固之徵也 薛人公孫弘亦徵 側目而視固. 固曰 公孫子 務正學以言. 無曲學以阿世.(≪사기≫ 유림열전(儒林列傳))

空谷跫音
공 곡 공 음

빈 골짜기의 발자국 소리. 적적할 때 반가운 소식을 가지고 찾아오는 사람을 뜻하는 말.

빌 **공** 골 **곡** 발자국소리 **공** 소리 **음**

은자(隱者)인 서무귀(徐無鬼)가 위(魏)나라의 중신(重臣)인 여상(女商)

과 이웃해서 살았기 때문에 위(魏)나라의 무후(武侯)를 배알했다.

이윽고 서무귀가 물러나오자 여상이 이렇게 물었다.

"나는 무후에게 시서예약(詩書禮樂)과 병법에 대하여 얘기하여 도움을 준 것이 이루 헤아릴 수 없을 만큼 많지만 무후는 이제까지 이를 드러내고 웃은 적이 없었다. 도대체 무엇을 얘기했는가?"

서무귀는 개나 말의 감정법에 대하여 얘기했을 뿐이라고 대답했지만 여상이 그것만 얘기했느냐고 거듭 묻자 서무귀는 이렇게 대답했다.

"대체로 인가에서 떨어져 인기척이 없는 빈 골짜기(空谷)나 명아주 같은 잡초가 막고 있어 족제비나 다니는 길에서 길을 잃었을 때에는 사람들의 발자국 소리만 들어도 기뻐하게 됩니다. 하물며 형제나 친척이 옆에서 말하고 웃고 하는 소리를 들으면 더욱 기쁠 것입니다. 임금이신 무후는 참다운 사람의 말을 오래도록 듣지 않았기 때문에 내 이야기를 듣고 몹시 기뻐하신 것입니다."

'참다운 사람(眞人)' 이란 모두를 자연에 맡기고 무위(無爲)를 일로 삼아 이해득실을 벗어나 도(道)에 통달한 사람을 말한다. 작은 지혜를 버리고 자연과 융화하면 마음의 안정을 얻을 수 있다는 것을 설명했던 것이다.

'공곡공음(空谷跫音:먼 골짜기의 발자국 소리)' 은 여기에서 유래되어, 인적이 없는 빈 골짜기에서 뜻밖에 사람의 발자국 소리를 듣는다는 뜻에서 '몹시 신기한 일', '뜻밖의 기쁨', '반가운 소식을 듣는 일' 등에 비유되고 있다.

空中樓閣
공 중 누 각

공중에 떠 있는 누각. 기초가 튼튼하지 못해 허무하게 무너지는 것을 말한다.

빌 **공** 가운데 **중** 다락 **루** 누각 **각**

송(宋)나라 시대의 과학자인 심괄(沈括:호는 몽계옹)이 지은 일종의 박물지(博物誌)인 ≪몽계필담(夢溪筆談)≫에 다음과 같은 기사가 실려 있다.

등주(登州)는 사면이 바다에 임하여 봄과 여름이면 멀리 하늘가에 성시누대(城市樓臺)의 모습이 있음을 본다. 이 고장 사람들은 이것을 해시(海市)라고 말한다.

登州四面臨海 春夏時 遙見空際城市樓臺之狀. 土人謂之海市.

뒤에 청(淸)나라의 적호(翟灝)는 그의 편저(編著)인 ≪통속편(通俗編)≫에서 이 문장을 실은 다음, 이렇게 말했다.

지금 언행(言行)이 허구(虛構)인 사람을 일컬어 공중누각(空中樓閣)이라고 하는 것은 이 일을 말하는 것이다.

今稱言行虛構者 曰空中樓閣 用此事.

진실성이 없는, 혹은 비현실적인 이야기나 문장을 '공중누각(空中樓閣)과 같다'고 말하거니와, 청(淸)나라 시대에 이미 쓰이고 있었음을 이것으로 알 수 있다.

그런데 심괄(沈括)이 '해시(海市)'라고 한 것은 말할 것도 없이 '신기루(蜃氣樓)'를 일컫는 것으로, 신기루에 대해서는 더 옛날부터 일러져 오고 있다. ≪사기≫의 천관서(天官書)에도 다음과 같이 실려 있다.

신기(蜃氣)는 누대(樓臺)를 본뜬다. 넓은 들판의 기운이 궁궐을 이룬다.

蜃氣象樓臺 廣野氣成宮闕.

신(蜃)은 큰 대합(大蛤)이나 혹은 교룡(蛟龍)의 일종으로 해석되고 있으며 그들이 뿜어내는 기운이 누대(樓臺)나 성곽(城郭)의 형상을 나타낸다고 한다. 이것이 바로 신기루(蜃氣樓)인 것이다.

過而不改
과 이 불 개

잘못을 하고도 고치려 하지 않는 것은 더 큰 잘못이라는 뜻.

지날 **과** 말이을 **이** 아닐 **불** 고칠 **개**

≪논어≫ 위령공편(衛靈公篇)에 다음과 같이 기록되어 있다.

공자께서 말씀하셨다.
"잘못하고서 고치지 않는 것, 이것을 잘못이라고 말한다."

子曰 過而不改 是謂過矣.

≪논어≫의 위정편(爲政篇)에는 '아는 것은 안다고 하고 모르는 것을 모른다고 하는 것, 이것이 아는 것이다.' 라고 했다.

≪논어≫는 이밖에도 '잘못' 에 대하여 몇 곳에서 말한 바가 있거니와 공자와 그의 제자들은 '잘못' 에 대하여 관심을 기울이고 있다.

완전무결하고 이상적 인간인 성인의 경지에 있는 사람들은 별개로 하고 사람은 누구나 말과 행실에 잘못을 저지르기 쉽다. 다시 말하면 잘못을 저지르지 않는 사람은 거의 없을 것이다. 문제는 잘못을 저지르느냐 않느냐가 아니라 저지른 잘못에 대하여 어떻게 대처하느냐 하는 것이다.

그러므로 잘못을 저질렀을 경우, 그 잘못을 고친다면 이미 그 잘못은 없어져 버리는 것이다. 앞에서 말한 것이 바로 '잘못하고서 고치지 않는 것, 이것을 잘못이라고 말한다.' 인 것이다.

따라서 소위 군자와 소인의 갈림길이 바로 이 점에 있다 하겠다. 자장편(子張篇)에 나오는 자공(子貢)이 한 말에, '군자가 잘못하면 일식과 월식 같다. 잘못하면 사람들이 다 이를 보고, 고치면 사람들이 다 이를 우러른다.'고 하는 말과, 자하(子夏)가 '소인은 잘못하면 반드시 꾸민다.'고 하는 말을 생각해 보면 분명해진다 하겠다.

요컨대 성인이 아닌 이상 인간이 잘못을 저지르는 일은 피할 수 없다. 문제는 그것이 잘못인 줄 알았으면 선뜻 잘못을 고쳐야 하며 같은 잘못을 두 번 다시 저지르지 말아야 한다.

다음은 ≪논어≫ 옹야편(雍也篇)에 실린 것이다.

애공(哀公)이 물었다.

"제자 중에서 누가 학문을 좋아하는가?"

공자가 대답했다.·

"안회(顔回)라는 사람이 있어, 학문을 좋아하고 노여움을 옮기지 않으며 잘못을 두 번 저지르지 않더니 불행하게도 일찍 죽었습니다.

瓜田不納履 李下不正冠
과 전 불 납 리 이 하 부 정 관

외밭에서 신을 고쳐 신고 오얏나무 밑에서 관을 고쳐 쓰면 의심받으
니 삼가라는 뜻.

오이 **과** 밭 **전** 아닐 **불** 들일 **납** 신 **리** 오얏나무 **리** 아래 **하** 아닐 **불** 정돈할 **정** 갓 **관**

이 시는 ≪문선(文選)≫의 악부고사(樂府古辭) 중에 있는 〈군자행(君子行)〉에 실려 있다.

군자는 그렇게 되기 전에 막아, 혐의를 받을 사이에 처하지 않는다.
외밭에서 신을 고쳐 신지 말고, 오얏나무 아래에서 갓을 바로잡지 말아야 한다.

君子防未然 不處嫌疑間
瓜田不納履 李下不正冠

군자는 재앙이 일어나지 않도록 일을 미연에 방지해야 하며, 혐의를
받을 상황에는 몸을 두지 말아야 한다. 외밭 가에서 신을 고쳐 신으면 멀
리에서 보는 사람은 외를 훔치는 줄 알고 의심을 받으며, 오얏나무 아래
에서 갓을 바로잡아 쓴다면 오얏을 훔치는 줄 알고 의심을 받을 것이니
절대로 그와 같은 일을 해서는 안 된다는 말이다.

過 則 勿 憚 改
과 즉 물 탄 개

허물이 있으면 고치기를 주저하지 말고 잘못했거든 즉시 고쳐야 한다는 뜻.

허물 **과** 곧 **즉** 말 **물** 꺼릴 **탄** 고칠 **개**

사람은 누구나 잘못을 저지를 수 있다. 잘못을 즉시 고친다는 것은 몹시 중요한 일이다.

이 말은 ≪논어≫ 자한편(子罕篇)에 실려 있는 말이다.

공자께서 말씀하셨다.

"성실과 신의를 위주로 삼고, 나만 못한 사람과는 벗하지 말라. 잘못을 하면 고치는 데 거리끼지 말라."

子曰 主忠信 無友不如己者 過則勿憚改.

≪논어≫ 학이편(學而篇)에는 다음과 같이 실려 있다.

공자께서 말씀하셨다.

"군자가 무게가 없으면 위엄이 없으니 학문을 하여도 굳어지지 않는다. 성실과 신의를 위주로 하고, 나만 못한 사람을 벗하지 말고, 잘못이 있으면 거리끼지 말고 고치라."

子曰 君子不重則不威 學則不固 主忠信 無友不如己者 過則勿憚改.

군자란 재주와 덕을 겸비한 사람을 뜻하고 있다. 군자는 첫째, 말과 행동에 무게가 있지 않으면 위엄이 없다. 둘째, 학문을 열심히 하여 학문을 굳게 뿌리박아야 한다. 셋째, 사람들과 응대할 때는 성실과 신의를 위주로 삼아야 한다. 넷째, 나만 못한 사람과는 사귀지 말라. 다섯째, 잘못이 있을 때는 거리낌 없이 고치라.

사람은 역시 잘못을 저지르게 된다. 그런데 잘못이 있으면 거리끼지 말고 곧 고쳐야 하는 것이다. 잘못이 있는데 고치기를 주저해서는 안 된다. 또한 같은 잘못을 두 번 저질러서는 안 된다.

管鮑之交
관　포　지　교

관중과 포숙의 사귐. 친구 사이의 우정이 깊음을 이르는 말.

피리 **관** 절인어물 **포** 갈 **지** 사귈 **교**

관포(管鮑)란 제(齊)나라의 관중(管仲)과 포숙아(鮑叔牙)를 말한다. 두 사람은 죽마고우(竹馬故友)로 가까운 친구였다. 관중은 소홀(召忽)과 함께 양공(襄公)의 공자(公子)인 규(糾)의 측근자가 되었고, 포숙아는 규의 동생인 소백(小白)의 측근자가 되었다.

양공(襄公)은 바탕이 가라앉지 않은 사람이어서 결국 종제인 공손무지

(公孫無知)의 반란으로 나라가 어지러워지자 죽임을 당했다. 관중과 소홀은 규를 받들고 노(魯)나라로 망명했고, 포숙아는 소백을 받들고 거(莒)로 망명했다.

그런데 공손무지가 반대파에 의하여 죽임을 당했기 때문에 제(齊)나라의 왕위는 비어 있었다. 규와 소백은 형제이긴 했지만 먼저 제(齊)나라로 돌아온 쪽이 왕위에 오를 수 있어 정적이 되었다.

규는 서둘러 귀국하려 했지만 격식이 높은 노(魯)나라에서는 행동이 제한되어 생각대로 되지 않는 반면에, 소백은 작은 나라인 거(莒)에 있었기 때문에 그와 같은 제약이 없이 신속하게 행동하여 곧바로 제(齊)나라를 향하여 출발했다.

이와 같은 정보를 얻은 관중은 규를 왕위에 앉히기 위해서는 소백을 죽이는 도리밖에 없다고 생각하여, 도중에 매복하였다가 암살을 꾀했지만 화살이 조금 빗나가 실패로 끝나고 말았다.

소백은 제(齊)나라 도읍으로 들어와 포숙아와 대부(大夫)인 고혜(高傒)의 도움으로 왕위에 올랐다. 그가 곧 제환공(齊桓公, B.C. 685~643)이다. 환공은 왕위에 오르자 군대를 이끌고 노(魯)나라로 가서 규와 관중, 소홀을 인도할 것을 요구했다. 노(魯)나라에서는 두려운 나머지 그 요구에 따랐다. 이리하여 규는 그 자리에서 죽이고, 소홀은 호송될 때 스스로 목숨을 끊어 주군(主君)의 뒤를 따르고, 관중만이 제(齊)나라 군대에 인도되었다. 환공은 자기의 목숨을 노린 관중의 목을 자를 계획이었지만 포숙아가 말리며 말했다.

"왕의 뜻이 제(齊)나라 하나만을 다스리신다면 고혜와 제가 있으니 충분하겠지만 천하의 패자가 되시기를 바라신다면 관중을 살려 주시는 것이 좋을 것 같습니다."

환공은 그 말에 따라 관중을 대부(大夫)에 임명하여 국정을 다스리게 했다. 과연 관중은 대재상으로서 수완을 유감없이 발휘하여 환공을 춘추시대 제일의 패자 지위에 올려놓았다.

환공이 패자가 된 데는 관중의 힘이 컸지만 원망을 잊어버리고 관중을 크게 임용하여 마음껏 수완을 발휘하게 한 환공의 도량과 식견도 높이 평가하지 않으면 안 될 것이다.

그렇지만 관중이라는 인물을 누구보다도 잘 이해하여 환공에게 강력히 추천한, 평생 동안 변함없는 우정을 지속한 포숙아가 아니고서는 불가능했다는 사실을 잊어서는 안 된다. 이 일은 관중 자신이 누구보다도 잘 알고 있는 터였다.

≪사기≫ 관안열전(管晏列傳)에 보면 다음과 같은 이야기가 실려 있다.

"나는 전에 포숙아와 함께 장사를 할 때, 내 몫을 많이 취하였지만 포숙아는 나를 욕심쟁이라고 말하지 않았다. 그는 내가 가난하다는 사실을 알고 있었기 때문이다. 또 나는 포숙아를 위하여 어떤 일을 도모하다 도리어 곤궁하게 되었다. 그러나 포숙아는 나를 바보라고 말하지 않았다. 때로는 이익이 되기도 하고 불리한 일도 있다는 것을 알아주었기 때문이다. 또 나는 일찍이 임금에게 세 번씩이나 쫓겨났다. 그러나 포숙아는 나를 보고 못났다고 말하지 않았다. 내가 아직 때를 만나지 못한 것을 그는 알고 있었기 때문이었다. 또 나는 세 번 싸워서 세 번 도망친 일이 있었다. 그러나 포숙아는 나를 비겁한 사람이라고 말하지 않았다. 나에게 늙으신 어머님이 계신 것을 알고 있었기 때문이었다. 공자(公子) 규가 패했을 때 소홀은 죽었는데도 나는 사로잡혀 욕을 당했다. 그러나 포숙아는 나에게 부끄러움을 모른다고 말하지 않았다. 내가 작은 절개를 지키지 않는 것을 부끄러워하지 않고, 천하에 공명을 나타내는 것을 부끄러워한다는 사실을 알고 있었기 때문이었다. 나를 낳아 주신 분은 부모님이지만 나를 알아준 사람은 포숙아였다."

光風霽月
광 풍 제 월

비 갠 뒤의 빛나는 바람과 맑은 달처럼, 마음이 맑고 깨끗한 인품을 지닌 사람을 뜻함.

빛**광** 바람**풍** 비갤**제** 달**월**

유교는 북송(北宋) 중기에 주돈이(周敦頤, 1017~1073)가 나와 ≪태극도설(太極圖說)≫과 ≪통서(通書)≫를 저술했고, 그 뒤에 정호(程顥)와 정이(程頤) 형제가 사서(四書:논어·맹자·대학·중용)를 정하여 성도(聖道)를 밝혔으며, 주자(朱子)가 이것을 집대성하여 형이상학으로서 경학(經學)을 수립하여 소위 송학(宋學)을 대성(大成)시켰다고 일러진다.

주돈이는 옛사람의 풍도가 있으며 정사를 베풂에는 도리를 다 밝힌 사람이라고 한다. '연꽃은 군자다운 것이다.'라는 구절이 있는 ≪애련설(愛蓮說)≫의 한 편은 도학(道學)의 향기가 없는 것은 아니지만 그의 인격을 잘 나타내고 있다.

소식(蘇軾)과 함께 북송시대의 시(詩)를 대표하는 황정견(黃庭堅, 1045~1105)은 주돈이에 대하여 깊은 경의를 나타내고 있으며, 그의 인간성에 대하여, '춘릉(春陵)의 주무숙(周茂叔)은 인품이 높고 담박솔직하여 광풍제월(光風霽月:갠 날의 빛나는 바람이나 비 개인 하늘의 상쾌한 달)과 같다.' 고 평하고 있다.(≪송서(宋書)≫ 주돈이전(周敦頤傳))

'광풍제월(光風霽月)' 이란 앞에서 말한 뜻이거니와 '깨끗하게 가슴속이 맑고 고결한 것, 또는 그런 사람' 에 비유하여 사용되고 있다. 또 '세상이 잘 다스려진 일' 을 말하기도 한다.

掛冠
괘　관

관직에 있는 자가 갓을 벗는다는 뜻으로, 관직을 버리고 사퇴하는 것을 말함.

걸 **괘** 갓 **관**

후한(後漢) 사람 봉맹(逢萌)은 집이 가난하여 도둑을 잡는 정장(亭長)이 되었지만 그 일에 싫증내지 않고 장안(長安)에 나아가 ≪춘추≫에 정통했다.

우연히 전한(前漢)의 12대왕인 애제(哀帝)가 죽고 왕망(王莽)이 대사마(大司馬)가 되어 평제(平帝)를 세웠지만, 왕망은 평제의 어머니인 위희(衛姬)와 그 집안 식구가 도읍으로 들어오는 것을 허락하지 않았다. 그는 또 이 일을 간한 장남인 왕우(王宇) 내외를 죽였다.

그러자 봉맹은 친구에게,

'삼강(三綱:군신(君臣)·부부(夫婦)·부자(父子)의 윤리)은 이미 끊어
졌다. 지금 떠나지 않는다면 우리들에게도 재앙이 미칠 것이야.'
라고 말하고, 그 자리에서 갓을 벗어 장안의 북문인 동도문(東都門)에 걸
고 집으로 돌아가 가족들을 이끌고 바다를 건너 요동(遼東)에서 숨어 지
냈다.

봉맹은 왕망이 실각할 것을 미리 알고, 얼마 후 머리에 기와로 만든 분
을 올려놓고 시장거리에서 큰 소리로 울면서, '아아, 신(新)나라여, 신나
라여.(왕망이 전한을 멸망시키고 세운 나라)' 라고 한 후 몸을 숨겼다.

왕망이 멸망하고 후한(後漢)의 광무제(光武帝)가 즉위하자, 북해군(北
海郡)의 태수(太守)가 칙령을 내려 그를 억지로 조정에 들어오게 하려 했
으나 응하지 않았다.(≪후한서≫ 봉맹전(蓬萌傳))

'괘관(掛冠)' 이란 '관리가 갓을 벗어 건다.' 라는 뜻으로, 관직을 버리
고 사퇴하는 것을 말한다.

膠漆之心
교　칠　지　심

아교와 옻칠 같은 마음. 두터운 우정과 친밀한 사귐을 뜻하는 말.

아교 교　옻 칠　어조사 지　마음 심

백낙천(白樂天:이름은 거이, 자는 낙천. 772~846)은 당(唐)나라 헌

종(憲宗) 원화(元和) 12년 봄에, 여산(盧山) 향로봉(香爐峰) 기슭에 홀로 암자를 세웠다. 이것은 좌찬선대부(左贊善大夫)라는 천자 측근의 시종직(侍從職)이 심양(潯陽)을 정치의 중심지로 삼고 있던 당시에 강주(江州)의 사마(司馬), 즉 실권이 없는 부지사(副知事)로 좌천되었을 때의 일이다.

그해 여름 4월에 백낙천은 홀로 만든 이 암자에서 음악을 아는 사이였던 원미지(元微之) 앞으로 보내는 편지를 썼다. 원미지도 통주(通州)의 사마(司馬)로 좌천되어 있었다.

백낙천과 원미지는 교서랑(校書郎) 시절의 동료로서 가까이 지냈으며 순종(順宗)의 영정(永貞) 원년에 벼슬에서 물러나 화양관(華陽觀)에 머물면서, '제과(制科)'라는 임시로 인재를 발탁하는 천자 친재(親裁)의 등용 시험 준비를 열심히 하여 다음해인 헌종(憲宗) 원화(元和) 원년에 함께 과거에 급제하였다.

백낙천은 장안의 서쪽 주질현(盩屋縣) 위(尉:검찰관)로, 원미지는 문하성(門下省)의 간관(諫官)인 좌습유(左拾遺)로 발령을 받았다. 두 사람은 고생에 찌든 백성들을 구제하려는 뜻을 품고서 그 첫발을 내딛었던 것이다.

이것만 가지고도 두 사람이 동지로서 친밀하게 지낸 것은 충분하거니와 시(詩)의 혁신에 대해서도 뜻을 같이하고 있었다. 백낙천이 중심이 되어 완성한 새로운 시체(詩體)를 신악부(新樂府)라고 하는데 이것은 한(漢)나라 시대의 민요를 토대로 만들어진 악부(樂府)라는 가요의 혁신에, 시대의 폐단인 백성들의 분노와 고통과 번뇌를 담은 것으로 여기에는 유교적 관료 정신인 민본사상(民本思想)이 맥박치고 있다. 이리하여 두 사람은 시를 통하여 마음을 하나로 한 사이였던 것이다.

그러나 이것이 말썽이 되어 원미지는 불과 83일 만에 하남(河南)의 위

(尉)로 떨어지고, 그 이후 일진일퇴하여 원화(元和) 9년에는 통주(通州)의 사마(司馬)로 좌천되어 있었다. 그리고 백낙천은 다음해인 원화 10년에 강주(江州)의 사마(司馬)로 좌천되었다.

이 서한은 〈여미지서(與微之書)〉로서 원미지가 엮은 ≪백씨문집(白氏文集)≫ 50권 안에 실려 있으며, 드물게 보는 두터운 우정을 담은 고금의 명문이라고 일러지고 있다.

4월 10일 밤, 낙천 아룀.

미지여, 미지여. 그대의 얼굴을 보지 못한 지도 이미 3년이 지났네. 그대의 편지를 못 받은 지도 2년이 되려고 하네.

인생이란 길지 않은 걸세. 그런데도 이렇게 떨어져 있어야 하다니. 하물며 아교와 옻칠과 같은 마음으로써 북쪽 오랑캐 땅에 몸을 두고 있으니 말일세. 나아가도 서로 만나지 못하고 물러서도 서로 잊을 수가 없네. 서로 그리워하면서도 떨어져 있으며 이제 각자 흰머리가 되려고 하네.

미지여, 미지여. 어찌하리오, 어찌하리오. 실로 하늘이 하신 것이라면 이것을 어찌하랴!

四月 十日夜 樂天白

微之 微之. 不見足下面 已三年矣 不得足下書 欲二年矣. 人生幾何 離闊如此. 況以膠漆之心 置於胡越之身. 進不得相合 退不得相忘. 牽攣乖隔 各欲白首. 微之 微之. 如何 如何. 天實爲之 謂之奈何.

狡兎死良狗烹

교 토 사 양 구 팽

교활한 토끼를 잡으면 충실히 쓰던 사냥개도 쓸모가 없어져 잡아먹
는다는 뜻으로, 필요할 때는 쓰다가 필요 없을 때는 버린다는 말이다.

교활할 **교** 토끼 **토** 죽을 **사** 좋을 **양** 개 구 삶을 **팽**

　유방(劉邦)과 항우(項羽)의 소위 한초(漢楚)의 쟁패전(爭覇戰)에서 가
장 눈부신 활약을 한 것은 한신(韓信)으로, 한(漢)나라가 천하를 평정하
자 초왕(楚王)에 봉해졌다.

　원래 항우의 장군이었던 종리매(鍾離昧)는 전부터 친하게 지냈던 한신
에게 와서 몸을 의탁하고 있었다. 일찍이 전투에서 종리매에게 괴로움을
당한 유방은 그를 미워하고 있었기 때문에 초(楚)나라에 있다는 것을 알
자 초(楚)나라에 종리매를 체포하라는 명령을 내렸다. 그러나 한신은 옛
친구를 차마 체포하지 못했다.

　그러자 한신이 반역을 도모하고 있다고 유방에게 거짓으로 상소한 사
람이 있었다. 유방은 그 일을 여러 장군들에게 상의하며, 싸움을 걸어 한
신을 체포하자고 말했다. 유방이 진평(陳平)에게 상의하자 진평은 이렇
게 말했다.

　"초(楚)나라의 군대는 정예부대이며 한신은 따라갈 사람이 없는 명장
입니다. 섣불리 손을 써서는 안 됩니다. 폐하께서는 운몽(雲夢:연못의 이
름)으로 행차하시기로 하고, 제후들은 수행을 위하여 초(楚)나라 서쪽 경
계인 진(陳)나라로 집합하도록 명령하시는 것이 좋을 것 같습니다. 그러

면 한신도 나올 것이므로 그때 체포하는 것이 자연스러울 것입니다."

한신은 명령을 받고 필시 아무 일은 아니라는 생각에 군대를 출동시켜 반란을 일으킬까 했으나, 죄도 저지르지 않았으므로 유방을 배알하는 편이 좋을 것이라는 생각도 들어 마음이 정해지지 않았다. 그러자 이렇게 권하는 사람이 있었다.

"종리매의 목을 베고 폐하를 배알하신다면 반드시 기뻐하실 것이며 근심도 없어질 것입니다."

한신이 이 이야기를 종리매에게 하자 종리매는 이렇게 말했다.

"한(漢)나라가 초(楚)나라를 습격하지 않는 것은 내가 자네한테 있기 때문이네. 자네가 나를 붙잡아서 한(漢)나라의 비위를 맞추려 한다면 지금 당장이라도 죽어 주겠네. 그러나 이에 따라 자네도 망할 것일세."

그러고는 한신을 꾸짖으며,

"자네는 현명한 사람이 못 되는군."

이렇게 말하고는 스스로 목을 잘라 죽었다. 한신은 그 목을 가지고 유방을 배알했다. 유방은 병사들에게 명하여 한신을 묶게 하고 수레에 실었다.

한신은 말했다.

"과연 사람들의 말과 같도다. '민첩한 토끼가 죽으면 좋은 개도 삶아지고, 높이 나는 새를 다 잡으면 좋은 활도 간직되며, 적국이 타파되면 지혜 있는 신하는 망하게 된다.' 천하가 이미 평정되었으니 나는 삶아 죽임을 당하는 것이 당연하다."

果若人言. 狡兔死 良狗烹 高鳥盡 良弓藏 敵國破 謀臣亡. 天下已定 我固當烹.(≪사기≫ 회음후열전(淮陰侯列傳))

유방이 말했다.

"그대가 반란하였다고 고한 사람이 있다."

한신은 낙양(洛陽)으로 붙잡혀 갔지만 죄는 용서되고 초왕(楚王)인 그를 회음후(淮陰侯)로 좌천시켰다.

九死一生
구 사 일 생

아홉 번 죽다가 한 번 살아난다. 죽을 고비를 여러 번 넘기고 목숨을 건진다는 뜻.

아홉 **구** 죽을 **사** 한 **일** 날 **생**

사마천(司馬遷)의 ≪사기≫ 굴원가생열전(屈原賈生列傳)에 다음과 같은 기록이 있다.

"굴평(屈平:평은 굴원의 이름)은 임금이 신하의 말을 듣고 분간하지 못하고, 참언(讒言)과 아첨하는 말이 왕의 밝은 지혜를 가리며, 간사하고 비뚤어진 말이 임금의 공명정대함을 상처 내어 마음과 행실이 방정한 선비들이 용납되지 않는 것을 미워했다. 그리하여 근심스러운 생각을 속에 담아 〈이소(離騷)〉 한 편을 지었다."

이 이소(離騷)의 제6단에 다음과 같은 1절이 있다.

'길게 한숨 쉬고 눈물을 닦으며 인생의 어려움 많음을 슬퍼한다.……
그러나 자기 마음에 선하다고 믿고 있기 때문에 비록 아홉 번 죽을지라
도 오히려 후회하는 일은 하지 않으리라(雖九死 猶未其悔).'

이 '구사(九死)'에 대하여 《문선》을 편찬한 유량주(劉良注)는 이렇
게 말했다.

"아홉은 수의 끝이다. 충성과 신의와 곧음과 깨끗함(忠信貞潔)이 내 마
음의 선하고자 하는 바이니 이 해를 만남으로써 아홉 번 죽어 한 번을 살
아나지 못한다 할지라도 후회하고 원한을 품기에는 족하지 못하다."

'구사일생(九死一生)'은 유량주가 말한 '아홉 번 죽어서 한 번 살지 못
한다.'에서 나온 것으로, 열 번 중에서 아홉 번까지는 별로 도움을 주지
못한다는 뜻이기도 하며, 죽을 고비를 여러 차례 넘기고 간신히 살아난
다는 뜻이기도 하다.

九牛一毛
구 우 일 모

아홉 마리 소 가운데 뽑힌 한 가닥의 털로, 무수히 많은 것 중에서
극히 적은 일부분이라는 뜻.

아홉 **구** 소 **우** 한 **일** 털 **모**

≪사기≫의 저자 사마천(司馬遷)은 〈보임안서(報任安書)〉의 전반에서 이릉(李陵)을 변호한 이유로 관청의 형벌을 받게 된 경과를 말하고, 다시 임안(任安), 이릉(李陵)과 함께 투옥의 쓰라림을 맛보면서 더구나 자기는 거세의 형벌을 받아 천하의 웃음거리가 되었지만 하소연할 수 없는 괴로움은 세상 속인들에게는 말할 수 없는 슬픈 일이라고 쓰고 있다.

그 끝부분은 몹시 자조적(自嘲的)이다.

"나의 아버님은 부부단서(剖符丹書)를 받을 만한 공적도 없는 문사성력(文史星曆)의 계원에, 점쟁이 부류에 속하는 사람으로서 원래 천자가 희롱하여 노니는 것을 상대하여 천한 배우와 같이 양성되어 세상 사람들이 가볍게 여기는 사람이었다. 설사 내가 법에 복종하여 죽임을 받을지라도 아홉 마리의 소에서 한 개의 터럭을 잃는 것 같으니 벌레가 죽는 것과 무엇이 다르겠는가?"(≪문선≫ 한서(漢書))

괴로움이 충만한 이 자조적(自嘲的)인 사건에는 가슴을 울리는 무엇이 있다. 그 그늘에는 당대의 사회적 불만과 속세의 분노가 깃들어 있다.

'구우일모(九牛一毛)' 란 '아홉 마리 소에서 한 개의 터럭' 이란 의미로, '많은 것들 중에서 극히 적은 것' 을 형용하는 말로 사용된다.

口有蜜腹有劍
구 유 밀 복 유 검

입술에는 꿀을 바르고 뱃속에는 칼을 품는다. 겉으로는 꿀처럼 친한 척하지만 마음속으로는 해칠 생각을 하고 있다는 뜻이다.

입 **구** 있을 **유** 꿀 **밀** 배 **복** 있을 **유** 칼 **검**

이 말은 겉으로는 상냥한 체 위하면서 돌아서면 은근히 남을 끌어내릴 때 쓰는 말이다.

후궁(後宮)들을 중심으로 세상이 돌아가는 중국의 역대 왕조에서 이와 같이 뱃속이 검고 책략에 뛰어난 궁중의 정치가들은 이루 헤아릴 수 없이 많지만, 그중에서도 널리 알려져 있는 것은 당(唐)나라의 이임보(李林甫)였다.

이임보는 환관에게 뇌물을 바치고, 그것이 인연이 되어 당현종(唐玄宗)의 총애하는 왕비에 들러붙어 출세의 실마리를 잡은 사람이다. 그는 처음부터 전형적인 궁중 정치가였던 것이다.

개원(開元) 22년(733)에 부재상을 24년 동안이나 지내고 천보(天寶) 11년(752)에 재상이 되어 죽을 때까지 19년 동안 항상 현종의 측근에서 인사권을 손 안에 쥐고 국정을 마음대로 하여, 결국에는 당(唐)나라를 한 때 망국(亡國)의 위기에 몰아넣었던 안록산(安祿山)의 난을 불러들이게 되었다.

이임보는 질투심이 강한 사나이로, 자기보다 나은 사람을 보면 그가 자기의 지위를 위협하는 것은 아닌가 하고 두려워하여 조정에서 추방해

버렸다. 그것도 권위를 어깨에 걸친 강인한 수법으로는 절대로 하지 않았다. 충성스러운 얼굴로 현종에게 천거하여 올려놓고 떨어뜨리는 수법을 사용했던 것이다.

예를 들면 천보 원년에, 현종은 갑자기 생각이 나 이임보에게 물은 적이 있었다.

"엄정지(嚴挺之)는 지금 어디에 있지? 그 사나이에게 일을 시키는 것이 어떤가?"

엄정지는 강직한 사람으로서 이임보의 전임자였던 장구령(張九齡)에 발탁되어 요직을 맡고 있었는데, 이임보의 시대가 되자 그 재능을 미워하여 지방으로 추방되어 항군(絳郡)의 태수(太守)로 있었다.

이임보는 그날 자기 숙소로 돌아오자 도읍에 있는 엄정지의 아우 손지(損之)를 불러서 떠들썩하게 말했다.

"임금께서는 자네의 형님을 몹시 칭찬하고 계시네. 임금님께 한번 배알하는 것이 어떨까? 틀림없이 관직을 받을 수 있을 거야. 그래서 일단 병을 치료하기 위하여 도읍에 돌아왔다는 상소문을 올리는 것이 좋다고 생각하는데, 어떤가?"

엄손지는 이임보의 호의에 감사하며 그것을 형님인 엄정지에게 연락을 취했음은 더 말할 여지가 없다. 엄정지는 지시대로 상소문을 제출했다. 이것을 받은 이임보는 현종에게 말했다.

"전날 말씀하신 엄정지입니다만, 이번에 이와 같은 상소문이 올라왔습니다. 그런데 워낙 노인이고 병이 깊어 관직을 맡길 수 없다고 생각합니다. 도읍으로 불러서 한직(閑職)에나 붙여 주는 것이 좋다고 생각됩니다."

"그런가? 유감스럽지만 하는 수 없지."

엄정지는 이임보가 계획한 대로 도읍으로 불려왔지만 화가 나서 정말로 병이 들어 죽고 말았다.

당(唐)나라 왕조를 중흥한 현종이 어찌 이와 같이 음흉한 이임보 같은 사람에게 말려들었는지 모르겠다.

'현종이 왕위에 오른 지 오래되니 점점 사치와 욕심이 커졌다. 이임보는 드디어 나라의 정사를 마음대로 할 수 있었다.' 라고 ≪십팔사략≫에는 기록되어 있다.

이임보는 현명한 사람을 미워하고 능력 있는 사람을 질투하며 자기보다 나은 사람은 배척하고 억누르는, 성격이 음험한 사람이다. 사람들이 그를 보고 '입에는 꿀이 있고 배에는 칼이 있다.' 라고 말했다. 밤에 언월당(偃月堂)에 앉아 깊이 생각하는 일이 있으면 다음날 반드시 주살(誅殺)이 있었으며 가끔 큰 옥사를 일으켰다. 태자로부터 이하의 모든 사람들이 이를 두려워했다. 재상 지위에 있는 19년 동안 천하의 난리를 키워냈으나 현종은 깨닫지 못했다. 안록산(安祿山)도 이임보의 술수를 두려워했으므로 그의 세상이 끝날 때까지는 감히 반란을 일으키지 못했다.

李林甫 妬賢嫉能 排抑勝己 性陰險. 人以爲 口有蜜腹有劍. 每夜獨坐偃月堂 有所深思 明日必有誅殺 屢起大獄. 自太子以下皆畏之. 在相位十九年 養成天下之亂 而上不悟. 然祿山畏林甫術數. 故終其世末敢反.(≪십팔사략≫)

언월당(偃月堂)이란 이임보의 집에 있는 서재 이름이다. 그가 밤 깊도록 서재에서 깊은 생각에 잠겨 있으면 그 다음날 반드시 누군가 죄를 뒤집어쓰고 처형되었다고 한다. 안록산도 하북(河北)에 있으면서 그의 말에 한편 기뻐하고 한편 근심했다고 하니 그를 몹시 두려워하고 있었던 것이다.

이임보가 죽자 양귀비(楊貴妃)의 집안사람인 양국충(楊國忠)이 재상이 되었다. 양국충은 그의 아픈 곳을 마구 찔러, 재상이 되자마자 그의 죄목을 하나하나 들어 현종에게 고하자 화가 난 현종이 그의 생전의 관직을 모두 박탈하고 한 선민으로서 거친 관에 옮겨 매장하였다.

안록산이 반란을 일으킨 것은 천보(天寶) 14년, 이임보가 죽은 지 3년째 되던 해였다.

九仞功虧一簣
구 인 공 휴 일 궤

아홉 길이나 되는 높은 산을 쌓는데 마지막 한 삼태기를 얹지 못해 실패한다는 뜻으로, 조금만 더하면 목적을 달성할 수 있는데 중단해서 지금까지 애쓴 일이 모두 허사가 된다는 뜻.

아홉**구** 길**인** 공**공** 이지러질**휴** 한**일** 삼태기**궤**

이제 한 걸음만 더 나아가면 될 곳에서 손을 빼기 때문에 일이 실패로 돌아가는 것을 비유로 하는 말이다.

1인(仞)은 주(周)나라 제도에서 8척을 말하니 그 9배나 되는 몹시 높고 긴 것을 말한다. 1궤(簣)는 한 삼태기를 말하는 것이다.

그 출전은 ≪서경≫ 여오편(旅獒篇)으로서 다음과 같이 실려 있다.

아아, 아침 일찍부터 밤늦게까지 조금도 부지런함이 없어서는 안 됩니다. 자디잔 행동을 삼가지 않으면 마침내 큰 덕에 누를 끼치게 됩니다. 아홉 길 산을 만듦에 한 삼태기의 흙이 모자라 공이 이지러지게 됩니다.

嗚呼 夙罔或不勤 不矜細行 終累大德. 爲山九仞 功虧一簣.

여오편(旅獒篇) 내용은, 주무왕(周武王)이 은(殷)나라의 주왕(紂王)을 멸망시키고 새로운 주 왕조(周王朝)를 열어 그 위엄 있는 명령이 사방의 오랑캐에까지 미쳤을 때 서쪽의 오랑캐 족속인 여국(旅國)으로부터 오(獒)라는 짐승이 상납되었다. 오(獒)란 높이가 넉 자나 되는 큰 개로, 사람의 뜻을 능히 이해하고 잘 따르기 때문에 무왕(武王)이 크게 기뻐하여 이 개를 진귀한 동물로 여기자, 그의 아우인 소공(召公) 석(奭)이 이와 같은 진기한 물건에 무왕이 마음을 빼앗기는 것을 경계한 글이다.

앞에서 인용한 글은, '아아, 임금이 된 사람은 아침 일찍부터 밤늦게까지 천하의 정치를 힘써 행하지 않으면 안 된다. 만일 작은 행위에서 신중함을 결여한다면 마침내는 큰 덕을 손상시키기에 이를 것이다. 예를 들면 흙을 쌓아 산을 만들 때 한 삼태기의 흙을 보태면 아홉 길에 이르게 되지만, 마지막 한 삼태기의 흙을 운반하는 것을 게을리 한다면 지금까지의 수고는 수포로 돌아가고 말 것이다.' 라는 뜻이다.

口禍之門
구 화 지 문

입은 재앙을 불러들인다. 재앙은 입으로부터 시작되므로 말을 삼가야 한다는 뜻이다.

입 **구** 재앙 **화** 어조사 **지** 문 **문**

입이 재앙을 불러들이는 문이 된다는 것은 누구나 다 알고 있는 바와 같다. 이것은 풍도(馮道, 882~954)의 시로 그의 〈설시(舌詩)〉라는 시에,

입은 곧 재앙의 몸이요, 혀는 곧 몸을 자르는 칼이다.
입을 닫고 혀를 깊이 감추면 가는 곳마다 몸이 편안하다.

口是禍之門 舌是斬身刀
閉口深藏舌 安身處處牢

풍도(馮道)는 당(唐)나라 말기에 태어나 당(唐)나라가 망한 뒤에도 진(晉)나라와 거란(契丹)과 한(漢)나라의 여러 왕조에서 벼슬한 사람으로, 이 동란의 시기에 73세라는 장수를 누린 사람이다. 이 시는 ≪전당시(全唐詩)≫에 수록되어 있다.

國士無雙
국 사 무 쌍

나라 안에 견줄 만한 사람이 없다는 뜻으로, 세상에 둘도 없는 가장
뛰어난 인재를 말함.

나라 **국** 선비 **사** 없을 **무** 쌍 **雙**

한신(韓信)은 회음(淮陰:강소성) 사람이었다. 젊은 시절에는 방탕하여
관리 노릇도 하지 못하고 장사도 못하여 사람들에게 귀찮은 존재로 기식
(寄食)하고 있었으므로 다른 사람들에게 지탄을 받는 바가 되어 먹고 살
기에 급급하였다.

어느 날 한신이 개울에서 낚시질을 하고 있는데 노파들이 무명을 빨고
있다가 그중 한 사람이 굶주리고 있는 한신의 모습을 보고 밥을 베풀어
주었다. 한신은 이때 수십 일을 굶다시피 하였으므로,

"언젠가는 꼭 보답을 하겠습니다."

라고 말하자 노파는 화가 나서 퉁명스럽게 쏘아붙였다.

"착한 사나이가 밥도 먹지 못한 것 같아서 딱하게 생각했을 뿐이야. 답
례 같은 것을 바라고 한 짓이 아니야."

회음의 젊은 사람들 중에 한신을 바보로 취급하는 사람이 있었다.

"지체가 높은 체 칼을 늘어뜨리고 있지만 속은 정말로 비겁한 놈이야.
죽는 것이 두렵지 않거든 나를 찔러 봐라. 그게 싫거든 내 다리 밑을 빠
져나가고."

한신은 여러 사람들이 보는 가운데 모욕을 당했다. 한신은 상대방을

노려보다가 엉금엉금 기어서 그 사람의 다리 밑으로 빠져나갔다. 시장에 있던 사람들은 모두 한신을 비겁한 사나이라고 비웃었다.

한신은 처음에 항우(項羽)에게 봉사했지만 의견을 받아들여 주지 않아 도망하여 한(漢)나라 군대에 들어갔다. 이윽고 그는 부장(部將)인 하후영 (夏侯嬰)에게 인정을 받아 군대의 식량을 관리하는 치속도위(治粟都尉) 에 임명되었다. 그리고 승상인 소하(蕭何)에게도 인정을 받았다.

한(漢)나라 왕 유방(劉邦)이 봉지(封地)인 남정(南鄭)으로 가게 되었는 데 도중에 도망하는 병사들이 많이 나오고 장군들도 도망친 사람이 수십 명이나 되었다. 한신도 소하가 몇 차례나 추천해 주었는데도 유방이 써 주지 않는 데 대한 원한을 품고 도망쳤다. 소하는 한신이 도망쳤다는 말 을 듣자 보고도 하지 않고서 한신의 뒤를 쫓아갔다.

"소하 승상이 도망쳤습니다."

하고 말하는 사람이 있었다. 유방은 누구보다도 믿고 있던 소하가 도 망쳤다는 말을 듣자 좌우의 손을 잃은 것처럼 낙담했다. 그로부터 이틀 뒤에 소하는 돌아왔다. 유방은 기뻐하면서,

"왜 도망을 쳤느냐?"

"저는 도망친 것이 아닙니다. 도망친 사람을 쫓아갔던 것입니다."

"누구를 쫓아갔단 말이냐?"

"한신입니다."

"거짓말 마라. 장군들이 수십 명이나 도망쳤는데도 승상은 쫓아가지 않았다. 그러니 한신을 쫓아갈 필요는 없지 않았느냐?"

그러자 소하가 대답했다.

"다른 장군들이라면 쉬 얻을 수 있습니다. 그러나 한신과 같은 사람이 라면 국사무쌍(國士無雙:온 나라에서 가장 뛰어난 인물)입니다. 왕께서 언제까지나 한중(漢中)의 왕이라면 한신에게 일을 맡기지 않으셔도 될

것입니다. 그러나 천하를 다투고자 하신다면 한신이 아니고서는 더불어 일을 도모할 사람이 없습니다. 이것은 왕의 생각이 어느 쪽으로 결정되느냐에 달린 문제일 뿐입니다."

諸將易得已. 至如信者 國士無雙. 王必欲長王漢中 無所事信. 必欲爭天下 非信無所與計事者. 顧王策安所決已.(≪사기≫ 회음후열전(淮陰侯列傳))

그 결과 한신은 장군에 임명되어 수완을 발휘하기 시작했던 것이다.

한신은 뒤에 초왕(楚王)이 되어, 밥을 준 노파를 찾아내어 천금을 하사했으며 가랑이를 벌리고 그 밑으로 자기를 기어 들어가게 했던 사람을 불러 초(楚)나라의 수도를 경비하는 관리로 삼았다고 한다.

國破山河在
국 파 산 하 재

나라는 파괴되도 산과 물은 여전하다. 나라는 망했지만 오직 산과 강만은 예전 그대로 남아 있다는 뜻.

나라 국 깨트릴 파 뫼 산 강이름 하 있을 재

당(唐)나라 현종(玄宗)의 천보(天寶) 15년(756) 6월에, 나라의 도읍 장안(長安)이 안록산(安祿山)이 이끄는 반란군에 의해 함락되었다.

두보(杜甫, 712~770)는 그전 달에 장안에서 고향인 봉선현(奉先縣)으로 돌아가 가족들과 함께 부주(鄜州)에서 난리를 피했다. 그리고 태자인 형(亨)이 7월에 영무(靈武)에서 즉위했다는 소식을 듣자 단신으로 새 임금에게 달려가 배알하려고 했다.

여태 10년 동안이나 벼슬길을 구하느라 고관들이나 정상배들에게 비굴할 정도로 허리를 굽히면서도 제대로 뜻을 이루지 못해 벼슬도 변변히 못한 두보가, 만리장성이 눈앞에 보이는 변두리 지역에서 왕위에 오른 새 임금의 막하로 들어가려 한 것은 왜일까? 두보 자신과 처자를 포함한 백성들과 이민족인 안록산의 말굽 아래 무너지고 있는 민족의 미래를 거기밖에 의탁할 수 없었던 때문이 아닐까?

그러나 두보는 가는 도중에 반란군에게 체포되어 장안(長安)으로 보내어져서 포로의 몸이 되었다.

두보에게 사숙(私淑)하고 있던 파초(芭蕉)가 〈오세도(奧細道)〉의 일절에, '나라는 파괴되었어도 산과 내는 있고, 성에는 봄이 찾아와 풀이 푸르네.'라는 구절을 첫머리로 한 오언율시(五言律詩)인 〈춘망(春望)〉을 두보가 읊은 것은 다음해인 지덕(至德) 2년의 봄이다. 두보가 장안성(長安城)에서 포로의 몸이 된 것을 원망하면서 부른 노래이다.

나라는 파괴되었어도 산과 내는 있고, 성에 봄이 오니 풀과 나무가 무성하다.
때때로 꽃을 보아도 느끼어 눈물이 흐르니, 이별을 한하여 새에도 마음 놀라네.
횃불은 석 달 동안 이어지고, 집에서 오는 편지는 만금에 해당되네.
흰 머리 긁으면 더욱 짧아지니, 비녀도 찌르지 못하겠네.

國破山河在 城春草木深
感時花濺淚 恨別鳥驚心
烽火連三月 家書抵萬金
白頭搔更短 渾欲不勝簪

두보는 이 시를 읊은 후, 머지않아 같은 해 여름 4월에 장안을 탈출하여 봉상(鳳翔)에 와 있던 숙종(肅宗)의 행차를 만나고, 그 이듬해 5월에 좌습유(左拾遺:왕에게 간하는 벼슬)에 임명되었다. 소원이 이루어져 처음으로 벼슬길에 나섰던 것이다.

群盲評象
군 맹 평 상

여러 맹인이 코끼리를 만져 보고 제각기 말한다는 뜻으로, 어리석은 사람은 좁은 소견과 주관에 치우쳐 큰일을 그릇되게 판단하거나 일부밖에 파악하지 못한다는 말.

무리 **군** 소경 **맹** 평할 **평** 코끼리 **상**

≪북송열반경(北宋涅槃經)≫의 〈사자후보살품(獅子吼菩薩品)〉 속에 다음과 같은 이야기가 수록되어 있다.

어느 나라에 왕이 있었다. 왕은 대신에게,
"코끼리를 끌어내어 맹인들에게 보여 주어라."

하고 명령했다. 그러자 대신은 많은 맹인들을 모아 놓고 그들 앞에 코끼리를 끌어냈다. 맹인들은 각자 손으로 코끼리를 만져 보았다. 대신이,

"명령대로 하였습니다."

하고 보고하자 왕은 그 맹인들을 불러서 물었다.

"너희들은 코끼리를 알겠느냐?"

그러자 맹인들은 입을 모아 대답했다.

"네, 알았습니다."

그래서 왕은 다시 물었다.

"코끼리는 무엇과 같다고 생각하는가?"

그러자 상아를 만져 본 맹인은 대답했다.

"코끼리의 모양은 무와 같습니다."

귀를 만져 본 맹인은 말하였다.

"코끼리는 키와 같습니다."

머리를 만져 본 맹인은 말하였다.

"코끼리는 돌과 같습니다."

코를 만져 본 맹인은 말하였다.

"코끼리는 방앗공이와 같습니다."

다리를 만져 본 맹인은 말하였다.

"코끼리는 나무토막과 같습니다."

등을 만져 본 맹인은 말하였다.

"코끼리는 널빤지와 같습니다."

배를 만져 본 맹인은 말하였다.

"코끼리는 독과 같습니다."

그리고 꼬리를 만져 본 맹인은 말하였다.

"코끼리는 새끼줄과 같습니다."

이 맹인들은 코끼리의 몸을 말하고 있지는 않지만, 그러나 코끼리를 말하고 있지 않은 것도 아니다. 그들이 말한 코끼리의 여러 가지 모습은 코끼리 그 자체는 아니지만 이것을 떠나 코끼리가 별도로 있는 것은 아니다.

이 이야기에 등장하는 코끼리는 부처님을 비유한 것이며, 맹인들은 밝지 못한 중생을 비유한 것이다. 이 이야기는 중생들이 부처님을 부분적으로 이해할 수 있는 것, 즉 중생들에게는 부처님이 따로 계시다는 것을 보여 주고 있는 것이다.

'여러 맹인이 코끼리를 평한다.'는 말은 이 이야기에서 나온 것으로 많은 맹인들이 코끼리를 손으로 만져 보고 각자가 만진 부분만을 평한 것처럼, 보통사람이 위대한 성인이나 사업을 비판할지라도 단순히 그 일부분만을 알고 비평하는 것이며 전체의 관찰은 하지 못한다는 뜻으로 사용되고 있다.

君子遠庖廚
군 자 원 포 주

군자는 푸줏간과 부엌을 멀리한다. 심성이 어질고 바르게 하기 위해서는 무섭거나 잔인한 일을 해서도 안 되며, 봐서도 안 된다는 뜻.

임금 **군** 아들 **자** 멀 **원** 푸줏간 **포** 부엌 **주**

군자는 어질고 사랑하는 마음이 풍부하기 때문에 새나 짐승이 죽임을 당하는 것을 차마 보지 못하고, 그 죽을 때의 소리를 듣고는 차마 그 고기를 먹지 못한다. 그러므로 군자는 푸줏간과 부엌을 멀리하는 것이다.

이 이야기는 ≪예기≫의 옥조편(玉藻篇)과 ≪맹자≫의 양혜왕편(梁惠王篇) 상(上)에 기록되어 있다. 맹자와 제선왕(齊宣王, B.C. 319~301)의 문답에서 나온다.

맹자는 제선왕과 왕도정치를 이야기하면서 사람은 누구나 차마 하지 못하는 마음, 즉 인자하고 자비로운 마음이 왕도정치를 하는 발판임을 강조하고, 그런 점에서는 제선왕도 왕도정치를 할 자질을 갖추고 있다고 설득하였는데, 그 이야기를 이끌어내는 방법이 몹시 교묘하고도 명쾌하게 전개된다.

제선왕:덕이 어떠해야 왕 노릇을 할 수 있습니까?

맹자:백성들을 편안히 살게 해 주는 왕 노릇을 한다면 아무도 이를 막아낼 수 없을 것입니다.

제선왕:나 같은 사람도 백성들을 편안히 살게 해 줄 수 있을까요?

맹자:하실 수 있습니다.

제선왕:무엇으로 내가 할 수 있음을 아십니까?

맹자:제가 호흘(胡齕)에게서 이런 이야기를 들었습니다.

왕께서 당 위에 앉아 계실 때, 당 아래로 소를 끌고 가는 사람이 있자 이를 보시고, '소를 어디로 끌고 가는가?' 하시니 그 사람이, '종에 피를 바르려 합니다.' 라고 대답했습니다. '놓아주어라. 나는 그 소가 부들부들 떨면서 아무 죄도 없이 사지로 끌려가는 꼴을 차마 보지 못하겠구나!' 라고 말씀하셨습니다. 그 사람이 '그러면 종에 피 바르는 일을 그만두어도 되겠습니까?' 하고 여쭙자 왕께서, '어찌 그만둘 수 있겠느냐?

양으로 바꿔서 하라.'고 말씀하셨다 합니다. 저로서는 잘 모르겠거니와 그런 일이 있었습니까?

제선왕:그런 일이 있었습니다.

맹자:그러한 마음이면 넉넉히 왕 노릇을 하실 수 있습니다. 백성들은 모두 왕께서 소를 아껴서 하신 것이라고 말하고 있습니다만 저는 진실로 왕께서 그 꼴을 차마 보실 수 없어서 하신 것임을 알고 있습니다.

제선왕:그렇습니다. 정말 그렇게 말하는 백성들도 있습니다만 제(齊)나라가 아무리 작다고 한들 내 어찌 한 마리의 소를 아까워하겠습니까? 그 소가 부들부들 떨면서 죄도 없이 사지로 끌려가는 꼴을 차마 볼 수 없었기 때문에 양으로 바꾸라고 말한 것입니다.

맹자:왕께서는 백성들이 소를 아껴서 그런 것이라고 이르는 말을 이상히 생각지 마옵소서. 작은 것으로써 큰 것과 바꾸게 하셨으니 그들이 어찌 왕의 마음을 알 수 있겠습니까? 왕께서 만일 아무 죄도 없이 사지로 끌려가는 것을 불쌍히 생각하셨다면 어찌 소와 양의 구별이 있겠습니까?

그러자 왕이 웃으면서 말했다.

제선왕:그것은 정말 무슨 마음으로 그랬던가? 그 재물을 아끼느라고 양으로 바꾸라고 한 것이 아니건마는 백성들이 나에게 인색해서 그랬다고 말하는 것도 무리가 아니겠군요.

맹자:왕께서는 조금도 괴로워하실 것이 없습니다. 이것이 바로 인(仁)의 방법이니, 그것은 소는 보셨고 양은 보시지 않았기 때문입니다. 군자가 새나 짐승을 대할 때 살아 있는 모습을 보고서는 그들의 죽는 꼴을 차마 보지 못하며, 그 죽는 소리를 듣고서는 그 고기를 차마 먹지 못합니다. 그래서 군자는 푸줏간과 부엌을 멀리하는 것입니다.

曰 德何如則 可以王矣. 曰 保民而王 莫之能禦也. 曰 若寡人者 可以保民

乎哉. 曰 可. 曰 何由 知吾可也. 曰 臣聞之胡齕 曰 王坐於堂上 有牽牛而過堂下者. 王見之 曰 牛何之. 對曰 將以釁鍾. 王曰 舍之吾不忍其觳觫若無罪而就死地. 對曰 然則 廢釁鍾與. 曰 何可廢也. 以羊易之. 不識 有諸. 曰 有之. 曰 是心足以王矣. 百姓皆以王爲愛也 臣固知王之不忍也. 王曰 然誠有百姓者 齊國雖褊小 吾何愛一牛 卽不忍其觳觫若無罪而就死地 故以羊易之也. 曰 王無異於百姓之以王爲愛也 以小易大 彼惡知之. 王若隱其無罪而就死地則 牛羊何擇焉. 王笑曰 是誠何心哉 我非愛其財而易之以羊也 宜乎百姓之謂我愛也. 曰 無傷也 是乃仁術也 見牛不見羊也. 君子之於禽獸也 見其生 不忍見其死聞其聲 不忍食其肉 是以君子 遠庖廚也.

이리하여 맹자는 '차마 하지 못하는 마음'이 인자한 마음이고, 이와 같은 어진 마음을 백성들에게까지 미치게 하는 것이 왕도정치이며, 이런 점에서 제(齊)나라 선왕(宣王)은 왕자(王者)가 될 자질을 지니고 있으나 '왕이 왕 노릇을 하지 않는 것은 하지 않기 때문이다. 능하지 못한 것이 아니다.' 라는 논의로 이야기는 계속되는 것이다.

君子豹變
군 자 표 변

군자가 표범처럼 변한다. 표범의 털가죽이 아름답게 변하는 것처럼, 군자가 자기 잘못을 깨달으면 곧바로 고치는 것을 뜻함.

임금 군 아들 자 표범 표 변할 변

이 말은 지금은 나쁜 의미로 사용되고 있지만 본래의 뜻은 그렇지 않다. ≪역경≫에 나오는 훌륭한 도덕적 교훈인 것이다.

≪역경≫ 64괘의 하나에 혁(革: ☰☱)이라는 괘가 있다. 그 괘사(卦辭)에는 '혁괘(革卦)는 물과 불이 서로 꺼지며, 두 여자가 함께 있어도 그 뜻을 얻지 못하는 것을 혁(革)이라고 말한다. 기일(己日)에 성실하다는 것은 개혁하여 믿게 하는 것이다. 문명(文明)함으로써 기쁘게 하고 크게 형통함으로써 바로잡으니 혁명이 당연할 때 그 뉘우침이 곧 없어진다. 하늘과 땅은 혁명하여 네 계절이 이루어지며, 은(殷)나라 탕왕(湯王)과 주(周)나라 무왕(武王)이 혁명하여 하늘에 순종하고 사람에게 응하니, 혁명의 때가 크도다!' 라고 있다.

革 水火相息. 二女同居 其志不相得 曰革. 己日乃孚 革而信之. 文明以說 大亨以正 革而當 其悔乃亡. 天地革而四時成 湯武革命 順乎天而應乎人 革之時大矣哉.

≪역경≫에서는 64괘를 구성하는 음(陰)과 양(陽)의 효(爻)에 대하여 설명과 점의 판단을 걸고 있거니와 이것을 효사(爻辭)라 말하며, 혁괘(革卦)의 제5, 육효(六爻)에 대해서 다음과 같은 효사가 걸려 있다.

구오(九五). 군왕은 호랑이로 변한다. 점치지 않고서 올바름이 있다.
상육(上六). 군자는 표범으로 변하고, 소인은 얼굴을 혁신한다. 가면 흉하고, 있으면 곧아서 길하다.

九五. 大人虎變 未占有孚.
上六. 君子豹變 小人革面. 征凶 居貞吉.

위에 말한 효사(爻辭)는 대략 다음과 같은 뜻이다. 구오(九五)는 양강중정(陽剛中正)이니 천하를 혁신하여 큰 사업을 성취하는 군주의 기상이다. 그러므로 이와 같은 군주는 호랑이가 여름에서 가을에 걸쳐 털을 갈고 변하는 것처럼 그 가죽의 아름다움을 더하는 것에 비유할 수 있다. 이미 새삼스럽게 점칠 것도 없이 사람들로부터 올바르다는 평을 받을 것이다.

또 상육(上六)은 유순하게 있으면 옳게 되고 혁명을 성취할 것이므로 그 사업에 참여한 덕 있는 군자의 공은 표범의 털이 가을에 아름답게 변하는 것처럼 빛난다. 또 만일 덕이 없는 소인이라면 얼굴을 혁신하고 새로운 군주를 따르도록 마음을 써야 한다. 단지 혁명의 사업이 중대한 것이므로 강행하여 백성들의 삶을 피로하게 만드는 것은 흉하며, 꾹 참고서 그 성과를 받아들이면 올바르게 되어 길하다는 뜻이다.

이것이 '대인호변(大人虎變)'과 '군자표변(君子豹變)'의 원뜻이거니와 '군자표변(君子豹變)'은 이것을 윤리적으로 해석하여, 군자가 잘못을 고치는데 표범의 털가죽이 선명하고 아름다운 것처럼 뚜렷한 태도로써 선으로 옮겨야 한다고 해석할 수 있다.

君子和而不同

군 자 화 이 부 동

군자는 남과 조화를 잘 이루지만 무턱대고 어울리지는 않는다는 뜻
으로, 남들과 화목하게 지내지만 부화뇌동하지 않고 중심과 원칙을
잃지 않는다는 말.

군자 **군** 선생 **자** 화할 **화** 말이을 **이** 아니 **부** 같을 **동**

이 글은 ≪논어≫ 자로편(子路篇)에 있는 것이다. ≪논어≫에는 덕이
있는 군자에 대해 말한 곳이 많다. 실로 117조항에 이르며 그 대부분은
군자와 소인을 아울러 논하고 있다. 이 글도 그중의 하나이다.

공자께서 말씀하셨다.
"군자는 도리에 화합하고 부화뇌동(附和雷同)하지 않으며, 소인은 부
화뇌동하고 도리에 화합하지 아니한다."

子曰 君子和而不同 小人同而不和.

그러면 '화(和)'와 '동(同)'은 어떻게 다른가? '화(和)'는 조화를 이루
어 도리에 화합하여 어긋나지 않는 일이고, '동(同)'은 자기에게 일정한
견해 없이 부화뇌동하여 단지 상대방에게 따르며 아첨하는 것이 그 차이
라고 말할 수 있다.
이에 대해 ≪좌전≫ 소공(昭公) 20년(B.C. 522)에 실린 글이 참고가
될 것이다.

제(齊)나라 경공(景公)이 사냥에서 돌아왔을 때 재상 안영(晏嬰)이 천대(遄臺)에서 기다리고 있자 간사한 신하 양구거(梁丘據)도 수레를 달려 찾아왔다. 경공이 그를 보자 이렇게 말했다.

"나는 오직 양구거와 마음이 맞는 거야."

그러자 안영이 대답했다.

"양구거도 똑같을 것입니다. 그러나 그것을 어찌 조화를 이루었다 할 수 있겠습니까?"

경공이 다시 물었다.

"화(和)와 동(同)은 어떻게 다른가?"

그러자 안영은 그 차이를 이렇게 설명했다.

"다른 것입니다. '화(和)'란 국과 같습니다. 물과 불과 고기와 소금과 양념을 넣고 삶습니다. 이것을 삶는 데 섶나무로써 하고, 요리사가 이것을 화합시키고, 이것을 갖추는 데 맛으로써 하며, 미치지 못하는 것을 소금으로써 하고, 지나친 것을 물로써 맞춥니다. 군자가 이것을 먹으면 마음이 편안하게 됩니다.

임금과 신하의 관계도 또한 이와 같습니다. 임금이 옳다고 말하는 바에 잘못이 있으면 신하가 그 잘못을 간하여 그것을 옳게 이루어야 합니다. 임금이 그른 것을 옳다고 말하면 신하는 옳음을 간하여 그릇됨을 없게 해야 합니다. 이로써 정치가 평화로워져 범하지 않고, 백성들에게 다투는 마음이 없는 것입니다.

그런데 양구거는 그렇지 않습니다. 임금이 옳다고 말씀하시면 양구거도 옳다고 하고, 임금이 그르다고 말씀하시면 양구거도 그르다고 합니다. 이것은 물에 물을 탄 것과 같으니 누가 이것을 능히 먹겠습니까? 거문고와 비파가 어울리는 것 같으니 누가 능히 이것을 듣겠습니까? 뇌화부동의 옳지 않음이 이와 같습니다."

이상의 설명으로써 '화(和)'와 '동(同)'의 다른 점을 알 수 있을 것이다. 이 이야기는 ≪안자춘추(晏子春秋)≫ 권4 외편(外篇)에도 실려 있다.

勸善懲惡
권 선 징 악

착한 행실을 권장하고 악한 행실을 징계한다는 뜻이다.

권할 **권** 착할 **선** 징계할 **징** 악할 **악**

≪춘추좌씨전≫의 노(魯)나라 성공(成公) 14년에 다음과 같은 기록이 있다.

"9월에 제(齊)나라로 공녀(公女)를 맞이하러 갔던 교여(僑如:宣伯)가 부인 강씨(姜氏)를 데리고 제(齊)나라에서 돌아왔다. 교여라고 높여서 부른 것은 부인을 안심시켜 슬며시 끌고 오기 위해서였다. 이보다 앞서 선백(宣伯)이 제(齊)나라로 공녀를 맞이하러 갔을 때는 선백을 '숙손(叔孫)'이라고 불러 군주의 사자로서 높여 부르는 방법을 사용했다.

그러므로 군자는 이렇게 말한다. '춘추시대의 호칭은 알기 어려운 것 같으면서도 알기 쉽고, 쉬운 것 같으면서도 뜻이 깊고, 빙글빙글 도는 것 같으면서도 정돈되어 있고, 노골적인 표현을 쓰지만 품위가 없지 않으며, 악행을 징계하고 선행을 권한다(懲惡而勸善). 성인이 아니고서야 누가 이렇게 지을 수 있겠는가?'"

'악함을 징계하고 선함을 권한다' 는 것은 악한 사람을 책망하고 선한 사람을 권장한다는 뜻으로 풀이할 수 있거니와 '권선징악(勸善懲惡)' 은 여기에서 나온 말이다.

捲土重來
권 토 중 래

흙먼지를 날리며 다시 온다는 뜻으로, 어떤 일에 실패한 뒤 다시 그 일에 착수하는 것을 말함.

말 권 흙 토 거듭할 중 올 래

이 말은 '한 번 싸움에 패한 사람이 다시 힘을 내어 흙을 말아 올릴 정도의 기세로 공격해 들어온다.' 는 뜻으로 사용되고 있다. 물론 오늘날에는 전쟁에 한한 것이 아니라 '한 번 실패하고서 다시 그 일에 도전한다' 는 뜻으로 널리 사용된다.

이 말은 만당(晩唐)의 대표적인 시인이었던 두목(杜牧, 803~843)의 칠언절구(七言絕句)인 〈제오강정시(題烏江亭詩)〉에서 나온 것이다.

승패는 병가(兵家)도 기약할 수 없으니 부끄러움을 안고 부끄러움을 참는 것, 이것이 남아다.

강동(江東)의 자제(子弟)들 중에는 호걸들이 많으니 흙을 말아 올려 거듭 쳐들어오는지 아직은 알 수 없네.

勝敗兵家不可期 包羞忍恥是男兒
江東子弟多豪傑 卷土重來未可知

오강(烏江)은 안휘성(安徽省) 화현(和縣)의 동북쪽에 위치해 있으며 양자강(揚子江) 오른쪽 기슭에 있다.

이 시는 이 고장을 여행하던 두목(杜牧)이 옛날 스스로 목숨을 끊은 초왕(楚王) 항우(項羽, B.C. 232~202)를 그리워하며 읊은 시이며 오강묘시(烏江廟詩)〉라고도 한다. 항우를 제사지내는 사당이 서 있던 것으로 생각된다.

항우는 해하(垓下)에서 유방(劉邦)과 싸움을 하다가 패전하여 이곳으로 도망쳐 왔다. 오강의 정장(亭長)은 배를 기슭에 준비해 놓고 항우를 기다리고 있었다. 정장이란 당시 지방에서 도둑을 체포하는 일을 맡은 하급관리이다. 항우가 달려오자 정장이 말했다.

"왕이여, 강동(江東)은 비록 작은 땅이지만 그래도 수십만 명이 살고 있으며, 왕 노릇은 충분히 할 수 있는 고장입니다. 자, 급히 배에 오르십시오. 제가 건너다 드리겠습니다."

강동이란 양자강 하류의 땅으로 강남(江南)이라고도 한다. 항우가 군대를 일으킨 것은 이 지방이며, 따라서 정장은 항우에게 그곳으로 돌아가라고 권했던 것이다. 그러나 항우는 이렇게 말했다.

"옛날에 나는 강동의 젊은이들 팔천 명과 강을 건너 서쪽으로 갔는데 지금 나에게는 함께 돌아갈 수 있는 병사가 한 사람도 없네. 내가 무슨 면목으로 강동에 계신 부형(父兄)을 뵐 수 있겠는가?"

하며 싸움터에서 타고 온 말에서 내리더니 이 말을 차마 죽일 수 없어 정장에게 주었다. 그후 추격해 온 한(漢)나라의 군대와 싸우다 스스로 목숨을 끊어 죽었다. 이때 항우의 나이는 불과 30세였다. 보기 드문 영웅의 최후가 너무나 비참하였다.

두목(杜牧)은 이 시에서 무상함을 읊었다.

항우여, 당신은 확실히 싸움에서 한 번 지고 말았지만 도대체 승부란 병가(兵家)들조차 예기할 수 없는 것이니 한때의 수치를 참아내는 것이 야말로 남아가 아니겠는가?

더구나 강동의 젊은이들은 호걸들이 많다. 왜 강동으로 건너가서 힘을 길러 '권토중래(捲土重來)' 하여 유방을 쳐부수지 못하였는가? 충분히 할 수 있었을지도 모르는데.

克己復禮
극 기 복 례

지나친 욕심을 버리고 본래 사람이 지녀야 할 예의와 법도를 따른다는 뜻.

이길 **극** 자기 **기** 돌아올 **복** 예도 **례**

《논어》 가운데는 '인(仁)' 에 관한 논의가 몹시 많다. 환언하면 공자 께서는 '인(仁)' 을 근본사상으로 삼고 있다. 여기에서 주제로 하는 '극기 복례(克己復禮)' 도 그런 의미에서 '인(仁)' 에 대한 정의라고 볼 수 있다.

안연(顔淵)이 인(仁)에 대하여 여쭈었다.

공자께서 말씀하셨다.

"나를 이기고 예로 돌아감이 인(仁)이 된다. 하루 동안 나를 이기고 예로 돌아가면 천하가 인(仁)으로 돌아간다. 인(仁)을 행한다는 것은 자기를 말미암은 것이니, 다른 사람에게 말미암겠는가?"

안연이 여쭈었다.

"청컨대 그 조목을 여쭙겠습니다."

공자께서 말씀하셨다.

"예가 아닌 것은 보지 말고, 예가 아닌 것은 듣지 말고, 예가 아닌 것은 말하지 말고, 예가 아닌 것은 움직이지 말라."

안연이 여쭈었다.

"회(回)가 비록 불민(不敏)하나 청컨대 이 말을 받들겠습니다."

顏淵問仁. 子曰 克己復禮爲仁. 一日克己復禮 天下歸仁焉. 爲仁由己而由人乎哉. 顏淵曰 請問其目. 子曰 非禮勿視 非禮勿聽 非禮勿言 非禮勿動. 顏淵曰 回雖不敏 請事斯語矣.(≪논어≫ 안연편(顏淵篇))

이것은 공자와 그의 수제자인 안연(顏淵)과의 문답 형식으로 되어 있다. ≪논어≫ 본문에서는 '자기를 이기고 예로 돌아감(克己復禮)'으로 '인(仁)'을 정의한 다음, '하루 동안 자기를 이기고 예로 돌아가면 천하는 인(仁)으로 돌아간다. 인(仁)을 행한다는 것은 자기에게 말미암은 것이지, 어찌 다른 사람에게 말미암겠느냐?'고 말씀하시고, 예가 아닌 것은 보지도 말고, 듣지도 말고, 말하지도 말고, 움직이지도 말라고 말씀하셨다.

안연도 이를 승복하여, '회(回)가 비록 우둔하기는 하지만 청컨대 이 말씀을 받들겠습니다.'라고 대답하고 있다.

槿花一日自爲榮
근 화 일 일 자 위 영

아침에 피었다가 저녁때 시드는 무궁화 꽃과 같이 사람의 영화는 덧 없는 것으로, 인생은 환상 이외의 아무것도 아니므로 슬퍼하고 기뻐 하지 말라는 뜻이다.

무궁화나무 **근** 꽃 **화** 한 **일** 해 **일** 스스로 **자** 할 **위** 꽃 **영**

'근화(槿花:무궁화)' 란 높이가 3미터 가량 되는 낙엽관목(落葉灌木)으로, 초여름부터 가을에 걸쳐 흰 꽃과 보라색 꽃과 붉은 꽃이 핀다. 중국의 사전에 의하면 꽃은 아침에 피었다가 저녁에 시든다고 되어 있다.

'근화일일자위영(槿花一日自爲榮)' 이란 '아침에 피었다가 저녁때 시드는 무궁화 꽃과 같이 사람의 영화는 덧없다.' 라는 뜻으로 사용되고 있다. 출전은 백낙천(白樂天, 772~846)의 칠언율시(七言律詩) 〈방언(放言)〉 5수 중 첫 수에 실려 있다.

태산(泰山)은 털끝의 속임을 필요로 하지 않으니, 안자(顔子)는 팽조(彭祖)를 부러워하는 마음이 없다.

소나무는 천년을 살아도 마침내는 썩고, 무궁화 꽃은 하루를 피어도 스스로 영화가 된다.

어찌 세상을 그리워하여 항상 죽음을 근심하랴. 또한 몸을 싫어하여 함부로 삶을 싫어하랴.

삶이 가고 죽음이 오는 것은 모두가 환상이니, 환상의 인간이 슬픔과 즐거움을 어찌 정에 이으랴!

泰山不要欺毫末 顔子無心羨老彭
松樹千年終是朽 槿花一日自爲榮
何須戀世常憂死 亦莫嫌身漫厭生
生去死來都是幻 幻人哀樂繫何情

〈방언(放言)〉 5수에 있는 서문에 의하면, 백낙천은 44세 때 조정의 분노를 사서 강주(江州) 사마(司馬)로 좌천되어 가는 도중에 배 안에서 전에 원진(元積, 779~831)으로부터 〈방언〉이란 시를 보내준 데 대해 같은 제목으로 화답하여 지은 것이다. 원진은 백낙천과 둘도 없는 친구이며 그때 백낙천과 같이 강릉(江陵)으로 좌천되어 슬픔에 싸여 있었다. '방언(放言)'이란 마음 내키는 대로 읊는다는 뜻이며 이 시의 대의를 말하면 다음과 같다.

"태산(泰山)과 같은 천하의 큰 산은 털끝 같은 작은 것들을 모멸할 필요가 없으며, 공자의 제자인 안자(顔子)는 불과 32세의 젊은 나이로 죽었지만 팔백 년이나 살았다는 팽조(彭祖)를 부러워하는 마음이 조금도 없다. 소나무는 천년을 살지만 마침내는 썩어서 문드러지고, 무궁화 꽃은 단지 하루를 피었다 지지만 아름다운 광영을 누린다.

그러므로 세상에 집착하여 죽음을 근심할 필요는 없으며; 또 덧없는 자기의 육체나 생명을 싫어할 필요도 없다. 삶이 자기로부터 떨어져 나가면 죽음이 오니 이것은 모두가 환상에 지나지 않는다. 인생은 환상이니 슬픔과 즐거움을 어찌 정으로 이어가려 하겠는가?"

백낙천은 사람의 영화는 무궁화 꽃과 같이 하루 동안 피었다 지는 것이라고 해서 하루 동안의 영광을 한탄하지 않았다. 도대체가 인생은 환상 이외의 아무것도 아니므로 슬퍼하고 기뻐하는 자체가 어리석다고 말하는 것이다.

金蘭之交
금 란 지 교

단단하기가 황금 같고 아름답기가 난초 향기와 같은 사귐. 둘이 합심하면 아무리 어려운 일이라도 헤쳐 나갈 수 있는 우의가 두터운 친구 사이를 뜻함.

쇠 **金** 난초 **蘭** 어조사 **之** 사귈 **交**

이 말은 '친구 사이가 매우 친밀하여 그 사귐이 쇠보다도 굳고 그 향기가 난초와 같다.'는 뜻으로 사용되고 있다.

사람들은 한가지로 먼저는 울부짖고 뒤에는 웃는다. 공자께서 말씀하셨다. 군자의 도(道)는 혹은 나가 벼슬하고 혹은 물러나 집에 있으며, 혹은 침묵을 지키거나 혹은 크게 말한다. 두 사람이 마음을 하나로 하면 그 날카로움이 쇠를 끊고, 마음을 하나로 말하면 그 향기가 난초와 같다.

同人 先號咷而後笑 子日 君子之道 或出或處 或默或語. 二人同心 其利斷金 同心之言 其臭如蘭.

몹시 친밀한 사이를 '금란지교(金蘭之交)'라고 말하는 것은 여기에서 나온 것이며, 친구 사이의 사귐이 굳은 것을 '금란지계(金蘭之契)'라고 하는 말은 백낙천(白樂天)의 시구에 나온다.

대홍정(戴洪正)이라는 자는 친구를 얻을 때마다 장부에 기록했는데, 향을 피우고 조상에게 고하여 '금란부(金蘭簿)'라고 이름을 붙였다. 후세에 친구의 주소와 성명을 기록한 장부를 '금란부' 라고 부르게 되었다.

錦上添花
금   상   첨   화

비단옷 위에 꽃을 더한다는 뜻으로, 좋은 일에 더 좋은 일이 더해짐을 뜻함.

비단**금** 위**상** 더할**첨** 꽃**화**

왕안석(王安石, 1021~1086)은 북송(北宋) 중기 군사비 팽창에 의한 경제적 파탄을 구하려고 획기적인 신법(新法)을 실시한 정치 귀재(鬼才)일 뿐 아니라 송나라 시대의 시풍(詩風)을 대표하는 시인이기도 하다.

다음의 시는 그가 만년에 남경(南京)에서 은둔 생활을 할 무렵의 작품인 것 같다. 〈즉사(卽事)〉란 세상 물정에 직면하여 그 자리에서 지은 즉흥시를 말한다.

강물은 남원(南苑)으로 흘러 언덕 서쪽으로 기울어지는데,
바람에 수정 빛이 있고 이슬에 꽃다움이 있네.
문앞의 버드나무는 고인이 된 도령(陶令)의 집이고,
우물가의 오동나무는 예전 총지(總持)의 집일세.
좋은 초대를 받아 술잔에 술을 거듭하니,
아름답게 노래 불러 비단 위에 꽃을 더하네.

문득 무릉도원(武陵桃源)에 술통과 고기의 손님이 되니,
시내 근처에는 아직 붉은 노을이 적네.

河流南苑岸西斜 風有晶光露有華
門柳故人陶令宅 井桐前日總持家
嘉招欲覆盃中淥 麗唱仍添錦上花
便作武陵樽俎客 川源應未少紅霞

"강물은 남원(南苑)으로 흐르고 서쪽으로 언덕이 기울어졌는데 배로
그 흐름을 거슬러 올라간다. 아침이라 바람이 맑고 이슬이 영롱하다. 문
앞에 버들이 있는 곳은 친구인 도연명(陶淵明)의 집이고, 우물가에 오동
나무가 있는 곳은 예전 총지(總持)의 집이다. 좋은 초대를 받아 술잔에
술을 얼마나 마셨는지 모른다. 아름다운 노래 소리가 비단 위에 꽃을 놓
은 것같이 아름답다. 나는 무릉도원(武陵桃源)에서 노닐다 술과 맛있는
음식을 마음껏 먹은 어부처럼 돌아가는 것을 잊어버릴 것 같다. 강 근처
에는 아직 저녁노을이 붉게 남아 있다."

아직 돌아갈 시간은 충분할 것이다. 붉은 노을은 저녁노을을 의미하고
있으며 동시에 도원경(桃源境)의 복숭아꽃을 말하고 있는 것 같다. '비
단'은 잔치의 자리와 주변의 풍경을 말한 것이고 '꽃'은 아름다운 노랫
소리를 뜻한 것이다.

金城湯池

금 성 탕 지

끓는 물에 둘러싸인 성이란 뜻으로, 방비가 빈틈없이 견고하게 되어 있다는 뜻이다.

쇠**금** 성**성** 끓을**탕** 못**지**

진(秦)나라 2세 황제 원년에 진승(陳勝) 등이 진나라에 반란하여 봉기(峰起)한 것을 신호로, 각지에서 차례차례 군대를 일으켰으며 조(趙)나라의 옛 영토에서도 무신이라는 사람이 군대를 일으키고 스스로 무신군(武信君)이라고 불렀다.

이때 범양(范陽)에 있던 괴통(蒯通)이라는 변설가가 현령(縣令)인 서공(徐公)에게 자기가 무신군을 만나,

"만일 범양을 공격하여 항복을 받고 현령을 섣불리 취급한다면 여러 나라의 현령들은 그 항복이 헛수고임을 알고 반드시 성을 굳게 지키려 할 것이니, 모두가 금성탕지(金城湯池:몹시 견고하고 끓는 물의 연못이 있어 가까이 가지 못하는 성)를 굳게 지켜 공격할 수 없겠지만(皆爲金城湯池 不可攻也), 범양의 현령을 후하게 맞이하고 여러 방면으로 사자를 보내는 것을 보면 싸우지 않고 항복할 것이다."

라고 설복하겠다고 말했다. 그러면 무신군도 깨닫는 바가 있을 것이라는 것이었다.

서공은 그 방법에 따르기로 했다. 과연 괴통이 말한 대로 일이 잘 되어 범양 사람들은 서공에게 덕이 있다고 말하고 30여 개의 성은 싸우지 않

고 무신군에게 항복했다.(≪한서≫ 괴통전(蒯通傳))

'금성(金城)'은 몹시 견고한 성이라는 의미를 나타내며, ≪관자≫나 ≪한비자≫ 등에도 보이거니와 '금성탕지(金城湯池)'라는 말은 여기에서 나온 것이다.

琴瑟相和
금 슬 상 화

거문고와 비파의 조화로운 화음처럼, 부부 사이가 화목하고 금슬이 좋다는 뜻.

비파 琴 큰거문고 瑟 서로 相 화할 和

≪시경≫ 소아(小雅)에 실려 있는 〈상체(常棣:아가위나무)〉는 한 집안과 형제간의 우애를 노래한 것으로, 모두 8절로 이루어져 있다. 그중 제7절에서 다음과 같이 노래하고 있다.

아내와 아들이 화합하는 것이 마치 비파와 거문고를 울림과 같도다.
형제가 이미 화합하니 화락하고 또 즐기는도다.

妻子好合 如鼓琴瑟
兄弟旣翕 和樂且湛

또 ≪시경≫ 국풍(國風)의 5절로 이루어진 〈관저(關雎)〉 제4절에서도 이렇게 읊고 있다.

들쭉날쭉한 물쑥을 좌우로 헤치며 따는도다.
아름다운 아가씨는 거문고와 비파처럼 즐기는도다.

參差荇菜 左右采之
窈窕淑女 琴瑟友之

위의 〈상체(常棣)〉라는 시는 아내와 아들이 잘 조화되는 것은 마치 거문고와 비파가 잘 어울리는 것과 같고, 형제들의 우애가 화락하면서도 즐겁게 조화를 이룬다는 뜻으로, 한 집안의 처자와 형제간의 화락함을 찬양한 것이며 주로 잔치 때 부르는 노래이다.
또 〈관저(關雎)〉라는 시는 들쭉날쭉한 물쑥을 골라서 따는 것처럼 아리따운 아가씨를 아내로 맞이하여 거문고와 비파가 조화를 잘 이루듯이 사이좋게 즐기고 싶다는 뜻의 연가(戀歌)이다.

이 두 시구(詩句)에서 취하여 부부간에 화락하게 지내는 모습을 비유하여 '금슬상화(琴瑟相和)'라고 말한다.

錦衣夜行
금 의 야 행

비단옷을 입고 밤길을 다닌다는 뜻으로, 아무 보람도 없는 일을 한다는 말.

비단 金 옷 衣 밤 夜 다닐 行

홍문연(鴻門宴)이 있은 지 며칠 뒤에 항우(項羽)는 군대를 이끌고 서쪽으로 향하여 진(秦)나라의 도읍인 함양(咸陽)을 쳐들어갔다. 그러나 함양은 유방(劉邦)이 먼저 점령하고 있었기 때문에 항우는 그냥 입성했을 뿐이었다.

그러나 항우는 함양에 입성하자마자 유방에게 거짓으로 투항(投降)하여 관리의 감시하에 있던 진(秦)나라 왕자 영(嬰)을 죽이고, 유방이 손대지 않고 있던 진(秦)나라 궁궐에 불을 질렀다. 그 불은 사흘 동안이나 타올랐다. 그리고 항우는 재보와 여자들을 손에 넣고 동쪽으로 돌아가려 했다.

그때 항우에게 이렇게 설득하는 사람이 있었다.

"함양(咸陽)은 산과 강이 험하여 사방을 막고 있고 땅이 기름지므로 여기를 도읍으로 삼으면 천하의 패자(霸者)가 될 수 있습니다."

그러나 항우는 진(秦)나라의 궁궐이 불타 파괴되는 것을 보고, 또 고향이 그리워졌기 때문에 동쪽으로 돌아가고 싶어 이렇게 대답했다.

"아무리 부귀해질지라도 고향으로 돌아가지 않으면 비단옷을 입고 밤

길을 가는 것과 같다. 누가 이것을 알겠는가?"

富貴不歸故鄕 如衣繡夜行. 誰知之者.(≪사기≫ 항우본기)

≪한서≫에는 이 '수(繡)' 자가 '금(錦)' 자로 되어 있다. 여기에서 '비단옷을 입고 고향으로 돌아간다.' 는 말이 나온 것이다.

이 일화는 항우가 얼마나 시골 사람과 같은 소박한 감정을 지니고 있는가를 잘 표현해 주고 있다. 그것은 항우에게 함양을 도읍으로 삼으라고 설득했던 자도 느꼈던 일이다. 그는 항우의 대답을 듣자 뒤에 있는 사람들에게 이렇게 말했다.

"세상 사람들이 '초(楚)나라 사람은 원숭이가 갓을 쓴 것 같을 뿐이다.' 라고 말하더니 과연 그러하다."

당시에 초(楚)나라 사람들은 시골 사람이라는 놀림이 있었다고 생각된다. 항우는 초(楚)나라 사람이었다. 이 말이 항우의 귀에 들어가자 크게 노하여 이 사나이를 삶아 죽였다고 한다.

起死回生
기　사　회　생

죽을 목숨을 다시 살려낸다는 뜻으로, 위기에 처한 상황에서 구원하여 사태를 호전시킨다는 말.

일어날 **기** 죽을 **사** 돌 **회** 날 **생**

　　춘추시대 후기인 노(魯)나라 애공(哀公) 원년, 오왕(吳王) 부차(夫差)는 3년 전에 월(越)나라에 패하여 다리에 중상을 입고 죽은 아버지 합려(闔閭)의 원수를 갚아 월왕(越王) 구천(勾踐)을 격파했다.

　　월(越)나라의 대부(大夫)인 종(種)은 구천에게 화평을 구하는 방책을 드리고 구천은 이것을 승낙했다. 이리하여 대부 제계령(諸稽郢)에게 명하여 오(吳)나라에게 화평을 신청하게 했다.

　　이보다 앞서 월(越)나라가 오왕 합려에게 부상을 입혔음에도 불구하고 부차가 용서하고 은혜를 베푼 다음, '군왕의 월(越)나라에서는 죽은 사람을 일으켜서(起死人) 백골에 살을 붙인 것과 같다. 과인은 감히 하늘의 재앙을 잊지 못하고, 감히 군왕의 은혜를 잊을 수가 없다.'라고 했다.

　　오왕 부차는 월(越)나라에 대하여 죽은 사람을 되살려 백골에 살을 붙인 것과 같은 큰 은혜를 베풀었다.

　　또 《여씨춘추》의 별류편(別類篇)에 이와 같은 이야기가 있다.

　　"노(魯)나라 사람으로 공손작(公孫綽)이란 자가 있어, '나는 죽은 사람을 되살릴 수 있다.'고 사람들에게 말했다. 그 이유를 물어보니 이렇게 대답했다. '나는 반신불수를 고칠 수 있다. 반신불수를 고치는 약을 배로 늘리면 그것으로 죽은 사람을 되살릴 수도 있다.(起死回生)'"

'회생(回生)'이란 말은 만당(晚唐)의 시인 이상은(李商隱)의 〈우회시(寓懷詩)〉에, '풀은 회생(回生)하는 씨가 되어, 향기와 푸르름이 도리어 죽어서 향기롭다.' 라고 읊은 것이 있다.

'기사회생(起死回生)'이란 죽은 목숨을 다시 살려내는 것처럼 큰 은혜를 베푸는 것을 뜻하지만, 지금은 '죽음에 임박한 환자를 되살린다'는 뜻으로 사용되고 있고, '위기에 처한 것을 구원하여 사태를 호전시킨다.'는 뜻으로도 사용된다.

杞憂
기　우

하늘이 무너질까 걱정하는 것으로, 쓸데없는 근심을 한다는 뜻.

나라이름 **기** 근심할 **우**

《열자》천서편(天瑞篇)에 다음과 같은 이야기가 있다.

기(杞)나라 사람 중 하늘과 땅이 무너져 내려앉으면 몸 붙일 곳이 없을까 근심하여 먹고 자는 것을 그만둔 사람이 있었다. 또 그의 근심하는 것을 근심하는 사람이 있어 그에게 이것을 깨우쳐 말했다.

"하늘은 기운이 쌓인 것뿐이니 어디든 기운이 없는 곳이 없네. 몸을 굽히고 펴고 호흡함과 같은 것은 종일토록 하늘 가운데 있어서 행함을 그치는 일이 없네. 어찌 하늘이 무너져 내려앉을 것을 근심하는가?"

그 사람이 말했다.

"하늘이 과연 기운이 쌓인 것이라면 해와 달과 별들이 마땅히 떨어지지 않겠는가?"

깨우쳐 주려는 사람이 말했다.

"해와 달과 별들도 또한 기운이 쌓인 가운데 빛남이 있는 것일세. 만일 떨어지게 할지라도 또한 능히 맞추어 상처 낼 곳이 있지 아니하네."

그 사람이 말했다.

"땅이 무너진다면 어떻게 하나?"

깨우쳐 주려는 사람이 말했다.

"땅은 덩어리가 쌓였을 뿐이니 사방의 허한 곳을 채우고 막아서 어느 곳이나 덩어리가 없는 곳이 없네. 걸음을 걷고 땅을 밟고 하는 것은 종일을 땅 위에서 행하여 그치지 않는 것일세. 어찌 땅이 무너질 것을 근심하겠는가?"

그러자 그 사람이 마음을 놓고 크게 기뻐했다. 깨우쳐 주려는 사람 또한 마음을 놓고 크게 기뻐했다.

杞國有人憂天地崩墜 身亡所寄 廢寢食者. 又有憂彼之所憂者. 因往曉之
曰 天積氣耳 亡處亡氣 若屈伸呼吸 終日在天中行止. 奈何憂崩墜乎. 其人
曰 天果積氣 日月星宿不當墜邪. 曉之者曰 日月星宿亦積氣中有光耀者.
只使墜 亦不能有所中傷. 其人曰 奈地壞何. 曉者曰 地積塊耳 充塞四虛 亡
處亡塊. 若蹢步跐蹈 終日在地上行止. 奈何憂其壞. 其人舍然大喜. 曉之
者亦舍然大喜.

기(杞)나라는 주무왕(周武王)이 은(殷)나라를 멸망시켰을 때 우(虞)나라 우왕(禹王)의 자손인 동루공(東樓公)을 봉하여 우왕의 제사를 받들게 한 작은 나라로, 지금의 하남성(河南省) 기현(杞縣)이 그 옛 도읍이다.

그곳에 만일 하늘이 떨어지고 땅이 무너지면 몸 둘 곳이 없음을 근심하여 밤에도 잠을 못 자고 식사도 못하는 사나이가 있었다. 그러자 이 사나이가 근심하고 있는 것을 다시 근심하는 사나이가 있어 그에게 가서 이렇게 말했다.

"하늘이란 기운이 거듭 쌓여서 이루어진 것에 불과하다. 기운은 어디에나 있는 것이다. 사람이 몸을 굽히거나 펴거나 숨을 들이마시고 내마시고 하는 것은 온종일 하늘 속에서 행하는 일이다. 어찌 하늘이 떨어질 것을 근심하고 있는 것인가?"

"하늘이 정말로 기운이 쌓여 이루어진 것이라면 해와 달과 별들이 떨어져 내려올 것이 아닌가?"

"해와 달과 별들도 역시 기운이 쌓여 이루어진 것이며 그 가운데 빛나는 것을 가졌음에 불과한 것이다. 그러므로 설사 떨어져 내려온다 할지라도 사람에게 맞아서 부상을 입히거나 하는 것은 아니라네."

"땅이 무너지면 어떻게 하지?"

"땅이란 흙이 쌓여서 이루어진 것에 불과하다. 흙은 사방을 채우고 막고 있어 어디에나 있는 것이다. 사람들이 걸어다니고 밟고 하는 것은 온종일 땅 위에서 행하고 있는 일이다. 어째서 땅이 무너질 것을 근심하는 것인가?"

근심하고 있던 사나이는 마음을 풀고 크게 기뻐했다. 그것을 본 충고하던 사나이도 마음을 풀고 크게 기뻐했다.

이 이야기 다음에, 장려자(長廬子)라는 현명한 사람이 그 이야기를 들고 이렇게 말했다.

"하늘과 땅이 무너지지나 않을까 하고 근심한 것은 먼저의 근심을 지나치게 하는 것이라고 말할 수밖에 없지만 무너지지 않는다고 단언하는 것도 올바른 일은 아니다."

라고 말한 다음 열자(列子)의 말을 빌어,

"하늘과 땅이 무너지거나 무너지지 않거나 그런 것에는 마음을 혼란시키지 않는, 마음 없는 경지가 중요한 것이다."

라고 끝맺고 있다.

이 이야기에서 보는 바와 같이 '쓸데없는 근심을 하는 것' 을 '기우(杞憂)' 라고 말한다.

騎虎之勢
기 호 지 세

호랑이를 타고 달리다가 중간에 내리려고 하면 호랑이에게 먹히기 때문에, 호랑이가 지쳐 멈출 때까지 계속 달려야 하듯, 일을 중도에 그만둘 수 없는 처지를 말함.

말탈 **기** 범 **호** 어조사 **지** 기세 **세**

일단 호랑이의 등에 타고 앉으면 호랑이가 달리다 지쳐 머물 때까지는 내려올 수 없다. 중간에서 내리면 호랑이에게 잡혀 먹히기 때문이다.

이 말은 중국에서도 잘 사용되고 있거니와, 그중에서도 수(隋)나라의 문제(文帝) 양견(楊堅)의 황후인 독고씨(獨孤氏)가 남편을 격려할 때 사용한 예로 널리 알려져 있다.

독고씨는 북주(北周)의 대사마(大司馬)인 하내공(河內公) 신(信)의 일곱째 딸로, 큰언니는 북주 명제(明帝)의 황후였다. 아버지 신이 양견에게 시집보냈을 때 그녀의 나이는 14세였다. 그녀는 현명하여 양견이 수(隋)나라를 세운 뒤에도 환관을 통하여 양견의 정무(政務)를 도와 조정에 두 천자가 있다고 일렀다.

한편 그녀는 결혼한 당초에 양견에게 서자를 받아들이지 않겠다고 맹세한 일이 있었다고 하거니와 질투심이 강하여, 양견은 항상 후궁에게 눈빛을 빛내면서도 그녀가 50세로 죽을 때까지 끝내 서자를 한 사람도 갖지 못하게 하였다. 오직 한 번 양견이 후궁인 미녀에게 손댄 일이 있었다. 이것을 안 독고씨는 양견이 조정에 나가 있는 틈에 그녀를 죽여버렸다.

화가 난 양견이 말을 타고 궁중을 빠져나가며 뒤따라온 신하에게,

"나는 천자인데도 좋아하는 일을 할 수 없는 것인가?"

하며 울었다고 한다. 이런 일이 있었기 때문인지 독고부인이 죽자 양견은 후궁인 진씨(陳氏)와 채씨(蔡氏)에게 열중하여 그 때문에 목숨을 단축하는 결과가 되었다.

북주의 선제(宣帝)가 죽자 양견이 어린 정제(靜帝)를 보좌하여 국정을 맡아 다스리게 되었을 때 독고씨는 환관에게 명령하여 양견에게 전하게 하였다.

주(周)나라의 선제(宣帝)가 돌아가심을 당하여, 고조(高祖)인 문제(文帝)가 조정에 들어가서 백 가지 일을 총괄하고 있었다. 독고 황후는 사람을 시켜 고조에 일러 말하기를, '대사는 이미 그러하며 호랑이를 탄 형세로서 내려올 수 없으니 이것에 힘쓰라.'

當周宣帝崩 高祖入居禁中 總百揆. 后使人謂高祖曰 大事已然 騎虎之勢 不得下 勉之.

'일이 여기에 이르렀으므로 힘써서 해 주십시오. 호랑이를 탄 형세이니 중간에서 내릴 수는 없는 노릇입니다.'

그녀가 이 시점에서 북주(北周)를 쓰러뜨릴 것을 결심한 것은 이에 의해서도 명백한 사실이다.

奇貨可居
기 화 가 거

진기한 물건을 잘 간직해 둔다는 뜻으로, 당장은 쓸모가 없어도 훗날 때를 기다리면 큰 이득을 남길 수 있다는 말.

기이할 **기** 재화 **화** 옳을 **가** 있을 **거**

여불위(呂不韋)는 한(韓)나라 도읍인 양적(陽翟)의 거상(巨商)이었다. 여러 나라로 돌아다니며 싼 값으로 물건을 사서 비싼 값으로 팔아 집에 천금의 재산을 쌓아 두고 있었다.

진(秦)나라 소왕(昭王) 40년에 태자가 죽었다. 그래서 42년에 소왕은 차남인 안국군(安國君)을 태자로 세웠다. 안국군에게는 20여 명의 아들이 있었다. 또 안국군에게는 몹시 총애하는 첩이 있어 그녀를 정부인(正夫人)으로 세워 화양부인(華陽夫人)이라고 불렀다. 이 화양부인에게는 아들이 없었다.

　그런데 안국군의 아들 중에 자초(子楚)라는 아들이 있었으며, 그 어머니는 하희(夏姬)라고 불렀는데 안국군의 총애를 별로 받지 못하고 있었다. 자초는 진(秦)나라를 위하여 조(趙)나라에 볼모로 가 있었는데 진나라가 자주 조나라를 공격했기 때문에 조나라에서는 자초를 예로 대우하지 않고 있었다.

　또한 자초는 진(秦)나라의 많은 첩들의 아들 중 한 사람으로 제후 나라에 볼모로 있었기 때문에 수레나 말이나 재물도 넉넉하지 못하였으며 일상생활에서도 부족한 것이 많아 뜻과 같지 못한 상태에 있었다.

　그때 여불위가 조(趙)나라의 도읍인 한단(邯鄲)에 장사 차 와서 자초가 처해 있는 사실을 알고 불쌍하게 생각하며 말했다.

　"이것은 진기한 재물이니 사 두기로 하자."

　다음은 ≪사기≫ 여불위열전(呂不韋列傳)의 첫머리 부분이다.

　여불위(呂不韋)는 양적(陽翟)의 큰 장사치이다. 여러 나라로 왕래하며 싼 값으로 사서 비싼 값으로 팔아 집에 천금을 쌓아 두었다. 진(秦)나라 소왕(昭王) 40년에 태자가 죽었다. 그 42년에 그의 차남인 안국군(安國君)으로써 태자를 삼았다. 안국군에게는 아들이 20여 명이나 있었다. 안국군에게는 몹시 사랑하는 첩이 있어 그녀를 세워 정부인(正夫人)으로 삼으니 이름 하여 화양부인(華陽夫人)이라고 불렀다. 화양부인에게는 아들이 없었다. 안국군의 아들 가운데 자초(子楚)가 있었다. 자초의 어머니는 하희(夏姬)라고 하였는데 사랑을 받지 못했다. 자초는 진(秦)나라를 위하여 조(趙)나라에 볼모로 가 있었는데, 진(秦)나라가 자주 조(趙)나라를 공격하여 조(趙)나라에서는 자초를 예로 대우하지 않았다. 자초는 진(秦)나라의 많은 서손으로서 제후에게 볼모로 와 있어서 수레를 타는 것도 넉넉하지 못하고 거처도 곤궁하여 뜻을 얻지 못하고 있었다. 여불위는 장사 차 한단(邯鄲)에 갔다가 이것을 보고 불쌍하게 생각하여 말했다. '이것은 진기한 재물이로군, 사 두어야겠다.'

呂不韋者 陽翟大賈人也. 往來販踐賣貴 家累千金. 秦昭王四十年 太子死. 其四十二年 以其次子安國君爲太子. 安國君有子二十餘人. 安國君有所甚愛姬 立以爲正夫人 號曰華陽夫人. 華陽夫人無子. 安國君中男名子楚. 子楚母曰夏姬 母愛. 子楚爲秦質子於趙. 秦數攻趙 趙不甚禮子楚. 子楚秦諸庶孽孫 質於諸侯. 車乘進用不饒 居處困 不得意. 呂不韋賈邯鄲 見而憐之曰 此奇貨可居.

이것이 '기화가거(奇貨可居)'의 출전이거니와, 이 '기화(奇貨)'란 말은 '사람의 불행을 기화(奇貨)로 삼아', '다행스럽게도', '의외로 다행하게도'의 뜻으로 사용되고 있다.

여불위는 자초를 안국군 다음의 왕으로 삼아, 이로 인하여 여불위 자신도 막대한 이익을 얻으려는 비결을 자초에게 말했다. 현재의 상태로는 전혀 희망이 없는 자초이고 보면 그것은 고마운 얘기이기 때문에 자초는 여불위의 제안에 모두 찬성하면서,
"만일 당신의 계획대로 된다면 진(秦)나라를 당신과 나누어 가져야지요."
하고 약속했다.
여불위는 우선 오백 금을 자초에게 주어 빈객들과 접촉하는 비용으로 쓰게 하고, 나머지 오백 금으로 값진 물건을 산 후 진(秦)나라로 가서 화양부인에게 보내며, 자초가 화양부인을 마음으로부터 그리워하고 있다

고 말했다. 화양부인이 그 말을 듣고 마음이 동하는 것을 보자 여불위는 화양부인의 언니를 시켜 화양부인을 설득했다.

"얼굴이 예뻐서 총애를 받았던 사람은 얼굴의 모습이 쇠퇴하면 그 지위를 잃게 됩니다. 그것을 유지하는 길은 아들뿐입니다. 지금 당신을 그리워하고 있는 자초를 아들로 삼아 다음 왕위에 오르게 한다면 당신의 지위는 끝까지 태평할 것입니다."

화양부인은 좋은 생각이라고 말하고 안국군에게 자초를 다음 왕위에 오르게 하자고 졸라댔다. 이리하여 안국군은 허락했다. 여불위의 계획은 보기 좋게 성공했던 것이다.

한편 여불위는 한단에서 손에 넣은 무희(舞姬)가 있었다. 자태가 절묘했기 때문에 여불위도 마음에 들었지만 자초가 첫눈에 반하여 그녀를 소원하고 있었다.

여불위도 그 무희가 몹시 아름다워 아깝기는 했지만 모처럼 낚아 올린 '기화(奇貨)'를 여인 한 사람 때문에 잃는 것은 안 된다고 생각하여 승낙했다. 그 무희는 아이 밴 것을 숨기고 자초에게 시집가 10개월이 차자 사내아이를 낳아 정부인(正夫人)이 되었다. 이 아이가 뒤에 진시황(秦始皇)이 된 것이다.

나

落魄
낙 백

권세나 재물이 줄어 뜻을 펼치지 못한다는 뜻.

떨어질 **락** 혼백 **백**

역생이기(酈生食其)는 진류현(陳留縣)의 고양(高陽) 사람이었다. 독서하기를 좋아했지만 집이 가난하고 영락(零落)하여 의식(衣食)의 직업이 없었다.

역생이기는 진류의 고양 사람이다. 글 읽기를 좋아했지만 집이 가난하고 영락하여 의식으로 삼을 직업이 없었다.

酈生食其者 陳留高陽人也. 好讀書 家貧落魄 無以爲衣食業.

이것은 《사기》의 역생육가열전(酈生陸賈列傳)의 첫머리에 있는 글이다. '낙백(落魄)'이란 '영락하다', 또는 '뜻을 얻지 못하다'의 뜻으로 사용되고 있다.

이와 같은 처지였으므로 역생이기는 마을의 문지기를 하고 있었는데 아무도 부리는 사람이 없고, 진류현에서는 그를 '미친 선생'이라고 부르고 있었다.

진(秦)나라 말기에 세상이 어지러워지자 그는 연줄에 부탁하여 한(漢)나라 패공(沛公) 유방(劉邦)에게 봉사했다. 이때 그는 중간에 있는 사람에게 이렇게 말했다.

"패공은 거만하고 사람을 바보 취급하지만 책략에 몹시 뛰어나. 이런 사람에게 한번 봉사해 보고 싶군."

역생도 평범한 사람은 아니었다. 그러므로 중간에 있는 사람이,

"패공은 선비를 싫어해서 갓을 쓰고 오는 선비가 있으면 갓을 벗겨서 거기에 오줌을 눌 정도라구. 선비로서 패공을 설득하려 해서는 안 된다네."

라고 말해도 역생은 태평한 얼굴로,

"상관 없으니까 만나도록 해 주게."

하고 부탁했다. 드디어 패공을 알현하게 되니 패공은 의자에 앉아 다리를 아무렇게나 하고서 두 여인으로 하여금 발을 씻게 하고 있었으며 의자에서 일어나지도 않았다. 역생도 고개만 끄덕하고는 말했다.

"당신은 진(秦)나라를 도와서 제후를 공격하려 하는 것인가, 아니면 제후들을 이끌고 진(秦)나라를 공격하려 하는 것인가?"

"이 조그만 선비 놈아, 제후들을 이끌고 진(秦)나라를 공격하려는 것을 모르느냐?"

"의병을 모아 무도하게 진(秦)나라를 치고자 한다면 다리를 내리고서 어른을 만나야 할 것이 아닌가?"

패공은 태도를 고치고 역생을 상좌에 앉히고서 얘기를 들었다.

이 이후로 역생은 패공의 세객(說客)이 되어 제후들 사이를 뛰어다니며 활약하게 된다.

한(漢)나라 3년, 한왕(漢王) 유방은 항우와 싸우며 형양(滎陽)과 성고(成皐)에서 고전을 계속하고 있었다. 팽월(彭越)은 양(梁)나라의 땅으로, 한신(韓信)은 조(趙)나라를 평정하고 제(齊)나라로 향하려 하는데 항우는 도리어 양(梁)나라와 제(齊)나라를 도우려 하고 있었다. 기가 꺾인 한왕

유방은 성고(成皐) 이동의 땅을 포기하고 전선을 서쪽으로 축소하려고 생각했다.

역생은 그 소극 정책이 옳지 않음을 역설하고 자기가 제(齊)나라 왕을 설득하여 한(漢)나라 편을 들도록 하겠다고 제안했다. 한왕이 찬성했으므로 역생은 곧 제(齊)나라로 갔다.

역생은 힘을 다하여 한(漢)나라에 붙는 것이 유리하다는 사실을 제왕(齊王)에게 설득시켰다. 제왕이 이를 납득하고 한신의 군대에 대한 대비를 풀었다. 그러나 한신은 역생이 입끝으로만 제(齊)나라를 평정했다는 것을 알고 곧 제(齊)나라로 진군했다. 제왕은 한(漢)나라 군대가 공격해 들어왔다는 소식을 듣자 역생이 자기를 함정에 빠뜨렸다고 생각하고 꾸짖어 말했다.

"네가 한(漢)나라 군대를 제지한다면 모르지만 그렇지 않으면 너를 삶아 죽이겠다."

역생은 이미 돌이킬 수 없는 상황이 되어 버렸다는 것을 알고 있었다.

"큰일을 행하는 사람은 작은 법에 구애되지 않고 성한 덕이 있는 사람은 작은 예절로 괴롭히지 않는 법이다. 너를 위하여 앞에서 했던 말을 번복하는 짓은 하지 않을 테다."

제왕은 결국 역생을 삶아 죽였다.

洛陽紙貴
낙　양　지　귀

낙양의 종이가 귀하다. 작품이 유명해지거나 많이 팔리는 것을 뜻함.

강이름 낙 볕 양 종이 지 귀할 귀

　진(晋)나라의 좌사(左思:자는 태충(太沖))는 제(齊)나라 임치(臨淄) 사
람이었다. 그는 선비 집안에서 태어났으며, 아버지인 좌옹(左雍)도 하급
관리에서 몸을 일으켜 그의 학문이 팔려 전중시어사(殿中侍御史:검찰총
장)로 발탁된 사람이다.

　좌사는 젊은 무렵부터 글과 북과 거문고 등을 익혔는데 도무지 숙달되
지 않았다. 그런데 어느 때 아버지가 아는 사람에게,

　"내가 젊었을 무렵에는 이렇지 않았다."

라고 말하는 것을 듣고 분발하여 학문에 정진함과 동시에 음양의 기술까
지 습득했다. 그는 뛰어난 문재(文才)를 지니고 있었지만 용모가 추할 뿐
아니라 태어나면서부터 말을 더듬었기 때문에 사람들과 접촉을 싫어하
고 집에 틀어박혀 창작에 열중하며 매일을 보내고 있었다.

　이렇게 하여 1년에 걸쳐 제(齊)나라의 도읍이었던 임치의 모습을 운문
(韻文)으로 엮은 〈제도지부(齊都之賦)〉를 쓰고, 이어서 삼국시대 촉한(蜀
漢)의 도읍인 성도(成都)와 오(吳)나라의 도읍인 건업(建業)과 위(魏)나라의
도읍인 업(鄴)을 노래한 〈삼도지부(三都之賦)〉를 지으려고 생각하였다.

　우연히 매부가 금리(禁裡)에 벼슬하게 되었기 때문에 그의 집안은 도
읍으로 이사했다. 그는 곧 저작랑(著作郞)인 장재(張載)를 방문하고 촉한

의 사정을 듣기도 했다. 장재는 그의 아버지가 촉군(蜀郡)의 태수(太守)가 되었을 때 촉(蜀)나라로 동행하여 뒤에 그곳의 사정을 많이 쓴 사람이었다.

이와 같이 해서 그 구상을 10년간이나 단련했다. 그동안 뜰은 물론이고 문에서 담에 이르기까지 도처에 종이와 붓을 놓아 두고서 좋은 구절이 떠오르면 그 자리에서 써넣었다. 또 지식이 좁은 것을 깨닫고 자기가 희망하여 비서랑(秘書郎)의 관직을 갖기도 했다. 비서랑이란 국사를 편찬하는 관리로, 많은 자료들을 볼 수 있었기 때문이었다.

이렇게 완성한 것이 〈삼도지부(三都之賦)〉로 그 평판이 대단한 것은 아니었다.

"나의 작품은 반고(班固)의 〈이도지부(二都之賦)〉나 장형(張衡)의 〈이경지부(二京之賦)〉에 비하여 결코 월등한 것은 아니다."

이렇게 생각한 그는 자기의 작품을 끌어안고 황보밀(皇甫謐)의 평가를 받기 위해 문을 두드렸다. 황보밀은 무제(武帝)의 부름에도 응하지 않고 농사를 지으며 수많은 작품들을 발표하던 재야의 석학으로서 현안 선생(玄晏先生)이라고 널리 알려진 사람이었다.

황보밀은 그 글을 한 번 읽고 '멋진 글이군!' 하며 그 자리에서 서문을 써 주었다. 또 장재(張載)가 〈위도지부(魏都之賦)〉에, 중서랑(中書郎)인 유달(劉達)이 〈오도지부(吳都之賦)〉와 〈촉도지부(蜀都之賦)〉에 주를 달고, 위관(衛瓘)이 약해(略解)를 짓는 등 사람들로부터 그 진가를 인정받게 되었거니와, 그 이름을 결정하게 된 것은 사공(司空:재상직) 벼슬에 있는 장화(張華)가 절찬한 말이다.

"이 작품은 정말로 반고(班固)나 장형(張衡)의 작품과 어깨를 겨룰 만하다. 다 읽고 나면 독자로 하여금 여운(餘韻)이 요요(嫋嫋)하고, 날이 갈수록 감명을 새롭게 하여 깨닫는 바가 있다."

이 말을 전해 들은 도읍의 고관들은 앞을 다투어 이 글을 베껴 갔다. 낙양(洛陽)에서는 갑자기 종이 값이 오를 정도였다.

사공(司空)인 장화(張華)가 한 번 보자 감탄하여, '이것은 반고(班固)와 장형(張衡)의 작품과 같다. 이것을 읽는 사람으로 하여금 다하고도 남음이 있어 오래 되어도 다시 새롭게 함이 있다.' 라고 말했다. 이에 부호하고 귀한 집안에서 다투어 서로 전사(傳寫)하여 이 때문에 낙양에서 종이 값이 올라갔다.

司空張華見而歎曰 班張之流也. 使讀之者 盡而有餘 久而更新. 於是豪貴之家 競相傳寫 洛陽爲之紙貴.(≪진서(晋書)≫ 문원전(文苑傳))

暖衣飽食
난 의 포 식

따뜻하게 입고 배불리 먹는다는 뜻으로, 걱정이 없는 편안한 생활을 말함.

따뜻할 **난** 옷 **의** 배부를 **포** 먹을 **식**

맹자는 60세가 지나서 등문공(滕文公)에게 초빙되어, 공동 경작에 의한 주(周)나라의 정전법(井田法) 제도를 공동체의 이상적인 사회로서 문공(文公)에게 설득했다.

이때 묵자(墨子)의 영향을 받은 중농주의자 허행(許行)이 송(宋)나라에서 와서 등(滕)나라 문공으로부터 살 집을 얻어 자기가 짠 거친 옷을 입고 직접 경작하여 지은 양식을 먹고 사는 주의를 실천하고 있었다.

유교의 학문을 버리고 그의 제자가 된 진상(陳相)이란 사람이 맹자에게, 문공도 백성들과 마찬가지로 손수 농사지어서 먹어야 한다고 설득했다. 맹자는 허행이 사용하는 농기구와 질그릇이 자기가 지은 농작물과 물물교환한 것이란 사실을 확인한 다음 분업론(分業論)을 전개했다.

요(堯)임금은 혼자서 근심하다가 순(舜)임금에게 천하를 다스리게 했다. 순임금은 익(益)에게 불을 다스리게 하고, 우(禹)에게 물을 다스리게 했다. 우(禹)는 8년 동안 아홉 강을 막아 다스리느라 세 차례나 자기 집 문앞을 지나면서도 집에 들어가지 않았다. 그리고 후직(后稷)을 시켜 백성들에게 농사짓는 법을 가르치게 했다. 이리하여 오곡(五穀)이 다 익어 백성들은 배불리 먹고 살게 되었던 것이다.

후직(后稷)을 시켜 백성들에게 심고 거두는 법을 가르쳐 오곡을 심고 가꾸게 하니 오곡이 익어 백성들이 잘 살게 되었다. 그러나 사람들에게 도(道)가 있으니 배불리 먹고 따뜻하게 입어 편안히 살지라도 가르침이 없으면 새와 짐승에 가까워지게 된다. 성인(聖人)이 이것을 근심하여 설(契)로 하여금 사도(司徒)를 삼아 인륜(人倫)으로써 가르치니 아버지와 아들 사이에는 친함이 있고(父子有親), 임금과 신하 사이에는 의(義)가 있고(君臣有義), 남편과 아내 사이에는 분별이 있고(夫婦有別), 어른과 어린이 사이에는 차례가 있고(長幼有序), 벗 사이에는 신의가 있어야(朋友有信) 한다.

后稷教民稼穡 樹藝五穀 五穀熟而人民育. 人之有道也 飽食煖衣 逸居而

無敎 則近於禽獸. 聖人有憂之 使契爲司徒 敎以人倫 父子有親 君臣有義
夫婦有別 長幼有序 朋友有信.

'난의포식(煖衣飽食)'은 따뜻한 옷을 입고 음식을 배불리 먹어 의식
(衣食)에 부자유함이 없는 상황을 말하고 있다.

難兄難弟

난 형 난 제

형과 아우가 우열을 가리기 어렵다는 뜻으로, 양자 중에 누가 더 낫
다고 판단할 수 없다는 말.

어려울 난 맏 형 어려울 난 아우 제

'양상군자(梁上君子)'로 유명한 후한 말의 진식(陳寔, 104~187)은 태
구(太丘)의 현령(縣令)이라는 적은 녹봉을 받고 있으면서도 그의 아들 진
기(陳紀), 진심(陳諶)과 아울러 '세 군자'라고 불리며 그 덕망의 소문이
상당히 높았다.

어느 날 손님이 진식의 집에서 머문 적이 있었다. 진식은 진기와 진심
형제에게 밥을 지으라고 하고서 손님과 토론에 열중하고 있었다. 형제는
밥을 짓기 시작했는데 아버지와 손님의 토론에 귀를 기울이느라 찌는 바
구니 밑에 채롱을 까는 것을 잊어버려서 쌀이 솥 안에 모두 떨어지고 말
았다.

아버지가 '밥은 다 되었느냐?' 라고 묻는데 죽이 되어 있어 당황하였다. 형제가 무릎을 꿇고 사실대로 말하니 아버지가, '그래서 너희들은 우리들이 얘기하고 있던 것을 조금이라도 기억하느냐?' 하고 묻자, '네, 대체로 알고 있습니다.' 하고 이야기를 시작하는데 놀랍게도 그 요점을 모두 말하는 것이었다. 진식은 빙그레 웃으면서, '확실하구나. 그렇다면 죽이라도 좋으니 사과할 필요는 없다.' 고 했다.

이 이야기는 ≪세설신어(世說新語)≫의 숙혜편(夙惠篇)에 수록되어 있거니와, 방정편(方正篇)에도 진기가 일곱 살 때의 이야기가 실려 있다.

진식이 친구와 함께 떠나기로 약속한 일이 있었다. 정오에 떠나자고 약속했는데 시간이 되어도 친구가 나타나지 않아 진식이 먼저 출발했다. 그 뒤에 친구가 찾아와 문밖에서 놀고 있는 진기에게 아버지를 물었다.

진기가 '아버지는 오랫동안 당신을 기다리다가 오시지 않아 먼저 떠나셨습니다.' 라고 말하자 친구는 화가 나서, '약속을 해 놓고서 혼자 떠나 버리다니, 어쩐 일인가?' 라고 하자 진기가 말했다. '아버지와 정오에 만나자고 약속하신 것이죠? 그런데도 정오에 오시지 않은 것은 신의에 관계되는 일이 아닙니까? 또 아들에게 아버지의 욕을 하는 것은 예의에 어긋나는 일이 아닙니까?'

친구는 진기가 다그치는 바람에 몹시 부끄럽게 생각하여 수레에서 내려 사과하려고 했지만 진기는 상대도 하지 않고서 대문 안으로 들어가 버렸다.

이것을 '그 아버지에 그 아들' 이라고 하거니와 이 진기의 아들인 진군(陳群) 역시 수재로, 뒤에 위문제(魏文帝) 조비(曹丕)에게 벼슬하여 사공(司空)과 재상이 되어 구품관인법(九品官人法)을 입법한 일이 널리 알려져 있다.

진군이 어릴 때의 이야기이다. 어느 날 숙부인 진심의 아들 진충(陳忠)과 서로 아버지의 공적과 덕행을 논하여 우열을 다투었는데 도무지 결말이 나지 않아 할아버지인 진식에게 결정을 구하였다. 그러자 진식이 말했다. '원래 형이라고 하기도 어렵고 동생이라고 하기도 어렵구나.'

진원방(陳元方)의 아들은 뛰어난 재주가 있었다. 동생의 아들 효선(孝先)과 각각 그 아버지의 공덕을 논하여 다투되 결정하지 못했다. 그래서 태구(太丘)에게 물었다. 그러자 태구가 말했다. '원래 형이 되기도 어렵고 아우가 되기도 어렵다.'

陳元方子長文有英才. 與季方子孝先 各論其父功德 爭之不能決 咨於太丘 太丘曰 元方難爲兄 季方難爲弟.

'난형난제(難兄難弟)'란 형제가 모두 우열을 결정하기 어렵다는 뜻에서 나와, 두 가지 사물이 그 우열을 결정할 수 없을 때의 뜻으로 사용된다.

南柯一夢
남 가 일 몽

남쪽 나뭇가지의 꿈. 한때의 헛된 부귀영화나 허황된 꿈을 뜻함.

남녘 **남** 나뭇가지 **가** 한 **일** 꿈 **몽**

당(唐)나라의 9대왕 덕종(德宗, 779~805) 때 강남(江南) 양주(揚州) 교외에 순우분(淳于棼)이라는 사나이가 있었다. 그는 이름이 알려진 협객으로 원래 술을 좋아하며, 한때는 그 수완이 팔려 회남군(淮南軍)의 부장(副將)을 지낸 일도 있었지만 술로 인하여 실패한 이후로 친구들을 모아 술 마시는 것으로 생활하고 있었다.

그의 집 남쪽에는 큰 느티나무가 있어 나무 그늘이 수십 평에 이르러 여름철에 술을 마시기에는 제격이었다. 정원(貞元) 7년(791)의 가을철 어느 날 그는 밖에서 술이 취하여 두 친구들이 집으로 데려왔다. 그는 추녀 끝에서 잠이 들어,

"여기에서 잠시 쉬라구. 우리들은 당신의 기분이 좋아질 때까지 말이나 돌보면서 기다리고 있을 테니."

하는 소리가 들릴락말락할 때 잠에 곯아떨어졌는데 갑자기 정신을 차려 보니 마당 끝에 두 사람의 관리가 엎드려 있었다.

"저희들은 괴안국왕(槐安國王)이 보내서 마중 나온 사람입니다."

그들이 시키는 대로 문을 나서자 거기에는 네 필의 말이 끄는 마차와 마부가 기다리고 있었다. 그가 타자 마차는 큰 느티나무 뿌리 쪽에 있는 굴속으로 달려갔다.

본 적도 없는 경치 속을 수십 리 달리자 번화한 도읍에 도착했다. 왕궁의 성문에는 금 글자로 '대괴안국(大槐安國)'이라고 씌어 있었다.

국왕을 접견 후 어물어물하는 사이에 그는 국왕의 사위가 되어 있었다. 그의 아버지는 북쪽 변방의 국경수비대의 장교로 근무하다 그가 어린 시절에 행방불명이 되었는데, 국왕의 말에 따르면 이 인연은 그의 아버지와 함께 결정한 것이라고 하는 것이었다.

왕궁 안에서 살도록 되어 있었으며 세 사람의 집사가 있는데 그들 중의 한 사람은 전부터 얼굴을 아는 전자화(田子華)였다. 또 왕이 접견할

때 백관(百官)의 행렬 속에서 술 친구인 주변(周弁)을 발견하여 전자화에게 물어보니 지금은 출세하여 대신이 되어 있다는 것이었다.

이윽고 그는 남가군(南柯郡)의 태수(太守)로 임명되어 전자화와 주변을 보좌관으로 받았다. 그로부터 20년, 전자화와 주변이 그를 잘 보좌하여 영내(領內)는 잘 다스려졌으며 백성들은 그를 신과 같이 우러러보게 되었다. 부인과 사이에는 5남 2녀가 있었으며 아들들은 각자의 공적으로 높은 벼슬을 하고 있었고, 딸들은 왕족에게로 출가하여 집안의 세력은 국내에서도 견줄 만한 사람이 없게 되었다.

그해에 단라국(檀羅國)의 군대가 남가군을 침략해 들어왔다. 주변이 삼만의 대군을 이끌고 이를 저지하려 했지만 크게 패하고 말았다. 가까스로 목숨을 부지하고 도망온 주변은 그 뒤 등에 종기가 나서 죽었다.

그리고 얼마 있다가 부인이 급한 병으로 죽었다. 그는 관직을 사퇴하고 도읍으로 돌아왔는데 그의 명성을 사모하여 출입하는 귀족이나 유력자들이 끊이지 않아 국왕도 그의 세력에 불안을 느끼게 되었다.

그때 마침 '나라에 어려움이 닥쳐올 불길한 전조가 나타나고 있다.'는 상소문이 제출되자 신하들로부터 이것은 순우분이 잠입한 것이 원인이라는 의견이 차례로 나왔으므로 국왕은 그에게 칩거 생활을 명령했다.

그는 이 20여 년 동안 국가에 공헌하며 아무런 잘못을 저지르지 않았는데도 이런 상태가 되어 완전히 칩거 생활로 들어갔다. 이것을 안 국왕 내외는 순우분에게 충고했다.

"자네도 고향을 떠나온 지 오래 되므로 한번 돌아가 보는 것이 어떤가? 손자들은 내가 맡고 3년이 지나면 환영해 주겠네."

그가 말했다.

"저의 집은 여기입니다. 돌아가지 않겠습니다."

그러자 국왕은,

"자네는 원래 속세의 사람이네. 여기는 자네 집이 아닐세."

하고 웃었다. 그는 이 말에 깜짝 놀라 전에 있었던 일을 기억해 내고 돌아가기로 했다.

이곳에 왔을 때 맞이해 준 관리가 데려다 주어 집에 돌아오니 자기가 추녀 끝에서 자고 있는 모습이 보였다. 깜짝 놀라서 그 자리에 못 박혀 있으니 관리들이 큰 소리로 그의 이름을 불렀다. 눈을 뜨자 밖에서 업혀 들어왔을 때와 변함이 없이 기울어진 차양 속에서 하인이 청소를 하고 있고 두 친구들은 발을 씻고 있었다.

그가 친구들과 함께 큰 느티나무의 뿌리 쪽에 있는 굴을 파서 살펴보니 성 모양을 한 개미 집이 있고, 빨간 머리를 한 두 마리의 큰 개미 둘레를 수십 마리의 개미들이 지키고 있었다. 이곳이 '대괴안국'의 왕궁이었던 것이다. 다시 구멍을 따라 남쪽으로 뻗은 가지(南柯)를 네 길쯤 위로 올라가니 네모진 빈 동굴은 성 모양의 개미집이었다. 이곳이 그가 있던 남가군성(南柯郡城)이었다.

그는 감개가 무량하여 그 굴을 원래대로 고쳐 놓았지만 그날 밤에 갑자기 태풍이 불어서 다음날 아침에 들여다보니 개미들의 모습은 하나도 보이지 않았다.

남가군에서 만났던 주변 등과는 열흘 동안이나 만나지 않았기 때문에 하인을 보내어 알아보니, 주변은 급한 병으로 죽고 전자화는 병으로 누워 있었다.

그는 '남가일몽(南柯一夢)'의 덧없음을 느끼고 인간세상의 변천하기 쉬움을 깨달아 주색을 당장에 끊어 버리고 도술(道術)에 전념하게 되었다. 그로부터 3년이 지난 정축(丁丑)년에 집에서 죽었다. 그때 그의 나이는 47세였다. 남가국에서 한 약속의 기한이 그해였던 것이다.

생(生)은 남가(南柯)의 허무함을 느끼고 인생의 덧없음을 깨달아 드디어 주색을 끊어 버리고 마음을 도문(道門)에 살게 하였다. 3년이 지나 해가 정축(丁丑)년에 집에서 죽었다. 나이 47세였다. 장차 숙계(宿契)의 연한과 일치한다.

生感南柯之浮虛 悟人生之倏忍 遂棲心道門 絶棄酒色. 後三年 歲在丁丑 亦終於家 時年四十七 將符宿契之限矣.

후세에 〈남가태수전(南柯太守傳)〉으로 알려지게 된 이 이야기의 작가는 당(唐)나라 정원·원화 연간 때의 사람 이공좌(李公佐)로, 별도로 ≪사소아전(謝小娥傳)≫과 ≪여강빙온전(廬江馮媼傳)≫ 등의 작품이 있는 전기작가(傳奇作家)이다.

인생의 덧없음을 꿈에 가탁한 이 이야기는 같은 시대에 살던 심기제(沈旣濟)의 ≪침중기(枕中記)≫와 비슷하지만, 개미의 나라라는 기발한 착상을 기뻐한 때문인지 명(明)나라의 탕현조(湯顯祖)에 의하여 〈남가기 南柯記〉로 연극화되어 민중들 사이에도 널리 보급되어 있다.

濫觴

남 상

술잔이 넘친다는 뜻으로, 모든 사물의 시작과 출발점이란 말.

넘칠 **남** 술잔 **상**

도도하게 흐르는 양자강의 강물도 그 물의 근원은 술잔에 넘칠 정도의 적은 물에 불과하여 '남상(濫觴:술잔에 넘친다)' 한다는 뜻이다. 모든 사물의 시작과 출발점이란 뜻으로 사용되고 있다.

출전은 ≪순자≫ 자도편(子道篇)에 실려 있는 공자의 말씀이다. ≪공자가어≫의 삼서편(三恕篇)에도 거의 비슷한 글이 실려 있거니와 여기에서는 ≪순자≫ 자도편(子道篇)의 글을 소개하겠다.

자로(子路)가 옷을 잘 차려입고 공자님을 뵈었다. 그러자 공자께서 이렇게 말씀하셨다.

"유(由)야, 이 옷자락은 무엇이냐? 옛날에 강은 민산(岷山)으로부터 흘러나왔다. 처음의 근원은 가히 술잔에 넘칠 만하였다. 그러나 그 강의 나루에 이르러서는 배를 늘어놓지 못하고 바람을 피하지 못하여 건너지 못하였다. 오직 하류에 물이 많음이 아니겠느냐? 지금 너도 의복을 성하게 차려입고 얼굴빛이 충만되었구나. 장차 천하에 누가 너에게 즐겨 간하랴!"

子路盛服見孔子. 孔子曰 由 是裾裾何也. 昔者江出於岷山 其始出也 其

源可以濫觴. 乃其至江津 不放舟不避風 則不可涉也 非唯下流水多邪. 今
汝衣服旣盛 顏色充盈 天下且孰肯諫女矣.

　물론 이 이야기는 여기에서 끝나는 것이 아니다. 뒤에 자로(子路)가 옷
을 갈아입고 들어왔다. 공자는 말씀하셨다.
　"유(由)야, 여기에 뜻을 두라. 내 너에게 말하리라. 말을 자랑하는 사람
은 화려하고, 행동을 자랑하는 사람은 뽐내고, 앎을 얼굴에 나타내어 유
능한 체하는 사람은 소인이다. 그러므로 군자는 아는 것을 안다고 말하
고 모르는 것을 모른다고 말한다."

濫吹
남 　취

무능한 사람이 유능한 척한다는 뜻으로, 실력 없는 사람이 높은 자
리를 차지한다는 말.

함부로 **남** 불 **취**

　이것은 ≪한비자≫ 내저설상 칠술편(內儲說上 七術篇)에 있는 글로, 임
금이 신하를 다스리는 데 사용하는 일곱 가지 술법을 설명한 편(篇)이다.

　"일곱 가지 술법이란 첫째, 여러 가지 일의 발단을 참고하여 볼 것, 둘
째, 잘못된 일은 반드시 처벌하여 위엄을 밝힐 것, 셋째, 잘한 일은 상을

주어 능력을 다하게 할 것, 넷째, 일일이 신하들의 말을 들어볼 것, 다섯째, 의심나는 명령을 내려 보고 거짓으로 잘못을 시켜 볼 것, 여섯째, 아는 것을 감추고서 물어볼 것, 일곱째, 말을 거꾸로 하여 반대되는 일을 해 볼 것, 이 일곱 가지는 임금이 사용해야 할 것들이다."
고 말하고 있다. 그 예로 든 이야기에 이런 것이 있다.

제(齊)나라 선왕(宣王)이 사람으로 하여금 우(竽)를 불게 할 때는 반드시 삼백 명이 함께 불게 하였다. 남곽처사(南郭處士)가 청하여 왕을 위하여 우(竽)를 불었다. 선왕이 이것을 기뻐하여 수백 명 분의 곡식을 주었다. 선왕이 죽고 민왕(湣王)이 즉위하자 한 사람 한 사람이 부는 것을 듣기를 좋아했다. 처사는 도망쳤다.

齊宣王使人吹竽 必三百人. 南郭處士 請爲王吹竽 宣王說之 廩食以數百人. 宣王死 湣王立 好一一聽之. 處士逃.

남취(濫吹)란 이 이야기에서 나온 말로, '무능한 사람이 유능한 체하는 것'을 비유하여 말할 때 사용한다.

南風不競
남 풍 불 경

남방의 바람은 미약하다. 남쪽 나라의 세력이 크게 떨치지 못한다는 뜻.

남녘 **남** 바람 **풍** 아닐 **불** 굳셀 **경**

노(魯)나라 양공(襄公) 18년, 진(晋)나라를 맹주(盟主)로 하는 노(魯)나라·위(衛)나라·정(鄭)나라의 연합군은 제(齊)나라를 공격했다. 정(鄭)나라에서는 정백(鄭伯)이 대부(大夫)인 자교(子蟜)와 백유(伯有)와 자장(子張) 등을 거느리고 출정하고, 자공(子孔)과 자전(子展)과 자서(子西) 등의 대부들이 국내를 지키고 있었다.

그런데 자공은 주력부대가 원정하고 있는 사이에 제(齊)나라 정벌에 가담하지 않은 남쪽의 초(楚)나라 군대를 끌어들여, 다른 대부들을 내쫓고 권력을 장악하려고 했다. 자공은 즉시 초(楚)나라의 재상인 자경(子庚)에게 사자를 보내 이 일을 고했지만 자경은 찬성하지 않았다. 그런데 이 말을 들은 초강왕(楚康王)은 마음이 내켜서 사자를 보내,

"나는 즉위한 지 5년이 되지만 군대를 외국으로 파견한 일이 없다. 이래서는 내가 안일을 탐내어 조상들의 공적을 잊고 있다고 사람들은 생각할 것이다. 이것을 고려해 다오."

라고 말했다. 이 말을 들은 자경은 한탄했지만 임금의 말이라 함부로 물리칠 수도 없었다. 그리하여 하는 수 없이 사자에게 말했다.

"그러면 시험 삼아 해 보기로 하지. 일이 잘되면 임금이 따라가도 될 것이고, 일이 잘못되면 군대를 후퇴시키도록 하지. 그러면 손해도 없고

임금의 불명예도 되지 않을 것이다."

자경은 군대를 이끌고 정(鄭)나라로 공격해 들어갔다. 그러나 정(鄭)나라의 자경과 자서는 자공의 야심을 알고 미리 수비를 강화하고 있었기 때문에 예상한 전과는 얻지 못했다. 자공도 어리석게 초(楚)나라 군대에 응할 수는 없었다.

자경은 정(鄭)나라의 도읍인 순문(純門)을 공격했지만 뺏을 수 없었고 이틀 뒤에는 후퇴시켜야 했을 뿐 아니라 마침 겨울철에 비를 맞아 많은 동사자(凍死者)를 내게 되었다.

초(楚)나라 군대의 출동 보고는 진(晋)나라에도 전해졌다. 그러자 악관(樂官)인 사광(師曠)이 말했다.

사광은 말했다. '해가 되는 않는다. 나는 자주 북풍을 노래하고 또 남풍을 노래했지만 남풍은 다투지 않아 죽음의 소리가 많다. 초(楚)나라는 필시 공이 없을 것이다.'

역수가(曆數家)인 동숙(董叔)이 말했다. '하늘의 도(道)는 서북쪽에 많이 있으며 남쪽의 초(楚)나라 군대는 때를 얻지 못하고 있으니 반드시 공이 없을 것이다.'

정치가인 숙향(叔向)이 말했다. '임금의 덕에 달려 있다.'

師曠曰 不害. 吾驟歌北風 又歌南風 南風不競 多死聲 楚必無功. 董叔曰 天道多在西北 南師不時 必無功. 叔向曰 在其君之德也.

'남풍불경(南風不競)' 이란, '남쪽 나라의 세력이 떨치지 못한다.' 는 뜻으로 사용되고 있으며, 비단 남쪽 나라뿐만 아니라 일반적으로, '세력이 떨치지 못한다.' 는 뜻으로 사용된다.

囊中之錐
낭 중 지 추

주머니 속에 송곳. 재능이 뛰어난 사람은 가만히 있어도 남의 눈에 띈다는 뜻.

주머니 **낭** 가운데 **중** 어조사 **지** 송곳 **추**

평원군(平原君) 조승(趙勝)은 조(趙)나라 혜문왕(惠文王)의 동생이며 공자(公子)의 한 사람이다. 그는 손님들을 좋아하여 그에게로 몰려온 식객이 수천 명에 달했다고 한다. 당시는 제(齊)나라에 맹상군(孟嘗君), 위(魏)나라에 신릉군(信陵君), 초(楚)나라에 춘신군(春申君)과 같이 서로 경쟁하듯 선비들을 초대하여 후하게 대우하던 시대였다.

진(秦)나라 군대가 조(趙)나라의 도읍 한단(邯鄲)을 포위했다. 조(趙)나라에서는 평원군을 파견하여 초(楚)나라와 동맹을 맺으려고 했다. 평원군은 식객 중에서 용기 있고 문무의 덕을 겸비한 사람 20명과 동행하려 했는데, 19명까지는 선발했지만 나머지 한 사람이 부족했다. 그러자 식객 중에 모수(毛遂)라는 사람이 나서서 가담하겠다고 말했다. 그래서 평원군이 물었다.

"선생은 우리 집에 와서 몇 해나 되었습니까?"

"이제 3년이 됩니다."

"대저 현명한 사람이 세상에 있으면 마치 송곳이 주머니 속에 있는 것처럼 그 끝이 나타나게 됩니다. 그런데 선생은 우리 집에 와서 3년이나 되었는데도 선생의 뛰어난 점을 들은 적이 없습니다. 결국 선생에게는 능력이 없는 것입니다."

그러자 모수가 이렇게 말했다.

"저는 오늘 처음으로 주머니 속에 넣어 달라고 원하는 것입니다. 만일 일찍부터 주머니 속에 넣어 주셨더라면 송곳의 끝은 고사하고 송곳자루까지 나와 있었을 것입니다."

이리하여 모수는 20명 중에 포함되어 함께 초(楚)나라로 갔는데, 교섭은 난항을 거듭했지만 모수의 용기와 설득력으로 마침내 합종(合縱)을 결정하게 되었다고 한다.(≪사기≫ 평원군열전(平原君列傳))

평원군의 '낭중지추' 란 말도 비유를 잘했지만 모수의 대답도 그 기운이 상당히 날카롭다 하겠다. 특히 송곳 끝은 고사하고 자루까지 드러나는 상태를 말하였다. 따라서 '낭중지추' 란 말은 재주가 밖으로 나타나는 일을 비유로 사용하고 있다.

內憂外患
내 우 외 환

나라 안의 근심과 나라 밖의 환난이라는 뜻으로, 안팎으로 어려운 상태를 말함.

안 **내** 근심 **우** 밖 **외** 근심 **환**

춘추시대 중엽에 세력이 강대한 초(楚)나라와 진(晉)나라가 대립한 시대가 있었다. 진(晉)나라 여공(厲公)이 B.C. 579년에 송(宋)나라와 동맹을 맺음으로써 일단 평화가 유지되었지만 오래 계속되지 못하고, B.C. 576년에 초(楚)나라 공왕(共王)이 정(鄭)나라와 위(衛)나라를 침략함으로써 평화는 깨졌으며, 다음해 진(晉)나라와 초(楚)나라 두 군대는 언릉(鄢陵)에서 마주쳤다.

당시에 진(晉)나라의 내부에서는 극씨(郤氏)와 낙씨(樂氏)와 범씨(范氏) 등의 대부들이 정치를 좌우할 만큼 세력을 가지고 있었다. 이보다 앞서 낙서(樂書)는 진(晉)나라에 항거한 정(鄭)나라를 치기 위하여 동원령을 내려 스스로 중군(中軍)의 장군이 되고 범문자(范文子)는 그 부장군이 되었지만, 진(晉)나라와 초(楚)나라의 군대가 충돌하자 낙씨는 초(楚)나라와 싸울 것을 주장했다.

범문자는 이에 반대하여, 제후가 반란하면 토벌해야 하고 공격을 당하면 이를 구원하느라 나라는 혼란해지니 제후는 어려움의 근본이라고 지적하였다.

"그 위에 성인이라면 안으로부터 근심도, 밖으로부터 재난도 겪지 않고 견디지만(唯聖人耳 能無外患 又無內憂) 우리들은 밖으로부터 재난이 없으면 반드시 안으로부터 일어나는 근심이 있다. 초(楚)나라와 정(鄭)나라는 잠시 놓아두어 밖으로부터의 근심을 내버려 두지 않겠는가?"(≪국어(國語)≫ 진어(晉語) 6)

內助之功
내 조 지 공

안에서 공을 돕는다는 뜻으로, 아내가 널리 집안일을 잘 다스려 남편을 돕는다는 말.

안 **내** 도울 **조** 어조사 **지** 공 **공**

위(魏)나라의 초기 문제(文帝) 조비(曹丕)의 왕후인 곽씨는 원래 군(郡) 장관(長官)인 곽영(郭永)의 딸로, 그녀는 태어나면서부터 남들과 다른 점이 있어 곽영이, '나의 딸은 여자 중의 왕이다.' 라고 말하며 '여왕(女王)' 이라고 불렀다고 한다.

조조(曹操)가 위(魏)나라 왕이 되었을 때 그는 동궁(東宮)으로 들어갔다. 지략이 뛰어난 그는 항상 생각하기를, 조비가 황태자가 되려면 어떤 책략이 필요했던 것이다. 조비가 즉위하자 참언하여 조예(曹叡:뒤의 3대 명제)를 낳은 원후(甄后)에게 죽음을 내렸다. 〈위략(魏略)〉에 의하면, 원후는 머리로 얼굴을 덮고 겨로 입을 틀어막힌 채로 매장되었다고 한다.

이보다 앞서 중랑(中郞)인 잔잠(棧潛)이 곽황후(郭皇后)를 세우는 일에 이의를 부르짖으며 문제(文帝)에게 상소하기를,

"옛날 제왕의 정치에는 겉으로 정치를 돕는 사람들뿐만 아니라 내조의 공도 있습니다."

라고 말하며 경계해야 할 전례로 ≪역경≫이나 ≪춘추좌씨전≫에 기록된 것을 들어 신분이 천한 사람을 귀한 자리에 앉히는 위험을 알렸지만 문제는 듣지 않고 결국 곽황후를 세웠다. (≪삼국지≫ 위서(魏書) 후비전

(后妃傳))

'내조(內助)' 란 안에서 돕는다는 뜻으로, 지금은 '내조지공(內助之功)'
이라고 말하면 '널리 아내가 집안일을 잘 다스려 남편을 돕는다.' 는 뜻
으로 사용되고 있다.

老馬之智
노 마 지 지

늙은 말의 지혜. 하찮은 것일지라도 장점을 지니고 있다는 말.

늙을 **노** 말 **마** 어조사 **지** 지혜 **지**

≪한비자≫ 설림편(說林篇) 상(上)에 이런 이야기가 있다.

"제(齊)나라의 명재상인 관중(管仲)과 습붕(濕朋) 두 사람이 제환공(齊
桓公)을 따라 고죽국(孤竹國)이라는 작은 나라를 정벌했다. 그런데 갈 때
는 봄이었지만 돌아올 때는 겨울이 되어 길을 잃고 말았다. 그때 관중이
'이럴 때는 늙은 말의 지혜가 도움이 된다.' 고 하며 늙은 말을 풀어놓고
그 뒤를 따라가니 이윽고 길을 찾게 되었다.

또 산중을 진군하고 있을 때 물이 없어 목이 말랐다. 그러자 습붕이,
'개미는 겨울이면 산 남쪽에서 살고 여름이면 산 북쪽에서 살며, 개미집
의 높이가 한 치라면 그 지하 여덟 자를 파면 물이 있다.' 고 하여 개미집
을 찾아 그 아래를 팠더니 과연 물을 구할 수 있었다."

한비자는 이 이야기를 인용한 뒤에 이렇게 말하고 있다.

"관중 같은 현인이나 습붕 같은 지혜 있는 사람도 모르는 일이 있으면 주저하지 않고 늙은 말이나 개미의 지혜를 배우고 있다. 그런데 지금 사람들은 그 어리석은 마음을 반성하며 성현의 지혜를 배울 줄 모르니 매우 잘못된 것이 아닌가!"

'늙은 말의 지혜(老馬之智)' 는 이 고사에서 나온 것이거니와, 그 뜻이 변하여 지금은 '경험이 풍부하고 숙달된 지혜' 라는 뜻으로 사용된다.

綠 林
녹 림

푸른 숲. 도둑의 소굴을 말함.

푸를 **녹** 수풀 **림**

왕망(王莽, B.C. 45~A.D. 23)은 한(漢)나라의 천하를 뺏어 황제에 즉위한 후 국호를 '신(新)' 이라고 고쳤다. 그리고 관제와 토지제도와 화폐 등을 개혁하여 새로운 정책을 수립하였지만 왕망 자신에게는 그것을 단행할 만한 실력도 없었고, 또 개혁이 너무나 급격했기 때문에 모두 실패로 돌아갔다.

그외에 대외정책에도 실패하여 변경에서는 흉노족을 비롯하여 여러 민족의 병란이 그칠 사이가 없었다. 이와 같은 실정(失政) 때문에 백성들의 생활은 고난에 찼고, 왕망은 민중으로부터나 지방의 호족(豪族)들로부터 미움을 받아 각지에서 소란과 반란이 일어났다. 천봉(天鳳) 4년에 왕광(王匡) 등이 형주(荊州) 녹림산(綠林山)으로 몰린 것도 그 움직임이었다.

이때 남군(南郡)의 장패(張覇), 강하(江夏)의 양목(羊牧), 왕광(王匡) 등이 운두(雲杜) 녹림(綠林)에서 일어나 이름하여 하강(下江)의 군대라고 말했다.

是時 南郡張覇 江夏羊牧王匡等 起雲杜綠林 號曰下江兵.

이것은 ≪후한서≫ 유현전(劉玄傳)에 기록되어 있다.

왕망의 말년에는 남쪽에서 기근이 일어나 사람들은 들이나 연못으로 떼를 이루어 부자(鳧茈:들풀의 한 가지)를 파내어 먹었는데 그것을 손에 넣으려고 서로 쟁탈전이 벌어졌다.

신시(新市) 출신인 왕광(王匡)과 왕봉(王鳳)은 이 틈에 사람들로부터 추대되어 수령으로서 수백 명의 부하들을 거느리는 몸이 되었다. 그러자 관병(官兵)에게 쫓기어 도망다니던 마무(馬武)와 왕상(王常)과 성단(成丹) 등이 왕광과 왕봉 등에게로 들어와 함께 이향취(離鄕聚)를 공격하고 녹림산(綠林山) 속으로 들어왔다. 이리하여 불과 수개월 사이에 칠팔천 명에 이르게 되었다.

그 뒤에 왕광 등은 형주(荊州)의 지방장관이 이끄는 이만 명의 관군에게 공격을 받았지만 운두(雲杜)에서 맞서 싸워 크게 격파했다. 그리고 각지에서 소란을 일으키고 강도질을 하며 부녀자들을 이끌고 녹림산으로 돌아왔는데 그때는 이미 오만 명의 큰 세력이 되어 있었다. 이윽고 유수

(劉秀:후한(後漢)의 광무제(光武帝))와 유현(劉玄)이 군대를 일으키자 왕광 등이 이에 합류하여 왕망을 반대하는 큰 세력이 되었다.

'녹림(綠林)'이란 앞의 이야기에서 밝혀진 바와 같이 원래는 형주(荊州)에 있는 산 이름이다. 이곳에 왕광 등이 가난한 백성들을 이끌고 들어와서 도둑이 되었기 때문에 '녹림'이란 말은 도둑을 일컫는 말로 쓰이게 되었다.

論功行賞
논 공 행 상

공적을 따져 상을 준다는 뜻으로, 공로의 크고 작음을 조사하여 상을 준다는 말.

논할 **론** 공 **공** 행할 **행** 상줄 **상**

삼국시대의 위(魏)나라 문제(文帝) 조비(曹丕)는 황초(黃初) 7년 5월에 병으로 죽었는데, 죽기 며칠 전 조예(曹叡)를 황태자로 정하고 그 집안의 맹장인 조진(曹眞)과 조휴(曹休), 그리고 유교와 법에 정통한 진군(陳群)과 원로인 사마의(司馬懿) 네 사람에게 뒷일을 부탁했다.

조예는 즉위하여 2대 명제(明帝)가 되는데 문제(文帝)의 죽음은 오(吳)와 촉(蜀) 두 나라가 위(魏)나라를 공격하는 기회를 주었다. 그로부터 3개월 뒤인 8월에는 오(吳)나라의 손권(孫權)이 손수 군대를 이끌고 강하군(江夏郡)을 공격했다.

태수인 문빙(文聘)이 공격을 막았다. 조정의 여론은 군대를 출격하여 이를 구원하려 했지만 명제(明帝)는, '오(吳)나라는 원래 수전(水戰)에 뛰어나다. 그런데도 그들이 배를 버리고 육상의 싸움에 도전하는 것은 우리 쪽의 무방비를 겨냥한 것이리라. 더구나 현재 강하의 태수 문빙(文聘)과 대치 중에 있으니 공수(攻守)의 세력이 바뀌는 것은 순식간이다.' 라고 말하였다.

과연 손권은 후퇴를 했다. 그리고 강하의 공격에 호응하여 오(吳)나라의 제갈근(諸葛謹)과 장패(張覇) 등이 양양(襄陽)으로 침략했지만 무군대장(撫軍大將) 사마의(司馬懿)가 이것을 격파하여 장패(張覇)를 목 베고, 정동대장(征東大將) 조휴(曹休)도 심양(尋陽)에서 오(吳)나라의 별장(別將)을 격파했다.

그후 공적을 조사하여 각각 그 지위에 따라 상을 주었다.(≪삼국지≫ 위지(魏誌) 명제기(明帝紀))

'논공(論功)' 이란 공로의 크고 작음을 조사하는 것으로 지금도 행하고 있으니 이것은 '논공행상' 이란 말을 대표하는 것이다.

壟斷
농　단

둔덕을 깎아 세운 높은 곳. 이익을 위한 간교한 수단이라는 뜻.

언덕 **농** 끊을 **단**

농단(壟斷)이란 시장에서 제일 높은 곳에 올라 좌우를 둘러보고 가장 유리한 위치를 차지하여 이익을 독점하는 것을 말한다. ≪맹자≫ 원문에는 '龍斷'으로 되어 있지만 '龍'은 '壟'과 상통되는 글자이다.

이것은 ≪맹자≫ 공손추편(公孫丑篇) 하(下)에 나오는 이야기이다.

맹자가 제(齊)나라에서 신하 노릇하던 것을 그만두고 고향으로 돌아가게 되자 선왕(宣王)이 나와 맹자에게 말했다.

"전에는 만나 뵙기를 원해도 뵐 수 없다가 조정에 모실 수 있어서 몹시 기뻤습니다. 이제 다시 과인을 버리고 돌아가시니 이후 다시 뵐 수 있는지 모르겠습니다."

맹자가 대답해 말했다.

"감히 청할 수 없을 뿐, 진실로 바라는 바입니다(不敢請耳 固所願也)."

후일에 선왕이 시자(時子)를 보고 말했다.

"맹자에게 나라 한복판에 집을 마련해 주고 만종(萬鍾)의 녹을 주어, 제자들을 길러내게 하여 여러 대부와 사람들로 하여금 공경하고 본받을 수 있게 하고 싶은데 그대가 나를 위하여 말을 전해 주지 않겠는가?"

시자가 진자(陳子)를 통하여 이 말을 맹자에게 고하게 했다. 진자가 전하자 맹자가 말했다.

"그런가? 시자야, 대저 할 수 없다는 것을 어떻게 알랴! 만일 내가 부자가 되고자 한다면 십만 종(鍾)의 녹을 사양하고 만 종의 녹을 받는 것, 이것이 부자가 되기를 바라는 것이 될 수 있겠는가? 계손(季孫)이 말했다. '이상도 하다, 자숙의(子叔疑)여. 정치를 하다가 받아들여지지 않으면 그만둘 뿐이지, 자기 제자로 하여금 경(卿)을 시키다니? 남들인들 부귀를 바라지 않겠는가? 그런데 부귀 가운데 홀로 우뚝한 곳을 차지하는 자가 있구나!' 라고 말했다"

그러고는 '농단(壟斷)'에 대한 이야기를 들려주었다.

"옛날의 시장이란 자기가 가진 것을 가지고 와 자기에게 없는 것과 바꾸는 곳으로, 관리는 그것을 살필 뿐이었다. 그런데 한 사나이가 반드시 우뚝한 곳을 구하여 그곳에 올라가 좌우를 바라봄으로써 시장의 이익을 휩쓸어 가니, 사람들이 다 천하게 생각했으므로 그와 같은 행위에 세금을 거두게 되었다. 상인으로부터 세금을 거둔 것은 이 천한 사나이로부터 시작된 것이다."

古之爲市者 以其所有 易其所無者 有司者治之耳. 有賤丈夫焉 必求龍斷而登之 以左右望而罔市利 人皆以爲賤 故從而征之 征商 自此賤丈夫始矣.

能書擇筆

능 서 택 필

글씨를 잘 쓰려고 붓을 고른다는 뜻으로, 자기 수준에 맞는 방법으로 재능을 발휘해야 성공할 수 있다는 말.

능할 능 쓸 서 가릴 택 붓 필

초당(初唐)의 3대 서예가인 구양순(歐陽詢)과 우세남(虞世南)과 저수량(褚遂良)은 해서(楷書)의 완성자들로서, 오늘날도 그들의 글씨는 배우는 사람들이 최고의 규범으로 삼고 있다.

세 사람은 함께 진(晋)나라의 대서예가인 왕희지(王羲之)의 글씨를 배웠는데 구양순의 엄정함과 우세남의 온화함과 저수량의 곱고 아름다움은 각자 독자적인 경지를 개척하여 왕희지의 글씨를 사랑하는 서도의 스승이 되었다.

세 사람 중에서 가장 나이가 젊은 저수량은 '정관지치(貞觀之治)'에 공헌한 건국 공신 위징(魏徵)의 추천으로 우세남의 후계자가 되었는데 그가 어느 날 우세남에게 물었다.

"제 글씨는 지영 선생(智英先生)과 비교하면 어떤가요?"

지영 선생이란 우세남이 글씨를 배운 선생 중 한 명이다.

"지영 선생의 글씨는 한 글자에 오만 냥을 내도 좋다는 사람이 있다. 자네는 아무래도 안 될 거야."

"그러면 구양순 선생과는 어떨까요?"

"그는 어떤 종이에 어떤 붓을 사용하거나 자기 마음대로 글씨를 쓴다고 한다. 자네는 아무래도 안 될 거야."

"그러면 저는 어떻게 해야 하나요?"

"자네가 붓을 사용하는 데는 아직 딱딱한 부분이 남아 있네. 그것을 없애면 대성할 것일세."

褚遂良 嘗問虞世南曰 吾書何如智英. 答曰 吾聞彼一字直五萬 君豈得此. 遂良曰 孰與詢. 曰吾聞詢不擇紙筆 皆得如志 君豈得此. 遂良曰 然則何如. 世南曰 君若手和筆調 固可貴尙.(≪당서(唐書)≫ 권198)

이것이 저수량의 아담한 필치가 완성된 뒤에 생긴 이야기인지는 알 수 없으나 그는 살쾡이의 털을 심으로 박고 토끼의 털을 씌운 붓과 상아나 물소의 뿔을 붓대로 하지 않으면 결코 글씨를 쓰지 않았다고 한다. 구양순과는 반대로 글씨를 잘 쓰려면 붓을 고른다는 얘기가 되겠다.

泥醉
니 취

술에 취해 진흙처럼 흐느적거린다는 뜻으로, 술에 질탕하게 취했다는 말.

진흙 **니** 술취할 **취**

일생을 중국 각지의 여행으로 소비한 성당(盛唐) 시인 이백(李白)은

40대가 되어서야 장안(長安)의 궁정시인(宮廷詩人)이 되었거니와, 그 전 20대 후반부터 30대 대부분의 시기는 호북성(湖北省)을 중심으로 유람하고 있었다.

그 무렵에 양양(襄陽) 부근의 명소고적(名所古蹟)을 읊은 시 〈양양가(襄陽歌)〉에서는 다음과 같이 노래하고 있다.

떨어지는 해 현산(峴山)의 서쪽으로 넘어가려 하는데
거꾸로 흰 모자를 쓰고 꽃 아래를 방황하네.
양양의 어린이들은 일제히 손뼉을 치고
거리를 가로질러 다투어 백동제(白銅鞮)를 노래하네.
곁에 있는 사람에게 묻기를 무슨 일로 웃는가?
산공(山公)이 술에 만취하여 진흙과 같음을 웃는다네.

落日欲沒峴山西 倒著接䍦花下迷
襄陽小兒齊拍手 攔街爭唱白銅鞮
傍人借問笑何事 笑殺山公醉如泥

'니취(泥醉)'란 일설에는 '니(泥)'라는 벌레가 뼈가 없어 물속에서는 활발히 움직이지만 물이 없어지면 진흙과 같이 된다는 설에서 나온 말이라고 하나, 역시 술에 몹시 취하여 흐느적거리는 모양을 형용한 것이다.

이백(李白)이 장안(長安)에 있을 때 이틀 동안이나 술에 취하여 자고 있었는데, 심향정(沈香亭)에서 모란꽃 구경을 하고 있던 현종(玄宗)과 양귀비(楊貴妃)에게 호출되어 술과 음악을 갖춘 시 한 편을 지은 후, 들려 나갈 때 '니취(泥醉)'하여 환관(宦官)인 고역사(高力士)의 눈앞에 다리를 내밀고 신발을 벗기게 하는 등 방약무인한 행동을 했다고 전해진다.

다

多岐亡羊
다 기 망 양

갈림길이 많아 뒤쫓아간 양을 찾지 못한다는 뜻으로, 다방면에 걸쳐
섭렵하기만 하고 성취하지는 못한다는 말.

많을 **다** 갈림길 **기** 잃을 **망** 양 **양**

도망간 양을 뒤쫓아간 사람이 길이 몇 갈래로 갈린 곳까지 가서 끝내
양을 놓쳐 버렸다는 이야기에서, 학문의 길에 들어서되 다방면에 걸쳐
지나치게 하거나 지엽적인 면에 구애되면 아무것도 얻을 수 없다는 것을
일컬어 '다기망양(多岐亡羊)' 이라고 한다.

≪열자≫의 설부편(說符篇)에 이와 같은 이야기가 실려 있다.

양자(楊子)의 이웃 사람이 양을 잃었다. 양의 주인이 마을 사람들을 이
끌고 양자에게 동복(童僕)을 청하여 양을 쫓아가려 하자 양자가 말했다.
"아니, 양 한 마리를 잃었는데 어찌 쫓아가는 사람이 많은가?"
이웃 사람이 말했다.
"갈림길이 많습니다."
그들이 돌아왔다. 양자가 물었다.
"양을 붙잡았는가?"
이웃 사람이 말했다.
"양을 잃어버렸습니다."
양자가 말했다.

"어찌 양을 잃어버렸는가?"

이웃 사람이 말했다.

"갈림길 속에 또 갈림길이 있어 양이 간 곳을 모르니 그냥 돌아오는 길입니다."

양자는 이 말을 듣자 매우 울적해하며 아무 말도 하지 않고 그날 하루 종일 얼굴에 웃음도 나타내지 않았다.

楊子之隣人亡羊. 旣率其黨 又請楊子之竪追之. 楊子曰 嘻亡一羊 何追者衆. 隣人曰 多岐路. 旣反. 問 獲羊乎. 曰 亡之矣. 曰 奚亡之. 曰 岐路之中又有岐焉 吾不知所之 所以反也. 楊子戚然變容 不言者移時 不笑者竟日.

이야기는 다시 계속된다. 양자의 모습을 본 제자들이 이상하게 생각하여,

"양은 대단치 않은 가축입니다. 더구나 선생님 것도 아닌데 왜 말씀도 아니하시고 웃으시지도 않습니까?"

하고 물어보았지만 양자가 잠자코 있어서 제자들은 그 이유를 모르고 있었다.

양자의 제자 중 한 사람인 맹손양(孟孫陽)이 그 자리에서 물러나서 이 이야기를 선배인 심도자(心都子)에게 전했다. 그 뒤 어느 날 심도자는 맹손양과 함께 양자 앞으로 나아가 물었다.

"옛날에 삼형제가 있었습니다. 제(齊)나라와 노(魯)나라 지방에 유학하여 같은 선생님 밑에서 배워 인의(仁義)의 도(道)를 배워 가지고 돌아왔습니다. 그 아버지가 '인의의 도는 어떤 것이냐?' 하고 묻자 맏아들은, '내 몸을 소중히 하여 후세에 명성을 남기는 일입니다.' 라고 대답하고,

둘째아들은 '내 몸을 죽여서 명성을 얻는 것입니다.' 라고 대답하고, 셋째아들은 '몸과 명성을 함께 얻는 것입니다.' 라고 대답했습니다. 이 세 가지의 답은 각각 다르지만 같은 유학(儒學)에서 나온 것입니다. 어느 것이 옳고 어느 것이 틀린 것입니까?"

그러자 양자는 이렇게 대답했다.

"한 사나이가 황하 가에서 살고 있었다. 물에 익숙하여 헤엄을 잘 쳤기 때문에 배를 부려 사람을 건네주고 거기에서 나온 돈으로 많은 식구들을 부양하고 있었다. 그래서 식량을 가지고 와서 제자 노릇을 하는 사람들이 많았는데 반에 가까운 사람들이 물에 빠져 죽었다고 한다. 그들은 원래 수영을 배우러 온 것으로, 빠져 죽는 것을 배우러 온 것이 아닌데 돈을 버는 사람과 목숨을 잃는 사람과는 그 득실(得失)이 아주 다르다. 너희들은 어느 쪽이 좋고 어느 쪽이 나쁘다고 생각하는가?"

심도자는 이 말을 듣자 잠자코 밖으로 나갔다. 그래서 맹손양이 심도자에게,

"당신은 빙 돌려서 질문을 하고 선생님의 대답은 명료하지 않아 나는 무엇이 무엇인지 모르겠군요."

하자 심도자는 이렇게 말했다.

"큰 길은 갈림길이 많음으로써 양을 잃어버리고, 학자는 다방면을 배움으로써 삶을 잃는다. 학문도 원래 그 근본이 다른 것이 아니라 하나인데도 그 끝은 이와 같이 다르다. 오직 한가지로 다시 돌아가면 얻고 잃음이 없다고 한다. 자네는 선생님의 문에서 자라고 선생님의 도(道)를 익히면서도 선생님의 경지에 이르지 못하니 슬픈 일이로군."

大道以多岐亡羊 學者以多方喪生. 學非本不同 非本不一 而末異若是. 唯

歸同反一 爲亡得喪. 子長先生之門 習先生之道 而不達先生之況也 哀哉.

'다기망양(多岐亡羊)' 이란 학문의 길이 너무 여러 갈래라 진리를 얻기 어려움을 뜻한다. 여기에서 변하여, 골라야 할 대상이 여러 가지가 있어 어떤 길을 취할 것인가, 어떤 방법을 따라야 할 것인가 등 선택이 어려운 경우에도 사용되고 있다.

多多益善
다 다 익 선

많으면 많을수록 더 좋다는 뜻.

많을 **다** 더할 **익** 좋을 **선**

이 이야기는 한(漢)나라 고조(高祖)가 천하를 통일한 다음의 일이다. 당시 초왕(楚王)이었던 한신(韓信)에게 반란의 기미가 있다고 보고, 붙잡아서 왕위를 박탈하여 회음후(淮陰侯)로 좌천시켜 도읍에 있게 하였다.

그러던 어느 날 고조는 틈을 내어 여러 장군의 능력에 대하여 한신과 이야기한 일이 있었는데 그때 고조가 한신에게,

"나는 어느 정도의 군대를 이끄는 장군이 될 수 있을까?"

하고 물었다. 그러자 한신이 대답했다.

"폐하께서는 그저 십만 정도의 군대면 됩니다."

그러자 고조가 물었다.

"그러면 그대는 어떠한가?"

"저는 다다익선(多多益善)입니다."

라고 한신은 대답했다. 이 말을 들은 고조가 웃으면서,

"그 '다다익선'이란 사람이 어째서 십만의 장군에 불과한 나에게 포로가 되었는가?"

하고 묻자 한신은 이렇게 대답했다.

"아닙니다. 그것은 다른 문제입니다. 폐하께서는 군대의 장군 노릇은 별로 잘하시지 못하지만 장군다운 점에서는 훌륭하십니다. 이것이 제가 폐하에게 포로가 된 이유입니다. 더구나 폐하의 능력은 소위 하늘이 주신 재능이므로 도저히 사람의 힘으로는 말씀드릴 수 없는 것입니다."

이 이야기는 ≪한서≫의 〈한신전(韓信傳)〉에 기록되어 있다. 그런데 이 〈한신전〉의 기록은 ≪사기≫의 회음후열전(淮陰侯列傳)의 기록에 의거하여 쓰인 것으로, 회음후열전에서는 '다다익선이(多多益善耳)'가 아니라 '다다익변이(多多益辨耳)'로 기록되어 있다. '다다익변(多多益辨)'에서 '辨'은 처리할 수 있다는 뜻이다.

多士濟濟
다 사 제 제

선비가 많고 뛰어나다. 인재가 풍부하다는 뜻.

많을 **다** 선비 **사** 많을 **제**

인재가 풍부하다는 것을 비유로 '다사제제(多士濟濟)'라고 말한다.

≪시경≫ 대아(大雅)에 〈문왕(文王)〉이라는 시가 있다. 주(周)나라를 개국한 문왕의 덕을 찬양한 것으로 모두 7절로 되어 있는 노래인데 그 시는 다음과 같다.

문왕이 위에 계시어 하늘이 밝게 빛나니,
주나라는 비록 오래된 나라이나 그 수명이 오직 새롭도다.
주나라가 나타나지 않을 때가 있으나 하늘의 명령 때가 아니다.
문왕이 하늘에 오르내리니 하느님이 좌우에 계시니라.

문왕이 매우 부지런하시어 좋은 칭송이 끊이지 않고
주나라에 많은 복 펴시어 문왕의 자손들 누리시니,
문왕의 자손들이 백 대(代)토록 번성하시며,
무릇 주나라의 선비들 또한 대대로 드러나지 않으리라!

세상에 드러나지 아니하되 공경스럽게 보필하리로다.
왕을 떠받드는 많은 선비들이 이 왕국에 나타나도다.

왕국에 능히 태어났으니 오직 주나라의 기둥이로다.

훌륭한 선비들이여, 문왕이 그대들로써 편안하시겠도다.

文王在上 於昭于天 周雖舊邦 其命維新 有周不顯 帝命不時 文王陟降
在帝左右.

亹亹文王 令聞不已 陳錫哉周 侯文王孫子 文王孫子 本支百世 凡周之
士 不顯亦世.

世之不顯 厥猶翼翼 思皇多士 生此王國 王國克生 維周之楨 濟濟多士
文王以寧.

斷機之教
단 기 지 교

배우는 것을 그만둔다. 학업을 중도에서 그만두면 쓸모가 없다는 뜻.

끊을 **단** 베틀 **기** 어조사 **지** 가르침 **교**

맹자는 전국시대 중엽에 태어난 사람이다. 남송(南宋)의 주자(朱子)에
게 재평가되어 아성(亞聖)으로 불리게 된 맹자는 부국강병에 광분하며
백성들을 혹사하는 권력주의적인 제후들에게 인간 본위의 덕치(德治) 정
치를 설득한 위대한 사상가이거니와, 이처럼 큰 나무를 길러낸 그늘에는
맹자의 어머니를 들지 않을 수 없다.

이 아름다운 이야기는 한(漢)나라의 유향(劉向)이 엮은 〈열녀전(列女

傳》에 의하여 전해지고 있다. 그 유명한 '맹모삼천지교(孟母三遷之敎)'와 아울러 이 '단기지교(斷機之敎)'도 그 가운데 실려 있다.

　맹자는 가난한 선비 집안에서 태어나 아버지는 일찍 돌아가시고 어머니 손에 의해 자라났다. 맹자의 집은 처음에 공동묘지 근처에 있었다. 어린 맹자는 매장하러 오는 사람들의 일을 보고 배워, 소리 내어 곡을 하고 관을 묻는 인부들의 흉내를 내며 놀게 되었다. 맹자의 어머니는,
　"이곳은 아들을 기를 곳이 못 된다."
　하고 이사하여 시장 근처에서 살았다. 그러자 어린 맹자는 곧 그곳의 풍습을 보고 배워, 장사꾼들이 소리치며 물건을 파는 흉내를 내며 놀게 되었다. 맹자의 어머니는,
　"이곳도 아들을 기를 만한 곳이 못 된다."
　하고 다시 이사하여 이번에는 학당 근처에 와 살게 되었다. 맹자는 학당의 학생들이 공부하는 것을 보고, 제단을 만들어 제물을 차려 놓고 예절에 맞추어 읍하는 흉내를 내면서 놀게 되었다. 맹자의 어머니는,
　"여기야말로 아들을 가르칠 만한 곳이로구나."
　하고 그곳에서 살게 되었다. 이것이 유명한 '맹모삼천지교'라고 일러지는 일화이다.
　맹자는 공자의 손자인 자사(子思)의 제자가 되어 가르침을 받았다고 하는데, 이보다 앞서 소년시절에 유학 가 있던 맹자가 어느 날 갑자기 집으로 돌아왔다. 어머니는 그때 베를 짜고 있었다.
　"네 공부는 어느 정도 나아갔느냐?"
　"아직은 변한 것이 없습니다."
　그러자 어머니는 짜고 있던 베를 옆에 있는 칼로 끊어버렸다. 맹자가 섬찍하여 물었다.

"어머니, 그 베는 왜 끊어버리십니까?"

그러자 어머니는 대답했다.

"네가 학문을 그만둔다는 것은 짜던 베를 끊어 버리는 것과 마찬가지이다. 군자란 모름지기 학문을 배워 이름을 날리고, 모르는 것은 물어서 앎을 넓혀야 하느니라. 그리하여 평소에 마음과 몸을 편안히 하고 세상에 나아가서도 위험을 저지르지 않는다.

너는 지금 학문을 그만두었다. 너는 다른 사람의 심부름꾼으로 뛰어다니느라 재앙을 피할 길이 없을 것이다. 그러니 생계를 위하여 베를 짜다가 중간에 그만두는 것과 무엇이 다르겠느냐? 그 부자(夫子)에게 옷은 해 입힐지라도 오래도록 양식이 부족하지 않겠느냐? 여자가 생계의 방편인 베 짜기를 그만두고 남자가 덕을 닦는 것에서 떨어지면 도둑이나 심부름꾼이 될 뿐이다."

맹자가 두려워하며 아침저녁으로 쉬지 않고 배움에 힘쓰되 자사를 스승으로 섬겨 드디어 천하의 명유(名儒)가 되었다.

이것이 소위 '단기지교' 라고 일러지는 일화이다.

斷腸
단   장

창자가 끊어진다. 슬픔이 더할 수 없이 애가 탄다는 말.

끊을 **단** 창자 **장**

슬픔이 더할 수 없이 극치에 이른 것을 '창자가 끊어지는 것 같다.' 고 말한다. ≪세설신어(世說新語)≫의 출면편(黜免篇)에 다음과 같은 이야기가 실려 있다.

"환온(桓溫)이 촉(蜀)나라로 가는 도중 배를 타고 삼협(三峽)을 지나갈 때 대오 중의 한 사람이 원숭이의 새끼를 붙잡았다. 그러자 그 어미 원숭이가 새끼를 그리워하여 언덕을 따라 슬피 울부짖으며 달리기를 백여 리나 하되 가지 않고 마침내 배 위로 뛰어 들어오더니, 그대로 곧 숨이 끊어졌다. 그 뱃속을 가르고 보니 창자가 다 마디마디 끊어져 있었다. 이 말을 들은 환온은 화가 나서 그 붙잡은 사람을 내쫓았다."

桓公入蜀 至三峽中 部伍中有得猨子者. 其母緣岸哀號 行百餘里不去 遂跳上船 至便絶. 破視其腹中 腸皆寸寸斷. 公聞之怒 命黜其人.

환온(桓溫)은 동진(東晉)의 무인(武人)이며, 삼협(三峽)은 양자강이 촉(蜀)나라의 고지를 빠져나가는 도중에 있던 험난한 곳이다.

이 삼협에는 원숭이들이 상당히 많았던 것 같으며, 이 고장의 원숭이 소리를 슬프게 노래한 시도 많다. 성당(盛唐)의 시인인 왕창령(王昌齡)의 〈송별위삼(送別魏三)〉의 마지막 구절에 여행을 떠나는 친구를 생각하고 지은 구절이 있다.

슬프게 들리는구나, 원숭이의 맑은 소리가 꿈속에 길다.

愁聽淸猿夢裏長

삼협에서 밝은 달을 바라보면서 슬픈 원숭이의 소리를 들으면 그대도 필시 슬픔을 참지 못할 것이라고, 친구를 떠나보내면서 읊은 시이다.

螳螂拒轍
당 랑 거 철

사마귀가 수레바퀴를 막는다는 뜻으로, 제 힘은 헤아리지 않고 강자에게 반항한다는 말.

사마귀 **당** 사마귀 **랑** 막을 **거** 바퀏자국 **철**

제(齊)나라 장공(莊公)이 사냥을 나갔을 때 한 마리의 벌레가 다리를 쳐들고 수레의 바퀴를 향하여 왔다. 장공이 말몰이꾼에게 '저것이 무슨 벌레냐?' 하고 묻자 말몰이꾼이 대답했다.

"저것은 사마귀라는 벌레입니다. 이 벌레는 나아갈 줄만 알고 물러설 줄 모릅니다. 이 벌레는 제 힘은 생각지 않고서 적을 가볍게 압니다."

그러자 장공이 말했다.

"이 벌레가 사람이라면 반드시 천하에서 날랜 사나이가 될 것이다."

하고 수레를 돌려 피해 가게 했다.

齊莊公出獵. 有一虫 擧足將搏其輪. 問其御曰 此何虫也. 對曰 此所謂
螳螂者也 其爲虫也 知進而不知却 不量力而輕敵. 莊公曰 此爲人而必天
下勇武矣. 廻車而避之.

여기에는 '당랑거철(螳螂拒轍)' 이란 말이 사용되고 있지 않지만 말몰이꾼의 '이것은 사마귀라는 벌레입니다.' 라는 대답에서 사람들은 '당랑거철' 이라는 뜻으로 사용하고 있다.

≪문선≫에 실려 있는 진림(陳琳)의 〈위원소격예주(爲袁紹檄豫州)〉에는 장공의 수레를 향하여 다가오는 사마귀의 모습을 생각하여, '당랑지부(螳螂之斧)', '당랑거철(螳螂拒轍)' 이란 말을 사용하고 있거니와, ≪장자≫의 천지편(天地篇)에도 다음과 같은 기록이 있다.

장사(將士)의 말과 같은 것을 제왕의 덕에 비하면, 오히려 사마귀가 성이 나서 팔뚝을 곤두세우고 수레바퀴에 대드는 것과 같다.

若夫子之言 於帝王之德 猶螳螂之怒臂以當車轍.

당랑거철이란 사마귀가 팔을 벌리고 수레바퀴를 막는다는 뜻으로, 제 분수도 모르고 강자(强者)에게 반항하는 것을 빗대어 표현한 말이다.

大器晚成
대　　기　　만　　성

큰 그릇은 늦게 이루어진다. 큰 인물이 될 사람은 늦게 성공한다는 말.

큰 대 롯 기 늦을 만 이룰 성

≪노자≫ 제41장에 다음과 같이 말했다.

상등의 선비는 도(道)를 들으면 힘써 행하고, 중등의 선비는 도(道)를 들으면 있는 것 같기도 하고 없는 것 같기도 하며, 하등의 선비는 도(道)를 들으면 크게 웃는다. 웃지 아니하면 가히 도(道)가 되지 못한다. 그러므로 옛사람이 세운 말에 있다.

'밝은 도(道)는 어두운 것 같고, 나아가는 도(道)는 물러서는 것 같고, 평탄한 도(道)는 험한 것 같다. 최상의 덕(德)은 골짜기와 같고, 너무 흰 것은 더러운 것 같고, 넓은 덕(德)은 부족한 것 같고, 세운 덕(德)은 변하는 것 같고, 변함없는 덕(德)은 변하는 것 같고, 큰 네모에는 구석이 없다. 큰 그릇은 늦게 이루어지고(大器晚成), 큰 소리는 소리가 없고, 큰 형상은 형상이 없다. 도(道)는 숨겨져 이름이 없다. 대저 오직 도(道)는 잘 빌려 주어 또 이룬다.'

上士聞道 勤而行之 中士聞道 若存若亡 下士聞道 大笑之. 不笑不足以 爲道. 故建言有之 明道若昧 進道若退 夷道若纇. 上德若谷 太白若辱 廣德 若不足 建德若偸 質眞若渝 大方無隅. 大器晚成 大音希聲 大象無形. 道

다　157

隱無名 夫唯道善貸且成.

도(道)는 우리들의 인식을 초월한 존재이어서 원래 이름이 없는 것이다. 그와 같은 도(道)야말로 이 세상의 만물에게 힘을 빌려 주어, 태어나고 자라나게 하고 발전시키는 것이다.

여기에서 말한 '대기만성(大器晩成)'의 만성(晩成)이란 '아직 이루어지지 않았다.'는 뜻이다. 그러므로 '큰 인물은 쉽게 이루어지는 것이 아니다.'라는 뜻이 되며, '큰 인물은 늦게 이루어진다.'는 뜻으로 사용되고 있다.

大道廢有仁義
대 도 폐 유 인 의

큰 도가 무너지면 인의가 생긴다. 도덕과 윤리에 얽매어 사고나 행동이 유연하지 못하다는 말.

큰 **대** 길 **도** 폐할 **폐** 있을 **유** 어질 **인** 옳을 **의**

≪노자≫는 제1장에서 이렇게 말하고 있다.

'도(道)라고 일러지는 도(道)는 참다운 도(道)가 아니고, 이름으로 불러지는 이름은 변함없는 이름이 아니다. 이름조차 없음은 하늘과 땅의 시

작이고, 이름이 있음은 만물의 어머니이다.'

道可道非常道 名可名非常名. 無名天地之始 有名萬物之母.

≪노자≫는 또 제18장에서 이렇게 말하고 있다.

'위대한 도(道)가 무너지면서 인(仁)과 의(義)가 생겨나게 되었고, 지혜가 생기면서 큰 거짓이 생겨나게 되었고, 육친(六親)이 화목하지 못하면서 효도와 사랑이 생겨나게 되었고, 나라가 혼란해지면서 충신이 생겨나게 되었다.'

大道廢有仁義 智慧出有大僞 六親不和有孝慈 國家昏亂有忠臣.

이 뜻은 대략 이러하다.
'사람들에게서 무위자연(無爲自然)의 위대한 도(道)가 무너지면서 인(仁)과 의(義)가 생겨나 강요되었고, 잔 지혜가 생겨나면서 큰 거짓이 생겨나 도둑질과 사기 치는 일이 일어나게 되었으며, 부자와 형제와 부부의 애정이 허물어지면서 효자와 사랑이 권해지게 되었고, 자연(自然)에 반대되는 국가의 정치가 혼란해지고부터 나라에 충성하는 충신이 생겨나게 되었다.'

大同小異
대 동 소 이

크게 보면 같고 작게 보면 다르다는 뜻으로, 조금씩 차이는 나지만 크게 보면 비슷하다는 말.

큰 **대** 같을 **동** 작을 **소** 다를 **이**

장자(莊子)는 ≪장자≫ 천하편(天下篇)에서 묵가(墨家)와 법가(法家) 등의 학설의 논점을 비판하여 도가사상(道家思想)을 선양한 다음, 그의 친구인 혜시(惠施)의 말을 인용하여 이를 비판하는데 혜시의 말 가운데 이런 것이 있다.

하늘은 땅보다 낮고 산은 연못보다 평평하다. 해는 장차 중천에 뜨지만 장차 기울어지고, 만물은 장차 태어나지만 장차 죽는다. 크게 보면 한 가지이지만 작게 보면 각각 다르니 이것을 소동이라고 말한다. 만물은 크게 보면 각각 한 가지이지만 각각 다르니 이것을 대동이라고 말한다.

天與地卑 山與澤平. 日方中方睨 物方生方死. 大同而與小同異 此之謂 小同異 萬物畢同畢異 此之謂大同異.

당(唐)나라의 〈노동(盧同)과 마이(馬異)가 사귐을 맺은 시(詩)〉에 '어제의 같음은 같음이 아니고, 다름은 다름이 아니다. 이것을 크게는 같고 작게는 다르다고 말한다.'라고 하고 있고, 주자(朱子)도 ≪중용장구

(中庸章句)≫를 쓰면서 '뜻은 대동소이하다.' 는 표현을 쓰고 있다.

大義滅親
대   의   멸   친

대의를 위해서 친족도 버린다는 뜻으로, 큰일을 위해서는 혈육의 사사로운 정을 끊어야 한다는 말.

큰 **대** 옳을 **의** 멸할 **멸** 친할 **친**

노(魯)나라 은공(隱公) 4년(B.C. 719)에 위(衛)나라의 공자(公子) 주우(州吁)가 임금인 환공(桓公)을 죽이고 왕위에 올랐다. 원래 환공과 주우는 배다른 형제간이었다. 주우는 천첩의 소생으로 무위를 뽐내는 것을 좋아하는 성격이었다. 그러나 아버지인 장공(莊公)은 주우를 몹시 사랑하여 그가 하는 대로 내버려두었다. 대부(大夫)인 석작(石碏)이 이를 근심하여,

"주우를 태자로 세우시려면 빨리 손을 쓰셔야 할 것입니다. 만일 이대로 내버려두신다면 재앙을 불러일으킬 것입니다."

하고 간하였지만 장공은 받아들이지 않았다. 그것은 장공의 애처인 장강(莊姜)이 주우를 싫어하고 있었기 때문이다. 장강은 뛰어난 미인이었지만 아들이 없어 다른 여자에게서 태어난 환공을 자기의 아들로 삼았다. 장공은 결국 아내가 사랑하는 아들 환공을 후계자로 삼았던 것이다.

석작은 아들인 후(厚)가 주우를 따르는 것을 말렸지만 아들 후는 이를

듣지 않았다. 석작은 환공의 시대가 되자 은퇴했다. 그러다 석작이 근심했던 주우가 임금을 죽이는 변이 발생한 것이다.

주우는 백성들의 인기를 얻을 필요가 있었다. 여러 가지로 생각한 끝에 아버지인 장공 때부터 사이가 나쁜 정(鄭)나라를 쳐서 이름을 올리는 도리밖에 없다고 보았다. 그리하여 정(鄭)나라와 사이가 나쁜 송(宋)나라에 교섭하고, 위(衛)나라와 사이가 좋은 진(陳)나라와 채(蔡)나라를 이끌어 네 나라의 연합군을 조직하여 정(鄭)나라를 공격했다.

이것은 어느 정도 성과를 올렸다. 그러나 주우의 인기는 여전히 올라가지 않았다. 근심하고 있던 석후는 어떻게 하면 주우의 왕위를 굳힐 수 있을까 하여 아버지인 석작에게 방책을 묻자 이렇게 말했다.

"천자(天子)를 배알하는 것이 좋을 것이다."

"어떻게 하면 천자를 배알할 수 있을까요?"

"진(陳)나라의 환공께서는 천자의 감명이 깊었던 어른이다. 지금 진(陳)나라와 위(衛)나라는 사이가 좋으니 진(陳)나라에 가서 소원해 보는 것이 좋을 것이다."

그리하여 석후는 주우와 함께 진(陳)나라로 떠났다. 한편 석작은 급히 사자를 진(陳)나라로 보내어 이렇게 말했다.

"위(衛)나라는 국력이 약하여 나 같은 늙은이도 어찌할 바를 모르고 있습니다. 두 사람은 임금을 죽인 사람이므로 잘 부탁드리는 바입니다."

진(陳)나라에서는 두 사람을 붙잡자 위(衛)나라에 입회할 사람을 파견해 줄 것을 청하여 드디어 두 사람을 죽였다.

이상은 《춘추좌씨전》 은공(隱公) 3년과 4년에 기록되어 있는 위(衛)나라 주우 사건의 전말이다. 그리고 《춘추좌씨전》에는 석작을 군자(君子)의 말로서 다음과 같이 평가하고 있다.

군자가 말하기를 '석작은 두 마음이 없는 충신이다. 주우와 그를 따르는 자기의 아들 후를 미워하여, 군신(君臣)의 대의(大義)를 다하기 위하여 육친의 사사로운 정을 버린다(大義滅親).' 하였으니 바로 이것을 말한 것이다.

大丈夫當雄飛
대 장 부 당 웅 비

대장부는 수컷답게 힘차게 날아야 한다는 뜻으로, 남자답게 힘차고 씩씩해야 된다는 말.

큰 **대** 어른 **장** 지아비 **부** 당할 **당** 수컷 **웅** 날 **비**

조전(趙典)은 후한(後漢) 말기 사람으로 촉(蜀)나라의 성도(成都) 출신이다. 그는 젊은 시절부터 성실한 행동으로 알려져 있었으며, 또 경서(經書)에 통달하여 먼 곳에서 제자로 들어온 사람들이 많았다.

그는 환제(桓帝)의 건화 연간(建和年間)에 관리가 되었다. 그가 시중(侍中)이었을 때 환제가 궁궐 안에 연못을 훌륭하게 만들려 하자 그는, '임금 된 사람은 한 몸의 생활을 검소하게 하여 백성들을 이롭게 해야 하며, 연못 등을 훌륭하게 만들지 말아야 한다.' 고 간하였다.

또 그가 외홍려(外鴻臚:외국의 빈객들을 접대하는 관리)였을 때 환제는 제후들에게 은혜를 베풀어 공로가 없는 사람들까지 봉지(封地)를 주려고 했다. 여러 신하들은 이에 대하여 불만을 품고 있었지만 감히 간하는 사람이 없었다. 그때 조전이 홀로, '공로가 없는 사람에게 상을 주면 진정으로 국가의 일에 몸을 바치는 사람은 의욕을 잃고 세상은 어지러워져서 길하지 못한 일이 일어난다.'고 간하였다. 그 뒤로 태상(太常:종묘의 제사를 맡은 관리)으로 옮겼지만 일이 있을 때마다 경서(經書)에 입각하여 올바른 말로 간하였다.

이상과 같이 조전은 기개가 있는 정직한 사람이었는데, 그의 형님의 아들인 조온(趙溫)도 그와 같은 기질을 많이 이어받고 있었다. 조온이 처음에는 경조(京兆)의 승(丞)이었는데,

대장부는 마땅히 크게 활약해야 한다. 어찌 능히 암컷처럼 엎드려 있겠는가?

大丈夫當雄飛 安能雌伏.

라고 말한 후 사직했다. 어느 해 심한 기근으로 사람들이 고통을 겪자 조온은 집안을 위해 저축해 놓았던 식량을 방출하여 일만 명 이상의 사람들을 아사(餓死)로부터 구원했다. 그 뒤 헌제(獻帝)가 낙양(洛陽)으로부터 서쪽에 있는 장안(長安)으로 도읍을 옮겼을 때 시중(侍中)으로 동행하여 강남정후(江南亭侯)에 봉해졌다.

이 이야기는 〈후한서〉 조전전(趙典傳)에 실려 있다. '대장부당웅비(大丈夫當雄飛)'는 사나이다운 의기를 나타낸 것이다.

盜糧

도 량

곡식을 훔친다. 자신을 위해 하려던 일이 도리어 상대를 돕게 되어 큰 손해를 본다는 뜻.

훔칠 **도** 양식 **량**

범수(范睢)는 위(魏)나라를 탈출하여 진(秦)나라로 가서 소왕(昭王)을 배알하고, '진(秦)나라는 위태하기가 달걀을 쌓아 놓은 것 같다.'고 설득하였지만 소왕은 별로 마음에 두지 않고서 그를 숙사에 머무르게 하되 1년이 넘도록 배알하지 못했다.

이 무렵 진나라에서는 소왕의 어머니인 선태후(宣太后)가 권력을 마음대로 휘둘렀으며, 태후의 동생인 양공(穰公)이 재상이 되어 정치를 하고 있어서 소왕은 이름만의 존재에 불과했다.

범수는 상소하여 배알을 청했다. 그는 상소문에, 밝은 임금인지 아닌지는 재능이 있는 인사들을 쓸 수 있느냐 아니냐에 달려 있다는 것과, 재능에 대하여 자신이 있다는 것을 은근히 암시한 내용도 써 넣었다.

소왕은 범수에게 배알을 허락했다. 소왕을 배알하는 날 범수는 일부러 다른 방으로 들어갔다. 환관이 화가 나서,

"왕께서는 나가셨습니다."

하고 말하자 범수는 말했다.

"이 진(秦)나라에도 임금 같은 것이 있는가? 태후와 양공이 있을 뿐 아닌가?"

실권을 갖지 못한 소왕은 마음속의 불만이 격발하여 범수의 책략을 듣고 싶은 강한 의욕을 갖게 되었다. 진(秦)나라는 사방이 요새로 둘러싸여 있어 수비하기도 좋고 공격하기도 좋으며, 백성들은 용감하여 제후를 평정하기에 족한 요인을 갖추고 있었다. 그런데도 진(秦)나라가 적극적으로 나서지 못하는 것은 양공이 한(韓)과 위(魏)나라를 넘어 제(齊)나라를 공격하는 원공근교(遠攻近交)의 책략에 잘못이 있었다.

원교근공(遠交近攻)의 책략을 취하여 멀리 있는 나라와는 우호적으로 통하고 가까이 있는 나라를 공격하여 십 리를 점령하면 그 십 리가 자기 나라 땅이 되는 것이다. 이와는 반대로 먼 나라에 군대를 출동시켜 넓은 땅을 점령할지라도 유지하기 어렵고 국력을 헛되이 낭비하여 피폐를 불러 이웃 나라의 멸시를 받는 결과가 될 뿐이다.

옛날에 제(齊)나라 민왕(湣王)은 멀리 있는 초(楚)나라를 쳐서 승리를 거두었지만 한 자의 땅도 손에 넣지 못하였다. 그것은 욕망이 없어서가 아니라 확보할 수 없었기 때문이었다. 더구나 제(齊)나라가 피폐하여 임금과 신하의 사이가 불화한 것을 보고 제후들은 군대를 크게 일으켜 제(齊)나라를 공격하여 심한 꼴을 당한 적이 있었다.

그래서 제(齊)나라 사람들은 '누가 이런 방책을 세웠는가?' 하고 임금을 비난했다. 임금이 '그것은 맹상군(孟嘗君)이다.' 라고 대답하자 대신들이 난리를 일으켜 맹상군은 쫓겨나지 않을 수 없었다.

그러므로 제(齊)나라가 크게 패한 까닭은 초(楚)나라를 정벌함으로써 한(韓)나라와 위(魏)나라를 살찌게 했기 때문이다. 이것은 소위 적의 군대를 빌어 도둑에게 식량을 가져다 준 것이다.

故齊所以大破者 以其伐楚而肥韓魏也. 此所謂借賊兵 齎盜糧者也. (≪사

道不拾遺
도 불 습 유

길에 물건이 떨어져 있어도 줍지 않는다는 뜻으로, 법을 잘 지켜 나
라가 태평하다는 말.

길 **도** 아닐 **불** 주울 **습** 잃을 **유**

'도불습유(道不拾遺)'란 '길에 물건이 떨어져 있어도 주워 가지 않는
다.'는 뜻이다.

B.C. 536년, 정(鄭)나라의 자산(子産)이 형법을 궁중에 있는 가마솥에
쪄서 공표했다. 이것이 중국 최초의 성문법(成文法)이다.

자산은 농지 분배의 평등화와 생산 노동의 합리화를 도모하여 실물지
조제(實物地租制)를 전면화하는 한편, 귀족의 특권을 삭감하여 군주에
의한 통일 통치에 접근시키고, 신분의 차별을 필요한 한도 내에서 그치
게 하고 적재적소의 관리 임용을 도모했다.

그리고 이 서정 쇄신(庶政刷新)에 반대하는 사람에 대해서는 '형불상
대부 예불하서민(刑不上大夫 禮不下庶民:특권 귀족에게는 서민에게 강
제하는 형벌을 적용하지 않고, 서민에게는 귀족 계급에게 강제하는 예절
을 적용하지 않는다.)'이라는 종래의 관례를 폐지하고, 임금 이하 서민
에 이르기까지 준수해야 할 '법(法)'에 따라야 함을 밝힌 것이다.

≪한비자≫ 외저설좌상편(外儲說左上篇)에 자산의 집정 성과를 말한 이야기가 있다.

정(鄭)나라 간공(簡公)이 재상인 자산에게 말했다.

"술을 마실지라도 좌석이 어지러우면 즐겁지 않다. 종과 북과 피리와 비파가 연주할 것이 없어 울리지 않는다면 예악(禮樂)의 가르침이 미치지 못한 것이니 이것은 나의 실수다. 국가가 안정되지 못하고 백성들이 다스려지지 않아 밭을 갈거나 전투를 함에 화목하지 못한 것은 너의 죄이다. 너에게도 직분이 있고 나에게도 직분이 있다. 각각 자기의 직분을 지키도록 하자."

자산이 물러나와 5년 동안 정사를 다스리니 나라에 도둑이 없고, 길에 물건이 떨어져 있어도 주워 가지 않으며, 복숭아와 대추가 거리를 덮어도 따는 사람이 없고, 송곳과 칼이 땅에 떨어져 있어도 사흘 뒤에 돌아오게 되며, 이를 3년 동안 변함없이 하니 굶주리는 백성들이 없게 되었다.

子産退而爲政五年 國無盜賊 道不拾遺 桃棗蔭於街者 莫有援也 錐刀遺道 三日可反 三年不變 民無飢也.

여기에서 '도불습유' 라는 말이 나와, '나라가 잘 다스려져 태평하고 풍부한 세상' 을 형용하는 말로 사용하게 되었다.

桃園結義
도 원 결 의

복숭아밭에서 맺은 의로운 약속이라는 뜻으로, 뜻이 통하는 사람끼리 의기투합한다는 말.

복숭아 **도** 동산 **원** 맺을 **결** 옳을 **의**

전한(前漢)은 외적에 의하여 멸망하고 후한(後漢)은 환관에 의하여 멸망하였다고 흔히 말하거니와, 그 환관의 횡포에 의하여 나라의 정사가 혼란해지고 때마침 흉년으로 백성들의 피폐가 극에 달했을 때 한 왕조(漢王朝)의 타도를 기치(旗幟)로 내걸고 궐기한 것이 태평도(太平道)의 교조(敎祖)인 장각(張角)이 이끄는 황건적(黃巾賊)의 무리였다.

표지로 노란 천을 머리에 맨 백성들은 중평(中平) 원년 봄, 전국 각지에서 일제히 봉기하여 곧 40~50만의 대군으로 부풀어 관군을 물리치기 위해 조수와 같이 도읍인 낙양(洛陽)으로 향했다. 이것이 전후 400년 동안 중국 대륙을 지배한 대한제국(大漢帝國) 붕괴의 계기가 된 이른바 '황건적의 난리'였던 것이다.

당황한 조정에서는 각지의 장관에게 지시하여 의용병을 모집해 이를 막기로 했다. 그리하여 유주(幽州)의 탁현(涿縣)에 고례(高禮)가 섰을 때의 일이다.

어깨까지 늘어진 큰 귀, 무릎까지 이를 듯한 긴 팔의 특징이 있는 잘생긴 얼굴의 청년이 잠시 그 고례를 바라보더니 후우, 하고 한숨을 내쉬며 떠나려는 참이었다. 그때 그의 등 뒤로 거칠게 꾸짖는 소리가 날아왔다.

"뭐야, 이 졸장부야! 나라의 큰일에 힘을 내려 하지도 않고서 한숨부터 내쉬다니."

그 사나이는 키가 여덟 자에 구레나룻이 용기 있는 사나이로 보여 이름을 물어보니 이렇게 대답했다.

"나의 성은 장(張)이고 이름은 비(飛), 자를 익덕(翼德)이라고 하며, 이 지방에서 대대로 돼지를 잡고 술집을 운영하며 천하의 호걸들과 접촉하고 있는 사람이오."

"나는 한(漢)나라 황실의 피가 섞인 사람으로 성은 유(劉)요, 이름은 비(備), 자를 현덕(玄德)이라 합니다. 황건적을 무찔러 백성들의 괴로움을 구원해 주고 싶은 뜻은 있지만 힘이 부족하니 생각잖게 한숨이 나온 것입니다."

"오오, 그렇다면 나에게 얼마간의 저축이 있소. 그것을 털어 이 고장의 젊은이들을 모아 함께 거사를 해 보지 않겠소?"

의기가 상합하여 가까이에 있는 술집으로 들어가 이야기를 하고 있는 차에 술집 앞에 수레가 멈추더니 어정어정 걸어 들어오는 거한이 있었다. 키는 아홉 자나 되고 두 자 남짓한 구레나룻을 기른 붉은 얼굴에 위풍이 늠름한 용사였다. 그는 침상에 털썩 앉더니 깨진 종소리 같은 목소리로 점원에게 명령했다.

"자, 술을 가져오게. 의용군에 참가하려는 것이니 빨리 다오."

위풍당당한 모습을 보고 현덕이 자기들의 자리로 이끌어 이름을 물어보자 이렇게 대답했다.

"나는 성이 관(關)이고 이름은 우(羽)요, 자를 운장(雲長)이라 하는 사람이오. 고향에서 한 관리가 분에 넘치는 행동을 하는 것을 보다 못하여 베어 버린 뒤 오륙 년 각지로 돌아다니고 있소."

유비가 자기들의 뜻을 털어놓자 관우도 기꺼이 참가할 것을 희망했기 때문에 세 사람은 장비의 집으로 자리를 옮겨 거병할 것을 상의하고 있는데 장비가 '그렇지!' 하고 손뼉을 쳤다.

"우리 집 뒤에 복숭아밭이 있는데 지금 한창 꽃이 피고 있습니다. 내일 그 복숭아밭에서 천지신명에게 제사를 지내 우리 세 사람이 의형제를 맺어 힘을 합치고 마음을 하나로 할 것을 맹세하고서 군대를 일으키기로 합시다."

"그것 참 좋은 생각이오."

유비와 관우가 말했다. 다음날 복숭아밭에서 검은 소와 흰 말과 지전 등을 준비한 후 세 사람은 향을 사르고 재배하며 맹세하는 말을 했다.

생각건대 유비와 관우와 장비는 비록 성은 다르다 할지라도 이미 형제를 맺으려고 하니, 곧 마음을 한가지로 하고 힘을 합쳐 곤란함을 구원하고 위태함을 도와, 위로는 국가에 보답하고 아래로는 만민을 편안하게 하리라. 같은 해 같은 달 같은 날에 태어남을 구하지 않더라도 단지 원하는 것은 같은 해 같은 달 같은 날에 죽으려 한다. 황천(皇天)과 후토(后土)는 진실로 이 마음을 보시고, 의(義)에 배반하고 은혜를 잊는다면 하늘과 사람이 함께 죽일 것이다.

念劉備關羽張飛 雖然異姓 旣結爲兄弟 則同心協力 救困扶危 上報國家 下安黎庶. 不求同年同月同日生 但願同年同月同日死. 皇天后土 實鑑此心 背義忘恩 天人共戮.

이후 세 사람은 그 고장의 젊은이들 삼백여 명을 이끌고 황건적 토벌에 참가하여 위(魏)나라의 조조(曹操), 오(吳)나라의 손권(孫權)과 함께 천하에 이름이 알려지게 된 것이다.

이 이야기는 명(明)나라 시대의 장편소설 ≪삼국지연의(三國誌演義)≫의 첫머리에 나타나는 유명한 장면이며, 물론 이것은 꾸며낸 이야기이다. 그러나 꾸며낸 이야기나 전설이 해를 거듭함에 따라 실재한 것처럼 사람들의 마음속에 전해지는 것은 흔히 있는 일로서, 중국의 민중 사이에서는 이 '도원결의(桃園結義)'가 의형제를 서약할 때의 모범이 되기에 이르렀다.

민중들 사이에서뿐만 아니라 정치적으로도 사용되고 있다. 예를 들면 청(淸)나라의 세조(世祖)인 순치제(順治帝)는 명(明)나라를 침공(대륙을 정복하기에 앞서 내몽고를 정복하여 후일의 우환을 끊어버림)했는데, 이 때 그들은 배반당할 것을 두려워하여 만주와 몽고 사이에 형제의 동맹을 맺었다. 이 '도원결의'의 고사에서 배워 만주를 형 유비(劉備), 몽고를 아우 관우(關羽)로 하여 동생동사(同生同死)할 것을 맹세한 것이다.

'도원결의'의 그림을 앞에 펴놓고 동생동사를 맹세하는 의식은 오늘날에도 화교(華僑) 사회에 남아 있다.

桃源境
도 원 경

복숭아꽃 피는 평화로운 곳. 속세가 아니라 인간이 찾을 수 없는 별천지라는 뜻.

복숭아 **도** · 근원 **원** · 지경 **경**

'도원경(桃源境)'이란 평화스러운 이상향을 말하는 것이다. '무릉도원
(武陵桃源)'도 같은 뜻이다. 그 유래는 도연명(陶淵明, 365~427)의 ≪도
화원시병기(桃花源詩並記)≫에 있으며, 그 대략은 다음과 같다.

진(晋)나라 태원 연간(太元年間)에 무릉(武陵)에 있는 한 어부가 골짜
기의 시내를 거슬러 올라가는 도중 양쪽 언덕에 펼쳐진 복숭아나무 숲으
로 들어갔다. 복숭아꽃이 한창이라 어부는 작은 배를 저어가면서 그 복
숭아꽃에 반하고 말았다. 가도 가도 복숭아 나무 숲은 사라지지 않았다.
복숭아 꽃잎이 파란 잔디밭 위에 펄펄 춤추며 내려앉고 있었다.

여기가 어디쯤일까, 도대체 이 숲은 어디까지 계속된 것일까 하며 올
라가는데 시내의 근원에서 숲은 끝나고 있었다. 그 앞에는 산이 있고, 산
에는 작은 굴이 있었는데 마치 무엇이 빛나고 있는 것 같았다.

그 굴은 한 사람이 겨우 빠져나갈 만하였다. 어부가 배를 버리고 굴로
들어가니 이윽고 넓은 땅이 펼쳐졌다. 정연하게 늘어선 집들, 아름답게
가꾸어진 밭들, 그곳에는 남자와 여자들이 즐거운 듯이 밭갈이를 하고
있었다.

방문한 사람이나 맞이하는 사람이나 놀라서, 서로 이유를 물었다. 이
마을 사람들은 옛날 진(秦)나라의 난리를 피하여 아내와 자녀를 이끌고
이 절경으로 도망온 후로는 세상에 나가지 않고 바깥세상과는 완전히 교
섭을 끊어버렸다. 지금은 도대체 어떤 세상입니까, 하고 마을 사람들은
물었다.

어부는 마을 사람들에게 환대를 받으며 그곳에 며칠 동안 묵은 다음
들어온 길목에 표지를 붙여 놓으면서 돌아왔다. 돌아온 후 그 일을 태수
(太守)에게 보고하자 사람을 시켜 그곳을 찾아보게 하였지만 찾을 수가
없었다. 유자기(劉子驥)라는 높은 선비도 이 말을 듣고 기뻐하며 그곳을

찾아가 보았지만 병으로 쓰러져 목적을 이루지 못하였다. 이후로 도원경의 길을 찾아가는 사람은 아무도 없었다.

도연명의 이름은 잠(潛)이고 자(字)는 연명(淵明)이라고 하였다. 도연명이 태어난 시대는 불안정한 조정과, 그것을 둘러싼 호족과 귀족과 군인들의 음울한 야망이나 투쟁들, 그리고 지방 군벌의 반란과, 이민족들과 한민족과의 혼란한 싸움, 거기에 남방 민족에 대한 침략과 혼란이 계속된 시대였다. 따라서 서민의 생활고는 이루 말할 수 없었다.

'도원경'의 배경에는 그와 같은 퇴폐적인 난세의 모습이 당연히 있었다. '도원경'은 도연명이 그리워하던 이상향인 것은 틀림없거니와, 그 이상으로 민중의 간절한 이상향이었다고 말할 수 있을 것이다.

陶朱猗頓之富
도 주 의 돈 지 부

막대한 재산이 있는 부자. 세상에서 제일가는 갑부라는 뜻.

질그릇 도 붉을 주 아름다울 의 조아릴 돈 어조사 지 부자 부

월왕(越王) 구천(勾踐)은 범려(范蠡)가 간하는 것을 듣지 않고 오(吳)나라와 싸워 대패하여 회계산(會稽山)에서 오(吳)나라 군대에게 포위되었다. 이번에는 범려의 진언에 따라 굴욕적인 강화를 체결하여 명맥을 유지했다.

구천은 귀국한 후 군사에는 범려, 내정에는 대부(大夫)인 종(種)을, 그리고 경제에는 계연(計然)을 등용하고 스스로 솔선수범하여 국력의 회복에 노력했다. 이와 같이 노력한 보람이 있어 20년 뒤에 구천은 오(吳)나라를 멸망시키고 패자(覇者)가 되었다.

상장군이 되어 귀국한 범려는, '나는 새가 없어지면 좋은 활이 필요치 않고, 민첩한 토끼가 죽으면 좋은 개도 필요치 않아 삶아 먹게 된다.'고 비유를 하면서, 구천의 인품은 어려움을 함께 넘길 수는 있지만 즐거움은 함께할 수 없다고 생각하고, 진귀한 보배와 주옥(珠玉)들을 꾸려서 가족을 이끌고 배로 월(越)나라를 탈출하여 제(齊)나라로 건너 갔다.

제(齊)나라에 도착한 범려는 성명을 치이자피(鴟夷子皮)라고 바꾸고, '계연(計然)의 정책에 7개조가 있지만 그중 다섯 가지를 사용하여 월(越)나라를 부국으로 만들었다. 나는 나머지 두 가지를 집안을 위해 사용하겠다.'하고 축재(蓄財)에 힘쓴 지 얼마 지나지 않아 그의 재산은 수천만이 되었다. 제(齊)나라 사람들은 범려가 보통사람이 아닌 것을 알고 재상으로 삼았다. 그러나 범려는,

"집에서 천금의 부를 쌓고 벼슬에서 재상이 된다는 것은 사람으로서 극치이다. 그러나 오래도록 높은 이름을 받는 것은 불길하다."

라고 말하며 재상의 도장을 반환하고, 많은 재산을 친구와 고을 사람들에게 나누어 주고 자기는 값비싼 보물만 가지고 살며시 떠나 도(陶)로 집을 옮겼다. 그리고 스스로 주공(朱公)이라고 이름을 불렀다.

주공은 천하의 중앙에 위치한 도(陶)가 사방으로 제후의 나라들과 통하여 물건들이 교역(交易)되는 곳이라고 생각했다. 여기에서 주공은 때

를 놓치지 않고 매매로 이익을 올려 산업을 닦고 재산을 쌓되 사람들을 쥐어짜는 일은 하지 않았다. 생업을 경영하는 사람은 교묘하게 사람들을 잘 이용하여 때에 응할 수 있다는 것이다.

이리하여 19년 동안 세 차례나 천금의 재산을 만들어, 그중 두 번은 가난한 친구들이나 멀리 사는 가난한 사람들에게 그 재산을 나누어 주었다. 이것이 소위 부자가 되면 기꺼이 그 덕을 실천하는 사람이라는 것이다.

늙어서 기운이 쇠퇴한 뒤에는 자손들에게 맡겨 두었는데 자손들도 집안일에 힘써 재산을 늘려 드디어는 만대에 손꼽을 수 있는 정도가 되었다. 그러므로 부에 대하여 말하는 사람들은 모두 도주공(陶朱公)을 칭찬하게 되었다.

朱公以爲 陶天下中 諸侯四通 貨物所交易也. 乃治産積居 與時逐而不責於人. 故善治生者 能擇人而任時. 十九年之中 三致千金 再分散與貧交疏昆弟. 此所謂富好行其德者也. 後年衰老而聽子孫. 子孫修業而息之 遂至巨萬. 故言富者 皆稱陶朱公.(≪사기≫ 화식열전(貨殖列傳))

의돈(猗頓)에 대해서는 ≪사기≫ 화식열전에 간단히 기록되어 있을 뿐이다.

의돈(猗頓)은 염전으로 일어나고, 한단(邯鄲)의 곽종(郭縱)은 철을 다스려 사업을 이루어 임금과 부를 같이 하였다.

猗頓用鹽鹽起 而邯鄲郭縱以鐵冶成業 與王者埒富.

여기에서 큰 부자가 된 사람을 '도주의돈지부(陶朱猗頓之富)'라고 부르게 되었다.

道聽塗說
도 청 도 설

길거리에 떠돌아다니는 소문. 남에게 들은 말을 다른 사람에게 다시 전한다는 뜻.

길 **도** 들을 **청** 길 **도** 말씀 **설**

이 말은 ≪논어≫ 양화편(陽貨篇)에서 공자가 말씀하신 것에 기인한다.

공자께서 말씀하셨다.
"길에서 듣고 길에서 말하는 것은 덕을 버리는 것이다."

子曰 道聽而塗說 德之棄也.

이 말은 '그 자리에서 들은 말을 금방 다른 사람에게 전하는 것은 덕을 버리는 일이다.'라는 뜻이다.
원래 사람이 선한 말을 들으면 마음속에 간직하여 깊이 생각하고, 다시 그 말을 몸소 실천함으로써 자기의 것으로 삼아야 한다. 그런데 길거리에서 들은 말을 깊이 생각해 보지도 않고 실천도 하지 않고서, 무책임하게 사람들에게 말한다는 것은 덕을 버리는 처사라고 평해도 별 수 없는 것이다. 더구나 다른 사람의 나쁜 말을 듣고 함부로 떠들어대는 것은 덕을 버리는 처사가 되는 것이다.

≪순자≫ 권학편(勸學篇)에는 같은 뜻으로, '소인(小人)의 학문은 귀로 들어와서 입으로 말한다. 귀와 입의 사이는 4촌일 뿐이니 이로써 어찌 일곱 자의 몸을 아름답게 할 수 있으랴!' 라는 말로 표현하고 있다.

후한(後漢)시대 반고(班固)의 ≪한서예문지(漢書藝文志)≫ 제자략(諸子略)에는 소설가를 평하여, '길거리에서 들은 말을 길거리에서 만들어 내는 사람이다.' 라고 기록되어 있다.

塗炭之苦
도 탄 지 고

진창에 빠지고 숯불에 타는 고통이라는 뜻으로, 혹독한 정치로 백성들이 고통스럽다는 말.

진흙 **도**   숯 **탄**   어조사 **지**   괴로울 **고**

도(塗)는 진창을 말하고 탄(炭)은 숯불을 말하니 결국 진창 속이나 숯불 속에 빠지는 것 같은 심한 괴로움을 '도탄지고(塗炭之苦)' 라고 말한다. 이것은 ≪서경≫ 상서(商書)의 〈중훼(仲虺)의 고(誥)함〉이란 글에 나온 말이다.

중훼는 은(殷)나라 탕왕(湯王)에게 벼슬하여 좌상(左相)이 된 어진 신하이다. 탕왕은 하(夏)나라의 걸왕(桀王)을 무력으로써 공격하여 혁명에 성공하였지만, 전에 요(堯)임금은 순(舜)임금에게 제왕의 자리를 양보하고, 순임금은 우(禹)임금에게 제왕의 자리를 양보하였으니, 이것을 선양(禪讓)이라고 말한다. 즉 덕 있는 사람이 왕위를 덕 있는 사람에게 양보하는 형식으로 천자의 자리를 물려줌에 반해, 탕왕은 무력 혁명에 의하여 왕위를 얻은 것을 부끄럽게 생각하여 이렇게 말했다.

"후세 사람들이 내가 한 행동으로 구실을 삼을 것이 두렵도다."

중훼가 이 말을 듣고 탕왕에게 고하는 말을 지어 위로했다. 이것이 〈중훼지고(仲虺之誥)〉이거니와 그 글 가운데서 그는 이렇게 말했다.

아아, 이 하늘이 백성들을 내실 때 하고자 함이 있으니 임금이 없으면 곧 어지러워집니다. 오직 하늘이 총명함을 내시어 이에 다스리게 하신 것입니다. 하(夏)나라가 있었으나 덕이 어두워 백성들이 도탄(塗炭)에 떨어졌습니다. 하늘이 곧 왕에게 용기와 지혜를 주시어 만방에 올바름을 나타내시어 우왕(禹王)의 옛 옷을 짜게 하시니, 여기에 그 떳떳함을 따르시고 하늘의 명을 받들어 따라야 합니다.

嗚呼 惟天生民 有欲無主乃亂. 惟天生聰明時乂. 有夏昏德 民墜塗炭
天乃錫王勇智 表正萬邦 纘禹舊服. 玆率厥典 奉若天命.

중훼는 탕왕의 무력 행사에 의한 혁명을 긍정하고, 걸왕 밑에서 신음하던 백성들을 도탄의 괴로움에서 구원하는 것이 천자에 오른 사람의 책임이고 의무라고 말하여 탕왕을 격려했던 것이다.

讀書亡羊
독 서 망 양

책을 읽다가 양을 잃어버린다. 다른 일에 정신을 빼앗겨 낭패를 본다는 뜻.

읽을 **독** 글 **서** 잃을 **망** 양 **양**

≪장자≫ 외편(外篇) 변모편(駢拇篇)에 다음과 같은 이야기가 실려 있다.

장(臧)과 곡(穀) 두 사람이 함께 양을 치고 있었는데 모두 양을 잃어버렸다. 장에게 '어떤 일을 하고 있었느냐?'고 묻자, '댓가지를 옆에 끼고 글을 읽고 있었다.'고 대답했다. 곡에게 '어떤 일을 하고 있었느냐?'고 묻자, '주사위 놀이를 하고 있었다.'고 대답했다. 두 사람의 일은 같지 않았지만 그 양을 잃어버린 것은 똑같다.

臧與穀二人 相與牧羊 而俱亡其羊. 問臧奚事 則挾筴讀書. 問穀奚事 則博賽以遊. 二人者事業不同 其於亡羊均也.

장(臧)은 하인이고 곡(穀)은 하녀를 가리킨다. 이 이야기에서 '독서망양(讀書亡羊:글을 읽다가 양을 잃어버림)'이라는 말이 나왔거니와, '마음이 밖에 있어 도리를 잃어버리는 것'이나 '다른 일에 정신을 빼앗겨 중요한 일을 소홀하게 하는 것'을 비유로 사용하는 말이다.

獨眼龍
독 안 룡

애꾸눈의 용. 한쪽 눈만 가지고도 용맹하고 덕이 많은 사람이라는 말.

홀로 **독** 눈 **안** 용 **룡**

'독안룡(獨眼龍)'이란 당(唐)나라 말기 황소(黃巢)의 난을 평정하는 데 가장 큰 공을 세운 이민족 출신의 장군 이극용(李克用, 후당(後唐)의 태조(太祖))을 이르는 다른 이름이다.

산동(山東) 지방에서 소금 밀매업을 하던 황소가 875년에 일으킨 난을 평정할 때까지 십 년이 걸렸다. 이 십 년 동안 수십만의 농민들은 사천성(四川省)을 제외한 중국의 거의 모든 지역을 종횡으로 달렸다. 마지막 3년 동안에는 조정을 사천성으로 쫓아내고 도읍인 장안(長安)에 본거지를 정해 대제국(大齊國)이라고 불렀다.

이 황소의 난은 지금까지 과중한 세금을 거두어들여 간신히 목숨을 이어가던, 또 그렇기 때문에 항상 백성들의 반란이 끊이지 않던 당나라 제국에 종지부를 찍은 것이었다. 황소의 난이 평정되고 불과 23년 만에 당나라는 쓰러졌다. 황소의 난을 평정하는 과정에서 이극용과 함께 활약하며 강대한 군벌로 화한 주전충(朱全忠:후양(後梁)의 태조(太祖))에게 임금의 자리를 빼앗겼던 것이다.

이극용은 6세기경부터 중국의 북부 몽고 고원으로부터 알타이 지방을 지배한 돌궐족(突厥族)의 한 부족인 사타족(沙陀族) 출신이다. 할아버지인 주사집의(朱邪執宜) 때 당나라에 신하로 복종할 것을 맹세했고, 아버지인 주사적심(朱邪赤心)이 방운(龐勛)의 난을 평정한 공으로 의종(懿宗)으로부터 이국창(李國昌)이란 이름을 하사받은 이후 성을 이(李)씨로 부르게 되었다.

이극용은 방운의 난을 평정할 때 당시 15세로 종군하여 항상 앞장서서 활약하였으며 병사들로부터 '비호자(飛虎子)'라고 불렸다. 하늘을 나는 두 마리의 솔개를 한 화살로 맞춰 떨어뜨렸다는 이야기도 이 무렵의 일이었다.

건부(乾符) 3년에 운주(雲州)의 장관이 장병들의 식량을 떼어먹은 일이 있어 화가 난 장병들이 이극용을 운주로 추방하고 이극용을 대신할 장관을 갈아 달라고 조정에 요청하였다. 그러나 이것은 조정에 대한 반란이라고 단정되었다.

황소가 이끄는 군대는 그 사이 광명(廣明) 원년 12월에 장안에 입성하고, 조정은 사천으로 도망하여 있었다. 중화(中和) 2년 10월에 달단족(韃靼族)의 군대 삼만 오천을 거느린 이극용은 동관(潼關) 북쪽의 하중(河中)까지 남하 진군했다.

황소의 군대는 원래 가난한 농민들을 각지에서 흡수하면서 발전된 것이므로 한 곳에 정착하는 일이 없이 관군을 격파하는 이동 전술로 공을 거두고 있었다. 그 수십만의 대군이 도읍으로 들어온 것은 자멸의 길을 택한 것과 같았다. 관군이 장안을 포위하는 태세로 들어가자 황소의 군대는 식량까지 떨어지게 되어 농민들은 계속 탈주하여 유랑민으로 전락해 갔다.

이와 같이 점점 약화되는 황소의 군대이긴 했지만 전투력에서는 관군을 압도하고 있어 장안 주변으로 모여든 관군은 쉽게 손을 쓰지 못하고 있었다. 그런 중에서도 오직 한 사람, 과감한 전투로 황소의 군대를 두렵게 한 것은 이극용이 이끄는 달단의 기마부대였다. 그들은 모두 검은 옷을 입고 있었기 때문에 황소군의 장병들로부터 '아아군(鴉兒軍:까마귀부대)'이라고 불리며 그들 앞에서는 싸우지도 않고 도망치는 형편이었다.

이리하여 중화 3년 2월에 황하 남쪽 기슭에서 동진한 이극용은 하중(河中)과 이중(易中)과 충무(忠武)의 각 절도사 휘하에 있던 관군과 연합하여, 그 선두에 서서 양산파(梁山坡)에서 황소군의 부수령 상양(尙讓)이 이끄는 십오만의 군대를 격파했다. 그리고 다음해 3월에는 동진하여 영구(零口)에서 다시 대승을 거두어 안문절도사(雁門節度使)에서 상서좌복야(尙書左僕射)의 벼슬을 더하게 됐다.

4월에 이극용의 맹렬한 공격에 황소가 장안을 포기하자 이극용이 첫번째로 장안에 들어갔으니, 이때의 일이 ≪자치통감(資治通鑑)≫에 다음과 같이 기록되어 있다.

갑진년에 이극용 등은 광태문(光泰門)으로부터 장안에 들어갔다. 황소는 힘써 싸웠지만 이기지 못하여 궁실에 불을 지르고 도망쳤다. 적군이 죽거나 항복하는 사람이 몹시 많았다. 관군의 사나운 약탈은 적군에게 이상이 없었다. 장안의 집들과 백성들이 존재하는 바가 거의 없었다.

甲辰 克用等 自光泰門入京師. 黃巢力戰不勝 焚宮室遁去. 賊死及降者甚衆. 官軍暴掠 無異於賊. 長安室屋 及民所存無幾.

≪자치통감≫에는 다시 이렇게 계속하고 있다.

그때 이극용의 나이는 28세, 여러 장군 중 가장 젊은데 황소를 격파하고 장안을 되찾았으니 공로는 제일이다. 군대 세력이 가장 강하여 모든 장군들이 다 그를 두려워했다. 이극용은 한쪽 눈이 아주 작아 거의 감겨 있었다. 당시 사람들이 이를 '독안룡(獨眼龍)'이라고 불렀다.

克用時年二十八 於諸將最少 而破黃巢 復長安 功第一. 兵勢最彊 諸將
皆畏之. 克用一目微眇 時人謂之獨眼龍.

'독안(獨眼)'은 원래 '애꾸눈'을 뜻하는데, 한쪽 눈이 감기다시피 찌그러진 이극용의 눈을, 당시 사람들이 '독안룡(獨眼龍)'이라고 불렀다.

同工異曲
동 공 이 곡

같은 악공끼리도 곡조가 다르다는 뜻으로, 방법은 같아도 결과는 차이가 난다는 말.

같을 **동** 장인 **공** 다를 **이** 가락 **곡**

시문(詩文)을 지을 때 '같은 것 같기도 하면서 흥취가 다른 것', 또는 '행동한 것이나 지은 것이 다른 것 같기도 하면서 처리하는 방법이 매우 똑같은 것'을 말한다.

이것은 한유(韓愈, 768~824)의 ≪진학해(進學解)≫에 있는 말이다. 한유는 복고문(復古文)을 부르짖은 중당(中唐)의 대문호로, 그의 글은 ≪고문진보(古文眞寶)≫나 ≪당송팔가문(唐宋八家文)≫ 등에 수록되어 있다. 한유는 34살 때 국자사문박사(國子四門博士)에 임명되었지만, 그 뒤 9년간 여러 관직으로 옮겨진 뒤 다시 사문박사에 임명되어 마음이 몹시 편치 않았으며, 이 문장을 지어 스스로를 위로하고 또한 경계로 삼았다고 한다.

국자 선생인 한유는 아침 일찍 대학(大學)에 나가 학생들에게 훈계를 했다. 설사 세상에서 벼슬자리를 얻지 못하더라도 관직의 불공평을 말하는 것은 좋지 않으며, 자신의 학업을 닦지 못한 부족함을 책망하고 한층 노력하는 일이야말로 중요하다고 말했다.

그러자 한 학생이 웃으면서,

"모든 학문을 닦으신 선생님은 글을 지으셔도 옛날의 대문장가에 필적하며 인격에서도 아무런 부족함이 없으신데도, 공적으로는 사람들에게 신임을 받지 못하시고 사적으로는 친구분들의 도움이 없으며 자칫하면 죄를 받는 형편이니, 언젠가는 파멸을 초래하여 아들은 추위에 떨고 아내는 굶주림에 울며 선생님은 머리가 벗겨지고 이가 빠져 죽음에 이를 것입니다. 그런데도 저희들에게 처세의 도리를 설명하십니까?"

하고 헐뜯어 말했다.

한유는 대답했다.

"공자나 맹자께서도 세상에 받아들여지지 않고서 불행한 생애를 보냈다. 나 같은 사람은 이런 대성인에 비하면 아무것도 아니다. 그런데도 벼슬을 살아 녹봉을 받고 아내와 아들들을 안온하게 부양하며 벌을 받는 일도 없이 이렇게 편안하게 살고 있다. 그러므로 사람들로부터 헐뜯음을 받고 악한 이름을 받는 것도 이상할 것이 없으며, 박사라는 한가한 벼슬에 붙어 있는 것만도 과분한 일이라고 할 수 있다."

이상이 ≪진학해≫의 요지이다. 선생과 학생의 대화는 한유가 빌어 쓴 형식이며 실제로는 한유 스스로 묻고 대답하는 것이다.

'동공이곡(同工異曲)' 이라는 말은 학생이 한유의 문장을 칭찬하는 대목으로 다음과 같이 나와 있다.

시(詩)가 올바르고 빛나는 것은 아래로 장자(莊子)와 굴원(屈原)의 이소(離騷)에 미치고, 태사(太史)에 기록되어 있는 바로는 양웅(揚雄:자는 자운)과 사마상여(司馬相如)의 공정은 같되 곡(曲)을 달리한다(同工異曲). 선생의 글은 그 가운데를 덮고 그 밖을 마음대로 한다고 이를 만하다.

이상의 원문에 나오는 '동공이곡(同工異曲)'은 글을 짓는 방법의 교묘함에서는 옛날의 문장과 완전히 같은데 그 흥취는 달라, 칭찬한다는 뜻으로 해석해야 할 것이다.

그러나 오늘날에는 칭찬하는 말로 사용되지 않으며, 표면은 다른데 내용이 똑같다는 뜻으로 경멸하여 사용하는 경우가 많은 것 같다.

同病相憐
동 병 상 련

같은 병을 앓고 있는 사람끼리 가엾게 여긴다는 뜻으로, 어려운 처지에 있는 사람끼리 서로 동정하고 도움을 준다는 말.

같을 **동** 병 **병** 서로 **상** 불쌍히 여길 **련**

B.C. 515년에 오(吳)나라의 태자 광(光)은 자객 전저(專諸)를 보내 종제(從弟)인 오왕(吳王) 요(僚)를 죽이고 자신이 왕위에 올랐는데 이 사람이 합려(闔廬)다. 자객 전저를 합려에게 천거한 사람은 초(楚)나라에서 망명해 온 오자서(伍子胥)로, 오자서는 그 공로에 의해 대부(大夫)로 임명되었다.

오자서는 초(楚)나라 평왕(平王)의 태자 건(建)의 태부(太傅)인 오사(伍奢)의 아들이었는데, 태자의 소부(少傅)인 비무기(費無忌)의 참언으로 아버지인 오사, 형인 오상(伍尚)이 죽임을 당하자 복수의 화신이 되어 오(吳)나라로 망명해 왔다. 그가 오왕(吳王) 합려인 태자 광(光)에게 전저를 천거한 것도 그를 유능한 인물로 보고 그의 힘을 빌어 초(楚)나라에 대한 복수를 하려는 데 있었다.

태자 광이 오왕에 즉위하자 오자서는 대부로서 그의 측근에서 벼슬하게 되었는데, 초(楚)나라로부터 또 한 사람의 망명객이 찾아왔다. 초나라의 좌윤(左尹)인 백주려(伯州黎)의 아들 백희(伯喜)였다. 그도 역시 아버지가 비무기의 참언으로 죽임을 당하자 오자서에게 의지하여 오(吳)나라로 망명해 온 것이었다.

오자서는 그를 위하여 추천의 수고를 아끼지 않아 그는 대부(大夫)에 임명되어 오자서와 함께 오(吳)나라의 정치를 해 나가게 되었다.

이때의 일이다. 오자서는 같은 대부인 피리(被離)에게 물었다.

"당신은 어째서 백희를 한번 만나 보고 신용하지 않는 것입니까?"

"그와 내가 같은 원한을 지니고 있기 때문입니다. 개울 위에서 부르는 노래(河上歌)가 있지 않습니까?"

같은 병에는 서로 불쌍히 여겨 한가지로 근심하고 서로 구하네.
놀라서 날아오르는 새는 서로 따르면서 날고

살살 흐르는 아래의 물은 인하여 다시 함께 흐르네.

同病相憐 同憂相救
驚翔之鳥 相隨而飛
瀨下之水 因復俱流

"호마(胡馬)는 북풍을 향하여 서는 것이고 월나라의 제비는 햇빛을 구하여 노니는 것이니, 육친을 사랑하여 슬퍼하지 않는 사람이 있을까요?"

"과연 이유는 정말로 그것뿐입니까? 그 이외에 믿음이 부족한 것은 아닙니까?"

"그런 일은 없습니다."

그는 이어서 말했다.

"그러면 말씀드리지요. 내가 보는 바로 그의 눈길은 매와 같고 그의 걸음걸이는 호랑이와 같으니 살인을 할 관상입니다. 결코 마음을 허락해서는 안 될 것입니다."

"설마 그와 같은 일이야 없겠지요."

오자서는 피리의 충고를 받아들이지 않고 동료로서 함께 합려에게 봉사했다.

이것은 후한(後漢)의 조엽(趙曄)이 편찬한 《오월춘추》 권4 여합내전(闔閭內傳)에 실려 있는 이야기이며, 피리의 충고를 듣지 않았던 오자서가 나중에 월(越)나라에 매수된 백희의 참언으로 분사(憤死)하게 된 것은 잘 알려진 사실이다.

피리가 백희를 평한 '응시호보(鷹視虎步)'란 매와 같이 눈길이 날카롭고 걸음걸이가 용맹스러운 호랑이 같은 모습에서 난폭하고 도리에 어긋나는 관상을 뜻한다. 이와 같은 사람은 자신이 괴로울 때는 상대방을 중용(重用)할지라도 일단 성공하면 그 성과를 독점해버리는 호랑이처럼 비정한 사나이이므로 접근하지 않도록 하는 것이 상책이다.

董狐之筆
동 호 지 필

동호의 붓. 권세를 두려워하지 않고 역사를 정직하게 기록한다는 뜻.

바로잡을 동 여우 호 어조사 지 붓 필

춘추시대 진(晋)나라의 영공(靈公)은 제후의 덕이 부족한 사람이었다. 백성들에게 세금을 과중하게 거두어 사치한 생활을 하는 한편, 물견대(物見臺) 위에서 탄환을 날려 보내어 사람들이 도망치며 갈팡질팡하는 것을 보고 흥겨워했다. 또 어느 때에는 곰의 발바닥을 잘못 삶았다 하여 요리하는 사나이를 죽여 시체를 바구니에 넣어 여관(女官)들이 짊어지고 조정 가운데에서 걷게 했다. 조순(趙盾)과 사계(士季)가 바구니에서 손이 나와 있는 것을 보고 영공에게 간하였지만 변함이 없었다.

영공은 자주 간하던 조순을 번거롭게 생각하여 자객을 시켜 그를 죽이려 했다. 자객이 아침 일찍 조순의 집에 잠입하니 이미 방문이 열려 있었는데, 조순은 예복을 갖추어 궁궐로 들어갈 준비를 끝낸 후 집을 나설 때까지 틈이 있어 그대로 누워 있었다. 자객은 그 존엄함에 압도되어 죽일 의사를 잃었거니와 이대로 돌아가면 임금의 명령에 배반하는 것이 되니 조순의 집에 있는 느티나무에 머리를 찧고 자살했다.

영공은 또 조순을 술자리로 부른 후 병사들을 숨겨 놓고서 죽이려 했다. 호위관인 제미명(提弥明)이 그것을 알아차리고 조순의 손을 끌어 도망치려 하자 영공은 큰 개 두 마리로 하여금 뒤쫓게 하였다. 제미명은 개들을 때려죽이고 또 습격하는 병사들을 베어 죽였다. 또한 조순이 전에 목숨을 구해 준 일이 있는 영첩(靈輒)이란 사람이 병사들 중에 있다가 창으로 병사들을 막아 조순을 도망치게 해 주었다.

조순이 나라 밖으로 가기 위해 국경의 산에 당도하였을 때 조천(趙穿)이 영공을 죽였다는 보고를 받고는 산을 넘지 않은 채로 되돌아왔다.

그러자 태사(太史)인 동호(董狐)가 궁정 기록에, '조순이 임금을 죽였다.'고 써서 조정에 고시했다. 선자(宣子)가, '그것은 틀리다.'라고 말하자 동호가 말했다.

"당신은 정경(正卿)이면서 도망치다 국경을 넘지 않고 되돌아온 하수인을 처치하려 하지 않으니 이 책임자는 당신이 아니고 누구겠소?"

이 말을 듣고 선자가 한탄하여 말했다.

"아아, 시(詩)에 '나의 생각이 스스로 이 근심을 남겼다.'라고 했는데, 그것은 나를 두고 이른 말이다."

뒤에 공자가 이렇게 말했다.

"동호는 훌륭한 사관이었다. 법(法)을 굽히지 않고 곧게 썼다. 조선자(趙宣子)는 훌륭한 대부였다. 법을 위하여 잠자코 악명을 받았다. 아깝도다, 국경을 넘어갔더라면 이 악명을 면했을 터인데."

太史書曰 趙盾弑其君 以示於朝. 宣子曰 不然. 對曰 子爲正卿 亡不越境 反不討賊 非子而誰. 宣子曰 嗚呼 詩曰 我之懷矣 自詒伊慼 其

我之謂矣. 孔子曰 董狐古之良史也 書法不隱. 趙宣子古之良大夫也
爲法受惡. 惜也 越境乃免.(≪춘추좌씨전≫ 선공(宣公) 2년)

이 이야기에서 '동호지필(董狐之筆)'이란 말은 권세를 두려워하지 않
고 사실 그대로 쓰는 것을 말하게 되었다.

得魚忘筌
득 어 망 전

물고기를 잡으면 통발을 잊는다는 뜻으로, 목적을 달성하고 나면 도
움이 되었던 것을 잊어버린다는 말.

얻을 **득** 물고기 **어** 잊을 **망** 통발 **전**

전(筌)이란 물고기를 잡는 통발을 말한다. '물고기를 잡으면 통발을 잊
어 버린다.'는 말은 통발로 물고기를 잡고 나면 그것이 통발의 덕분이라
는 사실을 잊어버린다는 뜻이며, 목적을 달성하고 나면 그 목적을 위하
여 사용한 사물을 잊어버린다는 비유로 쓰는 말이다.
≪장자≫ 외물편(外物篇)의 끝에 이렇게 기록되어 있다.

전(筌)은 물고기를 잡는 통발인데, 물고기를 잡고 나면 통발은 잊어버
리고 만다. 제(蹄)는 토끼를 잡는 덫인데, 토끼를 잡고 나면 덫을 잊어버
리고 만다. 말은 마음에 있는 것을 전하는 것인데, 뜻을 얻으면 말을 잊

어버리고 만다. 내 어찌 말을 잊어버리는 사람을 얻어 그와 더불어 말할 것인가!

筌者所以在魚 得魚而忘筌 蹄者所以在兎 得兎而忘蹄 言者所以在意 得意而忘言. 吾安得夫忘言之人 而與之言哉.

장자가 말하는 '말을 잊어버리는 사람' 이란 말에 구애되지 않는 사람을 뜻한다. 옳고 그름과, 선하고 악함과, 아름다움과 추함 등의 상대적인 논의에 구애되지 않는다는 말이다. 상대를 초월하여 이 세상의 만물은 한 몸이라고 생각하는 절대적인 경지에 서면 옳은 것도 없고 그른 것도 없으며, 선함도 없고 악함도 없으며, 아름다운 것도 없고 추한 것도 없다는 것이 장자의 주장이었다.

'물고기를 잡으면 통발을 잊어버린다.' 는 말도 장자에게는 '뜻을 얻으면 말을 잊어버린다.' 와 같은 뜻으로 사용되고 있다.

登龍門
등 용 문

용이 하늘로 올라간다는 뜻으로, 출세하기 어려운 관문을 통과한다는 말.

오를 등 용 용 문 문

후한(後漢) 말 무렵 환제(桓帝)의 시대는 환관들의 횡포가 극심했는데, 일부 정의파 관료들이 환관들의 사악한 횡포에 심하게 항쟁하여 마침내 '당고지화(黨錮之禍)'를 불러일으켰다.

정의파 관료들의 영수라고 지목되는 사람은 이응(李膺)이었다. 이응은 기강이 퇴폐된 거친 궁궐 안에서 혼자서 이름 있는 가르침을 지키며, 항상 고결하게 몸을 유지했다. 그리하여 그의 명성은 점점 올라가 '천하의 모범은 이응(자는 원례)'이라고 칭송을 받았으며, 특히 청년 관료들이 그를 존경하여 그가 알아주는 것을 '등용문(登龍門)'이라 일컬어 큰 명예로 생각했다.

이때 조정은 날로 어지러워지고 기강이 퇴폐하였다. 이응이 홀로 바람과 같은 재기를 지녀 명성이 저절로 올라갔다. 선비들은 그의 얼굴을 접하는 사람이 있으면 이름하여 '등용문(登龍門)'이라고 하였다.

是時朝廷日亂 綱紀瀆陁. 膺獨持風裁 以聲名自高. 士有被其容接者 名爲登龍門.

이 이야기는 ≪후한서≫ 이응전(李膺傳)에 실려 있다. '등용문(登龍門)'이란 '용문(龍門)에 올라간다.'는 뜻이다. 여기에 인용한 이응전(李膺傳) 주에 따르면 용문이란 황하 상류에 있는 골짜기 이름으로, 이 근처는 심한 급류라 보통 물고기는 올라가지 못하며, 큰 강이나 바다의 물고기들도 이 용문 아래서 수천 마리나 떼 지어 다니지만 여간해서는 올라가지 못한다고 한다. 그런데 만일 올라가기만 하면 물고기는 순식간에 변하여 용이 된다고 하니, 결국 '등용문'이란 심한 난관을 극복하고 비약의 기회를 잡는 것을 뜻한다.

마

馬耳東風
마 이 동 풍

말의 귀에 동풍이라는 뜻으로, 남의 말을 귀담아 듣지 않고 흘려버린다는 말.

말 **마** 귀 **이** 동녘 **동** 바람 **풍**

'마이동풍(馬耳東風)'이란 '다른 사람이 하는 말을 귀담아 듣지 않는다.'는 뜻이다. 이것은 이백(李白)의 〈답왕십이한야독작유회(答王十二寒夜獨酌有懷)〉라는 장편의 시 가운데 있는 말이다.

그런데 왕십이(王十二)에 대해서나 이 시의 제작 상황에 대해서는 전혀 알 수가 없다. 그렇지만 왕요(王瑤)는 그의 저서 ≪이백(李白)≫에서 '당시의 정치 현실에 대하여 심각한 비판을 제시하며, 분개를 표명함과 동시에 자신의 경우와 태도를 설명하고 있다.'며 이 시를 들고 있다.

왕십이(王十二)라는 아는 사람이 〈한야독작유회(寒夜獨酌有懷)〉라는 시를 보내온 것 같다. 시재(詩才)를 지니고 있으면서도 명예와 이익에 급급한 관료들의 세계에서 결국 인정받지 못하고 있는 애석함을 읊은 것이다.

이 시에 대하여 이백(李白)이 이렇게 대답한다.

"간밤에 오(吳)나라에 눈이 내렸다. 당시 진(晉)나라의 왕자유(王子猷: 서예가 왕희지의 아들)가 밤에 눈을 뜨니 큰 눈이 와서 방문을 열어놓고 술을 마시고 있었네. 갑자기 대안도(戴安道)를 만나고 싶어 견딜 수 없어

배로 출발하였지만 거의 도착할 때쯤 그냥 되돌아오고 말았네. 그 이유를 물으니, '흥을 타고 갔다가 흥이 다하여 돌아왔을 뿐 꼭 안도(安道)를 만나야 했던 것은 아니다.'라고 했네."

자신도 그와 같은 흥이 일어났기 때문에 이 시를 쓴다고 했다.

"푸른 산을 둘러싼 뜬구름이 하염없이 이어져 있고,

그 하늘 가운데 외로운 달이 흐르고 있다.

외로운 달은 추위에 못 이겨 빛나고,

맑은 은하수와 북두칠성이 흩어져 많은 별들이 밝게 빛난다.

나는 술을 마시면서 밤 그늘의 하얀 서리를 생각하고,

자네 집 우물 난간의 구슬 같은 얼음 모양을 생각하고,

얼어붙은 자네의 마음을 생각했다네.

인생은 아차, 하는 사이에 백 년도 채우지 못한다.

자, 술이나 마시고 한없는 생각을 떨쳐 버리게.

자네는 요즈음 유행인 닭싸움을 배워 비책(秘策)을 생각하나,

임금 마음에 들기 위해 어깨를 으스대며 거리를 활보하는 흉내는 내지 못하네.

그렇다고 밤에 칼을 차고 오랑캐의 보루 석보성(石堡城)을 무찔러 큰 국난을 구원한 청해 지방(靑海地方)을 거니는 가서한(哥舒翰) 장군을 배워,

임금 측근의 요직을 가로채는 일도 흉내 내지 못하네.

우리들이 할 수 있는 일이란 햇볕이 쪼이지 않는 북쪽 창문 안에서 시를 읊거나 부(賦)를 짓는 정도의 일일세.

일만 마디를 지어도 고작 술 한 잔의 가치도 없네."

그러고 나서 이백은 이렇게 읊고 있다.

세상 사람들이 이것을 들으면 다 머리를 흔들 걸세.

동풍(東風)이 말의 귀를 쏘는 것 같네.

世人聞此皆掉頭 有如東風射馬耳

세상 사람들은 우리들의 시(詩)나 부(賦)를 들으면 다 머리를 흔드네. 한가한 동풍(東風)이 말의 귀를 쏘는 것과 같아서 아프지도 가렵지도 않을 걸세.

이어서 이백(李白)은 보답을 받는 일이 박했던 옛사람들의 예를 열거하며 현재 처해 있는 처지를 적극적으로 긍정하고 영화 따위는 억지로 바라지 않는 것이 좋지 않겠는가, 하고 끝맺고 있다.

藐姑射山
막 고 야 산

전설의 신선이 사는 산이라는 뜻으로, 자연 법칙에 따라 평화롭게 사는 곳이라는 말.

아득할 **막** 시어미 **고** 벼슬이름 **야** 뫼 **산**

'막고야산(藐姑射山)'은 상황(上皇)의 어소(御所)를 가리키는 말인데 ≪장자≫ 소요유편(逍遙遊篇)에 실려 있는 한 이야기에 나온다.
≪열자≫ 황제편(黃帝篇)에 다음과 같이 실려 있다.

열고야산(列姑射山)은 해하주(海河洲) 가운데 있으며 산 위에는 신인(神人)이 있다.

그는 바람을 마시고 이슬을 먹되 오곡(五穀)은 먹지 않는다.

그의 마음은 깊은 샘물과 같고 형상은 처녀와 같다.

列姑射山 在海河洲中 山上有神人焉. 吸風飲露 不食五穀. 心如淵泉 形如處女.

≪장자≫에 있는 막고야산(藐姑射山)은 ≪열자≫에 실려 있는 열고야산(列姑射山)과 같은 뜻이며, 열자(列子)는 장자(莊子)에게서 취하여 이상적인 인간상인 '신인(神人)'이 사는 곳이라고 하였다.

≪장자≫에 실려 있는 이야기에는 막고야산의 신인(神人)을 다음과 같이 설명하고 있다.

견오(肩吾)가 연숙(連叔)에게 말했다.

"접여(接輿)에게서 말을 들으니 너무 커서 종잡을 수 없으며 가서 돌아오지를 않습니다. 나는 그의 말에 놀라고 두려워서 오히려 은하수의 끝이 없는 것 같았습니다. 현격한 차이가 있어 인정에는 가깝지 않습니다."

연숙이 말했다.

"그의 말이 무엇을 이른 것이지요?"

견오가 말했다.

"막고야산에 신인(神人)이 살고 있다는데, 그 살결은 얼음이나 눈과 같고, 부드럽고 약하기가 처녀와 같다고 합니다. 오곡을 먹지 않고 바람을 마시고 이슬을 먹으며, 구름의 기운을 타고 용을 부리며 날아 사해(四海)

밖에 노닌다고 합니다. 그 정신을 집결하면 만물이 병들지 않으며 해마다 곡식이 잘 익는다고 합니다. 이로써 허황하여 나는 믿지 않기로 하였습니다."

연숙이 말했다.

"그렇기도 하겠소. 눈먼 사람은 무늬를 볼 수 없고, 귀먹은 사람은 종과 북의 소리를 듣지 못한다고 했소. 어찌 오직 형체에만 귀먹고 눈먼 것이 있으리오. 대저 앎에도 또한 그런 것이 있으니 그야말로 그대와 같은 경우를 이름이오.

이 신인(神人)은 그 덕으로 장차 만물을 섞어 이로써 하나로 만들려는 것이오. 세상이 잘 다스려지는 것으로 돌아갈지라도 누가 괴롭게 부지런히 일하리오. 이 사람은 사물에 상처 내는 일은 하지 않소. 하늘까지 크게 물이 침범해도 그는 빠지지 않고, 크게 가물어 쇠와 돌이 흐르고 흙산이 타도 그는 타지 않소. 이것은 그에게 붙은 티끌과 때나 여물지 않은 곡식의 겨도 장차 의지하여 요임금과 순임금 같은 사람을 만들어 낼 수 있는 사람이오. 누가 감히 사물로써 일을 하겠소?"

肩吾問於連叔曰 吾聞言於接輿 大而無當 往而不返 吾驚怖其言 猶河漢而無極也. 大有逕庭 不近人情焉. 連叔曰 其言謂何哉. 曰 藐姑射山 有神人居焉 肌膚若冰雪 淖約若處子 不食五穀 吸風飮露 乘雲氣 御飛龍 而遊乎四海之外. 其神凝 使物不疵癘 而年穀熟. 吾以是狂而不信也. 連叔曰然 瞽者無以與乎文章之觀 聾者無以與乎鍾鼓之聲. 豈唯形骸有聾盲哉 夫知亦有之 是其言也 猶時女也. 之人也 之德也 將旁礴萬物 以爲一. 世蘄乎亂 孰弊弊焉以天下爲事. 之人也 物莫之傷. 大浸稽天而不溺 大旱金石流土山焦而不熱. 是其塵垢秕穅 將猶陶鑄堯舜者也. 孰肯以物爲事.

이것은 견오와 연숙의 문답 형식을 빌어 장자(莊子)가 이상상(理想像)
인 신인(神人)을 막고야산에 살게 한 것이니, 무위(無爲)로 천하를 다스
려 만인이 그곳을 얻게 하는 것이 신인이라고 설명한 문장이다.

莫逆之友
막 역 지 우

거리낌 없는 친구로, 허물이 없는 아주 친한 친구라는 뜻.

없을 **막** 거스를 **역** 어조사 **지** 벗 **우**

≪장자≫의 대종사편(大宗師篇)에 같은 형식으로 이야기한 두 가지 이
야기가 실려 있다.

자사(子祀)와 자여(子輿)와 자리(子犁)와 자래(子來), 네 사람이 서로
말하기를, '누가 능히 무(無)로써 머리를 삼으며, 삶으로써 등을 삼고, 죽
음으로써 엉덩이를 삼을까? 누가 사생존망(死生存亡)이 한 몸인 것을 알
랴! 우리는 더불어 벗이 되자.' 네 사람은 서로 마주 보며 웃었다. 마음
에 거슬림이 없고 드디어 서로 벗이 되었다.

子祀 子輿 子犁 子來 四人相與語曰 孰能以無爲首 以生爲背 以死爲
尻. 孰知死生存亡之一體者. 吾與之友矣. 四人相視而笑 莫逆於心 遂相
與爲友.

자상호(子桑戶)와 맹자반(孟子反)과 자금장(子琴張) 세 사람이 서로 더
불어 말하기를, '누가 능히 서로 더불어 함이 없는데 서로 더불어 하며,
서로 도움이 없는데 서로 도우랴. 누가 능히 하늘에 올라가 안개와 놀며,
끝이 없음에 날아 올라가며, 서로 잊음을 삶으로써 하고 마침내 다하는
바가 없으랴.' 고 말했다. 세 사람은 서로 보고 웃으며, 서로 마음에 거슬
림이 없고, 드디어 서로 더불어 벗이 되었다.

　　子桑戶 孟子反 子琴張 三人相與語曰 孰能相與於無相與 相爲於無相爲.
孰能登天遊霧 撓撓無極 相忘以生 無所終窮. 三人相視而笑 莫逆於心 遂
相與友.

　　이 '막역어심 수상여(위)우(莫逆於心 遂相與(爲)友)'에서 친한 벗을 의
미하는 것으로서 '막역지우(莫逆之友)' 란 말이 생겨났다.

挽歌
만　　가

수레를 끌 때 부르는 노래. 죽은 사람을 애도하는 노래라는 뜻.

끌 **만** 노래 **가**

　　유방(劉邦)은 B.C. 202년에 천하를 통일하고 즉위하여 한고조(漢高
祖)가 되었다.

이보다 앞서, 마음에 들지 않는다고 유방의 사자를 죽인 제(齊)나라 임금 전횡(田横)은 고조가 즉위하자 부하 500여 명과 함께 바다 가운데 있는 섬으로 도망쳤다.

고조는 전횡이 뒤에 소란을 일으킬 것을 두려워하여 그 죄를 용서하고 불렀다. 그러나 전횡은 낙양(洛陽) 가까이 왔을 때 고조를 섬기는 것을 부끄럽게 생각하여 스스로 목숨을 끊으니, 그의 머리를 고조에게 바친 두 사람의 사자도, 바다 가운데 섬에 있던 사람들도 전횡의 높은 절개를 그리워하며 모두가 자결하고 말았다.

그때 전횡의 제자들이 해로(薤露)와 호리(蒿里), 이장(二章)의 상가(喪歌)를 만들어 전횡의 죽음을 애도하며 노래했다.

한(漢)나라 무제(武帝) 때 국민음악원(國民音樂院)을 만들고 음악가인 이연년(李延年)이 총재(總裁)가 되었다. 이연년은 앞의 이장(二章)을 나누어 두 곡으로 만들어 앞의 곡은 공경대부(公卿大夫)를, 뒤의 곡은 선비와 백성들을 장송(葬送)하여 영구(靈柩)를 끄는 사람들에게 노래하게 했다. 사람들은 그것을 '만가(挽歌)'라고 부르게 되었다. 죽음을 슬퍼하는 가사를 '만(挽)'이라고 하는 것은 이에 뿌리를 둔다.

≪진서(晋書)≫의 예지(禮志)에 의하면 '만가(挽歌)'는 원래 무제(武帝) 때 노동자들이 부른 노래였는데, 노랫소리가 슬프고 간절하며 가슴을 치는 것이 있어 죽은 사람을 장송(葬送)하는 의식에 사용하게 되었다고 한다.

萬事休
만 사 휴

모든 일이 끝났다는 뜻으로, 어떻게 해 볼 도리가 없다는 뜻.

일만 **만** 일 **사** 쉴 **휴**

10세기 전반에 당(唐)나라가 멸망한 뒤에는, 당(唐)나라 때 절도사(節度使)의 후신인 군벌에 의한 군웅할거시대(群雄割據時代), 소위 오대(五代)의 세상이 되었다.

그 사이에 각지에 있는 절도사의 후예들은 지방에서 세력을 잡아, 계속 일어나는 제국(帝國)에 교묘하게 추종하면서 독립된 왕국의 체제를 갖추게 되었다.

형남(荊南)에 있는 고씨(高氏) 집안도 그중의 하나로, 시조인 고계흥(高季興)이 당(唐)나라 말기에 형남절도사(荊南節度使)가 된 이후 그의 아들 종회(從誨), 종회의 장남 보융(保融), 열 번째 아들 보욱(保勗), 보융의 아들 계중(繼仲), 이렇게 4대(代) 5주(主) 57년에 걸쳐 형남의 땅을 보유한 다음 송(宋)나라 태조(太祖)에게 귀순했다.

이 형남에 사는 4대째 고보욱은 어릴 때부터 장애가 있어 자란 뒤에도 수척했는데, 극도로 음란하여 매일같이 기생들을 모아놓고 병사들 중에서 건장한 사람을 골라 혼교(混交)를 시키고, 그것을 처첩들과 함께 발 뒤에서 바라보며 즐거워했다고 한다.

이 고보욱이 어린 아기였을 때는 수많은 아들들 중에서 아버지 종회의 사랑을 한 몸에 받고 있었다. 그리하여 그것을 질투하여 흘겨보는 사람이 있어도 반드시 기뻐하면서 웃기 때문에 사람들은 '만사휴(萬事休:어떻게 할 수가 없다)' 라고 말하며 한숨을 내쉬었다.

初保勗在保抱 從誨獨鍾愛. 故或盛怒見之 必釋然而笑 荊人目爲萬事休.(≪송사(宋史)≫ 형남고씨세가(荊南高氏世家))

萬全之策
만 전 지 책

아주 완전한 계책이라는 뜻으로, 안전하고 조금의 허술함도 없는 완벽한 대책이라는 뜻.

일만 만 온전할 전 어조사 지 꾀 책

후한(後漢) 헌제(獻帝) 건안(建安) 5년 10월, 위(魏)나라의 조조(曹操)가 북방 최대 군벌인 원소(袁紹)의 군대를 격파한 관도(官渡) 싸움은 조조가 북방 통일의 기초를 확고하게 한 중요한 결전이었다.

양쪽 군대는 전해 9월부터 관도(官渡)에서 대치하고 있었는데, 건안 5년 4월에 조조는 백마(白馬)의 싸움에서 원소의 명장인 안량(顏良)과 문추(文丑)를 격파하여 죽게 해 원소에게 적잖은 타격을 주었다. 그러나 원소의 군대는 10만여나 되는 데 반하여 조조의 군대는 불과 3만여밖에 되지 않아, 관도에서 대치하는 동안 조조는 한때 도읍인 허창(許昌)으로 후퇴하려는 생각까지 했을 정도였다.

당시 형주(荊州)의 목사였던 유표(劉表)는 원소가 원조를 청하자 이를
승낙하되 아무 일도 하지 않으며 또 조조를 도우려 하지도 않고 그 고을
을 유지하면서 천하의 대세를 관망하고 있었다.

이때 막하에 있던 한숭(韓嵩)과 유선(劉先)이,

"10만의 대군을 옹호하면서 아무것도 하지 않고 관망만 하고 있으면
양쪽의 원한을 받게 됩니다. 조조는 반드시 원소의 군대를 격파한 다음
이곳을 공격해 올 것이며 필시 방어하지 못하므로 조조에게 따르는 것이
좋을 것 같습니다. 그러면 조조는 유표님을 덕으로 삼아 길이 복을 줄 것
이니 대대로 전할 수 있습니다. 이것이 '만전지책(萬全之策)'입니다."

하고 설득했지만 의심이 많은 유표는 결정하지 못하다가 뒤에 화근을
당하게 되었다.(≪후한서≫ 유표전(劉表傳))

'만전(萬全)'이란 말은 ≪한비자≫에도 보이지만 '만전지책'이란 말은
여기에서 나온 것이다. '가장 안전한 방책', 즉 조금의 실수도 없는 계책
이란 뜻이다.

亡國之音
망 국 지 음

나라를 망하게 하는 음악이라는 뜻으로, 슬픈 곡조의 노래.

망할 **망** 나라 **국** 어조사 **지** 소리 **음**

≪예기≫ 가운데 악기(樂記), 즉 음악의 의의를 설명한 일편(一篇)이 있다. 여기에 음악은 마음의 자연적인 발로이며, 따라서 음악을 들음으로써 그 음악이 행해지고 있는 나라의 정치적인 정세와 인심의 소재까지도 살펴서 알 수 있다는 내용이 설명되어 있다.

무릇 음악은 사람의 마음에서 생겨나는 것이다. 감정이 안에서 움직이므로 소리가 나타난다. 소리는 글을 이루니 이것을 음악이라고 말한다. 이런 까닭으로 치세(治世)의 음악은 편안하고 즐거우니 그 정치가 화하기 때문이다. 난세(亂世)의 음악은 원망하고 성내니 그 정치가 어긋나기 때문이다. 망국(亡國)의 음악은 슬픔을 생각하게 하니 그 백성이 곤궁하기 때문이다.

凡音者生人心者也. 情動於中 故形於聲. 聲成文 謂之音. 是故治世之音 安以樂 其政和. 亂世之音 怨以怒 其政乖. 亡國之音 哀以思 其民困.

'망국지음(亡國之音)' 이란 말은 여기에서 나온 것이다. 악기(樂記)에서는 치세(治世)와 난세(亂世)와 망국(亡國)의 음악을 열거하고 있거니와

'망국지음'이란 정치가 혼란하고, 백성들의 마음이 게으름으로 흐르며, 상하가 함께 기강과 풍기가 문란하여 이윽고 멸망하는 나라의 음악을 말한다.

≪한비자≫의 십과편(十過篇)에는 매우 흥미 있는 이야기가 실려 있다. 원래 십과편은 임금이 몸을 망치고 나라를 멸망시키는 데 이르는 열 가지 과실의 원인을 지적하고 있다. 제4에 '다스림 듣는 것을 힘쓰지 않고 5음을 좋아해 마지않는 것은 곧 몸을 궁하게 만드는 일이다.'라고 했고, '무엇을 음을 좋아한다고 이르는가?' 하는 물음에 대한 대답이 다음과 같은 설화로 제시되고 있다.

옛날 춘추시대에 위(衛)나라 영공(靈公)이 진(晋)나라로 가는 도중 복수(濮水) 부근에 머물렀을 때, 밤중에 묘한 음악 소리를 듣고 곧 악사장(樂師長) 사연(師涓)에게 명하여 거문고에 맞추어 그 곡을 취하게 했다.

이윽고 진(晋)나라에 도착한 영공은 평공(平公)이 초대한 잔치에서 '새로운 곡을 하나 소개하겠습니다.' 하고서, 사연에게 명하여 그 곡을 타기 시작했는데 옆에 있던 진(晋)나라 악사장인 사광(師曠)이 그의 손을 잡고서,

"이것은 망국의 음악입니다. 끝까지 타면 안 됩니다."

라고 말했다. 그리고 의아하게 생각하는 평공에게,

"이것은 은(殷)나라의 악사장 사연(師延)이 주왕(紂王)을 위하여 만든 사치한 음악입니다. 주(周)나라의 무왕이 주왕을 정벌했을 때 사연은 동쪽으로 도망하여 복수까지 와서 몸을 던졌습니다. 그러니 이 곡을 듣는다면 그 나라는 반드시 망합니다. 끝까지 타면 안 된다고 말씀드린 것은 이 때문입니다."

라고 대답했다. 그러나 평공은 그 곡에 귀를 기울이며,

"나는 음악을 좋아하니 끝까지 타도록 하라."

라고 명하며 그것이 청상(淸商:청아한 상(商)나라의 음곡)이란 말을 듣자 더욱 슬픈 음조의 곡이 아니냐고 시기하여 사광에게 더욱 청아한 곡을 연주하게 했다.

그런데 사광이 청아한 곡을 연주하기 시작하자 서북쪽으로부터 검은 구름이 피어오르고, 연주를 계속하니 큰 바람이 불고 비가 쏟아져 장막을 찢고 음식상을 부수며 지붕의 기와가 떨어졌기 때문에, 그 자리에 있던 사람들은 도망하여 흩어졌으며 평공은 두려운 나머지 복도 구석에 엎드리고 말았다.

이후로 진(晋)나라에는 심한 한발이 3년 동안이나 계속되고, 평공은 심한 종기로 괴로움을 당하게 되었다. 그리하여 '다스림을 듣는 것을 힘쓰지 아니하고 5음을 좋아해 마지않으면 곧 몸을 궁하게 만드는 일'이라고 말하게 되었다.

麥秀之嘆
맥 수 지 탄

무성히 자란 보리 이삭을 탄식한다는 뜻으로, 옛날의 풍요롭던 조국이 망한 것을 한탄한다는 말.

보리 **맥** 뛰어날 **수** 어조사 **지** 탄식할 **탄**

은(殷)나라의 주왕(紂王)은 하(夏)나라의 걸왕(桀王)과 함께 폭군의 대표적인 인물이지만 그 신하 가운데는 훌륭한 사람도 있었다.

≪논어≫ 미자편(微子篇)에 '미자는 떠나고, 기자(箕子)는 종이 되며, 비간(比干)은 간하다가 죽었다고 공자께서 말씀하셨다. 은(殷)나라에 세어진 사람이 있었다.'고 기록되어 있다.

미자(微子)는 주왕의 이복형이었는데, 주왕의 포학을 자주 간해도 듣지 않자 이대로 가면 은(殷)나라의 앞날도 멀지 않았다고 생각하고, 나라가 망할 때 자기가 함께 죽으면 조상의 제사가 끊어질 것을 염려하여 이웃 나라로 도망가서 사는 편이 좋겠다고 결심하고서 망명했다.

기자(箕子)는 주왕의 친척이었는데, 주왕이 술과 여자에게 빠져 방탕한 생활만을 일삼고 정치를 돌보지 않아 주왕에게 간하였지만 역시 들어주지 않았다. 그러나 망명하여 임금의 부끄러움을 드러내서는 안 된다고 생각해 갓도 쓰지 않고 머리를 풀어헤치며 미친 사람 노릇을 하고 종이 되어 세상에서 숨어버렸다.

비간(比干)도 주왕의 친척이었는데, 그는 임금의 잘못을 끝까지 간하지 않는다면 그 재앙이 아무런 죄도 없는 백성들에게 미친다고 생각하여 주왕에게 솔직하게 간했다. 주왕은 화가 나서,

"성인의 심장은 일곱 개의 구멍이 있다고 들었는데 과연 그러한지 조사해 보겠다."

라고 말한 다음 비간을 죽여 가슴을 헤치고 그 심장을 보았다고 한다.

이윽고 주(周)나라의 무왕(武王)이 은(殷)나라를 멸망시켜 천하는 주(周)나라의 것이 되었다.

미자가 자수하고 나오자 무왕은 그를 용서하여 송(宋)나라에 봉했다. 기자는 정치와 결별했으나 무왕은 그의 뛰어난 인격을 보고 감명하여 신하로 삼지 않고 조선의 왕으로 봉하였다.

그로부터 몇 해 뒤 기자는 주(周)나라를 찾아갔는데 도중에 은(殷)나라

도읍을 지나갔다. 그렇게 번화하던 도읍이었지만 흔적도 없어지고, 궁전이 있던 자리에는 벼와 기장이 우거져 있었다. 기자는 밀려오는 감회를 금할 길이 없으나 목소리를 놓아 통곡하는 것은 꺼림칙하고, 속으로 흐느껴 우는 것은 기개가 없는 처사라고 생각했다. 그래서 〈맥수의 시(麥秀의 詩)〉를 지어 노래했다.

보리는 패어 점점 자라고 벼와 기장도 무성하네.
저 사나운 아이 주왕이 나의 말을 듣지 않았기 때문이다.

麥秀漸漸兮 禾黍油油
彼狡僮兮 不與我好兮

옛날 궁궐이 있던 자리에는 보리가 무럭무럭 자라고 벼와 기장의 잎도 무성하게 자라 있다. 화려하던 도읍이 이 모양으로 된 것은 저 포악한 주왕이 내 말을 듣지 않았기 때문이다.

'맥수지탄(麥秀之嘆)'이란 망한 나라를 탄식한다는 뜻이다.

明鏡止水
명 경 지 수

밝은 거울과 고요한 물. 잡념이 없는 고요하고 깨끗한 마음이라는 뜻.

밝을 **명** 거울 **경** 그칠 **지** 물 **수**

'명경(明鏡)'이란 밝은 거울, 즉 한 점의 흐림도 없는 거울을 말하며, '지수(止水)'란 고요히 머물러 있는 물을 말하는 것으로, '명경지수(明鏡止水)'라 함은 '고요하게 맑은 심경(心境)'을 비유한 것이다.

≪장자≫ 덕충부편(德充符篇)에 다음과 같은 이야기가 실려 있다.

신도가(申徒嘉)는 형벌로 발이 잘린 사람이다. 그는 정자산(鄭子産)과 함께 백혼무인(伯昏無人)을 스승으로 삼은 사람이다. 자산이 신도가에게 일러 말했다.

"내가 먼저 나가면 자네가 머물고, 자네가 먼저 나가면 내가 머물겠네."

그 다음날 또 당에서 만나 동석하였다. 자산이 신도가에게 일러 말했다.

"내가 먼저 나가면 자네가 머물고, 자네가 먼저 나가면 내가 머물겠네. 이제 내가 나가고자 하니 자네가 남아 주겠나, 남아 주지 않겠나? 또한 자네는 집정(執政)인 나를 보고 피하지 않으니 자네는 집정인 나와 같은가?"

그러자 신도가가 말하였다.

"선생님 문하에 자네 같은 집정이 있는 것은 언제부터인가? 자네는 자네의 집정을 기뻐하여 사람을 뒤로 하는 자일세. 이런 말을 들었는가? '거울이 밝으면 티끌과 먼지가 앉지 않으며, 티끌과 먼지가 앉으면 밝지 못하다. 오래도록 현자(賢者)와 함께 있으면 허물이 없다.'

이제 자네가 큰 것을 취하는 이유는 선생님이다. 그런데도 오히려 말을 이와 같이 하니 또한 허물 아니겠는가?"

申徒嘉兀者也 而與鄭子産同師於伯昏無人. 子産謂申徒嘉日 我先出則子止 子先出則我止. 其明日又與合堂同席而坐. 子産謂申徒嘉日 我先出則子止 子先出則我止 今將我出 子可以止乎 其未邪. 且子見執政而不違 子齊執政乎. 申徒嘉日 先生之門 固有執政焉如此哉. 子而說子之執政 而後人者也. 聞之日 鑑明則塵垢不止 止則不明也 久與賢者處則無過. 今子之所取大者先生也 而猶出言若是 不亦過乎.

덕충부편(德充符篇)에는 형벌로 다리를 잘린 왕태(王駘)라는 사람의 일이 공자와 그의 제자인 상계(常季)의 문답 형식으로 나와 있다. 왕태 문하에서 배우는 사람들이 공자 문하에서 배우는 사람 수와 필적할 만큼 많았기 때문에 상계는 내심 불만스럽게 생각하여 공자에게 그 까닭을 여쭈어 보는 것이다.

상계가 말하였다.

"왕태는 자기 몸을 닦아 자신의 지혜로써 자신의 마음을 얻고, 자신의 마음으로써 마음의 본체를 깨달은 것입니다. 그리고 그것은 어디까지나 자기 수양을 위한 것이지 다른 사람이나 세상을 위한 것이 아닙니다. 그런데 어찌하여 많은 사람들이 그에게로 모여드는 것입니까?"

공자가 대답했다.

"사람들은 흐르는 물을 거울로 삼지 않고 고요한 물을 거울로 삼아 자기의 모습을 비춰 보는 것이다. 오직 왕태의 마음이 고요한 물과 같기 때문에 많은 사람들이 모여드는 것이다."

'명경지수(明鏡止水)'란 말은 ≪장자≫ 덕충부편(德充符篇)의 두 이야기에서 나온 말인데, 송대(宋代)의 유가(儒家)나 선가(禪家)들이 즐겨 사용했기 때문에 '명경(明鏡)'과 '지수(止水)'가 지닌 허무(虛無)의 의미가 사라지고 오직 '고요하여 깨끗한 마음'을 비유하여 사용하게 되었다.

明眸皓齒
명 모 호 치

밝은 눈동자와 하얀 이라는 말로, 외모가 아름다운 미인을 뜻함.

밝을 **명** 눈동자 **모** 흴 **호** 이 **치**

이 말은 눈동자가 밝고 이가 하얀 미인을 형용하는 것으로 두보(杜甫, 712~770)의 시 〈애강두(哀江頭)〉에 나온다.

안록산(安祿山)이 난리를 일으켜 낙양(洛陽)이 함락된 것이 755년, 두보의 나이 마흔네 살 때의 일이다. 두보는 그해에 처음으로 벼슬길에 올랐다. 그것을 처자에게 알리기 위해 당시 소개(疏開)되어 있던 장안(長

安) 근처의 봉선(奉先)으로 갔다.

안록산이 난리를 일으킨 것은 두보가 출발한 직후였다. 낙양의 함락으로 장안과 그 근처도 위험했기 때문에 두보는 가족들을 안전한 곳으로 피신시켜야 할 상황에 쫓기어 북쪽에 있는 부주(鄜州)로 도피하였다. 이미 장안으로 돌아갈 형편이 아니었다.

장안은 다음해에 도적들의 손에 함락되어 현종(玄宗)은 양귀비(楊貴妃)를 데리고 촉(蜀)으로 가고, 태자는 북쪽에 있는 영무(靈武)에서 천자에 즉위하였다. 이 소식을 들은 두보는 소개지를 떠나 영무로 출발하지만 곧 도적들에게 체포되어 장안으로 끌려가게 된다. 이때가 두보의 나이 마흔다섯 살 때였고 다음해 봄에 이 시를 짓게 된다.

도적들에게 체포된 몸이긴 하지만 하급관리였던 두보는 비교적 몸이 자유로웠던 것 같다. 제목에 나오는 '강두(江頭)'는 장안의 동남쪽에 있는 곡강지(曲江池)로, 당시 왕후(王侯)나 귀족들이 유람하는 명승지였으며 현종도 양귀비와 함께 여기에 와서 놀았던 곳이다.

도적들의 수중에 있는 장안에서 봄을 맞이한 두보는 남몰래 강두를 찾아가 옛날의 영화를 그리워하고 슬퍼하며 목소리를 삼키고 울면서 이 시를 지었던 것이다.

밝은 눈동자 흰 이의 미인은 지금 어디 있는가?
피로 더러워진 떠도는 혼은 돌아가지 못하네.
맑은 위수는 동쪽으로 흐르고 검각은 깊은데
촉(蜀)나라로 끌려가 사니 피차간 소식이 없네.
인생은 정이 있어 눈물로 가슴을 적시며
강물에는 강꽃이 피니 어찌 마침내 다함이 있으랴.
황혼에 오랑캐 기마들은 티끌로 성을 채우는데,

성 남쪽으로 가고자 하여 성 북쪽을 바라보네.

明眸皓齒今何在 血汙遊塊歸不得
淸渭東流劍閣深 去住彼此無消息
人生有情淚沾臆 江水江花豈終極
黃昏胡騎塵滿城 欲往城南望城北

여기에서 '명모호치(明眸皓齒)'라고 한 것은 양귀비의 모습을 그린 것이다.

明哲保身
명　철　보　신

사리가 밝아 자기 몸을 잘 지킨다. 이치에 맞게 일을 처리하여 자신을 안전하게 보전한다는 뜻.

밝을 **명** 밝을 **철** 지킬 **보** 몸 **신**

≪시경≫ 대아편(大雅篇)의 〈증민(蒸民)〉이라는 시는 주(周)나라 11대 선왕(宣王)을 도운 재상 중산보(仲山甫)의 덕을 찬양한 것으로, 중산보가 왕의 명을 받들고 출발하는 것을 보내면서 이렇게 노래하고 있다.

엄숙하신 임금의 명을 중산보가 받들어 행하며,

가는 나라들의 선하고 악함을 중산보가 밝히는도다.

이미 밝히고 또 살펴서 그 몸을 보전하며,

아침 일찍부터 밤늦도록 게으르지 않고 천자를 섬기는도다.

肅肅王命 仲山甫將之

邦國若否 仲山甫明之

旣明且哲 以保其身

夙夜匪解 以事一人

'명철보신(明哲保身)' 이란 이 시에서 취한 것으로 '명철(明哲)' 과 '보신(保身)' 에서 생겨난 말이다. '명철(明哲)' 이란 ≪서경≫ 열명편(說命篇) 상(上)에, 은(殷)나라 무정(武丁)의 성덕을 찬양하여 여러 신하들이 간하기를, '천하의 사리에 통하고 무리들에 앞서 아는 사람은 명철(明哲)하다.' 고 한 데서 비롯되었다. '보신(保身)' 이란 사리에 따라 나옴과 물러남을 어긋나지 않게 하는 일이다.

'명철보신' 이란 말은 이상과 같은 뜻이거니와, 후세 사람들은 '명철한 사람' 을 난세에 안전함을 제일로 삼아 요령 있게 처세하는 사람을 뜻하는 말로 쓰고 있다.

予盾
모　순

창과 방패. 말과 행동이 서로 맞지 않는다는 뜻.

창 **모** 방패 **순**

　　초(楚)나라 사람 중에 방패와 창을 파는 사람이 있었다. 그런데 그가
방패를 팔 때는,
　　"나의 방패는 몹시 튼튼하여 어떤 창이라도 뚫지 못합니다."
　　하고 또 창을 팔 때는,
　　"나의 창의 날카롭기는 어떤 물건이라도 꿰뚫지 않는 것이 없습니다."
라고 말하였다. 그래서 어떤 사람이,
　　"너의 창으로 너의 방패를 꿰뚫는다면 어떻게 되겠는가?"
　　하고 묻자 그 사나이는 대답이 궁해졌다.

　　초(楚)나라 사람으로 방패와 창을 파는 사람이 있었다. 방패를 칭찬할
때는, '내 방패의 견고함은 능히 꿰뚫는 것이 없다.'고 말하고, 또 창을
칭찬할 때는, '내 창의 날카로움은 물건을 꿰뚫지 않음이 없다.'고 말했
다. 어떤 사람이 말하기를, '자네의 창으로써 자네의 방패를 꿰뚫으면
어떻게 되겠는가?' 하자 그 사람이 능히 응답하지 못하였다.

　　楚人有鬻楯與矛者. 譽之曰 吾楯之堅 莫能陷也. 又譽其矛曰 吾矛之利
於物無不陷也. 或曰 以子之矛 陷子之楯何如. 其人弗能應也.

때를 같이할 때 양립할 수 없는 것을 '모순(矛盾)'이라고 말하는 것은 이 이야기에서 나온 것이다. 인용한 것은 ≪한비자≫ 난일편(難一篇)에 실려 있는 것인데 여기에 다소 색채를 바꾼 이야기가 실려 있다.

역산(歷山)의 농부들이 밭이랑을 침범하는 경우가 있었는데, 순(舜)임금이 가서 밭을 갈자 1년 만에 밭 사이의 두렁과 밭이랑이 올바르게 다스려졌다.

황하(黃河) 가에 어부들이 어장을 다투고 있었는데, 순임금이 가서 낚시질을 하자 1년 만에 연장자에게 양보하게 되었다.

동방 이민족의 도공들이 만드는 그릇은 일그러졌는데, 순임금이 가서 질그릇을 만들자 1년 만에 품질이 견고하게 되었다.

공자께서 탄식하며 말씀하셨다.

"밭가는 일도, 낚시질하는 일도, 질그릇을 만드는 일도 순임금이 하실 일은 아니다. 그런데도 순임금이 하신 것은 피폐한 풍습을 바로잡기 위한 것이다. 순임금이야말로 진실로 어진 분이었다. 그리하여 몸소 친히 가서 고생하셨으므로 백성들이 거기에 따른 것이다. 그러므로 '성인은 덕으로 교화하는 것이다.'라고 일러진다."

이때 한 사람이 유자(儒者)에게 물었다.

"그 당시 요(堯)임금은 무엇이었습니까?"

"요임금은 천자였습니다."

"그렇다면 공자께서 요임금을 성인이라고 하신 것은 어떤 뜻일까요? 성인이 밝은 지혜로써 통찰하면서 천자의 지위에 있는 것은 천하에서 간사함을 없애기 위한 것입니다. 만일 농부들이나 어부들이 다투지 않고 질그릇을 일그러지게 만들지 않았다면 순임금은 무슨 덕을 베풀어 교화할 여지가 있었을까요?

순임금이 피폐한 풍속을 바로잡았다는 것은 요임금에게 실정(失政)이 있었다는 것입니다. 요임금을 현인이라고 하기 위해서는 순임금의 밝게 살핌을 부정하지 않으면 안 되고, 요임금을 성인이라고 하기 위해서는 순임금의 덕화를 부정하지 않으면 안 되니 이것을 양립시킬 수는 없습니다."

이렇게 말하고서 창과 방패의 이야기를 인용하였다.

"도대체 꿰뚫을 수 없는 방패와 무엇이나 꿰뚫을 수 있는 창은 때를 같이하여 양립될 수 없습니다. 지금 요임금과 순임금이 함께 칭찬을 받는 것은 창과 방패의 이치와 마찬가지입니다."

라고 말하여 유학자들이 주장하는 성인의 덕치주의(德治主義)에 화살을 한 대 날렸다. '한 사람'이란 물론 한비자로, 그가 논하는 바는 드물게 나타나지만 수명에 한정이 있는 성인에게 덕치를 기대하기보다는 평범한 임금에게 가능한 법치(法治)를 기대하는 편이 현실적이라는 주장을 했던 것이다.

木 鐸

목 탁

나무로 만든 방울. 세상 사람들을 가르치고 어떤 사실을 널리 알린다는 뜻.

나무 **목** 요령 **탁**

공자가 태어난 나라인 노(魯)나라를 떠나 몇 사람의 제자들과 함께 여러 나라를 편력(遍歷)하던 오십오, 육 세 때의 일이다. 위(衛)나라의 국경에 가까운 의(儀)라는 마을에 도착하자 그곳의 관문을 지키는 관리가 공자에게 면회를 청하였다.

의(儀)의 봉인(封人)이 뵙기를 청하여 말했다.
"군자(君子)가 이곳에 오시면 내 일찍이 뵙지 못한 적이 없었습니다."
제자들이 공자를 뵙게 하였더니 그는 나와서 말했다.
"여러분, 어찌 잃은 것을 근심하십니까? 천하에 도(道)가 없어진 지 오래되었습니다. 하늘이 장차 여러분의 선생님을 목탁으로 삼으시려는 것입니다."

儀封人 請見日 君子之至於斯也 吾未嘗不得見也. 從者見之 出日 二三子何患於喪乎. 天下之無道也久矣 天將以夫子爲木鐸.

그 관리는 공자가 노(魯)나라의 명사(名士)로서 최근에 벼슬을 내놓고 은퇴한 인물이란 사실을 듣고 면회를 청하였던 것이다.
"훌륭하신 분이 이곳에 오시면 저는 반드시 뵙기로 하고 있습니다."
이리하여 제자들은 상의 끝에 그를 공자에게 뵙게 한 것이다. 회견을 끝내고 나오자 그는 제자들에게 말했다.
"여러분, 당신들의 선생님이 벼슬을 내놓고 은퇴하신 것을 걱정할 필요가 없습니다. 천하에는 도(道)가 행해지지 않은 지 이미 오래되었습니다. 하늘은 장차 틀림없이 당신들의 선생님을 사회의 목탁으로 삼으실 것입니다."

'목탁(木鐸)' 이란 나무로 만든 방울로, 쇠로 만든 방울보다 소리가 부드럽다. 무사(武事)에 관한 명령을 내릴 때는 쇠방울을 울렸고, 문교(文教)에 관한 명령을 내릴 때는 목탁을 울렸다. 따라서 '하늘이 장차 당신들의 선생님을 목탁으로 삼으실 것입니다.' 라고 한 말의 뜻은 '하늘이 장차 공자로 하여금 문교의 목탁으로 삼으실 것입니다.' 라는 뜻으로 생각된다.

그 관수(關守)가 어떤 인물이며, 공자와 어떤 문답을 교환했는지는 알 수 없지만 공자의 문교와 도덕의 고취에 대한 보통 이상의 정열과 기백을 느꼈기 때문에 이와 같은 말을 했음에 틀림이 없다.

최근에는 별로 사용되고 있지 않지만 사회적 의식이 강한 신문기자나 문필가들이 즐겨 '사회의 목탁' 으로서 자부하고 있는 것은 널리 알려진 사실이다.

巫 山 之 夢
무 산 지 몽

무산의 꿈. 남녀 간의 은밀히 나누는 사랑을 뜻함.

무당 **무** 뫼 **산** 어조사 **지** 꿈 **몽**

송옥(宋玉)은 전국시대 초(楚)나라의 대부(大夫)로서 굴원(屈原)의 제자이다.

《문선》에 실려 있는 송옥의 〈고당부병서(高唐賦並序)〉의 서문에서 다음과 같이 말하고 있다.

〈고당부(高唐賦)〉의 서문은 초(楚)나라 회왕(懷王)이 운몽(雲夢:초나라 일곱 연못의 하나)의 고당지관(高唐之館)에 갔을 때 꿈속에서 무산(巫山)의 여신과 혼인을 맺었다는 고사(故事)를 서술한 것이다.

옛날에 초양왕(楚襄王)이 송옥을 데리고 운몽의 누각에서 놀았던 적이 있었다. 그때 고당지관(高唐之館)을 바라보니 그 위에 구름이 걸려 있었는데, 그 구름이 하늘로 높이 솟아오르는가 싶더니 곧 형태를 바꾸어 순식간에 여러 가지 모양으로 변했다. 양왕이 송옥에게 그 구름을 보고,

"저것은 무슨 구름인가?"

하고 물었다. 송옥이 대답했다.

"저것은 조운(朝雲:남녀의 정교(情交)를 뜻함)이라 하옵니다."

양왕은 다시 물었다.

"조운(朝雲)이란 무엇을 말하는가?"

그래서 송옥은 다음과 같은 이야기를 했다.

"옛날에 선왕(先王)이신 회왕께서 고당지관에 노니셨을 때, 피곤하셔서 잠시 낮잠을 주무셨습니다. 그러자 꿈속에 한 여인이 나타나서 이렇게 말했습니다.

'나는 무산의 여신입니다. 이 고당에 놀러 와 보니 당신이 오셨다는 말씀을 듣고 찾아왔습니다. 제발 베개를 함께 베게 해 주십시오.'

그래서 회왕께서는 그 여자와 정을 통하게 되신 것입니다. 이윽고 회왕께서 돌아갈 때 그 여자는 이별을 고하면서 이렇게 말했습니다.

'저는 무산 남쪽의 험한 벼랑에서 살고 있습니다. 아침에는 구름이 되고 저녁때는 비가 되어 양대(陽臺) 아래에서 아침저녁으로 당신을 그리워하겠습니다.'

다음날 아침 회왕께서 무산의 남쪽을 바라보시자 과연 여자의 말대로 그곳에는 아침 구름이 일어나고 있었습니다. 그래서 회왕께서는 그 여자를 그리워하며 사당을 세우고 '조운(朝雲)'이라고 이름 붙이신 것입니다."

昔者楚襄王 與宋玉遊於雲夢之臺 望高唐之館 其上獨有雲氣 崒兮直上 忽兮改容 須臾之間 變化無窮. 王問玉曰 此何氣也. 玉對曰 所謂朝雲者也. 王曰 何謂朝雲. 玉曰 昔者先王嘗遊高唐 怠而晝寢 夢見一婦人曰 妾巫山 之女也 爲高唐之客 聞君遊高唐 願薦枕席. 王因幸之. 去而辭曰 妾在巫山 之陽 高丘之岨 旦爲朝雲 暮爲行雨 朝朝暮暮 陽臺之下. 旦朝視之如言. 故爲立廟 號曰朝雲.

여기에서 말하는 '양대(陽臺)'는 무산(巫山) 남쪽에 있으므로 해가 잘 비치는 대(臺)라는 뜻도 있겠지만 동시에 정교(情交)의 뜻도 포함되어 있다. 남녀가 남몰래 정교하는 것을 '양대(陽臺)'라고 말하며, 한 번 정교를 맺고 다시는 만나지 못하는 것을 '양대불귀지운(陽臺不歸之雲)'이라고 말한다.

또한 남녀가 정교하는 것을 '무산지몽(巫山之夢)'이라고 말한다.

無用之用
무 용 지 용

아무 데도 쓸모없는 물건. 쓸모없는 것이 가장 쓸모 있다는 뜻.

없을 **무** 쓸 **용** 어조사 **지** 쓸 **용**

'무용지용(無用之用)'이란 세속적인 안목으로는 별로 도움이 되지 않을 것같이 보이는 사물이야말로 오히려 진정한 도움을 주는 것이라는 도가적(道家的)인 주장이다.

≪장자≫ 인간세편(人間世篇)에 다음과 같은 글이 실려 있다.

산의 나무는 스스로를 해치고, 등불은 스스로를 불태운다. 계수나무는 먹을 수 있기 때문에 베어지고, 옻나무는 칠을 쓸 수 있기 때문에 베어진다. 사람들은 다 쓸모 있음의 쓰임을 알되, 쓸모 없음의 쓰임을 알지 못한다.

山木自寇也 膏火自煎也. 桂可食 故伐之 漆可用 故割之. 人皆知有用之用 而莫知無用之用也.(≪장자≫ 인간세편(人間世篇))

산의 나무는 땔감으로 필요하기 때문에 사람들에게 베어져서 제 몸을 불사르게 되고, 등불의 기름은 불을 밝히면 밝아지기 때문에 스스로의 몸을 불사르는 것이다. 계수나무는 향기가 있어 양념으로 쓰기 때문에 베어지고, 옻나무는 도료가 되기 때문에 베어지는 것이다. 그들이 몸을 멸망시키는 것은 다 유용하기 때문이다. 사람들은 다 쓸모 있는 것의 쓰임은 알고 있지만 쓸모없는 것의 쓰임은 알지 못하고 있다.

혜자(惠子)가 장자(莊子)에게 일러 말했다.
"그대의 말은 쓸 것이 없다."
장자가 말했다.
"쓸 것이 없음을 알면 비로소 더불어 씀을 말하는 것입니다. 대저 땅은 넓고 또한 크지 않은 것이 아니지만 사람들이 쓰는 곳은 발을 놓으면 족할 뿐입니다. 그렇다고 해서 발을 재어 파 내려가 황천에 이른다면 사람들에게 쓸모가 있겠습니까?"
혜자가 말했다.
"쓸모가 없다."
장자가 말했다.
"그러면 쓸모없는 것이 쓸모 있게 된다는 것 또한 분명한 일입니다."

惠子謂莊子曰 子言無用. 莊子曰 知無用而始可與言用矣. 夫地非不廣且大也 人之所用容足耳. 然則廁足而墊之 致黃泉 人尙有用乎. 惠子曰 無用. 莊子曰 然則無用之爲用也 亦明矣.(≪장자≫ 외물편(外物篇))

장자는 이 이야기에 덧붙여 무위자연(無爲自然)의 도(道)로 즐겨야 함을 설명하고 있다. 인재와 인재가 아닌 것, 쓸모 있음과 쓸모가 없음을 초월해야만 비로소 자연(自然)을 완전히 할 수 있다고 설명한다.
따라서 장자가 말하는 '무용지용(無用之用)'이란 쓸모 있는 것에 얽매이는 세속 사람들에 대해 경계하는 말이며, 또 무위자연(無爲自然)을 설명하기 위한 한 단계이다.

無爲而民自化
무 위 이 민 자 화

스스로 아무것도 하지 않아도 교화된다는 뜻으로, 자연의 법칙에 따른 정치를 해야 백성들이 잘 따르게 된다는 말.

없을 **무** 할 **위** 말 이을 **이** 백성 **민** 스스로 **자** 될 **화**

이 말은 ≪노자≫ 제57장에 다음과 같이 기록되어 있다.

올바름으로써 나라를 다스리고, 기계(奇計)로써 군대를 쓰고, 일 없음으로써 천하를 취한다. 내 무엇으로 그것을 알겠는가? 이것으로써 안다. 천하에 꺼리는 일이 많으면 백성들이 점점 가난해지고, 백성들에게 이로운 그릇이 많으면 나라는 점점 혼란해지고, 사람들에게 잔재주가 많으면 기이한 물건이 점점 일어나고, 법령이 점점 엄해지면 도둑들이 많아지게 된다.

그러므로 성인이 이르기를, 내가 함이 없으면 백성들 스스로 교화되고, 내가 고요함을 좋아하면 백성들 스스로 올바르게 되고, 내가 일이 없으면 백성들 스스로 부자가 되고, 내가 욕심이 없으면 백성들 스스로 순박해진다.

以正治國 以奇用兵 以無事取天下. 吾何以知其然哉. 以此. 天下多忌
諱 而民彌貧 民多利器 國家滋昏 人多伎巧 奇物滋起 法令滋彰 盜賊多
有. 故聖人云 我無爲而民自化 我好靜而民自正 我無事而民自富 我無欲

而民自樸.

　여기에서 문제가 되는 것은 '무위이민자화(無爲而民自化:함이 없으면
백성들 스스로 교화된다)' 로서, 그리하여 백성들은 어떻게 되느냐 하는
것이다. 노자의 경우 '스스로 교화된다.' 는 말은 무위자연(無爲自然)에
따라 사는 것, 인위적인 잔꾀를 부리지 않고 자연의 소박함으로 돌아간
다는 뜻이다.
　'무위이민자화(無爲而民自化)' 라는 말의 본뜻은 그러하지만 '위정자
가 덕을 지니고 있다면 함이 없을지라도 백성들은 그 덕에 교화된다.' 라
는 뜻으로 해석하는 사람들도 적지 않다.
　예를 들면 ≪논어≫에 다음과 같은 글이 실려 있다.

　공자께서 말씀하셨다.
　"함이 없이 다스린 분은 바로 순(舜)임금이로다. 대저 무엇을 했는가?
스스로를 공경스럽게 하고 바르게 남면(南面)하고 있을 뿐이었다."

　子曰 無爲而治者 其舜也與. 夫何爲哉. 恭己正南面而已矣.(≪논어≫ 위
령공편(衛靈公篇))

　공자께서 말씀하셨다.
　"나라를 다스림에 덕으로써 하면, 비유컨대 북극성이 그 자리에 있고
여러 별들이 그를 향하는 것과 같다."

　子曰 爲政以德 譬如北辰居其所而衆星共之.(≪논어≫ 위정편(爲政篇))

無何有之鄕
무 하 유 지 향

있다는 것이 아무것도 없다는 세상이라는 뜻으로, 세상의 번거로움이 없는 자연 그대로의 허무의 세계.

없을 무 어찌 하 있을 유 어조사 지 시골 향

'무하유지향(無何有之鄕)'은 ≪장자≫의 소요유편(逍遙遊篇)과 응제왕편(應帝王篇)과 지북유편(知北遊篇)에 나오는 이상향으로서, 가(邊)와 끝이 없고 인위적인 데가 없는 자연 그대로의 허무(虛無)의 세계를 말한다.

혜자가 장자에게 일러 말했다.

"나에게 큰 나무가 있는데 사람들은 그것을 북나무라 하오. 그 큰 줄기는 부풀어 올라 먹줄을 치지 못하고, 작은 가지는 뒤틀리고 굽어서 그림쇠가 맞지 않으며, 길가에 서 있으나 목수가 돌아보지 아니하오. 이제 그대의 말은 크기는 하되 쓸모가 없으니 누구나 한가지로 버리는 바이오."

장자가 말했다.

"그대는 홀로 있는 살쾡이나 족제비를 보지 못하였는가? 몸을 낮추고 엎드려 노니는 놈을 기다린다. 동서로 뛰어오르며 높고 낮음을 피하지 않다가 덫에 걸리고 그물에 죽는다. 지금 저 외뿔소는 크기가 하늘에 드리운 구름과 같다. 이것이 능히 크기는 하지만 쥐를 잡지는 못한다. 지금 그대에게 큰 나무가 있어 그 쓰임 없음을 근심한다. 어찌 무하유지향(無何有之鄕)을 광막한 들에 심어서, 방황하면서 그 곁에서 하는 일 없이 소요하며 그 아래에 드러눕지 아니하는가? 도끼로 일찍 베이지 아니하고 사물이 해하는 자가 없으니 써야 할 바가 없어도 어찌 곤하고 괴로운 바가 있으리오."

惠子謂莊子曰 吾有大樹 人謂之樗 其大本擁腫而不中繩墨 其小枝卷曲而不中規矩 立之塗 匠者不顧. 今子之言 大而無用 衆所同去也. 莊子曰 子獨不見狸狌乎. 卑身而伏 以候敖者 東西跳梁 不避高下 中於機辟 死於罔罟. 今夫斄牛 其大若垂天之雲 此能大矣 而不能執鼠. 今子有大樹 患其無用. 何不樹之於無何有之鄕 廣莫之野 彷徨乎無爲其側逍遙乎寢臥其下. 不夭斤斧 物無害者 無所可用 安所困苦哉.

이 무하유지향(無何有之鄕)은 ≪장자≫ 응제왕편(應帝王篇)과 지북유편(知北遊篇)에도 다음과 같이 실려 있다.

무명인(無名人)이 말하였다.
"가라. 너는 천한 사람이다. 어찌 불쾌한 질문을 하는 것인가? 나는 바야흐로 장차 조물주와 친구가 되어 이 세상이 싫어지면 저 하늘을 마음대로 나는 새의 등에 타고서 우주 밖으로 나가 무하유지향(無何有之鄕)에 노닐고 광막한 들에서 살리라. 너는 또 어찌 천하를 다스리는 일로써 나의 마음을 흔들어 놓으려 하는가?"

無名人曰 去. 汝鄙人也 何問之不豫也. 子方將與造物者爲人 厭則又乘夫莽眇之鳥 以出六極之外 而遊無何有之鄕 以處壙埌之野汝. 又何帠以治天下 感予之心爲.(≪장자≫ 응제왕편(應帝王篇))

시험 삼아 함께 무하유지궁(無何有之宮)에 노닐어 끝없는 도(道)에 대하여 논하여 볼까? 시험 삼아 함께 무위(無爲)를 행하여 볼까? 그러면 마음이 담박해지고 고요해지리라. 마음이 비어 맑아지리라. 조화를 이루어 사이가 없어지리라.

嘗相與遊乎無何有之宮 同合而論無所終窮乎. 嘗相與無爲乎. 澹而靜乎. 漠而淸乎. 調而閒乎.(≪장자≫ 지북유편(知北遊篇))

모두 허무하고 광막한 세계인 '무하유지향(無何有之鄕)'의 내용이 엿보이는 문장이다.

墨守
묵   수

스스로 좋아하는 것을 지킨다는 뜻으로, 다른 사람에게 양보하지 않고 자기의 의견이나 소신을 끝까지 고수한다는 뜻.

먹 墨 지킬 守

'묵수(墨守)'란 묵적(墨翟)이 성을 잘 지켰던 고사(故事)에서 나온 말로, 옛 풍습이나 스스로 좋아하는 것을 지켜 다른 사람에게 양보하지 않는 것을 말한다. 같은 고사에서 '묵적지수(墨翟之守)'라는 말도 나왔는데 이것은 성을 견고하게 지킴을 비유로 말하는 것이다.

≪후한서≫ 정현전(鄭玄傳)에 이렇게 실려 있다.

임성(任城)의 하휴(何休)는 공양학(公羊學)을 좋아하여 드디어 ≪공양
묵수≫와 ≪좌씨고황(左氏膏肓)≫과 ≪곡량폐질(穀梁廢疾)≫을 지었다.
정현(鄭玄)은 묵수(墨守)를 타파하고, 고황에 침을 놓아 고치며, 불치의
병을 일으켰다.

時任城何休 好公羊學 遂著公羊墨守 左氏膏肓 穀梁廢疾. 玄乃發墨守鍼
膏肓 起廢疾.

이것이 '묵수(墨守)'라는 말이 나오는 가장 오래된 예일 것이다.
'묵적지수(墨翟之守)'란 ≪전국책≫ 제책(齊策)에, '다음해가 되어도
풀지 못하니 이것이 묵적의 성을 지킴이다(朞年不解 是墨翟之守也).'라
고 있는데 이것이 가장 오래된 용례일 것이다. '기년(朞年)'이란 만 1년
을 말한다.
≪사기≫ 노중련추양열전(魯仲連鄒陽列傳)에는 이렇게 기록되었다.

이제 공(公)이 또 폐료(敝聊)의 백성으로써 모든 제(齊)나라의 군대를
막으니 이것이 묵적의 지킴이다.

今公又以敝聊之民 距全齊之兵 是墨翟之守也.

노중련(魯仲連)이 피폐한 요성(聊城)의 백성들로 하여금 1년 이상이나
그 성을 지키게 하여 제(齊)나라의 모든 군대를 막으니 이를 '묵적의 지
킴'이라고 한다.

묵적(墨翟)은 B.C. 5세기(춘추시대 말기에서 전국시대 초기)의 사람이며, '묵(墨)'은 성이 아니라 목수가 사용하는 먹줄 '묵(墨)'에서 온 호칭이라고 한다.

봉건적인 신분제도 사회에서 최하층에 속한 그들은 신분의 차별에 고통을 받고 있었다. 묵자(묵적)의 '겸애교리(兼愛交利:모든 사람을 차별없이 사랑하고 서로 협조하여 이익을 도모함)'의 학설은 여기에서 유래한 것이다. 귀족계급들이 행하는 전쟁과 패전(敗戰)의 재앙은 서민들에게로 밀어닥친다. 묵자의 '비공(非攻:침략 전쟁은 그르다)'의 학설은 여기에서 유래한 것이다.

묵자가 이끄는 집단은 기능인들이었기 때문에 방위 기구나 방위 장비를 창안해 낼 수 있었다. 묵자는 서민들을 전쟁의 재앙에서 보호하기 위하여 침략당할 것 같은 나라의 임금과 계약을 체결하여 기능인 집단이 방위를 담당하게 되었다.

그렇게 되면 그 의무를 완수하기 위하여 침략을 계획하는 나라로 가서 그 그름을 설득하지 않으면 안 되었다. 특히 천한 기능 계급 출신이고 보면 그 변론에 각별한 연구를 필요로 하게 된다. 이것이 '묵변(墨辯)'이라는 괄목할 만한 논리학이 고대에 생겨나게 된 까닭이라 하겠다.

묵자는 '비공설(非攻說)'을 가지고 설득의 유세에 뛰어다녔다. '공석불난 묵돌불검(孔席不煖 墨突不黔:공자의 자리는 따뜻해지지 못하고, 묵자의 굴뚝은 검어지지 않는다)'라는 말이 있다. 공자는 덕치주의(德治主義)의 도(道)를 유세하기 위하여 여러 나라로 돌아다니기를 10여 년, 그 사이에 자리가 따뜻해질 틈이 없었고, 묵자도 동분서주하느라 그 집의 굴뚝이 연기로 검어질 틈이 없었다는 뜻이다.

《묵자》공수편(公輸篇)에 다음과 같은 이야기가 실려 있다.

공수반(公輸盤)이 초(楚)나라를 위하여 구름까지 닿을 만한 운제(雲梯)라는 사다리를 만들어 그것이 완성되자 가까이에 있는 송(宋)나라를 공격하려 했다. 이것을 들은 묵자는 모국의 위급함을 구하기 위하여 제(齊)나라에서 밤낮으로 길을 걸어 초(楚)나라에 있는 공수반을 만났다. 공수반이,

"선생님은 무엇을 지시하려고 온 것입니까?"

하고 묻자 묵자는 대답했다.

"북쪽에 나를 모욕하는 사람이 있습니다. 제발 그를 죽이는 데 힘을 빌려 주십시오."

"나는 사람을 죽이지 않는 주의(主義)를 가지고 있습니다."

그러자 묵자는 일어나서 두 번 절하고 말하였다.

"나는 북쪽의 선생께서 사다리를 완성하여 가까운 시일 안에 송(宋)나라를 공격한다는 말을 들었습니다. 송(宋)나라에 무슨 죄가 있는 것입니까? 초(楚)나라의 땅은 남아돌고 백성들은 부족합니다. 부족한 백성들을 죽여 가면서까지 남의 땅을 빼앗는다면 도리에 밝지 못하다고 하겠습니다.

송(宋)나라에 죄가 없는데도 공격한다면 어진 덕이 있다고는 말하지 못할 것입니다. 그런 줄 알면서도 임금님께 간하지 않는 것은 충절(忠節)이라고 말할 수 없습니다. 간해도 받아들여지지 않는 것은 그 간함이 강력하지 못하기 때문입니다. 주의로써 적은 수의 사람을 죽이지 않되 많은 사람들을 죽인다는 것은 도리에 어긋난다고 하겠습니다."

이렇게 공수반을 설복시켰지만 '초(楚)나라 임금께 대책을 보고하였으니 작전을 중지시킬 수 없다.'고 하여 묵자는 공수반의 주선으로 초왕(楚王)을 배알하고, '가지고 있는 나라가 가지고 있지 못한 나라를 침략하는 것은 비단옷을 가지고 있으면서 이웃집의 누더기를 훔치려는 것과 같은 일이다.'라고 왕을 설복시켰다.

설복당한 초왕(楚王)이,

"그렇지만 공수반이 운제(雲梯)를 만들어 반드시 송(宋)나라를 차지해 보이겠다고 말하고 있기 때문에 어쩔 수가 없다."

고 말하자 묵자는 공수반과 송(宋)나라 공반전을 모의전(模擬戰)으로 해 보였다. 묵자가 띠를 풀어 성읍의 형상을 만들고 작은 나무패를 성루에 세웠다.

공수반이 있는 힘을 다하여 임기응변의 책략으로 성읍을 공격했지만 묵자는 그때마다 막아냈다. 공수반이 모든 책략을 다 썼는데도 묵자는 여유가 만만했다. 결국 공수반이 하는 수 없이 말했다.

"선생의 책략을 막는 방법은 알고 있지만 말하지 않겠소."

그러자 묵자도 말했다.

"내 책략을 막는 방법을 알고 있다 해도 막을 수 없을 것이오."

초왕(楚王)이 이유를 묻자 묵자는 말했다.

"공수반 선생의 생각은 나를 죽여 버리려는 것입니다. 나를 죽여 없애 버리면 송(宋)나라를 공격할 수 있기 때문입니다. 그러나 나의 제자인 금 활리(禽滑釐) 등 삼백 명이 송(宋)나라 도읍의 안팎에 있어 초(楚)나라 군 대가 공격해 들어오기를 기다리고 있습니다. 나를 죽인다고 해도 방해되 는 것을 끊어버릴 수는 없습니다."

이렇게 하여 초왕(楚王)은 결국 송(宋)나라의 침공을 단념했다.

刎頸之交
문　경　지　교

목을 내어 줄 수 있을 정도의 사귐. 목이 잘리는 한이 있어도 생사를 함께 할 수 있는 친한 사이라는 뜻.

목 벨 **문** 목 **경** 어조사 **지** 사귈 **교**

조(趙)나라의 혜문왕(惠文王)이 화씨지벽(和氏之璧)이라는 진귀한 보물을 손안에 넣었을 때, 진(秦)나라의 소왕(昭王)은 그 구슬과 15개의 성을 교환하고 싶다고 청했다.

강한 진(秦)나라의 요청을 거절할 수는 없었으며, 그렇다고 진(秦)나라에서 15개의 성을 준다고도 생각할 수 없었다. 이 어려운 교섭에 사자로 보내진 것이 인상여(藺相如)였다.

그는 환관의 영(令)인 무현(繆賢)의 식객에 불과했지만 그의 인물이 뛰어나다는 것을 알고 왕에게 추천했던 것이다.

진(秦)나라 왕은 인상여에게 사자의 예를 다하지 않고, 구슬을 받자 기쁜 듯이 시종과 궁녀들에게 내보이며 이제 자기의 것이 되었다고 좋아했다. 도저히 15개의 성과 교환하려는 기색이 없다고 간파한 인상여는,

"그 구슬에 흠이 있으므로 가르쳐 드리겠습니다."

하고 구슬을 되돌려 받자 기둥에 등을 대고 우뚝 서서 진(秦)나라 왕의 불신을 꾸짖으며 말했다.

"왕께서 구슬을 뺏으신다면 이 구슬은 제 머리와 함께 이 기둥에서 부서질 것입니다."

결국 이 교섭은 진(秦)나라의 성의가 없어 그대로 끝났거니와, 조(趙)나라는 상여의 활동으로 구슬을 진(秦)나라에 빼앗기지 않고 욕을 받지도 않고 지날 수 있었던 것이다. 조왕(趙王)은 기뻐하며 상여를 상대부(上大夫)에 임명하였다.

그 뒤 진(秦)나라는 조(趙)나라를 쳐서 석성(石城)을 빼앗고, 그 이듬해 다시 조(趙)나라를 공격하여 이만 명을 죽이고 사자를 보내 면지(澠池)에서 조왕(趙王)과 현견하여 평화 교섭을 하고 싶다고 통고해 왔다. 조왕은 두려워서 가려고 하지 않았지만 장군인 염파(廉頗)와 인상여가,

"왕께서 가시지 않으면 조(趙)나라가 약하고 비겁하다는 것을 보여 주는 것이 됩니다."

라고 간하였기 때문에 왕도 부득이 갈 결심을 했다. 상여가 수행하고 염파는 나라 안에 있게 되었다. 염파는 국경까지 왕을 전송하면서 이렇게 말했다.

"길을 계산해 보니 왕복 30일이 걸리지 않습니다. 30일이 지나도 돌아오시지 않으면 태자를 왕위에 즉위시켜, 진(秦)나라가 태자를 인질로 삼는 것을 막을 것입니다."

왕이 허락했다. 모두 필사의 각오였던 것이다.

회견이 진행되고 잔치가 벌어졌을 때, 진왕(秦王)은 조왕(趙王)에게 비파를 청했다. 조왕(趙王)이 비파를 연주하자 진(秦)나라의 어사(御史)가 나와서,

"모년 모월 모일에 진왕이 조왕과 술을 마시고 조왕으로 하여금 비파를 연주하게 했다."

라고 기록했다. 그러자 인상여가 나아가서,

"이번에는 진왕께서 진(秦)나라의 사정을 연주해 주셨으면 합니다."

라고 말했다. 진왕은 화를 내며 승낙하지 않았다. 상여는 질그릇으로 된

악기를 진왕 앞에 내밀면서 무릎을 꿇고 다시 간청했다. 그래도 진왕은 응하지 않았다. 상여는 말했다.

"지금 대왕과 저와의 거리는 다섯 발짝에 불과합니다. 대왕은 인상여의 수중에 계신 것입니다."

왕의 시종들이 상여를 베려고 했다. 상여는 눈으로 성내면서 꾸짖었다. 시종들은 모두 정신을 잃고 당황했다. 진왕은 억지로 악기를 쳐서 한 곡조를 연주했다. 상여는 조(趙)나라의 어사를 불러 기록케 했다.

"모년 모월 모일에 진왕이 조왕을 위하여 악기를 연주했다."

진(秦)나라의 여러 신하들이 말했다.

"제발 조(趙)나라의 15개의 성을 바쳐 진왕의 수를 축하하게 해 주십시오."

그러자 상여가 말했다.

"제발 진(秦)나라의 함양(咸陽)을 바쳐 조왕의 수를 축하합시다."

진왕은 결국 주연이 끝날 때까지 조(趙)나라를 굴복시키지 못했다.

이 회의가 계속되는 동안에 조(趙)나라 본국에서는 열심히 군비를 갖추어 진(秦)나라에 대비했다. 그리하여 진(秦)나라는 행동을 일으킬 수 없었다.

귀국하자 조왕은 상여의 공이 크다 하여 경대부에 임명했다. 상여는 염파보다도 벼슬이 높아진 것이다. 염파는 말했다.

"나는 조(趙)나라 장군으로서 성을 공격하고 야전에서 큰 공이 있었다. 그런데 상여는 입과 혀만 움직였을 뿐인데 나보다 벼슬이 위다. 더구나 상여는 천한 출신이다. 이런 사람의 아랫자리에 있을 수 있겠는가?"

그리하여 염파는 '이번에 상여를 만나면 틀림없이 수치를 퍼부어 주어야지.' 하고 선언했다. 상여는 이 말을 듣자 염파와 마주치지 않으려고 노력하였으며, 조정에 들어갈 때도 항상 병을 일컬어 염파와 서열 다툼

이 일어나지 않도록 했다.

어느 날 상여가 외출하니 멀리 염파의 모습이 보였다. 그러자 상여는 수레를 옆길로 넣고서 숨었다. 상여의 부하들이 말했다.

"우리들이 어른께 봉사하는 것은 어른의 높은 의리를 사모하기 때문입니다. 그런데 이와 같이 염장군을 두려워하여 도망치신다면 어리석은 저희가 부끄러워하는 바입니다. 저희들은 잠시 쉬겠습니다."

상여는 말했다.

"자네들은 염장군과 진왕(秦王) 중 어느 쪽이 위라고 생각하는가?"

"염장군이 진왕에 미치지 못합니다."

상여는 이어서 말했다.

"그 진왕의 위력도 아무렇지 않게 여겨 나는 진왕을 꾸짖고 여러 신하들에게 수치를 주었다. 내가 우둔하다고는 하지만 어찌 염장군을 두려워하겠는가? 돌이켜 보면 저 강국인 진(秦)나라가 감히 군대를 일으켜 조(趙)나라를 공격하지 않는 이유를 한마디로 말하면 염장군과 내가 있기 때문이다. 지금 이 두 마리의 호랑이가 서로 싸운다면 그 형세는 함께 죽음에 이를 뿐이다. 내가 도망쳐 피하는 이유는 국가의 위급을 앞세우고 우리들의 원망은 뒤로 돌리기 위해서이다."

여기에서 두 영웅과 두 강국이 싸우는 것을 '용호상박(龍虎相搏)'이라고 말한다.

염파는 이 말을 듣고 크게 부끄러워 벌거벗고 태형(笞刑)에 사용하는 가시를 짊어지고 인상여의 집으로 가서 죄를 용서해 달라고 말했다.

"대단치 못한 나에게 장군께서 이렇게까지 관대한 것을 알지 못했습니다."

이리하여 두 사람은 화해를 하고 생사를 함께 하여 목에 칼을 들이대더라도 마음이 변하지 않을 정도로 친하게 사귀었다고 한다.

염파가 이 말을 듣고 맨몸으로 가시를 지고 빈객들로 인하여 인상여의 문에 이르러 죄를 사하여 말했다. '비천한 사람에게 장군의 관대함이 여기에 이를 줄은 몰랐습니다.' 드디어 두 사람은 서로 더불어 즐거워하며 목에 칼을 들이대도 변하지 않는 사귐을 이루었다.

廉頗聞之 肉袒負荊 因賓客至藺相如門 謝罪曰 鄙賤之人 不知將軍寬之至此也. 卒相與驩 爲刎頸之交.(≪사기≫ 염파인상여열전(廉頗藺相如列傳))

門外可說雀羅
문 외 가 설 작 라

문 앞에 새 그물을 친다. 권세가 약해지면 방문객들의 발길이 끊어진다는 뜻.

문 **門** 바깥 **外** 가할 **可** 베풀 **說** 참새 **雀** 새그물 **羅**

급암(汲黯)과 정당시(鄭當時)는 함께 한(漢)나라 무제(武帝)에게 벼슬한 사람이었다. 그들은 각각 개성이 강하고 탁월한 인물이었지만, 또 다 같이 현직에 임명되었다가 좌천을 당하여 험난한 생애를 보냈다. 그런데 두 사람이 현직에 있을 때는 많은 손님들이 모여들더니 좌천되자 손님의 방문이 끊어졌다.

≪사기≫에는 이 두 사람을 나란히 기록하여 급정열전(汲鄭列傳)이라 하여 실었는데 그들을 칭찬하는 글에서 저자인 사마천(司馬遷)은,

"급암과 정당시의 현명함으로도 세력이 있으면 손님은 열 배로 늘어나고 세력이 없어지면 그렇지 않았다. 더구나 보통사람들에게서야 더욱더 그러하다."
라고 한탄한 후 다음과 같은 적공(翟公:한무제(漢武帝) 때 사람)의 이야기를 덧붙이고 있다.

처음에 적공(翟公)이 정위(廷尉)가 되니 손님들이 문에 가득 찼다가 면직을 당하자 문밖에 새 그물을 쳐 놓을 만큼 사람들의 출입이 줄었다.
적공이 다시 정위가 되니 손님들이 오려고 했다. 적공이 이에 문에 큰 글씨로 써 놓기를, '한 번 죽고 한 번 삶에 곧 사귐의 정을 알고, 한 번 가난하고 한 번 부유함에 곧 사귐의 태도를 알고, 한 번 귀하게 되고 한 번 천하게 됨에 곧 사귐의 정을 볼 수 있다.'

始翟公爲廷尉 賓客闐門. 及廢 門外可設雀羅. 翟公復爲廷尉 賓客欲往. 翟公乃大署其門曰 一死一生 乃知交情 一貧一富 乃知交態 一貴一賤 交情乃見.

'문외가설작라(門外可設雀羅)'란 이 이야기에서 나온 것이다. '문전성시(門前成市)'와는 반대로, 문밖에 새 그물을 쳐 놓을 만큼 손님들의 발길이 끊어짐을 말한 것이다.
뒤에 당(唐)나라의 백낙천이 〈우의시(寓意詩)〉 중에 이렇게 읊고 있다.

손님들은 이미 흩어지고, 문 앞에 새 그물을 친다.

賓客亦已散 門前雀羅張

이 이후로 '문전작라장(門前雀羅張)'이 일반적으로 쓰이게 되었다.

文章經國之大業
문 장 경 국 지 대 업

문장은 나라를 다스리는 큰 사업이라는 뜻으로, 문학은 나라를 경영하는데 반드시 필요하다는 뜻.

글월**문** 글**장** 다스릴**경** 나라**국** 갈**지** 큰**대** 업**업**

후한(後漢) 말기의 장군으로서 위(魏)나라의 기초를 쌓은 조조(曹操)는 탁월한 정치가였을 뿐만 아니라 풍부한 감수성을 지닌 시인(詩人)이기도 하였다. 그는 뛰어난 시인이었던 둘째아들 조비(曹丕), 넷째아들 조식(曹植)과 함께 신변에 많은 문인들을 모아 당시의 연호였던 건안(建安)에 인연하여 중국 문학 사상 '건안시대(建安時代)의 문학'이라고 일컫는 획기적인 문학의 융성 시대를 만들었다.

'건안시대의 문학'의 특징을 개괄한 말에 '건안의 풍골(風骨)'이란 말이 있다. '풍(風)'이란 작품의 충실한 내용을 가리키며, '골(骨)'이란 뛰어나고 강력한 표현을 가리킨다. 후한 말기의 군벌 혼란시대에 자신도 생사의 경지를 방황하고, 또 전쟁과 기근에 쫓기어 벌레처럼 죽어 가는 비참한 백성들의 모습을 보아 온 그들은 유교사상에 구속된 괴로운 한대(漢代)의 문학 조류에 싫증내지 않고, ≪시경≫이나 ≪초사(楚辭)≫ 등 선대의 문학 작품과 '악부(樂府)'라고 불리는 한대(漢代) 민가(民歌)에서 모범을 구하여 그 형식을 빌어 강건한 작품이나 혹은 아름다운 작품을 끊임없이 만들어 냈다.

이것을 시의 방면에서 말하면 질박하고 강건함을 대표하는 사람이 조조이고, 섬세하고 화려함을 대표하는 사람이 조식이다. 조식은 건안시대 제일의 시인으로서 오늘날도 그 독자가 많다.

그들은 당시의 일류 문인들을 신변에 모아 군신 관계에 구애되지 않는 우정을 맺고 있었다. 그중에서도 공융(孔融)·진림(陳琳)·왕찬(王粲)·서간(徐幹)·완우(阮瑀)·응창(應瑒)·유정(劉楨) 등 일곱 사람은 후세에 '건안(建安)의 칠자(七子)'라고 불리며, 조조 부자와 함께 건안시대를 대표하는 문인들이 되었다.

이 '건안의 칠자'를 드러내어 후세에 기록으로 남겨 놓은 사람이 조비이다. 조비는 이 일곱 사람의 유고집(遺稿集)을 정리하였는데 그 감상을 서술한 것이 ≪논문(論文)≫이며, 아울러 중요한 ≪여오질서(與吳質書)≫이다.

대개 문장은 나라를 다스리는 큰 사업이요, 썩지 않는 성한 일이다.
인생의 수는 때가 있어 다하지만 영화와 즐거움은 그 몸에 멈춘다.

蓋文章經國之大業 不朽之盛事. 年壽有時而盡 榮樂止乎其身.

조비는 226년에 왕위에 오른 지 7년 만에 죽었다. 불과 40세의 젊은 나이였지만 그의 작품은 오늘날까지 남아 있다. 문학은 확실히 썩지 않는 사업이었던 것이다. 여기에서 '경국지대업(經國之大業)'이란 말은 나중에 문장이나 문학을 가리키는 말이 되었다.

門前成市
문 전 성 시

대문 앞에 시장이 선 것 같다는 뜻으로, 권세가 있어 찾아오는 사람이 매우 많다는 뜻.

문 **문** 앞 **전** 이룰 **성** 저자 **시**

한(漢)나라 애제(哀帝) 때 이미 한 왕조(漢王朝)는 소멸 직전에 있었다. 애제는 20세로 즉위했지만 정치의 실권은 외척의 수중에 있어 헛되이 황제의 빈자리만 지키다가 몇 해 후 원수(元壽) 2년에 급사했다.

그렇지만 그와 같은 애제에게도 어질고 기골 찬 신하가 없었던 것은 아니다. 정숭(鄭崇)도 그중 한 사람이다. 정숭은 명문 출신으로 그 집안은 대대로 왕가와 인척 관계에 있었다.

처음에 정숭은 애제에게 발탁되어 상서복야(尙書僕射)로 있었는데, 그 무렵에는 외척들의 횡포에 분개하여 애제에게 자주 간했다. 애제도 정숭이 간하는 말에 귀를 기울였지만 결국 외척들의 힘에 저항하지 못하고 차차 정숭을 냉대하게 되었다.

그 이후로 애제는 점점 자포자기하여 오로지 미소년인 동현(董賢)에 대한 사랑에 빠져 날을 보내고 있었다. 그 총애가 너무 지나쳐 정숭은 보다 못해 애제에게 간하였지만 그 때문에 애제의 흥취를 깨뜨려 도리어 꾸중을 듣는 형편이었다. 정숭은 마음이 편치 않아 목에 종기가 났다는 핑계로 사직하고 싶었지만 억지로 참고 있었다.

이와 같은 정숭의 괴로운 처지를 보고 미소를 지은 것은 상서령(尙書

令)인 조창(趙昌)이었다. 조창은 아첨하기를 좋아하는 인물로서 평소 정승을 미워하고 있었는데 정승의 간함이 애제에게 받아들여지지 않는 것을 알자,

"정승은 왕실의 사람들과 통하고 있으며 좋지 못한 일을 꾸미고 있는 혐의가 농후합니다. 제발 조사해 보십시오."

하고 애제에게 상소했다. 그리하여 애제는 정승을 문책했다.

"그대의 집에는 언제나 많은 손님들이 모여 상의를 하고 있는데 도대체 무엇 때문에 짐(朕)에게 구실을 붙이려는 것인가?"

그러자 정승은 대답했다.

"저희 집에는 시장처럼 많은 손님들이 모여들지만 제 마음은 언제나 물과 같이 맑습니다. 제발 다시 한 번 조사해 보십시오."

이 말을 들은 애제는 화가 나서 정승을 용서하지 않고 하옥시켰다. 정승은 옥중에서 죽었다.

상서령 조창(趙昌)은 아첨하기를 좋아하며 본디부터 정승을 미워했다. 그의 상소가 받아들여지지 않는 것을 알자, 인하여 정승을 상소했다. '종족과 더불어 통하며 의심컨대 간사함이 있습니다. 청하오니 다스려 주옵소서.' 하고 말했다. 애제가 정승을 꾸짖어 말하였다. '그대의 대문 앞에는 저자의 사람들과 같다. 무엇으로써 주상을 금하여 끊으려 하는가?' 정승이 대답해서 말했다. '신의 대문 앞이 저자와 같을지라도 신의 마음은 물과 같습니다. 원컨대 생각이 바뀌기를 바랍니다.' 애제가 화가 나서 정승을 하옥시키고 궁하게 다스렸다. 정승은 옥중에서 죽었다.

尙書令趙昌佞諂 素害崇. 知其見疏 因奏崇. 與宗族通 疑有姦 請治. 上責崇曰 君門如市人 何以欲禁切主上. 崇對曰 臣門如市 臣心如水. 願得考

覆. 上怒下崇獄窮治 死獄中.

이 이야기는 ≪한서≫ 정숭전(鄭崇傳)에 실려 있다. '문전성시(門前成市)'는 '신문여시(臣門如市)'에서 나온 말로, 출입하는 사람이 많은 것을 비유로 사용하는 말이다.

物 議
물　　　의

물의를 일으킨다. 남에게 피해를 주는 말이나 행동으로 비난을 받는다는 뜻.

만물 **물** 의논할 **의**

사기경(謝幾卿)은 산수문학(山水文學)을 대표한 도연명(陶淵明)과 더불어 일컬어지는 사영운(謝靈運)의 증손으로서 남조(南朝)의 제2, 제3 왕조였던 제(齊)나라와 양(梁)나라에서 벼슬했다.

그는 어릴 때 신동(神童)이라는 칭찬을 받았으며, 8세 때는 아버지가 물에 빠져 위태롭게 된 것을 구하기도 했다.

그는 양(梁)나라 초대 무제(武帝)의 천감 연간(天監年間)에 낭관(郎官)에서 서시어사(書侍御史)로 전임되자 실망하여 관청의 일을 관계하려 하지 않았다. 상서좌승(尙書左丞)으로 승진되었어도 천성이 대범하여 조정의 규정 같은 것에는 마음을 쓰지 않았다.

그는 잔치에서 취하지 않은 채 돌아오다가, 도중에 길가 술집에 수레를 세워 놓고 함께 간 세 사람과 술을 마셨다. 수많은 구경꾼들이 담을 칠 정도였지만 태연하게 굴었다.

　술 때문에 그의 무질서한 행동이 두드러지자 무제(武帝)의 보통(普通) 6년에 지방의 토벌에 보내졌으며, 패한 죄로 면관(免官)이 되어 돌아왔다. 그런데도 교제하기 좋아하는 조관(朝官)들이 집에 술을 가지고 와서 붐비는 형편이었다.

　우연히 좌승(左丞) 유중용(庾仲容)도 파면되어 돌아와 두 사람은 의기상합하여 마음대로 행동하였으며, 때로는 뚜껑 없는 수레를 타고 들판을 산책하다 취하면 큰 방울을 손에 잡고서 조가(弔歌)를 부르기도 하는 등 세상의 물의(物議)는 마음에 두지 않았다고 한다.(≪한서≫ 사기경전(謝幾卿傳))

　물의(物議)란 세상 사람들의 평판을 말한다.

未亡人
미 망 인

아직 죽지 않은 사람. 남편이 부인보다 먼저 죽었을 때 부인을 지칭하는 말.

아닐 **미** 죽을 **망** 사람 **인**

≪춘추좌씨전≫ 장공(莊公) 28년에 다음과 같은 이야기가 있다.

초(楚)나라의 영윤(令尹:재상)인 자원(子元)이 문부인(文夫人:초나라 문왕(文王)의 부인)을 유혹하려고 부인의 궁궐 곁에 저택을 짓고 그곳에서 만의 춤(은나라 탕왕이 시작했다는 춤)을 추게 했다. 문부인이 그 음악 소리를 듣고 울면서 말했다.

"돌아가신 왕께서는 군대를 훈련하시는 데 이 무악을 사용하셨다. 지금 영윤은 이것을 원수를 치는 데 사용하지 않고 이 미망인(未亡人)의 곁에서 하고 있다. 이 또한 이상하지 아니한가?"

先君以是舞也 習戎備也. 今令尹不尋諸仇讎 而於未亡人之側. 不亦異乎.

'미망인(未亡人)'이란 남편과 함께 죽어야 할 것을 아직 죽지 못하고 있는 사람이란 뜻으로, 과부가 스스로를 일컫는 말이다. ≪춘추좌씨전≫에는 위에 있는 예를 비롯하여 두세 개의 예가 더 있지만 어떤 것이나 과부가 스스로를 일컫는 말로 사용된다. 말의 뜻으로 보아 다른 사람을 일컫는 말로는 사용되지 않았던 것이다.

彌 縫
미   봉

꿰매어 맞춘다는 뜻으로, 위험이나 어려움을 일시적으로 모면한다는 말.

기울 **미** 꿰맬 **봉**

    주(周)나라 환왕(桓王) 13년, 왕은 정(鄭)나라를 정벌할 것을 결정했다. 이보다 앞서 환공이 정(鄭)나라의 장공(莊公)으로부터 조정의 위사(衛士)로서 권력을 뺏자, 여기에 화가 난 장공은 조공(朝貢)을 중지하고 있었다.

    환공은 이것을 명목으로 해가 솟아오르는 듯한 기세의 장공을 정벌하여, 쇠미해 가는 주 왕조(周王朝)의 권위를 다시 일으켜 보려는 속셈이었다.

    환왕의 명을 받고서 괵(虢)나라와 채(蔡)나라, 진(陳)나라, 위(衛)나라에서 군대를 내놓았다. 환왕은 스스로 출격하여 여러 군대를 이끌기로 되었다. 한편 정(鄭)나라의 장공도 일이 이쯤 되고 보니 앉아서 정벌을 당할 수만은 없는 노릇이었다. 전쟁 준비를 갖추고 왕의 군대를 맞이하여 공격하기로 했다.

    환왕은 중군에 진을 치고, 괵공(虢公) 임보(林父)가 우익군(右翼軍)을 맡아 채(蔡)나라와 위(衛)나라의 군대를 휘하에 두고, 주공(周公) 흑견(黑

肩)이 좌익군을 맡아 진(陳)나라 군대를 휘하에 두었다.

이에 대하여 정(鄭)나라 군대에서는 공자(公子) 원(元)이 좌익군이 되어 채(蔡)나라와 위(衛)나라의 군대를 맡고, 우익군이 진(陳)나라 군대를 맡게 하려고 장공에게 진언했다.

"진(陳)나라에는 내란이 있었으므로 사기가 떨어져 있습니다. 먼저 이 진(陳)나라 군대를 치면 반드시 도망칠 것입니다. 왕이 지휘하는 군대도 여기에 정신을 쏟게 되면 틀림없이 혼란이 일어날 것입니다. 이렇게 되면 채(蔡)나라와 위(衛)나라의 군대도 버티지 못하고 틀림없이 도망치게 됩니다. 이때 왕의 군대에 집중 공격을 감행하면 승리는 우리의 것이 될 것입니다."

장공은 이 의견을 채택했다.

그래서 만백(曼伯)이 우익군이 되고, 채중족(蔡仲足)이 좌익군이 되고, 원번(原繁)과 고거미(高渠彌)가 중군을 이끌어 장공을 모시고 어려지진(魚麗之陣:물고기가 늘어서는 것처럼 수레와 사람들이 늘어서는 진)을 썼다. 즉 전차부대(戰車部隊)를 앞세우고 보병이 여기에 뒤따르며 전차의 틈을 연결시키는 전법이었다.

曼伯爲右拒 蔡仲足爲左拒 原繁高渠彌以中軍奉公 爲魚麗之陣 先偏後伍 伍承渠彌縫.(≪춘추좌씨전≫ 환공(桓公) 5년)

이 싸움은 정(鄭)나라의 수갈(繻葛)에서 행해졌기 때문에 '수갈의 싸움'이라고 말하거니와, 공자 원(元)의 작전이 계획대로 들어맞아 정(鄭)나라 군대의 큰 승리로 끝났다.

장공은 추격해서 왕의 군대를 격멸하려는 축담(祝聃)을 억제시키면서,

"군자란 사람을 함부로 업신여겨서는 안 되는 법이다. 하물며 천자를 업신여겨서야 되겠는가? 나라가 무사하게 되면 그것으로도 좋은 것이다."

라고 말하고, 그날 밤 채중족을 사자로 보내 부상을 당한 환왕을 위문하는 여유를 보였다.

이 수갈의 싸움으로 주 왕실(周王室)의 권위는 결정적으로 하락하게 되었으며, 반대로 장공의 명성은 드날리고 천하에 중진을 이루었다. 장공이야말로 후에 패자(覇者)의 선구자가 되었던 것이다.

'미봉(彌縫)'의 '미(彌)'는 꿰맨다는 뜻이다. 결국 꿰매어 맞추는 일이다. '미봉책(彌縫策)'이라고 말하면 실패와 결점을 일시적인 눈가림으로 넘기는 방책이란 말이 된다.

尾生之信
미 생 지 신

미생의 믿음. 우직하게 약속을 지키지만 융통성이 없다는 뜻.

꼬리 **미** 날 **생** 어조사 **지** 믿을 **신**

'미생지신(尾生之信)'이란 말은 신의가 두터운 것을 비유로 쓰기도 하고, 또 우직한 것을 말하기도 한다.

미생(尾生)은 믿음으로써 여자와 더불어 다리 아래에서 만나기로 기약하였으나 여자가 오지 않자 물이 밀려와도 떠나지 않아 기둥을 끌어안고서 죽었다.

信如尾生 與女子期於梁下 女子不來 水至不去 抱柱而死.(≪사기≫ 소진열전(蘇秦列傳))

이 말은 전국시대에 소진(蘇秦)이 연(燕)나라 왕에게 말하는 중에 사용한 이야기이다.

미생(尾生)의 이름은 고(高)이며 노(魯)나라 사람으로서, ≪논어≫에 나오는 미생고(微生高)와 같은 인물이라고 일러진다.

이 이야기는 당시에 이미 널리 알려졌던 것으로 ≪전국책≫과 ≪장자≫, ≪회남자≫에도 기록되어 있다. ≪전국책≫ 연책(燕策)에는 '믿는 것이 미생고(尾生高)와 같다면 사람을 속이지 않음에 불과할 뿐.'이라고 기록되어 있으며, ≪장자≫ 도척편(盜跖篇)에는 '믿음은 근심이다.'라고 기록되어 있고, ≪회남자≫ 설림훈편(說林訓篇)에는 '미생(尾生)의 믿음은 소를 따라가는 거짓만도 못하다.'라고 실려 있다.

'소를 따라가는 거짓'이란 정(鄭)나라 상인 현고(弦高)가 서쪽으로 소를 팔러 가는 도중에 진(秦)나라 군대를 만나 위태롭게 되자 정백(鄭伯)의 명령이라고 거짓말을 하고 소 12마리를 주어 진(秦)나라 군대를 후퇴시켰다는 고사(故事)로, 이 이야기는 ≪춘추좌씨전≫ 희공(僖公) 33년 항목에 실려 있다.

未 然 防
미 연 방

일이 잘못되기 전에 미리 막는다는 뜻으로, 멀리 앞을 내다보고 사전에 대비한다는 뜻.

아직 **미** 그러할 **연** 막을 **방**

육사형(陸士衡, 216~303)은 오(吳)나라 사람으로, 젊어서부터 재주가 있었고 뛰어난 문장으로 명성을 얻었다. 오(吳)나라가 멸망하자 문을 닫고 10년 동안 독서를 하여 〈변망론(辯亡論)〉 두 편을 지었다.

그는 태강(太康) 말년에 동생인 육운(陸雲)과 함께 낙양으로 가서 오(吳)나라를 정벌한 두 준재(俊才)가 되었다고 일러지며, 가필(賈謐)이 주재하는 문학 집단에 들어가 이십사우(二十四友) 중 두 사람이 되었다.

《문선》에 수록된 그의 〈악부십칠수(樂府十七首)〉 가운데 오언(五言)으로 된 〈군자행(君子行)〉이 있다. 이것은 한대(漢代)의 고사(古辭)인 악부사수(樂府四首) 중 〈군자행〉에 나오는 '군자는 미연(未然)에 막고, 혐의 사이에 몸을 두지 않는다.'에서 취하여 군자가 자중해야 할 것을 서술한 것이다. 그 끝 구절에,

"정에 가깝기 때문에 스스로를 믿는 것에 괴로워하고, 군자는 미연에 막는다.(소인은 정에 이끌려 자신을 믿는 데 괴로워하고, 군자는 멀리 앞을 생각하여 사전에 막기 때문에 복을 받는다.)"
라고 있다. '미연에 막는다.'라는 말은 일이 그렇게 되기 전에 막는다는 뜻이다.

바

槃根錯節
반 근 착 절

구부러진 뿌리와 뒤틀린 마디라는 뜻으로, 해결하기 어려운 일로 몹시 고통을 받는다는 뜻.

서릴 **반** 뿌리 **근** 섞일 **착** 마디 **절**

우후(虞詡)는 후한(後漢) 안제(安帝) 때 사람이다. 어릴 때 부모를 잃었지만 갸륵한 효도로 할머니를 모신 사람이다. 또 수재인 그는 12살 때 이미 ≪상서≫에 정통해 있었다. 그리하여 그를 찬양하는 사람이 천거하여 관리를 삼으려 했지만 자기 이외에는 늙은 할머니를 봉양할 사람이 없다고 하여 사퇴했다.

그 뒤에 할머니가 돌아가시자 태위(太尉)인 이수(李修)가 그를 낭중(郎中)에 천거했다.

영초(永初) 4년에 강족(羌族)과 흉노족(匈奴族)의 군대가 병주(并州)와 양주(涼州)를 침략했다. 이때 대장군인 등질(鄧騭)은 공경대신들과 회의를 열어, 국가의 비용이 늘어나니 양주를 포기하고 북쪽 변방을 지키는 것이 가장 좋은 책략이라고 주장했다. 공경대신들은 등질의 의견에 모두 찬성했다. 등질은 안제의 모태후(母太后) 오빠로서 외척의 권세를 마음대로 휘둘렀던 것이다.

이 말을 들은 우후는 이수에게 반대 의견을 말했다. 이수는 그 의견을 받아들여 공경대신들을 설득해 등질의 주장을 뒤엎었다. 이 일로 등질은 우후를 미워했다.

우연히 이해에 조가현(朝歌縣)에 수천 명의 폭도가 일어나 맹위를 떨치고 군의 장관과 경비병들을 살해했다. 그러자 등질은 갑자기 우후를 조가현 장관으로 임명했다. 물론 양주의 사건을 보복하기 위한 것이었다.

친구들이 그의 불운을 위로하기 위하여 모이자, 우후는 웃으면서 말했다.

"뜻은 편안함을 구하지 않고, 일은 어려움을 피하지 않는 것이 신하된 사람의 직분이다. 구부러진 뿌리와 뒤틀린 마디를 만나지 않는다면 어찌 날카로운 칼날을 발휘할 수 있겠는가?"

志不求易 事不避難 臣之職也. 不遇盤根錯節 何以別利器乎.

조가현에 부임한 우후는 지혜와 용기를 짜내어 폭도들을 평정했다. 그리고 그 뒤에도 외척이나 환관들을 비롯하여 모든 방해하는 힘에 거슬러 통하였다.

이 이야기는 《후한서》 우후전(虞詡傳)에 실려 있다. '반근착절(盤根錯節)'이란 몹시 어려움을 겪는 것을 말한다.

伴食宰相
반 식 재 상

곁에서 재상과 함께 밥을 먹는다. 무능한 사람이 유능한 사람 옆에 붙어서 자리만 차지하고 있다는 뜻.

짝 **반** 먹을 **식** 재상 **재** 정승 **상**

당(唐)나라의 중종(中宗) 경룡(景龍) 4년, 26세인 임치왕(臨淄王) 이융기(李隆基)는 황후인 위씨(韋氏)가 측천무후(則天武后)를 본받아 찬탈을 기획하여, 중종을 독살하고 온왕(溫王) 이중무(李重茂)를 세운 데 반대하여, 군대를 일으켜 위씨 일파를 쓰러뜨리고 일찍이 측천무후 때문에 왕위에서 쫓겨난 왕의 아버지 예종(睿宗)을 복위시켰다.

이로부터 2년 뒤에 예종으로부터 왕위를 물려받은 이융기, 즉 현종(玄宗)은 다음해에 예종 복위에 공헌한 세력을 확장해 정권 탈취의 음모를 꾸미고 있던 태평공주(太平公主:측천무후의 딸)와 그 일당을 숙청한 뒤, 연호를 개원(開元)으로 고쳤다. 개원이란 만사의 시작을 뜻하는 말이다.

29세의 청년 황제 현종은 사치를 금지시키고 부역을 피하려 승적(僧籍)을 취득했던 사람들을 환속(還俗)시키고 관리들을 정리하는 등 차례차례로 혁신적인 정책을 수립하며, 대외적으로는 변방에 10명의 절도사(節度使)를 배치하여 이민족의 침입에 대비했다.

현종을 보좌하여 이 '개원지치(開元之治)'를 실현시켜 기초를 견고하게 한 사람은 늙은 신하인 요숭(姚崇)과 송경(宋璟)이었다.

송경이 요숭을 대신하여 재상이 된 것은 개원 4년이었는데 그전 1년 동안 자미령(紫微令)의 요숭과 함께 재상직에 있었던 것은 노회신(盧懷愼)이었다.

노회신은 원래 조심성이 많고 청렴결백하며 검약을 좋아하는 사람이었다. 그는 재상직에 있으면서도 재산을 만들 생각은 하지 않고 천자에게서 받은 녹봉을 아는 사람이나 친척들에게 아낌없이 나누어 주었다. 이로 인하여 처자들은 헐벗고 굶주리는 형편이었으며, 병으로 재상직을 물러난 뒤에도 그의 집은 비바람이 칠 때마다 자리를 들고 막아야 할 정도였다.

그가 요숭과 함께 재상직에 있을 때, 요숭이 10여 일 휴가를 취한 적이 있었다. 그동안 노회신 혼자서 정사를 보았는데 도저히 처리할 수 없어 현안 문제가 산처럼 쌓였다. 그런데 요숭이 나와 그 일들을 결재한 후 심복의 시종인 제한(齊澣)을 돌아보며 물었다.

"어떤가? 나는 재상으로서 합격인가?"

"정말로 세상을 구원하는 재상이라 하겠습니다."

이 이후로 노회신은 자기의 재능이 요숭에게 미치지 못한다는 것을 자각하고, 무슨 일이나 요숭을 앞세우고 자기는 한 걸음 뒤로 물러섰다. 그리하여 당시 사람들이 노회신을 '반식재상(伴食宰相)'이라고 불렀다.

姚崇嘗謁告十餘日 政事委積. 懷愼不能決. 崇出 須臾裁決盡. 顧謂齊澣 曰 我爲相如何. 澣曰 可謂救時之相. 懷愼知才不及 每事推崇. 時謂之伴食 宰相.(≪십팔사략≫ 당현종(唐玄宗) 3년)

'반식재상(伴食宰相)'이란 재능도 없으면서 유능한 재상 옆에 붙어 정사를 처리하는 재상을 말한다.

원래 노회신은 무능한 사람이 전혀 아니었다. 회신이 동암에 있을 때 이미 평범하지 않아 아버지의 친구인 감찰어사 한사언(韓思彦)이 감탄하며 말했다.

"이 아이의 기량(器量)은 보통사람이 아니다."

≪당서(唐書)≫ 노회신전(盧懷愼傳)에 기록되어 있는 것처럼 그는 준재(俊才)였던 것이다.

拔本塞源
발 본 색 원

나무의 뿌리를 뽑아 제거하고 물길을 차단한다. 일을 바르게 처리하기 위해 폐단을 없앤다는 뜻.

뺄 **발** 근본 **본** 막을 **색** 근원 **원**

'발본색원(拔本塞源)' 이란 '나무의 뿌리를 뽑아 제거하고 물의 근원을 틀어막음' 을 말한다. 즉 사물의 근원에서 선뜻 처치한다는 뜻이다.

이 말은 ≪춘추좌씨전≫ 소공(昭公) 9년 조항에 보이는 주왕(周王)의 말에서 나온 것이다.

나에게 큰아버지가 계신 것은 마치 의복에 갓과 면류관이 있고, 나무와 물에 근원이 있고, 백성들에게 지혜로운 임금이 있는 것과 같다.

큰아버지께서 만일 갓을 짜개고 면류관을 부수고 근본을 뽑아 근원을 틀어막고(拔本塞源), 오로지 지혜로운 임금을 버리신다면 비록 오랑캐라 할지라도 그 남음이 어찌 한 사람에 있으리오.

我在伯父 猶衣服之有冠冕 木水之有本源 民人之有謀主. 伯父若裂冠毁 冕 拔本塞源 專棄謀主 雖戎狄其何有餘一人.

여기에서는 이보다 새로운 출전(出典)으로서, 명(明)나라 시대의 철학자 왕양명(王陽明)의 〈발본색원론(拔本塞源論)〉을 소개해 두겠다.

왕양명의 대표적인 저술에 제자들의 손으로 수집된 학문을 논한 어록(語錄)과 서한문으로 된 ≪전습록(傳習錄)≫ 3권이 있는데 〈발본색원론〉은 그 중권 처음에 실린 장편의 논문으로, 사상적으로 원숙한 시기인 왕양명의 나이 55세 때 쓰인 작품이다.

왕양명은 그 첫머리에서 이렇게 기술하고 있다.

'이 발본색원론이 천하에 밝혀지지 않는다면 곧 천하의 성인을 흉내내는 사람들이 날로 번성하고 세상이 날로 어려움을 당하여, 이들로 인해 사람들이 금수나 오랑캐와 다름없이 되어 스스로 성인의 학문을 이루려 하지 않을 것이다.'

이어서 그는 이상 사회의 전형적인 모습을 요임금 · 순임금 · 우임금 등의 전설적인 성인과 천자에 의해 대표되는 중국 고대사회에서 구하여, 그 통일 원리를 소위 '성인의 마음'에서 찾아내려 했다. 즉 '성인의 마음'이란 천지만물을 일체로 보는 인애(仁愛)의 정신이며, 그들이 안과 밖의 원근 간격 없이 살려는 삶에 대하여 자기의 형제나 자식들을 대하는 것처럼 애정을 쏟아 그들을 편안하게 교육하는 것을 이념으로 삼고 있었다.

물론 보통사람들의 마음도 원래는 성인과 결코 다른 것이 없지만 그들의 경우에는 자기 중심적인 사사로운 정과 물욕의 장애로 말미암아 광대해야 할 마음이 움츠러들어, 다른 사람들과 서로 통하는 마음이 막히고 각자가 사사로운 마음을 품게 되어 드디어는 부모와 자식과 형제들을 원수처럼 생각하는 사람까지 나오게 되었다.

즉 이 글을 읽으면 왕양명의 소위 '발본색원'을 논하는 것이 그가 평소에 제창하는 '하늘의 이치를 지니고 사람들은 욕심을 버리라.'는 취지와 같게 되어, 사사로운 탐욕은 근본부터 뽑아버리고 그 근원을 틀어막음에 있다는 것을 알 수 있다.

跋扈
발　호

통발을 뛰어넘는다. 아랫사람이 윗사람을 우습게 보고 제멋대로 하극상을 저지른다는 뜻.

뛰어넘을 **발** 뒤따를 **호**

후한(後漢)은 외척과 환관 때문에 멸망했다고 하는데, 외척 중에서 가장 폐해를 끼친 사람은 10대 순제(順帝)의 황후의 형 양기(梁冀)로서, 3대 20년간에 걸쳐 실권을 장악하고서 상당한 지위에 있는 신하들에게 횡포를 부렸다.

순제가 죽자 두 살짜리 조카를 충제(沖帝)에 즉위시켰으며 그가 세 살에 죽자 여덟 살짜리를 9대 질제(質帝)에 즉위시켰다. 질제는 어릴 때부

터 총명하여 어린 마음에도 양기의 횡포와 교만한 행동이 눈에 거슬리는
바가 있었다.

어느 날 여러 신하들을 배알한 자리에서 질제는 양기에게 눈을 멈추고,

"이는 발호 장군(跋扈將軍)이로군."

하고 말했다. 양기는 이 말을 듣고 질제를 몹시 미워하여 측근자에게
명하여 짐새의 독(독이 있는 짐새의 날개를 술에 담그면 독주가 된다고
함)을 떡에 넣어 질제를 죽였다. 질제는 즉위했던 당시 나이인 여덟 살에
죽었다.(≪후한서≫ 양기전(梁冀傳))

'발호(跋扈)'의 '발(跋)'은 뛰어넘는다는 뜻이고, '호(扈)'는 대나무로
엮은 통발을 말한다. 작은 물고기들은 통발에 남지만 큰 물고기들은 그
것을 뛰어넘어 도망쳐 버리므로 '마음대로 행동하는 것'을 '발호(跋扈)'
라고 한다. 여기에서는 신하가 마음대로 권위를 휘둘러 윗사람을 침범하
는 것을 말하였다.

수(隋)나라 양제(煬帝)가 배 위에서 폭풍을 만나 당황하여 '이 바람은
발호장군이라고 이를 만하다.'고 한 말에서 '장군' 두 글자를 붙여 폭풍
을 뜻하기도 한다.

傍若無人
방 약 무 인

곁에 사람이 없는 것처럼 여긴다는 뜻으로, 주변에 있는 다른 사람을 아무 거리낌 없이 제멋대로 행동한다는 뜻.

곁 **방** 같을 **약** 없을 **무** 사람 **인**

B.C. 44년 시저의 암살보다 더 거슬러 올라간 육백여 년 전, 중국에서는 '선비는 자기를 알아주는 사람을 위하여 죽는다.'고 하여 자객(刺客)들이 여러 방면으로 활약하였다.

사마천(司馬遷)의 ≪사기≫ 자객열전(刺客列傳)에 등장하는 한 사람인 전국시대 말기의 형가(荊軻)는 위(衛)나라 사람으로 칼을 좋아하고 글을 좋아했으며 또한 술을 좋아했다.

그는 위(衛)나라에서 등용되지 않아 여러 나라를 두루 돌아다니다가 연(燕)나라로 가서 처사(處土)인 전광(田光)을 알게 되었다. 전광은 형가의 비범함을 꿰뚫어 보았던 것이다. 형가는 침착하고 생각이 깊어 돌아다닌 나라에서 현인 호걸들과 덕 있는 사람들을 사귀었다.

연(燕)나라로 간 그는 개를 잡는 사람들과 거리에서 술을 마셨으며 축(筑:대나무로 만든 거문고 비슷한 악기)의 명수인 고점리(高漸離)를 몹시 좋아했다. 술에 취하면 고점리가 축을 연주하고 형가는 노래로 화답하여 즐기며 이윽고는 서로 붙잡고 울어 가까이 사람이 없는 듯하였다.

그가 진(秦)나라 왕 정(政:뒤의 진시황)을 암살하려고 한 것은 얼마 뒤의 일이다. 형가는 진(秦)나라로부터 치욕을 받은 연(燕)나라 태자 단(丹)

의 청탁을 받고, 진왕(秦王) 정(政)을 암살하기 위하여 진(秦)나라로 떠나게 되었다. 이 암살 계획에는 이미 전광(田光)과 번어기(樊於期)의 죽음을 걸고 있었다.

형가가 출발하는 날, 태자와 빈객들은 상복을 입고 역수(易水) 물가에서 전송했다. 형가와 친한 고점리가 축을 연주하고 형가는 이에 화답하여 비장한 목소리로 노래를 불렀다.

바람은 쓸쓸하고 역수는 찬데
장사 한번 가면 다시 돌아오지 않는다.

風蕭蕭兮易水寒
壯士一去復不還

사람들은 그 노래를 듣고 눈물을 흘렸으며, 또 포악한 진(秦)나라를 증오하여 눈물로 분노를 나타냈다.

진(秦)나라로 들어간 형가는 진왕이 요구하는 번어기의 머리와 연(燕)나라 옥토의 지도를 가지고 진왕을 배알한 후, 지도에 감추었던 비수로 찔렀지만 진왕의 두꺼운 예복을 뚫었을 뿐 암살은 실패로 돌아갔다.

형가는 기둥에 기댄 채로 웃으면서 다리를 내던지고,

"내가 실패한 원인은 진왕을 살려 두고서 연(燕)나라 땅을 반환 받는 것을 태자 단(丹)에게 보고하고 싶었기 때문이다."

이렇게 꾸짖고 나서 진왕의 측근자에게 죽임을 당했다.

杯盤狼藉
배 반 낭 자

술잔과 그릇이 어지럽게 널려 있다는 뜻으로, 계획했던 일이 생각대로 되지 않고 잘못된 결과로 된다는 말.

잔 **배** 소반 **반** 어지러울 **낭** 어지러울 **자**

'배반(杯盤)'은 술잔과 그릇들이고 '낭자(狼藉)'는 어지러이 흩어진 모양이다. 이 말은 ≪사기≫의 골계열전(骨稽列傳) 순우곤전(淳于髡傳)에 실려 있는 말이다. 순우곤은 우스갯소리로 임금에게 간한 것으로 유명하다.

제(齊)나라 위왕(威王) 8년, 초(楚)나라가 대군을 이끌고 제(齊)나라를 공격했다. 위왕은 선물로 황금 백 근과 네 마리가 끄는 마차 10쌍을 준비하여 순우곤을 조(趙)나라에 보내 구원군을 청하게 했다. 그러자 순우곤은 하늘을 우러르고 갓의 끈이 끊어질 정도로 크게 웃었다. 왕이 물었다.

"선생은 이것이 적다고 생각하는가?"

"천만의 말씀입니다."

"그렇지만 웃는 데에는 이유가 있지 않겠는가?"

"실은 제가 여기로 오는 도중에 풍년을 빌고 있는 사람을 보았습니다. 돼지의 발톱 한 개와 술 한 잔을 갖추고 '좁은 밭에서는 바구니로 가득, 낮은 밭에서는 수레로 가득, 오곡이 잘 익어 집안에 가득하게 해 주소서.' 하며 빌었는데 차려 놓은 제물에 비하여 그 소원이 너무 커서 웃은 것입니다."

제왕(齊王)은 선물로 다시 황금 천 일(鎰), 흰 구슬 열 쌍, 사두마차 백 쌍으로 했다. 조(趙)나라 왕이 정병(精兵) 십만, 전차 천 대를 빌려 주었다. 이 정보가 전해지자 초(楚)나라 군대는 어두운 밤을 틈타 철수해 버렸다.

위왕은 크게 기뻐하며 후궁에서 주연을 베풀어 순우곤을 불렀다. 그 자리에서 왕이 물었다.

"선생은 어느 정도 마시면 취하는가?"

"한 말에도 취하고 한 섬에도 취합니다."

"한 말에 취하는 사람이 한 섬을 마실 수는 없다. 그것은 무슨 뜻인가?"

"왕 앞에서 술을 마시면 사법관들이 옆에 있고 검찰관들이 뒤에 버티고 있으니 그 가운데서 두려워하며 마시면 한 말도 마시기 전에 취해 버립니다.

또 친척집에 큰일이 있어 손님들을 접대할 때 황공하여 술을 받아먹거나 일어서서 장수를 빌면서 마시면 두 말도 마시기 전에 완전히 취해 버립니다.

그런데 친구와 오랫만에 만나서 이야기를 주고받으며 마시면 대여섯 말에 취해 버리고 맙니다.

또한 같은 고장 사람들과 만나 남자와 여자들이 뒤섞여 앉아 술잔을 주고받으며 놀이를 하거나 내기를 하면서 술을 마실 때, 저기에는 귀걸이가 떨어지고 여기에는 비녀가 떨어지게 되면 마음속으로 은근히 기뻐해 여덟 말쯤 마시면 취해 버립니다."

순우곤은 다시 계속해서 말했다.

"해가 넘어가고 술도 거의 떨어지게 되면 술통을 모으고 자리를 함께

하는데, 신발은 뒤섞이고 술잔과 그릇들이 어지러이 흩어져, 당 위의 촛불을 끄고 주인이 손님을 보내되 저만 머물게 하니 비단 적삼 옷깃이 풀어지고 희미하게 향내가 풍겨옵니다. 이런 때를 당하면 저는 마음이 가장 기뻐 능히 한 섬을 마십니다. 그러므로 '술이 지극하면 어지러워지고, 즐거움이 지극하면 슬퍼진다.'고 하는 것입니다. 만사는 다 그와 같습니다."

日暮酒闌 合尊促坐 男女同席 履舃交錯 杯盤狼藉 堂上燭滅 主人留髡而送客 羅襦襟解 微聞薌澤. 當此之時 髡心最歡 能飮一石. 故曰 酒極則亂 樂極則悲 萬事盡然.

이 말은 사물을 극진히 하면 곧 쇠퇴함을 풍자로 간한 것이다. 위왕은 이 말을 듣고 그후로는 밤새워 연회하는 것을 중지하였으며, 순우곤을 제후의 접대자로 삼고 왕의 연회에도 항상 순우곤을 곁에 있게 했다고 한다.

背水之陣
배 수 지 진

물을 등지고 진을 친다. 물러설 곳이 없어 결사적으로 싸움에 임한다는 뜻.

등질 **배** 물 **수** 어조사 **지** 진칠 **진**

한(漢)나라 2년, 팽성(彭城)에서 초(楚)나라 군대에게 패하자 여러 나라들은 점차로 한(漢)나라를 떠나 초(楚)나라를 가까이했다. 우선 제(齊)나라와 조(趙)나라가 초(楚)나라와 화해하려는 움직임을 보이고 위(魏)나라가 이에 뒤따랐다.

한(漢)나라 왕 유방(劉邦)은 한신(韓信)에게 명하여 이들 나라들을 치게 했다. 한신이 위(魏)나라를 진정시키고 나서 조(趙)나라 정벌에 나섰다. 그런데 조(趙)나라를 공격하려면 정경(井陘)의 좁은 길을 빠져나가야만 했다.

조(趙)나라에서는 이십만의 병력을 정경에 집결시켰다. 조수일(趙隨一)이란 명장이 있고, 광무군(廣武君) 이좌거(李左車)가 함안군(咸安君) 진여(陳餘)를 설득했다.

"승세를 탄 한신의 군대는 그 세력이 만만치 않습니다. 그러나 군대의 식량을 천 리나 되는 본국에서 실어와야 하므로 여기에 적군의 약점이 있습니다. 그런데 정경의 길은 좁아 수레나 말이 나란히 늘어서서 지나갈 수 없기 때문에 대열은 길게 뻗게 되어 식량을 운반하는 치중부대(輜重部隊)는 저 뒤쪽에 처지게 됩니다.

나는 기습부대 삼만을 이끌고 사잇길에서 한(漢)나라 군대의 치중부대를 끊어 놓을 것입니다. 당신은 진을 굳게 지키고 적군과 싸우지 않도록 해 주십시오. 그러면 적군은 진격해도 싸울 수 없고 후퇴하려 해도 길이 끊기며, 식량이 도착하지 않아 자멸해 버릴 것입니다. 열흘 안에 한신의 목을 잘라 보이겠습니다."

그러나 함안군은 선비라 '정의의 군대'를 호칭하고, 기계(奇計)를 사도(邪道)라 하여 광무군의 설득을 물리쳤다.

"한신의 군대는 수만이라고 하지만 실제는 수천에 불과하다. 그 군대는 천 리의 먼 길을 와서 이미 지쳐 있다. 그와 같은 적조차 피하여 싸우지 않는다면 뒤에 대군이 공격해 들어왔을 때는 어떻게 할 것인가? 그렇게 되면 제후를 비겁한 사람이라고 생각하여 마음 편히 공격해 들어오게 될 것이다."

비밀히 보낸 밀사에게서 이 소식을 들은 한신은 크게 기뻐하며 군대를 이끌고 정경의 좁은 길을 내려갔다. 그리하여 정경에서 30리 떨어진 곳에서 야영을 했다. 그날 밤 전부대에게 작전을 지시했다. 우선 경기병 이천을 골라 그들에게 빨간 기를 들게 하여 사잇길로 가서 산에 숨어 조(趙)나라 성을 엿보도록 명령했다.

"우리 본부대는 후퇴를 한다. 그것을 보면 적군은 성을 비우고 추격해 올 것이다. 그러면 제군들은 재빨리 조(趙)나라의 성으로 들어가 조(趙)나라의 기를 뽑고 한(漢)나라의 빨간 기를 꽂아야 한다."

그리고 부장(副將)에게 가벼운 식사를 명하며,

"오늘 조(趙)나라를 격파하고 회식을 하자."

고 모든 장군에게 전하였다. 여러 장군은 '네, 알겠습니다.' 하고 대답은 했지만 누구 하나 진심으로 받아들이지 않고 있었다. 그런데도 불구하고 한신은 군리(軍吏)에게 말했다.

"조(趙)나라 군대는 유리한 지세를 차지하여 성에 의지하고 있으므로 싸움은 서둘지 않을 것이다. 그리고 적군은 우리 군대 대장의 기와 북을 보기 전에는 공격해 오지 않을 것이다."

이리하여 한신은 일만의 군대로 하여금 먼저 가게 하고 정경의 입구에서 나와 강을 등지고 진을 치게 했다. 이것을 바라본 조(趙)나라 군대는 병법을 모르는 자라고 크게 비웃었다.

信乃使萬人先行 出背水陳. 趙軍望見而大笑.(≪사기≫ 회음후열전(淮

陰侯列傳))

날이 밝자 한신은 대장의 기를 앞세우고 정경의 입구에서 나왔다. 조(趙)나라 군대는 성문을 열고 이를 공격하여 잠시 격전을 전개하였지만 한신의 군대는 패배를 가장하여 기를 버리고 후퇴하여 강가에 있는 군대와 합류했다. 이것을 본 조(趙)나라 군대는 성을 비우고 한신의 군대를 추격했다. 그러나 한신의 군대가 있는 힘을 다해 싸웠기 때문에 격파할 수 없었다.

이 사이에 한신이 산간에 매복시켜 놓았던 이천의 경기병이 조(趙)나라의 성으로 들어가 조(趙)나라 기를 뽑고 한(漢)나라 기를 세웠다. 조(趙)나라 군대가 한신의 군대를 격파하지 못하고 성으로 돌아가려 하니 한(漢)나라의 빨간 기들이 줄 지어 늘어서 있었다.

정도를 잃고 당황하고 있을 때 한(漢)나라 군대가 반격을 가해 오자 단번에 무너져 함안군(咸安君) 진여(陳餘)는 잘리어 죽고 조(趙)나라 왕 헐(歇)은 포로가 되었다.

한신은 이좌거를 죽여서는 안 되며 포로로 잡는 사람에게는 천금의 상을 주겠다고 포고했다. 이윽고 이좌거가 포로로 잡혀 왔다. 경계를 푼 한신은 이좌거를 동쪽으로 향하여 앉히고 자기는 서쪽을 향하여 이좌거를 스승으로서 대우했다.

장군들이 승전의 축하를 한 다음 한신에게 물었다.

"병법에는 '산의 언덕을 오른쪽으로 등지고, 강물을 앞의 왼쪽으로 한다.'고 있는데 장군께서는 우리들에게, '강물을 등지고 진을 쳐서 조(趙)나라를 격파하고 회식을 하자.'고 말씀하셨습니다. 우리들로서는 수긍이 가지 않았지만 싸움에서 이겼습니다. 이것은 무슨 전법입니까?"

한신이 대답했다.

"병법에 있지만 여러 장군들이 깨닫지 못하였을 뿐이다. 병법에 '군대를 죽음의 땅에 빠뜨려야 사는 길이 있다. 군대를 반드시 패망할 땅에 빠뜨림으로써 살아날 길이 있는 것이다.'라고 말하지 않았는가? 더구나 나는 장군의 자격이 충분하지 못하다. 즉 오합지중(烏合之衆)을 이끌고 싸워야 했던 것이다. 그러려면 군대를 사지에 몰아넣어 필사적으로 싸우게 할 수밖에 없었던 것이다."

여러 장군들은 모두 탄복했다. 이것이 바로 한신의 '背水之陣'의 전법인 것이다.

한신은 이좌거에게 물었다.

"저는 지금부터 북쪽의 연(燕)나라를 공격하고 동쪽의 제(齊)나라를 정벌하려 하는데 어떻게 하면 성공할 수 있겠습니까?"

그러자 이좌거는 물러나서 말했다.

"나는 '싸움에 패한 장군은 무용(武勇)에 대해 말할 것이 못 된다. 나라를 멸망시킨 대신은 국가를 보전하는 방책을 말하지 않는다.'고 들었습니다. 지금 나는 싸움에 지고 나라를 멸망시킨 포로입니다. 어찌 큰일을 도모할 자격이 있겠습니까?"

廣武君辭謝曰 臣聞 敗軍之將 不可以言勇 亡國之大夫 不可以圖存. 今臣敗亡之虜. 何足以權大事乎.(≪사기≫ 회음후열전(淮陰侯列傳))

이것이 소위 '싸움에 진 장군은 군대를 말하지 않는다.'란 것이다. 이좌거는 사양했지만 한신은 그래도 단념하지 않았다.

"요컨대 현인(賢人)의 의견에 따르느냐 따르지 않느냐 하는 문제입니다. 옛날에 백리해(百里奚)라는 현인이 있었는데 우(虞)나라는 그를 등용하지 못했기 때문에 멸망했고, 진(秦)나라는 백리해를 등용했기 때문에 패자(覇者)가 되었다고 들었습니다.

이번 싸움에서도 함안군(咸安君)이 선생님의 작전을 채용했더라면 내가 선생님의 포로가 되었을 것입니다. 나는 전적으로 선생님을 믿고 그 책략에 따를 작정입니다. 제발 염려하지 마십시오."

이리하여 광무군 이좌거가 말했다.

"나는 '지혜 있는 사람이라도 천 가지 생각에는 반드시 한 가지 실패가 있으며, 어리석은 사람이라도 천 가지 생각에는 반드시 한 가지 이득이 있다.'고 들었습니다. 그러므로 '미친 사나이의 말도 성인이 이를 선택한다.'라고 일러지고 있습니다. 돌아보건대 내 계획이 반드시 만족할 만한 것은 아니지만 원컨대 어리석은 충성을 다하겠다고 약속합니다."

臣聞 智者千慮必有一失 愚者千慮必有一得. 故曰 狂夫之言 聖人擇焉. 顧恐臣計未必足用 願效愚忠. (≪사기≫ 회음후열전(淮陰侯列傳))

이렇게 말한 다음, 이좌거는 계략을 말했다.

그것은 지금 한신의 지쳐 있는 군대로는 무력으로 연(燕)나라와 제(齊)나라를 정복하려 해도 실패로 끝날 것임에 틀림이 없다. 그보다는 군대를 쉬게 한 다음 점령한 땅의 정치에 힘쓰고, 연(燕)나라에 유세가를 보내어 한(漢)나라 군대에 유리하도록 설득하면 반드시 따라올 것이다. 그리고 마찬가지로 유세가를 제(齊)나라로 보내어 설득하면 반드시 복종할 것임에 틀림이 없다는 것이었다.

한신은 이 계략을 사용하여 연(燕)나라에게 항복을 받고 또 제(齊)나라도 평정하게 된다.

여기에서 말하는 '지혜 있는 사람도 천 가지 생각에 반드시 한 가지 실패가 있다(智者千慮必有一失).'라는 말은 '어리석은 사람도 천 가지 생각에 반드시 한 가지 이득이 있다(愚者千慮必有一得).'라는 말과 짝을 이루는 말이다.

杯中蛇影
배 중 사 영

술잔 속의 뱀 그림자. 아무 일도 아닌 것에 지나치게 근심을 한다는 뜻.

잔 **배** 가운데 **중** 뱀 **사** 그림자 **영**

'배중사영(杯中蛇影)'이란 후한(後漢) 말기의 학자 응소(應邵)가 저술한 ≪풍속통(風俗通)≫에 나오는 고사성어이다.

응소는 영제(靈帝) 초년에 숙현(蕭縣)의 현령이 된 것을 시작으로 이후 주로 군사 관계의 관리를 역임하여 '황건적(黃巾賊)의 난'에서는 큰 공을 세웠거니와, 한편으로 고전(古典)에도 정통하여 ≪한서≫의 주를 달기도 했다.

그가 지은 ≪풍속통≫은 후한 말기의 혼란한 가운데 여러 가지 사물에 대한 그릇된 해석이나 미신이 정착되어 버릴 것을 근심하여 저술한 것이다. ≪풍속통≫이 왕충(王充, 27~96)의 ≪논형(論衡)≫과 아울러 사상적으로 높이 평가되는 까닭은 다음의 단편적인 이야기를 보아서도 충분히 수긍이 간다.

세상에는 해괴한 것을 보고 놀라 자기 스스로 병이 되는 사람이 많다. 나의 조부이신 응빈(應彬)께서 급현(汲縣) 현령이 되셨을 때의 일이다. 하지(夏至) 날에 주부(主簿)인 두선(杜宣)이 찾아 뵙자 술을 주셨다. 방의 북쪽 벽에 붉은 활이 걸려 있었는데 그것이 술잔에 비추어 마치 뱀의 형상을 하고 있었다. 두선은 움찔했지만 상사 앞이라 억지로 술을 마셨다.

그러나 그날 가슴과 배가 몹시 아파 음식이 목구멍을 넘어가지 않고 설사를 했다. 이후 백방으로 치료를 했지만 잘 낫지 않았다. 후에 조부께서 두선의 집에 들러 그것을 보시고 변고를 물으셨다. 그러자 그가 이렇게 말했다.

"뱀이 두렵습니다. 뱀이 뱃속으로 들어간 것입니다."

조부께서는 돌아오셔서 두선에게 들은 말을 잠시 생각하시다가 벽에 걸려 있는 활을 돌아보시고,

"이것 때문임에 틀림이 없다."

하시고 하급 관리에게 공용(公用)의 표시로 방울을 주시고 두선을 가마에 태워 조용히 실어오게 하셨다. 그리고 자리를 베풀고 술을 따라 전과 같이 뱀의 그림자를 뜨게 하신 다음, 그에게 말씀하셨다.

"보아라, 이것은 벽에 걸린 활이 비친 것이다. 달리 괴이하게 생각할 것이 없느니라."

드디어 두선의 고민이 풀려 몹시 기뻐하며 병이 곧 나았다.

世間多有怪驚怖以自傷者.

予之祖父彬爲汲令. 以夏至日 謁見主簿杜宣賜酒. 時北壁上有懸赤弩照於杯 形如蛇. 宣畏惡之 然不敢不飮 其日便得胸腹痛切 妨損飮食丈用羸露 攻治萬端 不爲愈. 後彬因事 過至宣家闖視 問其變故. 云 畏此蛇 蛇入腹中. 彬還 聽事 思惟良久 顧見懸弩 必是也. 則使門下吏將鈴下侍 徐扶輦載

宣 放故處設酒 杯中故復有蛇. 因謂宣 此壁上弩影耳 非有他怪. 宣遂解 甚
夷懌 繇是瘳平.

이 응빈의 고사와 똑같은 이야기가 진(晋)나라 악광(樂廣)의 고사로서
≪진서(晋書)≫ 악광전에도 실려 있다.

白駒之過郤
백　　구　　지　　과　　극

흰 말이 지나가는 것을 문틈으로 본다는 뜻으로, 세월이 눈 깜박할
사이에 지나간다는 뜻.

흰 **백** 망아지 **구** 어조사 **지** 지날 **과** 틈 **극**

인생이 지나가는 빠르기가, 문틈으로 흰 말이 달려 지나가는 것을 보
는 것과 같다는 말이다.
≪장자≫ 지북유편(知北遊篇)에 다음과 같이 실려 있다.

사람이 하늘과 땅 사이에서 사는 것은 흰 말이 달려 지나가는 것을 문
틈으로 보는 것처럼 순간일 뿐이다. 모든 사물들은 물이 솟아나듯이 문
득 생겨났다가 물이 흐르듯 아득하게 사라져 가는 것이다. 변화로써 태
어났다가 또한 변화로써 죽을 뿐이다. 생물들은 이를 슬퍼하고 사람들도
이를 슬퍼한다. 죽음이란 화살이 살통을 빠져나가고 칼이 칼집을 빠져나

가는 것과 같이, 혼백이 육신에서 빠져나가고 이에 따라 몸이 무(無)로 돌아가는 것을 말함이니 이야말로 위대한 복귀가 아닌가!

人生天地之間 若白駒之過郤 忽然而已. 注然勃然 莫不出焉 油然漻然 莫不入焉. 已化而生 又化而死. 生物哀之 人類悲之. 解其天弢 墮其天袠 紛乎宛乎 魂魄將往 乃身從之 乃大歸乎.

'백구지과극(白駒之過郤)'이 '백구과극(白駒過隙)'으로 실려 있는 예도 있으니, ≪사기≫의 유후세가(留侯世家)에 여태후(呂太后)가 유후(留侯:장량)에게 한 말이 다음과 같이 실려 있다.

인생의 한세상 사이는 흰 말이 틈을 지나는 것과 같다. 어찌 스스로 괴로워하기가 이와 같음에 이르겠는가?

人生一世間 如白駒過隙. 何至自苦如此乎.

百年河淸
백 년 하 청

백 년을 기다려도 강물이 맑지 않다. 오랜 시일이 지나도 실현될 가망이 없다는 뜻.

일백 **백** 해 **년** 강 **하** 맑을 **청**

주(周)나라 영왕(靈王) 7년, 정(鄭)나라의 경대부(卿大夫)인 자국(子國)과 자이(子耳)가 채(蔡)나라를 정벌하여 사마(司馬)인 공자섭(公子燮)을 사로잡았다. 채나라는 초(楚)나라의 속국이었기 때문에 그해 겨울에 초(楚)나라의 영윤(令尹)인 자낭(子囊)이 군대를 내보내어 정(鄭)나라를 공격했다.

정(鄭)나라에서는 여섯 사람의 경대부들이 회의를 열고 대책을 협의했다. 자사(子駟)와 자국(子國)과 자이(子耳)는 초(楚)나라에 항복하자고 말하고, 자공(子孔)과 자교(子蟜)와 자전(子展)은 동맹국인 진(晋)나라에 구원을 청하자고 주장했다. 그러자 자사가 말했다.

"주(周)나라 시에, '황하의 흐린 물이 맑아지기를 기다리기에는 사람의 수명이 족하지 않다. 점을 쳐서 들어보는 것이 많으면 어수선하여 그물에 걸려 움직일 수 없게 된다.'라고 하는 바와 같이, 협의할 때마다 대책을 세우는 사람이 많고 백성의 어긋남이 많으면 일은 점점 이루지 못하게 된다.

백성들은 위급하다. 잠시 초(楚)나라를 따라 우리 백성들을 늦추도록 하자. 진(晋)나라의 군대가 이르면 우리들은 이에 따르기로 하자. 공경하여 폐백을 갖추고 오는 사람을 기다리는 것은 작은 나라의 도리이다. 희생물과 비단을 갖추어 초(楚)나라와 진(晋)나라의 국경에서 기다렸다가 강한 쪽에 붙어 백성들을 지키자. 적이 해로운 일을 하지 않고 백성들이 괴로움을 당하지 않는다면 또한 좋지 아니한가."(≪춘추좌씨전≫ 양왕(襄王) 8년)

여기에서 '황하 물이 맑아지기를 기다린다.'는 것은 진(晋)나라 구원병이 올 것이 어긋난다는 말로, 작은 나라가 큰 나라에 대처하는 괴로운 마음이 잘 나타나 있는 이야기라 하겠다.

白面書生
백 면 서 생

흰 얼굴에 글만 읽는 사람이란 뜻으로, 세상 일에는 경험이 없고 말로만 떠든다는 뜻.

흰**백** 얼굴**면** 쓸**서** 날**생**

남북조시대(南北朝時代) 남조(南朝)의 제1왕조인 송(宋)나라의 3대 문제(文帝)와, 북조(北朝)의 제1왕조인 북위(北魏)의 3대 태무제(太武帝)는 각각 18세와 17세의 젊은 나이로 즉위한 이후, 강남(江南)의 사진(四鎭)의 쟁탈을 둘러싸고 때로는 싸우고 때로는 화의하면서 대립을 계속했다.

439년에 북위의 태무제가 드디어 북쪽을 통일하자 유연(柔然)에 대비하기 위하여 서역제국(西域諸國)과 수호(修好)를 맺은 다음 서북 땅을 침략했다. 한편 송(宋)나라의 문제도 446년에는 남쪽의 임읍(林邑)을 평정했다. 목적은 두 나라가 함께 결전에 대비하여 뒤의 근심을 없애기 위해서였다.

원가(元嘉) 26년(449)에 북위(北魏)는 대군을 일으켜 유연(柔然)을 공격했다. 다음해에 송(宋)나라의 문제(文帝)는 북위를 토벌할 절호의 기회라고 보고 귀족들의 찬동을 얻어 군대를 일으키려 했다. 이때 책을 손에 든 적이 없으며 글자도 읽을 줄 모르는, 태자에게 딸린 교위(校尉) 심경지(沈慶之)가 그 자리에 모인 귀족들을 꾸짖으며 문제(文帝)에게 바른말을 했다.

"밭일은 종들에게 물어보고 베짜는 일은 하녀들에게 물어야 합니다. 지금 폐하께서 적국을 치려 하시는데 백면서생(白面書生)들에게 일을 도모하게 한다면 어찌 성공하겠습니까?"(≪송서(宋書)≫ 심경지전(沈慶之傳))

무인의 피를 이어받은 문제는 백면서생이 되어버린 귀족들과, 긍지에 가득 찬 무인의 사기의 대비(對比)가 재미있었는지 가가대소(呵呵大笑)하였지만 결국 군대를 일으켰다.

이때는 태무제가 황하에 얼음이 얼어붙을 때까지 기다리느라 결전은 없었지만, 이윽고 북위의 대군이 황하와 회수(淮水)를 넘어서 양자강 근처까지 쳐들어와 송(宋)나라 도읍인 건강(建康:남경)은 혼란에 빠졌다.

이때 문제는 북쪽을 바라보며,

'아아, 만일 단도제(檀道濟)가 살아 있었다면 오랑캐의 말이 여기까지 밀고 들어오지는 못했을 텐데.'

하고 탄식했다고 한다.

'백면서생'이란 얼굴이 창백한 젊은이, 젊고 경험이 없는 서생을 뜻하는 말이다.

白眉

백　　미

흰 눈썹. 여러 사람 중에서 가장 뛰어나다는 뜻.

흰 **백** 눈썹 **미**

　　삼국시대에 촉한(蜀漢)의 유비(劉備)에게서 벼슬한 마량(馬良)은 문무
겸비(文武兼備)한 뛰어난 인물로, 뒤에 제갈량(諸葛亮)이 유비의 진영으
로 오자 곧 그와 '문경지교(刎頸之交)'를 맺을 정도였다.

　　마량은 양양군(襄陽郡)의 의성(宜城) 사람으로서, 형제 다섯 명이 모두
자(字)에 상(常) 자가 붙어 있어 사람들이 '마씨의 오상(馬氏의 五常)'이
라고 불렀다. 다섯 사람 모두 재능이 뛰어났지만 그중에서도 마량이 가
장 뛰어났기 때문에 의성 사람들은,

　　"마씨의 오상(馬氏의 五常)들은 모두가 수재이나 그중에서도 저 백미
(白眉)가 제일이다."

라고 칭찬하였다. 마량은 어릴 때부터 눈썹에 흰 털이 섞여 있었기 때문
에 사람들이 백미라고 불렀던 것이다.

　　마량의 자(字)는 계상(季常)이니, 양양의 의성 사람이다. 형제가 다섯
명 있었는데 모두가 재명(才名)이 있었다. 고향 사람들이 이를 위하여 속
담으로 말하기를, '馬氏의 五常 중에서도 백미(白眉)가 가장 좋다.' 마량
은 눈썹 가운데 흰 털이 있어, 그러므로 그를 가리킨 것이다.

馬良字季常 襄陽宜城人也. 兄弟五人並有才名. 鄉里爲之諺曰 馬氏五
常白眉最良. 良眉中有白毛 故以稱之.

이 이야기는 ≪삼국지≫ 촉지(蜀志) 마량전(馬良傳)에 실려 있다. '백
미(白眉)'는 이 이야기에서 나온 말로, 형제 중에서 가장 뛰어난 사람이
란 뜻에서 바뀌어 여러 사람들 중에서 홀로 우뚝 뛰어난 사람을 이르는
말로 사용되었다.

百發百中
백 발 백 중

백 번 쏘아 백 번 다 맞힌다는 뜻으로, 계획했던 일이 순조롭게 잘
된다는 뜻.

일백 **백** 쏠 **발** 일백 **백** 맞을 **중**

주(周)나라 난왕(赧王) 34년의 일이다. 종횡가(縱橫家)로서 유명한 소
진(蘇秦)의 동생 소려(蘇厲)가 난왕에게 설득한 말이다. 다음이 그 이야
기의 내용이거니와, 그중에 '백발백중(百發百中)'이란 말이 사용되고 있
다.

무릇 진(秦)나라가 한(韓)나라와 위(魏)나라를 격파하여, 위(魏)나라의
장군 사무(師武)를 죽이고, 북쪽의 인(藺)과 이석(離石)을 빼앗은 것은 진

(秦)나라 장군 백기(白起)의 공로였다.

이것은 모두 백기장군의 용병이 교묘했고 또 하늘의 도움이 있었기 때문이었다. 그 백기장군이 지금 다시 군대를 이끌고 이궐(伊闕)의 요새를 나와 양(梁:위(魏)나라의 도읍)을 공격하려 하고 있거니와, 양(梁)이 패배하면 주(周)나라가 위태롭게 된다.

그래서 난왕은 사람을 보내어, 다음과 같이 백기장군을 설득시켜 보면 어떻게 될 것인가 하고 생각했다.

초(楚)나라에 양유기(養由基)라는 사람이 활을 잘 쏘았다. 그는 백 보 떨어진 곳에서 버들잎을 쏘아도 백발백중이었기 때문에 좌우에 있는 관중 수천 명이 말하기를 '활을 잘 쏜다.' 라고 하였다. 한 사나이가 그의 곁에 서서 말하기를, '잘한다, 활을 가르쳐 줄 만하다.' 라고 하였다.

楚有養由基者 善射者也. 去柳葉百步而射之 百發而百中之. 左右觀者數千人 皆曰 善射. 有一夫 立其傍曰 善可敎射矣.

이 비꼬는 말을 듣자 양유기는 화를 내면서 칼을 잡았다.

"당신이 어떻게 해서 나에게 활을 가르칠 수 있는가?"

그러자 그 사나이가 말했다.

"나는 실지로 활의 기술을 가르쳐 준다고 한 것이 아니다. 백 보 떨어진 곳에서 버들잎을 쏘아 백발백중이었다고 할지라도 잘한다고 하기 전에 그만두지 않는다면, 그 사이에 기력이 떨어지고 팔의 힘이 지쳐서 활은 기울어지고 화살도 비뚤어지게 되어 화살이 맞지 않으면 지금까지 백발백중이던 것이 아무것도 아니게 될 것이다."

이와 같은 이야기는 백기장군에게도 들어맞는다.

"한(韓)나라와 위(魏)나라를 격파하여, 사무를 죽이고, 북쪽 조(趙)나라의 인과 이석을 뺏은 것은 큰 공훈이다. 그러나 지금 다시 군대를 이끌고 이궐의 요새를 나와 한(韓)나라를 등지고 양을 공격하려 하고 있는데, 단번에 뺏을 수 없다면 지금까지의 공훈은 전부 파산이 되어버리고 말 것이다. 당신으로서는 병을 핑계로 출전하지 않는 것이 상책이다."

이 말은 ≪사기≫의 주기(周紀)에 실려 있는 이야기이다. 주(周)나라의 난왕이 소려의 권장에 따랐는지 아닌지는 분명치 않다.

白髮三千丈
백 발 삼 천 장

흰 머리카락의 길이가 삼천 길이란 뜻으로, 몸이 늙어가는 것을 한탄하는 말.

흰 **백** 머리 **발** 석 **삼** 일천 **천** 길이 **장**

쌓이는 근심 때문에 흰 머리가 이렇게 길어졌다고 탄식하는 말이다.

이것은 이백(李白)의 〈추포가(秋浦歌)〉 17수 중 15수에 해당되는 부분으로 '추포(秋浦)'란 안휘성(安徽省) 귀지현(貴池縣) 서남쪽에 있는 호수이다. 〈추포가〉는 이백의 시에서 보기 드물게 고독의 쓸쓸함과 늙어 가는 슬픔을 고요히 읊고 있거니와, 낙천적인 이백다운 희롱의 정신이 곁들어 있다.

흰 머리털이 삼천 길, 근심으로 인하여 이같이 길어졌네.
밝은 거울 속을 알지 못해라, 어디에서 가을 서리를 얻었는가?

白髮三千丈 緣愁似箇長
不知明鏡裏 何處得秋霜

'삼천 장(三千丈)' 이란 말은 흰 머리털의 길이를 형용한다기보다는 근심이 이어져 끊임없음을 형용한 말이다. 머리털은 근심을 영양분으로 삼아 자라는 것이다. 삼천 길이나 자랐다고 하는 것은 그 영양분인 근심의 깊이가 무한하다는 말이 되겠다.

伯牙絕絃
백 아 절 현

백아가 거문고 줄을 끊었다는 뜻으로, 친한 벗의 죽음을 슬퍼한다는 말.

만 **백** 어금니 **아** 끊을 **절** 악기줄 **현**

전국시대에 거문고의 명수로 이름이 높은 백아(伯牙)가 거문고를 타면 종자기(鍾子期)는 그 소리 듣기를 좋아했다.

백아가 거문고를 타며 높은 산을 그려 내려 하자 종자기는 그 소리를 알아듣고 이렇게 말했다.

"훌륭하네. 산이 높이 솟아 있어 마치 태산(泰山)과 같군."

이윽고 강물이 흐르는 소리를 그려 내려 하자 종자가는 그 소리를 듣고 이렇게 말했다.

"훌륭하군. 마치 큰 강물이 도도하게 흐르는 것 같네."

그러다가 종자기가 죽었다. 백아는 거문고를 부수고 줄을 끊어 평생 동안 다시는 거문고를 타지 않았다.(≪여씨춘추≫ 본미편(本味篇))

거문고의 명수인 백아의 이야기는 ≪순자≫ 권학편(勸學篇)에도 실려 있거니와, 거의 비슷한 이야기가 ≪열자≫ 탕문편(湯問篇)에도 실려 있다. 여기에서는 ≪순자≫의 권학편에 실려 있는 것을 소개하겠다.

옛날에 호파(瓠巴)가 비파를 타면 물속에 있던 물고기가 나와 들었고, 백아(伯牙)가 거문고를 타면 수레 끄는 여섯 필의 말이 고개를 들고서 풀을 뜯어먹었다. 그러므로 소리는 작더라도 들리지 않는 것이 없고, 행동은 숨겨도 나타나지 않는 것이 없다.

옥이 산에 있으면 풀과 나무가 윤택하고, 연못에 진주가 생기면 언덕이 마르지 않는다. 선을 행하고 악함을 쌓지 않는다면 어찌 명성이 들리지 않겠는가!

昔者 瓠巴鼓瑟 而流魚出聽 伯牙鼓琴 而六馬仰秣. 故聲無小而不聞 行無隱而不形. 玉在山而草木潤 淵生珠而崖不枯. 爲善不積邪 安有不聞者乎.

이것은 전국시대 때부터 널리 알려진 이야기이다. 자기의 거문고 소리를 알아주는 종자기의 죽음을 슬퍼하여 백아가 거문고 줄을 끊어버린 것을 '백아절현(伯牙絶絃)'이라고 하며, 친우가 죽었을 때 이 표현을 쓴다.

白眼視
백   안   시

눈을 하얗게 뜨고 본다. 남을 업신여기거나 무시한다는 뜻.

흰**백** 눈**안** 볼**시**

죽림칠현(竹林七賢)의 한 사람인 완적(阮籍, 210~263)은 이름 있는 집안에서 태어났다. 그는 여러 가지 책들을 널리 읽고 노자와 장자를 좋아 했으며, 술을 좋아하고 거문고를 교묘하게 탈 수 있었다.

그는 원래 사마씨(司馬氏)에게 벼슬했지만 위(魏)나라의 제왕방(齊王芳) 가평(嘉平) 원년(249)에 사마중달(司馬仲達)이 쿠데타를 일으켜 위(魏)나라 황실의 조상(曹爽) 일파가 모두 죽임을 당해, 나라의 실권이 사마씨에게로 옮겨지자 죽림칠현으로서 노자와 장자의 사상에 묻혀 살았다고 한다.

그는 어머니의 장례식 때 조문객들이 와도 머리를 풀어헤치고 침상에 책상다리를 하고 앉아 손님들을 물끄러미 응시하며 조문객에 대한 예절인 곡도 하지 않았다. 그는 기쁨과 성냄을 얼굴에 나타내지 않았지만 까만 눈동자와 흰자위로 외면하였다. 통속적인 예절을 지키는 선비를 만나면 흰 눈으로 흘겨보았다.

죽림칠현의 한 사람이었던 혜강(嵇康)의 동생인 혜희(嵇喜)가 오자 역시 흰 눈으로 흘겨보았다. 혜희는 속물 취급을 당하고 섬뜩하여 돌아왔다. 이 소식을 혜강이 듣고 술과 거문고를 들고 찾아가자 완적은 크게 기뻐하며 검은 눈동자를 보이면서 환영했다.

완적이 흰 눈으로 흘겨보았던, 예절에 얽매인 그 선비들은 마치 원수를 대하는 것처럼 완적을 미워했다고 한다.(≪진서(晋書)≫ 완적전(阮籍傳))

'백안(白眼)'이란 눈의 흰 부분을 말하거니와, 완적의 고사(故事) 이후로 '사람을 싫어하여 흘겨보는 것'이나 '냉정한 눈길로 바라보는 것'을 '백안시(白眼視)'라고 말하게 되었다.

柏舟之操
백 주 지 조

잣나무로 만든 배의 지조. 죽은 남편에 대한 절개를 지키며 산다는 뜻.

잣나무 **백** 배 **주** 어조사 **지** 절개 **조**

'백주(柏舟)'란 잣나무로 만든 배이다. 배의 재료로서는 잣나무가 가장 좋은 품질이라고 한다.
≪시경≫ 용풍(鄘風)에 〈백주(柏舟)〉라는 2절로 된 시가 실려 있다.

두둥실 저 잣나무 배여, 저 황하 가운데 있도다.
늘어진 다발 머리, 실로 나의 배필이었으니
죽어도 허튼 마음은 갖지 않으리라.
어머님은 하늘이시니, 어이 몰라주십니까!

두둥실 잣나무 배가 저 황하 물가에 떠 있도다.
늘어진 다발 머리, 실로 나의 남편이었으니
죽어도 못된 마음 갖지 않으리이다.
어머님은 하늘이시니, 어이 저를 몰라주십니까!

汎彼柏舟 在彼中河
髧彼兩髦 實維我特
之死 矢靡他
母也天只 不諒人只

汎彼柏舟 在彼河側
髧彼兩髦 實維我特
之死 矢靡慝
母也天只 不諒人只

〈백주(柏舟)〉는 공강(共姜)이 스스로 맹세한 시이다. 위(衛)나라 희후
(僖侯)의 적자인 공백(共伯)이 젊어서 죽었는데 그의 아내 공강은 아내로
서 절개를 지키고 있었다. 공강의 부모는 딸을 집으로 데려와 다른 곳으
로 재가(再嫁)시키려 했지만 공강은 끝까지 승낙하지 않았다. 그리고 이
시를 지어 부모의 뜻을 거절했던 것이다.
　이로 인하여 남편이 일찍 죽은 아내가 절개를 지키는 것을 '백주지조
(柏舟之操)'라고 말하게 되었다.

伯仲之間
백 중 지 간

장남과 차남의 차이가 없다는 뜻으로, 서로 비슷해서 우열을 가리기 힘들다는 뜻.

맏 **백** 버금 **중** 어조사 **지** 틈 **간**

　같은 부모의 형과 누님을 백부와 백모라 하고, 동생과 누이동생을 숙부와 숙모라고 부르는 것은 옛날부터 중국의 습관에 따른 것이다. 중국에서는 형제의 순서를 다시 백·중·숙·계(伯·仲·叔·季)로 세분하였다.

　≪예기≫ 단궁(檀弓) 상편(上篇)에 다음과 같이 기록되어 있다.

　'어려서 이름을 짓고, 관례(冠禮)를 하면 자(字)를 붙이고, 50에 백중(伯仲)으로써 하고, 죽으면 시호를 내리는 것은 주(周)나라의 도리이다.'

　아이가 태어나면 3개월 만에 이름을 짓고, 20세가 되면 손님들을 초대하여 관을 씌우고 자(字)를 짓는다. 50세가 되면 자 위에 백·중(伯·仲) 등 형제의 순서를 나타내고, 죽으면 시호를 내린다. 이것이 주(周)나라의 관습이었던 것이다.

　예를 들어 공자의 경우를 보면 ≪사기≫ 공자세가(孔子世家)에 이렇게 기록되어 있다.

　공자는 노(魯)나라 창평향(昌平鄕)의 취읍(陬邑)에서 태어났다. 그 선조는 송(宋)나라 사람이다. 공방숙(孔防叔)은 백하(伯夏)와 숙량흘(叔梁

紇)을 낳았다. 양흘이 안씨(顔氏) 여자와 야합하여 공자를 낳았다. 이구
(尼丘)에 기도하여 공자를 얻으니, 노(魯)나라 양공(襄公) 22년에 공자가
태어났다. 머리 위에 움푹 들어간 곳이 있었으므로 이름하여 구(丘)라고
지었다. 자는 중니(仲尼)이고 성은 공(孔)씨이다.

'백중(伯仲)'이란 형제의 순서를 나타내는 말에서 나온 것으로, 형제
는 비슷하게 닮았기 때문에 비교 평가하여 서로 우열을 가릴 수 없을 때
'그들은 백중지간(伯仲之間)이다.'라고 한다.
　그런데 '백중지간'이란 말을 처음 쓴 것은 위(魏)나라 문제(文帝) 조비
(曹丕)였다.

　문인(文人)들이 서로 가볍게 여기는 것은 옛날부터 그러했다. 부의(傅
儀)와 반고(班固)에서는 백중지간(伯仲之間)일 뿐이다.

　文人相輕 自古而然. 傅儀之於班固 伯仲之間耳.

法三章
법　삼　장

세 가지의 법 조목. 살인, 상해, 절도의 단 세 가지 죄만을 정한 법이
라는 뜻.

법**법** 석**삼** 글**장**

한(漢)나라 원년 10월, 유방(劉邦)은 진(秦)나라의 군대를 격파하고 스스로 패왕(覇王)이 되었다. 그때 진(秦)나라 왕 자영(子嬰)은 지도정(軹道亭)으로 유방을 맞이하여, 황제의 옥새와 절부(節符)를 상자에 넣어 바치고 항복했다. 장군들 중에는 진(秦)나라 왕을 죽여 버리라고 말하는 사람도 있었지만 유방은,

"이미 항복한 사람을 죽여서는 안 된다."

하고 자영을 관리로 좌천시켜 그 감시하에 두었다.

유방은 다시 서쪽의 함양(咸陽)에 입성하여 진(秦)나라 궁궐로 들어갔다. 궁궐은 으리으리하고 후궁(後宮)의 여자들은 천 명이나 될 정도였다. 유방은 움직일 생각이 없어졌다. 번쾌(樊噲)가,

"밖에 나가서 야영(野營)을 하도록 하시지요."

하고 간했지만 받아들여지지 않았다. 그래서 장량(張良)이 말했다.

"지금 왕께서 이곳까지 올 수 있었던 것은 진(秦)나라가 무도했기 때문입니다. 진(秦)나라에 들어와서 진(秦)나라와 똑같은 즐거움을 누린다는 것은 백성들을 위하여 포악함을 제거한다는 뜻이 사라집니다. 또한 충고하는 말은 귀에 거슬리지만 행동에 이롭고, 약은 입에는 쓰지만 병에 좋다고 합니다. 제발 번쾌의 말에 따라 주십시오."

유방은 그 말을 받아들이고 패상(覇上)으로 돌아가 야영을 했다. 그리고 여러 현의 노인들과 호걸들을 불러 말했다.

"노인들이 진(秦)나라의 가혹한 법에 시달리는 일이 이미 오래되었소. 진(秦)나라 법을 비방하는 사람은 집안이 다 죽임을 당하고, 화제에 올린 사람까지 시체가 되었소. 나는 관문(關門)에 먼저 들어온 사람이 왕이 된다고 약속했소. 그러므로 나는 관중(關中)의 왕이 될 것이오. 나는 노인들과 호걸들에게 약속하겠소. 법은 세 가지만으로 하겠소. 사람을 죽인

자는 사형에 처하고, 사람을 중상한 자와 도둑질을 한 자는 벌을 내리겠소. 그밖에 진(秦)나라의 법은 모두 취소하겠소. 여러 관리와 백성들은 지금까지와 마찬가지로 침착하게 생활을 하는 것이 좋겠소. 대저 내가 여기에 온 까닭은 노인들과 호걸들을 위하여 해를 제거하려는 것이지 괴롭히려 하는 것이 아니오. 아무것도 두려워할 일은 없소. 또 내가 패상으로 돌아가 진을 치는 것은 제후가 이르기를 기다려 약속을 청하려고 생각하기 때문이오."

父老苦秦苛法久矣. 誹謗者族 偶語者棄市. 吾與諸侯約 先入關者王之. 吾當王關中 與父老約. 法三章耳. 殺人者死 傷人及盜抵罪. 余悉除去秦法. 諸吏人皆案堵如故. 凡吾所以來 爲父老除害 非有所侵暴 無恐. 且吾所以還軍霸上 待諸侯至而定約束耳.(≪사기≫ 고조본기(高祖本記))

여기에서 '법삼장(法三章)'이란 말이 나오게 되었다.

사람들은 모두 기뻐하며 유방이 진(秦)나라의 왕이 되는 것을 바랐다고 한다. 진(秦)나라 궁궐을 불사르고 후궁(後宮)과 부녀자와 보물을 빼앗아간 항우(項羽)와는 대조적이었다.

兵死地也
병 사 지 야

전쟁터에서는 목숨을 걸고 싸워야 한다는 뜻으로, 병사들이 죽음을 각오하고 전쟁에 임해야 이길 수 있다는 말.

병사 병 죽을 사 땅 지 어조사 야

염파(廉頗)와 인상여(藺相如)가 협력하여 조(趙)나라의 지위를 지키고 있을 때, 조(趙)나라에 조사(趙奢)라는 장군이 새로 나와 알여(閼與)에서 진(秦)나라 군대를 격파했다.

조사는 원래 밭의 세금을 거두는 관리였는데, 평원군(平原君)의 집에서 세금 내는 것을 거절하자 그 집의 집사(執事) 아홉 명을 죽였다. 평원군이 화가 나서 조사를 죽이려 하니 조사가 말했다.

"당신은 조(趙)나라의 공자(公子)이십니다. 지금 나라를 보면 법이 손상되고 있습니다. 법이 손상되면 나라는 약해지고, 나라가 약해지면 외국의 여러 나라들이 침범하고, 외국의 여러 나라들이 침범하면 조나라는 존재할 수 없게 되며, 당신의 부유함도 유지할 수 없게 됩니다.

이와는 반대로 당신과 같이 신분이 높은 분이 법을 지키신다면 상하가 모두 불평이 없어지고, 상하에 불평이 없어지면 조나라는 강해지고, 나라가 강해지면 조나라는 흔들림이 없게 되고, 그렇게 되면 조나라 귀족인 당신도 천하에서 중요한 지위를 차지하지 않겠습니까?"

평원군은 조사를 현명한 사람이라고 보고 혜문왕(惠文王)에게 천거했다. 왕은 조사를 발탁하여 나라의 세금을 맡아 다스리게 했다. 세금은 공평하게 행해져 조나라 백성들은 부유해지고 국고는 풍부해졌다.

이윽고 진(秦)나라에서 한(韓)나라를 정벌하려고 하여, 조(趙)나라 알여에 군대를 진군시켰다. 조나라 왕이 염파를 불러서 물었다.

"구원할 수 있을까?"

"길은 멀고 더구나 험하고 좁은 곳이기 때문에 어려울 것입니다."

악승(樂乘)을 불러서 물어봐도 대답은 같았다. 그래서 조사를 불러서 물어보았다. 그러자 조사는,

"길은 멀고 험하고 좁은 곳이지만 비유해서 말씀드리면 두 마리의 쥐가 굴 안에서 싸우는 것 같아서 용기 있는 대장 쪽이 이길 것입니다."

하는 것이었다. 그래서 왕은 조사를 장군으로 삼아 구원군으로 내보냈다. 조사는 이 기대에 부응하여 알여(閼與)에서 진(秦)나라의 군대를 보기 좋게 대패시켰던 것이다. 조(趙)나라 왕은 조사에게 마복군(馬服君)이라는 칭호를 내렸다. 조사의 지위는 염파나 인상여와 같게 되었다.

조사에게는 괄(括)이라는 아들이 있었다. 머리가 좋은 그는 소년 시절부터 병법을 배워 병법에 있는 말을 즐겨 썼다. 그리고 천하에서 나를 따를 사람이 없다고 자부하고 있었다. 어느 날 아버지인 조사와 병법을 이야기하는데, 조사조차도 한마디의 반론을 펼칠 여지가 없었다.

그런데도 조사는 괄을 칭찬하지 않았다. 곁에서 듣고 있던 괄의 어머니가 남편에게 그 이유를 묻자 조사는 대답했다.

"싸움은 목숨을 걸고 하는 거야. 괄은 안이한 기분으로 말하고 있어. 조나라가 괄을 장군으로 삼지 않는다면 좋겠지만, 만일 장군이 된다면 조나라의 군대를 패배하게 만드는 것은 틀림없이 괄일 것이네."

군대는 죽음의 땅이다. 그런데도 괄은 쉽게 말하고 있다. 조나라가 괄을 장군으로 삼지 않는다면 그뿐이지만, 만일 장군으로 삼는다면 조나라

의 군대를 패배시킬 사람은 반드시 괄일 것이다.

兵死地也. 而括易言之. 使趙不將括卽已 若必將之 破趙軍者必括也.

혜문왕이 죽자 조(趙)나라에서는 그의 아들 효성왕(孝成王)을 즉위시
켰다. 효성왕 4년에 진(秦)나라 군대가 침입해 들어오자 조(趙)나라에서
는 염파를 장군으로 삼아 장평(長平)에서 진(秦)나라 군대와 대치시켰다.
염파는 싸움에 응하되 성을 굳게 지키며 적극적으로 싸우려 하지 않았기
때문에 진(秦)나라 군대가 타격을 줄 수 없었다.

진(秦)나라의 장군 백기(白起)가 간첩을 보내 말하게 했다.

"진(秦)나라가 두려워하는 것은 조괄이 장군이 되는 일이다."

효성왕이 이 말을 믿고 염파를 조괄로 대치시켰다. 병상에 누워 있던
인상여가 조괄을 장군으로 삼지 말도록 상소했다. 그러나 왕은 듣지 않
았다.

출전할 날이 가까워지자 조괄의 어머니가 조괄을 장군으로 삼아서는
안 된다고 상소했다. 왕이 그 이유를 묻자,

"남편은 하사품이 있으면 전부 부하들에게 나누어 주고, 싸움터에 나
갈 때는 집안의 일을 전혀 묻지 않았습니다. 그런데 괄은 하사품을 자기
집에 간수하고, 땅이나 집 등을 사고 있습니다. 아버지와 아들은 마음가
짐이 다릅니다. 제발 아들을 장군으로 삼지 말아 주십시오."

왕은 그 말도 듣지 않았다.

장평의 싸움에서 조(趙)나라 군대는 후퇴할 길이 끊겨 장군인 조괄은
전사하고 전군이 무너졌으며, 살아남은 병사들은 진(秦)나라에 항복했지
만 모두 구덩이에 매몰되었다. 이렇게 조(趙)나라는 사십오만의 군대를
잃었던 것이다.

病入膏肓

병 입 고 황

병이 고황까지 들었다는 말로, 나쁜 생각과 습관이 몸속 깊이 배어 고치기 어렵다는 뜻.

병**병** 들**입** 염통 밑**고** 명치끝**황**

주(周)나라 간왕(簡王) 5년, 진(晉)나라의 경공(景公)이 병상에 누워 있었는데 어느 날 밤에 꿈을 꾸었다. 땅에 늘어질 만큼 머리를 길게 풀어헤친 귀신이 가슴을 두드리고 뛰어오르며,

"내 자손을 잘도 죽였군. 하느님의 허락을 받았으니 너를 죽여 버릴 거야."

라고 소리치면서 대문을 부수고 이어 중문을 부수면서 들어왔다. 경공은 깜짝 놀라서 방으로 도망쳤다. 그러자 귀신은 지게문을 부수면서 쫓아 들어왔다.

경공은 즉위했을 때 도안고(屠岸賈)를 사구(司寇:사법대신)에 임명했다. 그런데 그는 뱃속이 검은 사나이로서 눈 위의 혹과 같은 대부(大夫) 조가(趙家)에게 죄를 씌워 한 집안을 깡그리 죽여 버렸다. 조가 조상의 영혼이 10여 년 뒤에 경공에게 들러붙었던 것이다.

경공은 꿈에서 깨어나자 상전(桑田)에 있는 무당을 불러 점을 치게 했다. 무당은 경공에게서 이야기를 듣기도 전에 이렇게 말했다.

"조씨 집안 조상 혼령의 탈입니다."

"어떻게 하면 좋겠는가?"

경공이 묻자 무당이 대답했다.

"유감스럽게도 이미 늦었습니다. 왕께서는 금년의 햇보리를 잡수시지 못할 것입니다."

결국 경공의 병은 깊어졌다. 경공은 진(秦)나라에 사자를 보내 명의인 고완(高緩)에게 진찰을 의뢰했다. 진(秦)나라의 환공(桓公)으로부터 승낙의 통지가 왔는데, 고완이 도착하기 전에 경공은 또 꿈을 꾸었다.

병(病)이 두 사람의 어린이가 되어 이야기하고 있었다.

"그는 명의라구. 이거 우리가 다치겠는걸. 어디로 도망칠까?"

그러자 한 어린이가 말했다.

"명치의 위, 심장 아래에 있으면 어떻게도 하지 못한다구."

이윽고 고완이 와서 말했다.

"왕의 병을 치료할 수 없습니다. 병환이 명치의 위, 심장 아래에 있으므로 치료할 수 없으며, 침을 놓아도 닿지 않고 약을 잡수셔도 들어가지 못합니다. 어떻게 손쓸 수가 없습니다.

疾爲二豎子曰 彼良醫也 懼傷我 焉逃之. 其一曰 居肓之上 膏之下 若我何. 醫至曰 疾不可爲也 在肓之上 膏之下. 攻之不可 達之不及 藥不至焉. 不可爲也.(≪춘추좌씨전≫ 성공(成公) 10년)

위의 이야기로부터 병이 위중하여 치료할 수 없는 것, 나을 수 없는 중병을 '병입고황(病入膏肓)'이라고 한다.

경공은 명의라고 여겨 상으로 후하게 예물을 주어 고완을 돌아가게 했다. 그러나 경공이 곧 죽은 것은 아니었다. 이윽고 6월이 되어 햇보리가 나왔기 때문에 경공은 요리사에게 명하여 보리밥을 짓게 한 후 상전에

있는 무당을 불러다가,

"너는 내가 햇보리를 먹지 못할 것이라고 했지?"

하며 무당의 목을 자르게 했다. 그런데 경공이 수저를 들려고 하니 배가 팽팽해져서 변소에 갔다가 그곳에 떨어져 죽어 버리고 말았다고 한다.

報怨以德
보 원 이 덕

원한을 덕으로 갚는다. 원한이 있는 사람이라도 복수하지 말라는 뜻.

갚을 **보** 원망할 **원** 써 **이** 덕 **덕**

'보원이덕(報怨以德)'이란 말은 '원수 갚기를 덕으로써 하라.'는 뜻이다. 이 말은 ≪노자≫ 제63장에 나오는 말이다.

노자는 제1장에서 이렇게 말하고 있다.

도(道)라고 일러지는 도(道)는 참다운 도(道)가 아니요, 이름으로 불리는 이름은 변함없는 이름이 아니다. 이름이 없음은 하늘과 땅의 시작이요, 이름이 있음은 만물의 어머니이다.

道可者非常道 名可名非常名. 無名天地之始 有名萬物之母.

노자는 허무(虛無)와 자연(自然)을 숭배하였으며, 또 그는 암컷과 어린

이와 골짜기와 낮은 곳으로 흐르는 물과 소박한 통나무를 좋아했다.

노자는 그의 ≪도덕경≫ 제63장에서 이렇게 말하고 있다.

하지 않음을 행하고, 일 없음을 일하고, 맛이 없음을 맛본다. 작은 것을 크게 알고 적은 것을 많게 알며, 원수 갚기를 덕으로써 하라. 어려운 일은 쉬울 때 도모하고, 큰 일은 작을 때 하라. 천하의 어려운 일은 반드시 쉬움에서 이루어지고, 천하의 큰 일은 반드시 작음에서 이루어진다. 그러므로 성인은 큰 것을 하지 않기 때문에 마침내 능히 큰 것을 이루어 낸다.

爲無爲 事無事 味無味. 大小多少 報怨以德. 圖難於其易 爲大於其細. 天下難事 必作於易 天下大事 必作於細. 是以聖人終不爲大 故能成其大.

여기에서 '보원이덕(報怨以德)', 즉 원수 갚기를 덕으로써 하라는 말이 나온 것이다.

覆水不返盆
복 수 불 반 분

엎지른 물은 다시 담을 수 없다는 뜻으로, 한번 저지른 일은 다시 되돌릴 수 없다는 말.

엎을 **복** 물 **수** 아니 **불** 돌이킬 **반** 동이 **분**

≪사기≫ 제태공세가(齊太公世家)에는 다음과 같이 씌어 있다.

'태공망(太公望) 여상(呂尙)은 동해 가의 사람이다.'

여상(呂尙) 강태공(姜太公)은 늙을 때까지 가난한 생활을 하고 있었는데 '낚시질로써 주(周)나라의 서백(西伯)을 구하였다.'는 기록이 이어지고 있다.

여상은 동해 가에서 학문을 하는 한편, 낚시질을 했는지도 모른다. 또 그의 낚시질 기술로 주문왕(周文王)에게 벼슬한 것인지도 모른다.

어느 날 주문왕이 사냥을 나가려고 그 길흉을 점쳤던 바, '얻는 것은 용도 아니고 이무기도 아니고, 호랑이도 아니고 불곰도 아니다. 얻는 것은 패왕에게 도움이 될 사람이다.'라고 나왔다.

주문왕이 사냥을 나가서 과연 위수(渭水) 북쪽 기슭에서 낚시질을 하고 있는 여상을 만났다. 이야기를 해 보니 그의 높은 식견이 마음에 들어,

"나는 아버지 태공(太公)으로부터 '주(周)나라에 성인이 올 것이다. 주나라는 그 사람의 덕으로 크게 번창할 것이다.'라는 말을 들은 적이 있습니다만, 당신이야말로 바로 그 사람입니다. 아버지 태공(太公)께서는 예전부터 당신을 기다리고 있었습니다."

라고 말하면서 수레에 태워 모시고 돌아와 스승으로 삼았다. 여상은 태공(太公)이 바라던 사람이라는 뜻에서 '태공망(太公望)'이라고 불리게 되었다.

이것은 사마천(司馬遷)이 기록한 태공망 설화의 한 토막이거니와, ≪습유기(拾遺記)≫에 나오는 이야기는 그가 출세하기 전후의 일을 기록하고 있다.

태공(太公:여상)의 아내는 마씨(馬氏)였는데, 마씨는 여상이 학문만 하고 도무지 일을 하지 않기 때문에 이혼하고서 친정집으로 돌아가 버

렸다.

　뒤에 주(周)나라가 천하를 통일하게 되어 태공이 제(齊)나라에 봉하여
지자, 마씨는 다시 함께 살자고 애원했다. 태공은 물이 가득 담긴 물동이
를 가져오게 한 다음, 그 물을 마당에 붓고서 마씨에게 물동이에 물을 다
시 담아 보라고 말했다. 마씨는 필사적으로 물을 담으려고 했지만 진흙
밖에 취할 수 없었다. 이것을 본 태공이 말했다.

　"당신이 재혼하고 싶은 생각이 있어도 일단 엎질러진 물은 두 번 다시
되찾을 수 없는 것이네."

　太公初娶馬氏 讀書不事産 馬求去. 太公封齊 馬求再合. 太公取水一盆
傾于地 令婦收水 惟得其泥. 太公曰 若能離更合 覆水定難收.

　'복수불반분(覆水不返盆)'이란 '엎지른 물은 다시는 동이로 돌이키지
못한다.'는 뜻으로, 한번 헤어진 부부는 다시 돌이킬 수 없다는 뜻으로
사용되며, 일단 해 버린 일은 돌이킬 수 없다는 뜻으로 사용되기도 한다.

駙馬
부　마

예비로 준비해 둔 말이라는 뜻으로, 임금의 사위나 공주의 남편을
말함.

곁말 **부** 말 **마**

농서(隴西)에 사는 신도탁(辛道度)이 유학 가는 길에 진(秦)나라 도읍 옹(雍)까지 왔을 때의 일이다. 가는 도중 큰 저택의 문 앞에 시중드는 소녀가 보였다. 소녀는 안으로 사라지더니 곧 돌아와서, '어서 오십시오.' 하고 불러들였다.

집 안에는 여주인이 있어 인사를 마치자 요리를 내주었는데 잠시 후에 그녀가 말했다.

"나는 진(秦)나라 민왕(閔王)의 딸로서 조(曹)나라로 시집을 가게 되어 있었는데 불행하게도 그전에 죽지 않으면 안 되게 되어, 그로부터 23년 동안이나 여기에서 혼자 살고 있습니다. 오늘 여기를 지나신 것은 어떤 인연이오니 앞으로 사흘 밤만 부부로 지내 주십시오."

그후 사흘째 되는 날 이렇게 말했다.

"당신은 살아 있는 사람이고 나는 죽은 사람입니다. 이승에서 인연을 맺을 수는 있었지만 사흘 밤뿐으로 이 이상 계속하면 무슨 일이 일어날지 모릅니다. 그러니 이제는 헤어져야 하겠습니다. 이별하기는 서운하니 추억될 물건이라도……."

하며 소녀에게 침대 밑에 있는 화장 상자를 꺼내게 하더니 황금으로 만든 베개를 꺼내어 신도탁에게 주었다. 그리고 눈물을 흘리면서 소녀에게 명하여 그를 전송시켰다.

신도탁이 문을 나와 몇 발짝 걷다가 돌아보니 저택은 흔적도 없고 산소가 하나 있을 뿐이었다. 머리털이 쭈뼛하여 도망친 후, 품안에 있는 황금 베개를 확인해 보니 그대로 있었다.

그 뒤 진(秦)나라 도읍인 옹(雍) 거리에서 황금 베개를 돈으로 바꾸려고 하자 우연히 진(秦)나라 왕비의 수레가 지나다가 그것을 보고 이상하게 생각하며 황금 베개를 샀다. 살펴보니 왕비의 딸 소지품임을 확인하고 신도탁에게 그것을 어디에서 손에 넣었느냐고 물었다.

그가 있는 그대로를 이야기하자 비탄에 빠진 왕비는 그가 거짓말을 하는 것이 아닌가 하여 사람들을 시켜서 무덤을 파헤쳤다. 관의 안은 파묻을 때 그대로였는데 황금 베개만이 보이지 않았다. 수의를 풀고 몸을 살펴보니 정교(情交)한 흔적이 그대로 남아 있었다.

왕비는 비로소 그의 말을 믿고,

"죽은 지 23년이나 되었는데 산 사람과 정교를 하다니, 딸은 틀림없이 신이 된 것이오. 당신이야말로 나의 진짜 사위요."

하고 탄식하면서 그를 부마도위(駙馬都尉)에 임명한 후 금과 비단과 수레를 주어 고향으로 돌아가게 했다.

이 이후로 후세 사람들은 왕의 사위를 '부마(駙馬)' 라고 부르게 되었다. 지금도 왕의 사위는 '부마' 라고 불리고 있다.

乃遣人發家 啓柩視之 原葬悉在 唯不見枕. 解體看之 交情宛若. 秦妃始信之 歎曰 我女大聖 死經二十三年 猶能與生人交往 此是我眞女婿也. 遂封度爲駙馬都尉 賜金帛車馬 令還本國. 因此以來 後人命女婿爲駙馬. 今之國婿 亦爲駙馬矣.

이 이야기는 진(晉)나라의 간보(干寶)가 지은 ≪수신기(搜神記)≫ 권16에 실려 있는 '부마' 에 관한 인연의 이야기이다.

'부마(駙馬)' 는 원래 천자의 부거(副車)에 붙이는 말 이름이다. 이 말을 맡은 관리가 부마도위(駙馬都尉)로, 한(漢)나라 무제(武帝)의 총애하는 신하 금일선(金日磾)이 임명된 것이 처음이다. 금일선은 흉노(匈奴) 휴도왕(休屠王)의 태자로, 휴도왕이 죽은 뒤 한(漢)나라에 항복하여 궁중의 마부가 된 다음, 무제에게 인정되어 부마도위(駙馬都尉), 광록대부(光

祿大夫)를 역임했다.

俯不怍於人
부 부 작 어 인

구부려도 사람들에게 부끄럽지 않다는 뜻으로, 양심에 거리낌이 없다는 말.

굽어볼 **부** 아닐 **부** 부끄러울 **작** 어조사 **어** 사람 **인**

이 말은 ≪맹자≫ 진심편(盡心篇) 상(上), '군자에게는 세 가지 즐거움이 있다(君子有三樂).' 에서 나온 말이다.

맹자가 말했다.

"군자에게는 세 가지 즐거움이 있다. 천하의 왕 노릇하는 것은 여기에 들지 않는다. 부모님이 함께 생존하시고 형제들이 무고한 것이 첫째 즐거움이요, 하늘에 우러러 부끄럽지 아니하고 구부려도 사람들에게 부끄럽지 않은 것이 둘째 즐거움이요, 천하의 영재(英才)를 얻어 교육하는 것이 셋째 즐거움이다. 군자에게 세 가지 즐거움이 있지만 천하의 왕 노릇하는 것은 여기에 들지 않는다."

孟子曰 君子有三樂 而王天下 不與存焉. 父母俱存 兄弟無故 一樂也. 仰不愧於天 俯不怍於人 二樂也. 得天下英才 而敎育之 三樂也. 君子有三樂

而王天下 不與存焉.

군자에게는 세 가지 즐거움이 있으나 왕으로서 천하를 다스리는 일은 여기에 들지 못한다고 두 번 되풀이해서 말하고 있다.

첫째, 부모님이 함께 살아 계시고 형제간에 별 탈이 없는 것이 즐거움 의 하나다.

둘째, 하늘에 우러러 부끄러울 것이 없고 구부려도 사람들에게 부끄러 울 것이 없는 것이 즐거움의 하나다.

셋째, 천하의 영재를 얻어 학문을 가르치는 것이 즐거움의 하나다.

釜中之魚
부 중 지 어

솥 안의 물고기. 눈앞에 위험이 있어 목숨이 얼마 남지 않았다는 뜻.

솥 **부** 가운데 **중** 어조사 **지** 물고기 **어**

후한(後漢) 8대 순제(順帝)로부터 11대 환제(桓帝) 전반까지 20여 년에 걸쳐 횡포를 부리며 영화를 누린 양익(梁翼)이 대장군이 되고 그 아우인 불의(不疑)가 하남(下南) 태수가 되었을 때, 8명의 사자로 하여금 주군 (州郡)의 순찰을 명하였다.

8명 중의 한 사람인 장강(張綱)은 수레의 바퀴를 낙양(洛陽) 숙소의 흙 속에 묻고서,

"들개나 이리 같은 양익의 형제가 요직에 올라 있는데 여우나 살쾡이 같은 지방 관리를 조사하며 돌아다닐 수 있겠는가?"

하고 떠들며 양익 형제를 탄핵하는 15개 조항의 상소문을 제출했다. 이로 인하여 양익에게 원망을 받게 되어, 양주(楊州)와 서주(徐州)를 십여 년 동안 휩쓸고 돌아다닌 장영(張嬰)이라는 두목이 이끄는 도적떼의 근거지인 광릉군(廣陵郡) 태수로 임명되었다.

그러자 장강은 단신으로 도적의 산채로 수레를 몰고 가 장영을 만나 사물의 도리를 설득하여 들려주었다. 장영이 그의 말을 듣고 깊은 감명을 받아,

"저희들이 이와 같이 서로 취하여 목숨을 보존할지라도 그것은 물고기가 솥 안에서 헤엄치는 것과 마찬가지입니다. 결코 오래 계속되지 못할 것입니다."

라고 말하며 만여 명의 도적떼가 항복했다. 장강은 산채에서 도적들과 잔치를 베풀고 도적들을 석방해 주었다.(≪자치통감≫ 한기(漢紀))

'부중지어(釜中之魚)'란 여기에서 나온 말로, 장차 삶아질 것도 모르고 솥 안에서 헤엄치는 물고기를 뜻한다.

附和雷同
부 화 뇌 동

우레 소리에 함께한다는 뜻으로, 소신 없이 남이 하는 대로 덩달아 따라 한다는 뜻.

붙을 **부** 화할 **화** 우레 **뇌** 같이할 **동**

≪예기≫ 곡례편(曲禮篇) 상(上)에는 손윗사람에 대한 예절을 이렇게 설명했다.

"동설(動說)하지 말고, 뇌동(雷同)하지 말며, 반드시 옛날을 본받고, 선왕을 일컬으라.(다른 사람의 말을 자기의 말처럼 말하지 말고, 함부로 다른 사람의 의견에 동조하지 말며, 반드시 옛날의 성현을 모범으로 삼도록 하고, 선왕의 가르침에 따라 이야기를 진행시키도록 하라.)"

'뇌동(雷同)'이란 우레가 울리면 만물이 이에 응하여 울리는 것처럼, 다른 사람이 말하는 것을 듣고 그것이 옳고 그른지를 생각해 보지도 않은 채 경솔하게 부화공명(附和共鳴)하는 것을 말한다. '부화뇌동(附和雷同)'이란 '뇌동(雷同)한다'는 뜻으로 '부화(附和)'는 뒤에 첨가된 것이다.

≪논어≫ 자로편(子路篇)에 '군자는 화합하고 부화뇌동하지 않지만, 소인은 부화뇌동하고 화합하지 않는다(君子和合而不同 小人同而不和)'라고 있으며, 이 '동(同)'자에 이미 부화뇌동의 뜻을 지닌다고 보아야 할 것이다.

焚書坑儒
분 서 갱 유

책을 불태우고 선비를 매장한다는 뜻으로, 학자들의 비평을 금하기
위한 가혹한 정치.

불사를 분 글 서 구덩이 갱 선비 유

진시황(秦始皇) 즉위 34년에 함양궁(咸陽宮)에서 잔치를 베풀었다. 박
사들 70명이 앞으로 나와서 장수를 빌었다. 복야(僕射)인 주청신(周青
臣)이 앞으로 나아가 황제의 위덕을 칭찬하여,

"폐하께서 천하를 통일하시고 제후들의 땅을 군과 현으로 하셨기 때문
에 백성들은 모두 즐거움에 편안하고 전쟁 걱정이 없으며 그 덕을 만세
에 전하게 되었습니다. 예로부터 폐하의 위덕을 따를 사람이 없습니다."
라고 말했다. 진시황은 기분이 좋았다. 그러자 박사인 제(齊)나라 사람
순우월(淳于越)이 앞으로 나아가,

"신이 들은 바에 의하면 은(殷)나라와 주(周)나라가 왕하기를 천여 년,
자제와 공신을 봉하여 번병(藩屏)으로 삼았다고 합니다. 그런데 폐하께
서 천하를 통일하셨으면서도 자제들은 아무 벼슬도 없는 필부(匹夫)에
불과합니다. 만일 제(齊)나라의 전상(田常)이나 진(晋)나라의 육경(六卿)
처럼 갑자기 왕실을 빼앗는 역신(逆臣)이 나타날 경우, 황실을 보좌할 제
후가 없으면 어떻게 구원할 수 있겠습니까? 옛날을 스승으로 삼지 않고
서는 능히 오래도록 보존해 나간 사람이 있다는 것을 듣지 못했습니다.
지금 청신(青臣)이 앞으로 나와 폐하의 잘못을 거듭하게 하려고 합니다.

이런 자는 충신이라고는 말할 수 없습니다."

진시황은 순우월의 주장을 신하들에게 토의시켰다. 승상인 이사(李斯)가 논하였다.

"옛날의 오제(五帝)라고 불리는 사람들과 하·은·주 3대의 정치는 어느 것이나 전대의 제도를 답습한 것이 아니라 각자 독자적인 시책으로써 치적을 올린 것이다. 그것은 정치의 도(道)가 상반되어 그런 것이 아니라 시대가 변했기 때문이다. 지금 폐하께서는 대업을 일으키시어 만대에 전할 만큼 공을 세우셨지만 이런 일은 처음부터 어리석은 선비가 미치지 못하는 바이다.

순우월의 말은 하·은·주 3대를 이야기한 것으로, 법도가 되기에는 부족하다. 과거에 제후들이 서로 다툴 때는 유세하는 선비를 초빙했다. 지금은 이와는 달리 천하는 이미 정해졌고 법령은 하나로 나오고 있다.

백성들은 집에서 농사에 힘쓰고, 선비들은 법령을 배워 금하는 법령에 저촉되지 않도록 힘쓰고 있다. 그런데 학자들은 지금을 스승으로 삼지 않고 옛날을 배워, 이로써 현재 정치를 비방하여 백성들을 당황시키고 있다.

옛날에는 천하가 혼란해져도 능히 이를 통일하는 사람이 없었기 때문에 제후들이 아울러 일어나 말은 옛날을 빌려 지금을 배척하고, 거짓말을 꾸며 진실을 어지럽히고, 사람들은 각자 배운 것만을 선으로 삼고, 위에서 정한 것을 배척했다. 이와는 달리 지금은 황제께서 천하를 통일하시고 흑백을 분명히 밝히시어 존중해야 할 법도를 오직 하나로 정하셨다.

그런데 지금 자기가 배운 것으로써 서로 모여 법령을 배척하는 자들은, 법령이 내려오면 각자 학문의 입장에서 이를 토론하고 조정에 들어와서 입으로는 말하지 않지만 마음속으로 이를 비난하거니와, 밖에 나와 거리에서는 이를 비판한다. 임금을 받드는 일을 자랑으로 삼고, 의를 부르짖는 것을 고상하다고 하여 제자들을 이끌어 비방케 한다.

　이와 같은 일을 금하지 않는다면 위로는 임금의 권위와 세력을 저하시키고 아래로는 그들이 세력을 이루게 되는 것이다. 이것을 금하는 일이야말로 몹시 중요하다."

　이사의 논의는 점점 구체적으로 들어갔다.

"신이 청컨대 진나라 기록이 아닌 것은 사관은 전부 불사르라. 박사가 직무상 취급하는 것 이외에 천하에서 감히 시경과 서경과 백가(百家)의 책을 간직하는 사람이 있을 때는 군의 수위에게 제출하여 모두 불사를 것. 감히 시서를 말하는 자가 있으면 시서를 저자에 버릴 것. 예로써 지금을 그르다 하는 자는 집안 모두 사형에 처할 것. 이상에서 말한 금지 사항을 침범하는 자를 알면서도 검거하지 않는 관리도 죄는 같다. 명령이 내리고 30일 이내에 불사르지 않는 자는 이마에 문신을 새기고 매일 새벽에 일어나 성을 쌓는 형벌에 처한다. 버리지 않는 것은 의약과 점술과 농업의 책이다. 만일 법령을 배우고자 하는 자가 있으면 관리로써 스승으로 삼는다."

　臣請 史官非秦記皆燒之. 非博士官所職 天下敢有藏詩書百家語者 悉詣守尉襍燒之. 有敢偶語詩書棄市. 以古非今者族. 吏見知不擧者與同罪. 令下三十日不燒 黥爲城旦. 所不去者 醫藥卜筮種樹之書. 若有學法令 以吏爲師.(≪사기≫ 진시황본기(秦始皇本紀))

　진시황이 이를 채택하여 행한 것을 분서(焚書)라고 한다.

　한편 '갱유(坑儒)'는 다음해인 35년의 일이다. 진시황은 불로장생을 원하여 신선의 재주를 익힌 방사(方士)를 사랑했다. 그 무렵 특히 눈을 끌어 후대한 것은 후생(侯生)과 노생(盧生)이었다. 그러나 재주의 효험이 나타날 경우 대접이 대단한 만큼, 그렇지 못할 경우의 위험도 컸다. 두 사람은 받을 것을 받은 후 진시황의 부덕을 마구 말하더니 자취를 감춰 버렸다.

지금까지 한중(韓衆)이나 서발(徐巿) 같은 방사(方士)에게 큰 돈을 썼던 진시황은 이번에 다시 노생 등이 은혜를 원수로 갚는 데 격노했다. 때마침 함양(咸陽)의 시중에 내보낸 첩자로부터 괴상한 언행으로 사람들을 현혹시키는 학자들이 있다는 보고가 들어왔다. 화가 난 진시황은 어사(御史)에게 명하여 학자들을 남김없이 심문케 했다.

학자들은 서로 죄를 전가시켜 다른 사람을 고발하고 자기 자신을 도우려 했다. 그 결과 금령을 범한 사람이 460여 명 있어 이들을 모두 함양(咸陽)에 구덩이를 파고 묻어버렸다. 널리 천하에 알리기 위한 징벌로 한 것이었다.

諸生傳相告引乃自除. 犯禁者四百六十餘人 皆阬之咸陽. 使天下知之以懲後.(≪사기≫ 진시황본기(秦始皇本記))

不俱戴天之讎

불 구 대 천 지 수

같은 하늘을 이고 살 수 없는 원수라는 뜻으로, 꼭 복수해야 할 원수
라는 말.

아니 **불** 함께 **구** 일 **대** 하늘 **천** 어조사 **지** 원수 **수**

'불구대천지수(不俱戴天之讎)'란 함께 하늘을 이고 살 수 없는 원수란
뜻으로, 원래는 아버지의 원수를 말한다.

≪예기≫ 곡례편(曲禮篇) 상(上)에 다음과 같이 기록되어 있다.

아버지의 원수와 함께 하늘을 이지 않고, 형제의 원수는 병기를 돌이
키지 않고, 친구의 원수는 나라를 함께하지 않는다.

父之讎 弗與共戴天 兄弟之讎 不反兵 交遊之讎 不同國.

아버지의 원수란 함께 하늘을 이고 살 수 없을 만큼 깊은 원수로서 반
드시 그 원수를 갚아야 하는, 타협이 허락되지 않는 원수인 것이다.

형제의 원수도 그 원한의 깊이에서는 아버지의 경우에 뒤떨어지지 않
겠지만 이에 대하여 '불반병(不反兵)'이라고 설명되어 있다. 형제의 원수
를 만나면 집으로 무기를 가지러 갈 여유가 없다는 뜻이다. 만일 그렇게
한다면 상대방이 도망할 틈을 얻게 된다. 그러니 평소에 무기를 지니고
다니다가 형제의 원수를 만나면 그 원수를 갚도록 하라는 말이다.

친구 간의 원수란 부모나 형제에 비교하면 훨씬 원한이 얕다 하겠다. 물론 서로 마음을 주던 가까운 친구 사이였다면 적어도 나라를 함께하고 살아서는 안 된다는 말이다. 상대방을 다른 나라로 쫓거나 자기가 다른 나라로 떠나거나, 친구의 정의 깊고 얕음에 따라 여러 가지 경우가 있을 것이다.

그러나 ≪맹자≫나 ≪중용≫에서는 인륜의 중요한 것으로 오륜(五倫: 부자(父子)·군신(君臣)·부부(夫歸)·장유(長幼)·붕우(朋友))을 가르치고 있거니와, ≪곡례(曲禮)≫에서 복수론은 아버지와 형제와 친구, 셋으로 한정시키고 있다.

不入虎穴不得虎子
불 입 호 혈 부 득 호 자

호랑이 굴로 들어가야 호랑이 새끼를 잡을 수 있다는 뜻으로, 큰일을 하기 위해서는 모험을 해야 한다는 뜻.

아닐 **불** 들 **입** 호랑이 **호** 구멍 **혈** 아닐 **부** 얻을 **득** 호랑이 **호** 자식 **자**

반초(班超)는 후한(後漢) 초기 사람으로, 형인 반고(班固)는 ≪한서≫의 저자이고, 아버지 반표(班彪)나 누이동생 반소(班昭)도 뛰어난 문장가였다. 반초는 그런 문필이 능한 집안에서 자라나 그 자신도 말을 잘하고 책을 읽은 양도 상당했으며, 원래 용기 넘치는 큰 스케일을 가지고 있어 서역(西域)에서 크게 활약을 하여 역사에 이름을 남기게 되었다.

서역의 활약이란 명제(明帝) 영평(永平) 16년에 도고(竇固)를 따라 북흉노(北匈奴)를 정벌하여 그 재능을 인정받은 것으로 시작되어 그로부터 30년이나 계속되었다. 그 사이에 공로를 세워 정원후(定遠侯)에 봉해지기도 했다.

　그런데 반초가 36명의 장사들을 이끌고 선선국(鄯善國)에 사신으로 갔을 때의 일이다. 선선왕인 광(廣)은 처음에 반초의 일행을 몹시 후대하였으나 그 뒤 갑자기 냉대하는 것이었다. 흉노의 사자가 왔기 때문이었다.

　선선은 천산남로(天山南路)와 북로의 분기점에 있는 교통의 요충 지대였기 때문에 흉노족도 큰 관심을 가지고 지배하였으며, 광왕(廣王)은 그 흉노족을 한(漢)나라 이상으로 두려워했던 것이다.

　반초는 정세의 변화를 민감하게 파악하고 광왕의 시종에게 물었다.

　"흉노의 사자가 도착한 지 며칠 되었다고 하던데 그들은 지금 어디에 있는가?"

　두려워하는 시종이 사실을 실토하자 그를 가두어 놓고, 곧 부하 전원을 모아 주연을 베풀었다. 그리고 잔치가 한창일 무렵 그들을 격분시키려고 이렇게 말했다.

　"당신들과 나는 고국에서 멀리 떨어진 이역에서 큰 공을 세우고 부귀한 몸이 되기를 원하고 있다. 그런데 지금 흉노의 사자가 이곳에 도착하니 불과 며칠 사이에 이 나라의 왕은 우리들을 냉대한다. 만일 이 나라가 우리들을 사로잡아 흉노의 땅으로 보내게 된다면 우리들은 표범이나 이리의 먹이가 될 것이다. 그렇게 되지 않기 위한 방책이 있는가?"

　부하들이 말했다.

　"지금 우리들은 몹시 위급한 사태에 놓여 있습니다. 죽거나 살거나 대장님의 명령에 따르겠습니다."

그러자 반초는 단호하게 말했다.

"호랑이 굴에 들어가지 않으면 호랑이 새끼를 얻지 못한다. 지금 생각할 수 있는 가장 좋은 방책은 밤을 타 불로써 오랑캐들을 공격하는 것이다. 우리 군대의 수를 놈들이 알지 못하면 놈들은 반드시 크게 떨며 두려워할 것이다. 이것이 결정적인 요소이다. 이 오랑캐들이 멸망하면 곧 선선국의 담을 터뜨려 공이 이루어지고 일이 달성될 것이다."

超日 不入虎穴不得虎子. 當今之計 獨有因夜以火攻虜 使彼不知我多少 必大震怖 可殄盡也. 滅此虜 則鄯善破膽 功成事立矣.(≪후한서≫ 반초전 (班超傳))

이렇게 하여 36명의 장사들은 반초의 지령에 따라 각 부서에 나아가 흉노의 사자 숙사에 불을 지름과 동시에 급습하여 몇 배나 되는 적을 다 죽였다. 물론 선선국은 한(漢)나라에 항복했다.

이 이야기와 같이 '불입호혈부득호자(不入虎穴不得虎子:호랑이 굴에 들어가지 않으면 호랑이 새끼를 얻지 못한다.)' 는 반초의 말이다. 모험을 저지르지 않으면 큰 이득은 얻을 수 없다는 뜻이다.

不肖

불　초

닳지 않았다. 어리석고 현명하지 못하다는 뜻과, 부모에게 자식을 지칭하는 말.

아니 **불** 닳을 **초**

≪맹자≫ 만장편(萬章篇) 상(上)에 다음과 같이 실려 있다.

'요임금의 아들 단주(丹朱)는 불초(不肖)하였고, 순임금의 아들 또한 불초하였다. 순임금이 요임금을 도운 것과 우임금이 순임금을 도운 것은 해가 지나기를 많이 하였고 백성들에게 은택을 오래 베풀었다.'

丹朱之不肖 舜之子亦不肖. 舜之相堯 禹之相舜也 歷年多 施澤於民久.

'불초(不肖)'란 닳지 않았다는 뜻으로, 아버지를 닳지 않아 어리석다는 뜻으로 사용되고 있으며, ≪중용≫ · ≪관자≫ · ≪순자≫ · ≪사기≫ · ≪한서≫ 등에도 나온다.

不惑
불 혹

미혹하지 않는다. 나이 마흔 살을 뜻함.

아닐 **불** 미혹할 **혹**

이 말은 ≪논어≫ 위정편(爲政篇)에 실려 있는 말이다.

공자께서 만년에 자신의 과거를 돌아보시고 그 정신적인 성장 과정을 말씀하신, 짤막하면서도 일종의 자서전적인 요소를 포함한 술회(述懷)라고 보아야 하거니와, 그중 사용된 어구가 그대로 연령을 나타내는 말로 후세에도 사용되고 있다.

공자께서 말씀하셨다.

"나는 열다섯 살에 학문에 뜻을 두고, 서른 살에 서고, 마흔 살에 미혹되지 않고, 쉰 살에 하늘의 명을 알고, 예순 살에 귀에 따랐고, 일흔 살에 마음이 하고자 하는 바를 따라도 법도를 넘지 않았다."

子曰 吾十有五而志于學 三十而立 四十而不惑 五十而知天命 六十而耳順 七十而從心所欲 不踰矩.

공자께서 열다섯 살에 학문에 뜻을 두셨다는 말은 목적이 뚜렷한 의미의 학문, 자신의 향상을 위하고 나아가서는 인류 문화의 발전에 공헌하기 위한 학문을 마음속에 그리고 뜻을 세우신 것임에 틀림이 없다. '삼십이립(三十而立)', '사십이불혹(四十而不惑)'이란 말은 일단 학문에 대해 세우신 뜻이 점점 그 방향으로 확고부동하게 되어 가는 과정인 것이다.

바꾸어 말하면 학문이 도덕에 의해 세워져 학문에 흔들림 없는 신념이 부여되는 것을 말한 것이다. 그래서 마흔 살을 '불혹(不惑)'의 나이라고 일컫는 것이다.

보통사람들 같으면 자기가 설정한 방향에 대해서도 자주 자신감을 상실하여 흔들림을 금치 못하는 경우도 있다. '마흔 살에 미혹되지 않는 것'이 아니라 '마흔 살에 점점 더 당황하게 되는 경우'가 얼마든지 있게 마련이다. 여기에서 벗어나 비로소 '쉰 살에 하늘이 명하여 준 것을 아시고', '예순 살에 귀에 따르는' 경지에 이르신 것이다. 하늘이 명하여 준 것을 자각한다는 것은 '불혹(不惑)'의 극치이다.

《논어》 자한편(子罕篇)에 이렇게 실려 있다.

공자께서 광(匡)에서 어려움을 당하셨을 때 말씀하셨다.

"문왕(文王)이 이미 돌아가셨지만 그 글이 여기에 있지 아니한가? 하늘이 장차 이 글을 없애려 하신다면 뒤에 죽는 사람들이 이 글을 모르고 말겠거니와, 하늘이 아직 이 글을 없애려 아니하신다면 광의 사람들이 나를 어찌하겠는가?"

子畏於匡曰 文王旣沒 文不在玆乎. 天之將喪斯文也 後死者 不得與於斯文也 天之未喪斯文也 匡人其如予何.

여기에는 당신이 하늘로부터 위탁받은 사명의 중대성에 대한 한없는 감격과 그것을 완성으로 이끌려는 흔들림 없는 자신감이 엿보인다. 그러나 한편, 하늘이 명하여 준 것에 대한 자각이란 공자님 능력의 한계에 대한 자각과도 통한다. 바꾸어 말하면 거기에는 이상과 현실의 어긋남에 대한 인식과 거기에 따르는 일종의 체념이 생기게 된다.

공자께서 '사람들이 몰라주어도 성내지 않는다면 또한 군자가 아닌가?' 라고 말씀하시고 또, '하늘을 원망하지 않고 사람들을 허물하지 않고서 아래로부터 배워 위로 통달한다. 나를 알아주는 것은 그 하늘인가?' 하고 말씀하셨을 때의 의식이 바로 그것이다.

좌우간 오늘날에는 '마흔 살에 미혹되지 않는다.' 라고 말씀하신 것과, '쉰 살에 천명을 안다.' 라고 하신 것과, '예순 살에 귀를 따른다.' 라고 하신 것과, '일흔 살에 마음이 하고자 하는 바에 따라도 법도를 넘지 않는다.' 라고 말씀하신 것에 각각 연령을 나타내는 이칭(異稱)으로 사용되고 있다.

鵬程萬里
붕 정 만 리

붕새가 날아갈 길이 만 리라는 뜻으로, 큰 뜻을 품는다는 말.

붕새 **붕** 길 **정** 일만 **만** 거리 **리**

이 말은 '큰 계획을 세우거나' 혹은 '큰 사업을 계획하는 것' 을 이르는 것이다. 이 말은 ≪장자≫ 소요유편(逍遙遊篇) 첫머리의 이야기에서 나온 것이다.

　북쪽 바다에 고기가 있으니 그 이름을 곤이라 한다. 큰 곤은 몇천 리나
되는지 알지 못한다. 화하여 새가 되니 그 이름을 붕새라 한다. 붕새의
등은 몇천 리인지 알지 못한다. 성내어 날면 그 날개는 하늘에 드리운 구
름 같다. 이 새는 바다의 기운으로 장차 남쪽 바다로 옮기는데, 남쪽 바
다는 하늘의 연못이다.
　제해(齊諧)라는 사람이 다음과 같은 괴이한 이야기를 기록한 것이 있
다.
　'붕새가 남쪽 바다로 옮길 때는 물을 치기를 삼천 리나 하고, 거기서
일어나는 선풍을 타고 위로 올라가기를 구만 리나 하며, 6개월이나 걸려
남쪽 바다에 가서 쉰다.'
　아지랑이와 티끌과 먼지는 생물들이 뿜어내건만 하늘은 푸르고 푸르
니 그 올바른 색깔인가? 멀어서 끝 간 데가 없는 까닭인가? 내려다보는
것 또한 이와 같을 뿐이다. 대저 물의 쌓임이 두텁지 않으면 큰 배를 띄
움에 힘이 없고, 뜰의 파인 곳에 술잔의 물을 부으면 지푸라기는 배가 되
어 뜨지만 잔을 놓으면 엎어진다. 물은 얕은데 배는 크기 때문이다. 바람
의 쌓임이 두텁지 못하면 그 큰 날개를 띄움에 힘이 없다. 그러므로 구만
리면 바람이 그 아래에 있다. 뒤에 곧 바람을 타고 푸른 하늘을 등지고서
아무것도 걸리는 것이 없다. 이리하여 지금 비로소 붕새는 남쪽으로 날
아가려는 것이다.

　北冥有魚 其名爲鯤. 鯤之大 不知其幾千里也. 化而爲鳥 其名爲鵬. 鵬之
背 不知其幾千里也. 怒而飛 其翼若垂天之雲. 是鳥也 海運則徒南冥 南冥
者天池也.

齊諧者 志怪者也. 諧之言日 鵬之徙於南冥也 水擊三千里 搏扶搖而上者 九萬里 去以六月息者也. 野馬也 塵埃也 生物之以息相吹也. 天之蒼蒼 其 正色邪. 其遠而無所至極邪. 其視下也 亦若是則已矣. 且夫水之積也不厚 則其負大舟也無力 覆杯水於坳堂之上 則芥爲之舟 置杯焉則膠水淺而舟 大也. 風之積也不厚 則其負大翼也無力. 故九萬里 則風斯在下矣. 而後乃 今培風 背負靑天 而莫之夭閼者. 而後乃今將圖南.

'붕정만리(鵬程萬里)'는 이 이야기에서 나온 말이다.

髀肉之嘆
비 육 지 탄

넓적다리 살을 탄식한다는 뜻으로, 능력 발휘를 못하고 허송세월을 보낸다는 뜻.

넓적다리 **비** 고기 **육** 어조사 **지** 탄식할 **탄**

후한(後漢) 말기에 하북(河北)에서 봉기하여 한때 천하를 큰 혼란으로 몰아넣었던 황건적(黃巾賊)의 난은 불과 1년도 못 되어 평정되기는 하였 지만, 전후 사백 년 동안 중국 대륙에 군림해 온 대한제국(大漢帝國)의 권위를 땅에 떨어뜨렸다.

난세는 영웅을 만들어 내거니와, 뒤의 촉한(蜀漢) 유비(劉備)도 그중 한 사람이다.

유비는 황건적의 난리를 맞이하여 한(漢)나라 왕실의 후예를 자칭하고 의군(義軍)을 일으켜, 각지로 돌아다니는 사이에 그 명성이 차차로 올라갔다.

유비는 198년에 조조(曹操)와 협력하여, 한 마리 이리와 같은 용장 여포(呂布)를 하비(下邳)에서 격파한 다음, 임시 수도 허창(許昌)으로 올라가 조조가 주선하여 헌제(獻帝)에게 배알하고 좌장군에 임명되었다. 그렇지만 조조의 휘하에 있는 것을 꺼려 허창을 탈출한 후 각지로 전전한 끝에 황족의 일족인 형주(荊州)의 유표(劉表)에게 의지했다.

그곳에서 신야(新野)라는 작은 성을 받아 4년 동안을 지냈거니와, 그 사이에 하북에서는 조조와 원소(袁紹)가 격돌하여 싸움을 되풀이하였기 때문에 황하 이남의 땅에서는 소강 상태가 계속되었다.

그러던 어느 날 유표에게 초대되었다가 변소에 가게 된 유비는 넓적다리에 살이 많이 붙은 것을 깨닫고 깜짝 놀라 눈물을 흘렸다. 자리로 돌아오니 유표가 눈물의 흔적을 보고 그 까닭을 물어 유비가 대답했다.

"나는 지금까지 항상 말을 타고 돌아다녀서 넓적다리에 살이 붙은 적이 없었습니다. 그런데 요즈음 너무 말을 타지 않았기 때문에 살이 들러붙었습니다. 세월 가는 것이 빨라 늙음이 이르는데도 아직 공업(功業)을 세우지 못하였으니 슬플 뿐입니다."

備住荊州數年 嘗於表坐起至厠 見髀裏肉生 慨然流涕. 還坐 表怪問備. 備曰 吾常身不離鞍 髀肉皆消. 今不復騎 髀裏肉生. 日月若馳 老將至矣 而功業不建 是以悲耳.(≪촉지(蜀志)≫ 선주전(先主傳))

'비육지탄(髀肉之嘆)' 이란 장수가 전쟁에 나가지 못하여 넓적다리에 살이 피둥피둥 찌는 것을 한탄한다는 뜻으로, 사람이 뜻을 펴 보지 못한 채 허송세월하는 것을 한탄하는 말이다.

貧者之一燈
빈 자 지 일 등

가난한 사람이 밝힌 등불 하나. 많은 물질보다 가난한 사람의 정성이 소중하다는 뜻.

가난할 놈 **자** 어조사 **지** 한 **일** 등불 **등**

석가모니(釋迦牟尼)가 사위국(舍衛國)의 어느 정사(精舍)에 계실 때의 일이다. 그 나라에 난타(難陀)라는 여자가 있었는데 의지할 곳도 없고 가난했기 때문에 거지 노릇을 하며 생활하고 있었다.

그런데 국왕을 비롯하여 온 나라 사람들이 각자 신분에 어울리게 석가모니와 제자들에게 공양하는 것을 보고,

"나는 저 세상에서 저지른 죄 때문에 가난한 몸으로 태어나서 모처럼 고마운 중들을 봐도 아무 공양도 할 수가 없다."

하고 슬퍼하면서 부끄러움을 느끼고 어떻게 하든지 공양하는 흉내라도 내야겠다고 생각했다.

그리하여 난타는 하루 종일 쉬지 않고 걸어다니며 사람들에게서 자비를 받아 겨우 1전을 얻었다. 그 1전을 가지고 기름집에 가서 기름을 사려

하자,

"단지 1전으로 기름을 사도 조금밖에 쓰지 못할 거야. 도대체 어디에 쓰려는 것이지?"

난타는 마음속에 있는 생각을 말했다. 그러자 기름집의 주인은 불쌍히 생각하여 배 이상이나 많은 기름을 주었다. 그만큼의 기름이라면 한 등을 밝힐 수 있었다. 난타는 크게 기뻐하며 등 하나에 불을 붙이고 정사로 가서 석가모니에게 바쳐 불단 앞에 있는 많은 등불 사이에 놓았다.

便行乞匃 以俟微供. 竟日不休 唯得一錢. 持詣油家 欲用買油. 油家問曰 一錢買油 少無所逮 用作何等. 難陀以所懷語之. 油主憐愍 增倍與油. 得已 歡喜 足作一燈. 担向精舍 奉上世尊 置於佛前衆燈之中.

난타의 성심에 의하여 바쳐진 한 개의 등불은 한밤중에도 계속 빛나, 먼동이 트고 다른 모든 등불들이 꺼진 뒤에도 오직 하나만 빛나고 있었다. 손을 휘저어 바람을 보내고 옷을 흔들어 바람을 보내도 끌 수 없었다고 한다. 나중에 석가모니는 난타의 정성스러운 마음을 인정하고 그녀를 비구니(比丘尼)로 삼았다.

이 이야기는 《현우경(賢愚經)》의 빈녀난타품(貧女難陀品)에 실려 있다. 여기에서 '빈자지일등(貧者之一燈:가난한 사람의 한 등불)'이란 말이 나왔다. 가난한 생활에 쪼들리면서도 정성을 기울여 부처님에게 한 개의 등불을 바친다는 뜻이다.

氷炭不相容

빙　탄　불　상　용

얼음과 숯은 서로 용납할 수 없다는 뜻으로, 군자와 소인은 타협하기 어렵다는 말.

얼음 **빙** 숯 **탄** 아닐 **불** 서로 **상** 용납할 **용**

　　그 성질이 전혀 반대여서 아무래도 타협하기 어려운 사이를 말한다. 이것은 ≪초사(楚辭)≫ 칠간(七諫)에 실려 있는 구절이다. '칠간(七諫)'이란 한(漢)나라 사람인 동방삭(東方朔)이 굴원(屈原)을 추모하여 지은 글이다. 이 글에 굴원이 고향을 떠나 고민하는 모습을 노래하고 있다.

　　사람 일의 불행을 슬퍼하여, 태명(太命)을 붙여 함지(咸池:하늘의 신)에게 맡긴다.
　몸은 병을 얻어 쉬지 못하고
　마음은 탕(湯)임금과 같이 끓어오르네.

　　얼음과 숯은 가히 써 서로 함께하지 못하니
　내 본디부터 목숨이 길지 못함을 알겠구나.
　홀로 괴롭게 죽어 즐거움이 없음을 슬퍼하며
　나는 나이가 아직 다하지 않음을 슬퍼한다.

　　氷炭不可以相並兮

吾固知乎命之不長

哀獨苦死之無樂兮

惜余年之未央.

　'불상용(不相容)'이 여기에서는 '불가이상병혜(不可以相並兮)'로 되어
있으나 뜻은 마찬가지이다.

　고향에서 굴원을 쫓아낸 사람과 자기는 얼음과 숯과 같은 사이라 고향
으로 돌아가고 싶은 생각은 그치기 어렵지만 그들이 있는 고향으로 돌아
갈 수는 없다. 나는 결코 천수를 타고났다고는 생각지 않지만 그렇다고
지금 죽는 것은 비명(非命)이라고 말할 수밖에 없다. 돌아가는 것도 용납
되지 않고 여기에서 죽는다는 것도 견딜 수 없다.

　다음에 계속되는 구절은 '빙탄불상용(氷炭不相容)'과 관계는 없지만
재미있는 비유가 되므로 들어 두겠다.

　내가 있는 곳으로 돌아가지 않음을 슬퍼하여

　나의 고향을 떠나는 것을 한한다.

　새와 짐승도 놀라서 무리를 잃고

　오히려 높이 날며 슬피 우네.

　여우도 죽을 때는 반드시 언덕으로 머리를 두는데

　무릇 누가 능히 진정으로 돌아가지 않겠는가!

　여우가 죽을 때는 언덕 쪽으로 머리를 향한다 하니, 여우의 고향은 언
덕 위에 있는 굴인 것이다. 망향의 그리움을 그치기 어려움을 표현하고
있다.

사

四面楚歌

사 면 초 가

사방에서 들리는 초나라의 노래라는 뜻으로, 적에게 고립되어 궁지에 빠진 상황을 말함.

넉 **사** 대할 **면** 초나라 **초** 노래 **가**

초(楚)나라 왕 항우(項羽)와 한(漢)나라 왕 유방(劉邦)과의 쟁패전(爭覇戰)도 거의 결말에 가까워지고 있었다. 형세는 이미 항우에게 불리하게 되었다. 그래서 유방은 항우의 강화를 받아들여 천하를 이분(二分)하여 홍구(鴻溝)의 서쪽을 한(漢)나라, 동쪽을 초(楚)나라로 결정했다.

강화가 성립되자 항우는 군대를 이끌고 동쪽으로 돌아갔다. 유방도 서쪽으로 돌아가려 하자 장량(張良)과 진평(陳平)이 말했다.

"이제야말로 한(漢)나라와 초(楚)나라 세력의 우열은 분명합니다. 이 기회를 잃어서는 안 됩니다."

이리하여 백마를 돌이켜 항우를 추격했다. 한신은 제(齊)나라로부터, 그리고 팽월(彭越)은 양(梁)나라로부터, 그밖의 장군들도 각각 군대를 이끌고 달려와 해하(垓下)에서 만나 항우의 군대를 추격했다.

항우의 군대는 해하에 성벽을 쌓고 그곳에 틀어박혔다. 군대는 적고 식량도 떨어져 있었다. 한(漢)나라 군대와 제후의 군대는 몇 겹으로 성벽을 포위했다. 항우는 밤에 사방에서 한(漢)나라 군대가 초(楚)나라 노래를 부르는 것을 듣고 크게 놀라면서 말했다.

"한(漢)나라 군대가 초(楚)나라 땅을 이미 얻은 것인가? 어찌 초(楚)나라 사람이 이렇게 많은 것일까?"

項王軍壁垓下 兵少食盡. 漢軍及諸侯兵圍之數重. 夜聞漢軍四面皆楚歌 項王乃大驚曰 漢皆旣得楚乎. 是何楚人之多也.(≪사기≫ 항우본기(項羽本紀))

여기에서 '사면초가(四面楚歌)'란 주변에 적군뿐이며 항우 혼자임을 뜻하고 있는 것이다. ≪사기≫는 이어서 항우의 마지막 밤을 다음과 같이 묘사하고 있다.

밤이 되자 항우는 스스로 앞에 나서서 이별의 주연을 베풀었다. 항우에게는 미인이 있었는데 이름을 우미인(虞美人)이라고 하며 항상 총애하고 있었다. 그리고 준마가 있었는데 이름을 추(騅)라고 하며 항상 탈 준비가 되어 있었다. 여기에서 항우는 비분강개하여 스스로 시를 지었다.

나의 힘은 산을 빼고 기운은 세상을 덮는다.
때는 나에게 불리하여 추(騅)가 가지 않으니,
추는 가지 않으니 어찌할 것인가?
우미인아, 우미인아, 그대를 어찌할 것인가?

力拔山兮氣蓋世
時不利兮騅不逝
騅不逝兮可奈何
虞兮虞兮奈若何

이 노래를 되풀이하니 우미인이 이에 화답했다. 항우의 뺨에는 몇 줄기 눈물이 흐르고, 좌우에 있는 사람들도 모두 울어 감히 바라보지 못했다.

四分五裂
사 분 오 열

여러 갈래로 나눠지고 찢어진다는 뜻으로, 질서 없이 어지럽게 분열되거나 흩어진다는 말.

넉 **사** 나눌 **분** 다섯 **오** 찢을 **렬**

전국시대 중기에는 진(秦)나라의 동진(東進)에 대하여, 위(魏)나라 이하 여섯 나라가 연합하여 진(秦)나라에 대항하는 합종설(合縱說)과, 진(秦)나라와 협동하는 연횡설(連衡說)로 화려한 외교전이 전개되었다.

이때 소진(蘇秦)은 합종설을, 장의(張儀)는 연횡설을 추진하는 사람으로 혀 하나로 각국을 설득하며 돌아다녔다.

≪전국책≫은 당시의 변설을 모은 책이라 해도 지나친 말이 아니거니와, 그 〈위책(魏策)〉에 소진이 진(秦)나라 혜왕(惠王)을 위하여 위(魏)나라 애왕(哀王)에게 연횡책(連衡策)을 설득한 변설이 실려 있다.

"위(魏)나라 땅은 사방 천 리도 되지 않고 군대도 불과 삼십만입니다. 더구나 사방이 편편하여 길은 갈라지는 가지나 수레바퀴 살처럼 통해 있으며, 제후들이 사방에서 쳐들어오는데도 명산과 큰 산의 요충도 없습니다. ……더구나 남쪽에는 초(楚)나라, 서쪽에는 한(韓)나라, 북쪽에는 조(趙)나라, 동쪽에는 제(齊)나라와 국경을 접하고 있어……, 위(魏)나라 지세는 원래가 전쟁터입니다.

위(魏)나라가 남쪽의 초(楚)나라와 연합하고 제(齊)나라와 연합하지 않으면 제(齊)나라가 위(魏)나라 동쪽을 공격할 것이며, 동쪽의 제(齊)나라와 연합하고 조(趙)나라와 연합하지 않으면 조(趙)나라가 북쪽을 공격할 것이며, 한(韓)나라와 연합하지 않으면 한(韓)나라가 서쪽을 공격할 것이며, 초(楚)나라와 가까이하지 않으면 초(楚)나라가 남쪽을 공격해 올 것입니다. 이것을 소위 사분오열(四分五裂)의 도(道)라고 하는 것입니다."

'사분오열' 이란 넷으로 나뉘고 다섯으로 분열된다는 뜻이다.

私淑
사 숙

직접 배우지 못했지만 존경하는 사람의 학문을 따르고 익힌다는 뜻.

사사로울 **사** 맑을 **숙**

맹자는 제(齊)나라의 남쪽 작은 나라인 노(魯)나라 부근에서 태어나 공자 손자인 자사(子思)의 제자가 되어 유학(儒學)을 배웠다. 맹자는 공자를 그리워하며 이렇게 말했다.

맹자가 말했다.

"군자가 끼친 은덕은 다섯 세대로 끊어지고, 소인이 끼친 은덕도 다섯 세대에서 끊어진다. 나는 공자님의 제자가 되는 것은 얻지 못하였지만 사람들을 통하여 사숙(私淑)하였다."

孟子曰 君子之澤 五世而斬 小人之澤 五世而斬. 子未得爲孔子徒也 子私淑諸人也.(≪맹자≫ 이루편(離婁篇) 하(下))

한 세대를 30년이라고 치면 5세대는 150년인데 군자나 소인이나 그 끼친 은덕은 150년으로 끝난다고 한다. 공자께서 돌아가신 지 약 90년 뒤에 맹자가 태어났으므로 직접 공자님의 제자가 되지는 못하였지만, 공자께서 끼치신 덕을 많은 사람들이 알고 있기 때문에 공자의 도(道)를 듣고 은근히 자신의 몸을 닦을 수 있었던 것이다.

'사숙(私淑)'이란 여기에서 나온 말로, 옛사람이나 멀리 있는 사람의 덕을 사모하여, 직접 가르침을 받지는 못했지만 그 사람을 표본으로 삼아 자기의 인격을 수양해 나가는 것을 말한다.

似而非者

사 이 비 자

겉과 속이 다른 사람이라는 뜻으로, 겉보기에는 옳은 것 같지만 속은 전혀 다르다는 말.

같을 **사** 말 이을 **이** 아닐 **비** 사람 **자**

'사이비자(似而非者)'란 겉으로는 옳은 것 같으면서도 사실은 그른 사람을 말하는 것이다.

≪맹자≫ 진심편(盡心篇) 하(下)에 실려 있는, 맹자와 그의 제자 만장(萬章)과의 문답에서 만장이 소위 '향원(鄕原)'의 뜻에 대하여 질문하거니와, 특히 그 후반에서는 '세속에 아첨하는 자는 덕을 해친다(子曰 鄕原 德之賊也)(≪논어≫ 양화편(陽貨篇)).'라는 공자의 말씀에 집중된다.

'향원(鄕原)'이란 말은 사이비(似而非)의 거짓된 군자라는 뜻이다. 공자께서는 이런 사람들을 덕을 해치는 자라고 말씀하신 것이다.

만장이 여쭈어 보았다.

"한 고을 사람들이 다 그를 훌륭한 사람이라고 칭찬한다면 어디를 가거나 훌륭한 사람이 아닐 수 없을 터인데, 공자께서 그런 사람을 '덕을 해치는 사람'이라고 말씀하신 것은 무엇 때문입니까?"

맹자가 말했다.

"그를 비난하려 해도 들어서 비난할 것이 없고 그를 공격하려 해도 공격할 구실이 없으나, 세상 풍속에 동조하고 더러운 세상에 합류하여 집에 있으면 마치 성실하고 신의가 있는 것 같고 나아가 행하면 마치 청렴하고 결백한 것 같아 사람들이 다 그를 좋아하고 스스로도 옳다고 생각하지만 그런 사람과는 함께 요순의 올바른 도(道)에 들어갈 수 없기 때문에 '덕을 해치는 사람'이라고 말씀하신 것이다.

공자께서 말씀하시기를, '나는 사이비(似而非)한 것을 미워한다. 강아지풀을 미워하는 것은 그것이 곡식의 싹을 혼란시킬까 두려워서이고, 말하는 것을 미워하는 것은 그것이 정의를 혼란시킬까 두려워서이고, 말많은 것을 미워하는 것은 그것이 신의를 혼란시킬까 두려워서이고, 정(鄭)나라 음악을 미워하는 것은 그것이 아악(雅樂)을 혼란시킬까 두려워서이고, 보라색을 미워하는 것은 그것이 붉은 색깔을 혼란시킬까 두려워서이고, 향원(鄕原)을 미워하는 것은 그들이 덕을 혼란시킬까 두려워서이다.'라고 말씀하셨다.

군자는 법도로 돌아갈 따름이니, 법도가 바로잡히면 일반 백성들에게도 착한 기풍이 일어나고, 백성들에게서 착한 기풍이 일어나면 간사한 것은 곧 없어지는 법이다."

萬章曰 一鄕皆稱原人焉 無所往而不爲原人 孔子以爲德之賊 何哉. 曰非之無擧也 刺之無刺也 同乎流俗 合乎汗世 居之似忠信 行之似廉潔衆皆悅之 自以爲是 而不可與入堯舜之道 故曰 德之賊也.

孔子曰 惡似而非者 惡莠 恐其亂苗也 惡佞 恐其亂義也 惡利口 恐其亂信也 惡鄭聲 恐其亂樂也 惡紫 恐其亂朱也 惡鄕原 恐其亂德也.

君子反經而已矣 經正則庶民興 庶民興 斯無邪慝矣.

원래 '향원(鄕原)'이란 점잖게 행동하여 고을에서 누구에게나 훌륭한 선비라는 평을 듣는 사람이다. 그러나 그는 마음의 본성까지 인의(仁義)

에 뿌리박고 있지 못하기 때문에 처세술에 능한 사이비 군자일 뿐이다. 그러므로 덕을 해치는 자인 것이다.

《논어》 양화편(陽貨篇)에도 다음과 같은 글이 실려 있다.

공자께서 말씀하셨다.

"향원(鄕原)은 덕을 해치는 사람이다."

子曰 鄕原 德之賊也.

射人先射馬
사 인 선 사 마

말을 타고 가는 사람을 쏠 때는 먼저 말을 쏘아야 한다는 뜻으로, 상대방을 굴복시키려면 그 사람의 힘이 되는 것을 먼저 쓰러뜨려야 된다는 말.

쏠 **사** 사람 **인** 먼저 **선** 쏠 **사** 말 **마**

'사인선사마(射人先射馬)'란 상대방을 쓰러뜨리고 굴복시키려면 그 사람이 의지하고 있는 것을 쓰러뜨리는 것이 성공의 길이란 뜻이다.

이것은 두보(杜甫)의 〈전출색(前出塞)〉에서 나온 말이다.

활을 쏘려면 마땅히 강한 것을 쏘고, 화살을 쓰려면 마땅히 긴 것을 쓰라.

사람을 쏘려면 먼저 말을 쏘고, 적을 사로잡으려면 왕을 먼저 사로잡으라.

사람을 죽이는 데도 또한 한계가 있으니, 나라를 세우면 스스로 국경이 있네.

진실로 침범하는 것을 능히 억제하면 어찌 살상할 것이 많으랴.

挽弓當挽强 用箭當用長

射人先射馬 擒敵先擒王

殺人亦有限 立國自有疆

苟能制侵陵 豈在多殺傷

마지막 두 구절이 이 시의 중요한 내용이다. 적을 많이 살상하는 것이 전쟁의 목적은 아니다. '침능(侵陵)'이란 적군의 침략을 억제할 수 있다면 목적은 충분히 달성되었다는 뜻이다.

당(唐)나라 현종(玄宗)이 영토 확장을 위해 변방에 군대를 파견한 것에 대하여 당시 병사들의 마음을 읊은 것이다. 곧 이어서 안록산(安祿山)이 난리를 일으키기 직전의 형편을 노래했다.

활을 쏘려면 마땅히 강한 활로 쏘고, 화살을 쓰려면 마땅히 긴 화살을 써야 한다. 사람을 쏘려면 먼저 그가 탄 말을 쏘고, 적을 사로잡으려면 그 왕을 먼저 사로잡아야 한다고 말한다. 사람을 죽이는 데 또한 한계가 있어 많은 사람들을 죽이지 못하며, 나라의 영토로 다른 나라와의 국경을 없앨 수 없다는 뜻이다.

이 시가 의도하는 바는 침략 전쟁을 부정함에 있다. 끊임없이 병사들을 죽이는 영토 확장은 빨리 그치는 것이 좋다는 말이다. 능히 적군의 침략을 막을 수 있다면 어찌 많은 병사들을 죽일 필요가 있겠느냐는 뜻이 되겠다.

'사인선사마(射人先射馬)'란 사람을 쏘려거든 먼저 그가 탄 말을 쏘라는 뜻으로, 어떤 목적을 달성하려면 그와 가장 관계가 깊은 사람이나 사물을 손에 넣으라, 그러면 길은 저절로 열린다는 뜻이다.

獅子身中蟲
사 자 신 중 충

사자 몸속에 있는 벌레라는 뜻으로, 은혜를 베푼 사람에게 원한으로 갚는다는 뜻.

사자 **사** 아들 **자** 몸 **신** 가운데 **중** 벌레 **충**

사자가 죽어서 시체로 되더라도 다른 짐승들은 두려워 가까이 가지 못하고 그 시체를 먹이로 하지 못한다. 그런데 시체 속에서 저절로 생긴 벌레들에게 먹혀 시체는 흔적도 없이 사라져버리고 만다.
불교에서는 이것을 예로 들어, 불법의 파멸에 대하여 불제자들을 경계하고 있다. 즉 ≪범망경(梵網經)≫에 이렇게 실려 있다.

사자 몸속의 벌레는 스스로 사자의 고기를 먹지, 몸 밖의 벌레가 먹지 않는 것과 같다. 이와 같이 불자들은 스스로 불법을 깨친다.

바깥의 도(道)나 천마(天魔)가 능히 파괴함과 같지 않다.

如獅子身中蟲 自食獅子肉 非餘外蟲. 如是佛者自破佛法 非外道天魔能
破壞.

즉 부처님의 정법(正法)이 파괴된다면 그것은 법(法) 가운데 있는 불제
자 중에서 악한 사람이 파괴하는 것이며, 외부의 도(道)나 마귀가 밖으로
부터 파괴하는 것이 아니다. 마치 사자의 시체가 꺼져버리는 것은 그 몸
가운데에서 생긴 벌레가 먹어버리기 때문이며, 외부의 다른 짐승들이 먹
는 것이 아닌 것과 같다.

이 ≪범망경(梵網經)≫의 경문(經文)에서 '사자의 몸 가운데 벌레가 사
자의 고기를 먹는다.'라는 말이 생겨나, 불교의 신도이면서 불교에 해를
끼치는 사람이란 비유로 사용되며, 나아가 '자기편에 해를 끼치는 사
람', '내부에서 재앙을 가져오는 사람', '은혜를 받은 상대방에게 원한
으로 갚는 사람'이란 뜻으로 사용되고 있다.

獅子吼
사　자　후

사자의 울부짖음. 청중에게 크게 열변을 토한다는 뜻.

사자 **사** 아들 **자** 울 **후**

'사자후(獅子吼)' 본래의 뜻은 사자가 울부짖는다는 것이다. 그것은 위엄에 넘치는 무서운 소리로, 그 소리를 들으면 모든 짐승들이 두려워하여 피해버린다. 그러므로 ≪본초강목(本草綱目)≫에는,

서역(西域)의 여러 나라에서 나온 사자는 눈빛이 번개와 같고 소리의 울부짖음이 우레와 같다. 한 번 짖을 때마다 곧 모든 짐승들이 피하여 도망친다.

獅子出西域諸國 目光如電 聲吼如雷 每一吼則百獸辟易.

이 '사자후(獅子吼)'를 부처님이신 석가모니(釋迦牟尼)께서 설법(說法)의 뜻으로 전용(轉用)한 것이다.

석가모니께서는 태어나자마자 '천상천하유아독존(天上天下唯我獨尊: 하늘 위와 하늘 아래에서 오직 내가 홀로 높다.)'라고 선언했다는 전설이 있다. 이것을 ≪전등록(傳燈錄)≫에서는,

석가모니 부처님께서 처음으로 태어나 한 손은 하늘을 가리키고 한

손은 땅을 가리켜, 돌아다니시기를 일곱 발짝 하시고 눈으로 사방을 돌아보며 말씀하시기를, '천상천하유아독존(天上天下唯我獨尊)'이라고 하셨다.

釋迦牟尼佛初生 一手指天 一手指地 周行七步 目顧四方曰 天上天下唯我獨尊.

라고 기록하고 있으며 다시 그 '천상천하유아독존'이라는 선언을 '사자후(獅子吼)'로 풀어서,

석가모니 부처님께서 도솔천(兜率天)에 태어나시어, 손을 나누어 하늘과 땅을 가리키시며 사자후 소리를 내셨다.

牟尼佛生兜率天 分手指天地 作獅子吼聲.

라고 기록하고 있다.

석가모니의 설법은 불법을 해설하는 것이기 때문에 이치와 위엄 그것이었으며, 이에 의하여 보살(菩薩)과 나한(羅漢)은 다시 정진하여 외도나 악마들이 항복하였다. 그 상태는 사자가 한 번 울부짖으면 모든 짐승들이 두려워하여 복종하는 것과 유사하다. 이것을 ≪유마경(維摩經)≫에서는 석가모니의 설법은 당당하여 사자가 짖는 것과 같으며, 해설하시는 것은 우레가 울려퍼지는 것처럼 청중들의 마음을 사로잡았다고 말한다.

死諸葛走生仲達
사 제 갈 주 생 중 달

죽은 제갈공명이 사마중달을 도망치게 했다는 뜻으로, 훌륭한 사람
은 죽어서도 이름값을 한다는 말.

죽을 **사** 모두 **제** 칡 **갈** 달아날 **주** 살 **생** 버금 **중** 통달할 **달**

촉한(蜀漢)의 건흥(建興) 12년, 제갈공명(諸葛孔明)은 위(魏)나라와 결
전에 임했다. 후주(後主) 유선(劉禪)에게 〈출사표(出師表)〉를 받들고서
최초의 출정을 시도하기를 8년, 여섯 번째의 출정이다.

이제까지 전투에서 위(魏)나라를 격파하지 못했던 제갈공명이 이번에
는 약 3년에 걸쳐 한중(漢中) 땅에서 휴양시키고, 식량을 저축하며, 운반
용 수레들을 정비시켰다. 특히 험준한 진령산맥(秦嶺山脈)의 횡단은 피
할 수 없는 조건이며, 이제까지는 그 때문에 병참(兵站)의 수송이 불충분
했던 점을 반성하여 목우(木牛)와 유마(流馬) 등을 고안, 수레의 정비에
힘썼다.

이렇게 하여 십만의 대군을 이끌고 사곡구(斜谷口)를 경유하여 오장원
(五丈原)에 본진을 설치함과 동시에 군대를 나누어 위수(渭水) 유역에서
둔전(屯田)을 시켰다.

위(魏)나라는 사마중달(司馬仲達)을 대장군으로 삼고 촉한의 군대를
맞이했다. 제갈공명은 빨리 승패를 결정하려 했지만, 그의 뛰어난 군략
을 알고 있던 사마중달은 오히려 지구전의 책략을 강구하여 멀리에서 온
촉한의 군대가 피로하기를 기다렸다. 제갈공명이 여인의 두건과 목걸이

와 의복 등을 보내 사마중달의 사내답지 못한 전투를 풍자했으나 역시 전투에 응하지 않았다.

이리하여 가을도 깊어졌을 때 제갈공명은 병에 걸려 중태에 빠졌다. 어느 날 밤 제갈공명의 진중 위에 큰 별이 붉은 빛을 끌면서 머문 후 얼마 있지 않아 제갈공명은 죽었다.

총수를 잃은 촉군의 군대는 철수할 것을 결의하고 장사(長史:벼슬 이름)인 양의(楊儀)의 지휘 아래 귀환 길에 올랐다. 백성들 중에 사마중달에게 그 까닭을 보고하는 사람이 있어 사마중달은 군대를 이끌고 뒤를 추격했다.

그러자 제갈공명의 신임이 두터웠던 강유(姜維)라는 장군이 촉한의 군기(軍旗)로 방향 전환을 시키고 큰북을 울리면서 반격하는 자세를 취했다. 이것을 본 사마중달은 혹시 제갈공명이 아직 살아 있는 것이 아닌가 하는 두려움에 사로잡혀 갑자기 군대를 거두어 후퇴했다.

백성들이 이것을 보고,

"죽은 제갈공명이 살아 있는 사마중달을 도망치게 했다."

하며 그의 겁이 많음을 말하자 사마중달은 쓴웃음을 지으며 말했다.

"살아 있는 사람의 책략이라면 간파할 수도 있지만 죽은 사람의 책략은 간파할 수 없지 않은가?"

亮病篤 有大星亦而芒 墜亮營中 未幾亮卒. 長史楊儀整軍還. 百姓奔告懿 懿追之. 姜維令儀反旗鳴鼓 若將向懿. 懿不敢逼 百姓爲之顔曰 死諸葛走生仲達. 懿笑曰 吾能料生 不能料死.

이 이야기는 ≪삼국지≫ 촉지(蜀誌)의 제갈량전과 ≪십팔사략≫과 ≪통감강목≫에 실려 있다. 원문은 ≪십팔사략≫에서 인용한 것이다.

蛇足
사   족

뱀의 다리. 하지 않아도 될 일을 공연스레 한다는 뜻.

뱀**사** 다리**족**

'사족(蛇足)'으로 유명한 초(楚)나라의 소양(昭陽)은 당시 영윤(令尹: 재상)이었다. 다음은 ≪전국책≫ 제책(齊策) 2에 실려 있는 고사이다.

소양이 위(魏)나라의 군대를 무너뜨려 장군을 죽이고 여덟 개의 성을 빼앗자 이번에는 선봉부대를 돌려 제(齊)나라를 공격했다.

진진(陳軫)이라는 세객(說客)이 제(齊)나라 위왕(威王)을 위하여 사자로 나서, 소양을 만나 재배하고 전쟁에 이긴 것을 축하한 후 몸을 일으켜 물었다.

"초(楚)나라 법에서는 군대를 무너뜨리고 장군을 죽였을 경우, 벼슬이 어떻게 됩니까?"

소양이 말했다.

"최고의 공로에 해당하는 벼슬과 최고의 작위를 얻을 것입니다."

진진이 다시 물었다.

"그보다도 귀한 벼슬은 무엇일까요?"

소양이 대답했다.

"오직 영윤일 뿐입니다."

그러자 진진이 말했다.

"영윤은 귀한 벼슬입니다. 그러므로 왕께서는 영윤을 두 사람 두지 않습니다. 당신을 위하여 은밀히 비유로 이야기하겠습니다. 좋겠습니까?

초(楚)나라에 사자(祠者:제사를 맡은 사람)가 근시(近侍:임금을 가까이 모시는 시종)들에게 술을 큰 잔에 가득 담아서 주었습니다. 그 시종들은, '몇 사람이 마시면 모자라겠지만 한 사람이 마실 만큼은 여유가 있다. 땅에 뱀을 그리되 제일 먼저 그린 사람이 마시기로 하자.'고 얘기했습니다. 한 사람이 우선 뱀을 그리고 술을 마시려 하자 다른 한 사람이 왼손에 술잔을 들고 오른손으로 뱀을 그리면서, '나는 발까지 그릴 수 있다구.' 하고 말했습니다. 그러나 그가 발을 그리고 있는 동안에 또 한 사람이 뱀을 다 그리고서 술잔을 뺏으며, '원래 뱀에게는 발이 없다구. 발을 그리면 안 된다.' 하면서 그 술을 마셔버렸습니다. 뱀의 발을 그리던 사람은 결국 술을 마시지 못했습니다.

楚有祠者 賜其舍人巵酒. 舍人相謂曰 數人飮之不足 一人飮之有餘. 請畫地爲蛇 先成者飮酒. 一人蛇先成 引酒且飮之 乃左手持巵 右手畫蛇曰 吾能爲之足. 未成 一人蛇成 奪其巵曰 蛇固無足 子安能爲之足. 遂飮其酒. 爲蛇足者終亡其酒.

그런데 당신은 초(楚)나라 재상이 되어 위(魏)나라를 공격해서 군대를 쳐부수고 장군을 죽이고 여덟 개의 성을 뺏은 다음, 그 여세를 몰아 제(齊)나라를 공격하려 하십니다. 제(齊)나라에서는 그야말로 당신을 두려워하고 있습니다. 당신의 명성을 드날리는 것은 이것만으로도 충분합니다.

당신의 벼슬에 더 거듭할 벼슬은 없습니다. 전투에서 패하는 일도 없고 더구나 그칠 줄 모르는 사람은 조만간 그 몸이 죽고 나면 벼슬은 후임자의 것이 될 것입니다. 뱀의 발을 그리는 것과 똑같은 일입니다."

소양은 과연 그렇다고 생각하여 군대를 후퇴시켰다.

여기에서 유익하지 않은 것, 혹은 유익함이 없고 쓸데없는 언행을 덧붙임으로써 오히려 일을 그르치는 것을 '사족'이라고 말하게 되었다.

四海兄弟
사   해   형   제

세상 사람들은 모두 형제라는 뜻으로, 세상의 모든 사람들이 형제처럼 가깝게 지내야 한다는 말.

넉 **四** 바다 **海** 맏 **兄** 아우 **弟**

공자의 제자에 사마우(司馬牛)라는 사람이 있었다. 《논어》의 정현(鄭玄) 주에 의하면 사마우의 형 환퇴(桓魋)는 악한 사람으로, 송(宋)나라에서 반란을 계획하다가 실패하여 국외로 도망쳤다고 한다.

사마우는 형이 언젠가는 죽을 것이라고 괴로워하며,

"사람들은 다 형제가 있는데 나만 없다."

고 하자 공자의 유명한 제자인 자하(子夏)가 이를 위로했다.

"내가 듣기로 사람의 생사는 명에 있고 부귀는 하늘에 있으며, 군자가 공경하여 실수가 없고 사람들과 사귐에 공손하여 예절이 있으면 천하 사람이 다 형제라고 하거니와, 군자가 어찌 형제 없음을 근심하겠소."

司馬牛憂曰 人皆有兄弟 我獨亡. 子夏曰 商聞之矣 死生有命 富貴在天
君子敬而無失 與人恭而有禮 四海之內 皆兄弟也 君子何患乎無兄弟也.

사마우가 과연 환퇴의 동생인지는 확실하지 않지만 자하(子夏)는 공자
로부터 이런 말을 들었다고 하며, '사해형제(四海兄弟)' 라는 말은 여기
에서 나왔다. '천하의 사람들은 다 형제와 같이 친하게 지내야 한다.' 라
는 뜻으로 사용된다.

소설 ≪수호지(水滸誌)≫에서는 천하의 영웅들이 '사해형제'를 표어
로 내걸고 양산박(梁山泊)으로 모였다.

殺身成仁
살 신 성 인

인의를 위하여 목숨을 바친다는 뜻으로, 자기를 희생하여 이웃에 봉
사하거나 옳은 일을 한다는 뜻.

죽일 **살** 몸 **신** 이룰 **성** 어질 **인**

'지사인인(志士仁人)의 장(章)' 이라고 일컬어지는 ≪논어≫ 위령공편
(衛靈公篇)에 실려 있는 글 중에 '살신성인(殺身成仁)' 이란 말이 나온다.

공자께서 말씀하셨다.

"뜻있는 선비와 어진 사람은 삶을 구하여 인(仁)을 해치는 일이 없고, 몸을 죽여서 인(仁)을 이루는 일은 있다."

子曰 志士仁人 無求生以害仁 有殺身以成仁.

'지사(志士)'란 도의에 뜻을 둔 사람이고, '인인(仁人)'이란 어진 덕을 갖춘 사람이다. 또 '지사(志士)'라는 말에 대하여 ≪맹자≫ 등문공편(滕文公篇) 하(下)에 다음과 같이 실려 있다.

맹자가 말했다.
"옛날에 제(齊)나라 경공(景公)이 사냥을 할 때 깃발로 동산지기를 불렀는데 오지 않으니 장차 그를 죽이려 했다. 공자께서 '정의에 뜻을 둔 선비는 구렁텅이에 버려질 것을 잊지 않고, 용사는 자기 목 잃을 것을 잊지 않는다.'라고 말씀하셨거니와, 공자께서는 무엇을 취하신 것인가?"

昔齊景公田 招虞人以旌 不至 將殺之. 志士 不忘在溝壑 勇士 不忘喪其元 孔子 奚取焉.

그런데 앞에서 든 ≪논어≫ 문장은 '정의에 뜻을 둔 사람과 어진 덕을 갖춘 사람은 삶이 소중하다고 하여 그것 때문에 인(仁)을 잃거나 하는 일은 절대로 하지 않는다. 오히려 때로는 자기의 목숨을 버리고서 인(仁)을 이루기에 힘쓴다.'라는 뜻이다.
'살신성인(殺身成仁)'이란 표현은 경우에 따라서는 비상사태를 가정하는 것으로서, 몸을 죽이는 것이 인(仁)을 달성하는 데 절대적인 조건이 되어야 한다는 말이다.

三顧之禮
삼 고 지 례

세 번 찾아가 예를 지킨다는 뜻으로, 인재를 얻기 위해서는 인내심과 안목이 있어야 된다는 뜻.

석 **삼** 돌아볼 **고** 어조사 **지** 예도 **례**

조조(曹操)에게 쫓겨 형주(荊州)에 있는 유표(劉表)에게 몸을 의지했던 유비(劉備)는 그 뒤 군대를 이끌고 신야(新野)에 주둔하고 있었다.

어느 날 유비에게로 서서(徐庶)가 찾아왔다. 그는 융중(隆中)에 숨어 살며 밭 갈고 있는 제갈공명(諸葛孔明)의 친구 중 한 사람이었다. 유비는 서서가 보통사람이 아님을 인정하고, 좋은 이야기 상대를 얻었다고 기뻐하며 여러 가지 이야기를 주고받았다. 그러는 동안 서서가 말했다.

"제갈공명은 대단한 인물입니다. 지금은 한가하게 지내고 있습니다만 와룡(臥龍:누운 용)이라고 할 만한 사람입니다. 장군께서는 그를 만나고 싶은 생각이 없으십니까?"

유비가 말했다.

"당신이 데려다 주지 않겠는가?"

그러자 서서는 대답했다.

"장군께서 가신다면 만날 수 있습니다만, 불러들일 수는 없을 것입니다. 제발 저와 함께 가 주십시오."

이리하여 유비는 드디어 제갈공명을 찾아가게 된다. 그것도 세 번이나 찾아가서 겨우 만났다.

時先主屯新野. 徐庶見先主 先主器之. 謂先主曰 諸葛孔明者臥龍也. 將
軍豈願見之乎. 先主曰 君與俱來. 庶曰 此人可就見 不可屈致也. 將軍宜枉
駕顧之. 由是先主遂詣亮 凡三往乃見.

그 결과 제갈공명은 유비를 돕기로 결심하고, 형주(荊州)와 익주(益州)
를 근거지로 삼아 한 왕실을 부흥할 것을 설득했던 것이다.

이것이 ≪삼국지≫ 촉지(蜀志) 제갈량전(諸葛亮傳)에 실려 있는 '삼고
지례(三顧之禮)'의 유래이다. '삼고(三顧)'란 세 번 찾아간다는 뜻이며
'삼고지례(三顧之禮)'는 세 번 찾아가서 예절을 다한다는 뜻이다.

단 먼저 인용한 원문에는 '삼왕(三往)'으로 실려 있으며 '삼고(三顧)'로
기록되어 있지는 않다. '삼고'라고 기록되어 있는 것은 〈출사표(出師表)〉
의 유래에 대하여 술회(述懷)하고 있는 부분이다.

"신은 원래 서민이어서 남양(南陽)에서 몸소 밭 갈고 있었습니다. 진실
로 저 난세 중에서도 목숨을 온전히 하고자 하며 제후에게 이름이 알려
지기를 구하지 않았습니다. 선제께서는 신이 비천한 신분임을 싫어하지
않으시고 외람되이 몸을 굽히시어 신의 초가집을 세 번이나 찾아 주시어
신에게 당세의 일을 하문하셨습니다. 이로 말미암아 감격하여 드디어 선
제에게 열심히 봉사할 것을 맹세하였습니다."

臣本布衣 躬耕於南陽. 苟全性命於亂世 不求聞達於諸侯. 先帝不以臣卑
陋 猥自枉屈 三顧臣於草廬之中 諮臣以當世之事. 由是感激 遂許先帝以驅
馳.

三十六計走爲上策
삼 십 육 계 주 위 상 책

서른여섯 가지 계책 중에 피하는 것이 상책이란 뜻으로, 상황이 불리할 때는 도망가는 것이 상책이라는 뜻.

석 **삼** 열 **십** 여섯 **육** 꾀할 **계** 달아날 **주** 할 **위** 위 **상** 꾀 **책**

'원컨대 뒤의 몸은 대대로 임금의 집안에 태어나지 않기를.'

이것은 골육상쟁으로 참극을 빚은 끝에 스스로 멸망한 남송(南宋) 최후의 황제 순제(順帝)가 제(齊)나라 왕 소도성(蕭道成)에게 황제의 자리를 강탈당하고 황궁에서 쫓겨났을 때 눈물을 흘리며 한 말이다. 순제를 황궁에서 끌어낸 것은 소도성의 친위대 장군 왕경칙(王敬則)이었다.

제(齊)나라를 세운 고제(高帝) 소도성은 송(宋)나라 황실인 유씨(劉氏) 집안의 비극을 눈으로 직접 보아온 만큼, 두 번 다시 그와 같은 어리석은 행동을 하지 않도록 유언하고 죽었지만 제(齊)나라 역시 송(宋)나라 황실의 전철을 밟아 불과 30년 만에 멸망하고 말았다.

제(齊)나라 명제(明帝) 소란(蕭鸞)은 고제(高帝) 형의 아들이다. 소란은 제2대 황제인 무제(武帝)가 죽은 뒤 신하들의 반대를 물리치고 어리석은 태자 소업(昭業)을 즉위시킨 후, 소업이 천자라는 지위를 악용하여 끊임없이 자행하는 난행을 가만히 지켜보다가, 그 난행을 책 잡아 불과 7개월 만에 죽여 버렸다. 그 뒤 소업의 동생 소문(昭文)을 천자에 세웠지만 허수아비로 3개월 만에 천자의 지위를 뺏고 독살시켰다. 소문이 천자의 자리에 있던 것은 B.C. 498년 7월부터 10월 사이였다.

소란은 자기에게 반대하는 형제와 조카들을 14명이나 죽였다. 천자의 자리를 빼앗기 위하여 한 집안을 피로 물들였던 것이다. 그러나 소란이 천자의 자리에 있었던 것은 불과 3년 남짓했다. 영태(永泰) 원년 정월에 그는 갑작스런 일로 병상에 눕게 되었다.

태자는 둘째아들인 보권(寶卷)이었는데 그는 뒤에 한(漢)나라 무제(武帝)의 손자로 몹시 음란하여 폐위된 창읍왕(昌邑王) 하(賀)가 '해혼후(海昏侯)'가 되었던 것을 그대로 답습하여 '동혼후(東昏侯)'라고 일러질 정도의 사람이었다.

한편 제(齊)나라에는 소란의 마수에서 벗어난 고제(高帝) 소도성의 핏줄이 아직도 10명이나 남아 있었다. 병상에 있던 소란은 이것이 불안하여 견딜 수가 없었다. 그들을 그대로 살려 둔다면 모처럼 손안에 넣은 천자의 자리도 언제 다시 빼앗길지 알 수 없는 노릇이다. 이리하여 그는 심복들에게 명하여 10명을 한꺼번에 다 죽여 버렸다.

이와 같은 움직임에 불안을 느낀 것은 고제(高帝) 이후의 옛 신하들이었다. 고제의 찬탈에 큰 공을 세운 노장 왕경칙은 그때 나이가 70여 세로 제(齊)나라 건국 이후 대사마(大司馬)와 회계(會稽)의 태수로 우대받고 있었지만 명제인 소란의 마수가 자기 몸에 언제 미칠지 불안했다.

그것은 소란도 마찬가지여서 왕경칙이 반기를 들지도 몰라 광록대부(光祿大夫)인 장괴(張瓌)라는 자를 평동장군(平東將軍)에 임명하여 회계와 경계선을 접한 오군(吳郡)에 파견했다.

"동쪽에는 지금 누군가 있다. 이는 단지 나를 평정하기를 바랄 뿐이다."

왕경칙은 화가 났다. 4월에 그는 군대를 일으켰다. 세력은 불과 만여 명에 불과했지만 진군하는 동안 호미와 괭이 등을 든 농민들이 참가하여 순식간에 10만여로 늘어났다. 회계를 떠난 반란군은 10여 일 만에 무진

(武進)을 넘어 흥성(興盛)에 육박했다. 회계에서 도읍인 건강(建康:남경)까지 3분의 2 지점을 지난 곳이었다.

한편 왕경칙이 군대를 일으켰다는 보고에 조정은 큰 두려움에 빠졌다. 태자인 보권은 당황하여 측근자를 누상(樓上)으로 올라가게 했다. 그때 우연히 도성 북쪽에 있는 정로정(征虜亭)이 방화로 연기를 뿜어내고 있었기 때문에 구경하러 달려갔던 사람이 와서 말했다.

"왕경칙은 이미 정로정까지 와 있습니다."

이 말을 들은 보권은 도망칠 궁리만 하고 있었다. 그 소식을 들은 왕경칙은 기분이 좋아 웃었다.

"단공(檀公)의 36가지 계책은 도망가는 것을 상책으로 한다. 헤아리건대 그대들 부자는 오직 도망가는 것이 있을 뿐이다."

檀公三十六策 走爲上策. 計汝父子唯有走耳.(≪자치통감≫ 권141)

단공(檀公)이란 남조(南朝) 송(宋)나라 초기의 명장 단도제(檀道濟)를 이르는 말로, 그가 북위(北魏)와 싸울 때 잘 도망쳤기 때문에 '단공삼십육책(檀公三十六策)'이라고 말한 것이다.

왕경칙의 득의만만은 오래 계속되지 못하고 흥성성(興盛城)을 포위했을 때 뒤로부터 관군의 습격을 받아, 만족스러운 무기를 갖지 못한 농민군은 곧 대혼란에 빠지고 왕경칙도 혼란한 틈에서 목을 잘렸다.

'삼십육계주위상책(三十六計走爲上策)'은 '삼십육계불여둔(三十六計不如遁)'을 번역한 것으로, '도망가야 할 때 무리를 하지 말고 도망치는 것이 상책'이란 뜻이다.

三人言市有虎

삼 인 언 시 유 호

세 사람이 말하면 호랑이도 만들어 낸다는 뜻으로, 근거 없는 말이라도 여러 사람이 말하면 믿어 버린다는 뜻.

석 **삼** 사람 **인** 말씀 **언** 저자 **시** 있을 **유** 호랑이 **호**

위(魏)나라 신하 방총(龐蔥)이 태자와 함께 인질로서 조(趙)나라 도읍 한단(邯鄲)으로 가게 되었다. 방총이 위(魏)나라 혜왕(惠王)에게 말했다.

"지금 누군가 '저자에 호랑이가 왔다.'고 말씀드리면 왕께서는 그 말을 믿으시겠습니까?"

왕이 말했다.

"아니다."

"두 번째 사람이 '저자에 호랑이가 있다.'고 말씀드리면 왕께서는 믿으시겠습니까?"

왕이 말했다.

"반신반의할 것이다."

"세 번째 사람이 '저자에 호랑이가 있다.'고 말씀드리면 왕께서는 믿으시겠습니까?"

왕은 말했다.

"믿을 것이다."

그래서 방총이 말했다.

"도대체 저자에 호랑이가 없다는 것은 명백한 사실입니다. 그런데 세 사람이 말씀드린다면 호랑이가 있게 됩니다. 지금 한단은 대량(大梁)을 떠나는 것이 저자보다 멀고, 신을 논하는 사람들은 세 사람만이 아닙니다. 제발 왕께서는 살펴 주시옵소서."

왕이 말했다.

"내가 직접 확인해 보기로 하지."

이리하여 작별 인사를 하고 출발했지만 아직 도착하기도 전에 참언이 들어왔다. 뒤에 태자가 인질에서 풀려나 귀국했을 때 과연 방총은 볼 수 없었다.

謂魏王曰 今一人言市有虎 王信之乎. 王曰 否. 二人言市有虎 王信之乎. 王曰 寡人疑之矣. 三人言市有虎 王信之乎. 王曰 寡人信之矣.

龐葱曰 夫市之無虎明矣. 然而三人言而成虎.(≪전국책≫ 위(魏) 2)

오늘날 '세 사람이 말하면 호랑이를 이룬다.'는 말은 근거 없는 소문이라도 많은 사람들이 말하면 듣는 사람이 믿어 버린다는 비유로 사용되고 있다.

喪家之狗
상 가 지 구

초상집의 개. 초라한 행색 때문에 대접을 받지 못한다는 뜻.

죽을 **상** 집 **가** 어조사 **지** 개 **구**

춘추시대 말기의 뛰어난 사상가이자 교육자였던 공자님도 정치가로서
는 반드시 다행한 사람은 아니었다.

즉 노(魯)나라 정공(定公) 13년(공자 55세 때)에 (≪사기≫의 공자세가
(孔子世家)에 의하면 그 이듬해) 노나라 조정의 대사구(大司寇)로서 재상
의 직무를 대행하고 있던 공자께서는 국정 개혁에 실패하여 실각한 다
음, 위(衛)나라로 간 이후 애공(哀公) 11년에 다시 노(魯)나라로 돌아올
때까지 대략 13, 4년 동안 이상으로 삼는 도덕정치의 실현에 집념을 불
태우면서 여러 나라 편력의 여행을 헛되이 계속하지 않을 수 없었다.

'상가지구(喪家之狗)'란 공자 자신이 인정하는 바와 같이, 정말로 실
의에 빠진 정치가로서 공자의 모습을 상징하는 데 적합한 말이었다고 할
수 있을 것이다.

아마 공자의 나이 56세 때, 편력의 여행을 시작했을 무렵 공자가 위
(衛)나라에서 조(曹)나라, 송(宋)나라를 거쳐 정(鄭)나라로 가셨을 때의
일이다. 정(鄭)나라에서의 이야기로 ≪공자세가≫에는 다음과 같이 기록
되어 있다.

공자께서 정(鄭)나라에 도착했을 때 제자들과 서로 헤어졌다. 공자께

서 홀로 곽동문(郭東門)에 서 계셨다. 정(鄭)나라 사람이 자공(子貢)에게 일렀다.

"동문(東門)에 사람이 있는데 그 이마는 요(堯)와 같고, 그 목은 고요(皐陶)와 같고, 그 어깨는 자산(子産)과 같다. 그러나 허리 아래로는 우(禹)에 미치지 못하기를 세 치, 그 지친 모습은 '상가의 개'와 같다."

자공(子貢)이 들은 대로 공자에게 고하자 공자께서는 웃으며 말했다.

"모습의 형용은 훌륭한 사람들에게 미치지 못하지만 상갓집의 개와 같다는 말은 과연 그러했을 것이다."

孔子適鄭 與弟子相失. 孔子獨立郭東門. 鄭人或謂子貢曰 東門有人. 其顙似堯 其項類皐陶 其肩類子産. 然自要以下 不及禹三寸 纍纍若喪家之狗. 子貢以實告孔子. 孔子欣然笑曰 形狀未也. 而謂似喪家之狗 然哉 然哉.

'상가지구(喪家之狗)'를 평성(平聲)으로 읽으면 '상갓집의 개'라는 뜻이 되고, 거성(去聲)으로 읽으면 '집을 잃어버린 개'라는 뜻이 된다. 편력과 방랑으로 지친 공자의 모습을 형용한 것으로는 어떤 것이나 통용된다고 생각된다.

塞翁之馬
새 옹 지 마

변방에 사는 노인의 말. 세상 일은 복이 될지 화가 될지 예측할 수 없다는 뜻.

변방 새 늙은이 옹 어조사 지 말 마

≪회남자≫ 인간훈편(人間訓篇)에 다음과 같은 이야기가 실려 있다.

국경의 요새 가까운 곳에 점을 잘 치는 사람이 살고 있었다. 어느 날 그의 말이 까닭도 없이 도망하여 오랑캐 땅으로 들어갔다. 사람들이 이를 위로하자 그의 아버지가 말했다.

"이것이 어찌 복이 되지 않겠는가?"

몇 달이 지나 그 말이 오랑캐의 준마를 이끌고 돌아왔다. 사람들이 이를 축하했다. 그 아버지가 말했다.

"이것이 어찌 재앙이 되지 않겠는가?"

집에는 좋은 말이 늘어났다. 그 아들이 말타기를 좋아하다 말에서 떨어져 다리뼈가 부러졌다. 사람들이 위로하자 그 아버지가 말했다.

"이것이 어찌 복이 되지 않겠는가?"

1년이 지난 후 오랑캐 사람들이 요새로 공격해 들어왔다. 장정들이 모두 활을 당겨 싸웠으나 요새 가까이에 사는 사람들 10명 중 9명은 죽었다. 그렇지만 아들은 다리뼈가 낫지 않았기 때문에 부자 모두 무사했다.

그러므로 복이 재앙이 되기도 하고 재앙이 복이 되기도 하여, 변함이 그 끝을 알 수 없으니 깊이 헤아릴 수가 없다.

　近塞上之人 有善術者. 馬無故亡而入胡 人皆弔之. 其父曰 此何遽不爲
福乎. 居數月 其馬將胡駿馬而歸 人皆賀之. 其父曰 此何遽不爲禍乎. 家富
良馬 其子好騎 墮而折其髀 人皆弔之. 其父曰 此何遽不爲福乎. 居一年
胡人大入塞. 丁壯者引弦而戰. 近塞之人 死者十九. 此獨以跛之故 父子相
保. 故福之爲禍 禍之爲福 化不可極 深不可測也.

　'새옹지마(塞翁之馬)' 란 말은 이 이야기에서 나온 것으로, 사람의 길
흉화복(吉凶禍福)이란 일정한 것이 아니며 그 변화는 예측할 수 없다는
데서 재앙도 슬퍼할 것이 못 되고 복도 기뻐할 것이 못 된다는 뜻으로 사
용된다.

　'인간만사 새옹지마(人間萬事塞翁之馬)' 란 말은 원(元)나라 승려 희회
기(熙晦機)의 다음과 같은 시에서 유래한 것이다.

　인간의 만사는 새옹의 말이니
베개를 밀치고 집 안에서 빗소리를 들으며 자네.

　人間萬事塞翁馬
推枕軒中聽雨眠

　'인간만사 새옹마(人間萬事塞翁馬)', 세상 사람들의 길흉화복은 알 수
없는 것이다.

席卷
석 권

멍석을 말다. 무서운 기세로 세력을 떨쳐 으뜸이 된다는 뜻.

자리 **석** 말 **권**

　한(漢)나라와 초(楚)나라가 천하를 다투었을 무렵, 원래 위(魏)나라 공자(公子)의 한 사람인 위표(魏豹)는 위(魏)나라를 평정하여 항우(項羽)로부터 위왕(魏王)에 봉해졌다. 한왕(漢王) 원년에 항우는 위표를 평양(平陽)으로 옮겨 서위왕(西魏王)으로 삼았다.

　한왕(漢王) 유방(劉邦)이 한중(漢中)으로부터 동쪽으로 진군하여 황하를 건너자, 위표는 한(漢)나라에 귀속하여 팽성(彭城)에서 초(楚)나라를 토벌하였지만, 한왕이 패하자 이번에는 한(漢)나라를 배반했다. 한왕 유방은 한신(韓信)으로 하여금 이를 토벌케 하여 포로로 하여금 형양(滎陽)을 지키게 하다 주가(周苛)에게 명하여 죽이게 했다.

　또 팽월(彭越)은 한왕 3년에 한(漢)나라의 부대가 되어 양(梁)나라 땅에서 항우의 초(楚)나라 군대를 괴롭혔다. 한왕 5년에 한왕 유방은 팽월을 양왕(梁王)으로 삼아 출병케 하여 드디어 해하(垓下)에서 항우를 격파할 수 있었다.

　한왕 유방은 한(漢)나라의 고조(高祖)가 되었으며, 한왕 10년에 진희(陳豨)의 반란을 평정하기 위하여 친히 정벌한 한 고조의 출병 요청에 출두하지 않은 팽월이 반란의 흔적이 있다는 여후(呂后)의 진언으로 체포하여 죽였다.

사마천(司馬遷)은 ≪사기≫의 위표팽월열전에서,

"위표와 팽월은 비천한 집안의 출신으로, 천리의 땅을 석권(席卷)하였는데…… 그 명성이 날로 높아졌지만, 반란의 뜻을 품었으나 패하자 자결하지 않고 포로가 된 후 죽임을 당한 것은 무엇 때문인가?"

그 이유는 지략에 뛰어난 두 사람은 몸이 무사하면 다시 큰일을 완수할 수 있는 기회가 있다고 기대하여 포로가 되는 것도 사양하지 않았다고 쓰고 있다.

'위(魏)나라 땅은 넓이가 천리'라고 있다. '석권(席卷)'이란 명석을 마는 것처럼 한쪽으로부터 토지를 공격하여 취한다는 뜻이다. 뜻이 변하여 자기의 세력 범위 안으로 완전히 들어오는 것을 말한다.

先入主
선　입　주

먼저 들은 말이라는 뜻으로, 자신의 생각이나 판단이 고정관념으로 새로운 의견을 받아들이지 않는다는 뜻.

먼저 **선** 들 **입** 주인 **주**

전한(前漢)의 11대왕 애제(哀帝)는 할머니인 부씨(傅氏)와 어머니인 정씨(丁氏) 두 외척에게 정치를 맡기고, 젊은 동현(董賢)을 깊이 사랑하여 22세의 그에게 군대와 정치의 대권을 장악할 수 있는 대사마(大司馬) 벼슬에 임명하는 등 방종한 군주였다.

당시 애제 황후의 아버지와 동향 사람 식부궁(息夫躬)이라는 변사(辯士)가 흉노족의 침입을 예언하며 국경 지대에 군대를 집결시켜야 한다고 상소했다. 애제는 이 말을 승상 왕가(王嘉)에게 자문(諮問)했다. 왕가는 망령된 말이니 쓸데없는 변설에 귀를 기울이지 말라고 간하면서, 진(秦)나라 목공(穆公)은 중신들이 간하는 것을 듣지 않고 정(鄭)나라에 원정군을 보냈다가 진(晋)나라 군대에게 크게 패했거니와, 그 그름을 고치고 경험자의 상소를 받아들여 명성을 남긴 예를 인용,

"먼저 들은 말(식부궁의 말)이라 하여 중히 여기시면 안 됩니다."

하고 간했다. 그의 말은 받아들여지지 않았으나 식부궁의 말은 뒤에 사실무근의 망령된 말로 판명되어 스스로 죽음을 재촉하는 결과를 초래했다.(≪한서≫ 식부궁전(息夫躬傳))

'선입주(先入主)'란 여기에서 나와 지금은 '선입관(先入觀)'이라는 말로 사용되고 있다.

先則制人
선 즉 제 인

선수를 치면 상대를 제압할 수 있다는 뜻으로, 상대편이 준비하기 전에 먼저 시작하면 유리하다는 뜻.

먼저 **선** 곧 **즉** 억제할 **제** 사람 **인**

항우(項羽)는 하상(下相)사람으로, 이름은 적(籍)이고 자는 우(羽)이다. 항씨(項氏)는 대대로 초(楚)나라의 장군으로서 항우의 숙부 항량(項梁)의 아버지 역시 초나라의 장군 항연(項燕)이라는 사람인데 진(秦)나라 장군 왕전(王翦)에게 죽임을 당했다.

항우는 젊었을 때 글을 배웠지만 잘 알지 못하였고, 나중에는 칼을 배 웠지만 그것도 안 되었다. 숙부인 항량이 화를 내자 항우는,

"글이란 성명을 쓰면 충분하고, 칼은 한 사람을 상대하는 데 불과합니 다. 저는 만 명을 상대하는 재주를 배우고 싶습니다."

이리하여 항량이 병법을 가르치니 항우는 몹시 기뻐했지만, 대체의 일 을 알게 되니 더 깊이 배우려고 하지 않았다.

어느 날 항량이 사람을 죽이고 오(吳)나라에 있는 항우에게로 몸을 피 하였다. 오(吳)나라 사대부들은 항량에게 한몫 쳐 주었다. 오(吳)나라에 서 큰 토목 공사나 장례식이 있을 때에는 언제나 병법을 이용한 항량이 각각 사람들의 재능을 알아내어 지휘하였기 때문이다.

진(秦)나라의 시황제(始皇帝)가 회계(會稽)를 순시하고 전당강(錢塘江) 을 통과할 때, 항량이 항우를 데리고 구경을 갔다. 그때 항우가 진시황을 보더니,

"저 사람의 자리를 빼앗아 내가 대신해야지."

라고 말했다. 항량은 항우의 입을 틀어막으며,

"엉뚱한 말 하지 마라. 한 집안이 모두 죽임을 당할 거야."

하고 타일렀지만 이 일이 있은 후 항량은 항우가 보통사람이 아니라는 사실을 알게 되었다.

항우는 신장이 여덟 자가 넘고 힘은 가마솥을 가벼이 들며 재주와 기 개가 남들보다 뛰어났기 때문에 오(吳)나라의 젊은이들이 항우를 염려했 을 정도였다.

이윽고 이세(二世)의 세상이 되자 진승(陳勝)이 반란을 일으키고, 각지에서 이에 응하는 사람들이 속출했다. 회계의 태수 은통(殷通)이 항량에게 말했다.

강서(江西)에서 모두가 반란을 일으키고 있다. 이것 역시 하늘이 진(秦)나라를 멸망시킬 때이다. 내가 듣건대, '먼저 하면 사람을 제압하고 뒤지면 사람에게 곧 제압을 받는 바가 된다.'고 한다. 나는 군대를 일으키고 공과 환초(桓楚)를 장군으로 삼으려 한다.

江西皆反 此亦天亡秦時也. 吾聞 先則制人 後則爲人所制. 吾欲發兵使公及桓楚將.(≪사기≫ 항우본기(項羽本紀))

이때 환초(桓楚)는 이웃 나라로 도망하고 있었다. 항량은 말했다.
"환초가 있는 곳을 아무도 모르거니와, 적(籍)만은 알고 있을 것입니다. 조금만 기다려 주십시오."
항량은 방에서 나오자 항우에게 무엇인가 말하며 칼을 가지고 그곳에 대기하라고 시킨 다음, 자리로 돌아가 은통(殷通)과 마주하여 말했다.
"적(籍)에게 명하여 환초를 불러오게 하겠습니다."
은통이 승낙하자 항량은 항우를 불러들였다. 이윽고 항량은 눈짓으로 '치라'고 했다.
항우는 칼을 뽑아들고 은통의 목을 내리쳤다. 이렇게 하여 항량이 먼저 은통을 제압하고 스스로 반기를 들었던 것이다.

城下之盟

성 하 지 맹

성 아래에서 맹세한다. 굴욕적인 강화나 항복을 하며 맺는 조약을 뜻함.

성 **성** 아래 **하** 어조사 **지** 맹세할 **맹**

≪춘추좌씨전≫ 환공(桓公) 12년에 다음과 같이 실려 있다.

초(楚)나라가 교(絞)를 정벌하고 그 남문(南門)에 진을 쳤다. 막오(莫敖:초나라의 벼슬 이름)인 굴하(屈瑕)가 말했다.

"교(絞) 사람들은 편협하고 경솔합니다. 경솔하면 도모함이 적으니 청컨대 땔나무를 취하는 인부에게 호위를 붙여 내놓아, 이로써 그들을 유인하면 어떨까요?"

이리하여 그 계교를 따르니 교(絞) 사람들이 초(楚)나라 인부 30명을 사로잡았다. 다음날에는 교 사람들이 다투어 나서서 초나라 인부들을 쫓아 산속으로 달려갔다. 초나라 사람들이 그 북문을 지키고 산 아래에 매복하였으므로 크게 패하여 성 아래에서 맹세하고 돌아갔다.

楚伐絞 軍其南門. 莫敖屈瑕曰 絞小而輕 輕則寡謀 請無扞采樵者以誘之. 從之 絞人獲三十人. 明日絞人爭出 驅楚役徒於山中. 楚人坐其北門 而覆諸山下 大敗之 爲城下之盟而還.

초나라 군대는 적의 성 아래에서 강화의 맹세를 행하였으므로 압도적인 승리를 했으며 교(絞)로서는 굴욕적인 패배였다. '성하지맹(城下之盟)'을 당하는 것과 시키는 것은 크게 다르다.

《춘추좌씨전》에는 이밖에도 선공(宣公) 15년 조항에, 초(楚)나라가 송(宋)나라를 공격했는데 항복하지 않자 신숙시(申叔時)의 계교를 써서, 숙사를 세우고 밭을 갈아 장기전 태세를 갖추는 것을 보더니 놀란 송(宋)나라가 사자를 보내어, '나라가 멸망한다 해도 성하지맹(城下之盟)은 맺고 싶지 않지만 30리만 군대를 후퇴시켜 준다면 어떤 조건이라도 받아들이겠다.'고 말했다고 한다.

歲月不待人
세 월 부 대 인

세월은 사람을 기다려 주지 않는다는 뜻으로, 한번 지나가면 세월은 다시 돌아오지 않으니 젊었을 때 학문에 전념해야 한다는 말.

해 세 달 월 아닐 부 기다릴 대 사람 인

'세월은 사람을 기다려 주지 않는다.'는 말은 시간이란 쉬지 않고 지나가 버리므로 일각인들 소홀히 해서는 안 된다는 뜻이다. 도연명(陶淵明)의 잡시(雜詩)에서 나온 말이다.

인생은 뿌리가 없어, 길 위의 나부끼는 티끌과 같다.

티끌이 나뉘고 흩어져 바람을 따라 구르니, 이것은 이미 떳떳한 몸이 아니다.

땅에 떨어져 형제가 되어도, 어찌 반드시 골육의 친함이 있으랴!

기쁨을 얻어 마땅히 즐거움을 지으라. 한 말의 술이 이웃 사람들을 모은다.

원기 왕성한 나이는 거듭 오지 않고, 하루에는 두 번의 새벽이 없다.

때에 이르면 마땅히 힘쓰라, 세월은 사람을 기다리지 않는다.

人生無根蔕 飄如陌上塵

分散逐風轉 此已非常身

落地爲兄弟 何必骨肉親

得歡當作樂 斗酒聚比隣

盛年不重來 一日難再晨

及時當勉勵 歲月不待人

이 시는 필시 잔치를 축하하기 위한 시일 것이다. 술은 적더라도 오늘 하룻밤 크게 기뻐하자. 원래 서로는 남남이지만 이렇게 모여 술을 마시면 형제간 이상으로 후회 없이 사이좋게 지내지 않겠는가?

또한 '마땅히 힘쓰라'는 말도 세월은 사람을 기다려 주지 않으므로 힘써 학문에 전념해야 한다고 도연명은 노래했던 것이다. '왕성한 나이는 거듭 오지 않는다' 이하의 구절은 젊은 사람들에게 대하여 '젊었을 때 학문에 노력하라'는 교훈으로 읽어야 할 경향이 강하다.

世有伯樂然後 有千里馬
세 유 백 락 연 후 유 천 리 마

세상에 백락이 있어야 천리마도 있다는 뜻으로, 뛰어난 재능이 있어
도 그 재능을 꿰뚫어보는 사람이 없다면 쓰지 못한다는 말.

세상 **세** 있을 **유** 맏 **백** 즐거울 **락** 그럴 **연** 뒤 **후** 있을 **유** 일천 **천** 마을 **리** 말 **마**

하루에 천리를 달릴 수 있는 뛰어난 말도 백락(伯樂)이 없다면 뛰어난
말이 되지 못하고 평범하게 끝나고 말 것이다. 아무리 재능이 있는 사람
이라도 그것을 꿰뚫어보는 사람이 없다면 재능은 세상에 나타나지 않고
그대로 썩어 버린다는 비유로 쓰는 말이다.

'백락(伯樂)' 이란 본래 하늘에서 말을 돌보는 역할을 하는 별 이름으
로, 세상에서는 말의 좋고 그름을 분간하는 사람을 말하게 되었다.

진(秦)나라 목공(穆公) 때 손양(孫陽)이란 사람이 말의 감정을 잘 하여
세상 사람들이 별의 이름을 따서 그를 백락(伯樂)이라고 부르게 되었다.

어느 때 손양이 기(驥)라는 곳에서 말에게 소금을 실은 수레를 끌게
하고 산에 올라갔는데 비탈길을 오르던 말은 완전히 기진맥진하여 길마
를 등에 얹은 채 땅바닥에 엎드렸다. 그리고 손양을 올려다보면서 울었
다. 수레에서 내린 손양은 너에게 이런 일을 시켰다고 말하며 함께 울었
다. 말은 구부리고서 탄식하고 우러러보고서 울어 그 소리가 하늘까지
들렸다.

손양의 이야기는 ≪전국책(戰國策)≫이나 다른 한(漢)나라 초기의 문

장에 보인다. 손양의 이야기는 '소금 수레를 끄는 원한'이라고 하며, 재능이 있는 것을 대우하지 못하는 것을 말하고 있다. 백락과 천리마의 이야기는 상당히 옛날부터 있던 이야기이거니와, 가장 잘 알려진 것은 한유(韓愈)의 잡설(雜說) 하(下)에 나온다. 그 첫머리에서 이렇게 말하고 있다.

세상에 백락(伯樂)이 있고 그런 뒤에 천리마가 있다. 천리마는 항상 있지만 백락은 항상 있지 않다. 그러므로 비록 명마(名馬)라도 단지 노예의 손에 부끄러움을 당하고 마구간 사이에서 그대로 죽어 천리마로써 일컬어지지 않는다.

世有伯樂 然後有千里馬. 千里馬常有 而伯樂不常有. 故雖有名馬 祗辱於奴隸人之手 駢死於槽櫪之間 不以千里稱也.

'천리마(千里馬)는 항상 있다.'고 말한 점으로 이제까지의 이야기가 백락(伯樂)의 명인다움에 역점을 두는 것은 상당히 다른 문제를 제기하는 것이 된다. 백락을 바라는 강한 호소가 번득이고 있는 글이라 하겠다. 백락의 존재가 드물기 때문에 천리마는 천한 사람의 손에 매질을 당하다 마구간에서 죽어 간다. 이것은 세상에 천리마가 없는 것과 마찬가지이다.

앞에서 말한 바와 같이 한유(韓愈)는 백락의 명인다움을 칭찬한 것이 아니라, 백락이 없음으로 인하여 천리마가 무참히 썩어 가는 것을 호소하고 있다. 다만 다른 점은 한유에게 당면한 문제는 현명한 군주의 출현과 불우한 신하인 자기로, 백락과 천리마의 관계가 한정되어 있다는 점이다.

小國寡民
소 국 과 민

나라는 작고 백성이 적다는 뜻으로, 이웃과 화목하게 지내기 위해서
는 욕심을 버려야 한다는 뜻.

작을 **소** 나라 **국** 적을 **과** 백성 **민**

'소국과민(小國寡民)'이란 노자가 그린 이상적인 사회로, 소위 노자의
이상향이라 하겠다.

≪노자≫ 제80장에 다음과 같이 실려 있다.

나라는 작고 백성이 적어서, 다른 사람의 열 배나 백 배의 재주가 있는
사람이 있어도 쓰지 못하게 한다. 백성들로 하여금 죽음을 중히 여기게
하고, 멀리 이사 가지 못하게 해야 한다. 비록 배와 수레가 있어도 타고
갈 곳이 없고, 비록 갑옷과 군대가 있어도 진 칠 곳이 없게 해야 한다. 백
성들로 하여금 다시 옛날로 돌아가 새끼를 묶어 문자로 사용하게 하며,
음식을 달게 여기고 옷을 아름답게 여기며, 거처를 편안하게 여기고 풍
속을 즐겁게 여기게 해야 한다. 이웃 나라가 서로 보이며 닭과 개의 소리
가 서로 들려도 백성들이 늙어 죽을 때까지 왕래하지 못하게 해야 한다.

小國寡民 使有什伯之器而不用. 使民重死而不遠徙. 雖有舟輿 無所乘之
雖有甲兵 無所陳之. 使民復結繩而用之 甘其食 美其服 安其居 樂其俗. 隣
國相望 鷄狗之聲相聞 民至老死 不相往來.

노자는 부드럽고 약한 것을 존중하며, 무위(無爲)이고 욕심이 없어야 한다고 주장한다. 노자가 이상적인 사회를 그린 것이 바로 이 '소국과민(小國寡民)'이다. 노자가 '소국과민'을 보증하는 다음과 같은 글도 있다.

문을 나가지 않고서 천하를 알고, 창문을 엿보지 않고서 하늘의 도리를 본다. 나가는 것이 점점 멀면 아는 것이 점점 적어진다.

不出戶知天下 不闚牖見天道. 其出彌遠 其知彌少.(≪노자≫ 제47장)

배움을 날로 더하면 도(道)는 날로 줄어든다. 줄고 또 줄면 이로써 무위(無爲)에 이르게 된다. 무위(無爲)이고서야 하지 못함이 없게 된다.

爲學日益 爲道日損. 損之又損 以至於無爲. 無爲而無不爲.(≪노자≫ 제48장)

小心翼翼
소 심 익 익

세심하고 겸손하다는 뜻으로, 조심스럽게 마음을 써서 행동을 하라는 뜻.

작을 小 마음 心 삼갈 翼 삼갈 翼

'소심익익(小心翼翼)'이란 세심하게 마음을 써서 행동을 삼가는 것을 말한다.

≪시경≫ 대아(大雅)에 〈증민(烝民)〉이란 시가 실려 있다.

하늘이 여러 백성들을 낳으시니, 사물이 있으면 법칙이 있도다.
백성들이 일정한 법도를 지니어, 이 아름다운 덕을 좋아하도다.
하늘이 주(周)나라를 둘러보시어, 밝은 세상으로 내려오시고,
이 천자를 보호하시어, 중산보(仲山甫)를 낳게 하셨도다.

중산보의 덕이란, 부드럽고 아름다운 법도로써,
훌륭한 거동과 훌륭한 낯빛으로, 마음을 작게 하여 공경하며,
옛날의 교훈을 잘 본받고, 위엄 있는 거동에 바로 힘쓴다.
천자가 이와 같이 따르니, 밝은 명령을 펴는도다.

天生烝民 有物有則
民之秉彝 好是懿德
天監有周 昭假于下
保玆天子 生仲山甫

仲山甫之德 柔嘉維則
令儀令色 小心翼翼
古訓是式 威儀是力
天子是若 明命使賦

이 시는 주(周)나라 선왕(宣王)을 보좌한 재상 중산보(仲山甫)의 덕을

칭찬한 시이다.

중산보의 덕은 온순하면서도 절도가 있었다. 얼굴의 모습은 아름답고 마음을 작게 하여 조심하며, 옛날 성현의 가르침을 본받아 위엄 있는 태도를 흐트리지 않았다. 천자도 이에 따라 세상에 훌륭한 정치를 폈다고 한다.

小人閒居爲不善
소 인 한 거 위 불 선

소인은 한가하면 악을 저지르게 된다는 뜻으로, 남이 보지 않아도 행동거지를 함부로 하지 말라는 말.

작을 **소** 사람 **인** 한가할 **한** 머물 **거** 할 **위** 아니 **불** 착할 **선**

≪대학≫ 8조목 중 '성의(誠意)'를 해설한 말이다.

이 장에서는 우선 '성의(誠意)'의 방법 중 가장 먼저 익혀야 할 이른바 '홀로 있을 때 삼가는 것'을 말하고 있다.

소위 그 마음을 진실되게 한다는 것은 스스로를 속이지 않는 것이다.

악한 냄새를 싫어하는 것같이, 좋은 낯빛을 좋아하는 것같이 함, 이것을 스스로 겸손하다고 말한다. 그러므로 군자는 반드시 홀로 있을 때를 삼가야 한다.

所謂誠其意者 毋自欺也. 如惡惡臭 如好好色 此之謂自謙. 故君子必愼
其獨也.

≪대학≫에서 '그 마음을 진실되게 한다.'는 말은 악을 버리고 선을
행하는 것이 마음의 본래 작용임을 자각하고, 자기의 마음을 속이지 않
도록 하는 것이다.

즉 악(惡) 미워하기를 악한 냄새를 싫어하는 것같이 하고, 선(善) 좋아
하기를 좋은 낯빛을 좋아하는 것같이 해야 한다. 이를 일러 스스로 겸손
하다고 말한다. 그러므로 군자는 홀로 있을 때 특히 삼가고 조심해야 한
다. 홀로 있을 때 마음을 올바르게 하는 일이 진실한 마음을 갖는 일이
되는 것이다.

그러나 소인, 즉 쓸모없는 인간의 경우 스스로 자제하는 정신이 없기
때문에 홀로 있을 때 마음을 올바르게 지니지 못한다. 이리하여 '소인은
한가하면 악을 저지르게 된다.'는 것이다.

소인은 한가히 지내면 악함을 행하여 이르지 않는 곳이 없다. 군자를
본 뒤에 싫증이 나서 그 악함을 덮어 선함을 나타내려 해도 사람들이 자
기를 보기를 폐와 간 보는 것같이 하니 어찌 유익하리오. 이것을 진실된
마음이 밖으로 나타난다고 말한다. 그러므로 군자는 홀로 있을 때 반드
시 삼가는 것이다.

小人閒居爲不善 無所不至. 見君子而後厭然 揜其不善而著其善 人之視
己 如見其肺肝然 則何益矣. 此謂誠於中 形於外. 故君子必愼其獨也.

宋襄之仁
송 양 지 인

송나라 양공의 인정. 쓸데없는 아량이나 인정을 베푼다는 뜻.

송나라 **송** 도울 **양** 어조사 **지** 어질 **인**

춘추시대 말기인 B.C. 643년에 제일의 패자가 된 제(齊)나라 환공(桓公)이 죽자 첩에게서 난 공자(公子) 다섯 명이 서로 후계자가 되려는 싸움을 벌였다. 환공으로부터 사후 일을 부탁받은 송(宋)나라 양공(襄公)이 여러 나라의 군대를 이끌고 제(齊)나라로 진격하여 효공(孝公)을 즉위시켰다.

송나라는 폭군으로 유명한 은(殷)나라 주왕(紂王)의 서자인 미자(微子)를 봉한 나라로, 오랫동안 송나라 사람들은 망한 나라의 자손이라고 천대를 받았다.

송나라 환공(桓公)의 병이 깊어지자 태자 자보(玆父)가 말했다.

"목이(目夷)가 저보다 연장자이고 몹시 어진 사람이니 그를 태자로 세우도록 하소서."

목이는 첩의 아들이었다.

"나라를 양보하려 하시는 것은 매우 어진 사람으로서 나 같은 사람은 도저히 미치지 못합니다. 더구나 내가 즉위할 순서도 아닙니다."

하고 목이가 굳이 사양했기 때문에 태자인 자보(玆父)가 즉위하여 양공이 되었다.

여기까지의 이야기로는 양공이 몹시 어진 사람이었거니와, 즉위한 지

7년째 되는 해에 송나라에 다섯 개의 운석(隕石)이 떨어지고 익(鷁)이라는 물새가 자취도 없이 날아왔다고 한다. 운석이 떨어진 것은 별로 진기한 일이 아니지만 익이라는 물새가 날아온 것으로 보아 바람이 상당히 강했던 모양이다.

"이것은 길한가, 흉한가?"

양공의 질문에 대하여 주(周)나라에서 온 내사(內史) 숙흥(叔興)은 양공을 거스르지 않기 위하여 적당히 대답했다.

"금년에는 노(魯)나라에 슬픈 일이 있고 내년에는 제(齊)나라에 난리가 일어나, 양공께서는 제후들에게 명령할 지위를 얻을 수 있을 것입니다."

이 말을 진정으로 받아들여 양공은 야망을 왕성하게 했다. 제(齊)나라 환공이 죽은 뒤로 그 난리를 틈타 제(齊)나라를 공격했다. 또 제후들을 모아 맹약할 것을 기획했다.

"약한 나라가 맹주(盟主)가 된다는 것은 재앙의 근본이다."

사마(司馬) 벼슬에 있던 목이가 이렇게 비판했지만 듣지 않았다. 과연 초(楚)나라가 양공을 사로잡고 송(宋)나라를 공격하는 사건이 일어났지만 다행히 용서되어 돌아왔다.

그러나 양공은 짓궂게 정(鄭)나라를 정벌하였다. 초(楚)나라가 정(鄭)나라를 구하려 하자, 역시 목이의 경고를 듣지 않고서 드디어 희공(僖公) 22년 11월에 초(楚)나라 군대와 홍수(泓水) 물가에서 전투를 벌였다. 송(宋)나라 군대는 진지를 구축하고 있었지만 초(楚)나라 군대는 아직 강을 건너지 못하고 있었기 때문에 사마인 목이가,

"적군은 많고 아군은 적습니다. 강을 건너오기 전에 칩시다."

라고 말했지만 양공은 움직이지 않았다. 그러는 동안 초(楚)나라 군대는 강을 건너고 진지를 구축하기 시작했다.

"적군이 진지를 구축하기 전에 공격합시다."

다시 목이가 권했으나 양공은 받아들이지 않고서, 초(楚)나라 군대가 진지를 구축하기를 기다렸다가 공격하여 송(宋)나라 군대는 크게 패하고 양공은 부상을 당하였으며, 그를 따르는 군대는 거의가 죽었다. 그래도 양공은 이렇게 말했다고 한다.

"군자는 부상자를 해치지 않고 노인을 사로잡지 않으며, 처지가 좋지 못한 적군을 괴롭히지 않는다고 한다. 나도 진지를 구축하지 못한 적군을 공격하지 않는다."

이로 인하여 결국 좋은 기회를 놓치고 초(楚)나라 군대에게 큰 패배를 맛보았던 것이다. 세상 사람들이 이것을 조소하여 '송(宋)나라 양공의 어짊'이라고 말했다.

宋子姓. 商紂庶兄微子啓之所封也. 後世至春秋 有襄公玆父者 欲霸諸侯 與楚戰. 公子目夷請及其未陣擊之 公曰 君子不困於阨. 遂爲楚所敗. 世笑以爲宋襄之仁.(≪십팔사략≫ 춘추전국(春秋戰國))

정정당당히 싸워서 이길 자신이 있으면 좋지만 송(宋)나라 양공에게는 그것이 없었다. 전국시대에 패자가 되려면 그야말로 피도 눈물도 없지 않으면 성공하지 못했을 것이다. 송(宋)나라 양공이 어진 사람이라기보다는 어진 사람의 기분을 냈을 뿐이다. 그러므로 처음에 어진 사람인 양목이에게 왕위를 양보하려 한 것도 일종의 기분풀이였을 것이다.

首鼠兩端
수 서 양 단

쥐가 구멍에서 머리를 내밀고 나갈까 말까 망설인다는 뜻으로, 어떤 일을 결정하지 못하고 망설인다는 뜻.

머리 수 쥐 서 두 양 끝 단

위기후(魏其侯) 두영(竇嬰)은 전한(前漢)의 3대왕 문제(文帝)의 황후 사촌언니의 아들로, 오(吳)나라의 승상을 지내다 병 때문에 면관(免官)되었으며, 다음의 경제(景帝) 때 첨사(詹事)가 되었지만 바른말로 두태후(竇太后)의 기분을 상하게 하여 파면되었다.

그러다 경제 3년에 오초칠국(吳楚七國)이 난을 일으키자 황제의 지명에 따라 대장군이 되었다. 난을 평정하자 위기후(魏其侯)에 봉해져 조정의 중신이 되었던 것이다.

한편 무안후(武安侯) 전분(田蚡)은 경제의 황후 동생으로, 젊었을 때 대장군 두영의 집에 출입하고 있었는데 경제의 만년부터 점차로 두각을 나타내기 시작했다. 이윽고 경제가 죽고 무제(武帝)가 즉위하니 왕태후(王太后)의 섭정(攝政)이 되었기에 전분도 무안후(武安侯)에 봉해졌다. 기운이 날카로운 전분이 노리는 것은 승상의 지위였다.

건원(建元) 원년에 승상과 태위(太尉)가 벼슬에서 물러났다. 그러자 적복(籍福)이라는 사나이가 전분에게 말했다.

"폐하로부터 말씀이 계시거든 위기후를 승상으로 추천하십시오."

신진인 전분은 명망이 높기로는 아직 두영을 따르지 못하였다. 승상이

나 태위나 벼슬 높이에서는 마찬가지였으므로 전분은 이 말에 따르기로 했다.

건원(建元) 6년에 두태후가 죽자 전분은 승상이 되어 황제를 능가할 만큼 권세를 휘둘렀기 때문에 두 사람의 차이는 현격하게 되었다.

두영은 세상 사람들로부터 소홀해져 가까이 가는 사람이 없는 형편이 었다. 이런 가운데 장군인 관부(灌夫)만이 두영을 버리지 않고 옛정을 유지했다. 장군 관부는 천한 집안의 출생이었지만 칠국(七國)의 난리 때 발군의 실력을 발휘하여 천하에 이름을 날리게 되었다.

원광(元光) 4년 여름, 승상인 전분이 연(燕)나라 왕의 딸에게 장가를 가서 축하연이 베풀어졌다. 전분이 돌아다니며 축배를 권하자 모두 자리에서 일어나 황공스럽게 술잔을 받았다. 그런데 이어서 두영이 돌아다니자 아무도 자리에서 일어나지 않고 앉아서 술잔을 받았다.

장군 관부가 이것을 보고는 흥을 잃었다. 그렇지만 일어나 전분에게 가서 술을 따랐다. 그러자 전분은,

"그렇게 술잔에 가득 따르면 마실 수가 없다."

하며 받으려 하지 않았다. 원래 주벽이 있던 관부는 화가 나서 다른 사람에게 덤볐으나 전분이 그를 변호하자 이번에는 전분에게 달려들었다. 이렇게 되어 그 자리에 있던 사람들이 돌아가게 되니 축하연은 엉망이 되었다.

승상인 전분이 화가 나서 관부를 감옥에 넣었지만 완강하게 버티며 사죄하려 하지 않았다. 이리하여 황제는 조신들에게 누가 옳으냐고 묻게 되었다. 어사대부(御史大夫) 한안국(韓安國)이 말했다.

"두영과 관부는 발군의 공에 의하여 천하에 이름을 떨친 장사로, 이번 일은 술자리에서 저지른 실수에 불과합니다. 또 전분이 관부의 도당을 몰아쳐 황족과 마찰을 일으키려는 것은 위험하며 그대로 방치할 수 없습

니다. 현명하신 황제의 판단을 원하는 바입니다."

주작도위(主爵都尉)인 급암(汲黯)은 두영이 옳다고 했다. 내사(內史)인 정당시(鄭當時)도 처음에는 두영이 옳다고 말했지만 나중에는 애매한 대답을 했다. 다른 사람들은 나아가 대답하려 하지 않았다. 무제는 조정 신하들의 태도가 분명치 못함에 화를 내고 평정(評定)을 중지해 버렸다.

전분이 조정에서 퇴출(退出)하여 지거문(止車門) 있는 데까지 오다가 어사대부 한안국(韓安國)을 만나 수레에 태운 후 화를 내며 물었다.

"그대와 함께 대머리 벗겨진 늙은이를 해치우려 했는데 어찌하여 애매한 태도를 취했는가?"

與長孺共一老禿翁 何爲首鼠兩端.(≪사기≫ 위기무안후열전(魏其武安侯列傳))

장유(長孺)는 한안국(韓安國)의 자(字)이며, '수서양단(首鼠兩端)'이란 쥐가 구멍에 머리를 내놓고서 나올까 말까 하는 태도를 표현한 것으로, 형세를 보아 어느 쪽으로든 취할 수 있는 애매한 태도를 말한다.

이후 형세는 두영이 그르다 하였다. 관부에 대한 변호가 사실과 맞지 않아 엉터리라고 하며 두영은 감옥에 하옥되었다. 결국 이 싸움은 관부의 일족을 사형에 처하고 두영도 감옥에서 죽어 전분의 승리로 끝났다.

그렇지만 전분은 그 이듬해에 병이 든 후 자기의 잘못을 깨닫고 계속 '내가 나빴다.'고 외쳐 사과하는 태도를 보였다. 전분은 환상으로 두영과 관부가 자기를 쫓아다니며 죽이려 하는 모습을 보았다. 결국 전분도 두 사람 뒤를 따랐다.

水魚之交
수 어 지 교

물과 물고기의 만남. 서로 떨어질 수 없는 아주 친밀한 사이라는 뜻.

물**수** 고기**어** 어조사**지** 사귈**교**

한 군대를 이끌고 신야(新野)에 주둔한 유비(劉備)는 '삼고지례(三顧之禮)'를 다한 보람이 있어 제갈공명(諸葛孔明)을 휘하에 보탤 수 있었다.

당시 위(魏)나라 조조(曹操)는 강북(江北) 땅을 평정하고 오(吳)나라 손권(孫權)은 강동(江東)의 땅에서 세력을 얻어, 위(魏)나라와 오(吳)나라는 점점 근거지를 굳히고 있었지만 유비에게는 아직도 근거할 만한 땅이 없었다.

또 유비에게는 관우(關羽)와 장비(張飛) 같은 용장이 있었지만 천하의 계교를 세울 만한 지략이 뛰어난 선비가 없었다. 이러한 때 제갈공명과 같은 사람을 얻었으므로 유비의 기쁨은 몹시 컸다.

제갈공명은 금후에 취해야 할 방침으로서 형주(荊州)와 익주(益州)를 눌러서 그곳을 근거지로 할 것과, 서쪽과 남쪽의 이민족을 어루만져 뒤의 근심을 끊을 것과, 내정을 다스려 부국강병의 실리를 올릴 것과, 손권과 결탁하여 조조를 고립시킨 후 시기를 보아 조조를 토벌할 것 등을 말하자 유비는 전적으로 찬성하여 그 실현에 온 힘을 다하게 되었다.

이리하여 유비는 제갈공명에게 절대적인 신뢰를 두고 두 사람의 교분은 날이 갈수록 친밀해졌다. 그러자 관우나 장비 등이 불만을 품었다. 새로 참여한 젊은 사람(제갈공명이 유비의 휘하로 들어온 것은 28세였다.)
인 제갈공명만 중하게 여기고 자기들은 가볍게 취급되는 것으로 생각했
기 때문이다. 유비는 관우와 장비 등을 위로하여 말했다.

"내가 제갈공명을 얻은 것은 마치 물고기가 물을 얻은 것과 같다. 즉
나와 제갈공명은 물고기와 물 같은 사이이다. 아무 말도 하지 말기 바란
다."

이렇게 말하자 관우와 장비 등은 불만을 표시하지 않게 되었다.

於是與亮情好日密. 關羽張飛等不悅. 先主解之日 孤之有孔明 猶魚之有
水也. 願諸君勿復言. 羽飛乃止.

이 이야기는 ≪삼국지≫ 촉지(蜀志)의 제갈전(諸葛傳)에 실려 있다.
'수어지교(水魚之交)'는 '고(孤)에게 제갈공명이 있는 것은 마치 물고기
에게 물이 있는 것과 같다.'에서 나온 말이다. 물고기가 물과 떨어질 수
없듯이 군신(君臣)의 친밀한 관계를 비유로 표현한 말이거니와, 지금은
일반적인 친교를 표현하는 말로 사용되고 있다.

壽則多辱

수 즉 다 욕

오래 살면 욕된 일이 많다는 뜻으로, 나이를 먹으면 욕심이 많이 생기므로 행동을 조심하라는 뜻.

목숨 **수** 곧 **즉** 많을 **다** 욕될 **욕**

도가(道家)의 사상을 집대성한 전국시대 장주(莊周)가 엮은 ≪장자≫ 천지편(天地篇)에 이런 이야기가 실려 있다.

성천자인 요(堯)가 화산(華山) 땅을 보러 갔을 때의 이야기이다.

화산의 국경을 지키는 하급 관리(封人)가 말했다.

"아아, 성인이시여. 청컨대 성인을 축하합니다. 성인으로 하여금 수(壽)하게 하소서."

요임금이 말했다.

"사양하겠소."

"성인으로 하여금 부자가 되소서."

요임금이 말했다.

"사양하겠소."

"그러면 성인으로 하여금 아들을 많이 두소서."

요임금이 말했다.

"그것도 사양하겠소."

봉인(封人)이 말했다.

"수하고 부하고 아들이 많은 것은 사람들이 바라는 바인데 성인께서 홀로 바라지 않으시니 어쩐 일입니까?"

요임금이 말했다.

"아들이 많으면 두려움이 많고, 부유하면 일이 많고, 장수하면 욕됨이 많다. 이 세 가지는 내가 덕을 기르는 까닭이 아니다. 그러므로 사양하는 것이다."

堯觀乎華. 華封人曰 嘻聖人 請祝聖人 使聖人壽. 堯曰辭. 使聖人富.

堯曰辭. 使聖人多男子. 堯曰辭. 封人曰 壽富多男子 人之所欲也 女獨不欲何邪. 堯曰 多男子則多懼 富則多事 壽則多辱. 是三者 非所以養德也. 故辭.

이 한 편은 장자(莊子)가 성인 요임금을 매체로, 인위적인 행위와 잔꾀를 부리지 말고 자연의 원리에 따라 자유로운 경지에서 살라는, 도가(道家) 사상을 묘사한 이야기이다.

사람이 오래 수하되 욕됨이 많은 인생으로부터 도망하지 말라는 장자의 말에는 되씹어 볼 만한 교훈이 들어 있다 하겠다.

水至淸則無魚
수　지　청　즉　무　어

물이 맑으면 물고기가 없다는 뜻으로, 너무 똑똑하고 청렴하면 사람들이 따르지 않는다는 뜻.

물 **수** 이를 **지** 맑을 **청** 곧 **즉** 없을 **무** 물고기 **어**

'물이 너무 맑으면 물고기가 없다.' 라는 말은 전한(前漢) 문인 동방삭(東方朔)의 문집 〈동방대중집(東方大中集)〉 안의 〈답객난(答客難)〉이라는 문장과, 이것을 인용한 ≪전한서≫ 동방삭전(東方朔傳)에 실려 있다.

그러므로 말하기를, '물이 너무 맑으면 물고기가 없다.' 사람에 이르러서 너무 살피면 동지가 없다. 면류관을 앞으로 쓰는 것은 밝음을 가리기 위한 까닭이다. 주황(黈纊)을 귀에 채우는 것은 총명함을 막기 위한 까닭이다. 밝음도 보이지 않는 곳이 있고, 총명함도 듣지 못하는 곳이 있다. 큰 덕을 들어 작은 잘못을 용서하는 것은, 한 사람에게서 갖추어짐을 구할 수 없다는 뜻이다.

故曰 水至淸則無魚. 人至察則無徒. 冕而前旒 所以蔽明 黈纊充耳 所以塞聰. 明有所不見 聰有所不聞. 擧大德 赦小過 無求備於一人之義也.

'물이 맑으면 큰 물고기가 없다.' 는 ≪후한서≫ 반초전(班超傳)에서, 반초가 서역도호(西域都護)의 벼슬을 그만둘 때 후임으로 온 임상(任尙)

을 경계한 말이다.

그대의 성격은 엄격하고 급하다. 물이 맑으면 큰 물고기가 없다. 방탕
하고 절제가 없으니 마땅히 간단하고 쉽게 하라.

君性嚴急. 水淸無大魚. 宜蕩佚簡易.

반초가 두려워했던 대로 임상은 엄격하고 급한 성격을 내버려두어 세
밀하고 가혹한 정치를 행하였기 때문에 서역의 평화를 잃었다고 한다.

唇亡齒寒
순 망 치 한

입술이 없으면 이가 시리다는 뜻으로, 서로 도우며 없어서는 안 되
는 밀접한 관계라는 말.

입술 순 망할 망 이 치 찰 한

주(周)나라 혜왕(惠王) 22년, 진(晉)나라 헌공(獻公)은 괵(虢)나라를 정
벌하기 위하여 우(虞)나라에게 길을 빌려 달라고 청원했다.
　진(晉)나라에서 괵나라로 가려면 우나라를 통과하지 않으면 안 되었기
때문에 전에도 진(晉)나라가 괵나라를 정벌할 때 우공(虞公)에게 선물을
많이 보내고 통과하였던 것이다. 헌공이 이번에는 괵나라를 멸망시키려

고 하였다.

우나라의 궁지기(宮之奇)가 우공에게 간했다.

괵나라는 우나라의 표면입니다. 괵나라가 망하면 우나라도 반드시 따라 망할 것입니다. 진나라를 인도해서는 안 됩니다. 도적은 가지고 놀아서는 안 됩니다. 전의 한 번으로도 심한데 그것을 두 번 되풀이해서는 안 됩니다. 속담에 소위 '수레의 짐받이 판자와 수레바퀴는 서로 의지하고, 입술이 망하면 이가 차가워진다.' 한 것은 곧 우나라와 괵나라를 두고 말한 것입니다.

虢虞之表也. 虢亡 虞必從之. 晋不可啓 寇不可翫. 一之爲甚 其可再乎. 諺所謂輔車相依 脣亡齒寒者 其虞虢之謂也.

그러나 진(晋)나라의 뇌물을 받은 우공은 궁지기의 말을 따르지 않았다. 궁지기는 재앙이 미칠 것을 두려워하여 가족을 이끌고 우나라에서 도망했다. 그때,
"우나라는 해를 넘기지 못할 것이다."
라고 말했다. 그해 8월에 진(晋)나라는 괵나라를 공격하여 12월에 멸망시키고, 돌아오는 길에 우나라를 공격하여 멸망시켜 버렸다. 과연 우나라와 괵나라는 서로 끊으려야 끊을 수 없는 관계였던 것이다.

우나라와 괵나라의 관계와 같이 한쪽이 멸망하면 다른 한쪽도 위태롭게 되는 관계를 '입술이 없으면 이가 차갑다(脣亡齒寒).' 라고 한다.

食言
식　언

입 밖으로 나온 말을 다시 입 속으로 넣는다는 뜻으로, 약속한 말을
지키지 않는다는 말.

먹을 **식** 말씀 **언**

　'식언(食言)'이란 거짓말을 말한다.

　가장 오래된 것으로는 ≪서경≫의 〈탕서(湯誓)〉에 이 말이 실려 있다.
〈탕서(湯誓)〉는 은(殷)나라 탕왕(湯王)이 하(夏)나라 걸왕(桀王)의 포학무
도함을 보다 못하여 군대를 일으켰을 때 영지인 박(亳)의 백성들에게 맹
세한 말인데, 그 끝에 다음과 같이 선언하고 있다.

　그대들은 바라건대 나 한 사람을 도와 하늘의 벌을 이루도록 하라.
　나는 그대들에게 큰 상을 주리라. 그대들은 믿지 않음이 없게 하라.
　나는 거짓말을 하지 않는다. 그대들이 맹세하는 말에 따르지 않는다면
나는 곧 그대들을 죽여 용서하는 바가 없으리라.

　爾尚輔予一人 致天之罰. 予其大賚汝. 爾無不信 朕不食言. 爾不從誓言
予則孥戮汝 罔有攸赦.

　이밖에 '식언(食言)'이란 말은 ≪좌전≫에 몇 군데 나오는데 그중에서
도 흥미 있는 것은 애공(哀公) 25년의 다음과 같은 기록이다.

6월에 애공(哀公)이 월(越)나라로부터 돌아왔을 때 대부(大夫)인 계강자(季康子)와 맹무백(孟武伯)이 오오(五梧)라는 곳까지 마중을 나갔으며, 그곳에서 축하연이 벌어졌다. 애공의 수레를 끄는 곽중(郭重)이라는 사나이가 두 사람을 만난 뒤 애공에게 말했다.

　"저 두 사람은 자꾸 애공의 욕을 하고 있었습니다. 구애하지 말고 거침없이 말씀해 주십시오."

　축하연 자리에서 맹무백이 축배를 들고 곽중을 비웃으며,

　"상당히 살이 쪘군 그래."

　하고 말하자 옆에서 애공이 그들을 빈정거렸다.

　"저 사람이야 말을 많이 먹으니(食言) 어찌 살찌지 않겠는가?"

　이것은 곽중을 내세워 두 사람의 대부가 거짓말을 많이 하는 것을 비꼬아 말한 것이다. 축하연은 엉망이 되어 버리고 그후 애공과 대부들 사이는 점점 멀어졌다고 한다.

　'말을 먹는다', 즉 '식언(食言)'이란 말은 한번 입에서 나온 말을 다시 입으로 들여보낸다는 뜻이다. 한번 말한 것을 실행하지 않는다는 뜻으로 사용되고 있다.

食指動
식 지 동

손가락이 움직인다. 먹을 거나 일에 대한 야심을 품는다는 뜻.

먹을 **식** 손가락 **지** 움직일 **동**

≪춘추좌씨전≫의 선공(宣公) 4년에 다음과 같은 이야기가 실려 있다.

초(楚)나라 사람이 정(鄭)나라 영공(靈公)에게 큰 자라를 바쳤다. 공자(公子)인 송(宋:字는 子公)과 자가(子家)가 함께 들어와 배알하려 했다. 그때 자공(子公)의 둘째 손가락이 움직였다. 자공은 자가에게 그 손가락을 보이면서 말했다.

"전에는 이와 같은 일이 있으면 반드시 별식(別食)을 맛보았다."

楚人獻黿於鄭靈公. 公子宋與子家將入見. 子公之食指動. 以示子家曰 他日我如此 必嘗異味.

들어가 보니 과연 요리사가 자라를 요리하고 있어서 두 사람은 얼굴을 마주보며 웃었다.

영공이 묻자 자가(子家)가 그 이유를 얘기했다. 그래서 영공은 장난기가 일어났던 모양이다. 대부들과 함께 자라 요리를 들 단계가 되니 자공(子公)도 동석시켰으면서 먹지 못하게 했던 것이다. 자공은 화가 나서 자라를 끓이는 솥에 손가락을 집어넣고 그 손가락을 빨면서 물러갔다.

이와 같은 태도를 보이자 영공도 화가 나 죽이려고 했다. 자공도 미리 알고 선수를 치려고 자가에게 상의했다. 그러자 자가는,

"가축이라 할지라도 늙은 것을 죽이면 마음이 괴로운 것이다. 더구나 임금을 죽일 때는 더욱 그렇다."

하며 반대했다.

자공은 자가가 한 말을 영공에게 고하려 했기 때문에 자가는 두려워 자공과 공모할 것을 승낙했다. 그해 여름에 영공은 죽임을 당했다. 더욱 두려운 것은 음식물에 대한 원한 때문이었다.

'둘째 손가락이 움직인다' 는 말은 여기에서 나와, 사물을 구하려는 마음이 일어나는 것을 말하게 되었고, '야심을 가진다' 는 뜻으로 사용되고 있다.

神出鬼沒
신   출   귀   몰

귀신처럼 나타났다가 귀신처럼 사라진다는 뜻으로, 자유자재로 출몰해 소재를 예측할 수 없다는 뜻.

귀신 **신** 날 **출** 귀신 **귀** 숨을 **몰**

전한(前漢) 회남왕(淮南王) 유안(劉安)이 엮은 ≪회남자≫의 병략훈(兵略訓)은 도가 사상(道家思想)을 기본 이론으로 한 전략론(戰略論)에 대하

여 말하고 있다.

그중에서도 아군의 계략, 진 치는 일, 군대의 세력, 병기가 겉으로 보아 적군이 대책을 세울 수 있는 것이라면 교묘한 용병이 못 된다고 말한다.

'교묘한 자의 행동은 신이 나타나고 귀신이 돌아다니는 것처럼 별과 같이 빛나고 하늘과 같이 운행하는 것이다. 그 나아가고 물러남과 굽히고 펴는 것은 아무런 전조도 없고 형태도 나타나지 않는다.' 라고 말하였다.

'신출귀몰(神出鬼行)' 이란 '신이 나타나고 귀신이 돌아다닌다.' 는 뜻으로, 귀신과 같이 나오고 들어감이 자유자재라 예측할 수 없는 것을 말하는데, 같은 말이 병서인 ≪삼략≫에도 실려 있다.

이 병서는 황석공(黃石公)이 이상(圯上)에서 유방(劉邦)의 공신인 장량(張良)에게 준 것으로, 청(淸)나라의 적호(翟灝)가 지은 〈통속편(通俗篇)〉 귀신지부의 '신출귀몰(神出鬼沒)' 에서 나온 말로, 이 ≪삼략≫의 '신출귀행(神出鬼行)' 의 말을 들고 있다.

'신출귀몰(神出鬼沒)' 이 직접 나온 것은 ≪당희장어(唐戲場語)≫의 '두 머리 세 얼굴의 귀신이 나타나고 사라진다(兩頭三面 神出鬼沒)' 구절인데, 이것은 ≪회남자≫나 ≪삼략≫에서 유래한 것으로 볼 수도 있다.

實事求是
실 사 구 시

사실에 의거하여 진리를 구한다는 뜻으로, 객관적인 사실을 토대로
진리를 탐구한다는 뜻.

사실 **실** 일 **사** 구할 **구** 옳을 **시**

이 말은 ≪한서≫의 하간헌왕덕전(河間獻王德傳)에 실려 있는, '학문
을 닦아 예를 좋아하고, 일을 참답게 하여 옳음을 구함(修學好古 實事求
是)'에서 나온 말이다.

19세기 초기, 즉 청(淸)나라 말기에서부터 중화민국 초기에 걸쳐 계몽
사상가로 활약한 양계초(梁啓超)는 〈청대학술개론(淸代學術槪論)〉을 써
서 청대(淸代) 학술의 개론을 시도하고 있다.

양계초는 또 능정감(陵廷堪)이 대진(戴震)을 위하여 지은 〈사략장(事略
狀)〉 중에서,

"옛날 하간(河間)의 헌왕(獻王)은 실사(實事)에 대하여 옳음을 구하였
다. 도대체 실사(實事) 앞에 있으면서 내가 옳다고 하는 것도 사람들은
억지로 말하여 이것을 그르다고 하지 못하고, 내가 그르다고 하는 것도
사람들은 억지로 말하여 이것을 옳다고 하지 못한다."(≪교례당집(校禮
堂集)≫ 35권)

라는 논평을 인용하여 대진의 실사구시(實事求是) 정신을 드러내 밝히고
있다.

더구나 '실사구시'를 학문의 표적으로서 존중한 것은 대진 혼자만이

아니다. 그보다 후배에 해당하는 청(淸)나라 왕조의 학자들 중에는 주대소(朱大韶)나 왕정진(王廷珍)과 같이 스스로를 '실사구시재(實事求是齋)'라고 아호를 붙인 사람들도 있었다.

'실사구시'란 사실을 토대로 진리를 탐구하는 것을 말하며, 청조(淸朝)의 고증학파가 공론(空論)만 일삼는 양명학(陽明學)에 대한 반동으로 내세운 표어이다. 그들은 정확한 고증(考證)을 존중하여 과학적이며 객관적인 학문 연구의 입장을 취했다.

아

阿堵物
아 도 물

이 물건이라는 말로, 돈도 장애물이라는 뜻.

언덕 **아** 담장 **도** 만물 **물**

서진(西晉) 말기 귀족 사회에 유행한 청담(淸談)의 중심 인물 왕연(王衍)은 죽림칠현(竹林七賢)의 한 사람인 왕융(王戎)의 사촌이었다. 그는 용모와 태도가 단정했는데, 어릴 때 아버지를 따라 죽림칠현의 우두머리인 산도(山濤)를 방문했었다. 산도는 그의 재주와 지혜와 용모에 감탄하여 인사하고 돌아가는 그를 전송하면서 한숨을 쉬며 말했다.

도대체 어떤 어머니에게서 이렇게 훌륭한 소년이 태어났을까? 그러나 천하의 창생들을 그르치는 것은 반드시 이 사람이 아닐까?

何物老嫗生寧馨兒. 然誤天下蒼生者 未必非此人也.(≪진서(晋書)≫ 왕연전(王衍傳))

성인이 된 왕연은 요직(要職)을 역임하고 나중에는 태위(太尉 : 군정 장관)까지 진급했지만 그동안 정무는 거의 돌보지 않고 후진들을 모아 오로지 청담(淸談)만을 일삼았다. 그런데도 그를 중심으로 한 서진(西晉) 말기의 관료 사회에서는 청담이 입신출세의 실마리가 된 느낌이 있어 그의 문전에 젊은이들이 모여든 것도 그 때문이었다고 할 수 있을 것이다.

그러나 그들이 노장(老莊)의 현묘한 철리에 심취해 있을 때 서진(西晉) 제국을 둘러싼 국제 정세는 시시각각 급격함을 더해 가고 있었다.

당시 서진의 가장 큰 위협은 산서(山西)에 할거한 흉노족이었는데, 왕연 등 서진의 지도자층은 아무런 대책도 없는 채 멸망을 눈앞에 둔 초조함을 청담이라는 지적(知的) 놀이로 감추고 있었다.

그리하여 영가(永嘉) 5년에 석륵(石勒)과 유요(劉曜)가 이끄는 흉노족 대군이 도읍인 낙양(洛陽)을 공격해 들어왔을 때 방위군의 원수가 된 왕연은 새파랗게 질리고 당황하여,

"나는 처음부터 관리가 되기에는 성격이 맞지 않았는데 점점 높이 올라가 하는 수 없이 태위까지 오른 것이다. 그러나 오늘의 사태는 정말로 중대하여 나 같은 사람으로서는 도저히 감당할 수 없다."
라고 울면서 말했다. 그는 석륵과의 싸움에서 패하여 사로잡혀 죽임을 당했다. 불행하게도 산도의 예언이 적중한 것이다.

좌우간 왕연은 나라가 망해 가는 위기도 제쳐 놓고 청담에서 사는 보람을 찾는 풍류인이었기 때문에 돈에 대해 말하는 사람을 속된 무리라고 싫어했다. 그런데 그의 부인 곽씨(郭氏)는 이와 반대로 돈과 권력이라면 사족을 못 쓰는 여자였다. 그녀는 당시 최고 권력가인 가후(賈后)와 인연을 맺었으며, 머리는 나쁘면서도 아름다운 말만 늘어놓는 왕연이 마음에 들지 않았다.

어느 날 그녀는 노비에게 명하여 왕연의 침대 주위에 돈을 가득 쳐넣게 했다. 왕연이 아침에 잠에서 깨어났는데 침대 주위가 돈으로 가득 차 걸을 수 없자 노비를 불러 명령했다.

"이것들을 모두 치우도록 하라."

왕이보(王夷甫)는 본래 현묘하고 먼 것을 숭상하면서, 항상 아내의 탐욕을 미워하여 일찍이 돈이라는 말을 입에 올리지 않았다. 아내는 그를 시험해 보기로 하고 노비를 시켜 돈으로 침상을 에워싸 나갈 수 없게 하였다. 왕이보가 아침에 일어나 나가는 길을 돈들이 가로막는 것을 보고 노비를 불러 말하였다.

'이것을 모두 치우도록 하라.'

王夷甫雅尙玄遠 常嫉其婦貪濁 口未嘗言錢字. 婦欲試之 令婢以錢繞牀不得行. 夷甫晨起 見錢閣行 呼婢曰 擧却阿堵物.(≪세설신어(世說新語)≫ 규잠편(規箴篇))

'아도(阿堵)'는 당시의 속어(俗語)로 '이것'의 뜻이다. 그는 돈이라는 말을 입이 썩어도 하고 싶지 않았기 때문에 '아도물(阿堵物)'이라고 한 것인데, 그 이후로 돈을 일컫는 이명(異名)으로 사용되었다.

安堵
안   도

담장 안이 편안하다는 뜻으로, 집 안에서 걱정 없이 편안하게 산다는 뜻.

편안할 **안** 담장 **도**

전국시대 후기의 초반인 B.C. 284년에 연(燕)나라 소왕(昭王)의 명재상 악의(樂毅)는 진(秦)·초(楚)·연(燕)·한(韓)·조(趙)·위(衛)의 연합군을 이끌고 제(齊)나라를 공격하여 5년 동안 제(齊)나라의 70여 성을 항복받고, 제(齊)나라 민왕(湣王)을 망명시켰지만, 즉묵(卽墨)과 거(莒) 두 성만은 항복하지 않고 있었다.

즉묵을 지키던 전단(田單)은 연(燕)나라 소왕이 죽고 혜왕(惠王)이 즉위하자 간첩을 보내 혜왕과 악의를 이간시키는 데 성공하는 한편, 연(燕)나라 군대에 거짓 정보를 유포시켜 교묘하게 즉묵의 제(齊)나라 군대의 사기를 높이고, 스스로 사졸들의 일을 분담하며 자신의 처첩을 군대에 편입시켜 사졸들에게 음식물을 대접하게 했다.

그리고 무장병들을 숨겨 놓고 노인과 어린이와 여자들을 성벽으로 올라가게 한 후 사자를 보내 연(燕)나라에게 항복할 것을 말하며, 성안의 백성들로부터 돈을 거두어 연(燕)나라 장군들에게 보내 '즉묵이 항복한다면 우리 집안과 처첩에게는 손대지 말고서 안심하고 잘 수 있도록 해 달라(安堵).'라고 말하게 했다.

이 말을 들은 연(燕)나라 군대가 더욱 안심하고 있을 때, 전단은 그 유명한 '화우지계(火牛之計)'를 써서 일거에 쾌승을 거두고 제(齊)나라의 여러 성을 모두 회복하여, 초(楚)나라 군대에게 죽임을 당한 민왕(湣王)의 아들 양왕(襄王)을 거(莒)에서 도읍인 임치(臨淄)로 맞이했다.(≪사기≫ 전단열전(田單列傳))

사마천(司馬遷)은 전단의 병법을 '처음에는 처녀와 같고 뒤에는 벗어난 토끼와 같다.'고 평하고 있는데, '안도(安堵)'의 '도(堵)'란 '담'이라는 뜻으로 사람들이 각자 담 안에서 편안히 살 수 있다는 뜻이다.

이것이 바뀌어 '근심이 없는 것', '편안하게 안정시킴', '안심하는 것'을 말하게 되었다. 지금도 금문도(金門島)에는 장개석(蔣介石)의 필적으로 '거(莒)에 있는 것을 잊지 말라.'고 새겨진 비석이 서 있거니와, 이것은 그때의 제(齊)나라가 대륙반공(大陸反攻)의 꿈인 국토를 회복한 고사(故事)에서 의탁한 것이다.

暗中摸索
암 중 모 색

어둠 속에서 더듬어 찾는다는 뜻으로, 확실한 방법을 몰라 어림짐작으로 알려고 한다는 말.

어두울 **암** 가운데 **중** 더듬을 **모** 찾을 **색**

당(唐)나라 3대 고종(高宗)이 황후인 왕씨(王氏)를 폐하고 무씨(武氏, 측천무후)를 황후로 맞이하였을 때, 왕씨를 지지하던 장손무기(長孫無忌) 등의 중신들을 압도한 무씨 옹립파의 중심 인물은 뒤에 재상이 된 허경종(許敬宗)이라는 문장의 명수로, 대대로 남조(南朝)에 벼슬한 가문이었다.

그는 경솔하여 사람을 만나도 대체로 그 얼굴을 잊어버리는 버릇이 있었다. 어떤 사람이 그를 보고 기억력이 나쁜 사람이라고 험담하자 이 말을 전해들은 허경종은 이렇게 말했다.

"그대 같은 사람의 얼굴이야 기억하기 어렵지만 하(何) · 유(劉) · 심

(沈)·사(謝) 같은 사람을 만난다면 어둠 속에서 손으로 더듬어도(暗中摸索) 기억할 수 있다구."(≪수당가화(隋唐佳話)≫)

남북조시대 남조(南朝)의 제3왕조인 양(梁)나라 초대 임금 무제(武帝)는 문인천자(文人天子)로서 남조 유일의 문학 황금시대를 출현시켰다. 하손(何遜)과 유효작(劉孝綽)은 문장가로서 하유(何劉)라 불리고, 심약(沈約)과 사조(謝朓)는 무제가 전 왕조의 제(齊)나라 공자(公子)였을 무렵 문학 그룹의 친구로서 무제가 즉위함과 동시에 재상으로 발탁되어 문화국가 건설에 참여한 교양 있는 문인이었다.

'암중모색(暗中摸索)'이란 말은 허경종의 위 고사(故事)에서 생겨났으며, '어둠 속에서 손으로 더듬어 물건을 찾는다.'는 것을 뜻하는데 이것이 '손 붙일 곳이 없는 사물을 찾아 구한다.'는 뜻으로 변하여 사용된다.

弱冠
약   관

미약한 어른이라는 뜻으로, 스무 살이 되는 남자를 말함.

약할 **약** 갓 **관**

'약관(弱冠)'이란 20세의 성년에 이른 남자를 일컫는 말이다. '약(弱)'의 뜻은 부드럽고 약함, 즉 아직 기골이 장대한 장부라고는 말할 수 없지만 한 사람 구실을 하는 젊은이가 된 것을 뜻한다. '관(冠)'이란 갓을 쓰는 것으로 어른에 들어섰음을 축하하는 의식이다.

이 '약관(弱冠)'이라는 말은 오경(五經)의 하나인 ≪예기≫ 곡례편(曲禮篇) 상(上)에 실려 있다.

사람이 태어나서 10년은 어리다고 말하며, 배워야 한다. 20살을 약(弱)이라 하며, 갓을 쓴다. 30살을 장(壯)이라 하며, 아내를 두어야 한다. 40살을 강(强)이라 하며, 벼슬해야 한다. 50살을 애(艾)라 하며, 관청과 정사에 참여한다. 60세를 기(耆)라 하며, 일을 시킨다. 70세를 늙었다 하며, 집안일을 전수한다. 80세, 90세를 모(耄)라 한다. 7세를 도(悼)라 하며, 7세와 늙은이는 비록 죄가 있어도 형벌을 가하지 않는다. 100세를 기(期)라 하며, 봉양을 받아야 한다.

人生十年曰幼 學. 二十曰弱 冠. 三十曰壯 有室. 四十曰强 而仕. 五十曰艾 服官政. 六十曰耆 指使. 七十曰老 而傳. 八十九十曰耄 七年曰悼 悼與耄 雖有罪 不加刑焉. 百年曰期 頤.

이와 같은 호칭은 현대인의 연령 감각으로 말해도 진정으로 받아들일 만하며 상당히 흥미 있는 일이다.

10살까지를 어린이라고 부르며 공부를 시작할 시기이다. 20살이 되면 약(弱)이라고 부르며 갓을 써야 할 시기이다. 30살이 되면 장(壯)이라고 부르며 아내를 가지는 결혼적령기이다. 40세가 되면 강(强)이라고 부르며 벼슬살이를 할 시기이다. 50세가 되면 애(艾)라고 부르며 중요한 관직에 나아갈 시기이다. 애(艾)는 머리가 희어진다는 뜻이다. 60세가 되면 기(耆)라고 부르며 자기의 일을 다른 사람들에게 명령하여 시킬 자격이 있다. 70세는 노(老)라고 부르며 집안일을 자손에게 맡기고 유유자적하는 시기이다. 80세, 90세가 되면 모(耄)라고 부르며 7세는 도(悼)라고 부르는데, 7세와 늙은이에게는 비록 죄가 있어도 형벌을 가하지 않는 나이이다. 100세가 되면 기(期)라고 부르며 봉양을 받을 나이이다.

羊頭狗肉
양 두 구 육

양의 머리를 걸어 놓고 개고기를 판다는 뜻으로, 겉은 그럴듯해 보이나 속은 변변치 못하다는 뜻.

양 **羊** 머리 **頭** 개 **狗** 고기 **肉**

'양의 머리를 걸어 놓고 개고기를 판다.'는 말은 ≪항언록(恒言錄)≫에 실려 있는 말이다. 여기에서 바뀌어 '좋은 품질을 간판으로 내걸고 나쁜 품질의 물건을 판다.'는 뜻으로 사용된다.

이 말과 비슷한 말이 많다. ≪무문관(無門關)≫에는 '양의 머리를 걸어 놓고 말고기를 판다(懸羊頭賣馬肉).'라고 있고, ≪안자춘추(晏子春秋)≫에는 '소의 머리를 문에 걸어 놓고 안에서는 말고기를 판다(懸牛首于門而賣馬關於內)'라고 있으며, ≪설원(說苑)≫에는 '소의 뼈를 문에 걸어 놓고 안에서는 말고기를 판다(懸牛骨于門而賣馬肉於內)'라고 실려 있다.

뜻은 모두 같지만 이야기로서는 ≪안자춘추≫에 실려 있는 것이 재미 있으므로 그것을 들어 두겠다.

춘추시대의 일이다. 제(齊)나라 영공(靈公)은 좀 색다른 취미를 가지고 있었다. 즉 미인에게 남장을 시켜 관상하는 일로, 궁중에 있는 미인들을 붙잡아 남장을 시키며 기쁨을 맛보았다. 영공의 이런 기호는 곧 나라 전체에 전파되어 제(齊)나라에는 남장을 한 미인들이 늘어났다.

그러자 궁중 밖에서는 여인이 남장을 못하도록 영공이 영을 내렸다. 그러나 금령(禁令)의 효과는 없었다. 영공으로서는 그 금령이 지켜지지 않는 이유를 모르고 있다가 우연히 벼슬하는 안자(晏子)에게 하문하자 그가 대답했다.

"임금께서는 궁중에서 미인이 남장하는 것을 용서하면서 궁중 밖에서는 금지하는 명령을 내렸습니다. 이것은 마치 소의 머리를 문에 걸어 놓고 안에서는 말고기를 파는 것과 같은 것입니다. 왜 궁중에서는 미인에게 남장시키는 것을 금하지 않는 것입니까? 궁중에서 금한다면 궁중 밖에서도 감히 남장하는 사람이 없게 될 것입니다."

君使服之於內 而禁之於外. 猶懸牛首于門 而賣馬肉於內也. 公何以不使內勿服 則外莫敢爲也.

이 말을 들은 영공은 궁중에서 미인을 남장시키는 것을 금하였다. 그러자 하루가 지나기도 전에 제(齊)나라 전국에 걸쳐 남장을 하는 미인이 사라졌다고 한다.

梁上君子

양 상 군 자

대들보 위에 군자라는 뜻으로, 집 안에 들어온 도둑을 말함.

들보 **양** 위 **상** 군자 **군** 아들 **자**

후한(後漢) 말기의 일이다. 태구현(太丘縣) 장관은 진식(陳寔)이었다. 진식은 학문을 좋아하는 선비로 현의 하급 관리였던 청년 시절에는 앉으나 서나 독서에 열중하여 그 당시의 장관에게 인정을 받아 태학(太學)에서 공부하게 되었다.

또 마음이 공정하고 관대한 사람으로서 일찍이 살인 혐의를 받아 붙잡힌 적이 있었는데 살인 혐의가 풀려 석방된 뒤에 자기를 붙잡았던 사람의 일을 열심히 하므로 그 사람이 자진하여 그의 부하가 되었다고 한다.

또한 진식은 태구현의 장관이 된 뒤에도 덕을 잘 닦아 청렴하고 온화한 마음으로 현정(縣政)에 이바지했기 때문에 그 현의 사람들은 안락하게 생활할 수 있었다.

그러다 어느 해에 심한 흉년이 들자 사람들은 양식이 부족하여 괴로움을 당했다. 그러던 어느 날 밤에 도둑이 진식의 집에 들어와 대들보 위에 숨었다. 진식은 그것을 은근히 보았지만 위엄을 갖추고 아들과 손자를 불러들인 다음, 그들에게 훈계하였다.

"모름지기 사람은 스스로 힘써야만 한다. 악을 행하는 사람도 반드시 본래는 악한 사람이 아니나 평소에 뒤틀린 습관이 성격이 되어 결국 악으로 내달리게 된다. 여기에 있는 이 '양상군자(梁上君子)'도 이와 같은 사람이다."

이 말을 듣던 도둑은 크게 놀라 대들보에서 뛰어내려와 이마를 마루에 대고 그 죄를 자백했다. 진식은 서서히 깨우쳐 주었다.

"너의 얼굴 모습을 잘 보니 악한 사람 같지는 않다. 깊이 반성하여 사사로운 마음을 이기면 착한 사람이 될 수 있을 것이다. 가난하기 때문에 이와 같은 마음이 일어난 것이리라."

이리하여 그 도둑은 비단 두 필을 바치고 용서를 받았다. 이 일이 알려지자 태구현에는 도둑질을 하는 사람이 없어졌다고 한다.

時勢荒民儉. 有盜夜入其室 止於梁上. 寔陰見乃起自整拂 呼命子孫 正色訓之曰 夫人不可不自勉. 不善之人未必本惡. 習以性成 遂至於此 梁上君子者是矣. 盜大驚自投於地 稽顙歸罪. 寔徐譬之曰 視君狀貌不似惡人. 宜深剋己反善. 然此當由貧困. 令遺絹二匹. 自是一縣無復盜竊.

이 이야기는 《후한서》 진식전(陳寔傳)에 실려 있다. '양상군자(梁上君子)'는 진식의 말에서 나온 것으로 '도둑'이나 '쥐'를 일컫는다.

良藥苦於口
양 약 고 어 구

좋은 약은 입에 쓰다는 뜻으로, 남이 충고하는 말을 잘 받아들이라는 뜻.

좋을 **양** 약 **약** 쓸 **고** 어조사 **어** 입 **구**

이것은 공자의 말씀으로서 ≪공자가어≫ 육본편(六本篇)과 ≪설원(說苑)≫의 정간편(正諫篇)에 실려 있다. 효과 있는 좋은 약은 입에 넣을 때 쓰고, 사람들에게 듣는 충고는 좋은 말일수록 귀에 거슬린다는 뜻이다.

공자께서 말씀하셨다.

"좋은 약은 입에는 쓰지만 병에는 이롭고, 충고하는 말은 귀에는 거슬리지만 행실에 이롭다. 은(殷)나라 탕왕(湯王)은 직언을 하는 충신이 있었기 때문에 번창했고, 하(夏)나라 걸왕(桀王)과 은(殷)나라 주왕(紂王)은 무조건 따르는 신하들만 있었기 때문에 멸망했다. 임금에게 다투는 신하가 없고, 아버지에게 다투는 아들이 없고, 형에게 다투는 동생이 없고, 선비에게 다투는 친구가 없다면 잘못을 저지르지 않는 사람이 없을 것이다. 그러므로 말하기를 임금이 잘못을 저지르면 신하가 간해야 하고, 아버지가 잘못을 저지르면 아들이 간해야 하고, 형이 잘못을 저지르면 동생이 간해야 하고, 자신이 잘못을 저지르면 친구가 간해야 한다. 이렇게 한다면 나라에 위태하고 망하는 징조가 없고, 집안에 패란(悖亂)의 악행이 없으며, 부자와 형제에게 잘못이 없고, 친구와의 사귐도 끊임이 없을 것이다."

孔子曰 良藥苦於口而利於病 忠言逆於耳而利於行. 湯武以諤諤而昌 桀
紂以唯唯而亡. 君無爭臣 父無爭子 兄無爭弟 士無爭友 無其過者 未之有
也. 故曰 君失之 臣得之 父失之 子得之 兄失之 弟得之 己失之 友得之. 是
以國無危亡之兆 家無悖亂之惡 父子兄弟無失 而交遊無絶也.

또 사마천(司馬遷)의 ≪사기≫ 유후세가(留侯世家) 장량전(張良傳)에
는 유방(劉邦)에게 간한 장량(張良)의 말로서, '충고하는 말은 귀에 거슬
리지만 행실에는 이롭고, 독한 약은 입에 쓰지만 병에는 이롭다(忠言逆
耳 利於行 毒藥苦口 利於病).'라고 실려 있다.

楊布之狗
양 포 지 구

양포의 개. 달라진 겉모습을 보고 속까지 변했다고 생각하는 사람이
라는 말.

버들 양 베 포 어조사 지 개 구

겉모습이 변한 것을 보고 속까지 변해버렸다고 판단하는 사람을 '양포
지구(楊布之狗)'라고 말한다.
이 말은 한비자(韓非子)가 자기의 말을 설명하기 위하여 이용한 이야

기에서 나온 것이다.

양주(楊朱)의 동생 양포(楊布)가 흰 옷을 입고 외출하였는데, 비가 내리니 흰 옷을 벗고 검은 옷을 입고 돌아왔다. 그러자 집에서 기르는 개가 분간하지 못하고 짖어대 양포는 화가 나서 개를 때리려 했다. 양주가 이것을 보고 말했다.

"개를 때리지 마라. 너 역시 이와 같을 것이야. 너의 개가 흰 옷을 입고 갔다가 검은 옷을 입고 돌아오면 너 역시 어찌 괴상하게 생각지 않을 수 있으랴!"

楊朱之弟楊布 衣素衣而出. 天雨 解素衣 衣緇衣而反. 其狗不知而吠之. 楊布怒將擊之. 楊朱曰 子毋擊 子亦猶是. 曩者使女狗白而往 黑而來 子豈能毋怪哉.(≪한비자≫ 설림(說林) 하(下))

양주는 전국시대 중엽의 사상가로, ≪맹자≫ 진심편(盡心篇) 하(下)에 '양자는 나를 위하여 취한다. 한 터럭을 뽑아 천하를 이롭게 한다 해도 행하지 않는다.' 라는 비판을 받고 있다. 그는 극단적인 이기주의자로 간주되어 그의 학설은 '위아설(爲我說)' 이라고 일컬어진다.

그러나 양주는 소아(小我)를 초월하고 자연과 융합하여 일체가 되는 경지를 이상으로 삼고 있다. 있는 그대로를 긍정하는 일, '양포지구(楊布之狗)' 를 긍정하는 양주의 관용은 여기에서 유래한 것이다.

漁夫之利
어 부 지 리

어부가 이익을 본다는 뜻으로, 두 사람이 다투는 사이에 다른 사람
이 이득을 챙긴다는 뜻.

고기잡을 **어** 아비 **부** 어조사 **지** 이로울 **리**

전국시대에 벼슬 없는 지식인이 영달을 꾀하기 위하여 권세 있는 사람
의 식객이 된 후 그의 추천으로 국왕에게 자기가 품은 부국강병책이나
외교정책 내지 전략을 설득하여 벼슬에 채용되는 것이 정상적인 길로,
이들을 세객(說客)이나 책사(策士)라고 하였다. 그중에서도 소진(蘇秦)과
장의(張儀)는 그 대표적인 인물이라고 일러지고 있다.

소진의 동생 소대(蘇代)도 형에게서 배워 주로 연(燕)나라와 제(齊)나라
에서 세객으로 활약했다. 기지(機智)나 변설에서는 아직 소진을 따라가지
못하지만 착상(着想)의 규모나 크기는 반대로 형이 따르지 못하였다.

그런데 책사의 모략담(謀略譚)을 오백 편이나 모은 전한(前漢) 유향(劉
向)이 엮은 ≪전국책≫에서는 그 재주의 비상함이 크게 돋보인다. '어부
지리(漁夫之利)'라는 고사성어도 그중 한 편에 실려 있다.

조(趙)나라가 연(燕)나라를 치려 했다. 소대가 연(燕)나라를 위하여 조
(趙)나라 혜왕(惠王)에게 말했다.

"이번에 제가 이리로 오면서 역수(易水)를 건너는데 큰 조개가 살을 드
러내고 햇볕을 쪼이고 있었습니다. 물총새가 그 살을 쪼자 조개는 껍질

을 닫으며 물총새의 부리를 물었습니다. 물총새가 '오늘도 비가 오지 않고 내일도 비가 오지 않는다면 너는 죽은 조개가 될 것이다.' 라고 말하니, 조개는 물총새에게 '오늘도 나오지 않고 내일도 나오지 않는다면 너는 죽은 물총새가 될 것이다.' 라고 하여 어느 쪽도 양보하려 하지 않았습니다. 그러자 어부가 양쪽 모두 천천히 잡았습니다. 지금 조(趙)나라는 연(燕)나라를 치려 하고 있습니다만 연(燕)나라와 조(趙)나라가 서로 버티어 백성들을 피폐하게 한다면 어부는 강한 진(秦)나라가 되지 않을까 하고 위태롭게 생각합니다. 왕께서는 깊이 생각하시어 처리해야 할 것입니다."

혜왕은 '과연 옳은 말이다.' 하고 이에 중지했다.

趙且伐燕. 蘇代爲燕謂惠王曰 今者臣來過易水. 蚌方出曝 而鷸啄其肉蚌合而拑其喙. 鷸曰 今日不雨 明日不雨 卽有死蚌. 蚌亦謂鷸曰 今日不出明日不出 卽有死鷸. 兩者不肯相舍 漁者得而并禽之. 今趙且伐燕 燕趙久相支 以弊大衆 臣恐强秦之爲漁夫也. 故願王之熟計之也. 惠王曰 善乃止.

여기에서 '방휼지세(蚌鷸之勢)' 와 '어부지리(漁夫之利)' 라는 경계하는 구절이 생겨났는데, 제3자들이 서로 싸우는 것을 '방휼지세' 라 하고, 싸움을 틈타 이득을 얻는 것을 '어부지리' 라고 하게 되었다.

餘桃之罪
여 도 지 죄

먹다 남은 복숭아를 준 죄란 뜻으로, 같은 행동이라도 좋을 때와 싫을 때가 있다는 말.

남을 **여** 복숭아 **도** 어조사 **지** 허물 **죄**

옛날에 미자하(彌子瑕)라는 사람이 위(衛)나라 군주에게 총애를 받고 있었다. 위(衛)나라 법에서는 임금의 수레를 몰래 타는 사람은 다리를 자르는 형벌을 받도록 되어 있었다.

미자하의 어머니가 병이 나자 한 사람이 이 사실을 미자하에게 고하였다. 미자하는 허락을 얻었다고 거짓말을 하고서 임금의 수레를 타고 나갔다. 그러자 위(衛)나라 임금이 이 말을 듣고 어진 선비라고 하였다.

"효자로다! 어머니를 위하는 까닭으로 다리 잘리는 죄를 잊었도다."

또 어느 날 미자하가 위(衛)나라 임금과 과수원에서 놀았는데 복숭아를 먹다가 그 맛이 매우 달았으므로 먹던 반쪽을 임금에게 먹게 했다. 그러자 위(衛)나라 임금은 이렇게 말했다.

"얼마나 나를 사랑하는 것인가! 자기의 입맛을 잊고서 나에게 먹여 주는도다!"

이윽고 미자하의 아름다움이 쇠하니 총애를 잃고 결국 임금에게 죄를 얻었다. 위(衛)나라 임금은 말하였다.

"이 사람은 거짓말을 하고 내 수레를 탔으며, 일찍이 제가 먹다 남은 복숭아를 나에게 먹인 적이 있다."

昔者 彌子瑕有寵於衛君. 衛國之法 竊駕君車者 罪刖. 彌子瑕母病 人聞
往夜告彌子· 彌子矯駕君車以出 君聞而賢之曰 孝哉 爲母之故 忘其刖罪.
異日與君遊於果園 食桃而甘 不盡 以其半啗君. 君曰 愛我哉忘其口味
以啗寡人. 及彌子色衰愛弛 得罪於君 君曰 是固嘗矯駕吾車 又嘗啗我以
餘桃.

이 이야기는 ≪한비자≫ 설난편(說難篇)에 실려 있는 이야기로, 사람
들에게 자기의 의견을 말하기가 얼마나 어려운가를 말해 주는 보기의 하
나이다. 한비자(韓非子)는 이렇게 말했다.

'그렇다고 미자하의 행동이 처음과 변한 것은 없다. 그런데 먼저는 덕
행이라고 하고 나중에는 벌을 받게 한 것은 사랑이 미움으로 변했기 때
문이다. 따라서 임금에게 사랑을 받고 있으면 재주가 표적을 쏘아 친함
이 더해 가고, 임금에게 미움을 받으면 재주는 표적을 벗어나 죄를 받음
이 더하게 된다.'

'여도지죄(餘桃之罪)'라는 말은 이 이야기에서 나온 것으로, 사랑을
받는 것은 죄를 받게 되는 원인이 된다는 비유로 쓰이고 있다.

逆鱗
역 린

용의 목에 난 비늘. 상대방의 치명적인 약점을 건드려 큰 화를 당한
다는 뜻.

거스를 **역** 비늘 **린**

≪한비자≫의 설난편(說難篇)은 자기의 의견을 사람들에게 설득하는
것이 얼마나 어려운가를 풀이한 것이다.

한(韓)나라는 전국칠웅(戰國七雄) 중에서도 가장 약소국가로, 금방이
라도 서쪽 이웃의 초강대국가 진(秦)나라에게 멸망하게 되었다. 그런데
도 왕안(王安)은 조정의 무리들이 특권을 세습적으로 계승하여 자기 집
안의 이익을 도모하면서 국가의 위급은 둘째로 삼는 행위를 방치하고 있
었다.

한(韓)나라 공자(公子)인 한비자는 초조하지 않을 수 없었다. 그의 명
석한 두뇌에는 신법(新法)을 단행하여 문벌의 특권을 일소하고, 군주 전
제에서 부국강병으로 나아가야 할 청사진이 준비되어 있었기 때문이다.

그러나 왕안은 결코 그 방책을 채택하려 하지 않았다. 한비자는 왕안
을 설득하느라 온갖 괴로움을 맛보고 있었다.

"상대방이 명예나 높은 절개를 그리워하여 움직이려 하는데 이를 후한
이익으로 설득하면 지조가 비열해져서 사람을 천하게 대우하는 것이라
고 간주하여 이를 버리고 멀리할 것이다. 상대방이 후한 이익을 그리워

하여 움직이려 하는데 명예나 높은 절개로써 이를 설득하면 욕심이 없이 맑되 세상일에 어둡다고 간주될 것임에 틀림이 없다. 상대방이 은근히 후한 이득을 도모하면서 겉으로만 명예나 높은 절개를 그리워하고 있는데 명예와 높은 절개로 설득하면 겉으로는 이쪽의 의견을 받아들이되 속으로는 싫어하며, 후한 이득으로써 설득하면 속으로는 그 의견을 채택하되 겉으로는 이쪽의 의견을 버릴 것이다."

이것은 첫머리의 일절이다. '역린(逆鱗)'이란 말은 이 편을 끝맺는 부분이다.

대저 용이라는 동물은 부드럽게 길들이면 타고 다닐 수 있다. 그러나 그 목구멍 아래 직경이 한 자쯤 되는 곳에 거꾸로 박힌 비늘이 있어, 만일 이것을 건드리면 반드시 그 사람을 죽인다. 백성의 임금에게도 역시 거꾸로 박힌 비늘이 있다. 설득하는 사람이 능히 임금의 거꾸로 박힌 비늘을 건드리지 않는다면 희망이 있다고 할 수 있다."

夫龍之爲蟲也. 柔可狎而騎也. 然其喉下有逆鱗徑尺 若人有嬰之者 則必殺人. 人主亦有逆鱗 說者能無嬰人主之逆鱗 則幾矣.

여기에 기록된 '역린(逆鱗)'은 '임금의 성냄'이라는 뜻이 되고, 임금의 성냄을 당하는 것을 '거꾸로 박힌 비늘에 닿는다'고 하게 되었다.

緣木求魚

연 목 구 어

나무에 올라가 물고기를 구한다는 뜻으로, 허황된 계책으로 성공이 불투명하다는 뜻.

좇을 **연** 나무 **목** 구할 **구** 고기 **어**

'연목구어(緣木求魚)'란 말은 나무에 올라가 고기를 잡는다는 뜻으로 목적과 수단이 일치하지 않는다, 성공이 불가능한 것을 비유로 사용하고 있다. 이 말은 ≪맹자≫ 중에 나오는 말이다.

맹자는 공자의 사상적 후계자로 자임(自任)하여 인의(仁義)와 도덕(道德)을 고취하며, 특히 정치론에서는 인(仁)과 의(義)를 중심으로 한 임금의 정치의 필요성, 소위 왕도정치(王道政治)를 부르짖었다. 그 왕도(王道)는 무력을 중심으로 하는 패자(覇者)의 정치로 성립된다.

다음은 ≪맹자≫ 공손추(公孫丑) 상(上)에 나오는 말이다.

'힘으로써 어진 정치를 가장하는 것은 패도(覇道)이니, 패도에는 반드시 큰 나라를 가져야 한다. 덕으로써 인(仁)을 행하는 사람은 왕도(王道)이니, 왕도를 실천하는데 반드시 나라가 커야 하는 것은 아니다. 탕(湯)임금은 70리 왕이 되었고, 문왕(文王)은 100리 왕이 되었다. 힘으로써 사람을 복종시키는 것은 마음으로부터 복종케 하는 것이 아니라 힘이 모자라서이다. 덕으로써 사람을 복종시키는 것은 마음속으로부터 기뻐서

진실로 복종하는 것이다.'

또 제(齊)나라 선왕(宣王)이 물었다.

"제(齊)나라 환공(桓公)과 진(晉)나라 문공(文公)의 일에 대하여 들려주십시오."

맹자가 대답했다.

"공자의 제자들 중에 환공과 문공의 일을 말한 사람이 없습니다. 그러니 후세에 전해진 것이 없으므로 신은 아직 그 일을 듣지 못했습니다. 싫지 않으시다면 왕 노릇하는 이야기나 하시지요."

"덕이 어떠해야 왕 노릇을 할 수 있습니까?"

"백성들을 편안히 살게 해 주고 왕 노릇을 한다면 아무도 이를 못하게 막아낼 수 없을 것입니다."

"나 같은 사람도 백성들을 편안히 살게 해 줄 수 있을까요?"

"하실 수 있습니다."

"하지 않는 것과 하지 못하는 것은 어떻게 다릅니까?"

"태산(泰山)을 옆에 끼고서 북해(北海)를 뛰어넘는 일을 '나는 못한다.'고 말한다면 이것은 진실로 하지 못하는 것입니다. 그러나 웃어른을 위하여 몸을 굽혀 절하는 일을 '나는 못한다.'고 말한다면 이것은 하지 않는 것이지 못하는 것이 아닙니다.

왕께서 왕 노릇을 하시는 것은 태산을 옆에 끼고 북해를 뛰어넘는 것에 비유되는 것이 아니라 바로 몸을 굽혀 절하는 것에 비유되는 것입니다."

"왕께서 가장 원하시는 것을 들려주실 수 있습니까?"

왕이 웃기만 할 뿐 말하지 않자 맹자가 물었다.

"살찐 고기와 맛있는 음식이 입에 부족하기 때문입니까? 가볍고 따뜻한 옷이 몸에 부족하기 때문입니까? 그렇지 않으면 아름다운 빛깔이 눈으로 보시기에 부족하기 때문입니까?"

"아닙니다. 그런 일들을 위해서 이러는 것은 아닙니다."

"그러시다면 왕께서 가장 바라시는 것을 알 수 있겠습니다. 영토를 크게 확장하여 진(秦)나라나 초(楚)나라 같은 큰 나라를 굴복시키고, 중국에 군림하여 사방의 오랑캐들을 쓰다듬어 주시려는 것입니다. 그러나 그런 전쟁의 방법으로 그런 큰 욕망을 달성하려 하시는 것은 마치 나무에 올라가 물고기를 잡으려는 것과 같습니다."

"그것이 그토록 터무니없는 일입니까?"

"아마 그보다도 더 터무니없을 것입니다. 나무에 올라가 물고기를 잡으려는 짓은 비록 물고기를 잡지 못할지라도 후환은 없습니다."

曰 王之所大欲 可得聞與. 王笑而不言 曰 爲肥甘 不足於口與 輕煖不足於體與 抑爲采色 不足視於目與. 曰 否 吾不爲是也. 曰 然則 王之所大欲可知已 欲辟土地 朝秦楚 莅中國而撫四夷也. 以若所爲 求若所欲 猶緣木而求魚也. 王曰 若是其甚與. 曰 殆有甚焉 綠木求魚 雖不得魚 無後災.

燕雀安知鴻鵠之志哉
연 작 안 지 홍 곡 지 지 재

제비나 참새는 기러기나 고니 같은 큰 새의 뜻을 모른다는 말로, 소인은 대인의 큰 뜻을 헤아리지 못한다는 말.

제비 연 참새 작 어찌 안 알 지 큰 기러기 홍 고니 곡 어조사 지 뜻 지 어조사 재

진승(陳勝)은 양성(陽城) 사람으로 자를 섭(涉)이라 한다. 이 진승이 젊었을 무렵 친구와 함께 어떤 사람에게 고용되어 농사일을 하고 있었다.

어느 날 그는 밭 가는 일을 멈추고 언덕 위로 올라가 불만 섞인 한숨을 쉬면서 친구에게 말했다.

"장래에 부귀한 몸이 되더라도 서로 잊지 않도록 해야 하네."

친구가 웃으면서 대답했다.

"너는 지금 날품팔이 노릇을 하고 있다구. 어떻게 해서 부귀하게 될 수 있겠는가?"

진승은 크게 탄식하며 말했다.

"아아, 제비나 참새와 같은 작은 새가 어찌 기러기나 백조와 같은 큰 새의 뜻을 알 수 있겠는가?"

이것은 ≪사기≫의 진승세가(陳勝世家) 첫머리로 본문은 다음과 같다.

陳勝者陽城人也 字涉. ……陳涉少時 嘗與人傭耕. 輟耕之壟上 悵恨久
之曰 苟富貴無相忘. 傭者笑而應曰 若爲傭耕 何富貴也. 陳涉太息曰 嗟乎
燕雀安知鴻鵠之志哉.

이윽고 진(秦)나라의 시황제(始皇帝)가 죽고 2세의 세상이 되자 사방에서 반란이 일어나 마치 들불과 같이 번져 나갔다. 그 불지른 역할을 한 사람이 진승이었다.

2세 원년에 진승은 오광(吳廣)과 함께 징발(徵發)되어 총 구백 명의 수비병으로서 북쪽 변방에 가기로 되었다. 그러나 큰 비를 만나 홍수로 길이 막혀버렸다. 행군은 할 수 없고, 그렇다고 기한까지 지정된 지점까지 가지 않는다면 진(秦)나라의 엄격한 법률에 의하여 참형에 처해질 것이었다. 그리하여 진승은 오광과 도모하여 반란을 일으켰다.

"우리들은 이미 기한에 늦었다. 목적지에 뒤늦게 도착해도 기다리고 있는 것은 죽음이다. 설사 참죄를 면한다 할지라도 우리들 중 죽는 사람은 열 명 중에 6, 7명은 된다. 어차피 죽을 것이라면 한번 반기를 들어 후세에 이름을 남기지 않겠는가?"

이때 진승이 말했던 유명한 말은 '왕후장상(王侯將相)의 씨가 따로 있겠는가?(王侯將相寧有種乎)' 하는 말이다. 왕후나 장군이나 대신들도 똑같은 사람이다, 우리들도 할 수 있다는 뜻이다.

진승의 도박은 성공했다. 가는 데마다 성과 도시를 함락하여 진(陳)나라에 이르렀을 때는 수레가 육칠백 대, 말 탄 기병이 천여 명이나 되고 군대는 수만의 대군으로 늘어나 있었다.

진(陳)나라가 함락되자 이곳을 근거지로 정하고 왕위에 올라 국호를 장초(張楚)라고 하였다. 드디어 부귀를 실현했던 것이다. 각지의 호걸들이 진(秦)나라의 관리들을 죽이고 군대를 일으켜 진승에게 호응했다.

이와 같은 복잡한 정세 속에서 전쟁 미치광이가 된 진승은 시기와 의심에 사로잡히고 사람의 채용을 잘못하여 혼미한 가운데 누군가에게 죽임을 당하고 말았다. 그러나 그가 뿌린 씨앗은 진(秦)나라를 멸망시켰던 것이다.

五里霧中
오 리 무 중

오십 리 안개 속. 일의 상황을 알 수 없어 갈피를 잡기 어렵다는 뜻.

다섯 **오** 거리 **리** 안개 **무** 가운데 **중**

장해(張楷)는 후한(後漢) 중기 사람으로, ≪춘추≫나 ≪상서≫에 통달한 뛰어난 학자였다. 제자들도 많고 학자나 귀족들 중 그와의 교제를 바라는 사람이 많았지만 벼슬길에 나아가는 것을 싫어하여 산중에 은거해 버렸다.

장해의 아버지 장패(張霸)도 기골이 장대한 학자로서 한때는 안제(安帝)에 벼슬하여 시중(侍中)을 지냈다. 당시는 외척의 세력이 강하여 이미 무너진 화제(和帝)의 황후 오빠인 등질(鄧騭)이 정치의 실권을 장악하고 있었다. 그 등질이 장패의 명성을 듣고 교제를 청한 일이 있었으나 장패는 응답을 하지 않았다.

장해는 이와 같은 아버지의 기개를 이어받고 있었다. 장해가 산중에 은거한 뒤에 새로 즉위한 순제(順帝)가 이렇게 칭찬했다.

"장해는 덕행에서 원헌(原憲:공자의 제자)을 사모하고, 절개에서는 백이(伯夷)와 숙제(叔齊)를 목표로 했으며, 고귀한 것을 가벼이 알고 빈천을 즐겨 산속에 은거하고 있어도 그 고결한 뜻은 확실히 우리를 뛰어넘었다."

순제가 그에게 하남(河南) 장관(長官)으로 조서를 내려 벼슬하기를 설득했지만 장해는 병을 이유로 나아가지 않았다.

장해는 도술을 좋아하는 성격으로 능히 오십 리의 안개를 지을 수 있었다. 그때 관서(關書) 사람인 배우(裵優) 또한 능히 삼십 리의 안개를 일으킬 수 있었다. 그는 장해에 미치지 못한다고 생각하여 제자로 들어가 배우기를 바랐지만 장해는 모습을 숨기고 그를 보려 하지 않았다.

張楷 性好道術 能作五里霧. 時關書人裵優亦能爲三里霧 自以不如楷從學之. 楷避不肯見.

그후 배우는 안개를 일으켜 악한 일을 하다가 체포되자 장해로부터 재주를 배웠다고 진술했다. 그리하여 장해도 감옥에 투옥되었지만 결국 근거가 없다는 것을 알고 석방되어 일흔 살의 장수를 누렸다고 한다.

이 이야기는 ≪후한서≫의 장해전(張楷傳)에 실려 있다. 장해가 일으켰다는 오십 리의 안개에서 '오리무중(五里霧中)' 이라는 말이 생겨났다. 오십 리(중국의 5리)나 되는 안개 속에 있어 나아갈 방향을 잃는다는 뜻이거니와, 이것이 변하여 '마음이 미혹되어 어찌할 바를 모른다.'는 뜻으로 사용되고 있다.

五十步百步
오 십 보 백 보

오십 보 백 보는 차이가 없다는 뜻으로, 조금 덜하고 더한 차이는 있지만 본질적으로는 마찬가지라는 뜻.

다섯 **오** 열 **십** 걸음 **보** 일백 **백** 걸음 **보**

전투가 벌어졌을 때 오십 보를 후퇴한 사람이 백 보 후퇴한 사람을 비겁한 사람이라고 조소한다면 이치에 맞지 않는 얘기가 되겠다.

맹자는 이 이야기를 그의 왕도정치론(王道政治論)을 고취하기 위하여 유세차 간 양(梁)나라 혜왕(惠王)과의 문답 속에서 끌어내고 있다. 이것은 《맹자》 양혜왕편(梁惠王篇) 상(上)에 실려 있다.

하루는 양혜왕이 맹자에게 말했다.

"나는 나라 일에 어지간히 마음을 다하고 있습니다. 하내(河內)에 흉년이 들면 그 백성들을 하동(河東)으로 옮기고, 하동의 쌀을 하내로 옮깁니다. 또 하동에 흉년이 들면 똑같은 방법을 쓰고 있습니다. 이웃 나라의 정치를 보면 나만큼 마음을 쓰는 사람이 없거니와, 그런데도 이웃 나라의 백성이 줄어들지 않고 나의 나라 백성들이 많아지지 않는 것은 무엇 때문일까요?"

맹자가 대답했다.

"왕께서 싸움을 좋아하시니 청컨대 싸움을 비유로 말씀드리겠습니다. 둥둥 하고 북이 울려 병사들이 이미 칼날을 접했습니다. 갑옷을 버리고 군대를 이끌고 도망가는데, 혹은 백 보를 도망하여 그치고 혹은 오십 보를 도망하여 그칩니다. 오십 보로써 백 보 도망간 사람을 비웃는다면 어떠하겠습니까?"

양혜왕이 말했다.

"백 보를 도망간 것은 아닐지라도 이 또한 도망간 것입니다."

맹자가 말했다.

"왕께서 이것을 아신다면 백성들이 이웃 나라보다 많기를 바라지 마옵소서."

梁惠王曰 寡人之於國也 盡心焉耳矣 河內凶則 移其民於河東 移其粟於河內 河東凶則 亦然. 察隣國之政 無如寡人之用心者 隣國之民 不加少 寡人之民 不加多 何也. 孟子對曰 王好戰 請以戰喩. 塡然鼓之 兵刃旣接 棄甲曳兵而走 或百步而後止 或五十步而後止 以五十步 笑百步則如何. 曰不可 直不百步耳 是亦走也. 曰 王如知此則 無望民之 多於隣國也.

맹자는 이렇게 하여 양혜왕의 기분을 눌러놓은 다음, 왕도정치의 근본으로 우선 백성들의 경제생활의 안정에 있음을 역설하였다.

"농사철을 어기지 않는다면 곡식을 이루 다 먹지 못할 것이며, 웅덩이와 연못에 촘촘한 그물을 넣는다면 물고기와 자라를 이루 다 잡지 못할 것이며, 산과 숲에 도끼를 제때 넣는다면 재목을 이루 다 쓰지 못할 것입니다. 곡식과 물고기와 자라를 이루 다 먹지 못하고 재목을 이루 다 쓰지 못하면 이것은 백성으로 하여금 산 사람에게는 안정된 생활을 하고 죽은 사람에게는 후하게 장사 지내는 데 조금도 유감이 없게 하는 것이니, 이러한 정치야말로 임금 노릇을 하는 근본입니다."

吳越同舟
오 월 동 주

오나라와 월나라 사람이 같은 배를 탄다는 뜻으로, 원수라도 어려운 상황에서는 행동을 같이 한다는 말.

오나라 **오** 월나라 **월** 같을 **동** 배 **주**

오(吳)나라와 월(越)나라는 춘추시대에 원수지간이었다. 이 오(吳)나라의 군사(軍師)로서 후세에 이름을 남긴 병법가는 손자(孫子)이다.

≪손자병법(孫子兵法)≫은 손자 계통의 병법가들에 의해 전국시대에 정리된 것이다.

손자는 이렇게 말하고 있다.

유능한 지휘관은 병사들을 '솔연(率然)'처럼 부리고 있다. 솔연이란 상산(常山)에 사는 뱀으로서 그 머리를 치면 곧 꼬리로 반격하고, 꼬리를 치면 머리로 반격하고, 배를 치면 머리와 꼬리로 동시에 반격한다고 한다.

대저 오(吳)나라 사람과 월(越)나라 사람은 서로 미워하지만 같은 배를 타고서 건널 때 거센 바람을 만나게 되면 서로 구원하는 것이 마치 왼손과 오른손과 같다.

夫吳人與越人相惡也 當其同舟而濟遇風 其相救也 如左右手.

사이가 좋지 못한 사람끼리 함께 있는 것을 '오월동주(吳越同舟)'라고 하는 것은 여기에서 나온 말이다.

동시에 '상산(常山)의 뱀'이라는 고사성어가 나오는데 이것은 머리와 꼬리가 서로 호응하여 패함이 없는 진을 말한다. 어디라도 찌를 틈이 없는 만전의 태세를 뜻하는 데 사용되기도 한다.

烏合之衆
오 합 지 중

까마귀가 무리를 지어 있다는 뜻으로, 규율과 훈련이 부족한 군대를 말함.

까마귀 **오** 합할 **합** 어조사 **지** 무리 **중**

'오합지중(烏合之衆)'이란 말은 ≪사기≫의 역생육가열전(酈生陸賈列傳)과 깊은 관계가 있다. 즉 역생육가열전에 의하면, 한(漢)나라 고조(高祖)가 아직 패공(沛公)이었던 시절에 항우(項羽)와 함께 서쪽의 진(秦)나라를 공략하려고 했을 때 진류(陳留) 교외에 군대를 진군시킨 일이 있다. 이때 역이기(酈食其)라는 세객이,

"당신이 까마귀 떼 무리를 규합하여, 어수선한 군대를 모을지라도 만명은 차지 않을 것입니다. 이것으로 강한 진(秦)나라를 공격하려는 것은 소위 호랑이 입을 더듬는 격입니다. 대저 진류(陳留)는 천하의 요충지대로 사통오달(四通五達)의 교외입니다. 게다가 그 성에는 많은 곡식이 쌓

여 있습니다. 나는 그 현령(縣令)과 친한 사이입니다. 청컨대 사자를 보내 항복하도록 하십시오."

足下起糾合之衆 收散亂之兵 不滿萬人. 欲以徑入强秦 此所謂探虎口者也. 夫陳留天下之衝 四通五達之郊也 今其城又多積粟. 臣善其令. 請得使之 令下足下.

라고 패공을 설득시켰던 것이다. '오합지중(烏合之衆)'이란 여기저기에서 모여든 훈련되지 않은 군대를 말하는 것이다.

그런데 '오합지중'이라고 명기(明記)되어 있는 책은 ≪후한서≫이다. 경엄전(耿弇傳)에 의하면, 경엄이 군대를 이끌고 용감히 유수(劉秀:후한의 광무제)에게 항복하러 가는 도중에, 군대 안에 왕랑(王郞:한나라 성제(成帝)의 태자를 사칭해 군대를 일으킨 사람)이야말로 한(漢)나라 정통파라고 믿는 자가 있어 유수의 휘하가 되는 것은 잘못이라고 주장했다. 그러자 경엄이 그를 꾸짖었는데 그 질책 중에 이런 말을 하였다.

우리가 돌격 기병대를 일으켜 가히 오합지중(烏合之衆)을 치는 것은 고목을 꺾고 썩은 것을 깎는 것과 같을 뿐이다.

發突騎以轔烏合之衆 如摧枯折腐耳.

또 ≪비동전(邳彤傳)≫에는 비동이 이렇게 말하고 있다.

점치는 사람 왕랑(王郞)은 거짓으로 태자의 이름을 사칭하여 세력을 확대하고 돌아다니며 오합지중을 모아, 드디어 연(燕)나라와 조(趙)나라의 땅을 진동시켰다.

卜 者王郎 假名因勢 驅集烏合之衆 遂震燕趙之地.

玉石俱焚
옥 석 구 분

옥과 돌이 함께 탄다. 착한 사람이나 악한 사람 구별 없이 함께 화를 당한다는 뜻.

구슬 **옥** 돌 **석** 함께 **구** 탈 **분**

좋은 것과 나쁜 것이 함께 망하는 것을 '옥석구분(玉石俱焚)'이라고 한다.

≪서경≫ 하서(夏書) 윤정편(胤征篇)에 다음과 같은 글이 실려 있다.

곤강(崑岡)에 불이 나면 옥과 돌이 함께 탄다. 임금이 덕을 놓치면 사나운 불길보다도 격렬하다. 그 우두머리 괴수는 죽이되 협박에 못 이겨 복종한 사람들은 벌하지 말 일이다. 옛날에 물들어 더러워진 풍속은 모두와 더불어 오직 새롭게 하리라.

火炎崑岡 玉石俱焚. 天吏逸德 烈于猛火. 殲厥渠魁 脅從罔治. 舊染汙俗 咸與惟新.

〈윤정(胤征)〉은 윤후(胤侯)가 하(夏)나라 임금의 명령에 따라 희화(羲和)를 치러 나갈 때 한 선언으로, 희화를 치는 까닭을 설명한 것이다.

곤강(崑岡)은 옥을 생산하는 산의 이름이다. 만일 곤강이 불에 탄다면 옥과 돌이 함께 타버릴 것이다. 화재는 무서운 재앙을 가져오거니와, 임금이 덕을 잃는다면 그 피해는 사나운 불길보다도 더 심하다. 따라서 지금 그 수령을 쳐서 멸망시키는 것이지, 억지로 가담했던 사람들까지 모두 처벌하지는 않을 것이니 함께 마음을 새롭게 하여 착함으로 돌아가라는 뜻이다.

玉石混淆
옥 석 혼 효

구슬과 돌이 뒤섞여 있다는 뜻으로, 좋은 것과 나쁜 것이 함께 있어 구분하기가 힘들다는 뜻.

구슬 옥 돌 석 섞을 혼 뒤섞일 효

'옥석혼효(玉石混淆)'란 옥과 돌이 뒤섞인 것으로, 좋은 것과 나쁜 것, 착한 사람과 악한 사람이 한데 뒤섞여 구별이 되지 않는 것을 말한다.

《포박자(抱朴子)》 외편(外篇) 상박편(尙博篇)에, 세상 사람들이 천박한 시부(詩賦)를 사랑하여 뜻깊은 제자백가(諸子百家)의 글은 가볍게 여겨 몸을 위하는 지극한 말을 어리석다 하고, 공허하고 화려한 말은 기뻐하는 것을 한탄한 포박자의 말에,

참됨과 거짓됨이 전도되어 옥과 돌이 한데 뒤섞여 있다. 광악(廣樂)을 상동(桑同)과 한가지로 알고, 용의 무늬를 풀로 짠 옷과 한가지로 안다.

眞僞顚倒 玉石混淆. 同廣樂於桑同 鈞龍章於卉服.

라는 말 중에 '옥석혼효(玉石混淆)'가 실려 있다.

참됨과 거짓됨을 뒤바꿔 생각하고, 옥과 돌이 한데 뒤섞여 있다. 이것은 마치 아악(雅樂)을 함부로 속악(俗樂)과 한가지로 간주하고, 아름다운 옷을 조잡한 옷과 한가지로 간주한다는 뜻이다.

溫故而知新
온 고 이 지 신

옛것을 익혀 새것을 안다는 뜻으로, 오래된 것을 배워 새로운 가치를 찾아야 한다는 뜻.

익힐 **온** 연고 **고** 말 이을 **이** 알 **지** 새 **신**

'온고이지신(溫故而知新)'이란 '옛것을 익혀 새로운 것을 안다.'는 뜻이다. 이 말은 ≪논어≫ 위정편(爲政篇)에 나오는 공자의 말씀이다.

공자께서 말씀하셨다.
"옛것을 익혀 새로운 것을 알면 가히 이로써 스승이 될 수 있다."

子曰 溫故而知新 可以爲師.

'온고이지신(溫故而知新)'이라는 말은 ≪중용≫에도 나오거니와, 한
(漢)나라 정현(鄭玄)은 ≪중용≫에 나오는 그 글에, '온(溫)은 읽어서 익
힌다는 뜻이다. 처음 배운 것을 익힌 뒤에 때로 반복하여 익히는 것을 말
하며 온고(溫故)라고 한다.'라고 주를 달았다.

물론 ≪논어≫의 옛날 주에서 '온(溫)은 찾는다. 옛것을 찾는 것이다.'
라고 함에 따라 '옛것을 찾아'라고 읽어도 된다. 그리고 '지신(知新)'은
'새것을 안다.'라는 뜻이 된다.

과거의 역사적 사실에 대한 인식과 오늘날의 새로운 사태에 대한 인식
은 함께 해야 할 필요 불가결한 사실이다. 오늘날의 사실만을 알고 옛것
을 모르는 것을 소경이라고 말한다. '온고이지신(溫故而知新)'하여 가히
써 스승이 될 수 있다고 했다. 옛것과 오늘날의 것을 알지 못한다면 어찌
스승이라 할 수 있겠는가?

臥薪嘗膽
와 신 상 담

섶(땔나무)에 누워 쓸개를 씹는다는 뜻으로, 원수를 갚으려고 온갖
고난을 참고 견딘다는 말.

누울 **와** 땔나무 **신** 맛볼 **상** 쓸개 **담**

주(周)나라 경왕(敬王) 24년, 오(吳)나라 왕 합려(闔閭)는 군대를 이끌고 월(越)나라를 공격했다. 월(越)나라 왕 구천(勾踐)은 수리(檇李)에서 이를 맞아 오(吳)나라 군대를 격파했다. 이 싸움에서 합려는 부상당하여 죽게 되었다. 임종에 이르러 합려는 태자 부차(夫差)를 불러서 말했다.

"너는 구천이 아버지를 죽였다는 사실을 잊어서는 안 된다."

"네, 결코 잊지 않겠습니다."

이 '와신(臥薪)'의 기사는 ≪십팔사략≫에 실려 있다.

부차는 나라로 돌아오자 복수할 것을 잊지 않기 위하여 땔나무 위에서 잠을 자며 방 입구에 사람을 세워 놓고서 출입할 때마다,

"부차여, 너는 월(越)나라 군대가 네 아버지를 죽인 것을 잊었는가?"

라고 외치게 했다.

夫差志復讐 朝夕臥薪中 出入使人呼曰 夫差而忘越人之殺而父邪.

월(越)나라 왕 구천은 부차가 복수를 위하여 밤낮으로 노력하고 있다는 사실을 듣자 범려(范蠡)가 말리는 것도 듣지 않고 선수를 쳐 오(吳)나라를 공격해 들어갔다. 오(吳)나라 왕 부차는 정병(精兵)을 출발시켜 부초(夫椒)에서 월(越)나라 군대를 격파했다. 구천은 나머지 군대 오천 명을 이끌고 회계산(會稽山)으로 피했다. 부차는 이를 추격하여 포위했다.

진퇴(進退)가 궁해진 구천은 범려의 말에 따라 오(吳)나라 재상 백비(伯嚭)에게 막대한 뇌물을 보내어, 모든 재물과 보배를 부차에게 바칠 것과 구천 부처(夫妻)는 부차의 노비가 될 것을 약속하여 화의를 청했다. 오(吳)나라 중신 오자서(伍子胥)는 이때 기운을 더 내어 월(越)나라를 멸망시켜 화근을 끊어버리기를 권했지만 부차는 백비가 조정하는 바에 따

라 구천의 화의를 받아들였다.

구천은 나라로 돌아오자 일부러 마음과 몸을 괴롭히기 위해 좌석 옆에 쓸개를 놓고서 앉을 때나 누울 때나 우러러 쓸개를 핥고, 또 음식을 마주해도 쓸개를 핥아 그 쓴맛을 맛보며 스스로 이렇게 말했다.

"너는 회계(會稽)의 부끄러움을 잊었는가?"

쓸개를 맛보는 '상담(嘗膽)'의 기사는 《사기》 월세가(越世家)에 실려 있다.

월(越)나라 왕 구천은 나라로 돌아오자 몸을 괴롭힐 생각으로 애태워, 자리에 쓸개를 놓고 앉을 때나 누울 때 곧 쓸개를 우러러보았다. 음식을 먹을 때도 쓸개를 핥았다. 홀로 말하기를 '너는 회계의 부끄러움을 잊었는가?'

越王勾踐反國 乃苦身焦思 置膽於坐 坐臥卽仰膽. 飮食亦嘗膽也. 曰 女忘會稽之恥邪.

패전의 치욕을 맛보는 것을 '회계지치(會稽之恥)'라고 하는데 여기에서 나온 말이다.

월(越)나라 왕 구천이 오(吳)나라를 격파하여 오(吳)나라 왕 부차가 스스로 목숨을 끊은 것은 그로부터 20년 가까이 흐른 뒤의 일이다.

'와신상담(臥薪嘗膽)'이란 말은 오(吳)나라 왕 부차와 월(越)나라 왕 구천의 고사에서 나온 것으로, 원수를 잊지 않고 갚기 위하여 스스로 쓰라림을 맛보는 것을 말한다.

蝸牛角上之爭
와 우 각 상 지 쟁

달팽이 뿔 위에서 싸운다는 뜻으로, 아무런 이득도 없는 하찮은 일
로 다툰다는 뜻.

달팽이 **와** 소 **우** 뿔 **각** 위 **상** 어조사 **지** 다툴 **쟁**

사소한 일로 다투는 것, 혹 쓸데없는 일로 다투는 것을 '와우각상지쟁
(蝸牛角上之爭)'이라고 한다.

위(魏)나라 혜왕(惠王:뒤에 양혜왕)은 제(齊)나라 위왕(威王)과 맹약을
맺었는데, 위왕이 배반했으므로 혜왕은 자객을 보내 죽이려 계획했다.

혜왕의 신하 공손연(公孫衍)이 그 계획을 알고는 당당히 군대를 일으
켜 제(齊)나라를 공격해야 한다고 주장했다. 그러나 다른 신하 계자(季
子)는 군대를 일으켜서 백성들을 괴롭히지 말아야 한다고 상소했다.

혜왕이 망설이고 있을 때 재상 혜시(惠施)가 대진인(戴晉人)이라는 사
람을 왕과 만나게 했다.

대진인이 말했다.
"달팽이라고 있는데 임금은 아십니까?"
"안다."
"달팽이의 왼쪽 뿔에는 촉씨(觸氏)라는 자가, 오른쪽 뿔에는 만씨(蠻
氏)라는 자가 나라를 세우고 있었습니다. 언젠가 서로 땅을 뺏으려고 싸
워서 죽은 자가 수만이나 되고, 도망가는 적을 추격하여 15일 만에 돌아

왔습니다."

"아아, 그것은 터무니없는 말이다."

"신이 청컨대 임금을 위하여 현실에 비유하여 보겠습니다. 임금께서
생각하시기에 우주의 사방과 상하에 끝이 있습니까?"

"끝이 없는 줄로 안다."

"그렇다면 마음을 그 끝없는 우주에 놀게 하는 사람에게는 실제로 왕
래할 수 있는 나라가 있는 것도 같고 없는 것도 같습니다."

"그러하다."

"그 나라들 가운데 위나라가 있고, 위나라 가운데 양(梁)이라는 도읍이
있고, 양 가운데 왕이 있으니, 우주의 무궁에 비한다면 왕과 만씨 사이와
다름이 있습니까?"

"다름이 없다."

대진인이 물러가자 혜왕은 정신이 나간 사람처럼 하고 있었다.

戴晋人曰 有所謂蝸者 君知之乎. 曰 然. 有國於蝸之左角者 曰觸氏有國
於蝸之右角者 曰蠻氏 時相與爭地而戰 伏屍數萬. 逐北旬有五日而後反.
君曰 噫其虛言與. 曰 臣請爲君實之 君以意在四方上下有窮乎. 君曰 無窮.
曰 知遊心於無窮 而反在通達之國 若存若亡乎. 君曰 然. 曰 通達之中有魏
於魏中有梁 於梁中有王 王與蠻氏有辯乎. 君曰 無辯. 客出 而君惝然若有
亡也.

이 이야기에서 '와각지쟁(蝸角之爭)' 이라는 말이 나오게 되었다. '와
우각상지쟁(蝸牛角上之爭)' 이란 말도 그러하거니와, 이 말을 취한 백거
이(白居易)는 시 〈대주(對酒)〉에서 이렇게 노래했다.

달팽이 뿔 위에서 무슨 일을 다투는가?
석화(石火)의 빛 가운데 이 몸을 의지한다.

蝸牛角上爭何事
石火光中寄此身

完璧
완 벽

흠이 없는 온전한 구슬. 완전무결하게 무사히 지킨다는 뜻.

완전할 **완** 둥근 옥 **벽**

조(趙)나라 혜문왕(惠文王)이 초(楚)나라 보배 '화씨(和氏)의 구슬'을 얻었다. 그러자 진(秦)나라 소양왕(昭襄王)이 15개 성읍과 바꾸자고 했다. 조(趙)나라도 약소국은 아니었지만 진(秦)나라의 적이 될 수는 없었다. 아버지 무령왕(武靈王) 때 위(魏)나라·한(韓)나라·초(楚)나라·연(燕)나라와 합종(合縱)하여 진(秦)나라를 공격한 일이 있지만 승리하지 못하고 돌아와, 이후 해마다 진(秦)나라의 공격을 받아 3개의 성읍(城邑)을 잃고 있었다.

혜문왕은 대장군 염파(廉頗)를 비롯한 대신들과 대책을 강구했다. 그렇지만 '화씨의 구슬'을 준다면 진(秦)나라에게 속임만 당하여 15개의 성읍은 취하지 못할 것 같고, 주지 않는다면 그것을 구실로 진(秦)나라 군대가 밀려올 것 같다는 생각에 좀체 결론이 나오지 않았다.

그때 환관(宦官)의 장관 목현(繆賢)이 말했다.

"저의 식객 인상여(藺相如)는 지혜와 용기를 겸비한 사람입니다. 그를 시켜 가장 적절한 조처를 취하도록 하십시오."

혜문왕이 그를 접견하고 상여의 계획을 들어보았다.

"조(趙)나라가 승낙하지 않는다면 그 허물은 조(趙)나라에 있고, 진(秦)나라가 속인다면 그 허물은 진(秦)나라에 있습니다. 어느 편이 더 나으냐 하면 승낙하여 그 허물을 진(秦)나라에게 지우는 편이 낫습니다."

그리하여 혜문왕이 물었다.

"사자로 누구를 보내는 것이 좋을까?"

"적당한 사람이 없다면 제가 구슬을 받들고 가겠습니다. 성읍을 주지 않는다면 구슬을 완전히 하여 돌아오겠습니다."

이리하여 혜문왕은 상여로 하여금 구슬을 받들고 진(秦)나라로 가게 했다.

소양왕은 상여를 맞이하자 좋아서 어찌할 바를 몰라 하며 상여가 바친 구슬을 궁녀와 측근들에게 차례차례 돌려 보게 했다. 소양왕에게는 성읍을 줄 생각이 없다는 것을 인상여가 깨닫고 앞으로 나아가,

"그 구슬에는 흠이 있습니다. 가르쳐 드리지요."

하고 말하여 소양왕으로부터 구슬을 받아든 후 후퇴하여 기둥에 등을 댄 채 하늘을 찌를 듯한 노한 소리로 왕에게 말했다.

"조(趙)나라에서는 구슬을 주지 말자는 여러 사람의 의견이 있었습니다. 그것을 제가 '서민의 사귐에서조차 속이는 것은 좋지 않습니다. 더구나 상대방은 큰 나라 아닙니까?' 라고 말씀드렸기 때문에 조(趙)나라 왕이 진(秦)나라를 존경하고 두려워하여 5일간 재계한 다음 저를 파견한 것입니다. 그런데 지금 대왕께서는 저를 신하로 취급하여 예절을 갖추지

않으셨을 뿐 아니라, 구슬을 건네자 마음에 드시어 측근들에게 보이셨습니다. 그 모습은 성읍을 떼어 줄 마음이 없는 것으로 저는 받아들였습니다. 그래서 구슬을 도로 찾은 것입니다. 이 구슬을 뺏으시겠다면 저는 이자리에서 구슬과 함께 머리를 기둥에 부수겠습니다."

구슬이 깨지면 곤란하다고 생각한 소양왕은 예절을 결여한 것에 사과하고 꼭 그 구슬을 달라고 말하면서 손가락으로 지도를 가리키며 여기부터 저쪽까지 15개 성읍을 조(趙)나라에게 주겠다고 했다. 인상여는 거짓말이라고 생각하여 소양왕에게 말했다.

"조(趙)나라 왕께서는 구슬을 보낼 때 5일간 재계를 하셨습니다. 대왕께서도 5일간 재계를 하시고 천하의 극진한 보배에 적합한 의식을 행하십시오. 그러면 구슬을 드리겠습니다."

소양왕은 그것을 승낙했다.

숙소로 인도된 상여는 따라온 사람에게 허름한 옷을 입히고 구슬을 품게 하여 조(趙)나라로 돌아가게 했다.

소양왕은 5일간 재계를 하고 빈객을 맞이하는 최고의 의식인 '구빈지례(九賓之禮)'로 조(趙)나라 사자 인상여를 접견했다. 인상여는 허리를 굽히며 소양왕에게 말했다.

"조(趙)나라 목공(繆公) 이후로 20여 임금 사이에 약속을 지킨 적이 없습니다. 그래서 저는 비밀리에 따라온 사람을 시켜 구슬을 가지고 돌아가게 했습니다. 진(秦)나라는 강한 나라이고 조(趙)나라는 약한 나라이니 대왕께서 조(趙)나라로 사자를 보내신다면 조(趙)나라는 두려워 곧 명령에 따를 것입니다. 그런데 지금 즉시 강대한 진(秦)나라가 먼저 15개의 성읍을 조(趙)나라에 갈라 주신다면 조(趙)나라에서는 대왕께 구슬을 바칠 것입니다. 대왕을 속인 죄로 제가 죽임을 당할 것은 잘 알고 있습니다. 제발 솥에 물을 끓여 형벌을 주십시오."

소양왕은 화가 났으나 측근자들이 인상여를 끌어내려 하자 이렇게 말했다.

"여기에서 상여를 죽일지라도 결국 구슬은 얻지 못하고 진(秦)나라와 조(趙)나라의 우호만 끊어진다. 정중히 대우하여 조(趙)나라로 돌려보내는 것이 낫다."

이리하여 소양왕은 인상여를 국빈으로 대우하여 조(趙)나라로 돌아가게 했다.

조(趙)나라 혜문왕은 진(秦)나라에게 욕을 당하지 않은 것을 덕으로 생각하여 상여에게 절하고 상대부(上大夫)에 임명했다.(≪사기≫ 인상여열전(藺相如列傳))

'완벽(完璧)'이라는 말은 이 고사에서 나온 것이다. 오늘날에는 '완전한 구슬'이라고 읽어 완전무결하다는 뜻으로 사용하지만 원래는 '구슬을 완전히 한다.'는 뜻이다. 원문에는 '완벽(完璧)' 부분이 다음과 같이 씌어 있다.

왕이 말했다.

"누구를 사자로 보내야 하겠는가?"

인상여가 말했다.

"왕께서 보낼 사람이 없으면 원컨대 신이 구슬을 받들고 가겠습니다. 성이 조(趙)나라로 들어온다면 구슬은 진(秦)나라에 머물게 하겠습니다. 만일 성읍이 들어오지 않는다면 신이 구슬(璧)을 완전히(完) 하여 조(趙)나라로 돌아오겠습니다."

王曰 誰可使者. 相如曰 王必無人 臣願奉璧往. 使城入趙而璧留秦. 城不

入 臣請完璧歸趙.

이 고사에서 '벽(璧)'을 '연성지벽(連城之璧)'이라고 부르게 되었다.

要領不得
요 령 부 득

허리와 목을 얻을 수 없다는 뜻으로, 사물의 중요한 부분이나 핵심이 잡히지 않는다는 뜻.

허리 **요** 목 **령** 아닐 **부** 얻을 **득**

'요령부득(要領不得)'이라는 고사성어는 ≪사기≫ 대원전(大宛傳)에 실려 있다.

한(漢)나라 무제(武帝)는 즉위하자마자 대월지국(大月氏國)과 결탁하여 숙적 흉노를 공격할 것을 계획했다. 흉노의 세력권을 통과하여 대월지국으로 가는 결사대를 모집하였던 바, 한 낭관(郎官)이 응모했다. 한(漢)나라 출신 장건(張騫)이라는 사람이었다.

장건은 건원(建元) 2년 때 흉노족 출신의 감부(甘父)라는 사람을 안내자로 해서 백여 명의 시종을 거느리고 함께 출발했지만, 농서군(隴西郡)을 나와 흉노령에 들어간 지 얼마 안 되어 사로잡혀 선우(禪于)에게로 보내졌다. 그는 그곳에서 10년 이상이나 억류되어 흉노 여자와 혼인하여 아들까지 생겼지만 스스로의 사명을 잊지 않고서 흉노족의 감시가 소홀한 틈을 타 탈주하여 대원국(大宛國)에 이르렀다.

대원국왕은 당시 한(漢)나라와 물자 교류를 바라고 있었기 때문에 장견을 위하여 안내자를 내놓아 대월지국으로 보냈다.

그때 대월지국 왕이 흉노족에게 죽임을 당했기 때문에 태자를 왕으로 삼았다. 새 왕은 대하국(大夏國)을 따라서 그곳에 거주하고 있었는데 땅이 기름지고 적군도 적었기 때문에 만족하고 있었다. 또 한(漢)나라도 멀리 떨어져 있으니 새로이 우호관계를 맺을 기분이 없어져 흉노에 대한 복수심도 사라지고 있었다.

장견은 대월지국으로부터 대하국에 이르렀지만 결국 대월지국 왕의 요령을 얻을 수 없었다. 그 나라에 1년 이상 머무른 뒤 돌아왔다.

騫從月氏至大夏 竟不能得月氏要領. 留歲餘還.

그러나 그는 다시 흉노족에게 사로잡혀 1년 이상 억류당한 뒤에 우연히 선우의 죽음으로 일어난 흉노 왕족의 지도권 싸움의 혼란한 틈을 타 탈주하여 간신히 조국으로 돌아올 수 있었다.

도읍인 장안(長安)을 출발하여 13년째 되던 해, 출발할 때 백 명 이상 되던 따르는 사람들은 하나도 없이 흉노족에서 혼인한 아내와 호부(胡父)라는 사람과 단 세 사람뿐이었다. 그렇지만 대하국에 체재하는 동안 각지를 돌아다니며 견문을 넓혀, 소기의 목적은 '요령부득(要領不得)'으로 끝났으나 서역 문명(西域文明)의 소개자로서 청사(靑史)에 이름을 빛냈던 것이다.

燎原之火
요 원 지 화

들판을 태우는 불. 세력이 매우 대단해서 막을 새도 없이 무섭게 퍼져 나간다는 뜻.

불탈 **요** 벌판 **원** 어조사 **지** 불 **화**

≪서경≫ 상서(商書)의 반경(盤庚)에는 상중하 세 편이 있다. 이 세 편은 상(商:은(殷)나라) 탕왕(湯王)의 10세손에 해당되는 반경(盤庚)이 도읍을 옮기는 것에 대하여 왕위에 있는 사람과 서민들에게 알리기 위하여 쓴 문장으로, 그 상편에서 왕위에 있는 사람에게 권고하는 말 가운데,

너희가 어찌 짐에게 고하지 않고서 서로 움직이기를 들뜬 말로써 하여 무리를 두려움에 잠기게 하느냐? 불이 들판을 태우는 것 같아서 향하여 가까이 갈 수가 없는데 어찌 그것을 박멸할 수 있겠는가.
즉 오직 너희 무리가 스스로 편안하지 못함을 짓는 것이니, 나에게 허물이 있는 것이 아니다.

汝曷弗告朕. 而胥動以浮言 恐沈于衆. 若火之燎于原 不可嚮邇. 其猶可撲滅. 則惟爾衆 自作弗靖. 非予有咎.

라는 말이 있다. 즉 반경은 왕위에 있는 사람들을 향하여,
"너희들이 나에게 고하지도 않고서 뿌리도 잎도 없는 유언비어를 날려

백성들을 공포와 혼란으로 빠지게 하는 것은 무슨 일인가? 나쁜 말이 번지기 쉬운 것은 마치 불이 들판을 태우기 시작하면 아무도 불이 난 곳으로 접근할 수 없고, 더구나 그 불을 진화하는 것은 생각도 할 수 없는 것과 같다. 이것은 말하자면 너희들 스스로 불안한 상태를 빚어내는 것이며 나에게 허물이 있는 것이 아니다."

라고 선언한 것이다.

'요원지화(燎原之火)' 라는 말은 이 '화지요우원(火之燎于原)' 에서 생겨난 말이다. '요(燎)' 란 불태운다는 뜻이므로 '요원지화(燎原之火)' 는 '들판을 태우는 불'이라고 읽을 수 있다. 이것은 들판의 풀을 태우는 불처럼 세력이 대단해서 막을 수 없게 되는 것을 말한다.

실지로 은공(隱公) 6년에 쓰인 두예(杜預)의 주에 같은 기록이 있다.

"반경은 말했다. 악은 기르기 쉬워 불이 들판을 태우는 것과 같다."

愚公移山
우 공 이 산

어리석은 사람이 산을 옮긴다는 뜻으로, 어떤 큰일이라도 꾸준하게 열심히 밀고 나가면 반드시 큰일을 이룰 수 있다는 말.

어리석을 우 귀인 공 옮길 이 뫼 산

≪열자≫의 탕문편(湯問篇)에 다음과 같은 이야기가 실려 있다.

태형산(太形山)과 왕옥산(王屋山)은 사방 칠백 리나 되고 높이도 일만 길이나 되는데, 본래는 기주(冀州) 남쪽과 하양(河陽) 북쪽에 있었다.

그런데 북산(北山)에 나이가 90세에 가까운 우공(愚公:어리석은 사람 이라는 뜻)이 이 두 산을 마주 대하고 살고 있었는데, 북쪽 산이 길을 막 고 있어서 출입할 때마다 멀리 돌아가는 것이 번거로워 가족들을 모아 놓고 상의를 하였다.

"나는 너희들과 함께 힘을 다하여 험한 산을 편편하게 해서, 예주(豫 州)의 남쪽 길을 통하고 한수(漢水) 남쪽까지 갈 수 있도록 하고 싶은데 너희들은 괜찮겠느냐?"

가족들은 모두 찬성했는데 우공의 아내가 이의를 제기했다.

"당신 힘으로는 작은 언덕인 괴보산(魁父山)도 없앨 수가 없는데 태형 산이나 왕옥산 같은 큰 산을 어떻게 하시겠습니까? 더구나 그 산의 흙이 나 돌을 어디에 두겠습니까?"

여러 사람들이 말했다.

"그것은 동해가 있다는 발해(渤海) 구석이나 동북쪽에 있다는 은토(隱 土)의 북쪽에 던져 버리지요."

그리하여 우공은 아들과 손자를 이끌고 산을 무너뜨리기 시작했다. 그 들 셋이 일에 착수했는데 돌을 깨뜨리고 흙을 파서 그것을 키나 삼태기 에 담아 발해의 구석으로 운반하였다. 우공 이웃집에 경성씨(京城氏)의 과부가 있었는데 유복자가 겨우 이를 갈 나이였는데도 달려가 이 일을 돕게 하였다. 그들은 추위와 더위의 기후가 바뀌어야 겨우 한 번 돌아오 는 형편이었다.

그러자 하곡(河曲)의 지수(智叟)가 그것을 보고 웃으면서 말렸다.

"당신의 어리석음에는 정말이지 질렸습니다. 늙은 나이의 쇠잔한 힘 을 가지고는 산의 나무 한 그루도 무너뜨리기 어렵거늘, 산의 흙과 돌을 어떻게 하겠다는 것입니까?"

그러자 북산에 사는 우공이 한숨을 쉬면서 말했다.

"당신처럼 좁은 소견의 사람은 어쩔 수 없습니다. 당신의 지혜는 저 과부의 어린 아들만도 못하군요. 내가 죽는다 할지라도 아이들은 남으며 그 아이들에게 손자가 생기고 손자는 또 어린애를 낳고 그 손자는 또 어린애를 낳아 자자손손 끝나는 일이 없을 것이오. 그러므로 반드시 편편해질 것입니다."

하북의 지수는 대답할 말이 없어 입을 다물어 버렸다.

양손에 뱀을 가진 신이 이 말을 듣고, 산을 무너뜨리는 일이 언제까지나 계속될 것을 두려워하여 천제(天帝)에게 호소했다. 그러자 천제는 우공의 진심에 감동하여 과아씨(夸娥氏)의 두 아들에게 명령하기를, 태형산과 왕옥산 두 산을 업어다가 하나는 삭북(朔北) 동쪽에 놓고 또 하나는 옹주(雍州) 남쪽으로 옮기게 하였다. 이후 기주 남쪽과 한수 북쪽에 걸쳐 있던 높은 산이 없어지게 되었다.

太形王屋二山 方七百里 高萬仞 本在冀州之南 河陽之北. 北山愚公者 年且九十 面山而居 懲山北之塞 出入之迂也. 聚室而謀曰 吾與汝畢力平險 指通予南 達于漢陰 可乎. 雜然相許. 其妻獻疑曰 以君之力 曾不能損魁父之丘 如太形王屋何. 且焉置土石 雜曰 投諸渤海之尾 隱土之北. 遂率子孫 荷擔者三夫 叩石墾壤 箕畚運於渤海之尾. 隣人京城氏之孀妻有遺男 始齔 跳往助之 寒暑易節 始一反焉. 河曲知叟 笑而止之曰 甚矣 汝之不慧 以殘年餘力 曾不能毀山之一毛 其如土石何. 北山愚公 長息曰 汝之心固 固不可撤 曾不若孀妻弱子. 雖我之死 有子存焉 子又生孫 孫又生子 子又有子 子又有孫 子子孫孫 無窮匱也. 而山不可增 何若而不平. 河曲智叟亡以應. 操蛇之神聞之 懼其不已也 告之於帝. 帝感其誠 命夸娥氏二子 負二山

一厝朔東 一厝雍南. 自此冀之南 漢之陰 無隴斷焉.

이 일화로 '우공이산(愚公移山)'이란 힘써서 그치지 않는다면 큰일도 반드시 이루어낼 수 있다는 비유로 쓰이게 되었다.

羽化登仙
우 화 등 선

날개가 돋은 신선이 하늘로 올라간다는 뜻으로, 복잡한 일상에서 벗어나 기분이 좋은 상태라는 말.

깃 우 될 화 오를 등 신선 선

'우화등선(羽化登仙)'이란 송(宋)나라 소식(蘇軾)의 ≪전적벽부(前赤壁賦)≫에 나오는 말로서, 날개 돋친 신선이 되어 하늘로 올라간다는 뜻이다.

신종(神宗)의 원풍(元豊) 5년 임술(壬戌)년 가을 7월, 소식은 양자강의 명승지 적벽(赤壁)에 가서 놀았다. 3년 전 원풍 2년에 천자를 비방했다는 죄목으로 다음해 3년 1월에 당시의 황주(黃州)로 귀양왔었는데 바로 가까이에 적벽이 있었다.

이 사건은 중국 최초의 필화 사건이라고 한다. 신종은 왕안석(王安石)을 재상으로 기용하여 그가 지닌 '신법(新法)'을 감행케 했다. 장원(莊

園)이라는 특수 권익 위에 발판을 내려, 강한 체제를 형성하고 있던 대관료와 대지주의 특권을 삭감하고, 송(宋)나라 시대에 일어난 상공계급의 활동을 도모하여 이로 의하여 농민들의 부담을 경감시키고 부국강병(富國强兵)의 내실을 올리기 위한 정치혁신으로, 그 성과는 볼 만한 것이었다.

반면에 대관료와 지주계급으로 유지되어 오던 전통적인 유학정신(儒學精神)의 바탕인 신분계급에 의한 질서를 혼란시켰으며, 새로운 법제(法制)는 사리사욕을 도모하는 간사한 관리들에게 편리한 도구로써 법에 어두운 백성들은 관리들의 먹이가 되어 왔다.

이와 같은 원인으로 신법(新法)은 항상 비판되었고 조정은 신법당과 구법당으로 분열되어 참고 견디는 투쟁을 계속하고 있었다.

왕안석은 희령(熙寧) 9년에 재상직을 그만두었거니와, 정권은 여전히 신법당의 손에 있어 구법당에 가담하고 있던 소식은 이것을 시로써 풍자했다. 이로 인해 신법당이 죄를 심문하게 되었던 것이다. 소식은 관계(官界)에 들어간 지 18년 만에 호주(湖州)의 지사(知事)가 되었을 뿐, 그의 나이 44세 때였다.

예부시랑(禮部侍郎)으로 과거 시험관이었던 구양수(歐陽修)의 눈에 들어 소식과 아우 소철(蘇轍)은 함께 과거에 합격했다. 인종(仁宗) 가우(嘉祐) 2년, 그의 나이 22세 때였다. 관습에 따라 그들 형제는 구양수를 스승으로 받들게 되었다. 그 전해에 아버지 소순(蘇洵)이 지은 문장을 구양수에게 보여 격찬을 받았으니 결국 세 부자가 구양수에 의하여 발탁되었던 것이다.

구양수는 당(唐)나라 시대의 한유(韓愈)와 유종원(柳宗元)의 고문 부활운동(古文復活運動)을 이어받아 가락 본위의 아름다운 문장에서 내용 본위의 문장으로 산문(散文)의 혁신을 뜻하여, 세상에서 말하는 세 부자(父

子) ‘삼소(三蘇:소순 · 소식 · 소철)’도 이를 지지했다.

〈전적벽부(前赤壁賦)〉가 송(宋)나라 시대 부(賦)의 뛰어난 작품이라고 칭찬받는 까닭은 사상적 깊이가 있기 때문이었다.

임술(壬戌)년 가을 7월 16일 밤에,
나는 손님들과 더불어 배를 타고 적벽 아래에서 놀았다.
맑은 바람이 서서히 불어와 물결의 파도는 일지 않는다.
술잔을 들어 손님들에게 권하며,
밝은 달의 시를 읊조리고 아리따운 아가씨의 장(章)을 노래 불렀다.
잠시 후 달이 동산 위에 떠올라 북두칠성과 견우성 사이를 배회하였다.
흰 이슬은 강 위에 가로 놓이고 물빛은 하늘에 접해 있다.
한 갈대가 가는 곳을 마음대로 돌아다니고,
만 이랑이나 되는 물결에 망연함을 참는다.
넓고 넓은 허공에 떠서 바람을 몰아
그 그치는 바를 모르는 것 같으며,
바람에 나부끼어 세상일을 잊어버리고 홀로 서서
날개가 생겨 선계(仙界)에 오름과 같다.

壬戌之秋 七月旣望 蘇子與客泛舟 遊於赤壁之下. 淸風徐來 水波不興. 擧酒屬客 誦明月之詩 歌窈窕之章. 少焉 月出於東山之上 徘徊於斗牛之間. 白露橫江 水光接天. 縱一葦之所如 凌萬頃之茫然. 浩浩乎如馮虛御風 而不知其所止 飄飄乎如遺世獨立 羽化而登仙.

遠水不救近火
원 수 불 구 근 화

먼 곳의 물로는 가까운 곳에 난 불을 끄지 못한다는 뜻으로, 현실적
으로 타당성이 없는 일에 너무 집착하지 말라는 뜻.

멀 **원** 물 **수** 아니 **불** 구원할 **구** 가까울 **근** 불 **화**

노(魯)나라 도읍 곡부(曲阜)는 그 이름과 같이 구부러진 언덕에 만들어
진 사방 3킬로미터쯤 되는 성읍이다. 북쪽으로는 제(齊)나라 도읍 임치
(臨淄)가 있는데 4킬로미터 사방으로 2배에 가까운 면적이다.

이것은 국력의 차이를 그대로 나타내고 있어 제(齊)나라는 초(楚)나
라 · 월(越)나라 · 조(趙)나라 다음가는 큰 지역을 차지하고 있었고, 이 네
나라에 진(秦)나라 · 연(燕)나라 · 위(魏)나라 · 한(韓)나라를 합하면 당시
의 팔대 강국의 하나였으며, 노(魯)나라는 북쪽과 동쪽으로부터 끊임없
이 제(齊)나라의 침략을 받고, 남쪽으로는 사수(泗水)를 넘어 진군해 오
는 월(越)나라에 위협을 받고, 다시 북쪽으로는 제(齊)나라와 대치하고
있는 초(楚)나라의 압박을 받아야 하는 약한 나라에 지나지 않았다.

B.C. 405년부터 다음해에 걸쳐 삼진(三晉)이 제(齊)나라를 공격하여 큰
승리를 거두었다. 삼진이란 춘추시대의 패자(覇者)로서 중원의 제후를 거
느리고 남쪽의 영웅인 초(楚)나라의 북상을 억제한 진(晉)나라를 셋으로
나누어 각각 독립한 조(趙)나라 · 위(魏)나라 · 한(韓)나라를 말한다.

이 승리로 삼진(三晉)은 주(周)나라의 천자 위열왕(威烈王)으로부터 제
후로서 승인을 받았다. 일반적으로 이로부터 진시황(秦始皇)이 천하를

통일한 B.C. 221년까지를 전국시대라고 일컫는다.

삼진(三晋)은 진(晋)나라를 대신하여 패자의 자리를 엿보는 제(齊)나라의 야망을 꺾자 B.C. 400년 이후로 진(晋)나라의 뒤를 밟는 초(楚)나라와 자주 싸웠다. 이 틈을 타서 제(齊)나라에서는 B.C. 386년에 상경대부(上卿大夫)인 전화(田和)가 임금인 강공(康公)을 몰아내고 제후가 되었다. 제(齊)나라는 국내의 통일이 이루어지자 또다시 호시탐탐 노(魯)나라를 침략할 기회를 엿보게 되었다.

노(魯)나라 목공(穆公)은 이에 대비하여 동쪽에서 제(齊)나라와 대치하고 있는 초(楚)나라와 제(齊)나라의 대두를 꺼리는 삼진(三晋)에 공자들을 보냈다. 그러자 이서(犁鉏)라는 사람이 간하였다.

"월(越)나라로부터 사람을 빌려 물에 빠진 아들을 구하려 하면 월(越)나라 사람이 아무리 헤엄을 잘 친다 할지라도 아들을 구할 수 없습니다. 화재가 나서 바다의 물을 떠 온다면 바닷물이 아무리 많아도 불을 끄지 못합니다. 멀리 있는 물은 가까운 불을 구원하지 못합니다. 지금 삼진(三晋)과 초(楚)나라가 아무리 강해도 제(齊)나라와 가깝습니다. 노(魯)나라의 재앙은 아마 구할 수 없을 것입니다."

假人於越而救溺子 越人雖善游 子必不生矣. 失火而取水於海 海水雖多 火必不滅矣. 遠水不救近火也. 今晋與楚雖强 而齊近. 魯患其不救乎.

이것은 《한비자》의 설림(說林) 상(上)에 실려 있는 이야기의 하나다.

불서(佛書)인 《명심보감(明心寶鑑)》에는 '멀리 있는 물은 가까운 불을 구원하기 어렵고, 먼 친척은 가까운 이웃만 못하다(遠水難救近火 遠親不如近隣).' 라는 말이 실려 있다.

鴛鴦之契
원 앙 지 계

원앙새의 맺음. 부부 사이에 우애가 깊어 금슬이 좋다는 뜻.

원앙 **원** 원앙 **앙** 어조사 **지** 맺을 **계**

춘추시대의 큰 나라였던 송(宋)나라는 전국시대 말기의 강왕(康王) 때
제(齊)나라 · 위(魏)나라 · 초(楚)나라 등 3대국의 공격을 받고 멸망하여
세 나라에 분할되었다.

이때 강왕의 시종(侍從) 중에 한빙(韓憑)이라는 사람이 있었는데 그에
게는 하씨(何氏) 아내가 있었다. 강왕은 여러 가문에서 아내를 맞이하였
지만 하씨(何氏)가 뛰어난 미모임을 눈여겨본 그는 하씨를 취하여 첩으
로 삼았다.

한빙은 왕의 처사에 원한을 품었다. 그러자 왕은 화가 나서 그를 사실
이 아닌 죄에 빠뜨려 성단(城旦)의 형벌에 처했다. 성단의 형벌이란 낮에
는 변경의 수비를 맡고 밤에는 만리장성을 쌓는 인부로 일하게 하는 무
거운 형벌이다.

아내 하씨는 남편에게 몰래 편지를 보냈다. 일이 잘못되어 강왕의 손
에 들어갈지도 모르기 때문에 남편만이 알 수 있는 말로 썼다.

송(宋)나라 강왕이 이 편지를 손에 넣고 측근자들에게 보였지만 아무
도 해명하지 못하였다. 그러자 소하(蘇賀)라는 사람이 나서서 말했다.

"비가 구죽죽이 내린다는 말은 당신을 잊지 못하여 언제나 근심하고
있다는 뜻이고, 강은 크고 물은 깊다는 말은 당신에게 갈 수 없다는 뜻이

며, 해가 나와서 마음을 비춘다는 말은 살지 못함을 태양에 맹세한다는 뜻입니다."

이때 한빙이 자살했다는 보고가 들려왔다. 이 말을 들은 하씨는 자기의 의복을 썩게 두었다가 강왕과 함께 성벽에 올라갔을 때 그곳에서 몸을 던졌다. 측근자가 당황하여 옷소매를 잡았지만 낡은 옷소매만 손에 남고 하씨는 떨어져 죽었다. 하씨의 옷소매에는 유언이 씌어 있었다.

"왕께서는 살아 있는 제 몸을 자유로이 하셨지만 죽은 제 몸은 자유롭게 놓아 주십시오. 제발 제 시체를 남편과 함께 묻어 주십시오."

화가 난 강왕은 이 소원을 무시하고 사람들에게 명하여 한빙의 무덤과 마주보게 묻게 하고,

"그대들 부부는 죽어서까지 서로 사랑하려는 것인가? 그렇다면 이 두 무덤을 하나로 합쳐 보라구. 나도 그것까지는 방해하지 않을 테니까."

라고 말했다. 그런데 며칠 후 두 개의 무덤 끝에서 한 그루씩 큰 가래나무가 나오더니 열흘이 되자 한 아름이 되었다. 그리고 서로 줄기를 굽혀 가까워지니 흙 속에서는 뿌리가 뒤엉키고 땅 위에서는 가지들이 서로 뒤엉켰다. 또 나무 위에서는 자웅 한 쌍의 원앙새가 집을 만들어 밤낮으로 그곳을 떠나지 않고 서로 목을 휘감으며 슬프게 울었다.

송(宋)나라 사람들은 두 사람의 일을 불쌍히 여겨 그 나무를 상사수(相思樹)라고 이름 붙였다. 상사라는 말은 여기에서 나오게 된 것이다. 황하 남쪽의 사람들은 이 원앙새들이 한빙 부부가 새로 태어난 것이라고 말하고 있다. 지금도 수양(睢陽)에는 한빙성(韓憑城)이 있고 두 사람의 노래도 지금까지 전해지고 있다.

王怒弗聽 使里人埋之 塚相望也. 王曰 爾夫歸相愛不已 若能使塚合則

吾弗阻也. 宿昔之間 便有大梓木生於二塚之端 旬日而大盈抱. 屈體相就
根交於下 枝錯於上. 又有鴛鴦雌雄各一 栖棲樹上 晨夕不去 交頸悲鳴 音
聲感人. 宋人哀之 遂號其木曰相思樹. 相思之名 起於此也. 南人謂此禽卽
韓憑夫婦之精魂. 今睢陽有韓憑城 其歌謠至今猶存.

이상은 진(晉)나라 간보(干寶)의 ≪수신기(搜神記)≫에 실려 있는 한빙
부부의 슬픈 이야기로, 금슬이 좋은 부부 사이를 원앙지계(鴛鴦之契)라
고 한다.

怨徹骨髓
원 철 골 수

원한이 골수에 사무친다는 뜻으로, 마음속 깊이 원한이 사무쳐 쉽게
잊을 수 없다는 뜻.

원망할 **원** 통할 **철** 뼈 **골** 골수 **수**

춘추시대가 되자 주(周)나라 왕실의 세력이 갑자기 쇠퇴하여 천하는
어지러워지고 제후들은 서로 공격을 되풀이했다. 이런 때 실력을 갖춘
제후가 맹주(盟主)가 되어, 천자를 보좌하여 질서 유지에 힘썼다. 이와
같은 제후의 맹주를 패자(覇者)라 한다.
춘추시대에는 패자가 다섯 사람이나 출현하여 춘추오패(春秋五覇)라
고 부르거니와, 진(秦)나라 목공(繆公)도 그중 한 사람이었다. 목공은 백

리해(百里奚)와 견숙(蹇叔) 등의 명신들을 중용하여 국력을 충실히하여
천하에 중진을 이루었다.

어느 날 정(鄭)나라 사람으로서 진(秦)나라에 조국을 팔아 사리사욕을
채우려는 자가 목공에게 상소했다.

"저는 정(鄭)나라의 성문을 관리하고 있습니다. 제가 진(秦)나라에 내
응(內應)할 수 있으므로 정(鄭)나라를 습격하십시오."

목공은 기분이 좋아서 이 일을 백리해와 견숙에게 상의했다. 그러나
두 사람은 몇 나라를 통과하여 멀리 떨어진 정(鄭)나라를 공격하는 불리
한 점과, 조국을 파는 사람의 말은 믿을 것이 못 된다는 등의 이유를 들
어 이 출병에 반대했다. 그러나 목공의 뜻은 움직이지 않았다.

"경들은 잘 알지 못하는 거야."

이리하여 백리해의 아들 맹명시(孟明視)와 견숙의 아들 서걸술(西乞
術)과 백을병(白乙丙), 세 사람을 장군으로 삼아 정(鄭)나라 정벌의 군대
를 일으켰다.

진(秦)나라 군대는 진(晉)나라 땅을 통과하여 진(晉)의 속령(屬領)인 활
(滑)나라에 이르렀다. 마침 그때 정(鄭)나라 상인 현고(弦高)라는 사람이
열두 마리의 소를 이끌고 주(周)나라로 팔러 가는 도중 활나라에 와 있었
다. 그는 진(秦)나라 군대를 보고 놀라면서 붙잡히든가 죽임을 당할 것이
틀림없다고 생각하고 소를 내놓으며 말했다.

"들리는 바에 의하면 진(秦)나라 군대가 정(鄭)나라를 정벌하려 한다고
합니다. 정(鄭)나라의 임금님께서는 방위를 굳게 함과 동시에 저로 하여
금 소를 바쳐 진(秦)나라의 군사들을 위로하라고 말씀하셨습니다."

진(秦)나라의 세 장군은 상의했다.

"불시에 정(鄭)나라를 찌르려 했는데 상대방에게 눈치를 채인다면 성
공은 어림도 없는 얘기다."

이리하여 활나라를 멸망시켰다.

이때 진(晉)나라에서는 패자였던 문공(文公)이 죽어 태자 양공(襄公)이 아버지의 장례도 마치지 못한 상태였다. 양공은 화가 나서,

"진(秦)나라는 내가 외롭고 약한 것을 기화로, 게다가 내가 상중(喪中)인 것을 이용하여 속령 활나라를 멸망시켰다."

라고 말하며 흰 상복을 검게 물들인 후 즉시 군대를 일으켰다. 효(殽)의 좁은 길을 막아 진(秦)나라 군대의 퇴로를 끊고 맹공을 가하여 한 명의 병사도 남기지 않고 격멸한 뒤 세 장군을 포로로 잡아서 돌아왔다.

문공(文公)의 부인은 진(秦)나라 목공의 딸이었다. 그래서 사로잡힌 진(秦)나라 세 장군의 목숨을 구하기 위하여 빌며 말했다.

"목공은 이 세 사람을 골수에 차도록 원망하고 있습니다. 제발 이 세 사람을 진(秦)나라로 돌아가게 하여 내 아버지가 이들을 쩌 죽여 가슴이 깨끗해지도록 해 주십시오."

繆公之怨此三人 入於骨髓. 願令此三人歸 令我君得自快烹之.(≪사기≫ 진본기(秦本記))

양공은 이 청을 받아들여 세 사람을 진(秦)나라로 돌려보냈다. 목공은 교외까지 나와 그들을 맞이하여 울면서 말했다.

"내가 백리해와 견숙의 말을 듣지 않아 경들을 욕보였도다. 경들에게 무슨 죄가 있는가? 이 치욕을 씻을 수 있도록 열심히 노력해 주기를 바란다."

月旦

월　단

그 달의 첫 아침. 매달 첫날 인물 비평을 한다는 말.

달 월 아침 단

　　후한(後漢) 말기 여남(汝南)에 허소(許劭)라는 사람이 있었다. 허소는 허정(許靖)의 사촌 형으로, 두 사람 모두 고향에서 명성이 알려져 있었다. 두 사람은 즐겨 고향 사람들을 비평하여 매월 비평의 제목을 바꾸었다. 그리하여 여남에는 '월단평(月旦評)'이라는 속어까지 생겨났다.

　　初劭與靖俱有高名. 好共覈論鄕黨人物 每月更其品題 故汝南俗有月旦評焉.

　　즉 두 사람이 인물평을 하고는 그것을 종류별로 나누어 매월 초하루에 발표했는데 그것이 매우 적절하고 재미있었기 때문에 평판이 높아졌다. 그 평판을 조조(曹操)가 들었다. 조조는 뒤에 《삼국지》의 대인물이 되었지만 그 무렵에는 야망에 불타는 난폭한 젊은이였다.

　　그는 곧 허소를 찾아가 자기가 어떤 인물인가 정중히 비평을 의뢰했다. 허소는 난폭한 조조를 싫어하여 좀처럼 의뢰에 응하지 않았다. 그러나 조조가 협박을 했기 때문에 허소는 하는 수 없이 말했다.

　　"그대는 태평한 세상이라면 간악한 도적의 무리가, 어지러운 세상이라면 영웅이 될 것입니다."

이 말을 듣자 조조는 크게 기뻐하며 일어나 돌아갔다고 한다.

이 이야기는 ≪후한서≫의 허소전(許劭傳)에 실려 있다. '월단평(月旦評)'은 나중에 '평(評)'이 생략되고 '월단(月旦)'으로만 쓰이게 되었다. 원래는 매월 초하루에 인물평을 한다는 뜻으로, 단지 인물평에만 사용되었다.

허소의 조조 인물평에서는 '그대는 태평세월에서는 간사한 도둑이고, 난세에서는 영웅이다(君淸平之姦賊 亂世之英雄).' 라고 하였다.

月下氷人
월 하 빙 인

달빛 아래 노인이라는 뜻으로, 부부의 인연을 맺어 주는 중매쟁이라는 뜻.

달 **월** 아래 **하** 얼음 **빙** 사람 **인**

'월하옹(月下翁)'은 ≪태평광기(太平廣記)≫에 수록되어 있는 〈정혼점(定婚店)〉이라는 당대(唐代)의 설화에 등장하며, ≪진서(晉書)≫ 예술전(藝術傳)에 삭담(索紞)이라는 돈황(敦煌) 출신의 이야기에도 등장한다.

〈정혼점(定婚店)〉의 이야기를 소개하겠다.

장안(長安) 교외의 두릉(杜陵) 사람 위고(韋固)가 여행 중에 송성(宋城)

의 남쪽 마을에 머물렀을 때 어떤 사람이 혼담을 꺼내, 다음날 동틀 무렵 마을의 서쪽에 있는 용흥사(龍興寺) 문 앞에서 상의하기로 했다. 일찍 부모를 잃고 아내를 맞이하고자 여기저기 혼처를 구하였으나 인연이 없었던지라 그는 다음날 아침 먼동이 트기도 전에 절에 갔다.

가보니 상대방은 아직 와 있지 않고 한 노인이 돌계단에 앉아 달빛에 의지하여 책을 읽고 있었다. 책을 얼핏 보니 범자(梵字)까지 알고 있는 박학(博學)한 그조차도 보지 못한 글자였기에,

"그것은 무슨 책입니까?"

하고 묻자 노인은 웃으면서 말했다.

"이것은 속세의 책이 아니라네."

"그러면 그 책은 어떤 책인가요?"

"명계(冥界)의 책이지."

"당신은 명계의 사람입니까? 그 책이 어떻게 여기에……."

"우리 명계의 사람들은 세상 사람들을 모두 관리하고 있지. 그러니 이 세상에 나오지 않으면 안 된다구. 지금 이 시간에 밖에 나와 걸어 다니는 사람들 절반은 명계의 사람이라네. 단지 분간할 수 없을 뿐이지."

"그러면 당신이 하는 일은?"

"내가 하는 일은 이 세상 사람들을 장가보내고 시집보내는 일이지."

"마침 잘 되었군요. 실은 어떤 아가씨와 혼담을 상의하려고 여기 왔는데 그것이 잘 될까요?"

"아니, 글렀어. 당신의 아내 될 사람은 지금 세 살이라네. 열일곱 살이 되면 당신에게 시집올 거야."

"그 주머니 속에 있는 것은 무엇이지요?"

"빨간 끈이야. 부부의 발을 묶기 위한 것이지. 사람이 태어나면 빨리 이 끈으로 묶어 놓는다네. 그러면 설사 상대방이 원수이건 신분이 다르

건 혹은 몇백 리, 몇천 리를 떨어져 있어도 도망칠 수 없다구. 당신도 먼 첫번 사람과 이미 묶여 있기 때문에 다른 처녀를 바라면 무리라구."

"그러면 나의 아내는 누구인지요?"

"이 마을 북쪽에서 야채를 팔고 있는 진(陳)이라는 할머니의 딸이지."

"만나 볼 수 있을까요?"

"언제나 할머니가 안고 시장에 나온다네. 따라오라구, 가르쳐 주지."

그러는 동안 날이 밝았지만 약속한 상대방은 오지 않았다. 노인이 일어나 주머니를 둘러메고 걸었기 때문에 당황하여 따라가니, 노인은 가난한 옷차림의 할머니에게 안겨 있는 세 살짜리 여자아이를 가리켰다.

"저 아이가 당신의 아내라네."

"저 아이를 죽여버리고 싶군요."

하고 그가 뜻밖의 말을 하자,

"죽일 수 없을 거야. 저 아이는 복을 받아서 아들 덕분에 영지(領地)까지 얻도록 되어 있다네."

노인은 이렇게 말하고 갑자기 사라져버렸다.

"도깨비 같은 것, 누가 저런 거지의 딸을 데려올 줄 아나?"

그는 비수를 풀어 하인에게 건네주며 말했다.

"저 아이를 죽이고 오면 일만 냥을 주지."

"네, 알았습니다."

다음날 소매에 비수를 감춘 하인은 채소 시장이 혼잡한 틈을 타서 아이를 찔렀다. 가슴을 찌르려고 했으나 빗나가서 미간을 찔렀다.

그로부터 14년 뒤 위고는 상주(相州)의 관리가 되었다. 얼마 후 그는 다시 장관에 추천되었고 군(郡) 태수의 딸에게 장가갔다. 색시는 16, 7세의 아름다운 얼굴이었지만 언제나 꽃 모양의 종이를 미간에 붙이고 있었으며 목욕할 때도 종이를 떼지 않았다.

1년이 지난 후 갑자기 옛날 일을 생각해 내고 물어보았더니 아내는 울면서 얘기했다.

"실은 저는 장관의 양녀입니다. 아버지는 송성(宋城)의 현지사를 하고 있을 때 돌아가시고, 그 뒤 어머니와 오빠가 죽어 진(陳)이라는 할머니에게서 자라났습니다. 할머니는 야채 장사를 하여 저를 길러 주셨는데 세 살 때 시장에서 폭한의 습격을 받아 상처가 남아 있기에 이렇게 감추고 있는 것입니다."

"그 할머니가 애꾸눈이 아니었던가?"

"그렇습니다. 그런데 그것을 어떻게……?"

"당신을 찌르라고 시킨 사람은 바로 나였어."

하고 그가 옛날 일을 사실대로 밝혔다. 이후로 점점 사이좋게 지내는 중에 아들이 태어났다. 아들이 자라 안문군(雁門郡)의 장관이 되어 어머니는 조정에서 태원군태부인(太原郡太夫人)이라는 칭호를 받았다.

이 이야기를 들은 송성(宋城)의 현지사는 그 마을을 '정혼점(定婚店)'이라고 이름 붙였다.

이상이 월하옹의 이야기이며, '월하빙인'은 남녀의 인연을 맺어 주는 사람을 뜻한다.

危如累卵

위 여 누 란

계란을 쌓아 놓은 것처럼 위태롭다는 뜻으로, 매우 위급한 상황을
말함.

위태로울 **위** 같을 **여** 포갤 **누** 계란 **란**

전국시대 난세에 변설로 제후를 설득하여 자기가 품은 생각을 정책으
로 실현하려는 종횡가(縱橫家) 일파가 생겨났다.

범수(范雎)도 그 종횡가의 한 사람이었다. 위(魏)나라 사람으로서 위왕
(魏王)에게 벼슬하려고 했지만 가난하고 돈도 없었기 때문에 우선 위(魏)
나라의 중대부(中大夫)인 수가(須賈)에게 벼슬했다.

얼마 있다가 수가는 위(魏)나라의 사절로서 제(齊)나라로 가게 되어 이
를 수행하게 되었다. 교섭이 어려워져 오래 끄는 사이에 갑작스럽게 범
수가 위(魏)나라 비밀을 제(齊)나라에 누설하였다는 혐의를 받았다. 귀국
한 후 수가가 재상인 위제(魏齊)에게 이 일을 고하자 위제는 화가 나서
범수에게 몹시 매질을 했다. 범수가 죽은 시늉을 하고 있자 대발로 감아
변소에 내던지고 사람을 시켜 오줌을 끼얹게 했다.

범수는 문지기에게 뇌물을 써서 도망하여 정안평(鄭安平)이라는 사람
에게 몸을 의탁했다. 정안평은 범수를 감싸 주고 이름을 장록(張祿)으로
바꾸게 한 후 위(魏)나라에서 탈출할 기회를 기다리게 했다.

때마침 진(秦)나라 소양왕(昭襄王)의 사자 왕계(王稽)가 위(魏)나라에 와
있다가 귀국하면서 인재를 구한다는 사실을 안 정안평이 장록을 그에게

추천했다. 장록이 비범한 인물임을 안 왕계는 그를 데리고 진나라로 돌아갔다. 왕계는 왕을 알현하여 사자로서 보고를 마치고 이렇게 말했다.

"위나라에 장록 선생이라는 자가 있는데 뛰어난 변설가입니다. 그 사람이 '진왕의 나라는 알을 포개 놓은 것같이 위태하지만 자기를 쓰면 안전할 것이다. 그러나 서면으로는 그 내용을 충분히 전할 수 없다.' 라고 하여 수레를 태워 데려왔습니다."

魏有張祿先生 天下辯士也. 日 秦王之國危如累卵 得臣則安 然不可以書傳也. 臣故載來.

이 이야기는 ≪사기≫의 범수채택열전(范雎蔡澤列傳)에 위와 같이 기록되어 있다.

'누란(累卵)' 이란 계란을 여러 개 쌓아 놓았다는 뜻이며, '위여누란(危如累卵)' 은 아주 불안정하고 위험한 상태를 표현할 때 쓴다.

韋編三絶
위 편 삼 절

가죽으로 엮은 끈이 세 번 끊어졌다는 뜻으로, 책을 여러 번 읽어 뜻을 잘 이해하려고 피나는 노력을 하라는 말.

가죽 위 엮을 편 석 삼 끊을 절

한 권의 책을 몇십 번이나 되풀이해 읽어서 책을 철한 쪽이 산산이 흩어져 다시 고쳐 매어 계속 읽는 것을 '위편삼절(韋編三絕)'이라고 한다.

고대 중국에서는 책이 죽간(竹簡)으로 이루어져 있었다. 즉 대나무를 불에 쪼여 푸른 기운을 빼버리고 그것을 대쪽으로 만들어 글자를 쓴 죽간 몇십 장을 끈으로 철하여 책을 만들었다. 그 끈이 몇 번이나 끊어지도록 계속하여 책 읽는 것을 '위편삼절(韋編三絕)'이라고 한다. '삼절(三絕)'이란 세 번에 한정된 수가 아니라 몇 번이나 되풀이하여 읽어 끊어진다는 뜻으로 해석해야 할 것이다.

이것은 고대 중국의 가장 위대한 역사가로 알려진 전한(前漢)의 사마천(司馬遷)이 쓴 ≪사기≫ 가운데 공자전(孔子傳), 즉 〈공자세가(孔子世家)〉에 실려 있는 말로, 공자가 만년에 역경(易經)을 애독하여 '위편삼절(韋編三絕)'에 이르렀다고 한다.

공자가 만년에 역경을 좋아하여 단(彖)·계(繫)·상(象)·설괘(說卦)·문언(文言)을 서하고 역경을 읽어 위편삼절하였다. 말하기를 '내가 몇 해를 빌어 이와 같이 하면 나는 역경에 곧 빛나게 될 것이다.'

孔子晚而喜易 序彖繫象說卦文言 讀易韋編三絕. 日 假我數年 若是我於易則彬彬矣.

다음 ≪공자세가(孔子世家)≫의 문장 후반에 씌어 있는, 공자께서 홀로 하신 말씀은 '만일 하늘이 나에게 몇 해의 수명을 주시어 역경을 배울 수 있다면 역경의 이치를 거의 분명하게 얻을 수 있을 것이다.'라는 뜻으로 해석되거니와, 물론 이것은 ≪논어≫ 술이편(述而篇)에 있는,

공자께서 말씀하셨다.

"나에게 몇 년을 더하여 50세로써 역경을 배우면 가히 써 큰 잘못은 없을 것이다.(子曰 加我數年 五十以學易 可以無大過矣)"

라는 말을 바꾸어 쓴 것이리라.

그런데 공자 시대에 역경이 이미 존재하였다는 것은 도리어 믿을 수 있는 사실이며, 스스로 학문을 좋아하는 것을 믿은 공자께서 역경을 애독했다는 사실도 충분히 생각할 수 있다. 또 우리로서는 솔직하게 ≪공자세가(孔子世家)≫에 실려 있는 말을 신용하여 '위편삼절(韋編三絶)' 했다고 생각된다.

柔能制剛
유 능 제 강

부드러운 것이 강한 것을 이긴다는 뜻으로, 강압적으로 상대를 제압하는 것보다 마음을 움직여 복종하게 한다는 뜻.

부드러울 유 능할 능 누를 제 굳셀 강

병서(兵書)인 ≪삼략≫의 상략(上略)에 이렇게 실려 있다.

군참(軍讖)에서 말했다.

"부드러움은 능히 굳셈을 제어하고, 약한 것은 능히 강함을 제어한다.

부드러움은 덕이고 굳셈은 도둑이다. 약함은 사람을 돕는 것이고 강함은 사람을 공격하는 것이다."

軍讖曰 柔能制剛 弱能制强. 柔者德也 剛者賊也. 弱者人之所助 强者人之所攻.

≪군참(軍讖)≫이란 군대의 승패를 예언적으로 서술한 병법서의 이름이다. 이와 같은 말은 ≪노자≫에 많이 서술되어 있다. ≪노자≫ 제78장에는 다음과 같은 글이 있다.

천하에서 부드럽고 약하기로는 물보다 더한 것이 없다. 더구나 굳고 강한 것을 공격하는 데는 능히 이보다 나은 것이 없다. 그로써 능히 이를 깨치는 것이 없기 때문이다. 약한 것은 강한 것에 이기고 부드러운 것은 굳센 것에 이긴다는 것은 천하에 모르는 사람이 없건만 능히 행하지 못한다.

天下柔弱 莫過於水. 而攻堅强者 莫之无勝 其无以易之. 弱之勝强 柔之勝剛 天下莫不知 莫能行.

또 제76장에는 다음과 같은 기록이 있다.

사람도 태어남에는 부드럽고 약하나 그 죽음에 이르러서는 굳고 강해진다. 풀과 나무도 생겨남에는 부드럽고 연하지만 그 죽음에 이르러서는 마르고 굳어진다. 그러므로 굳고 강한 것은 죽음의 무리이고, 부드럽고 약한 것은 삶의 무리이다. 그러므로 군대가 강하면 멸망하고, 나무가 강하면 꺾인다. 강하고 큰 것은 아래에 처하고, 부드럽고 약한 것은 위에 처한다.

人之生也柔弱 其死也堅強 草木之生也柔脆 其死也枯槁. 故堅強者死之 徒 柔弱者生之徒. 是以兵强則滅 木强則折 强大處下 柔弱處上.

有朋自遠方來
유 붕 자 원 방 래

벗이 먼 곳으로부터 찾아온다는 뜻으로, 친한 사람이 멀리서 찾아오면 반갑게 맞이한다는 말.

있을 **유** 벗 **붕** 부터 **자** 멀 **원** 방향 **방** 올 **래**

'벗이 있어 먼 곳으로부터 온다면'은 자연히 '또한 즐겁지 아니한가?'라고 이어지게 된다. 이것은 ≪논어≫ 첫머리의 제1장에 실려 있는 말이다. 이것을 정확하게 말한다면 다음과 같다.

공자께서 말씀하셨다.
"배우고 때로 익히면 또한 기쁘지 아니한가?
벗이 있어 먼 곳으로부터 온다면 또한 즐겁지 아니한가?
사람이 몰라주어도 성내지 않는다면 또한 군자가 아니겠는가?"

子曰 學而時習之 不亦說乎. 有朋自遠方來 不亦樂乎. 人不知而不慍 不亦君子乎.

그런데 이 장은 세 개의 '不亦……乎'로 구분되어 분명히 세 단으로 나누어지거니와 각 단마다 학문을 주제로 말하는 것으로 생각된다.

제1단에서는 학문하고 때로 익히는 기쁨에 대하여 가장 솔직하게 말하고 있다. 공자의 학문이란 반드시 근대적인 의미의 조직적이고 과학적인 학문 탐구를 가리키는 것이 아니다. '익힌다'는 말은 어린 새가 끊임없이 날갯짓을 되풀이하여 나는 것을 익힌다는 뜻이고, '기쁘다'는 말은 마음속에서 희열을 느끼는 일이다.

제2단은 '자기의 학문이 점차로 익어, 이것을 전해 들은 동문의 친구들이 멀리에서 찾아온다면 다시 익힐 수 있기에 얼마나 즐거운 일이겠는가?'라는 뜻으로 해석된다.

제3단에서는 '학문'이란 말이 직접적으로 나오지 않는다. 그러나 이미 학문을 몸에 붙이고 친구와의 익힘에 큰 즐거움을 맛본 사람은 자기의 학문과 그 성과에 흔들림 없는 안도감과 자신감을 갖게 된다. 그래서 '사람들이 그것을 알아주지 않을지라도 성내지 않는 심경에 도달한다면 그야말로 군자라고 말할 수 있지 않을까?'라는 결론이 나온다.

衣食足 則知榮辱
의 식 족 즉 지 영 욕

의식이 족해야 영욕을 안다는 뜻으로, 백성들이 입고 먹는 것이 넉넉해야 도덕과 예절을 안다는 말.

옷**의** 먹을**식** 족할**족** 곧**즉** 알**지** 영화**영** 욕보일**욕**

춘추시대에 주(周)나라 왕실이 쇠미해져 천하가 통제를 잃었을 때, 패자(覇者)가 되어 제후들에게 호령하고 천자를 보좌한 것은 제(齊)나라 환공(桓公)이었다. 그 환공으로 하여금 패자가 되게 한 것은 재상 관중(管仲)이었다.

환공을 도와 질서를 유지하고, 오랑캐들의 침략을 막으며, 전통 문화를 지킨 관중의 공적을 공자께서는 높이 평가하여 다음과 같이 말하였다.

"관중(管仲)이 환공을 도와 제후들의 패자가 되게 하여 주(周)나라 왕실을 받들고, 천하를 통일하여 바로잡았으므로 백성들은 오늘에 이르기까지 그 혜택을 받고 있으니, 만일 관중이 아니었더라면 우리들은 머리를 풀고 옷깃을 외로 여미는 오랑캐가 되었을 것이다. 어찌 필부필부(匹夫匹婦)들이 사소한 신의를 지켜 스스로 목매어 시체가 개천에서 뒹굴어도 알아주는 사람이 없는 것 같으랴!"

子曰 管仲相桓公覇諸侯 一匡天下 民到于今受其賜 微管仲 吾其被髮左衽矣. 豈若匹夫匹婦之爲諒也 自經於溝瀆而莫之知也.(≪논어≫ 헌문편

(憲問篇))

관중과 그의 계열에 있던 학자들의 언론을 모은 것이 《관자》이다.
실제적인 정치가였던 관중은 경제를 중시하여, 인간의 덕성과 예절과 염
치 등은 경제적 기반이 확립되어야 비로소 가능하다고 보았다. 이 제목
의 '의식이 족해야 영예와 욕됨을 안다.' 라고 한 것도 그런 뜻의 말이다.
    《관자》 첫머리 목민편(牧民篇)에 있는 이 한 구절의 대요는 대략 다
음과 같다.

무릇 국토를 가지고 백성들을 다스리는 임금 된 사람은 항상 춘하추동
(春夏秋冬)의 농사철을 마음에 두어 백성들의 궁핍에 대비할 곡창(穀倉)
관리를 올바르게 행해야 한다. 나라의 재정이 풍부하여 물자가 넉넉하면
멀리 있는 다른 나라의 백성들도 그리로 모여들게 되고, 토지가 충분히
열려 농지가 풍부하면 백성들도 그 토지에 머물되 다른 토지로 떠나지
않는다. 창고에 곡식이 넉넉하면 사람들은 생활의 불안이 없기 때문에
예절을 마음에 둔 행동의 여유를 가지며, 의식이 넉넉하면 명예와 치욕
을 알아 염치의 마음을 몸에 지니며, 위에 서는 사람이 법도에 의한 행실
을 갖추게 되면 한 집안의 친족들도 화합하여 굳게 단결하며, 예의염치
(禮儀廉恥)의 사유(四維)가 확실히 행해지면 임금의 정령(政令)도 틀림없
이 행해지게 된다.

凡有地牧民者 務在四時 守在倉廩. 國多財 則遠者來 地辟擧 則民留處
倉廩實 則知禮節 衣食足 則知榮辱 上服度 則六親固 四維張 則君令行.

경제가 기본이지만 다시 교육을 행하지 않으면 안 된다고 역설하고 있

는 까닭은 소박하기는 하나 행동이 올바르지 않기 때문이다.

오늘날에는 보통 '의식이 넉넉해야 예절을 안다.' 라고 쓰인다.

二桃殺三士
이 도 살 삼 사

두 개의 복숭아로 세 명의 무사를 죽인다는 뜻으로, 교묘하게 꾀를
내어 상대방을 자멸하게 한다는 뜻.

두 이 복숭아 도 죽일 살 석 삼 무사 사

춘추시대의 제(齊)나라 재상 안영(晏嬰)은 싸우지 않고서 진(晉)나라의
야망을 물리친 이야기로 유명한데, 이것이 그의 외교 수완의 일단을 보
여 준 이야기라고 한다면, '이도살삼사(二桃殺三士)' 로 알려진 이야기는
내정 면에서 사람의 마음을 조종하는 그의 교묘한 재주를 보여 준 것이
라고 할 수 있을 것이다.

경공(景公) 때, 그의 신변을 호위하는 공손접(公孫接)과 전개강(田開
疆)과 고야자(古冶子)라는 세 무사가 있었다. 그들은 몹시 날쌘 용사로,
사람들로부터 위엄과 공경의 눈길을 받아왔지만 그것이 지나쳐 자칫하
면 법을 무시하는 행동을 마음대로 하게 되었다.

어느 날 재상 안영이 경공을 배알하기 위하여 그들 앞을 지나갔는데
세 사람은 모르는 체 얼굴을 돌리고 인사조차 하려 하지 않았다. 안영이

화가 나서 그들을 파면시키도록 경공에게 말했다.

경공도 동의하고 싶지만 그들이 불만으로 삼고 횡포를 부린다면 손쓸 수가 없다고 고개를 저었다. 그러자 안영이 말했다.

"저 세 사람은 자기의 힘을 믿고 서로 양보할 줄 모릅니다. 그러니 세 사람에게 복숭아 두 개를 하사하여 공로가 크다고 생각하는 사람부터 차례로 먹도록 명령하십시오."

경공이 그 말대로 하자 먼저 공손접이,

"역시 재상께서 이것으로 우리들의 공적을 비교하려는 것이다. 만일 이 복숭아를 거절하면 우리들은 비겁한 사람이 되어버릴 것이다. 세 사람에게 두 개이므로 자기의 공로를 세어 위에 있는 사람부터 먹기로 하자. 우선 내 자신으로 말하자면 자라나는 돼지를 때려잡은 일이 있으며 새끼를 거느린 호랑이를 때려잡았다. 당연히 복숭아를 받을 수 있다구."

라고 말하며 복숭아를 취하여 일어났다. 그러자 전개강이,

"나는 매복을 이용하여 두 번이나 적을 격파한 적이 있다. 나도 받을 만한 권리가 있어."

하고 복숭아를 집어 들었다.

"그대들은 무슨 소리를 하는 건가?"

남은 고야자가 분연히 일어나며 번쩍 하고 칼을 빼었다.

"내가 일찍이 전하를 모시고 황하를 건넜을 때 수레의 왼쪽 말이 중류로 도망친 적이 있었다. 그때 나는 헤엄을 칠 줄 몰랐는데도 강으로 뛰어들어 흐름에 거슬러 백 걸음이나 쫓아간 후 흐름을 따라 90리를 쫓아가 드디어 그 말을 베어 죽인 다음, 왼손으로 말의 엉덩이를 붙잡고 오른손으로 말의 목을 들어 언덕으로 올라간 사람이다. 나야말로 발군의 공로를 세웠다. 그 복숭아는 두 개 모두 가져오라구."

공손접과 전개강은 이 말을 듣자,

"우리들의 무용은 그대의 발끝에도 미치지 못한다. 그런데도 복숭아를 가지려 한 것은 우리들이 탐욕스러웠기 때문이다. 이렇게 보기 흉한 모습으로 계집처럼 살려는 것은 비겁자나 하는 짓이다."

이렇게 말하고 손에 쥔 복숭아를 내려놓고 스스로 목을 잘라 죽었다. 이를 본 고야자도,

"두 사람이 죽었는데 나 혼자 산다면 우정을 배반하는 것이 된다. 더구나 그런 말을 하여 두 사람을 부끄럽게 한 뒤 공로를 내세운 얼굴을 하다니, 도리에 어긋나는 짓이다. 이렇게 볼썽사나운 일을 하고서도 계집처럼 살려는 것은 비겁자나 하는 짓이다. 더구나 두 사람은 복숭아를 돌려주어 사나이다운 체면을 세웠다. 나도 돌려주어야겠다."

이렇게 말하고서 스스로 목을 잘라 죽었다.

이것은 《안자춘추》 제1권 간(諫)의 하편(下篇)에 나오는 이야기이며, '이도살삼사(二桃殺三士)' 란 계략으로써 상대방을 자멸시키는 일을 뜻하게 되었다.

《안자춘추》는 안영의 기지(機智)에 대한 이야기로 채워져 있다. 그 중에서도 '이도살삼사' 의 고사가 특히 세상에 알려지게 된 것은 삼국시대 서촉(西蜀)의 재상인 제갈공명(諸葛孔明)이 고체(古體)의 시 가운데 이 고사를 노래했기 때문이다.

이 시는 그가 애창했다고 전해지는 〈양보음(梁甫吟)〉이다.

걸어서 제(齊)나라의 성문을 나와 멀리 탕음(蕩陰) 마을을 바라본다.
마을 가운데 세 무덤이 있으니 겹겹이 쌓여 정히 서로 닮았다.
묻건대 누구의 무덤인가? 전개강과 고야자의 것이다.
힘은 능히 남산을 물리치고 글은 능히 땅의 기원을 끊는다.

하루아침에 참언을 입어, 두 복숭아가 세 용사를 죽였다.
누가 능히 이 꾀를 내었는가? 제(齊)나라의 재상 안자(晏子)였다.

步出齊城門 遙望蕩陰里
里中有三墳 纍纍正相似
問是誰家冢 田疆古冶子
力能排南山 文能絕地紀
一朝被讒言 二桃殺三士
誰能爲此謀 國相齊晏子

뒤에 당(唐)나라 이백(李白)도 같은 제목의 〈양보음(梁甫吟)〉을 지었다.

남산을 물리치는 힘의 세 장사를 죽이는 데
제(齊)나라 재상이 두 개의 복숭아를 썼다.

力排南山三壯士
齊相殺之費二桃

라고 노래하여 이 고사를 더욱 유명하게 했다.

以心傳心
이 심 전 심

마음으로써 마음에게 전한다는 뜻으로, 말로 설명하지 않더라도 서로 뜻이 통한다는 뜻.

써 **이** 마음 **심** 전할 **전** 마음 **심**

송(宋)나라의 승려 도언(道彦)이 석가모니 이후 조사(祖師)들의 법맥(法脈)을 계통지어 놓고 많은 법어(法語)들을 기록한 ≪전등록(傳燈錄)≫에, '부처님이 돌아가신 뒤에 법을 가섭(迦葉)에게 붙여, 마음으로써 마음에 전한다(佛滅後 附法於迦葉 以心傳心)'라고 했다.

즉 석가모니께서는 가섭존자(迦葉尊者:마하가섭)에게 불교의 진리를 전하였거니와 그것은 '이심전심(以心傳心)'으로 이루어졌다는 것이다. 무대는 영산(靈山)의 집회 장소로, 그 집회에 대하여 송(宋)나라 승려인 보제(普濟)의 〈오등회원(五燈會元)〉에는 다음과 같이 기록되어 있다.

어느 날 석가세존께서는 영산에 제자들을 모아 놓고 설교를 하셨다. 그때 석가께서는 손에 든 연꽃을 손가락으로 쥐면서 제자들에게 보이셨다. 다른 제자들은 그 뜻을 몰라 잠잠히 있었지만 가섭존자만은 그 뜻을 깨닫고 빙그레 미소지었다. 즉 석가께서 연꽃을 쥐는 것에 대하여 가섭존자가 미소하여, 여기에서 '염화미소(拈華微笑)'가 성립되었다. 그리하여 석가께서는 가섭존자를 인정하시고 이렇게 말씀하셨다.

"내게는 정법안장(正法眼藏:사람이 본래 갖추고 있는 마음의 묘한 덕)

과, 열반묘심(涅槃妙心:번뇌와 미망에서 벗어나 진리를 깨닫는 마음)과, 실상무상(實相無相:생멸계를 떠난 불변의 진리)과, 미묘법문(微妙法門: 진리를 깨닫는 마음)과, 불립문자(不立文字)와 교외별전(敎外別傳:둘 다 경전이나 언어 등에 의존하지 않고 이심전심으로 전함)이 있다. 나는 이 것을 가섭존자에게 부탁한다."

世尊在靈山會上 拈華示衆 是時衆皆寂然. 惟迦葉尊者破顔微笑. 世尊云 吾有正法眼藏 涅槃妙心 實相無相 微妙法門 不立文字 敎外別傳. 付囑摩 訶迦葉.

'이심전심(以心傳心)' 은 원래 불가의 말로 '심오한 이치는 말로 표현 할 수 없는 것이므로 마음에서 마음으로 전하여 마음으로 깨닫게 한다.' 는 뜻이며 '염화미소(拈華微笑)' 는 그 상징이었다.

나중에는 한결 가벼운 뜻의 일반 용어가 되어 말 없는 가운데 마음이 서로 통한다, 혹은 잠잠한 가운데 서로 깨닫는다는 뜻으로 쓰이고 있다.

人生如朝露
인 생 여 조 로

인생은 아침 이슬과 같다. 인생이란 아침 이슬같이 짧고 허무하게 사라진다는 뜻.

사람 인 살 생 같을 여 아침 조 이슬 로

한(漢)나라 무제(武帝)의 천한(天漢) 원년, 흉노족 땅으로 간 소무(蘇武)가 흉노족의 내분(內紛)에 휩쓸려 그곳에 억류되었다. 죽음이냐, 항복이냐의 갈림길에서 위협당하면서도 모든 악조건을 참아내 드디어 한(漢)나라 사자로서 절조를 굽히지 않고 살아났다.

그 무렵 흉노족 땅에 막다른 인생을 보내고 있는 한(漢)나라 사람이 또 있었으니 바로 이릉(李陵)이었다. 이릉은 일찍이 소무와 함께 한(漢)나라 궁중의 시중(侍中) 벼슬을 하였으며 두 사람은 친구 사이였다.

그런데 소무가 한(漢)나라 사자로서 흉노족 땅에 있던 다음해 이릉은 흉노족에게 항복했다. 그때 이릉은 불과 오천의 보병부대를 이끌고 북쪽 땅을 깊숙이 공격해서 수십 배나 되는 흉노족의 주력부대를 만나 용감히 싸워 적의 간담을 서늘하게 했지만, 부대는 전멸하고 이릉 자신은 시석(矢石)에 맞아 실신한 것을 흉노족이 사로잡았던 것이다.

이렇게 이릉은 사람의 힘으로 어찌할 수 없는 형세에 놓여 흉노족 땅에서 살아가고 있었는데, 소무가 흉노족 땅에 있는 것을 알면서도 흉노족에게 항복한 자신을 부끄럽게 생각하여 소무를 찾아가지 않았다.

그런데 나중에 차제후(且鞮侯)인 선우(禪于)가 이릉을 북해(北海) 근처로 보내 소무를 위하여 주연을 베풀고 음악을 연주하게 했다. 이때 이릉은 슬퍼하며 소무에게 말했다.

"선우는 내가 자네와 친교가 있다는 말을 듣고 자네를 설득하도록 나에게 명령했네. 그런데 선우는 모든 과거를 잊고 마음속으로부터 자네를 후대하려는 것이야. 자네는 아무리 해도 한(漢)나라로 돌아갈 수는 없네. 아는 사람도 없는 이 땅에서 헛되이 자네 자신을 괴롭힐지라도 한(漢)나라 임금에 대한 신의를 누가 이해해 줄 것인가? (중략) 이별한 이후로 자네 가족들에게 여러 가지 일이 있었네. 내가 출전할 무렵 자네의 어머니가 돌아가셔서 나도 장례에 참석하여 양릉(陽陵)까지 전송을 했다네. 아직 젊었던 자네의 아내는 재혼을 했다고 하더군. 뒤에는 누이 두 사람과 두 딸과 아들이 남아 있을 뿐이지만 이미 10년이나 넘은 옛일이니 생사조차 모르네. '인생은 아침 이슬과 같다.'고 하더니 정말로 덧없는 것이야. 언제까지 이렇게 자기를 괴롭히고만 있어야 되겠는가?"

禪于聞陵與子卿素厚 故使陵來說足下. 虛心欲相待 終不得歸漢. 空自苦亡人之地 信義安所見乎. (中略) 來時大夫人已不幸 陵送葬至陽陵. 子卿婦年少 聞已更嫁矣. 獨有女弟二人 兩女一男 今復十餘年 存亡不可知. 人生如朝露 何久自苦如此.

그러나 소무는 끝내 이릉의 말을 받아들이지 않았다. 이릉도 소무의 지극한 정성을 알고 조용히 이별을 고하고 떠나버렸다.

이 이야기는 《한서》의 소무전(蘇武專)에 실려 있다. '인생은 아침 이슬과 같다(인생은 떠오르는 아침 해와 함께 사라져 버리는 아침 이슬과 같이 덧없는 것이다.)'라는 이릉의 말에는 인간에 대한 간절한 생각이 깃들어 있다. 물론 그 진심은 소우에게도 통했을 것이다. 그러나 태도를 고치지는 않았다. 그는 자신의 인생을 그대로 관철하였기 때문이다.

人生七十古來稀
인 생 칠 십 고 래 희

옛부터 사람이 칠십까지 살기가 드물다는 뜻으로, 칠십 세의 나이 (고희)를 뜻함.

사람 **인** 살 **생** 일곱 **칠** 열 **십** 옛 **고** 올 **래** 드물 **희**

예전에는 사람이 70세를 살기란 드문 일이었다.

이것은 성당(盛唐) 시인인 두보(杜甫)의 〈인생칠십고래희(人生七十古來稀)〉의 시구에서 나온 말이다. 두보는 〈곡강이수(曲江二首)〉의 제2수에서 이렇게 읊고 있다.

조정에서 돌아오면 봄옷을 전당잡혀
날마다 강머리에서 취기가 다해야 돌아온다.
술 빚은 으레 가는 곳마다 있지만,
인생이 일흔을 살기란 예로부터 드물다.
꽃의 꿀을 빠는 나비들은 깊이깊이 보이고,
물에 적시는 잠자리들은 한가롭게 나네.
바람과 햇빛에 말을 전하여 함께 유전하면서,
잠시 서로 보고 즐거워하며 어긋나지 않게 하고 싶구나.

朝回日日典春衣 每日江頭盡醉歸
酒債尋常行處有 人生七十古來稀

穿花蛺蝶深深見 點水蜻蜓款款飛
傳語風光共流轉 暫時相賞莫相違

이 시는 두보의 47세 때 작품으로, 그 무렵 좌습유(左拾遺)라는 벼슬로 조정에 나아가고 있었는데 조정의 부패는 그를 실망시켜 번민의 나날을 보내게 되었다. 그의 근심과 번민을 없애 주는 것은 오직 술과 아름다운 경치뿐이었다.

곡강(曲江)은 도읍 장안(長安) 가운데 있는 연못 이름으로, 경치가 아름답기로 유명하며 특히 봄철이 되면 꽃을 구경하는 사람들로 붐볐다.

시의 대략의 뜻은 이러하다.

"요즈음 조정에서 나오면 봄옷을 저당 잡혀, 그 돈으로 매일같이 곡강 근처에서 술에 취하여 돌아오는 일과를 되풀이하고 있다. 덕분에 술값으로 생긴 빚은 이르는 곳마다 있지만 어차피 사람의 수명이란 70세까지 산다는 것은 예로부터 드문 일이다. 그러다 갑자기 눈을 뜨면 주변의 꽃 사이를 누비는 나비들이 꽃송이에 깊이 춤추는 것이 보이고, 잠자리들은 꼬리를 물에 적시면서 훨훨 날아가고 있다. 얼마나 한가한 봄의 경치인가? 나는 이 봄의 경치에게 청하여 함께 떠돌아다니는 몸이 되어, 잠시 서로 보고 즐거워하며 배반하는 일이 없도록 하고 싶구나."

'인생칠십고래희'란 항간에 전해지는 속담이라고 할 수 있으나 두보의 이 시에 의하여 맛이 더해진다고 하겠다.

人之將死 其言也善
인 지 장 사 기 언 야 선

사람은 죽을 때가 되면 말이 선해진다는 뜻으로, 죽어가는 사람의
말은 진실되고 옳은 말이니 잘 새겨들으라는 뜻.

사람 **인** 어조사 **지** 장차 **장** 죽을 **사** 그 **기** 말씀 **언** 어조사 **야** 착할 **선**

≪논어≫ 태백편(泰伯篇)의 첫머리에 공자의 애제자 중 한 사람인 증
자(曾子) 이야기가 5장에 걸쳐 기록되어 있으며, 특히 2장은 증자가 임
종에 가까워졌을 때의 이야기이다.

≪사기≫의 중니제자열전(仲尼弟子列傳)에 의하면 증자는 남무성(南
武城) 사람으로, 자는 자여(子與)라 하고 공자보다 46세 연소하였으며
공자께서는 그가 효도에 능히 통해 있는 것을 인정하여 그에게 ≪효경≫
을 만들게 했다고 한다.

즉 증자는 공자의 제자 중에서 효도의 뛰어난 이론가이고 실천가였다
고 볼 수 있으며 그런 의미를 포함하여, 태백편(泰伯篇)의 증자에 관한
기사 중에는 최초의 1장, 즉 임종이 가까워진 증자가 제자들을 베갯머리
에 불러 모으고서, '나의 다리를 열고 나의 손을 열라. 지금 이후로 나는
면한 것을 알겠구나, 제자들아.' 라고 말한 일사(逸事)는, ≪효경≫의
'몸과 터럭과 살갗은 부모에게서 받은 것이다. 감히 헐어 상하지 아니함
이 효도의 시작이다.' 라고 말한 것과 아울러 생각한다면 가장 인상 깊어
진다.

그런데 이어 계속되는 제2장에서, 이것도 증자의 임종이 가까운 때에

병문안을 온 맹경지(孟敬之)에 대하여 말한 것이 실려 있다.

증자가 병이 있어 맹경지가 문안을 왔다. 증자가 말하였다.

"새는 장차 죽을 때 그 울음소리가 슬프고, 사람은 장차 죽으려 하면 그 말이 착하다. 군자가 도(道)를 귀하게 여기는 바는 세 가지이다. 용모를 움직여 이에 폭만(暴慢)함을 멀리한다. 얼굴빛을 바르게 하여 이에 믿음에 가깝게 한다. 말의 기운을 내어 불합리한 말을 멀리한다. 제기에 관한 일은 벼슬아치에게 맡기면 된다."

曾子有疾 孟敬之問之. 曾子言曰 鳥之將死 其鳴也哀 人之將死 其言也善. 君子所貴乎道者三 動容貌 斯遠暴慢矣. 正顔色 斯近信矣. 出辭氣 斯遠鄙倍矣. 籩豆之事 則有司存.

맹경지는 노(魯)나라 대부(大夫) 중손첩(仲孫捷)을 말한다. 그 맹경지가 증자의 위독함을 보고 문안했을 때, 증자가 고어(古語)를 인용하여 말한 것이다.

후단(後段)의 말은 제쳐 놓고, '새는 장차 죽을 때 그 우는 소리가 슬프고, 사람은 장차 죽을 때 그 말이 착하다.'고 했다. 죽어가는 사람의 말이 진실에 넘친다는 것은 비근한 일상적인 진리로서 우리들도 그것을 긍정할 수 있다고 본다.

一擧手一投足
일 거 수 일 투 족

손 한 번 들고 발 한 번 옮겨 놓는다. 아주 쉬운 일이라는 뜻.

한 **일** 들 **거** 손 **수** 한 **일** 던질 **투** 발 **족**

이 말이 현대에 와서는 '그 사람의 일거수일투족이 주목을 끄는 표적이 되어 있다.'고 할 때 '하나하나의 행위와 동작'이라는 뜻으로 쓰이고 있는 것이 일반적이다.

이 말은 한유(韓愈)의 〈과목에 응하면서, 관리에게 보내는 글(應科目時與人書)〉에서 나온 말이다. 한유는 말할 것도 없이 중당(中唐)에 나와서 고문 부흥(古文復興)을 제창한 당(唐)나라의 대표적 산문가이며, 이 말은 ≪문장궤범(文章軌範)≫이나 ≪당송팔가문(唐宋八家文)≫에 실려 있다. '과목(科目)'이란 관리 등용 시험으로서 그 시험을 보기 전에 한 고관에게 제출한 편지라고 한다.

당대(唐代)의 시험에는 여러 종류의 과목이 있어서, 한유가 보는 것은 '박학홍사과(博學鴻詞科)'였다. 시험은 2단계로 되어 있어서 처음에는 예부(禮部)에서 행해지고 여기에 합격하면 다음 이부(吏部)에서 시험을 보게 되어 있었다.

한유는 25세에 예부 시험에 합격했지만 이부 시험에는 몇 번을 응했으나 계속 실패했다. 위 문장은 두 번째 때의 일이라고 한다. 당대에는 서생(書生)들이 시험관에게 미리 시문(詩文)을 지어 증정하여 그 역량을 알아주기를 바라는 것이 관습이었으므로 이 편지도 시험관에게 보낸 것이라 해도 좋다.

편지의 주요 내용은, '나는 보통사람과는 다른 걸물이다. 그러나 아무리 걸물이라도 하늘에 오르려면 물이 있어야 하며, 물이 없으면 말라 죽어 보통사람들의 웃음거리가 될 뿐이므로, 마르지 않고 하늘에 올라 훌륭한 관리가 될 수 있도록 제발 이끌어 달라.'며 청하고 있다. 그 첫머리부터 이 문장이 나오는 곳까지 보면 원문은 다음과 같다.

월일. 한유가 재배합니다. 하늘 연못의 물과 큰 강의 물가에는 괴물이 있다고 합니다. 그런데 그것은 평범한 물고기나 조개 따위와는 한가지가 아닙니다. 물을 얻으면 그것은 바람과 비를 불러 하늘 위아래로 오르내리는 것이 결코 어려운 일이 아닙니다. 그러나 물에 이르지 못할 때에는 그 간격이 여섯 자나 그 두 배가 되며 한 자 한 치 정도의 길이에 불과하여, 그 사이에 높은 산이나 큰 언덕이나 긴 길이나 위험한 곳이 있는 것이 아니더라도 어쨌든 마른대로 내버려 두어 물이 있는 곳까지 가지 못한다면 십중팔구는 대개 힘있는 자에게 비웃음을 사는 결과로 끝나게 됩니다. 힘이 있는 분께서 이를 불쌍히 여겨 그 궁한 처지에서 옮겨 주어야 하지 않겠습니까. 그것은 손이나 발을 잠깐 움직이는 정도의 노력에 지나지 않습니다.

月日 愈再拜. 天池之浜 大江之濆 日有怪物焉. 蓋非常鱗凡介之品彙匹儔也. 其得水 變化風雨 上下於天 不難也 其不及水 蓋尋常尺寸之間耳. 無高山大陵 曠塗絶險爲之間隔也. 然其窮涸不能自致乎水 爲獱獺之笑者 蓋十八九矣. 如有力者哀 其窮而運轉之 蓋一擧手一投足之勞也.

윗글에서 보아 알 수 있듯이 일거수일투족(一擧手一投足)이라는 말은 원래 '손을 한 번 들어올리고 발을 한 번 옮기는 일.' 이라는 뜻으로 '아주 쉽게 할 수 있는 일.', '약간의 수고만으로도 할 수 있는 일.' 을 뜻한다. 그러나 오늘날에 와서는 '하나하나의 동작이나 행동' 을 뜻하는 말로 사용하는 것이 보통이다.

一擧兩得
일 거 양 득

한 가지 일을 하여 두 가지의 이득을 본다는 뜻으로, 어떤 일을 할 때 예기치 않게 또다른 이득을 본다는 뜻.

한 일 움직일 거 두 량 얻을 득

서진(西晋)의 무제(武帝)에게 벼슬한 속석(束晳)은 속관(屬官)에서 올라 좌저작랑(佐著作郞)이 되었으며, ≪진서(晉書)≫와 ≪제기십지(帝紀十志)≫를 엮어 박사가 된 박학한 선비이다. 그는 당시에 발견된 죽간(竹簡)을 보고 한(漢)나라 명제(明帝)의 현절릉책문(顯節陵策文)이라고 단언했다. 조사해 본 결과 사실이었기 때문에 그의 박식함에 모두 놀랐다고 한다.

그가 좌저작랑(佐著作郞)이 되기 전의 상소문에서 하북(河北)의 돈구군(頓丘郡) 일대에 들어와 사는 사람들을 다시 서쪽의 개척민으로 이주시킬 계획을 진술한 적이 있다.

"10년의 세역 면제(稅役免除)를 내려 중천(重遷:두 번 이주시킴)의 정을 위로한다면 한 번 들어 두 가지 이득을 얻게 되어, 밖으로 실질적이고 안으로 너그러우며 궁한 사람들에게 일을 더하고 서쪽 교외의 밭을 넓히니 이 또한 농사의 큰 이익이 된다."(≪진서(晋書)≫ 속석전(束晳傳))

'일거양득(一擧兩得)'은 여기에서 나온 것으로, '한 가지 일을 하여 두 가지 이득을 거두는 것.'을 말한다.

전한(前漢)의 유향(劉向)이 엮은 ≪전국책≫ 진책(秦策)에는 '일거양부(一擧兩附)'라고 있고, 같은 초책(楚策)에는 '일거양획(一擧兩獲)'이라고 있으며, ≪위지(魏志)≫ 장홍전(臧洪傳)에는 '일격양득(一擊兩得)'이라고 되어 있는데 모두 뜻은 같은 것이다. 우리나라에는 '일석이조(一石二鳥)'란 말이 있으며, 이것은 〈북사(北史)〉의 '일전쌍조(一箭雙鵰:한 화살로 두 마리의 독수리를 쏜다)'에서 나온 말이다.

一簞食 一瓢飮
일 단 사 일 표 음

한 소쿠리의 밥과 한 표주박의 물. 가난한 살림이라 변변치 못한 음식이지만 즐거움을 잊지 말라는 뜻.

한 **일** 소쿠리 **단** 밥 **사** 한 **일** 바가지 **표** 마실 **음**

≪논어≫ 중에 공자의 대담자로서, 혹은 그 인물평의 대상으로서 등장하는 제자들은 수없이 많지만 그중 공자에게 가장 신뢰를 받은 것은 아마 안회(顔回)일 것이다.

≪사기≫의 중니제자열전(仲尼弟子列傳)에 의하면, '안회는 노(魯)나라 사람으로, 자는 자연(子淵)이고 공자보다 30세 연소하다.' 라고 씌어 있다. 두 사람은 아버지와 아들 정도의 나이 차이가 있었지만 공자께서는 다른 누구보다도 안회의 인간성과 배우기 좋아함을 사랑하였다.

≪사기≫의 중니제자열전에, '안회는 29세에 완전히 백발이 되어 젊어서 죽었다.' 라고 씌어 있는데, 그가 죽은 해에 대해서는 여러 설이 있다. ≪공자가어(孔子家語)≫의 통설로는 '안회는 32세에 죽었다.' 라고 되어 있지만, 유보남(劉寶楠)이 ≪논어정의(論語正義)≫에서 자세히 고증한 바에 의하면 안회는 41세, 즉 공자의 나이 71세 때 죽었다고 한다.

어찌 됐든 젊어서 죽은 안회에 대하여 공자께서는 자주 통석비탄(痛惜悲嘆)의 말을 되풀이하셨다. 선진편(先進篇)에서는 '안연(顔淵)이 죽었다.' 로 시작되는 글이 4장 계속해서 나오고 있다. '안연이 죽었다. 공자께서 말씀하시기를, 아아, 하늘이 나를 망쳐 놓으셨다. 하늘이 나를 망쳐 놓으셨도다.' 라고 있고, '안연이 죽었다. 공자께서 곡하여 애통하셨다.' 따라간 사람이 말씀드리기를, '선생님께서 애통해 하셨습니다.' 하자 공자께서 말씀하셨다. '그를 위해서 애통해 하지 않는다면 누구를 위해 애통해 하랴!'

이 말씀은 지극히 인상적이다. 공자께서 안연의 죽음을 이렇게까지 애통해 하신 까닭은 안연이 학문을 좋아하는 드물게 보는 청년이었기 때문이다.

다음에 싣는 공자의 안회론에서도 그것을 충분히 엿볼 수 있다.

공자께서 말씀하셨다.

"현명하구나, 회여. 한 도시락 밥과 한 표주박의 마실 것으로 사람들은 더러운 거리에 사는 그 근심을 견디지 못하거늘. 회는 그 즐거움을 고치지 아니하니, 현명하구나, 회여!"

子曰 賢哉回也. 一簞食 一瓢飮 在陋巷 人不堪其憂 回也不改其樂 賢哉回也.(≪논어≫ 옹야편(雍也篇))

'일단사 일표음(一簞食 一瓢飮)'이란 초라한 음식을 뜻하는데, 안빈낙도(安貧樂道)하는 청빈한 생활을 형용할 때 쓰는 표현이다. 안회가 세속 욕심이 없이 자기수양에만 몰두함을 공자께서 찬양하여 한 말씀이다.

一網打盡
일 망 타 진

한 그물을 던져 모두 잡는다. 한꺼번에 다 잡는다는 뜻.

한 **일** 그물 **망** 칠 **타** 다할 **진**

오대(五代)가 혼란한 후에 성립된 송(宋)나라는 태조(太祖) 조광윤(趙匡胤)의 유언에 따라 문관 통치를 국시(國是)로 했다. 그런데 건국 60여 년 만에 즉위한 제4대 인종(仁宗)은 나라를 다스린 40년 동안 태조 이후 힘을 들여 온 과거로 정계에 등장한 우수 인재를 배출시킨 것으로 유명하며, 인종 후반의 연호 경력(慶曆)을 따서 '경력의 다스림'이라고 불리어 당(唐)나라 태종(太宗)의 '정관(貞觀)의 다스림'과 아울러 일컬어지고 있다.

더구나 '경력의 다스림'이라고 불리는 태평성대가 출현하기에 이르기까지 조정 내에서 문관들의 격렬한 대립이 있었다. 조정의 구식 신하와 혁신적인 관료들의 대립이었다.

당시 인종의 총애는 상미인(尚美人)으로 옮겨져 있었는데, 어느 날 인종 옆에 있던 상미인이 황후를 모욕했다. 화가 난 황후가 상미인의 뺨을 때리려고 하는 것을 인종이 가로막자 황후의 손이 인종의 목을 때리게 되었다.

화가 난 인종이 곧 황후 폐지의 의지를 굳히고 재상 여이간(呂夷簡)에게 도모했던 바, 여이간은 인종의 뜻을 받아들이고 이에 동의하여 황후의 폐지가 결정되었다. 간관(諫官)인 범중엄(范仲淹) 등 10명은 황후에게 잘못이 없다고 하여 폐지에 반대하였지만 여이간에 의하여 좌천되었다. 여이간은 그들이 도당을 짜서 공손치 못함을 자행하는 자들이라 보고 그렇게 결정했던 것이다.

천성(天聖) 7년에서 경력(慶曆) 3년까지 전후 12년에 걸쳐 재상직에 있던 여이간이 은퇴하자, 인종은 같은 궁정 정치가 하송(夏竦)을 추밀사(樞密使)에 임명하고, 추밀부사(樞密副使)에 혁신파의 한기(韓琦), 참정지사(參政知事)에 범중엄을 임명했다. 그러자 새로 임관된 간관 구양수(歐陽脩) 등으로부터 이의가 나왔다.

"하송은 안무사(安撫使)로서 서하(西夏) 경략에 겁내고, 겸하여 성격이 간사하여 거짓을 품고 있습니다."

인종은 이 말을 듣자 하송을 파면시키고 청렴강직으로 소문이 난 두연(杜衍)을 기용했다. 혁신파의 관리들은 이 인사를 환영했다. 그중에서도 국자감(國子監) 직강(直講)인 석개(石介)는, '이것은 큰 성사(盛事)로다.
성사를 이룩하는 것이야말로 나의 역할이다.' 라고 말했다.

범중엄이 한기(韓琦)와 함께 서쪽 변방의 위수지(衛戍地)에서 도읍으
로 돌아오는 도중에 이 말을 듣고,

"이것은 재앙의 씨앗이다. 아마도 괴귀배(怪鬼輩:하송)로 인하여 재앙
이 생길 것이다."

라고 탄식했다. 과연 하송은 두연 등을 '당인(黨人)'이라고 공격했다. 이
에 반대하여 간신(諫臣) 구양수가 상소했다.

"신이 듣건대 붕당(朋黨)의 설은 옛날부터 있어 왔으며, 오직 임금이
군자와 소인을 판단하는 것을 바랄 뿐입니다. 대개 군자와 군자는 도(道)
를 함께 함으로써 벗을 이루고, 소인과 소인은 이득을 함께 함으로써 벗
을 이룹니다. 이것이 자연의 이치입니다."

臣聞. 朋黨之說 自古有之. 惟幸人君辨其君子小人而已. 大凡君子與君
子 以同道爲朋 小人與小人 以同利爲朋. 此自然之理也.

라고 쓴 것이 유명한 〈붕당론(朋黨論)〉이다.

이리하여 일단 하송은 들어갔지만, 범중엄과 두연 등 당인(黨人)들이
황제의 폐위를 도모하고 있다는 터무니없는 사건을 날조하여 그들을 함
정에 빠뜨리려 했다. 인종은 상대도 하지 않았지만 두연은 뜻밖에 반당
인파(反黨人派)로 몰려 함정에 빠졌다.

사건인즉 두연의 사위로서 진주원(進奏院) 감독으로 근무하는 소순흠
(蘇舜欽)이 반고지(反故紙)를 판 돈(국고금)으로 신을 제사지내고, 관청
의 손님들을 초대하여 기녀를 부르고 성대한 주연을 베풀었다는 것이다.

하송파의 어사중승(御史中丞)인 왕공진(王拱辰)은 그를 곧 탄핵하여 소순흠 일당을 모조리 하옥시키고,

"나는 한 그물로 한 사람도 남기지 않고 모두 제거했다."

吾一網打去盡矣.

하며 기뻐했다고 한다.

'일망타진(一網打盡)'이란 말은 여기에서 나온 말로, 두연은 이 사건으로 말미암아 불과 70여일 만에 사직해야 했고 당인(黨人)들도 이어서 벼슬에서 쫓겨났다.

一葉落知天下秋
일 엽 낙 지 천 하 추

낙엽 한 잎이 떨어지는 것을 보면 천하가 가을이라는 뜻으로, 작은 일을 미루어 보면 큰 일도 예측할 수 있다는 뜻.

한 **일** 잎 **엽** 떨어질 **낙** 알 **지** 하늘 **천** 아래 **하** 가을 **추**

≪회남자≫ 설산훈편(說山訓篇)에 다음과 같이 기록되어 있다.

한 산적의 고기를 맛보면 한 가마솥의 맛을 알고, 날개와 숯을 걸어 건

조하고 습한 기운을 알 수 있으니 작은 것으로써 큰 것을 밝히는 일이다.

한 잎이 떨어지는 것을 보면 앞으로 해가 저무는 것을 알고, 병 속의 얼음을 보면 천하의 추위를 알 수 있으니 가까운 것으로써 먼 것을 논하는 것이다.

嘗一臠肉 知一鑊之味 懸羽與炭 而知燥濕之氣 以小明大. 見一葉落而知歲之將暮 睹瓶中之氷 而知天下之寒 以近論遠.

한 점의 고기를 맛보면 가마솥 안의 고기 전부의 맛을 알 수 있고, 습기를 빨아들이지 않는 날개와 습기를 흡수하는 숯의 무게를 달아 보면 방 안이 건조한지 습기가 있는지 알 수 있으니, 이러한 것을 작은 것으로써 큰 것을 밝힌다고 말한다.

또 오동잎이 한 개 떨어지는 것을 보면 앞으로 해가 저무는 것을 알 수 있고, 병 속의 물이 얼음이 된 것을 보면 추운 계절이 되었음을 알 수 있으니, 이러한 것을 비근한 것에 의해 원대한 것을 추측한다 하는 것이다.

이로써 밝혀진 것처럼 '한 잎이 떨어지는 것을 보고 앞으로 해가 저무는 것을 안다.'라고 한 말은 작은 일을 보면 대세를 살펴 알 수 있다는 뜻이다.

이자경(李子卿)의 ≪추충부(秋蟲賦)≫에는,

한 잎이 떨어지니 천지는 가을이다.

一葉落兮天地秋.

라고 있고, 또 ≪문록(文錄)≫에는,

당(唐)나라 사람이 시를 지어 말하기를, '산의 중이 갑자(甲子) 세는 것을 풀지 못하니, 한 잎이 떨어지면 천하의 가을을 안다.'

載唐人詩曰 山僧不解數甲子 一葉落知天下秋.

라고 했다. '갑자(甲子)'는 십간(十干) 십이지(十二支)를 말하며, 여기에서는 세월의 뜻이다.

위 말은 사물의 징조를 보고 대세를 살핀다는 뜻으로 사용되고 있다.

一衣帶水
일 의 대 수

한 가닥 옷의 띠와 같은 물이라는 뜻으로, 거리가 아주 가까이 인접하다는 뜻.

한 일 옷 의 띠 대 물 수

진(晉)나라의 동천(東遷) 이후 남북으로 분열되어 있던 중국을 이백 수십 년 만에 통일한 것은 수(隋)나라 문제(文帝) 양견(楊堅)이었다.

양견은 북조(北朝)에 벼슬한 한(漢)나라 사람으로, 아버지 양충(楊忠)은 북주(北周)의 유명한 장군이었다. 양견도 같은 무장으로서 북주에 벼슬했는데 딸이 신제(宣帝)의 황후가 되면서 조정의 실력자가 되었다. 선제가 불과 21세로 재위(在位) 2년 만에 아들 선(闡)에게 왕위를 양보하여 천원 황제(天元皇帝)라고 자칭하기에 이르니 양견이 아직 강보에 싸인 정제(靜帝)의 후견인이 되었다.

다음해에 천원 황제가 급사(急死)하자 양견은 수(隋)나라 왕의 칭호를 받으며 북주의 군정(軍政) 대권을 부탁받고 그 이듬해 선양(禪讓)의 형식을 밟았으나 나라를 빼앗아 수(隋)나라를 세웠다.

문제는 즉위했을 때부터 천하 통일이라는 웅대한 구상을 가슴에 품어 밖으로는 남조(南朝)의 진(陳)나라와 평화 공존의 정책을 취하는 한편, 북쪽의 돌궐족에 대한 방비를 굳히고, 안으로는 위진(魏晉) 이후의 구품(九品) 중 정제도(正制度)의 폐지와 중앙집권의 강화, 그리고 검약에 힘쓰는 등 국력의 충실을 도모했다.

한편 진(陳)나라에서는 수(隋)나라가 건국한 이듬해에 선제(宣帝)가 죽고 후주(後主) 진숙보(陳叔寶)가 즉위했다. 진숙보는 주색으로 날이 밝고 저물어 정치를 전혀 돌보지 않는 말기의 황제 중 한 사람이었다.

당연히 측근에서 벼슬하는 환관(宦官)이 실력자로서 자리를 굳혀 매관매직을 하는 것은 물론이고, 죄를 범해도 돈만 내놓으면 무사할 수 있으며, 대신들은 다투어 후주가 총애하는 왕비에게 환심을 사는 형편이므로 백성들의 원망 소리는 높아갈 뿐이었다.

587년 문제가 황제가 된 지 7년 만에 후량(後梁)의 후주 소종(蕭琮)을 장안(長安)으로 불렀다. 후량은 수(隋)나라의 남쪽, 오늘날 호북성(湖北省)에 위치하여 요충지인 강릉(江陵)을 도읍으로 하였으며, 수(隋)나라로 보면 진(陳)나라를 공격하기 위한 절호의 교두보(橋頭堡) 노릇을 하고 있었다.

이때 소종은 이백여 명의 신하들을 데리고 장안으로 왔으며, 문제는 진(陳)나라에게 허를 찔려 강릉을 빼앗길까 두려워하여 무향공(武鄕公) 최홍도(崔弘度)를 파견하였다.

강릉의 유수(留守)를 지키고 있던 소종의 숙부인 안평왕(安平王) 소암(蕭巖)과 동생인 형주 자사(荊州刺史) 소의흥(蕭義興) 등은 최홍도가 강릉을 뺏으러 온 줄로 여겨 백성 십만을 거느리고 양자강을 건너 진(陳)나라에게 항복했다. 이 일로 화가 난 문제는 후량을 병탄(倂呑)함과 동시에 진(晉)나라 공략 작전(攻略作戰)의 개시를 선언했다.

"나는 즉위한 후 오로지 진(陳)나라의 일을 구상하면서 마음을 써 왔는데 이제 진(陳)나라 임금은 방탕하고 의지할 곳 없어 백성은 도탄의 괴로움을 당하고 있다. 나는 백성의 부모로서 이를 무시할 수 없다. 양자강이 험한 것은 두려워할 것이 못 된다. 저런 강을 두려워하여 백성들을 죽이는 것을 보고 있을 수는 없지 아니한가?"

나는 백성들의 부모가 되어 어찌 한 줄기 옷의 띠와 같은 물을 한하여 이를 구원하지 않을 수 있겠는가?

我爲民父母 豈可限一衣帶水 不拯之乎.

'일의대수(一衣帶水)'란 옷의 띠만큼이나 좁은 강을 뜻하는 말이다. 양자강은 예부터 천연의 요충지대로 유명하며 삼국시대의 오(吳)나라가 북쪽 기슭의 건강(建康)을 도읍으로 한 이후 동진(東晉)과 남조의 송(宋)나라, 제(齊)나라, 양(梁)나라, 진(陳)나라도 모두 여기를 도읍으로 하여 양자강을 만리장성 삼아 북쪽의 이민족에게 대항해 왔다.

이 양자강을 그는 '한 줄기 옷의 띠와 같은 물'이라고 말한 것이다. 기우장대(氣宇壯大)한 말이지만 이것은 결코 그의 목욕탕이 아니었다.

이보다도 먼저 그는 이미 수년에 걸쳐 진(陳)나라 공략의 준비를 진행시켰다. 이리하여 589년에 문제는 차남인 진왕(晉王) 양광(楊廣)을 총지휘관으로 하여 수(隋)나라의 군대 오십일만 팔천 명을 양자강 북쪽 기슭 수천 리에 걸쳐 집결시켜 한꺼번에 도하하여 진(陳)나라를 습격했다.

진(陳)나라의 후주는 총애하는 왕비와 함께 궁중의 우물로 도망쳤다가 수(隋)나라 병사에게 사로잡혀 다섯 임금 33년 만에 멸망하였으며, 중국 전토에 걸친 대제국이 출현했던 것이다.

一以貫之
일 이 관 지

하나를 꿰뚫었다는 뜻으로, 처음부터 끝까지 하나의 원칙으로 정리 되어 있다는 뜻.

한 일 써 이 꿰뚫을 관 어조사 지

'일이관지(一以貫之)'란 말은 ≪논어≫ 두 곳에서 나온다. 위령공편 (衛靈公篇)에 나오는 것부터 소개하겠다.

공자께서 말씀하셨다.

"사(賜)야, 너는 내가 많이 배우고 그것을 다 기억하는 사람이라고 생 각하는가?"

자공(子貢)이 대답했다.

"그러합니다. 그렇지 않습니까?"

공자께서 말씀하셨다.

"아니다. 나는 하나를 가지고 관철하는 것이다."

子曰 賜也 女以予爲多學而識之者與. 對曰 然 非與. 曰 非也 予一以貫之.

사(賜)는 공자의 제자 자공(子貢)의 이름이다. 공자께서 자공에게 묻고, 자공이 반문하자 공자께서 대답하셨다.
"아니다. 나는 단지 한 가지 일로 만사를 관철하려고 하는 것뿐이다."
이것이 소위 '일관지도(一貫之道)'이거니와, 여기에서는 그 일관지도가 무엇을 가리키는지 언명되지 않고 있다. 공자 자신으로서는 명백한 것이 있다 할지라도 제자들은 그것을 이해할 수 없었던 것이다.
이 말을 정확히 납득할 수 있었던 사람은 애제자인 증자(曾子)였을 뿐으로, 그 증거는 이인편(里仁篇)에 나타나 있다.

공자께서 말씀하셨다.
"삼(參)아, 나의 도(道)는 하나로써 관철되어 있다."
증자가 말씀드렸다.
"네, 알고 있습니다."
공자께서 나가시자 제자들이 물었다.
"무엇을 말씀하신 것인가?"
증자가 말했다.
"선생님의 도(道)는 성실하고 용서할 뿐이다."

'충(忠)'이란 '중(中)'과 '심(心)'의 합자(合字)로, 마음속으로 성의를 다하는 '충실'의 뜻이며, '서(恕)'란 '여(如)'와 '심(心)'의 합자로, 다른 사람의 마음을 자기의 마음과 같이 생각하는 일이다.

더구나 공자께서 모처럼 '한 가지 도(道)'라고 말한 데 대하여 '충(忠)'과 '서(恕)'라고 말하여 대답이 둘이 된다. 그리하여 '일관지도(一貫之道)'란 평소에 공자께서 가장 역설하신 '인(仁)'에서 벗어나지 않으며, 성의를 다한다는 것과 상대방을 용서한다는 것은 바로 인(仁)을 달성하는 길이라고 해석할 수 있다.

一日如三秋
일 일 여 삼 추

하루가 세 번의 가을 같다. 간절하게 기다릴 때는 짧은 시간도 오랜 세월로 느껴진다는 뜻.

한 **일** 날 **일** 같을 **여** 석 **삼** 가을 **추**

하루를 만나지 않으면 3년 동안 만나지 않은 것과 같다는 뜻이다. 애타게 기다리는 일, 만나고 싶어 그리워하는 정이 점점 깊어지는 것을 말한다.

≪시경≫에 왕풍(王風)이 〈채갈(采葛)〉이라는 시에서 다음과 같이 노래한 것에 근거한다.

저 칡을 캐어, 하루를 보지 않으면 석 달이나 된 것 같도다.
저 쑥을 캐어, 하루를 보지 않으면 3년이나 된 것 같도다.
저 약쑥을 캐어, 하루를 보지 않으면 3년이나 된 것 같도다.

彼采葛兮 一日不見 如三月兮
彼采蕭兮 一日不見 如三秋兮
彼采艾兮 一日不見 如三歲兮

이것은 칡과 쑥과 약쑥을 캐면서 부르는 연가이다. '일일여삼추(一日
如三秋)'는 짧은 시간이 오랜 세월로 느껴진다는 뜻이다.

一字千金
일　자　천　금

한 글자의 가치가 천금이라는 뜻으로, 글씨나 문장이 뛰어나 가치가
있다는 뜻.

한 **일** 글자 **자** 일천 **천** 황금 **금**

　전국시대 말기의 일이다. 진(秦)나라 효문왕(孝文王)은 즉위하여 불과
1년 만에 죽고 태자 자초(子楚)가 즉위했다. 이가 곧 장양왕(莊襄王)이다.
왕은 즉위한 후 자기를 태자로 삼게 한 여불위(呂不韋)를 재상으로 하여
문신후(文信侯)에 봉하고, 하남(河南)과 낙양(洛陽)의 10만호를 식읍(食
邑)으로 주었다.
　이 장양왕도 3년 만에 죽어 13세의 소년인 태자 정(政, 뒤의 진시황)이
즉위하여 왕이 되었다. 새 왕은 여불위를 존경하여 상국(相國)으로 삼고
중부(仲父)라고 불렀다. 여불위의 권세는 진(秦)나라를 기울일 정도였으

며 그 상황을 ≪사기≫ 여불위전(呂不韋傳)에서는 다음과 같이 전하고
있다.

　여불위의 집에는 하인이 일만 명이나 있었다. 그 당시 위(魏)나라에는
신릉군(信陵君)이 있었고, 초(楚)나라에는 춘신군(春申君)이, 조(趙)나라
에는 평원군(平原君)이, 제(齊)나라에는 맹상군(孟嘗君) 같은 대귀족이
있어, 이들은 서로 경쟁이나 하듯이 선비를 대우하고 빈객이 찾아오는
것을 기뻐하였다. 여불위는 강대한 진(秦)나라가 그들에게 미치지 못하
는 것을 부끄럽게 여겨 선비들을 불러 후하게 대우했기 때문에 식객은
삼천 명에 달하게 되었다.
　당시 여러 나라에는 변설가가 많아 제(齊)나라와 초(楚)나라에 벼슬한
유자(儒者)인 순경(荀卿:순자)과 같은 사람들은 책을 지어서 천하에 널리
알려졌다. 그래서 여불위도 자기의 식객들에게 견문한 것을 쓰게 한 뒤
그것을 편집하여 팔람(八覽)과 육론(六論)과 십이기(十二紀) 등 이십만여
자에 달하는 책을 만들고, 천지와 만물과 고금의 일 등이 여기에 모두 갖
추어져 있다고 하여 ≪여씨춘추(呂氏春秋)≫라고 이름을 붙였다. 그리하
여 이것을 도읍 함양(咸陽)의 시문(市門)이 있는 곳에 진열하여 그 위에
천금(千金)을 건 후 제후와 유세가나 빈객을 유치하기 위하여 '만일 이
책에 한 글자라도 첨삭(添削)할 수 있는 사람이 있다면 천금을 주겠다.'
라고 썼다.

　不韋家僮萬人. 當是時 魏有信陵君 楚有春申君 趙有平原君 齊有孟嘗
君 皆下士喜賓客以相傾. 呂不韋以秦之彊 羞不如 亦招致士 厚遇之至食客
三千人. 是時諸侯多辯士. 如荀卿之徒 著書布天下. 呂不韋乃使其客人人
着所聞 集論以爲八覽 六論 十二紀二十餘萬言 以爲備天地萬物古今之事

號曰呂氏春秋. 布咸陽市門 懸千金其上 延諸侯游士賓客 有能增損一字者 予千金.

여기에서 '한 글자만으로 천금의 가치가 있는 훌륭한 문장' 이라는 뜻
으로 '일자천금(一字千金)' 이라고 말하게 되었다.

一敗塗地
일   패   도   지

한 번 싸움에 패하여 땅에 묻힌다는 뜻으로, 회복 불능의 패배를 당
한다는 뜻.

한 **일** 패할 **패** 칠할 **도** 땅 **지**

패(沛) 사람 유방(劉邦)에게는 수많은 길조가 있었으며 또 대인의 품격
이 있어 인망도 높았다. 그 무렵 진(秦)나라 시황제(始皇帝)는 '동남쪽에
천자의 기운이 있다.' 고 말하며 동쪽으로 노닐어 이를 억압하려 했다.
유방은 자기를 말하는 것이 아닌가 하고 두려워 산속으로 도망쳤다. 패
의 많은 젊은이들이 유방을 따라갔다.

이윽고 시황제가 죽고 2세 황제가 즉위하자 진승(陳勝)이 반란을 일으
켜 진(秦)나라 군대를 파죽지세(破竹之勢)로 격파하고 진나라를 점령하
자 스스로 왕이 되어 국호를 장초(張楚)라고 정하였다. 또한 여러 방면에
서 군현(郡縣)의 장관을 죽이자 이에 응하는 자가 속출했다.

패의 현령은 이 형세를 보고 두려워서, 죽임을 당하기 전에 현민을 따라 진승에게 응하기 위해 부하인 소하(蕭何)와 조삼(曹參)에게 상의하자 이렇게 대답했다.

"진(秦)나라 관리인 당신이 지금 진(秦)나라를 배반하고 패의 젊은이들을 이끌어 진승에게 응하려 하시지만 그들은 듣지 않을 것입니다. 현 밖으로 도망한 사람들이 많이 있으므로 그들을 불러 모으는 것이 좋겠습니다. 수백 명이 모일 것이므로 그들로 하여금 현 사람들을 위협한다면 따르지 않는 사람들이 없을 것입니다."

현령은 현의 관리 번쾌(樊噲)를 보내 유방을 불렀다. 유방은 수백 명의 세력을 이끌고 패로 돌아왔다. 그러나 현령은 번쾌를 맞이하러 나오는 도중 생각이 바뀌어 유방 같은 명성이 있는 사람을 가까이에 두면 지위를 빼앗기지나 않을까 근심이 되어, 성문을 굳게 닫고 들어오지 못하게 한 뒤 이 계책을 말한 소하와 조삼을 죽이려 했다.

두 사람은 성을 도망쳐 나가 유방에게 의지했다. 유방은 두 사람의 이야기를 듣자 패의 부로(父老)에게 편지를 써서 화살에 묶어 성안으로 쏘게 하였다.

"천하는 이미 오래 전부터 진(秦)나라를 괴롭히고 있다. 지금 부로(父老)들은 현령을 위하여 성을 지키고 있지만 제후들이 계속 군대를 일으키고 있기 때문에 머지않아 패는 함락될 것이다. 그러므로 지금 당장 패의 백성들이 힘을 합쳐 현령을 죽이고 젊은이들 중에서 쓸 만한 사람을 골라 통솔시켜 제후에게 응하게 한다면 집안도 안전할 수 있겠지만 그렇지 않으면 부자가 함께 죽임을 당하게 되어 어떻게 할 수도 없을 것이다."

이 편지를 읽은 부로(父老)들은 자제들을 이끌고 패의 현령을 죽인 후, 유방을 맞아들이고 현령을 삼으려 했다. 유방은 거절하며 말했다.

"천하는 정히 혼란되고 제후들은 일거에 일어나고 있다. 이때 그럴듯한 인물을 장수로 삼지 않는다면 일패하여 땅에 묻히게 될 것이다.

나는 내 몸의 안전을 생각하여 이런 말을 하는 것이 아니다. 나의 능력이 부족하여 그대들의 부형이나 자제들의 생명을 완전히 할 수 없음을 두려워하는 것이다. 이것은 몹시 중요한 일이다. 제발 다시 사람을 골라 훌륭한 인물을 선택해 주기를 바라는 바이다."

天下方擾 諸侯並起 今置將不善 一敗塗地. 吾非敢自愛 恐能薄不能完父兄子弟 此大事. 願更相推擇可者.

그렇지만 소하나 조삼은 문관으로서 자기 몸이 소중하며, 일이 실패했을 때 한 집안이 진(秦)나라에게 죽임을 당할 것이 두려워 유방에게 모두 양보했다. 부로(父老)들도 이미 유방에게 길조가 있으며 점을 쳐 보아도 유방 이상으로 길괘(吉卦)가 나온 사람이 없다면서 권장했기 때문에 재삼 거절했지만 끝내는 허락하지 않을 수 없었다. 그래서 유방은 일어나 패공(沛公)이 되었다.

이것은 《사기》의 고조본기(高祖本記)에 기록된 한(漢)나라 고조(高祖) 유방이 군대를 일으킨 경위이다.

'일패도지(一敗塗地)'는 주(註)에 '하루아침에 패배하여 간과 머리를 땅에 바르게 함을 뜻한다.' 라고 있으며, 오장육부(五臟六腑)가 흩어져 진창에 구를 정도로 완전히 크게 패함을 말하는 것이다.

粒粒皆辛苦

입 립 개 신 고

한 알의 쌀도 피와 땀이 맺혀 있다는 뜻으로, 목적을 이루기 위해서는 고생이 수반된다는 뜻.

낟알 **입** 낟알 **립** 모두 **개** 매울 **신** 쓸 **고**

'입립(粒粒)'이란 곡식의 한 톨 한 톨이란 말로, 그 한 톨 한 톨은 농부들의 쓴 괴로움의 선물이란 것을 '입립개신고(粒粒皆辛苦)'라고 말하는데, 지금은 일을 수행할 때 수고에 수고를 거듭함을 말한다. 이 말이 나온 것은 이신(李紳)의 〈민농(憫農:농사를 불쌍히 여김)〉으로 ≪고문진보(古文眞寶)≫에 실려 있다.

벼를 호미질하는데 해가 낮을 당하니 땀은 벼 아래 흙에 떨어지네.
누가 광주리 속 밥의 알알이 쓴 괴로움을 알겠는가?

鋤禾日當午 汗滴禾下土
誰知盤中殯 粒粒皆辛苦

호미로 벼를 김매는데 태양이 정오가 되어 땀은 벼 아래 흙에 방울방울 떨어진다. 누가 광주리 안에 있는 밥의 알알마다 쓴 괴로움을 알겠는가?

이신(李紳)은 원화(元和) 원년에 진사에 합격하였다. 842년에 평장사
(平章事:재상격의 벼슬)에 임명되었다. 시풍(詩風)은 이 시와 같은 교훈
시적 방면의 창작이 위주였던 것 같으나 시인이라기보다는 정치가라고
할 만하여, 이덕유(李德裕)나 원진(元稹) 등과 붕당(朋黨)을 만들어 문벌
사족 세력(門閥士族勢力)의 존재를 도모하면서 신흥관료 세력파(新興官
僚勢力派)와 격렬한 투쟁을 계속했다. 이 붕당의 투쟁은 중당(中唐) 정치
사상 중요한 사건이다. 백거이와도 친교가 있던 그는 백거이(白居易)와
같은 해에 죽었다.

자

自家藥籠中物
자 가 약 롱 중 물

자기 집 약장 속의 물건. 필요하면 언제든지 마음대로 쓸 수 있다는 뜻.

스스로 **자** 집 **가** 약 **약** 농 **롱** 가운데 **중** 물건 **물**

당(唐)나라는 618년부터 907년까지 290여 년간에 걸쳐 중국 대륙을 지배한 대제국이었지만, 실제로는 그 사이에 22년간의 공백이 있었다. 683년부터 705년까지는 주(周)나라, 즉 측천무후(則天武后)의 통치시대였다.

이 주(周)나라를 기준으로 전당(前唐)과 후당(後唐)이라 해도 좋을 것이나 그렇게 부르지 않는 것은 측천무후에 의하여 쫓겨난 중종(中宗)이 22년간의 유배생활 끝에 황제의 지위에 복위했기 때문이다. 즉 황제의 계통이 끊어지지 않았던 것이다.

당(唐)나라를 멸망으로부터 구하고 중흥으로 이끌어 간 사람은 측천무후가 '국로(國老)'라고 부르며 의지하던 명재상 적인걸(狄仁傑)이었다.

밀고 장려제도(密告獎勵制度)인 '밀고의 문'으로 대표되는 측천무후의 공포정치는 잘 알려져 있지만, 한편으로는 유능한 문관을 등용하여 간언에도 귀를 기울이는 일면도 측천무후에게 있었다.

고종(高宗) 황후 시절의 그녀에 대하여 ≪십팔사략≫에서는 다음과 같이 말하고 있다.

'고종이 눈병으로 괴로워하여 백 가지 아뢰는 일을 볼 수가 없었다. 가끔 황후로 하여금 이를 결재시켰다. 황후는 성격이 명민(明敏)하여 문사

(文史:경서나 사서)를 섭렵하였다. 일을 처리할 때는 고종의 의향에 따랐다. 이로 말미암아 위탁하는 정치를 했으며 권리가 천자와 같았다. 사람들은 이를 두고 두 명의 천자라고 말했다.'

다시 제위에 복위하고부터 광폭해져 그 비판을 억제하기 위하여 공포정치를 행한 뒤에 이렇게 말했다.

'깊은 생각이 있어야 사람을 잘 쓰고, 유능한 사람들 또한 등용을 당하여 즐겁게 일한다.'

'유능한 사람들도 등용을 당하여 즐겁게 일한다.' 라고 한 것은 측천무후가 음란포학(淫亂暴虐)하기만 한 군주가 아니라는 것을 말해 주고 있다. 그녀는 조리가 통하는 의견에 귀를 잘 기울였다. 적인걸(狄仁傑)로 하여금 당(唐)나라 중흥의 공신으로 삼은 사건은 그 좋은 예이다.

성력(聖歷) 원년에 측천무후의 조카인 무승사(武承嗣)와 무삼사(武三思)가 태자 이단(李旦)을 폐하고 스스로 태자가 되려고 책동한 일이 있었다.

'태자 이단이 측천무후의 뒤를 계승한다면 천하는 다시 이씨(李氏)의 것이 되겠지만 우리들을 태자로 둔다면 무씨(武氏)의 천하, 즉 주(周)나라는 영원히 계속된다.'

무삼사 등의 의견은 측천무후의 마음을 크게 거슬렸다. 이때 감연히 간하고 나선 것이 적인걸이었다.

"태종(太宗)이 수고하신 끝에 정한 천하를 무씨(武氏)로 옮기는 것은 하늘의 뜻에 거슬리는 일입니다. 더구나 숙모와 조카 사이와 모자 사이는 도대체 어느 쪽이 친근할까요? 폐하께서 태자로 아드님을 세우신다면 천추만세(千秋萬歲) 뒤에 태묘(太廟:황실의 사당)에 제사를 받들어 영원히 자손의 제사를 받을 수 있게 될 것입니다. 그러나 성이 다른 조카가 천자가 된다면, 다른 집안에서 시집온 숙모를 자기 집안의 태묘에 합쳐 제사지내는 예는 이제까지 없었습니다."

측천무후는 잠시 망설인 후 적인걸의 간언에 따라 방주(房州)에 유배했던 노릉왕(盧陵王) 이철(李哲:중종)을 불러 새삼스러이 태자로 삼고 이단을 상왕(相王)으로 삼았다.

측천무후의 만년 장안(長安) 5년에 태자 이철을 옹호하여, 병상에 있던 측천무후에게 퇴위(退位)를 종용하여 중종의 부활을 실현시킨 사람은 적인걸의 천거로 재상이 된 장간지(張柬之)였다.

적인걸은 이 장간지를 비롯하여 많은 인재를 측천무후의 조정에 천거했다. 반대로 말하자면 자기의 목숨이 걸린 사람들을 중요한 부서에 배치했던 것이다.

어떤 사람이 말했다.

"천하의 도리(桃李:좋은 인재)는 모두 각하의 집에 모여 있다고 사람들이 말하더군요."

그러자 적인걸은 갑자기 얼굴이 굳어지며 대답했다.

"인재를 천거하는 것은 국가를 위하는 것이지, 나를 위하는 것이 아니다."

원행충(元行冲)은 박학다식한 직언거사(直言居士)로, 일찍이 적인걸로부터 중하게 보인 사람이다. 어느 날 원행충이 말했다.

"각하의 집에는 산해진미가 많이 있군요. 청컨대 저를 약물(藥物)의 끝에라도 넣어 주십시오."

적인걸이 웃으면서 말했다.

"이미 내 약장 속의 물건이니 어찌 하루인들 없을 수 있겠는가?"

元行沖博學多通 仁傑重之. 行沖多規諫 曰 明公之門珍味多矣. 請備藥

物之末. 仁傑笑曰 吾藥籠中物 何可一日無也.

자기의 수중에 있는 물건, 변하여 길을 잘 들여 자기 편으로 삼을 사람, 혹은 자기에게 필요불가결한 사람을 뜻하는 '자가약롱중물(自家藥籠中物)'은 이 적인걸의 말로부터 시작되었다.

煮豆燃豆萁
자 두 연 두 기

콩깍지를 태워 콩을 삶는다는 뜻으로, 혈육끼리 서로 죽이려 한다는 말.

삶을 **자** 콩 **두** 사를 **연** 콩 **두** 콩깍지 **기**

삼국지(三國誌)의 영웅 조조(曹操)는 맏아들 조비(曹丕)와 셋째아들 조식(曹植)과 함께 세 부자가 훌륭한 문재(文才)를 타고나 '삼조(三曹)'라고 불리었으며, 건안시대(建安時代)의 문학을 꽃피웠다.

특히 조식은 당대에 비교할 수 없는 문재라고 알려져 조조는 그의 문재를 깊이 사랑하고 있었다. 그러나 형제간의 경쟁은 다른 사람들보다 더 격렬했다고 전해진다. 조비와 조식 사이에 후계 문제가 개재되어 있고 보면 더욱 그러하다. 후계자가 된 조비는 즉위하여 위(魏)나라 문제(文帝)가 된 뒤에도 조식에 대한 시기심으로 항상 조식을 괴롭혔다.

어느 날 조비는 동아왕(東阿王)인 조식에게 일곱 발짝을 걷는 동안 시를 지으라고 했다. 만일 시를 짓지 못하면 큰 벌을 내리겠다고 명령했다. 문재가 풍부한 조식은 일곱 발짝을 걷는 동안 시를 지었다.

콩을 삶는 데 콩깍지를 때니, 콩이 솥 안에서 운다.
이들은 본래 같은 뿌리에서 나왔는데, 어찌 너무 급하게 서로 삶으려 하는가?

煮豆燃豆萁 豆在釜中泣
本是同根生 相煎何太急

이 말을 들은 조비는 부끄러워하며 안색이 변했다고 한다.(≪세화신어 (世話新語≫ 문학편(文學篇))

시를 짓는 놀라운 일, 혹은 문재(文才)가 풍부한 것을 '칠보지재(七步 之才)' 라고 하며 뛰어난 문학 작품을 '칠보시(七步詩)' 라고 하는데, 골육 인 형제가 서로 다투어 괴롭히고 죽이려 하는 것을 '콩을 삶는 데 콩깍지 를 땐다.' 라고 말하는 것은 이 시에서 나온 고사이다.

自暴自棄
자 포 자 기

자신을 스스로 난폭하게 버린다는 뜻으로, 아무런 기대도 없이 절망에 빠져 될 대로 되라는 뜻.

스스로 **자** 사나울 **포** 스스로 **자** 버릴 **기**

이 말은 ≪맹자≫ 이루편(離婁篇) 상(上)에 나오는 말이다. 스스로 포기하여 말이나 행동을 아무렇게나 하는 것을 '자포자기(自暴自棄)'라고 하거니와 이 말의 정확한 뜻은 맹자가 설명하는 바에 따르면 다음과 같다.

맹자가 말했다.

"자신을 스스로 해치는 사람과는 더불어 말할 것이 못 되고, 자신을 스스로 버리는 사람과는 더불어 행동할 것이 못 되거니와, 말로 예의를 헐뜯는 것을 스스로를 해친다 말하고, 자기의 몸이 인(仁)에 살지 못하면서 의(義)에 따르지 못한다고 하는 것을 스스로를 버린다고 말한다. 인(仁)은 사람이 편안히 살 집이요, 의(義)는 사람이 올바르게 걸어갈 길이다. 세상 사람들이 편안한 집을 비워 두고서 살지 않으며, 올바른 길을 버리고서 따르지 않으니, 슬픈 일이로다."

孟子曰 自暴者 不可與有言也 自棄者 不可與有爲也 言非禮義 謂之自暴也 吾身不能居仁由義 謂之自棄也. 仁 人之安宅也 義 人之正路也. 曠安宅而弗居 舍正路而不由 哀哉.

다시 설명하면 다음과 같다. '입을 벌려 예의를 헐뜯는 무리를 자포자(自暴者)라 하고, 인의(仁義)에 따라 행동하지 못하는 무리를 자기자(自棄者)라 하는데, 이런 사람들과는 더불어 말하기에 부족하고 함께 행동할 수도 없다. 왜냐하면 사람으로서 편안한 집이 있고 올바른 길이 있는데도 인의(仁義)를 버리고 돌아보지 않는 것은 전혀 인정이 없는 것이기 때문이다.'

공자께서는 끝까지 인(仁)을 말씀하셨고 가끔 의(義)에 대해서도 말씀하셨지만 인(仁)과 의(義)를 함께 말씀하신 예는 ≪논어≫ 중에서는 보이지 않는다.

이에 반하여 맹자는 도리어 인(仁)과 의(義)를 아울러 일컬은 것이 많다. 그 예를 일일이 들 필요는 없겠지만 ≪맹자≫ 첫머리에서 양(梁)나라 혜왕(惠王)이,

"노인장께서 천리를 멀다 않고 오셨으니, 역시 장차 우리나라를 이롭게 하실 일이 있겠습니까?"

하고 물었다. 이에 대해 맹자가 한 말은 유명하다.

"왕께서는 하필이면 이(利)를 말씀하십니까? 오직 인(仁)과 의(義)가 있을 뿐입니다."

長袖善舞 多錢善賈
장 수 선 무   다 전 선 고

소매가 길면 춤추기 좋고 돈이 많으면 장사를 잘한다는 뜻으로, 배경이나 조건이 좋아야 성공하기 쉽다는 뜻.

길 **장** 소매 **수** 좋을 **선** 춤출 **무** 많을 **다** 돈 **전** 잘할 **선** 장사 **고**

'긴 소매는 춤을 잘 추고, 돈이 많으면 장사를 잘한다.' 라는 말은 같은 춤을 추어도 긴 소매의 춤옷(舞服)을 입은 사람이 돋보이고, 장사를 하는 데도 자본이 많은 사람은 많이 번다는 뜻으로, 어떤 일을 할 때 조건이 좋은 사람이 유리하다는 말이다.

이 말은 《한비자》 오두편(五蠹篇)에 실려 있는 말로, '비언(鄙諺:항간의 속담)에 말하기를' 이라고 되어 있는 것으로 보아 당시의 세상 사람들 입에 오르내렸던 말인 것 같다.

한비자는 진(秦)나라 왕 정(政)에 의해 투옥되어 옥중에서 독살됐는데, 그 진(秦)나라 왕의 실부(實父)라는 여불위(呂不韋)가 많은 돈을 투자하여 진(秦)나라 재상의 지위를 자신만만하게 한 호상(豪商) 출신의 사람임을 보아도 전국시대 말기에는 이미 막대한 상업 자본이 축적되었음을 알 수 있다.

이 이야기는 그와 같은 정세에서 세상 모습의 일단(一端)을 전해 주는 것이다.

'오두(五蠹)' 란 말은 '국가를 좀먹는 다섯 종류의 좀' 이라는 뜻으로,

한비자는 학자, 유세하는 선비, 협객(狹客), 상공업자, 국가의 공민으로서 의무를 버리고 권세가의 식객 노릇을 하는 사람들을 들어, 이와 같은 나라의 기생충은 정치의 문란에서 비롯되며 더구나 그 문란을 선동하는 존재이니 임금 된 사람은 그들의 언론에 마음을 빼앗기거나 그들의 행동을 용서해서는 안 된다고 말했다.

그 취지를 풀이한 것이 이 오두편(五蠹篇)이다. 오두편(五蠹篇)은 ≪한비자≫ 가운데에서도 압권(壓卷)이라고 일러진다.

한비자가 말했다.

"비언에 말하기를, '긴 소매는 춤을 잘 추고 돈이 많으면 장사를 잘한다.'고 한 것은 자본이 많으면 공업을 하기 쉬움을 말한 것이다. 그러므로 다스림이 강하면 도모하기가 쉽고, 약하고 어지러우면 계획하기가 어렵다."

鄙諺日 長袖善舞 多錢善賈. 此言多資之易爲工也. 故治强易爲謀 弱亂難爲計.

前車覆 後車誡
전 거 복 후 거 계

앞 수레가 엎어지면 뒤 수레는 조심한다. 선인들의 실수를 교훈으로
삼으면 실패의 전철을 밟지 않는다는 말.

앞 **전** 수레 **거** 엎을 **복** 뒤 **후** 수레 **거** 경계할 **계**

가의(賈誼)는 낙양(洛陽) 출신으로 한(漢)나라 문제(文帝)에게 벼슬한
명신이었다. 그는 대단한 수재로 18세 때에는 시를 잘 외워 글을 짓는 것
으로 군내(郡內)에 이름이 알려져 있었다.

그 때문에 천거하는 사람이 있어, 문제는 가의를 불러 박사(博士)로 삼
았다. 그때 가의는 20여 세로 박사들 중에서 최연소자였지만 그의 재능
은 다른 박사들을 압도하였으며 문제의 눈에 들어 1년 내에 태중대부(太
中大夫)로 승진하였다.

그 뒤 한때 문제에게 소홀히 여겨져 장사왕(長沙王) 오차(吳差)의 태부
(太傅)로 좌천되었다가 1년여 만에 소환되어 잠시 양(梁)나라 회왕(懷王)
의 태부로 임명되었다. 양(梁)나라 회왕은 문제의 막내아들로서 왕에게
총애를 받았으며 또 책을 좋아했기 때문에 가의가 그 태부에 임명되었던
것이다. 그로부터 수년 뒤에 회왕이 말에서 떨어져 갑자기 죽었다. 태부
였던 가의는 아무데도 갈 수 없어 슬픔에 젖어 울고 있다가 그도 33세로
죽었다.

가의가 양(梁)나라 회왕의 태부였을 때 흉노족이 변경을 자주 침입하

고, 또 회남왕(淮南王)과 제북왕(濟北王)이 모반으로 죽임을 당하는 사건이 생겨 천하가 시끄러웠기 때문에 가의는 자주 상소하여 정사에 대한 의견을 말했는데 그 가운데 다음과 같은 구절이 있다.

속담에 말하기를, '관리가 되어 직무를 익히지 못할 때에는 마음을 다하여 지난 예를 조사해 보라.'는 말이 있으며, 또 '앞의 수레가 엎어지는 것은 뒤의 수레에 경계가 된다.'고 일러지고 있습니다. 대저 하(夏)·은(殷)·주(周) 삼대는 오래도록 번영하였거니와, 그 이유는 지난 일을 검토하여 알고 있었기 때문입니다. 그런데도 그 번영을 배워서 얻지 못하는 사람은 성인의 지혜에 따르지 않는 사람입니다. 또 진(秦)나라는 몹시 빨리 멸망하였거니와, 어떻게 하여 멸망했는지 수레바퀴의 자국을 보면 알 수 있습니다. 그런데도 그 수레바퀴의 자국을 피하지 않는다면 뒤에서 오는 수레는 곧 엎어질 것입니다. 대저 국가의 존망(存亡)과 다스림과 혼란의 열쇠는 바로 여기에 있는 것입니다.

鄙諺曰 不習爲吏 視已成事 又曰 前車覆 後車誡. 夫三代之所以長久者 其已事可知也. 然而不能從者 是不法聖智也. 秦世之所以函絕者其轍跡可見也. 然而不避是 後車又將覆也. 夫存亡之變治亂之機 其要在是矣.(≪한서≫ 가의전(賈誼傳))

문제(文帝)는 충신들의 진언을 받아들여 한(漢)나라 번영의 기초를 다졌으며, '전거복 후거계(前車覆 後車誡)'라는 말은 선인(先人)들의 실수나 잘못이 후세 사람들에게는 경계가 된다는 뜻이다.

戰戰兢兢
전 전 긍 긍

겁을 먹고 벌벌 떤다는 뜻으로, 잘못을 저질러 놓고 발각될까 봐 불안해 떤다는 뜻.

두려워할 **전** 두려워할 **전** 두려워할 **긍** 두려워할 **긍**

'전전(戰戰)'이란 겁을 집어먹고 떠는 모양이고, '긍긍(兢兢)'이란 몸을 삼가고 조심하는 모양이다.

≪논어≫ 태백편(泰伯篇)에는 증자(曾子)에 대한 글이 다섯 장이나 실려 있는데 그중 첫째 장은 다음과 같다.

증자가 병이 있어 제자들을 불러 말했다.

"내 발을 펴고 내 손을 펴라. ≪시경≫에 이르기를 '매우 두려운 듯이 조심하고, 깊은 연못에 임한 것같이 하고, 얇은 얼음을 밟은 것같이 하라.'고 했다. 지금 이후로 나는 그것을 면함을 알겠구나, 제자들아."

曾子有疾 召門弟子曰 啓予足 啓予手. 詩云 戰戰兢兢 如臨深淵 如履薄氷. 而今而後 吾知免夫 小子.

증자는 공자의 제자로 이름은 삼(參)이다. 효도가 지극했으며 ≪효경≫의 저자라고 일러진다. 그 ≪효경≫에 다음과 같이 실려 있다.

몸과 터럭과 살갗은 부모에게서 받은 것이니 감히 헐어 상하지 않음이 효도의 시작이요, 몸을 세워 도(道)를 행하고 후세에 이름을 날려 부모를 나타내는 것이 효도의 마침이다.

身體髮膚 受之父母 不敢毁傷 孝之始也 立身行道 揚名於後世 以顯父母 孝之終也.

여기에 인용된 시구는 ≪시경≫ 소아(小雅)의 〈소민(小旻)〉이라는 6절로 이루어진 시의 마지막 1절이다.

감히 맨손으로 호랑이를 잡지 못하고, 감히 걸어서 황하를 건너지 못함을,
사람들이 그 하나는 알지만 그밖의 것들은 알지 못한다.
두려워하듯이 조심하여 깊은 연못에 임한 것같이 하고,
얇은 얼음을 밟듯이 해야 하네.

不敢暴虎 不敢馮河
人知其一 莫知其他
戰戰兢兢 如臨深淵
如履薄氷.

이것은 악정(惡政)을 한탄한 시이다. 호랑이를 맨손으로 잡거나 황하를 맨몸으로 건너지도 못하면서 눈앞의 이득과 손해에만 매달려 그것이 뒤에 큰 재앙이 된다는 것은 알지 못한다. 마음이 있는 사람은 그 악정 속에서도 깊은 연못가에 임한 것처럼 하고, 또 얇은 얼음을 밟고 걷는 것

처럼 전전긍긍하여 두려워하고 조심해야 한다는 뜻이다.

輾轉反側
전 전 반 측

이리 뒤척 저리 뒤척인다는 뜻으로, 걱정 때문에 잠을 이루지 못한다는 뜻.

구를 **전** 구를 **전** 뒤집을 **반** 곁 **측**

고민으로 잠을 이루지 못하는 일, 혹은 잠자지 못하고 뒤척임을 되풀이하는 것을 '전전반측(輾轉反側)'이라고 하는데, 이 말은 본래 아름다운 여인을 그리워하여 잠을 이루지 못하는 것을 형용해서 하는 말이었다.

≪시경≫ 주남(周南)의 관저(關雎:물수리)에 이렇게 실려 있다.

구룩구룩 물수리는 강가 섬에 있도다.
아리따운 아가씨는 군자의 좋은 짝이로다.
들쭉날쭉한 마름풀을 좌우로 헤치며 따는도다.
아리따운 아가씨를 자나 깨나 구하는도다.
구하여도 얻지 못하니 자나 깨나 생각하는도다.
생각하고 또 생각하는지라 이리 뒤척 저리 뒤척 하는도다.

關關雎鳩 在河之洲
窈窕淑女 君子好逑
參差荇菜 左右流之
窈窕淑女 寤寐求之
求之不得 寤寐思服
悠哉悠哉 輾轉反側

이 제2절의 결구가 '전전반측(輾轉反側)'이다. 이 노래는 물쑥을 따면서 부르는 연가이니, 즉 노동가인 동시에 연애가이기도 하다.

絕聖棄智
절 성 기 지

성스러움을 끊고 지혜를 버리라는 뜻으로, 사사로운 욕심을 버리고 소박함을 지니라는 뜻.

끊을 절 성인 성 버릴 기 알 지

'절성기지(絕聖棄智)'란 성스러움을 끊고 지혜를 버리라는 뜻이다. ≪노자≫ 제19장에 이렇게 실려 있다.

성스러움을 끊고 지혜를 버리면 백성들의 이익이 백 배나 늘고, 인(仁)을 끊고 의(義)를 버리면 백성들이 효도와 사랑으로 돌아가며, 공교함을 끊고 이익을 버리면 도둑이 있을 수 없다. 이 세 가지만으로는 글이 족하지 않으므로 계속 설명해 두겠다. 즉 소박함을 안아 지키고 사욕을 적게 하는 일이다.

絕聖棄智 民利百倍 絕仁棄義 民復孝慈 絕巧棄利 盜賊無有. 此三者以爲文未足 故令有所屬. 見素抱撲 少私寡欲.

≪노자≫의 이 '절성기지(絕聖棄智)'를 서술한 것이 ≪장자≫의 거협편(胠篋篇)이다.

물고기는 연못을 벗어나서는 안 되고, 나라의 이로운 그릇은 남에게 보여서는 안 된다. 저 거룩한 지혜를 지닌 사람은 천하의 이로운 그릇이니 천하에 밝혀서는 안 된다. 그러므로 성인을 끊고 지혜를 버리면 큰 도둑이 그치고, 옥을 던지고 구슬을 부수면 작은 도둑이 일어나지 않고, 부적을 불사르고 옥새를 부수면 백성들이 소박하고 꾸밈이 없어 말을 부수고 저울을 꺾으면 백성들이 다투지 않는다. 이는 모두 천하의 성법(聖法)의 잔재이므로 깨뜨려 버려야 백성들이 비로소 서로 더불어 도(道)를 논할 것이다.

魚不可脫於淵 國之利器不可以示人. 彼聖知者天下之利器也 非所以明天下也. 故絕聖棄知 大盜乃止 擿玉毀珠 小盜不起 焚符破璽 而民朴鄙 掊斗折衡 而民不爭. 殫殘天下之聖法 而民始可與論議.

'어불가탈어연 국지이기불가이시인(魚不可脫於淵 國之利器不可以示人)'은 ≪노자≫의 제36장에서 인용한 말로, 연못에서 벗어난 물고기는 사람들에게 잡혀 죽고, 무력을 과시하는 나라는 멸망한다는 뜻이다.

切磋琢磨
절 차 탁 마

옥돌을 갈고 다듬어 빛을 낸다는 뜻으로, 일을 할 때는 최선을 다해
노력해야 한다는 뜻.

끊을 절 갈 차 쫄 탁 갈 마

《논어》 학이편(學而篇)에는 《시경》에 실린 시가 인용되고 있다.

자공(子貢)이 공자께 여쭈었다.

"가난해도 아첨하지 않고 부유하면서도 교만하지 않는 것은 어떻습니
까?"

공자께서 말씀하셨다.

"훌륭하도다. 그러나 가난해도 도(道)를 즐거워하고, 부유하면서도 예
절을 좋아하는 사람만은 못하다."

자공이 다시 여쭈었다.

"시경에 이르기를, 끊는 듯이 하고 다듬듯이 하며 쪼는 듯이 하고 가는
듯이 하라고 하였습니다. 그것은 이것을 이름입니까?"

공자께서 말씀하셨다.

"사(賜)야, 비로소 더불어 시를 논할 만하구나. 지난 일들을 일러 주었

더니 닥쳐올 일까지 아는구나."

子貢日 貧而無諂 富而無驕 何如. 子日 可也. 未若貧而樂 富而好禮者也. 子貢日 詩云 如切如磋 如琢如磨 其斯之謂與. 子日 賜也 始可與言詩已矣. 告諸往而知來者.

여기에서 자공이 인용한 시구는 ≪시경≫의 위풍(衛風) 〈기오(淇奧)〉라는 3절로 이루어진 시의 제1절이다.

저 기수 물가를 보니 푸른 대나무가 무성하도다.
빛나는 군자가 있어 끊는 것 같고 다듬는(磋) 것 같으며
쪼는 것 같고 가는(磨) 것 같도다.

瞻彼淇奧 綠竹猗猗
有匪君子 如切如磋
如琢如磨

〈기오(淇奧)〉의 시는 절차탁마(切磋琢磨)하여 학문과 덕을 쌓은 군자를 비유한 것이다. 기수의 물가를 바라보니 푸른 대나무가 아름답게 무성해 있다, 그 푸른 대나무와 같은 군자는 절차탁마하여 학문과 덕을 닦아 엄숙하고 위엄이 있으며 밝게 빛나고 있다, 이 아름다운 군자를 백성들은 길이 잊지 못할 것이라는 뜻이다.

≪대학≫에도 이 시가 인용되어 있다.

끊는 것과 같고 다듬는 것과 같다는 것은 학문을 말하는 것이고, 쪼는 것과 같고 가는 것과 같다는 것은 스스로 덕을 닦는다는 뜻이다.

如切如磋者道學也 如琢如磨者自修也.

井中之蛙 不知大海
정 중 지 와 부 지 대 해

우물 안 개구리는 큰 바다를 모른다는 뜻으로, 견문이 좁아 넓은 세상의 물정을 모른다는 뜻.

우물 **정** 가운데 **중** 어조사 **지** 개구리 **와** 아니 **부** 알 **지** 큰 **대** 바다 **해**

황하의 신(神) 하백이 흐름을 따라 처음으로 바다에 나왔다. 북해까지 가서 동해를 바라보다 그 끝없이 넓은 것에 놀라 북해의 신 약(若)에게 말했다. 그러자 북해의 신 약(若)이 이렇게 말했다.

"우물 안에서 살고 있는 개구리에게 바다를 얘기해도 알지 못하는 것은 그들이 좁은 장소에서 살고 있기 때문이며, 여름 벌레에게 얼음을 말해도 알지 못하는 것은 그들이 여름만을 굳게 믿고 있기 때문이다.

식견이 좁은 사람에게는 도(道)를 말해도 알지 못하거니와 그것은 상식의 가르침에 구속되어 있기 때문이다. 그러나 당신은 지금 좁은 개울에서 나와 큰 바다를 바라보고 자기의 어리석음을 알았기 때문에 이제 더불어 큰 진리에 대하여 말할 수 있을 것이다."

北海若曰 井䵷不可以語海者 拘於虛也 夏蟲不可以語於氷者 篤於時也.
曲士不可以語於道者 束於敎也. 今爾出於崖涘 觀於大海 乃知爾醜. 爾將
可與語大理矣.

이것은 ≪장자≫ 추수편(秋水篇)에 실려 있는 첫머리의 이야기로, 하
백(河伯)과 북해의 신인 약(若)과의 문답은 계속된다.
이 문답을 통하여 장자(莊子)는 도(道)의 높고 큼과 대소귀천(大小貴
賤)은 정해진 것이 아니니 대소귀천의 구별을 잊고 도(道)에 따라야 한다
고 주장하고 있다.

'정중지와 부지대해(井中之蛙 不知大海)'는 '우물 안의 개구리는 바다
를 말해도 알지 못한다.'라는 뜻으로, 중국에서는 '정와(井蛙)', 또는 '정
저와(井底蛙)'라고 말하기도 한다.

庭訓
정   훈

마당에서의 가르침. 아버지가 아들에게 이르는 가정교육을 말함.

뜰 **정** 가르칠 **훈**

'정훈(庭訓)'이란 가정 안의 교훈, 아버지가 아들에게 주는 교훈이라
는 뜻이다.

≪논어≫의 계씨편(季氏篇)에 나오는 공자와 그의 아들 백어(伯魚:이름은 이)에 대한 이야기에서 생긴 말로서, 거기에는 단지 '이(鯉)가 달려서 마당을 지나간다.'라는 글이 있을 뿐, '정훈(庭訓)'이라는 성어(成語)가 쓰인 일은 없다.

진항(陳亢)이 백어에게 물었다.
"아들로서 별다른 가르침을 들은 것이 있습니까?"
백어가 대답해 말했다.
"아직 없었다. 한번은 아버지께서 마당에 홀로 계실 때 내가 달려서 마당을 지나갔다. 아버지께서 나에게, '시경을 배웠느냐?'라고 말씀하시자 대답하기를, '아직 배우지 못하였습니다.' 하자 '시경을 배우지 않으면 말을 하지 못한다.'라고 하셨다. 나는 물러가 시경을 배웠다. 다른 날에 또 홀로 계실 때 내가 달려서 마당을 지나갔다. 그러자 아버지께서 말씀하시기를, '예절을 배웠느냐?' 하시기에 대답하기를, '아직 배우지 않았습니다.' 하자 '예절을 배우지 않으면 사회에 설 수가 없다.' 하시기에 나는 물러가 예절을 배웠다. 아버지로부터 이 두 가지를 들었을 뿐이다."
진항이 기뻐하며 말하였다.
"하나를 물어서 세 가지를 얻었다. 시를 들었고, 예절을 들었고, 또 군자가 그 아들을 멀리함을 들었다."

陳亢問伯魚曰 子亦有異聞乎. 對曰 未也. 嘗獨立 鯉趨而過庭. 曰 學詩乎. 對曰 未也. 不學詩 無以言 鯉退而學詩. 他日又獨立 鯉趨而過庭. 曰 學禮乎. 對曰 未也. 不學禮 無以立 鯉退而學禮. 聞斯二者. 陳亢退而喜曰 問一得三 聞詩 聞禮 又聞君子之遠其子也.

진항이 어떤 사람인지 분명치 않지만 ≪논어≫의 학이편(學而篇)과 자장편(子張篇)에 한 번씩 이름이 나오는 진자금(陳子禽)이라고 일러진다. 그렇다고 하면 ≪공자가어≫ 72제자 해편(解篇)에, '진항(陳亢)은 진(陳)사람으로 자는 자금(子禽)이고 공자보다 40세 연하이다.' 라고 씌어 있는 바로 그 제자일 것이다.

또 백어는 ≪사기≫의 공자세가(孔子世家)에 의하면 50세에 공자보다 먼저 죽었다고 되어 있으며, 공자가 21세 때 낳은 아들이라 하니 그는 부친인 공자보다 3, 4년 먼저 죽은 것으로 생각된다.

공자가 시와 예절을 중요시한 것은 ≪논어≫의 다른 곳에도 자주 실려 있는 것이므로 이 교훈은 당연한 것이라고 말할 수 있지만, 진항이 마지막에 말한 '군자는 그 아들을 멀리한다.' 라는 말은 어떤 뜻인가? 물론 공자가 고의적으로 아들 백어를 소홀하게 여기지는 않는다. 그러나 육친이라면 지나치게 정이 가거나 서로 고집을 부려 도리어 교육을 행하기 어렵다고 생각하여 깊이 들어가는 것을 피했을 것이다. ≪맹자≫ 이루편(離婁篇) 상(上)에 '옛날에는 아들을 바꾸어 가르쳤다.' 라고 한 말이 생각난다.

糟糠之妻
조 강 지 처

지게미와 쌀겨로 끼니를 이어 가는 아내란 뜻으로, 어렵고 힘들 때
가난을 참고 고생을 하며 살아온 아내를 말함.

지게미 **조** 겨 **강** 어조사 **지** 아내 **처**

후한(後漢)의 광무제(光武帝)에게 벼슬한 송홍(宋弘)은 정중하고 후덕
하며 정직함으로 알려진 사람으로써 건무(建武) 2년에는 승진하여 대사
공(大司空)이 되었다.

당시 광무제의 누나인 호양공주(湖陽公主)가 미망인이 되었다. 광무제
는 여가에 누나를 위로할 때마다 조정의 신하들을 논평하여, 누나가 누
구에게 호의를 품고 있는지 은근히 살폈다.

그러던 어느 날 공주가 말했다.

"송공의 의연하고 덕을 갖춘 풍모는 여러 신하들이 미치지 못합니다."

그래서 광무제는 누나에게 약속했다.

"잘 알았습니다. 제게 맡겨 두십시오."

그 뒤에 송홍이 용무가 있어 광무제의 부름을 받았을 때, 광무제는 좋
은 기회가 왔다고 생각하여 누나를 병풍 뒤에 앉혀 놓고 송홍과 주고받
는 말을 슬쩍 듣게 했다. 용무를 마치자 광무제는 아무 생각 없는 듯이
송홍에게 물었다.

"흔히 귀해지면 친구를 바꾸고 부유해지면 아내를 바꾼다(높은 지위에
오르면 천하던 때의 친구를 버리고 상당한 지위에 있는 사람들과 교제하

며, 부유해지면 가난할 때의 아내를 버리고 상당한 집안에서 아내를 맞이한다.)고 하거니와 이것이 인정에 어울리는 것 아니겠는가?"

그러자 송홍은 잘라서 대답했다.

"아닙니다. 저는 빈천할 때의 사귐은 잊지 말아야 하고, 조강지처는 당에서 내리지 않는다고 들었습니다. 이것이 진실이라고 생각합니다."

이 말을 들은 광무제는 돌아보며,

"잘 되지 않는군요."

하고 누나에게 은근히 알렸다고 한다.

建武二年 (宋弘) 爲大司空. 時帝姉湖陽公主新寡. 帝與共論朝臣 微觀其意. 公主曰 宋公威容德器 群臣莫及. 帝曰 方且圖之. 後弘被引見 帝令公主坐屛風後 因謂弘曰 諺言 貴易交 富易妻 人情乎. 弘曰 臣聞 貧賤之交不可忘 糟糠之妻不下堂. 帝顧謂公主曰 事不諧矣.(≪후한서≫ 송홍전(宋弘傳))

물론 송홍에게는 '조강지처(糟糠之妻)'가 있어 이를 존중한 것이며, 광무제도 그 '조강지처'를 억지로 내쫓고서 누나의 희망을 채워 줄 수는 없었던 것이다.

'조(糟)'는 술지게미를 뜻하고 '강(糠)'은 쌀겨를 뜻하니 몹시 거친 음식을 말한다. '조강지처(糟糠之妻)'란 그와 같이 거친 음식을 나누어 먹고 온갖 고생을 함께한 아내라는 뜻이다. '불하당(不下堂)'이란 몹시 소중하여 버리지 못하며, 집에서 나가게 하지 못한다는 뜻이다.

朝令暮改

조 령 모 개

아침에 내린 명령을 저녁에 고친다. 정책에 일관성이 없이 정착되기
전에 뜯어고친다는 뜻.

아침 **조** 영 **령** 저물 **모** 고칠 **개**

사마천(司馬遷)의 ≪사기≫ 중 평준서(平準書)라는 재정경제사장(財政
經濟史章)에 전한(前漢) 문제(文帝) 때의 일로서 다음의 기록이 있다.

"흉노족이 북쪽 변방을 자주 침략하여 약탈을 자행하므로 둔수(屯戍:
경작하면서 수비하는 일)하는 사람이 늘어나 변방에서 거두는 곡식으로
는 그들에게 공급할 식량이 부족해졌다. 이리하여 곡식을 헌납할 사람들
과 그 곡식을 변방으로 수송할 사람들을 모집하여 벼슬을 주기로 했다.
그 벼슬은 대서장(大庶長:20급의 벼슬 중 위로부터 세 번째 벼슬)까지
줄 수 있었다."

≪한서≫ 식화지(食貨志)에 의하면 이 조치는 문제(文帝)와 경제(景帝)
때 벼슬하여 어사대부(御史大夫:부총리)까지 승진한 조착(鼂錯)의 헌책
(獻策)을 취한 것이다. 이 헌책을 상소한 글은 후세에 〈논귀속소(論貴粟
疏:곡식의 귀함을 논하는 상소)〉라고 불리게 되었다. '조령모개(朝令暮
改)'란 말은 이 상소문 중에 있다. 조조는 이렇게 상소했다.

"지금 다섯 가족의 농가에서는 부역이 과중하여 노역(勞役)에 복종하는 사람이 두 사람을 내려가지 않으며, 경작하여 얻는 경우에도 백 묘(畝)가 고작인데 백 묘의 수확은 많아야 백 석에 지나지 않습니다.

봄에 경작하여 여름철에는 풀을 뽑아 가을에 수확하여 겨울에 저장하고, 섶과 땔나무를 자르고 관청의 일을 닦으니 부역에 증발되어 (中略) 춘하추동 쉴 날이 없습니다. 또 개인적으로는 사람들을 보내고 맞이하며 죽은 자를 조문하고 고아들을 받는 등 어린이를 기르는 일도 있습니다.

그렇게 악착같이 하는 터에 갑자기 홍수와 한발의 재해를 당하여 세금이나 부역을 때로 정하지 않아 아침에 영을 내리고 저녁에 고치는(조령모개) 결과가 되는 것입니다. 질이 좋은 것이 있는 사람은 반값으로 팔고, 없는 사람은 빚을 내어 10할의 이자를 빼앗기게 됩니다. 이리하여 농지나 집을 방매하고, 아들과 손자를 팔아 부채를 갚는 자가 나오게 되는 것입니다."

'조령모개(朝令暮改)'란 법령이 너무 자주 나와서는 안 된다는 뜻으로 사용되고 있는데, 청(淸)나라의 왕념손(王念孫)은 후한(後漢) 순열(荀悅)의 〈한기(漢紀)〉에 있는 대로 '조령이모득(朝令而暮得)'으로 고쳐야 한다고 말했다. '조령모득(朝令暮得)'이란 '아침에 법령을 내리고 저녁에 거둔다.'는 뜻이 된다.

조착은 부국강병(富國强兵)의 길을 철저한 중앙집권에서 구한 결과 왕후(王侯)에 봉해진 귀족들의 미움을 사, '임금의 곁에 간사한 조착을 제거하라.'라고 부르짖으며 일어난 오초칠국(吳楚七國)의 난 때 죽임을 당했다.

朝聞道 夕死可矣
조 문 도 석 사 가 의

아침에 도를 들으면 저녁에 죽어도 괜찮다는 뜻으로, 짧은 인생이라
도 참된 이치를 깨달으면 죽어도 여한이 없다는 뜻.

아침 **조** 들을 **문** 길 **도** 저녁 **석** 죽을 **사** 옳을 **가** 어조사 **의**

≪논어≫ 20편은 말할 것도 없이 유가(儒家)의 경전인 사서(四書)의 하
나로, 공자와 그 제자들의 언행록이다. 장(章)을 500장으로 나누어 그
반수에 해당되는 243장은 어느 것이나 '공자께서 말씀하셨다.' 로 시작
되는 공자의 독백(獨白)으로, 대부분 그 말을 하게 된 때와 장소와 배경
적 상황이 묘사된 것이 많으며, 따라서 말의 느낌도 해석하는 방법에 따
라 여러 가지로 변하게 된다.

이인편(里仁篇)에 실려 있는 다음 장도 그 한 예이다.

공자께서 말씀하셨다.
"아침에 도(道)를 들으면 저녁에 죽을지라도 괜찮다."

子曰 朝聞道 夕死可矣.

물론 대의는 거의 분명하다고 말할 수 있다. '아침에 도(道)를 들을 수
있다면 저녁에 죽어도 상관이 없다.' 라는 뜻이다. 그런데 이 말씀은 도
대체 어떤 경우에 발언하신 것인가? 일설에 의하면 공자께서 죽음을 당

하는 친구를 앞에 놓고 죽음, 즉 육체적인 생명의 끝남보다도 '도(道)를 듣는 것', 즉 정신적인 깨달음이 더 중대한 문제라고 말씀하시며 격려를 준 것이라고 해석된다.

그렇지만 더 일반적으로는 공자 자신의 도(道)를 구하는 절실한 소원을 말씀하신 것이라고 보아야 한다. 그렇다면 '아침에 도(道)를 들을 수 있다면 저녁에 죽어도 상관이 없다.' 라는 말씀은 그 소원의 절실함을 강조한 발언이라고 해석된다. 하지만 '저녁에 죽어도 상관이 없다.' 라는 말씀은 죽음을 예감한 발언으로, 연약하고 비관적이기까지 하다.

둘째로, 도(道)란 무엇인가? 위(魏)나라의 하안(何晏)과 왕숙(王肅)에 의하여 대표되는 고주(古註)에서는, '장차 죽음에 이르러 세상에 도(道)가 있음을 듣지 않는 것을 말한다.' 라고 함으로써 세상에 도(道)가 있는 것, 즉 인의(仁義)의 도덕이 올바르게 행해지는 세상의 재현을 기대하는 말씀이라고 해석하지만, 이것은 도리어 인의(仁義)의 도덕이 땅에 떨어진 위(魏)나라 시대에 살던 주석자들의 감개를 투사한 것이라고도 생각된다. 주자(朱子)의 신주(新註)에서는 '도(道)'를 도리와 진리의 뜻으로 해석한다. 일반적으로 그렇게 하는 편이 이해하기 쉬울 것이다.

셋째로, 다시 앞으로 돌아가는 것이 되거니와, '아침에 도(道)를 들을 수 있다면 저녁에 죽어도 상관이 없다.' 라는 말씀은 너무나 지나친 보살핌을 준다는 의문이 생긴다는 것이 당연하다.

청(淸)나라 유보남(劉寶楠)의 ≪논어정의(論語正義)≫에서는 한걸음 더 나아가, '도(道)를 듣고도 갑자기 죽지 않고, 곧 습관에 따라 옳어 장차 덕성의 도움이 되고자 한다. 만일 불행하게도 아침에 도(道)를 듣고 저녁에 죽는다면 비록 이를 중도에서 폐할지라도 그 듣는 것이 없으면 현명함이 멀고 심하다. 그러므로 옳다고 말씀하신 것이다.' 라고 해석하고 있다. 이 경우의 '옳다' 는 말씀은 그렇게 되어도 별 수 없다는 뜻이겠지만 이 말씀이 가장 타당한 것처럼 생각된다고 해석한다.

朝三暮四
조 삼 모 사

아침에 세 개, 저녁에 네 개. 이랬다 저랬다 변덕이 심하고 간사한
꾀로 사람을 속인다는 뜻.

아침 **조** 석 **삼** 저물 **모** 넉 **사**

송(宋)나라에 저공(狙公:원숭이를 기르는 사람)이 있었다. 그는 원숭이
를 좋아하여 무리를 이룰 만큼 많은 원숭이들을 기르고 있었다. 그는 원
숭이들의 뜻을 능히 깨닫고, 원숭이 또한 저공의 마음을 깨달았다. 저공
은 식구들의 배를 주리게 하면서까지 원숭이들의 욕망을 채워 주려 했
다.

그런데 갑자기 저공이 가난하게 되어 버렸다. 그래서 원숭이들이 먹는
양을 줄이려 했지만 원숭이들이 자기를 싫어하지나 않을까 고민한 끝에
우선 거짓말로 말하기를,

"너희들에게 도토리를 주는데 아침에는 세 개씩, 저녁에는 네 개씩을
주기로 하겠다. 만족하는가?"

라고 하자 원숭이들이 일어나 화를 냈다. 그래서 이렇게 말했다.

"그러면 너희들에게 주는 도토리를 아침에는 네 개씩, 저녁에는 세 개
씩 주기로 한다. 만족하겠는가?"

그러자 모든 원숭이들이 엎드려서 기뻐하였다.

宋有狙公者. 愛狙養之成群 能解狙之意 狙亦得心之心. 損其家口 充狙之欲. 俄而匱焉 將限其食. 恐衆狙之不訓於己也 先誑之曰 與若芧朝三而暮四 足乎. 衆狙皆起而怒. 俄而曰 與若芧 朝四而暮三 足乎. 衆狙皆伏而喜.

이 이야기는 ≪열자≫의 황제편(黃帝篇)에 실려 있는 '조삼모사(朝三暮四)'의 이야기이다. 오늘날에는 '사기를 쳐서 사람을 우롱한다.'는 뜻으로 쓰이고 있는데, 열자(列子)는 계속해서 이 이야기를 이렇게 끝맺고 있다.

"모든 것이 이와 마찬가지여서 사물은 현명하고 어리석음에 따라 설복된다. 성인이 밝은 지혜로 어리석은 사람들을 교묘하게 설복하는 것도 저공이 간사한 지혜로 원숭이들을 교묘하게 속이는 것과 다름이 없다. 말하는 것과 실행하는 내용을 바꾸지 않고서 어리석은 원숭이들을 화나게 하기도 하고 기쁘게 하기도 하는 것이다."

≪열자≫에서는 사물의 본성을 아는 것을 뛰어난 지혜라고 말하며, 뛰어난 지혜에 따른다면 자연이 힘들이지 않고서 만물을 지배하는 것처럼 상대방이 깨닫지 못하게 지배할 수 있다는 예증으로 삼고 있다.

助長
조 장

도와주어 자라게 한다는 말. 쓸데없는 일을 하여 오히려 망친다는 뜻.

도울 **조** 자랄 **장**

이 말은 '호연지기(浩然之氣)'의 항목에서 설명하는 말로써 호연지기에 대한 논의의 연속으로 나오는 말이다.

맹자는 말했다.

'호연지기를 기르기 위해서는 반드시 부단한 노력과 정진이 필요하지만 그 노력에 대한 결과를 미리 내다본다거나 기대하는 것은 바람직하지 못한 일이다. 또 그 마음에 목적을 잊어서는 안 되거니와, 빠른 효과를 올리기 위하여 조장(助長)하는 일은 하지 말아야 한다.'

그러면 이 '조장(助長)'이란 무엇인가? 맹자는 송(宋)나라 사람의 이야기를 예로 들고 있다.

송(宋)나라에 심은 곡식의 싹이 빨리 자라지 않음을 안타까이 여겨 그 싹을 뽑아 올린 사람이 있었다. 피곤한 그는 돌아가서 집안 식구들에게 '오늘은 지쳤구나. 나는 싹이 빨리 자라도록 도와주었다.' 라고 말했다. 그의 아들이 달려가서 보니 싹들은 다 말라 있었다.

宋人有閔其苗之不長 而揠之者. 芒芒然歸 謂其人曰 今日病矣 子助苗長矣. 其子趨而往視之 苗則槁矣.

송(宋)나라는 하남성(河南省) 남쪽에 있던 나라로, 주(周)나라 무왕(武王)이 은(殷)나라를 멸망시킨 뒤에 은나라 왕족의 한 사람인 미자(微子)를 이곳에 봉하여 조상의 제사를 이어 나가게 한 나라이다. 하(夏)나라 왕조의 자손을 봉했던 기(杞)나라와 함께, 주나라 사람으로 보면 송나라는 패전국, 다시 말해 유민(遺民)의 나라로서 수치스러운 관계도 있어 춘추전국시대의 옛날 문헌에서는 송나라 사람들을 어리석은 사람으로 취급한 이야기가 많다.

'조장(助長)'이란 '도와서 자라게 한다.'는 뜻이나, 무리하게 곡식의 싹을 뽑아 빨리 자라게 하려는 것처럼 쓸데없는 일일 뿐만 아니라 도리어 손해를 불러들이는 어리석은 행위를 말한다.

그래서 맹자는 이 이야기를 예로 든 뒤에 다시 이렇게 말하고 있다.

천하에는 싹을 도와 자라게 하지 않는 사람이 적다. 아무 이익이 없다고 하여 내버려두는 사람은 김매지 않는 자이고, 무리하게 자라도록 도와주는 사람은 싹을 뽑아 올리는 자이니 이는 무익할 뿐 아니라 도리어 그것을 해치는 짓이다.

天下之不助苗長者寡矣. 以爲無益而舍之者 不耘苗者也 助之長者 揠苗者也. 非徒無益 而又害之.

위 이야기의 송나라 사람과 같이 세상에는 호연지기를 기르려고 '도와서 억지로 자라나게 하는' 따위의 어리석은 행동을 범하지 않는 사람이 오히려 적다. 물론 호연지기를 기르는 것이 이익이 없는 일이라고 하여 돌아보지 않는 것은, 비유해서 말하자면 곡식의 싹을 내버려두고 잡초를 뽑아 주지 않는 것처럼 좋은 일이 아니지만, 무리하게 호연지기를 기르려고 '도와서 억지로 자라나게 하는' 어리석은 행동을 범하는 사람은 곡식의 싹을 말라죽게 하는 사람과 같아서 이득이 없을 뿐 아니라 도리어 손해가 된다는 말이다.

左顧右眄
좌 고 우 면

왼쪽으로 돌아보고 오른쪽으로 곁눈질한다는 뜻으로, 어떤 일을 여러 갈래로 생각한다는 뜻.

왼 **좌** 돌아볼 **고** 오른쪽 **우** 곁눈질할 **면**

위(魏)나라 조조(曹操)의 셋째아들 조식(曹植)이 임치후(臨淄侯)였을 때, 조가(朝歌)의 장관이 된 오계중(吳季重)에게 편지를 보낸 일이 있었는데 〈오계중에게 보내는 편지〉 첫머리에 이렇게 쓰고 있다.

"배계. 계중전족하. 전날은 언제나처럼 가까이 모여 앉아 온종일 잔에 술을 따라 마셨습니다만, 서로 멀리 떨어져 있는 몸으로 자주 만나지 못한 답답한 마음을 충분히 얘기하지 못하고 끝냈습니다. 잔에 가득 차도록 술이 따라지고 갈대피리의 소리가 뒤에서 일어나니, 매가 하늘 높이 나는 것처럼 위엄을 보이고 봉황새처럼 한탄하고 호랑이처럼 내려다보는 그대의 모습은 소하(蕭何)나 조삼(曹參:전한(前漢) 유방의 중신들) 등도 발아래에 미치지 못하고, 위청(衛靑)과 곽거병(霍去病:전한(前漢) 무제에 봉사하여 흉노전에서 공적을 세운 무장들) 등도 뒤떨어질 정도입니다. 그대가 좌우를 바라보는 모습(좌고우면)은 생각건대 옆에 사람이 없는 것 같았습니다.”

'좌고(左顧)'는 ≪좌전≫ 소공(昭公) 24년에도 실려 있는 말인데, '좌고우면(左顧右眄)'이란 말은 여기에서 시작되는 것 같다. 좌우를 돌아본다는 말이 변하여 여기저기로 생각을 돌려보는 것을 뜻한다.

左祖
좌 단

옷을 벗어 어깨를 드러낸다는 뜻으로, 같은 편이 되어 편든다는 뜻.

왼 **좌** 옷통벗을 **단**

전한(前漢) 혜제(惠帝) 7년에 황제가 죽자 그의 어머니인 고조(高祖)의 황후 태후(太后) 여씨(呂氏)는 소리를 내어 울었지만 눈물은 한 방울도 흘리지 않았다. 장량(張良)의 아들 장벽강(張辟彊)은 15세의 나이로 시중(侍中) 벼슬에 있어 측근에서 모시고 있었는데 좌승상 진평(陳平)에게 물었다.

“황태후 폐하(皇太后陛下)가 눈물을 흘리지 않는 이유를 아십니까?”
“왜 그런가?”
“선제(先帝)에게 장년의 아드님이 없기 때문입니다. 그 결과 승상을 위시하여 여러 신하들이 실권을 잡게 되니 태후 폐하는 고독과 불안을 느끼고 있습니다. 그러니 승상께서 태후 폐하 집안의 여씨 사람들을 근위(近衛) 남북군의 장군으로 임명하거나 궁중의 벼슬에 임명하도록 권장하신다면 태후 폐하도 안심하시고 따라서 중신 여러분도 재앙을 면하게 될 것입니다."

진평은 그 책략에 따랐다. 여후(呂后)는 안심하며 비로소 눈물을 흘리면서 울었다. 이후 정령(政令)은 태후 한 사람으로부터 나오게 되고 이것을 제도라고 일컬었다.

태후는 또다시 여씨 집안의 사람을 왕으로 세우고 싶어 이 일을 우승상 왕릉(王陵)에게 도모했다. 그러자 왕릉은 이렇게 반대했다.

"고조 폐하께서는 만일 유씨(劉氏) 아닌 사람이 왕이 된다면 천하가 함께 이를 공격할 것임을 흰 말의 피를 마시며 맹세하셨습니다. 여씨의 사람을 왕으로 추대하는 것은 이 맹세에 위반됩니다."

마음에 들지 않은 여씨는 같은 문제를 진평과 태위(太尉)인 주발(周勃)에게 상의했다. 진평 등은,

"지금은 태후 폐하가 정령을 내리므로 관계없다고 생각합니다."
라고 대답했다. 태후는 기뻐하며 조정에 나갔다. 왕릉(王陵)이 진평과 주발에게 말했다.

"그대들은 그 맹약에 위반하면서 어떤 얼굴로 지하에 계신 고조 폐하를 뵐 생각인가?"

두 사람은 말했다.

"올바른 것을 주장하는 일에는 우리들이 그대에게 미치지 못한다. 그러나 나라를 온전하게 하고 유씨 천하를 지키는 일에서는 그대가 우리들에게 미치지 못한다."

왕릉이 실각하고 진평이 우승상으로 승진했다. 진평은 정무를 게을리

하고 주색에 빠져 오장육부가 완전히 빠진 것처럼 되어버렸다. 그러나 고조의 옛 신하들 중 가장 위에 있던 진평이 해이해진 것은 여후에게 무엇보다도 좋은 기회였다.

"그대에 대하여 이러니저러니 말하는 사람이 있지만 나는 그대를 이해하고 있으니 걱정할 것이 없다."

고조 집안인 유씨의 왕은 차례차례로 왕위에서 쫓겨나, 혹은 죽임을 당하고 혹은 자살하지 않을 수 없는 상황에 쫓기어 그 비참함이 극에 달했다. 그 뒤 여씨의 사람이 왕위에 앉아 권세를 휘둘렀다.

그러나 그것도 오래 계속되지는 않았다. 여후 8년 3월, 여후는 병이 들어 7월에는 베개도 간신히 벨 정도였다. 재기 불능이라고 깨달은 여후는 조왕(趙王) 여록(呂綠)과 여왕(呂王) 여산(呂産)을 상장군으로 삼아 각각 근위의 북군과 남군을 장악시킨 후, 두 사람을 베갯머리로 불러 일렀다.

"그대들은 고조의 맹약을 위반하고 왕이 되었으므로 대신들이 기쁘게 생각하지 않는 것은 당연하며 내가 죽으면 반란을 일으킬 것이다. 그대들은 반드시 군대를 이끌고 궁중을 지켜 내 관이 나가는 것을 신중히 하되 방심하지 않도록 해야 한다."

이윽고 여태후가 죽었다. 장례가 끝나자 이제까지 오장육부가 빠진 것처럼 하고 있던 진평이 갑자기 활동을 개시하여 주발과 여씨 타도의 계획을 짰다. 우선 여록과 여산에게서 병권을 빼앗지 않으면 안 되었다. 그래서 생각해 낸 것이 여록과 친하며 신용이 두터운 역기(酈寄)였다. 진평 등은 역기를 여록에게 보내 설득시켰다.

"대신들은 당신들이 왕이면서도 봉지(封地)로 가지 않고 군권을 장악하고 있기 때문에 무슨 일을 일으킬 작정인지 불안해 하고 있습니다. 그러니 군권을 태위에게 반환하고 봉지로 돌아가면 대신들도 안심하고, 따라서 당신들도 왕으로서 지위를 편안하게 지킬 수 있을 것입니다."

단순한 여록은 이 이야기를 듣고 좋은 생각이라고 여겨 상장군의 도장을 반환하여 태위인 주발에게 북군의 군권을 넘겨주었다. 주발은 곧 군문으로 들어가 장군이 되어 명령했다.

"여씨에게 편드는 사람은 오른쪽 팔을 걷고, 유씨에게 편드는 사람은 왼쪽 팔을 걷으라."

爲呂氏右袒 爲劉氏左袒.(≪사기≫ 여후본기(呂后本紀))

장군들은 모두 왼쪽 팔을 걷어 의사를 나타냈다. 쿠데타는 성공하여 여씨 일족은 죽임을 당하고 유씨의 한(漢)나라 천하는 지켜졌던 것이다.

'단(袒)'이란 옷을 벗어 어깨를 드러내는 일이다. 이 이야기로써 편드는 것과 돕는 것을 '좌단(左袒)'이라고 말하게 되었다.

酒百藥之長
주 백 약 지 장

술은 모든 약 중에 으뜸으로, 하늘이 준 아름다운 선물이라는 뜻.

술 **주** 일백 **백** 약 **약** 어조사 **지** 우두머리 **장**

전한(前漢)과 후한(後漢) 사이에 끼어 불과 14년의 명맥을 유지한 나라가 신(新)나라로, 황제는 왕망(王莽)이었다.

'주백약지장(酒百藥之長)'은 술을 비유로 한 말로, 왕망이 소금과 술과 철을 정부의 전매 사업으로 결정하여 천하에 내린 조서의 일절이다.

대저 소금은 곡식 이외 음식물의 장수이고, 술은 백약의 우두머리로 즐거운 잔치에 좋고, 쇠는 밭농사의 근본이다.

夫鹽食肴之將 酒百藥之長 嘉會之好 鐵田農之本.

이 말은 《한서》 식화지(食貨志)에 실려 있는데, '술은 백약의 우두머리'라는 말은 술을 많이 마시는 사람으로서는 정말로 좋은 말이며, 지금도 술 취한 사람 중에는 이 말을 입에 담는 사람이 많다.

식화지(食貨志)에는 또 별개의 조서 가운데 '술은 하늘이 준 아름다운 녹'이라는 말이 실려 있다.

술은 하늘이 준 아름다운 녹으로, 제왕은 이것으로 천하의 백성들을 기르고, 제사에 쓰며 행복을 빌고, 쇠약자를 붙들며 병자를 회복시키는 것이다. 온갖 예의 잔치도 술이 아니면 행해지지 않는다.

酒者天之美祿 帝王所以頤養天下 享祀祈福扶衰養疾. 百禮之會 非酒不行.

酒池肉林
주 지 육 림

술은 연못을 이루고 고기는 숲을 이룬다는 뜻으로, 더할 수 없이 호화롭고 방탕한 술잔치라는 뜻.

술 **주** 못 **지** 고기 **육** 수풀 **림**

폭군의 대명사로서 걸왕(桀王)과 주왕(紂王)을 일컬으나 ≪사기≫ 하본기(夏本紀)에는 걸왕(桀王)에 대한 기록이 극히 적다.

황제인 발(發)이 죽고 그의 아들 이계(履癸)가 즉위하여 걸왕이 되었다. 황제 때 공갑(孔甲, 걸왕의 증조부) 이후로 많은 제후들이 반란을 일으켰는데 걸왕은 덕을 닦지 않고서 백관을 탄압하고 살상했다. 백관들은 견디기 어렵다는 풍토가 생겨났다.

온당치 못한 형세를 살핀 걸왕은 탕(湯)을 불러들여 하대(夏臺)에 수감시켰다. 덕을 닦은 탕이 석방되자 제후들이 모두 탕에게 굴복했다. 탕은 군대를 이끌고 하(夏)나라의 걸왕을 공격했다. 걸왕은 명조(鳴條)로 도망하였지만 결국 쫓겨나 죽었다. 그때 걸왕이 누군가에게 이렇게 말했다.

"탕을 하대에서 죽여 버리지 않았기 때문에 내가 이런 꼴을 당하니 유감이다."

이상이 ≪사기≫ 은본기(殷本紀)의 걸왕에 관한 부분이다. 이에 비교하면 은본기의 주왕(紂王)에 관한 기록은 훨씬 자세하여 여기에 그 전문을 소개하기로 하겠다.

주왕은 무능한 사람이 아니었다. 그뿐만이 아니라 입이 팔정(八丁)이
고 손이 팔정이므로 이해력이 민첩하고 팔의 힘이 남들보다 뛰어나 맹수
를 손으로 쳐서 쓰러뜨렸다. 지혜는 간하는 말을 물리침에 족하며 그의
능변은 자기의 비행을 꾸밀 수 있었다.

그리하여 신하들에게 그의 능력을 뽐내며 천하에 명성이 널리 퍼져 있
는 것을 자만하여 아무도 자기에게 미치는 자가 없다고 생각하였다. 이
렇게 되자 술과 여자가 뒤따르는 것은 당연하였다.

술을 좋아하여 술망나니가 되고, 또 여자를 좋아하여 사랑하는 달기
(妲己)가 하는 말은 무엇이나 들어주었다. 그리고 사연(師涓)이라는 음
악인에게 난잡한 음곡인 '북리의 춤'과 '비비(靡靡)의 음악'을 새로 만
들게 했다.

또 엄청난 세금을 거두어 녹대(鹿臺)에 돈을 처넣고, 다시 거교(鉅橋)
에는 곡식을 채우며, 개와 새나 진기한 동물을 모아 궁궐에 가득 채우고,
더구나 모래 언덕의 동산이나 이궁(離宮)을 넓혀 야수나 새를 잡아 그곳
에서 길렀다.

또 신과 조상의 혼령은 경시하면서 총애하는 신하나 미녀들을 모래 언
덕으로 불러 모아 놀았다. 즉 술로 연못을 이루고 고기를 늘어뜨려 숲을
만들어 발가벗긴 남녀들을 그 사이로 쫓는 경주를 시키며 밤낮으로 잔치
를 베풀었다.

백성들은 원망하고 제후들 중 반란을 일으키는 사람도 나왔다. 그러자
주왕은 형벌을 무겁게 하여 구리 기둥에 기름을 바르고 그것을 숯불에
달군 후 그 매끈매끈한 기둥을 건너게 하여 몹시 괴롭힌 끝에 불태워 죽
이는 '포락(炮烙)의 형벌'을 만들었다.

好酒淫樂 嬖於婦人 愛妲己 妲己之言是從. 於是使師涓作新淫聲 北里
之舞 靡靡之樂. 厚賦稅 以實鹿臺之錢 而盈鉅橋之粟 益收狗鳥奇物 充牣
宮室 益廣沙丘苑臺 多取野獸蜚鳥置其中. 慢於鬼神 大最樂戲於沙丘. 以
酒爲池 懸肉爲林 使男女倮相逐其間 爲長夜之飮. 百姓怨望而諸侯有畔
者. 於是紂乃重辟刑 有炮烙之法.

'더할 수 없이 호화스러운 술잔치'를 '주지육림(酒池肉林)'이라고 하
는 것은 여기에서 나온 말이다.

竹 馬 之 友
죽 마 지 우

대나무로 만든 말을 타고 놀던 친구라는 뜻으로, 어린 시절의 소꿉
친구를 말함.

대 **竹** 말 **馬** 어조사 **之** 벗 **友**

'죽마(竹馬)'란 두 개의 대나무에 각각 적당한 높이에 발 올려놓는 곳
을 만들어 어린애들이 타고 놀 수 있도록 만든 대나무 말이다. 따라서
'죽마지우(竹馬之友)'란 어린 시절의 소꿉친구를 이르는 말이다.

≪후한서≫의 곽급전(郭伋傳)에는,
"수백 명의 어린이들이 각각 죽마(竹馬)를 타고 길거리에 나와 서로 맞

이하여 절한다."

라고 있다. 곽급은 후한(後漢)의 건무 연간(建武年間)에 병주(并州) 자사
가 된 사람이므로 서기(西紀)를 전후하여 이미 이런 놀이가 있었던 것은
확실하다. 따라서 소꿉친구의 뜻을 가진 '죽마지우(竹馬之友)'란 말의
출전도 오래되어 진나라의 무제(武帝) 사마염(司馬炎)이 제갈정(諸葛靚)
에게 말한 것이 최초이다.

당시 조정에서 마구 횡포를 부리던 사마소(司馬昭:무제의 아버지)에게
삼국시대 위(魏)나라 고관이었던 부친 제갈탄(諸葛誕)이 반기를 들어 죽
임을 당한 후, 아들인 제갈정은 인질로 갔던 오(吳)나라에서 대사마(大司
馬:재상직)로 있다가 오나라가 멸망하자 진(晋)나라로 돌아왔는데 곧 대
사마에 임명되었다.

그러나 제갈정은 진(晋)나라를 아버지의 원수라고 생각하여 부임하지
않았으며 집에 있을 때도 반드시 도읍 낙양(洛陽)이 있는 쪽으로는 등을
돌렸다.

진(晋)나라 무제는 그와 어릴 때 소꿉친구였기 때문에 어떻게든 만나
고 싶어했지만 그가 부임하지 않아 만날 수 없었다. 그래서 그의 누님이
면서 무제에게는 숙모가 되는 제갈비(諸葛妃)에게 부탁하여 그를 불러오
게 했다. 그리하여 그가 누님과 얘기하고 있을 때 무제가 얼굴을 드러내
재회의 인사를 했다. 그러고 나서 잔치가 벌어졌을 때 무제는 진지한 표
정으로 말했다.

"경도 예전에 죽마(竹馬)를 타고 돌아다닐 때의 우정을 잊지 않고 있을
걸세."

그러자 제갈정이 말했다.

"신은 숯을 삼키고 몸에 옻칠할 줄도 몰라 모진 목숨이 살아서 오늘 다

시 폐하를 뵙게 되었습니다."

하고 눈물을 흘렸다. 무제는 그의 마음을 이해함과 동시에 그의 기분도 모르고 억지로 만나려고 한 것을 부끄럽게 여기고 나갔다.

帝曰 卿故復憶竹馬之好不. 靚曰 臣不能呑炭漆身 今日復覩聖顔 因涕泗百行. 帝於是慙悔而出.

'숯을 삼키고 몸에 옷칠을 한다.'는 말은 진(晋)나라 예양(豫讓)에 얽힌 고사에서 나온 것으로, 예양은 자기의 은인인 지백(智伯)의 원수를 갚기 위해 조양자(趙襄子)를 죽이려고 숯을 먹어 음성을 바꿨으며 몸에 옷을 발라 문둥이로 변장을 하기도 했다.

指鹿爲馬
지 록 위 마

사슴을 가리켜 말이라고 한다는 뜻으로, 잘못을 강요하여 함정에 빠뜨리며 권세를 마음대로 휘두른다는 뜻.

가리킬 **지** 사슴 **록** 할 **위** 말 **마**

진(秦)나라 시황제(始皇帝) 37년 7월, 시황제는 순행(巡幸)하는 도중 사구(沙丘)의 평대(平臺)에서 죽었다. 그는 북쪽 변방을 지키고 있던 장자 부소(扶蘇)에게 보낸 편지에 '급히 도읍 함양(咸陽)으로 돌아가 장례를 행하라.'는 조서(詔書)를 남겼다.

그러나 이 조서는 환관인 조고(趙高)의 손으로 들어갔다. 그로서는 야심을 실현할 수 있는 좋은 기회였다. 그는 순행을 따라 온 시황제의 아들 호해(胡亥)를 설복하고 승상 이사(李斯)를 협박하여 시황제의 시체를 숨긴 채 도읍으로 돌아온 후, 거짓 조서를 꾸며 부소에게 죽음을 내리고 호해(胡亥)를 제위에 오르게 했다. 그가 이세(二世) 황제이다.

조고는 점차로 이세 황제를 정치에서 멀어지게 하고 방해자 이사를 죽음으로 몰아넣은 다음, 스스로 중승상(中丞相)이 되어 권력을 마음대로 휘둘렀다. 그런데 조고의 야심은 그칠 줄 몰랐다. 조고 자신이 이세 황제를 대신하려고 도모하기에 이르렀던 것이다.

조고는 모반을 일으키려고 했지만 여러 신하들이 따라 주지 않을 것이 두려웠다. 이에 먼저 시험을 해 보려고 사슴을 이세 황제에게 드리면서 말했다.

"이것은 말입니다."

이세 황제는 웃으면서 말했다.

"승상이 잘못 본 것이오. 사슴을 가리켜 말이라고 하오?"

하며 좌우에 있는 중신들에게 되물었다. 좌우에 있던 사람 중 어떤 자는 잠자코 말하지 않고, 어떤 사람은 말이라고 하여 조고에게 아첨하며, 어떤 사람은 사슴이라고 말하였다. 조고는 사슴이라고 말한 사람들을 법으로써 죄에 빠지게 했다. 그러자 여러 신하들은 모두 조고를 두려워하게 되었다.

趙高欲爲亂 恐群臣不聽 乃先設驗 持鹿獻於二世曰 馬也. 二世笑曰 丞相誤邪 謂鹿爲馬. 問左右 左右或默 或言馬 以阿順趙高 或言鹿者. 高因陰

中諸言鹿者以法. 後群臣皆畏高.(≪사기≫ 진시황본기(秦始皇本紀))

그러나 이 무렵 전국에서는 반란이 불타오르고 있었다. 이것은 수습할
수 없는, 도적으로서 이세를 속여 온 조고도 진실을 숨기기 어려운 상황
이 되어 있었다. 조고는 책임을 물을 것이 두려워 이세를 죽이고 부소의
아들 자영(子嬰)을 진(秦)나라 왕으로 삼았다. 조고는 이 자영에게 죽임
을 당하게 된다.

이 고사에서 잘못을 강요하여 사람을 함정에 빠뜨리는 것, 또는 윗사
람을 농락하여 권세를 마음대로 휘두르는 것을 지록위마(指鹿爲馬)라고
말하게 되었다.

池魚之殃
지 어 지 앙

연못에 사는 물고기의 재앙. 재앙과 복은 예고 없이 찾아오므로 막
으려 해도 막을 수 없다는 뜻.

못 지 고기 어 갈 지 재앙 앙

죄도 없고 상관도 없는데 재앙이 닥치는 것을 '지어지앙(池魚之殃)'이
라고 말한다.
≪여씨춘추≫의 효행람(孝行覽) 제2의 필기편(必己篇)에 이렇게 실려

있다.

송(宋)나라의 환사마(桓司馬)가 보배 주옥을 가지고 있었는데 죄를 당하여 나가서 죽었다. 왕이 사람들에게 주옥이 있는 곳을 묻자, '주옥을 연못 가운데 던졌다고 합니다.' 라고 말하였다. 그리하여 왕은 연못의 물을 퍼내 주옥을 찾았지만 얻지 못하고 물고기만 다 죽었다. 이것을 일러 재앙과 복은 서로 미친다고 말한다.

宋桓司馬有寶珠. 抵罪出亡. 王使人問珠之所在 曰 授之池中. 於是竭池而求之 無得 魚死焉. 此言禍福之相及也.

끝부분의 '재앙과 복은 서로 미친다.' 는 말은, 재앙과 복은 예고도 없고 전조(前兆)도 없이 찾아오는 것으로 막으려야 막을 수 없다는 말이다.
여기에서 인용한 이야기도 주옥을 찾는 것이 물고기를 죽이는 결과가 되었다. 물고기들로 본다면 전혀 뜻밖의 재앙이며 막으려 해도 미리 알 수 없는 일이라고 하겠다.
출전인 필기편(必己篇)에는 행복과 불행, 혹은 재앙과 복은 외부의 사물을 믿어서 되는 것이 아니며, 의지할 수 있는 것이란 자기 안에 있는 것뿐이라고 서술하고 있다.
그러나 후세에 이것을 고사성어로 사용할 때 외부의 사물은 믿을 것이 못 된다는 뜻으로 쓰이는 경우는 거의 없다.
죄를 저지르고 나간 환사마는 《논어》에 나오는 환퇴(桓魋)이며, 공자께서 송(宋)나라를 방문했을 때 공자를 싫어하여 죽이려 했으나 죽이지 못했던 바로 그 사람으로, 이것은 꾸며낸 이야기일 것이다.

≪회남자≫의 설산훈편(說山訓篇)에는 이렇게 기록되어 있다.

초(楚)나라 왕이 그의 원숭이를 잃고 이를 찾기 위하여 숲속의 나무를 베어 냈으며, 송(宋)나라 임금이 주옥을 잃고 이를 찾기 위하여 연못 속의 물고기를 다 죽였다.

楚王亡其猿 而林木爲之殘 宋君亡其珠 池中之魚爲之殫.

또 ≪광운(廣韻)≫에는 이런 기록이 있다.
"옛날에 성안 연못에 물고기가 살고 있었는데 성문에 불이 나자 재앙이 그 물고기에게 미쳤다(城門失火 殃及池魚). 성문의 불을 끄기 위해 사람들이 연못의 물을 모두 퍼내어 그 물고기가 말라 죽었던 것이다."

知 音
지   음

소리를 안다. 서로 마음이 통하는 친한 벗이라는 뜻.

알 지 소리 음

친구가 타는 거문고 소리를 듣기만 해도 그 친구의 마음속을 알아맞힐 정도로 상대방을 다 아는 사이, 즉 친구 사이를 뜻하는 이 '지음(知音)'이란 말은 ≪열자≫의 탕문편(湯問篇)에 실려 있는 백아(伯牙)와 종자기

(鍾子期)의 이야기에서 생겼다.

　백아는 거문고의 명수였으며 종자기는 그 가락을 듣는 데 출중한 사람이었다. 예를 들면 백아가 높은 산에 올라가는 장면을 마음속에 그리면서 거문고를 타면 종자기는 이렇게 말했다.

　"멋지군. 우뚝 솟은 태산이 눈앞에 보이는 것 같네."

　백아가 또 강의 흐름을 떠올리면서 거문고를 타면 종자기는 이렇게 말했다.

　"멋지군. 도도히 흐르는 큰 강이 눈앞에 있는 것 같아."

　백아의 마음속을 종자기가 알아맞히는 일은 모두 이와 같았다.

　한번은 두 사람이 태산의 북쪽을 산책하고 있을 때 갑자기 소나기를 만난 적이 있었다. 바위굴에서 쉬고 있는 동안 서글픈 기분에 빠진 백아는 거문고를 끌어당겨 타기 시작했다. 처음에는 언제까지 그치지 않는 소나기를 생각하며 타고 이윽고 장마로 무너지는 산의 모습을 그리면서 탔는데, 종자기는 한 곡조가 끝날 때마다 백아의 마음속을 알아맞히는 것이었다. 백아는 거문고를 놓고 탄식했다.

　"아, 자네는 얼마나 멋진 귀를 가지고 있는 것인가? 자네가 한 말은 정히 내가 생각하고 있는 그대로야. 자네 앞에서는 무엇을 타거나 다 알아맞히는군."

　伯牙善鼓琴 鍾子期善聽. 伯牙鼓琴 志在登高山 鍾子期曰 善哉 峨峨兮
若泰山. 志在流水 鍾子期曰 善哉 洋洋兮若江河. 伯牙所念 鍾子期必得之.
伯牙游於泰山之陰 卒逢暴雨 止於巖下 心悲 乃援琴而鼓之. 初爲霖雨之操
更造崩山之音. 曲每奏 鍾子期輒窮其趣. 伯牙乃舍琴而嘆曰 善哉善哉 子
之聽. 夫志想象 猶吾心也. 吾於何逃聲哉.

≪열자≫와 같은 시대의 글이다. ≪여씨춘추(呂氏春秋)≫의 본미편(本味篇)에서는 거의 같은 내용의 이야기를 기록한 뒤에 다음과 같은 이야기를 덧붙이고 있다.

종자기가 죽자 백아는 거문고를 부수고 줄을 끊어 죽을 때까지 거문고를 타지 않았다. 이 세상에 자기의 거문고를 들어줄 사람이 다시는 없다고 생각했기 때문이다.

鍾子期死 伯牙破琴絶絃 終身不復鼓琴 以爲世無足復爲鼓琴者.

知彼知己者 百戰不殆
지 피 지 기 자 백 전 불 태

적을 알고 나를 알면 백 번 싸워도 위태롭지 않다는 뜻으로, 적군과 아군의 힘을 비교 검토한 다음에 전투에 임하면 승리한다는 뜻.

알 **知** 저 **彼** 알 **知** 자기 **己** 사람 **者** 일백 **百** 싸울 **戰** 아닐 **不** 위태로울 **殆**

≪손자≫는 전국시대에 편찬된 병가(兵家) 서적이므로 당연히 전쟁에서 이기기 위한 기술이 서술되어 있지만, 실제로는 싸움터에서 군대의 세력을 전개시켜 피로 물든 격투를 한 뒤에 적군에게 이기는 것은 하지하(下之下)라고 말한다. 즉 싸움을 하지 않고서 승리하는 것, 이것이 손자(孫子)가 이상으로 삼는 전략이다.

전쟁은 나라의 큰일이고 사생의 땅이요, 존망의 도(道)이다. 가히 살피지 않을 수 없다.

兵者國之大事 死生之地 存亡之道. 不可不察也.

이와 같이 써 내려간 ≪손자≫는 제1편 시계편(始計篇)에서는 무모한 전쟁을 굳게 경계해야 하고, 제2편 작전편(作戰篇)에서는 전쟁이 국가와 백성들에게 주는 막대한 손해에 대하여 서술한 다음, 부득이하게 전쟁을 시작했을 경우에는 되도록 빨리 전쟁을 끝내야 하는 필요성을 말하고, 제3편 모공편(謀攻篇)에서는 적군에게 이기는 방법, 즉 여러 가지 승리하는 방법이 실려 있다. 그중에서도 최선으로 승리하는 방법은 한 병사도 손해나는 일이 없이 싸우지 않고서 승리하는 방법이라고 하며, 그러기 위해서는 계략을 가지고 적군의 전의(戰意)를 무찔러야 할 필요성을 말하고 있다. 따라서 손자는 '백전백승(百戰百勝)'을 상책으로 삼지 않는다.

백 번 싸워 백 번 이기는 것은 상의 상책이 아니다. 싸우지 않고 적의 군대를 굴복시키는 것이 상의 상책이다. 그러므로 으뜸가는 군대는 계략으로 적을 친다. 그 다음가는 군대는 서로를 친다. 또 그 다음가는 군대는 적병을 치며, 그 아래의 군대는 성을 공격한다.

百戰百勝 非善之善者也. 不戰而屈人之兵 善之善者也. 故上兵伐謀 其次伐交 其次伐兵 其下攻城.

'으뜸가는 군대는 계략으로 친다.'는 말은 '최상의 전쟁 방법은 싸우지 않고 계략으로써 적을 굴복시키는 일.'이다. '서로를 친다.'는 말은 차선책으로서, 상대방의 동맹국에 작용하여 중립적인 입장을 취하게 함으로써 상대방을 고립시켜 원조가 없는 상황으로 몰아세우는 방법이다. 그 다음이 싸움터에서 적군과 대결하는 일이다.

그렇기는 하지만 상대방에게도 전략이 있으므로 항상 최선의 방법을 쓸 수는 없는 일이다. 왜냐하면 상의 상책인 사람이 아닌 이상 '백전백승'의 길만 생각할 수는 없기 때문이다. 그러기 위해서는 적군과 아군의 힘을 잘 비교 검토하여, 그런 다음에 전투에 임하면 승리할 것은 의심의 여지가 없다.

그리하여 모공편(謀攻篇)은 다음과 같은 결말을 내리고 있다.

적군을 알고 아군을 알면 백 번 싸워도 위태하지 않다. 적군을 알지 못하고 아군을 알면 한 번은 이기고 한 번은 진다. 적군을 알지 못하고 아군도 알지 못하면 싸울 때마다 위태롭다.

知彼知己者 百戰不殆 不知彼而知己 一勝一負 不知彼不知己 每戰必殆.

제10편 지형편(地形篇)에도 다음과 같이 실려 있다.

그러므로 말하기를, '적군을 알고 아군을 알면 승리하여 곧 위태하지 않고, 하늘을 알고 땅을 알면 승리하여 곧 궁진하지 않는다.

故曰 知彼知己 勝乃不殆 知天知地 勝乃不窮.

차

借虎威狐
차　호　위　호

호랑이의 위엄을 빌린 여우. 남의 권세를 빌어 위세를 부린다는 뜻.

빌릴 **차** 범 **호** 위엄 **위** 여우 **호**

　‘호랑이의 위엄을 빌린 여우’란 말은 권세가를 배경 삼아 뽐내는 사람을 비유하는 말이다.

　강을(江乙)이라는 위(魏)나라 출신 유세가가 초(楚)나라 선왕(宣王)에게 등용되었지만 삼려(三閭)라고 불리는 소(昭)·경(景)·굴(屈) 세 씨족이 초(楚)나라를 억누르고 있어서, 이것을 뒤흔들기 전에는 새싹을 내놓을 방법이 없었다. 당시는 소씨(昭氏)의 두령 소해휼(昭奚恤)이 군사와 정치 권력을 장악하고 있었기 때문에 강을은 여기에 눈독을 들인 것이다.

　어느 날 소해휼과 팽성군(彭城君)이 선왕 앞에서 토론을 할 때, 왕으로부터 의견을 하명받은 강을은 기회를 얻었다 생각하고 말했다.

　“두 사람의 주장은 어느 쪽이나 타당합니다. 저는 뒤에서 말씀드리는 일은 하지 않겠습니다. 그것은 훌륭한 분들에게 물을 끼얹는 격이 되니까요.”(≪전국책≫ 초책(楚策)1)

　이렇게 말한 강을은 흠잡을 데 없는 주장으로 서서히 물을 끼얹었던 것이다. ‘호랑이의 위엄을 빌린 여우’라는 말도 강을의 이러한 모략에서 나온 것으로, ≪전국책≫ 초책(楚策)1에는 이렇게 기록되어 있다.

선왕이 여러 신하들에게 물었다.

"북쪽에서는 소해휼을 두려워하고 있다는데 사실인가?"

여러 신하들 중에는 대답할 사람이 없었다. 그러자 강을이 대답했다.

"호랑이는 모든 짐승을 잡아먹습니다. 어느 날 여우를 잡았는데 여우가 말하기를, '나를 먹어서는 안 됩니다. 천제께서는 나를 모든 짐승의 어른으로 삼으셨습니다. 지금 당신이 나를 먹으면 천제의 말씀을 거역하는 것이 됩니다. 거짓말이라고 생각한다면 내가 앞장서서 걸어갈 테니 당신은 내 뒤를 따라오면서 나를 보고 도망치지 않는 짐승이 있는지 보십시오.' 호랑이는 좋다고 생각하여 함께 나갔습니다. 짐승들은 여우와 호랑이의 모습을 보자 모두 도망쳤습니다. 호랑이는 짐승들이 자기를 두려워하여 도망치는 것이라고는 깨닫지 못하고 여우를 두려워한다고 생각한 것입니다.

임금님의 땅은 사방 오천 리이고 군대는 백만이나 되는데 이것을 오로지 소해휼에게 맡기고 계십니다. 그런데도 북쪽 사람들이 소해휼을 두려워하는 것은 실은 임금님의 군대를 두려워하는 것으로, 그것은 마치 짐승들이 호랑이를 두려워하여 도망하는 것과 같습니다."

虎求百獸而食之. 得狐 狐曰 子無敢食我也. 天帝使我長百獸 今子食我 是逆天帝命也. 子以我爲不信 吾爲子先行 子隨我後觀 百獸之見我而敢不走乎. 虎以爲然. 故遂與之行 獸見之皆走. 虎不知獸畏己而走也. 以爲畏狐也. 今王之地方五千里 帶甲百萬 而專屬之昭奚恤. 故北方之畏奚恤也 其實畏王之甲兵也 猶百獸之畏虎也.

滄桑之變
창 상 지 변

푸른 바다가 변하여 뽕나무밭이 된다는 뜻으로, 세상의 모든 일이 빠르게 변한다는 뜻.

푸를 **창** 뽕나무 **상** 어조사 **지** 변할 **변**

　'창상지변(滄桑之變)' 이란 푸른 바다가 변하여 뽕나무밭이 된다는 말로, 인간세상의 모든 일이 빠르게 변하는 것을 비유한 말이다.

　초당(初唐) 시인 유정지(劉廷芝)가 지은 〈대비백두옹(代悲白頭翁:흰머리를 슬퍼하는 늙은이를 대신함)〉에서 나온 말이다.

낙양성(洛陽城) 동쪽에 핀 복숭아꽃과 오얏꽃은

날아오고 날아가서 누군가의 집에 떨어진다.

낙양의 여자아이들은 아쉬운 얼굴빛을 하며

떨어진 꽃잎을 만나 길게 탄식한다.

올해 꽃잎이 떨어져서 얼굴빛이 고쳐지고

내년에 꽃이 피면 누가 다시 있으리오.

이미 본 소나무와 잣나무는 부서져서 땔나무가 되는 것을,

다시 들으니 뽕나무밭이 변하여 바다가 되는 것을.

洛陽城東桃李花　飛來飛去落誰家

洛陽女兒惜顔色　行逢落花長嘆息.

今年落花顔色改 明年花開復誰在

已見松柏摧爲薪 更聞桑田變成海

'뽕나무밭이 변하여 바다가 된다.'는 보통 '창해(滄海)가 변하여 뽕나무밭이 된다.'여서 성어(成語)로서는 변하는 사물이 전도되어 있지만, 고사가 실려 있는 ≪신선전(神仙傳)≫에 보면 결국 어느 쪽이든지 좋을 것이다.

옛날에 마고(麻姑)라는 나이 18세가량 된 아름다운 선녀가 있었는데 도(道)가 극에 달한 선인(仙人) 왕방평(王方平)에게,

"곁에서 봉사한 이후 저는 세 번씩이나 동해가 뽕나무밭으로 변하는 것을 보았습니다. 이번에 봉래산(蓬萊山)에 가보았더니 바다가 다시 얕아져 이전에 갔을 때의 절반 정도였습니다. 다시 육지가 되는 것일까요?"

하고 묻자 왕방평이 대답했다.

"성인이 모두 와 계시기 때문이다. 바다의 노복들이 먼지를 올리고 있다."

바다가 세 번씩이나 뽕나무밭으로 변했으므로 그 사이에 뽕나무밭 또한 바다로 변할 수 있는 것이다. 결국 순서는 어느 쪽이 먼저이든 마찬가지이다. 봉래산은 동해에 있는 신선의 섬을 말한다.

創業易守成難
창 업 이 수 성 난

업을 이루기는 쉬워도 지키기는 어렵다는 뜻으로, 시작하기는 쉬우
나 이룬 것을 지키기는 어렵다는 뜻.

비롯할 **창** 업 **업** 쉬울 **이** 지킬 **수** 이룰 **성** 어려울 **난**

7세기부터 10세기 초엽에 걸쳐 전후 290년 동안 중국 대륙에 군림한
당(唐)나라 제국을 세운 것은 고조(高祖) 이연(李淵)이었지만, 건국의 정
체의 기초를 확고하게 하는 데 실질적으로 작용한 것은 이연의 둘째아들
이세민(李世民:뒤의 당태종)이라고 할 수 있다.

태종(太宗) 이세민은 수(隋)나라 말기의 혼란기에 태원유수(太原留守)
로서 임지인 진양(晉陽)에서 인망을 모으고 있던 아버지 이연을 재촉하
여 의병을 일으키게 하였다. 돌궐의 병력을 빌어 형 이건성(李建成), 동
생 이원길(李元吉)과 함께 관중(關中)으로 밀고 들어가 양제(煬帝)가 없
는 제국을 계승했다. 때는 618년, 이세민의 나이 21세 때였다.

당(唐)나라 조정의 창업과 함께 진왕(秦王)에 봉해져 상서령(尙書令)이
된 그는 그후 7년 동안 스스로 군대를 이끌고 각지로 출동하여 당(唐)나
라 조정에 따르려 하지 않던 군벌(軍閥)을 평정하여 장군으로서도 뛰어
난 역량을 보였다. 이렇게 하여 무덕(武德) 8년에는 중서령(中書令)을 겸
임한 재상으로서 국정을 휘두르게 되었거니와, 한편으로는 이것이 도리
어 동복(同腹) 형제인 황태자 이건성과 제(齊)나라 왕 이원길의 질투를
불러일으켰다.

이건성과 이원길 등에 의한 이세민의 독살 미수 사건과, 고조에 대한 참소 사건 등이 거듭된 무덕(武德) 9년 6월 4일, 장안성(長安城) 북문인 현무문(玄武門)에서 양쪽이 군대를 이끌고 격돌하여 이세민은 이건성과 이원길 형제를 베어 죽였다. 이것이 소위 '현무문의 변'으로, 다음날 이세민이 황태자로 세워지고 8월에는 아버지 고조로부터 왕위를 물려받아 즉위했다. 이세민이 29세 때의 일이다.

다음해에 연호를 정관(貞觀)으로 고치고 즉위한 지 23년 후 죽을 때까지 태종은 널리 인재들을 모아 적재적소에 두고 내치(內治)를 충실히 하며 영토 확대에 힘써 '정관의 다스림'이라고 칭찬받는 성대(盛代)를 만들었다.

당(唐)나라의 중종(中宗)으로부터 현종(玄宗) 시대에 걸쳐 오긍(吳兢)이 편찬한 ≪정관정요(貞觀政要)≫는 태종과 위업을 도운 명신들의 정치 문답을 집대성(集大成)한 것인데, 제왕의 학문으로 다시없는 교과서로서 중국의 역대 황제들이 애독하였다.

정관 10년, ≪정관정요≫ 제1권 제1편 '군도(君道)'에 대하여 다음과 같은 문답이 실려 있다.

태종이 시신(侍臣)에게 물었다.

"제왕의 사업은 초창(草創:나라를 세우는 일)과 수성(守成:세운 나라를 지켜 나가는 일) 중 어느 것이 더 어려운가?"

상서좌복야(尙書左僕射:부재상)인 방현령(房玄齡)이 대답했다.

"국가를 세우기 위하여는 군웅(群雄)이 늘어선 난세에 무수한 적을 격파하지 않으면 안 됩니다. 이렇게 보면 초창(草創) 쪽이 어려운 일인 것 같습니다."

그러자 위징(魏徵)이 말했다.

"제왕이 즉위할 때는 반드시 전 조정의 세력이 쇠퇴하여 천하가 어지러운 때이고 그 어리석은 군주를 쓰러뜨리는 것이므로 백성들이 기뻐하며 추대하니 천하는 새로운 천자의 것이 됩니다. 하늘이 주신 것이고 나아가 백성들이 주는 것이므로 결코 어려운 일이라고 말할 수 없습니다. 그런데 일단 천하를 손에 넣으면 아무래도 마음이 교만해져서 정사를 보는 것도 게을러지게 됩니다. 이러면 안정을 구하지만 천자를 추대한 백성들은 안정을 얻지 못하여 언제까지나 부역의 괴로움을 당해야 하는 것입니다. 백성들이 피폐해 있어도 쓸데없는 공사 등이 계속됩니다. 국운이 쇠퇴하는 것은 항상 여기에서 비롯됩니다. 이렇게 보면 수성(守成) 쪽이 어려운 일이라고 하겠습니다."

태종이 말했다.

"방현령은 예전에 나를 따라 천하를 평정하는 사업에 참가하여, 어렵고 쓴맛을 낱낱이 맛보며 목숨의 갈림길을 몇 번이나 되풀이했다. 그리하여 초창(草創)을 어려운 일이라고 본 것이리라. 위징은 나와 함께 우리 제국을 안정시키려 노력하기 때문에 교만하고 게으른 마음이 일어나면 국가가 위기에 빠지게 될 것을 걱정하고 있다. 그래서 수성(守成)을 어려운 일이라고 본 것이리라. 초창(草創)의 어려운 일은 이제 과거의 일이 되었다. 지금 이후로는 그대들과 함께 마음으로써 수성(守成)의 어려운 일을 당하여 삼가기를 바랄 뿐이다."

太宗謂侍臣曰 帝王之業 草創與守成孰難. 尙書左僕射房玄齡對曰 天地草昧 群雄競起 攻破乃降 由勝乃剋. 由此言之 草創爲難. 魏徵對曰 帝王之起 必承衰亂 覆彼昏狡 百姓樂推 四海歸命. 天授人與 乃不爲難. 然旣得之後 志趣驕逸. 百姓欲靜 而徭役不休 百姓凋殘 而侈務不息. 國之衰弊恒由此起. 以斯而言 守成則難. 太宗曰 玄齡昔從我定天下 備嘗艱若 出萬

死而遇一生. 所以見草創之難也. 魏徵與我安天下 慮生驕逸之端 必踐危亡之地. 所以見守成之難也. 今草創之難 旣已往矣. 守成之難者 當思與公等愼之.

방현령은 태종이 진(秦)나라 왕이었을 무렵부터 태종의 오른팔 노릇을 하며 활약한 사람이다. 한편 위징은 태종의 형으로서 일찍이 황태자였던 이건성때 벼슬하고, '현무문의 변' 때에는 이건민에게 태종의 암살을 진언한 사람이었다. 그러나 태종은 그의 재능과 강직함을 사랑하여 간의대부(諫議大夫:천자의 측근에서 정치의 득실을 간하는 관리)로 발탁했다.

이렇듯 사사로운 원한에 구애되지 않는 태종의 기량(器量)이 '정관의 다스림'을 일으키는 한 가지 원인이라고 말할 수 있다.

采薇之歌
채 미 지 가

고사리를 캐며 부르는 노래. 백이와 숙제가 주나라 곡식 먹는 것을 부끄럽게 여겨 수양산에 들어가 고사리를 캐 먹으며 산다는 말.

캘 채 고사리 미 어조사 지 노래 가

시대는 은(殷)나라 말기였다. 백이(伯夷)와 숙제(叔齊)는 고죽국(狐竹國) 군주의 아들이었다. 아버지는 동생인 숙제에게 왕위를 계승시키려고 하였다. 아버지가 죽자 숙제는 형을 제치고 왕위에 오른다는 것은 안 된

다고 생각하여, 왕위를 백이에게 양보했다. 그러나 백이도,

"아버지의 뜻을 거역할 수 없다."

하고 나라 밖으로 도망쳐 버렸다. 숙제도 왕위에 오르는 것을 승낙하지 않고 형의 뒤를 따라갔다. 고죽국의 백성들은 하는 수 없이 백이와 숙제 중간의 아들을 세워 군주로 삼았다.

백이와 숙제는 서백창(西伯昌:주문왕(周文王))이 노인들을 소중히 여긴다는 평판을 듣고 그리로 가서 의지하기로 했다. 그런데 가보니 서백창은 이미 죽고 그의 아들 무왕(武王)이 은(殷)나라의 주왕(紂王)을 정벌하기 위해 출진하려는 참이었다. 백이와 숙제는 그의 말고삐를 잡고 간하였다.

"아버지가 돌아가신 후 아직 장례도 지나기 전에 전쟁을 시작하는 것이 효도라고 할 수 있습니까? 신하의 몸으로 주군을 죽이는 것이 인(仁)이라고 할 수 있습니까?"

무왕의 측근이 두 사람을 베어 죽이려 하자 태공망인 여상(呂尙)이,

"이야말로 의인(義人)들이다."

하고 소리쳐 무왕의 측근자들을 쫓아 버렸다.

무왕이 은(殷)나라의 난리를 평정하여 천하는 주(周)나라로 돌아갔다. 그러나 백이와 숙제는 은(殷)나라 신하로서 이를 부끄러워하고 절개를 지켜 주(周)나라 곡식을 먹지 않겠다고 하면서 수양산(首陽山)으로 들어가 고사리를 캐어 목숨을 유지했다. 그런데 그 고사리 또한 주(周)나라 땅에 난 것이라 하여 캐어 먹지 않아 굶어 죽게 되었다. 그전에 시를 지었는데 이것이 곧 〈채미지가(采微之歌)〉이다.

저 서산(수양산(首陽山))에 올라가 그곳의 고사리를 캐어 먹자.
사나움으로써 사나움을 바꾸면서도 무왕은 그 그름을 알지 못한다.

신농씨와 순임금과 우임금 같은 성천자의 시대는 홀연히 가버렸다.
우리들은 어디로 돌아갈 것인가? 아아, 죽는 길뿐이로다.
우리들의 운명도 쇠퇴해지고 있다.

登彼西山兮 采其薇矣
以暴易暴兮 不知其非矣
神農虞夏 忽然沒兮
我安適歸矣 于嗟徂兮
命之哀矣(≪사기≫ 백이열전(伯夷列傳))

공자께서 말씀하셨다.
"백이와 숙제는 구악(舊惡)을 생각지 않고 원망을 품은 일이 드물다."
공자께서 말씀하셨다.
"그들은 인(仁)을 구하여 인(仁)을 얻었으니 또 무엇을 원망하랴!"

千里眼
천 리 안

천리를 볼 수 있는 눈이라는 뜻으로, 먼 곳에서 일어난 일을 미리 꿰뚫어 보는 능력이라는 뜻.

일천 **천** 마을 **리** 눈 **안**

북위(北魏) 말엽의 장제(莊帝) 때 광주(光州) 장관으로 임지에 부임한 양일(楊逸)은 당시 29세였다. 명문인 양가(楊家) 출신의 귀공자였음에도 불구하고 조금도 교만하지 않고 민심의 안정에 마음을 써서 문자 그대로 침식을 잊을 정도였다. 병사들이 출정할 때는 비바람을 가리지 않고 설사 눈이 내리더라도 반드시 전송을 나갔다.

이렇게 백성들을 사랑하는 한편, 법 지키기를 엄정히 하였으므로 지역의 내부는 잘 다스려져 죄를 범하는 자도 없었다. 당시 계속되는 흉년으로 굶어 죽는 사람들이 많았으므로 그는 국가의 창고를 열어 백성들에게 식량을 배급하려 했다. 담당 관리는 죄를 두려워하여 반대했지만 양일은,

"나라의 기본은 백성들이고, 백성들은 먹지 않으면 살아가지 못한다. 백성들이 굶주리고 있는데 군주 된 사람이 배불리 먹고 있다는 것이 좋은 일인가? 만일 안 된다면 내가 죄를 달게 받도록 하지."

하며 밀어제치고 창고를 열어 굶주린 백성들에게 양곡을 베풀어 준 다음, 이와 같이 한 까닭을 임금에게 상소했다. 조정에서는 당연히 반대하는 사람들도 있었지만 광주의 관청 문앞에 죽으로 연명하는 백성들이 몇만이나 있다는 소식을 장제로부터 듣고 오히려 그의 긴급조치를 가상하게 생각했다.

그는 스스로 이처럼 백성들을 사랑하고 있었기 때문에 부하 관리가 법을 무시하고 백성들에게 피해를 입히는 것을 극단적으로 싫어하였다. 관리의 위법 행위를 감시하는 사람들을 각지에 배치함과 동시에 병사나 하급 관리가 지방으로 떠날 경우에는 반드시 자기들의 식량을 가져가게 하였다.

그들이 지방으로 가면 개중에는 식사를 대접하겠다는 사람도 있었지만 그들은 이구동성으로,

"양장관은 천리 앞을 내다보는 눈(千里眼)을 갖고 계시다. 아무리 해도 장관의 눈을 속일 수는 없다."

하고 사양하였으며, 설사 외부에서 볼 수 없도록 방 안을 어둡게 해 놓고 있어도 한 걸음도 들어가려 하지 않았다.

양일은 정사를 펼치면서 백성들을 사랑하였으며, 더구나 부호의 교활함을 미워하고 귀와 눈을 널리 두었다. 병사나 관리를 아래 읍에 보낼 때에는 모두 식량을 가져가게 하였으며, 백성들 중 그들을 위하여 식사를 차려놓는 자가 있어 비록 어두운 방에 있다 할지라도 결국 나아가지 않고 말했다. '양사군(楊使君)에게는 천리안이 있다. 어찌 속일 수 있겠는가?'

逸爲政愛人 尤憎豪猾 廣設耳目. 其兵吏出使下邑 皆自持糧 人或爲設食者 雖在闇室 終不進咸言 楊使君有千里眼 那可欺之.(≪위서(魏書)≫ 양일전(楊逸傳))

이만큼 치적(治績)을 올린 그였지만 그때 조정을 마음대로 하며 황제의 자리를 엿보고 있던 이주(爾朱) 일족에게 미움을 받아 임지에서 죽임을 당했다. 그의 나이 불과 32세였다.

광주(光州)에서는 상하가 모두 이를 슬퍼하여, 1개월에 걸쳐 주성(州城)은 물론이고 변두리 시골에서도 사람들이 모여 제단을 설치하고 향화(香花)를 바쳤다고 한다.

天網恢恢 疏而不漏
천 망 회 회 소 이 불 루

하늘이 친 그물은 넓어서 빠져나가지 못한다. 하늘의 그물은 넓고 성기어서 악한 사람이 빠져나오지 못한다는 말.

하늘 **천** 그물 **망** 넓을 **회** 트일 **소** 말이을 **이** 아니 **불** 샐 **루**

이 말은 ≪노자≫ 제73장에서 나온 말이다.

감히 하는 일에 용감하면 죽임을 당하고, 감히 하지 않음에 용감하면 산다. 이 두 가지는 혹은 이롭고 혹은 해롭다. 하늘이 미워하는 바 누가 그 까닭을 알겠는가? 성인이기 때문에 오히려 알기가 어렵다. 하늘의 도 (道)는 다투지 않는지라 잘 이기고, 말없이 잘 응하며, 부르지 않아도 스스로 오고, 관대하여 잘 도모한다. 하늘의 그물은 넓고 넓어서 성기어도 잃지 않는다.

勇於敢則殺 勇於不敢則活 此兩者或利或害. 天之所惡 孰知其故. 是以 聖人猶難之. 天之道不爭而善勝 不言而善應 不召而者來 繟然而善謀. 天 網恢恢 疏而不失.

끝까지 굳세고 강하게 나간다면 몸을 망치게 되고, 부드럽고 약하게 나간다면 몸을 지켜 살게 된다. 이 두 가지는 하나는 몸에 이익이 되고 하나는 몸에 해가 된다. 굳세고 강함은 하늘이 미워하는 바이니 누구나 그 이유를 알지 못한다. 그것은 성인도 알 수 없는 일이다.

하늘의 도(道)는 다투지 않고서도 잘 이기고, 말하지 않고서도 잘 응하며, 불러들이는 일 없이도 스스로 오게 하며, 관대하면서도 잘 도모한다. 하늘의 그물은 넓고 커서 코가 성기어도 무엇이나 빠뜨리는 일이 없다.

'하늘의 그물이 넓고 커서 성기어도 잃지 않는다.' 라는 말은 모든 만물에 자연의 법칙이 골고루 미치고 있다는 뜻이거니와, 여기에서 말하는 '하늘의 그물' 이란 악한 사람들을 붙잡기 위하여 쳐 놓는 그물로서 그것은 굉장히 넓고 코는 성기지만 결코 악한 사람들을 도망가게 하지 않는다는 뜻으로 쓰이고 있다. 한때는 악한 사람들이 번영할지 모르지만 이윽고는 반드시 망하게 된다는 뜻이다. '성기어 잃지 않는다.' 보다는 '성기어도 새지 않는다.' 라고 해석하는 것이 일반적이다.

그 오래된 예는 ≪위서(魏書)≫ 임성왕전(任城王傳)에 보인다.

노담(老聃)이 이르기를, '정사가 밝으면 백성들이 부족하다.' 또 말하기를, '하늘의 그물이 넓고 커서 성기어도 새지 않는다.'

老聃云 其政察察 其民缺缺. 又曰 天網恢恢 疏而不漏.

'기정찰찰(其政察察) 기민결결(其民缺缺)'은 ≪노자≫의 제58장에서 '정치가 어둑하면 백성들이 순후하고 소박하지만, 정치가 인위적으로 제약을 가하면 백성들이 위협을 느끼고 부족하다(其政悶悶 其民醇醇 其政察察 其民缺缺).'는 것을 말한 것이다.

여기에서 '성기어도 새지 않는다.' 라는 말은 악한 사람을 빠져나가게 하지 않는다는 뜻이다.

天時不如地利
천 시 불 여 지 리
地利不如人和
지 리 불 여 인 화

하늘의 때가 땅의 이득만 못하고, 땅의 이로움도 사람의 화합만 못하다는 뜻으로, 승패에서 화합의 중요함을 강조한 말.

하늘 **천** 때 **시** 아닐 **불** 같을 **여** 땅 **지** 이로울 **리**
땅 **지** 이로울 **리** 아닐 **불** 같을 **여** 사람 **인** 화목할 **화**

맹자가 그의 왕도론(王道論)을 전개할 때 한 말이며, 맹자가 말하려는 취지는 제3단, 즉 결론 부분에 이르러 분명히 설명되고 있다.

≪맹자≫ 공손추편(公孫丑篇) 하(下) 첫머리의 문장이다. 맹자는 우선 심적인 명제를 설파하여 말했다.

맹자께서 말씀하셨다.
"하늘의 때는 땅의 이득만 같지 못하고, 땅의 이득은 사람들의 화합만 같지 못하다."

孟子曰 天時不如地利 地利不如人和.

설명이 거의 필요치 않을 만큼 명쾌한 논단(論斷)이지만 다음의 제2단에서 맹자는 이것에 대하여 약간의 설명을 시도하고 있다.

　30리의 내성과 70리의 외성을 포위하고 공격해도 이기지 못한다. 대저 포위하고 이를 공격하면 반드시 하늘의 때를 얻는 사람이 있을 것이다. 그런데 이기지 못하는 사람은 하늘의 때가 땅의 이득만 못하기 때문이다. 성이 높지 않은 것도 아니고 연못이 깊지 않은 것도 아니며, 또 무력이 견고하고 날카롭지 않은 것도 아니고 군량이 많지 않은 것도 아니건마는, 성을 버리고 도망가는 것은 땅의 이득이 사람들의 화합만 못하기 때문이다.

　三里之城 七里之郭 環而攻之而不勝. 夫環而攻之 必有得天時者矣. 然而不勝者 是天時不如地利也. 城非不高也 池非不深也 兵革非不堅利也 米粟非不多也. 委而去之 是地利不如人和也.

　승패는 때의 운이라고 하지만 물론 거기에는 몇 가지 기본적인 조건이 고려되지 않으면 안 된다. 맹자는 그 첫째를 하늘의 때, 둘째를 땅의 이득, 셋째를 사람들의 화합이라고 본 것이다.
　하늘의 때에 대하여 전쟁을 일으킬 경우 추위와 더위, 맑은 날씨와 비가 내림, 낮과 밤처럼 자연적인 조건 이외에도 방위라든가 시일의 길흉 같은 문제도 포함해서 생각한다.
　전쟁은 이와 같은 조건이나 문제를 고려한 다음에 일으켜야 하거니와, 그러면서도 사방 30리의 내성과 사방 70리의 외성 정도의 크지 않은 적군의 성을 공격할 때조차 하늘의 때가 땅의 이득, 즉 수비하는 쪽의 견고함에는 미치지 못한다는 것이다.
　그런데 다시 또 높은 성곽과 깊은 연못에 둘러싸여 있고, 더구나 갑주

(甲冑)와 무기는 견고하고 날카로우며, 군대의 식량도 충분히 저축되어 있는 수비의 태세, 즉 땅의 이득을 얻었다 하더라도 적군의 공격에 버티지 못하여 성을 버리고 도망치는 경우도 있다. 이것은 수비하는 사람들 쪽의 땅의 이득이라도 공격하는 사람들의 화합, 즉 정신적 단결에 미치지 못하기 때문이다.

여기까지 논한 뒤에 맹자는 이어 최종적인 결론을 내리고 있다.

그러므로 말하기를, '백성들을 국경 안에 머물게 하는 데는 영토의 경계로써 하지 않으며, 국방을 튼튼히 하는 데는 산과 골짜기의 험함으로써 하지 않고, 천하에 위엄을 떨치는 데는 무력의 날카로움으로써 하지 않는다.' 라고 일러지는 것이다.

도(道)를 얻은 사람은 돕는 사람이 많고 도(道)를 잃은 사람은 돕는 사람이 적은 법이니, 돕는 사람이 적은 것이 극단에 이르면 친척까지 배반하고 돕는 사람이 많은 것이 극단에 이르면 온 천하가 다 순종한다. 온 천하가 다 순종한 것으로써 친척까지 배반한 것을 공격하는 것이므로 군자는 싸우지 않을지언정 싸우면 반드시 승리하게 마련이다.

故曰 城民不以封疆之界 固國不以山谿之險 威天下不以兵革之利. 得道者多助 失道者寡助 寡助之至 親戚畔之 多助之至 天下順之. 以天下之所順 攻親戚之所畔. 故君子有不戰 戰必勝矣.

天與弗取 反受其咎
천 여 불 취 반 수 기 구

하늘이 주는 것을 취하지 않으면 도리어 그 허물을 받는다는 뜻으로,
좋은 기회가 왔는데도 행하지 아니하면 도리어 그 재앙을 받는다는 뜻.

하늘 **천** 줄 **여** 아닐 **불** 취할 **취** 돌이킬 **반** 받을 **수** 그 **기** 허물 **구**

조(趙)나라를 격파한 한신(韓信)은 한(漢)나라 4년에 동쪽으로 향하여
제(齊)나라 전토를 평정하자, 한왕(漢王) 유방(劉邦)에게 사자를 보내 임
시로 제왕(齊王)이 되게 해 달라고 청원했다. 그 무렵 한왕 유방은 형양
(滎陽)에서 항우(項羽)의 초(楚)나라 군대에게 포위되어 위급한 때였기
때문에 화를 내며 사자를 꾸짖었다.

"내가 괴로운 처지에 빠져 있는데도 도우러 오지는 않고 왕이 되겠다
니, 무슨 일인가?"

그러자 장량과 진평(陳平)이 유방의 발을 밟으며 귀에 입을 대고 작은
소리로 말했다.

"한(漢)나라는 지금 몹시 불리한 상황입니다. 이때 한신(韓信)이 왕이
되겠다는 것을 금하면 자다가 뒤침을 얻어맞을 수 있어 큰일입니다. 지
금은 기분 좋게 왕으로 삼아 주어 자신이 제(齊)나라를 지키게 하는 편이
한(漢)나라를 위하는 길입니다."

이 말을 들은 유방은 과연 그럴듯한 계책이라고 생각하면서 또다시 꾸
짖어 말했다.

"사나이 한마디가 제(齊)나라를 평정하였다면 진짜 왕이 되면 좋지 아

니한가? 어찌 임시 왕이라고 하는 것인가?"

이렇게 한신은 제왕(齊王)이 되었다. 이 일은 항우에게 큰 위협이었다. 유방과의 싸움에서 우위에 서 있기는 하지만 상대방을 압도할 만큼 결정적인 힘을 가지고 있는 것은 아니었다. 제왕(齊王)이 된 한신이 한(漢)나라를 위해 북쪽에서 초(楚)나라를 압박하게 된다면 형세는 역전될지도 모른다. 항우는 사자를 보내 한신에게 한(漢)나라와 초(楚)나라의 싸움에서 중립을 유지하는 것이 유리함을 설득했다.

그러나 한신은 유방을 배척하면서까지 자기의 이익을 도모할 기분이 아니었다. 사자가 돌아간 뒤에 제(齊)나라의 괴통(蒯通)이라는 사람이 한신 앞에 나타났다. 그도 역시 현재 천하의 형세를 잡고 있는 사람은 한신이라고 간파했던 것이다. 그렇지만 정면에서 설득해도 한신이 우쭐하지 않을 것을 이미 알고 있었다. 그래서 괴통이 말했다.

"저는 사람의 운명을 보는 재주를 배운 적이 있습니다."

"어떻게 보는가?"

"귀천은 골상(骨相)에 있고, 기쁨과 근심은 얼굴빛에 있고, 성공과 실패는 결단에 있습니다. 이에 따라 판단하면 만에 하나라도 실패하는 일은 없습니다."

"과연 그렇군. 그러면 나는 어떻지?"

"얼굴을 뵈면 기껏해야 제후에 봉할 만한데 거기에도 위험이 따릅니다. 그러나 등을 보면 입으로 말할 수 없을 만큼 귀한 상입니다."

"그것은 무슨 뜻인가?"

괴통은 설명하기 시작했다.

"진(秦)나라를 쓰러뜨리기 위하여 영웅과 호걸들이 떼 지어 일어나 천하는 삼밭처럼 혼란했지만 지금은 한(漢)나라와 초(楚)나라의 쟁패(爭覇) 형태로 되어 있습니다. 그런데 쌍방이 모두 이기고 지는 바, 어느 쪽도 결정적인 우위에 설 수가 없습니다. 그러므로 항우와 유방의 운명의 귀추는 폐하의 거취에 달려 있습니다.

폐하께서 한(漢)나라에 가담하면 한(漢)나라가 이기고, 초(楚)나라를 도우면 초(楚)나라가 이깁니다. 그렇지만 폐하께서 취할 최상의 길은 쌍방 어느 쪽도 편들지 않고 양쪽 모두 존속시켜 천하를 삼분하여 솥의 발처럼 셋으로 할거하는 것입니다.

그리하여 한(漢)나라와 초(楚)나라 두 진영을 향하여 평화를 요구하면 그것은 또한 백성들의 소망이기도 하며 아무도 거기에 반대할 사람이 없어 천하는 바람과 달리고 울림에 응하여 제왕(齊王) 폐하께 나부낄 것입니다. 이것은 하늘이 준 좋은 기회입니다."

괴통은 이렇게 설명하고 다음과 같은 말로 결말을 지었다.

대개 듣건대 하늘이 주는 것을 취하지 아니하면 도리어 그 허물을 받고, 좋은 기회가 왔는데도 행하지 아니하면 도리어 그 재앙을 받는다고 합니다. 원컨대 당신은 이것을 깊이 생각하시기 바랍니다.

蓋聞 天與弗取 反受其咎 時至不行 反受其殃. 願足下孰慮之.(≪사기≫ 회음후열전(淮陰侯列傳))

그러나 한신은 결심이 서지 않았다.

"한왕은 더할 나위 없이 나를 소중히 받들어 주신다. 자기의 수레에 나를 태워 주시고, 자기의 옷을 나에게 입혀 주시고, 자기의 식사를 나에게 먹게 해 주신다. 그 의리를 배반하고 이익으로 달릴 수는 없는 노릇이다."

한신은 한왕을 배반할 결심이 서지 않아 괴통의 진언을 물리쳤다.

드디어 한(漢)나라에 의해 천하 통일이 실현되자 큰 공이 있던 무장들은 점차로 숙청되었다. 한신이 그 첫머리에 있었다. 초왕(楚王)으로 있던 한신은 회음후(淮陰侯)로 좌천되었다가 고조의 정벌 중에 반란을 일으켰다는 여후(呂后)와 소하(蕭何)의 계략에 걸려서 포박되어 참형에 처해졌다. 참형에 처할 때 한신이 말했다.

"괴통의 계략을 쓰지 않은 것이 후회된다. 덕분에 여인에게 속임을 당하게 되었다. 이야말로 천명이다."

한신은 하늘이 준 것을 취하지 않았기 때문에 그 허물을 받았는지도 모른다.

天衣無縫
천 의 무 봉

선녀의 옷은 꿰맨 데가 없다는 뜻으로, 아름답고 깨끗하게 행동하는 사람이라는 뜻.

하늘 **천** 옷 **의** 없을 **무** 꿰맬 **봉**

태원(太原)에 사는 곽한(郭翰)은 문학을 논해도 좋고 글씨를 쓰게 해도 좋을, 교양이 풍부하면서 세속을 초월한 청년이었다. 그는 부모를 일찍 잃고 혼자서 생활하고 있었다.

어느 여름날 밤, 달빛이 맑게 갠 마당에 간단한 침상을 만들고 옆으로 누워 서늘한 바람을 쏘이고 있으니 무엇이라고 말할 수 없는 향기가 섞인 바람이 흘러 들어왔다. 향기는 점차로 진해져 무엇인가 하고 하늘을 올려다보자 사람의 그림자가 흔들흔들 내려와 그의 눈앞에 섰다. 눈이 부실 정도의 아름다운 처녀였다.

검은 비단옷을 입고 서리와 같은 얇은 비단의 소매 없는 옷을 입었으며 푸른 봉황의 벼슬을 구름 모양으로 수놓은 신을 신고 있었다. 그녀는 마치 하늘의 선녀와 같았다. 데리고 있는 시녀 두 사람도 본 적이 없는 미녀들이었다.

곽한이 흐트러진 옷깃을 여미고 침상에서 내려와 엎드리자 선녀는 미소를 지으면서 말했다.

"나는 하늘의 직녀입니다. 남편과 이별한 지 오래되어 적적한 나머지 답답한 병에 걸렸으므로 천제의 허락을 얻어 잠시 하계(下界)에 휴양하러 내려왔습니다. 당신이 속세의 티끌을 피하여 생활하시는 것을 사모하여 맺어지기 위해 이렇게 찾아온 것입니다."

"황송하신 말씀입니다."

곽한이 오로지 두려워하고 있는 동안에 직녀는 시녀들에게 명하여 안채를 청소하게 했다. 침상에는 붉은 비단의 휘장이 드리워지고 수정으로 엮은 깔개가 깔리자 시녀들이 천천히 바람을 보내 주고 있었다. 가을처럼 시원해진 침실에서 두 사람은 서로 손을 잡고 있었다. 옷을 벗고 마루로 들어갔는데 직녀가 입고 있는 붉은 비단 잠옷에서 마치 향기 주머니와 같은 묘한 향기가 일어나 침실 가득히 번져 나갔다. 아기자기한 교정(交情)이 끝난 다음, 날이 밝자 그녀는 구름을 타고 돌아갔다.

그로부터 밤마다 찾아왔는데 어느 날 희롱하는 사이에,

"주인(견우)은 어떻게 된 것입니까? 혼자 이렇게 하셔도 관계없는 것입니까?"

하고 물어보자,

"이것은 그 사람과는 관계가 없는 일이지요. 더구나 하늘의 강에서 이별하여 헤어져 있으므로 그 사람이 알 까닭도 없고, 설사 알려진다 하더라도 어찌할 수 없는 일입니다."

라고 대답하는 것이었다.

이윽고 칠월칠석의 밤이 왔다. 그날 밤에는 직녀가 나타나지 않았다. 며칠 밤이 지나서야 다시 왔으므로,

"어떻습니까? 즐거웠습니까?"

하고 묻자 그녀는 웃으면서,

"하늘의 일은 이 세상과는 다릅니다. 마음이 통하여 합칠 뿐으로, 다른 일은 아무것도 없다구요. 질투를 낼 것은 못 됩니다."

"그렇기는 해도 오래되었군요."

"하늘의 하룻밤은 이 세상의 닷새에 해당된답니다."

그날 밤 그녀는 그를 위하여 하늘의 요리를 가지고 왔는데 모두가 처음 본 것들뿐이었다. 또한 아무 생각 없이 그녀의 옷을 보니 꿰맨 자리가 전혀 없었다. 이상하여 물어보자,

"하늘의 옷은 원래 바늘이나 실로 꿰매는 것이 아닙니다."

라고 말하는 것이었다. 그리고 그 옷은 그녀가 돌아갈 때가 되면 저절로 그녀의 몸을 덮는 것이었다.

천천히 그 옷을 보자 아울러 꿰맨 곳이 없었다. 한이 물었다. 한에게 일러 말하기를, '하늘의 옷은 본래 바늘과 실로 꿰매는 것이 아닙니다.' 갈 때는 매양 곧 옷이 스스로 따랐다.

徐視其衣並無縫. 翰問之. 謂翰日 天衣本非針綫爲也. 每去 輒以衣服
自隨.

1년쯤 지난 어느 날 밤에 그녀는 곽한의 손을 잡고서,

　"천제의 허락을 받은 기한이 다 되었습니다. 오늘 밤을 끝으로 이별하지 않으면 안 됩니다."

　하고 울면서 그녀는 쓰러졌다. 그날 밤에는 아침까지 잠을 자지 않고 이별을 애석해 하며 선물을 교환한 후 하늘로 돌아갔는데, 돌아보고 또 돌아보며 보이지 않을 때까지 손을 흔들고 있었다.

　그로부터 1년이 지난 어느 날, 시녀가 소식을 전하러 온 이후로는 소식이 끊어졌다. 이후 곽한은 이 세상에서 아무리 미인을 보아도 마음이 움직이지 않게 되었다. 집안의 계통을 끊이지 않게 하기 위하여 아내를 맞이했지만 아무래도 마음에 들지 않고 부부 사이도 좋지 않아 아들도 낳지 못한 채로 끝나고 말았다.

　이상은 《태평광기(太平廣記)》 권68에 실려 있는 곽한의 이야기를 소개한 것이다.

　하늘의 선녀 옷과 같이 기교의 흔적이 없으며 또한 아름답게 정리된 시문(詩文)을 평하여 '천의무봉(天衣無縫)'이라고 하는 것은 이 이야기에서 근거하거니와, 예를 들어 태어난 그대로 충분히 아름다움을 발휘하는 사람을 '천의무봉(天衣無縫)의 인물'이라고 할 때 이 말을 사용하는 경우가 많다.

千載一遇
천 재 일 우

천년에 한 번 온다는 뜻으로, 좀처럼 만나기 어려운 기회라는 뜻.

일천 **천** 해 **재** 한 **일** 만날 **우**

'천재(千載)'의 '재(載)'는 '해'라는 뜻으로, '천재일우(千載一遇)'란 천년에 한 번 돌아온다는 뜻이다. 이 말은 동진(東晉)의 원굉(袁宏)이 엮은 ≪삼국명신서찬(三國名臣序贊)≫에 실려 있는 말이다.

원굉이 젊은 시절에는 문재(文才)가 있었으나 아버지(임여(臨汝)의 현령)가 일찍 죽었기 때문에 생활이 곤궁하여 상납미(上納米) 수송선의 인부 노릇을 하고 있었다. 그러한 그가 세상의 인정을 받게 된 데 대해서는 다음과 같은 이야기가 전해지고 있다.

당시 우저(牛渚)에 머물고 있던 강남(江南)의 명문 출신 사상(謝尙)이 어느 가을날 밤 개울에 배를 띄워 놓고 달구경을 하고 있었는데 낭랑한 목소리가 개울의 수면을 따라 흘러 내려왔다. 오래 전에 지은이의 감회를 붙인 시로, 그 소리는 맑고 시구는 뛰어나 배를 세워 놓은 채 듣는 데 반해 있었다. 그 목소리가 그치기를 기다렸다가 하인을 보내 찾았다.

"소생은 임여(臨汝)에 사는 원굉이란 사람으로, 방금 읊은 것은 제가 지은 시입니다."

라고 대답했다. 사상이 원굉을 급히 배로 맞이하여 이야기를 하다가 정신이 들어 보니 먼동이 틀 무렵이었다고 한다.

이것을 인연으로 그는 사상의 참군(參軍:장군부의 속관)이 되었다가 당시의 최고 실력자인 대사마(大司馬:재상) 환온(桓溫) 밑에서 서기와 이부랑(吏部郞:인사 관리)을 지낸 뒤에 동양군(東陽郡) 태수가 되었다.

그는 ≪후한기(後漢紀)≫ 30권 이외 ≪죽림명사전(竹林名士傳)≫ 3권 등 시문 300편을 남겼는데, 특히 유명한 것이 ≪문선(文選)≫에 실려 있는 〈삼국명신서찬(三國名臣序贊)〉이었다.

이것은 머지않아 완성되는 진수(陳壽)의 삼국지(三國誌)를 틈나는 대로 읽고, 위(魏)·촉(蜀)·오(吳) 삼국의 건국 명신 20명을 열거하여 그 한 사람 한 사람을 칭찬한 찬(贊:일구 사자로 된 운문)을 지어 산문으로 서문을 붙인 것이다.

그 화려한 문장을 보기 위하여 위(魏)나라의 순익(荀彧:자는 문약)에게 바친 찬(贊)을 초록하여 보겠다.

재능이 뛰어난 문약(文若)은 투철한 식견을 갖추고 있었다. 변함에 응하여 적은 것을 알고, 심원한 이치를 탐구하여 요체를 찾았다. 해와 달을 봄에 숨기면 더욱 밝아진다. 교양을 마음에 비춰 자르면 더욱 묘해진다. 천하가 난동하면 옥석(玉石)이 함께 부서진다. 달인은 착함을 겸하여 자기를 버리고 사랑을 둔다. 도모할 때는 어지러움을 풀고 공이 우주를 구한다. 처음에는 백성들을 구원하고 마지막에는 절개를 밝히고 죽었다.

英英文若 靈鑑洞照. 應變知微 探賾賞要. 日月在躬 隱之弥曜. 文明映心 鑽之愈妙. 滄海橫流 玉石同碎. 達人兼善 廢己存愛. 謀解時紛 功濟宇內. 始救生人 終明風槩.

순익은 조조가 동탁(董卓)의 전횡에 반대하여 의병을 일으킨 이후 그의 지혜를 토대로 활약했지만, 조조에게서 찬탈의 징후가 보여 이에 반대하자 조조의 미움을 사 답답한 번민 중에 죽어간 사람이다.

이와 같은 명신들을 칭찬하는 찬(贊) 앞에 붙인 서문에서 원굉이 썼다.

대저 백락(伯樂)을 만나지 못하면 곧 천년에 한 천리마도 없다.

夫未遇伯樂 則千載無一驥.

말에 대한 안목이 높은 말의 명수 백락(伯樂)을 만나지 못한다면 천 년이 지나도 한 마리의 천리마도 발견할 수 없다는 것은 어진 신하가 명군(名君)을 만나는 것이 어렵다는 말을 비유한 것이다.

대저 만 년의 한 번 기회는 이 세상과 통하는 길이며, 천 년에 한 번 좋은 기회를 만나는 것은 현인과 지혜 있는 사람의 아름다운 만남이다. 이와 같은 기회를 만나면 누구나 기뻐하지 않고는 못 견디니, 기회를 잃으면 어찌 개탄하지 않을 수 있겠는가?

夫萬歲一期 有生之通塗 千載一遇 賢智之嘉會. 遇之不能無欣 喪之何能無慨.

그가 벼슬한 환온은 성한국(成漢國)을 멸망시키고 사천성(泗川省)을 탈환하였으며 두 번의 북벌 작전에서 한 번은 낙양(洛陽)을 탈환할 만큼 명장인데다 청담(淸談)의 재능도 풍부한 교양인이었다. 그렇지만 그 위신을 등지고 366년에는 당시 황제 사마혁(司馬奕)을 폐위시켰는데, 결국 병들어 죽음으로써 목적을 달성하지는 못했지만 언젠가는 자기에게 양

위(讓位)시킬 계획으로 간문제(簡文帝)를 즉위시켰던 사람이다.

天知地知 我知子知
천 지 지 지 아 지 자 지

하늘이 알고 땅이 알고 내가 알고 당신이 안다. 세상에는 비밀이 없
다는 뜻.

하늘 천 알 지 땅 지 알 지 나 아 알 지 당신 자 알 지

후한(後漢)의 양진(楊震)은, 항우(項羽)가 해하(垓下)를 탈출하여 동성
(東城)에서 최후의 일전을 도모했을 때 항우의 한 번 소리침이, '사람과
말들이 함께 놀라고 두려워 수십 리를 물러선다.'고 ≪사기≫의 항우본
기(項羽本紀)에 쓰인 대로 항우의 굳센 용기와 기백의 대단함을 증거로
삼은 적천후(赤泉侯)의 8대 후손이다.

그런데 이 8대 후손은 강골로 소문이 났는데, 천자인 안제(安帝)의 유
모 왕성(王聖)이 정치에 대한 발언을 하거나 안제의 총애를 받는 사람이
정치를 마음대로 하는 것에 화가 나서 천자에게 자주 간하였기 때문에
결국 '천자 쪽의 간신'과 함께 조처되어 짐새의 독을 먹고 자결했다.

상서학자(尙書學者) 양진의 해박한 지식은 당시의 유가(儒家)에 견주
어 '관서(關西)의 공자'라고 일러졌다고 한다. 관서는 함곡관(函谷關) 서
쪽 전국시대 진(秦)나라 땅을 가리키는 말로, 양진의 출생지가 지금의 섬
서성(陝西省) 화음현(華陰縣)이었음에 유래한다.

그는 민간에서 학문을 강의하면서 쉽게 벼슬길에 오르지 못했지만 나이 50세가 되어 간신히 지방의 관리가 되었다. 대장군인 등질(鄧騭)이 그의 뛰어난 재주를 듣고 무재(茂才)로 천거했다.

한대(漢代)의 관리 등용 시험에 수재(秀才)라는 과목이 있었는데, 후한(後漢)의 광무제(光武帝) 이름이 유수(劉秀)였기 때문에 무재(茂才)라고 부르게 되었으며 양진은 이 과목에 합격했던 것이다.

네 번째 이동으로 그가 동래군(東萊郡) 태수가 되었을 때의 일이다. 동래군은 산동성(山東省)의 액현(掖縣)을 다스리는 곳으로 삼았기 때문에 양진은 부임 도중 창읍(昌邑)에 머물렀다. 목적지가 가까워질 무렵, 양진은 찾아온 창읍 현령 왕밀(王密)을 만났다. 왕밀은 양진이 형주(荊州)의 자사(刺史)였을 때 무재로 천거된 사람이었다.

밤이 되자 왕밀은 품고 왔던 10금을 양진에게 주었다. 양진이 거절하며 말했다.

"당신의 옛 친구는 당신의 사람됨을 이해하고 있는데, 당신이 그 옛 친구를 이해하지 못한다는 것은 우스운 일이 아닌가?"

그러자 왕밀이 말했다.

"한밤중의 일을 아는 사람은 없습니다."

양진이 되물었다.

하늘이 알고 귀신이 알고 내가 알고 자네가 아는데, 어찌 아는 사람이 없다고 이르는가?

天知 神知 我知 子知 何謂無知.(≪후한서≫ 양진전(楊震傳))

이 '네 가지 아는 것(四知)'이라는 말이 ≪십팔사략≫의 〈동한(東漢) 효

안황제(孝安皇帝)〉의 장에서는, '천지(天知), 지지(地知), 자지(子知), 아지(我知)'로 되어 있다. '하늘'에 대하여 '귀신'이라고 말하기보다는 '땅'이라고 하는 편이 관념상 중복이 없다. 또는 '천지(天知), 아지(我知), 인지((人知)'라고 말하기도 한다.

鐵面皮
철 면 피

무쇠처럼 두꺼운 낯가죽이라는 뜻으로, 얼굴이 두껍고 부끄러운 줄 모르는 뻔뻔스러운 사람이라는 뜻.

쇠 **철** 얼굴 **면** 가죽 **피**

진사(進士)인 왕광원(王光遠)은 권력자들에게 가까이 하기 위하여 계속 인사를 하러 돌아다녔는데, 매를 맞고 문 앞에서 쫓겨나는 굴욕을 당하면서도 그만두려 하지 않았다. 그래서 당시 사람들은 이렇게 말했다.

"광원의 얼굴 가죽은 열 장을 겹친 무쇠 갑옷과 같다."

진사인 왕광원은 권세가와 호족(豪族)을 찾아다니며 싫어하지 않고 인사를 드렸는데, 혹은 종아리 치는 굴욕을 당해도 고쳐 후회하는 일이 거의 없었다. 그때 사람들이 말했다. '광원의 얼굴이 두껍기는 열 겹의 무쇠 갑옷과 같다.'

進士王光遠 干索權豪無厭 或遭撻辱 略無改悔. 時人云 光遠顏厚如十重
鐵甲.

얼굴이 두껍고 부끄러움을 모르는(厚顔無恥) 것, 뻔뻔스러운 것이 '철
면피(鐵面皮)'의 어원(語源)이 된 이 일화는 송(宋)나라의 손광헌(孫光憲)
이 지은 ≪북몽쇄언(北夢瑣言)≫에 실려 있다. 이 책은 당(唐)나라와 오
대(五代)와 송(宋)나라의 잡사를 기록한 것이다.

'철면피(鐵面皮)'는 '철면(鐵面)'이라고도 말하거니와, '철면(鐵面)'을
사용할 때는 오히려 긍정적인 평가로 쓰이는 일이 많다. 공평강직(公平
剛直)하여 '철면(鐵面)'을 쓴 것처럼 권세를 두려워하지 않고 사사로운
정에 좌우되지 않는 사람에게 주어지는 찬사이다.

송(宋)나라의 조선의(趙善郎)는 선교랑(宣敎郎)에 임명되어 숭안현(崇
安縣) 지사가 되었는데, 현정(縣政)을 보살필 때 지나치게 엄격하게 법률
을 지켰기 때문에 사람들은 그를 '조철면(趙鐵面)'이라고 불렀다.(≪복건
통지송(福建通志宋)≫)

송(宋)나라의 조변(趙抃)은 전중시어사(殿中侍御史:관리들의 불법 행
위를 적발하는 검찰관)가 되자 권력자이거나 천자의 총애를 받는 사람이
거나 용서 없이 적발했기 때문에 도읍에서는 그를 '철면어사(鐵面御史)'
라고 불렀다.(≪송사(宋史)≫ 조변전(趙抃傳))

이와 같이 '철면(鐵面)'은 권위자에게 굴하지 않는 강직한 성격을 비유
로 말하는 것이며 여기에 '철면피(鐵面皮)', 즉 '얼굴이 두껍고 부끄러움
을 모르는 사람'이란 뜻은 포함되지 않는다.

轍鮒之急
철 부 지 급

수레바퀴 자국 속 붕어의 위급함. 몹시 위급한 형세나 곤궁한 처지
라는 말.

바퀴자국 **철** 붕어 **부** 어조사 **지** 급할 **급**

다급한 위기 혹은 곤궁한 처지를 비유하여 '철부지급(轍鮒之急)'이라
고 한다. '철부(轍鮒)'란 '수레바퀴 자국 속 붕어'란 뜻으로 《장자》 외
물편(外物篇)에 다음과 같은 이야기가 실려 있다.

장주는 집이 가난했다. 그리하여 감하후(監河侯)에게 곡식을 빌리러
갔다. 감하후는 친구의 부탁을 딱 잘라 거절할 수가 없었다.

"빌려 주지. 그런데 나는 장차 이 고을의 도조(賭租)를 걷으려 한다. 그
때 가서 그대에게 삼백 금을 빌려 주려 하는데, 괜찮은가?"

장주는 화가 나서 낯빛이 변하며 말했다.

"내가 어제 올 때 중도에 부르는 것이 있어 뒤를 돌아보니 수레바퀴가
지나간 자국에 붕어가 있었소. 내가 그에게 물었소.

'붕어야, 그대는 무엇을 하고 있는가?'

붕어가 대답하기를,

'나는 동해의 파도 신하이다. 그대는 어찌 말과 되의 물이 있는데도 나
를 살리려 하지 않는가?'

내가 말하였소.

'좋다, 나는 장차 남쪽의 오월(吳越) 왕에게 놀러 가려 한다. 서강의 물을 불러서 그대를 맞이하려 하니, 괜찮겠는가?'

붕어가 화를 내며 얼굴빛을 고치고 말했소.

'내가 항상 있던 곳을 잃어버려 있을 곳이 없다. 나는 말과 되의 물만 얻으면 살 수 있을 텐데 그대는 그렇게 말하는구나. 일찌감치 건어물전에 가서 나를 찾는 것만 못할 것이다.'"

莊周家貧. 故往貸粟於監河侯. 監河侯曰 諾 我將得邑金 將貸子三百金可乎. 莊周忿然作色曰 周昨來有中道而呼者. 周顧視車轍中有鮒魚焉. 周問之曰 鮒魚來 子何爲者耶. 對曰 我東海之波臣也. 君豈有斗升之水而活我哉. 周曰 諾 我且南遊吳越之王 激西江之水而迎子 可乎. 鮒魚忿然作色曰 吾失我常與 我無所處. 吾得斗升之水然活耳. 君乃言此. 曾不如早索我於枯魚之肆.

장자(莊子)는 집이 가난했기 때문에 감하후라는 사람에게 가서 쌀을 빌리려 했다. 그러자 감하후는 이렇게 말했다.

"좋다. 며칠 후에 영지(領地)에서 도조가 들어올 것이므로 그대에게 삼백 금을 빌려 주리라. 괜찮겠는가?"

장자는 화가 나서 얼굴빛을 바꾸며 말했다.

"어제 이리로 오는 도중에 나를 부르는 자가 있었습니다. 돌아보니 수레바퀴가 지나간 자국에 붕어가 있었으므로, '오오, 붕어인가? 그대는 어찌된 일인가?' 하고 묻자 붕어는, '나는 동해의 물결 신하입니다. 몇 잔의 물로 나를 살려 주지 않겠습니까?' 라고 대답했습니다. 내가 말하기를, '좋다. 나는 장차 남쪽의 오(吳)나라와 월(越)나라 왕이 있는 곳으로 유세를 가려고 하니 서강의 물을 여기까지 끌어들여 그대를 살려 내기로 하겠다. 괜찮겠는가?' 하자 붕어는 화가 나서 낯빛을 고치고 말했습니다. '나는 당장 필요한 물을 잃어버려 내가 있을 곳이 없는 것입니다. 몇 잔의 물만 있으면 도움이 될 텐데도 당신은 그렇게 말씀하시는군요. 그렇다면 건어물 파는 가게에 가서 나를 찾는 편이 나을 것입니다.'"

이 이야기는 크고 작음과 많고 적음의 상대적인 차이가 무의미하다는 것과, 그 사용하는 방법에 따라 많은 것이 적은 것에 미치지 못할 수도 있음을 비유로 말한 것이다.

掣肘
철 주

팔을 잡아당긴다. 하는 일을 간섭하여 마음대로 못하게 옆에서 막는다는 뜻.

당길 **철** 팔꿈치 **주**

복자천(宓子賤:이름은 부제)은 공자보다 49세나 손아래 제자였지만 공자로부터, '군자로다, 그와 같은 사람은.' 하고 절찬을 받은 사람이다.

이 복자천이 노(魯)나라 애공(哀公)으로부터 단보(亶父) 지방의 장관으로 임명된 일이 있었다. 74세에 돌아가신 공자 생전의 일이므로 복자천의 나이 20세쯤의 일인 것 같다.

복자천이 임지에 부임할 때, 애공은 간사한 신하들의 참소를 듣고는 과업을 얻지 못할까 염려하여 가까운 신하 두 사람을 딸려 보냈다. 임지인 단보에 도착하자 관청의 하급 관리들이 신임 장관에게 인사를 했다. 복자천은 인사를 받으면서 애공께서 딸려 보낸 신하 두 사람에게 그들의 이름을 쓰게 했다.

신하들이 이름을 쓰려고 하니 복자천은 신하들의 팔굽을 일부러 치거나 끌어당겼다. 당연한 일이지만 글자들은 비뚤어지고 구부러지고 했다. 복자천이 화를 내면서,

"글자들이 왜 그런가?"

신하들은 몹시 근심하면서 말했다.

"청컨대 사퇴하고 돌아가게 해 주십시오."

복자천이 말했다.

"그대들의 글씨는 아주 형편없구나. 어서 돌아가라."

두 신하가 돌아가서 임금에게 보고했다.

"복자천 아래에서는 일할 수가 없습니다."

"무슨 까닭인가?"

두 신하들이 대답했다.

"복자천께서 저희들에게 글씨를 쓰게 하고서는 옆에서 팔을 내밀어 저희들의 팔굽을 치고 끌어당겼습니다. 그러고는 필적이 나쁘다며 몹시 화를 내는 것입니다. 그곳의 관리들도 다 복자천을 비웃었습니다. 그래서 신들이 사퇴하고 돌아온 것입니다."

애공은 크게 한숨 쉬며 탄식하였다.

"복자천은 과인의 불초함을 그렇게 간하여 준 것이다. 과인은 이제까지 복자천이 하는 일에 대해 자주 방해해 왔을 것이다. 그대들이 없었으면 과인은 잘못을 더 저지를 뻔했다."

그리하여 신하를 단보에 보내 복자천에게 전하게 했다.

"이후로 단보는 과인의 것이 아니고 그대의 소유로다. 단보를 위하는 일이라면 그대 마음대로 해도 좋다. 그 결과는 5년 후에 들려주기를 바란다."

宓子賤治亶父 恐魯君之聽讒人 而令己不得行其術也 將辭而行 請近吏二人於魯君 與之俱至於亶父. 邑吏皆朝. 宓子賤 令吏二人書 吏方將書 宓子賤 從旁時掣搖其肘. 吏書之不善 則宓子賤爲之怒. 吏甚患之辭而請歸. 宓子賤曰 子之書甚不善 子勉歸矣. 二吏歸報於君曰 宓子不可爲書. 君曰何故. 吏對曰 宓子 使臣書 而時掣搖臣之肘 書惡 而有甚怒 吏皆笑宓子此臣所以辭而去也. 魯君 太息而歎曰 宓子以此諫寡人之不肖也. 寡人之亂子 而令宓子不得行其術 必數有之矣. 微二人寡人幾過. 遂發所愛 而令之亶父告宓子曰 自今以來 亶父非寡之有也 子之有也. 有便以亶父者 子決爲之矣 五歲而言其要.

복자천은 삼가하여 말씀을 승낙하고 이후로 아무에게도 마음을 쓰는 일 없이 일찍이 공자에게서 배운 정치를 단보 지방에서 실행했다.

3년 후 같은 제자인 무마기(巫馬旗)가 서민의 옷차림을 하고 그의 다스림을 보러 갔는데, 어느 날 밤에 한 어부가 그물에 걸린 물고기를 강물로 돌려보내는 것을 보았다.

"모처럼 잡힌 물고기를 왜 놓아 주는 것인가요?"

미심쩍어 묻자 그 어부는 이렇게 말했다.

"어린 물고기는 잡지 말라고 복장관께서 말씀하셨습니다. 지금 놓아주는 것은 모두 어린 물고기들뿐입니다."

감탄한 무마기는 곡부(曲阜)로 돌아와 공자에게 보고하였다.

"복자천의 덕은 빠짐없이 시행되고 있었습니다. 백성들은 보는 사람이 없는 어두운 밤에도 엄격한 법이 옆에 있는 것처럼 행동을 삼가하였습니다."

이 이야기는 ≪여씨춘추(呂氏春秋)≫ 18권의 심응람(審應覽) 구비편(具備篇)에 실려 있으며, ≪공자가어≫의 굴절해편(屈節解篇)에도 실려 있다. ≪공자가어≫에는 복자천의 치적에 대하여 아주 자세히 기록되어 있다.

오늘날 사람이 하는 일을 옆에서 간섭하여 마음대로 못하게 막는 것을 '철주(掣肘)'라고 하는 것은 이 이야기에서 나온 말이다.

靑雲之志
청   운   지   지

푸른 구름의 의지로, 높은 명예나 출세하고자 하는 이상을 이루어 나가려는 뜻.

푸를 청 구름 운 어조사 지 뜻 지

장구령(張九齡)의 오언절구(五言絶句)인 〈거울을 비춰 백발을 보다(照鏡見白髮)〉에 다음과 같이 나와 있다.

옛날에는 청운(靑雲)의 뜻을 지녔는데, 시기를 잃어 흰머리의 나이로다.

누가 알리오, 밝은 거울 속에 형상의 그림자 스스로 서로 가련해짐을.

宿昔靑雲志 蹉跎白髮年
誰知明鏡裏 形影自相憐

장구령은 당(唐)나라 현종(玄宗) 때 재상이었는데 이임보(李林甫)의 참언이 있어 하야한 사람으로, 강직한 충신이었다고 일러진다. 이 시는 재상직에서 사퇴할 때의 감회를 읊은 것이다.

'옛날에는 청운의 뜻을 품고 대신이 되어 나라를 위하여 마음을 다했는데, 뜻과 같지 않아 백발이 되어 쓰러지게 되었다. 나는 지금 밝은 거울을 향하여 백발을 본다. 거울 속의 그림자와 이를 향한 자기는 서로 가련하거니와 이 탄식을 도대체 누가 알아주겠는가?' 라는 뜻이다.

현재 우리들은 큰 뜻이나 입신출세에 대한 야망을 '청운(靑雲)의 뜻'이라고 말한다. 그런데 원래의 뜻은 그렇지 않으며 '청운(靑雲)'이라는 말은 ≪사기≫의 백이열전(伯夷列傳)에도 나오는데 다음과 같이 쓰이고 있다.

항간의 사람들이 행실을 닦아 이름 세우기를 바라는 자들을 청운(靑雲)의 선비에게 붙이는 것이 아니니, 어찌 능히 후세에 베풀 수 있으랴!

閭巷之人 欲砥行立名者 非附靑雲之士 惡能施于後世哉.

'항간에서 생활하는 평민들이 품행을 닦아 후세에 이름을 남기려고 해도 청운(靑雲)의 선비의 힘을 빌리지 않는다면 후세에 이름을 남길 수 없다' 라는 뜻이다.

《사기》에서는 백이(伯夷)나 숙제(叔齊)와 같은 절개 높은 인격자라
도 공자라는 성인이 있어서, 그들의 절개를 후세에 전해 주었기 때문에
이름이 남겨진 것으로, 얼마나 많은 뛰어난 인물들이 세상에 알려지지
않고 역사에서 사라져 버리는가를 한탄하고 있는 것이다. 따라서 청운
(靑雲)의 선비란 공자와 같은 성인을 가리키며, 고위 고관의 사람들이 아
니다.

　현재는 '청운(靑雲)'을 《사기》와 같은 사용 예를 떠나서, 오직 입신
출세하여 부귀영화를 누리는 고위 고관 등을 뜻하는 말로밖에 쓰이지 않
는다. 중요한 위치에 나아가 나라를 위하여 마음을 다하려는 뜻, 혹은 크
게 행동하려는 마음이 부가된 것이 아니고 장구령의 경우처럼 아마도 그
런 기분이었을 것이다.
　더구나 왕발(王勃)은 〈등왕각서(滕王閣序)〉에서,
　'늙음을 당하면 더욱 씩씩해야 한다. 어찌 흰머리의 마음을 알랴! 궁해
지면 또한 더욱 굳어져야 한다. 청운의 뜻은 떨어지지 않는다(老當益壯
寧知白首之心. 窮且益堅 不墜靑雲之志).'
라고 썼다. 이것도 위의 시와 같은 뜻이다.
　왕발은 등왕각을 찾아온 뒤에 교지(交趾)의 영(令)에게 사로잡힌 아버
지를 찾아가려고 바다를 건너다가 도중에 물에 빠져 죽었다. 그의 나이
불과 26, 7세였다.

靑天白日
청 천 백 일

맑고 밝게 갠 하늘의 태양. 세상에 아무런 부끄러움과 죄가 없이 결백하다는 뜻.

푸를 **청** 하늘 **천** 흰 **백** 해 **일**

이 말은 중당(中唐)의 문호(文豪)인 한유(韓愈)의 〈최군에게 보내는 글(與崔群書)〉에서 나온 말이다. 한유의 이 문장은 《당송팔가문(唐宋八家文)》에 실려 있다.

한유는 이 친구와 동도(東都)에서 헤어져 임지(任地)로 돌아갔는데 친구도 또한 그 뒤 선성(宣城)으로 부임했다. 이 편지는 한유가 친구에게 빨리 돌아오라고 간청하는 내용을 담고 있다.

"당신의 뛰어난 인품은 어느 곳에서나 어떠한 경우에 놓이더라도 그 즐거움을 고치지 않고 어떤 일에도 마음을 괴롭히지 않는다. 그렇지만 강남의 땅도 지금의 관직도 당신에게는 결코 어울리지 않는다. 당신은 수많은 나의 친구 중에서도 마음이 밝고 순수하며 빛나는 해요, 참신한 사람이다. 그런 당신과 나의 정은 이루 말로 표현할 수 없다. 그러한 당신에 대하여 요즈음 의심을 품는 자가 이렇게 말했다. '훌륭한 사람이라고는 하지만 그것만으로는 의심스럽다. 군자도 당연히 좋고 나쁜 감정은 있게 마련인데, 그 사람에게는 모든 이들이 마음으로부터 복종한다고들 하지만 과연 그렇게 훌륭한 사람이 있을 것인가.' 그래서 나는 그 사람에게 다음과 같이 대답했다."

'봉황새와 지초(芝草)는 둘 다 현명함과 어리석음으로써 아름답고 상서롭다고 한다. 푸른 하늘의 밝은 해는 노복까지 그 맑고 밝음을 안다. 이것을 음식에 비유하면 먼 곳의 진미에 이르러 곧 즐기는 자가 있고 즐기지 않는 자가 있다. 쌀이나 수수나 회나 적에 이르러서는 어찌 좋아하지 않는 사람이 있음을 듣겠는가?'

鳳凰芝草 賢愚皆以爲美瑞. 靑天白日 奴隷亦知其淸明. 譬之食物 至於遐方異味 則有嗜者 有不嗜者. 至於稻也 梁也 膾也 炙也 豈聞有不嗜者哉.

먼 지방에서 나는 진미는 좋아하는 사람이 있는가 하면 즐기지 않는 사람도 있다. 쌀이나 수수나 회나 적에 이르러서는 별로 맛있지는 않지만 누구나 즐겨 먹는다. 최군은 그와 같이 평이하지만 훌륭한 사람이다. 더구나 그의 훌륭함은 누구나가 인정하는 바이다.
한유는 인정하지 않을 수 없는 그의 훌륭함을 '봉황새와 지초'와 '푸른 하늘의 밝은 해'로 비유했다. 즉 그의 인품이 맑고 밝다고 하는 것이 아니라 푸른 하늘의 밝은 해의 맑고 밝음은 노복까지도 인정하는 것처럼 최군의 훌륭함은 만인들이 깨닫는 바라고 말하고 싶었던 것이다.

그런데 현재는 '靑天白日'이란 말을 맑고 밝게 갠 하늘의 태양에 비유하여, 처음에 설명한 바와 같이 아무런 부끄러움도 뒤가 어두운 것도 없는 결백함, 나아가 무죄가 판명되었다는 뜻으로 사용하고 있다.
주자(朱子)는 ≪주자전서(朱子全書)≫에서 맹자의 인품을 평하여, 청천백일(靑天白日)과 같고 씻어내야 할 때도 없고 찾아내야 할 흠도 없이 완벽하고 순결하다고 칭찬하거니와, 이것 또한 현재 우리가 사용하는 '청천백일'과는 그 뜻이 몹시 다르다고 하겠다.

靑天霹靂
청 천 벽 력

맑은 하늘에 벼락. 뜻밖에 생긴 큰 사건이나 이변이라는 뜻.

푸를 **청** 하늘 **천** 벼락 **벽** 벼락 **력**

맑게 갠 하늘에 갑자기 일어나는 우레를 말하며 뜻밖의 사고의 돌발, 급격한 변화의 발생 등을 비유하는 말이다.

이 말은 남송(南宋)의 대시인 육유(陸游)의 오언고시(五言古詩) 〈9월 4일, 닭이 아직 울지 않는데 일어나 짓다(九月四日鷄未鳴起作)〉라는 시에서 나온 말이다.

방옹(放翁)이 병으로 가을을 지내더니 홀연히 일어나 술 취한 먹으로 짓는다.

정히 오래도록 구멍에 머무른 용과 같이 푸른 하늘에 벽력을 날린다.

비록 기괴하게 떨어졌다고 말들을 하지만 오랫동안 침묵하며 참고 견디어 온 것이다.

이 늙은이 하루아침에 죽으면 천금으로 구해도 얻지 못한다.

放翁病過秋 忽起作醉墨
正如久蟄龍 青天飛霹靂
雖云墮怪奇 要勝常憫默
一朝此翁死 千金求不得

　방옹(放翁)이란 육유가 52세 이후에 자신을 즐겨 칭한 호이다. 세상 사람들이 자기를 방렬(放埓)이라고 빈정대는 것에 대하여 비꼼의 표현을 의도한 호인 것 같다. 북송(北宋)의 끝무렵에 태어나 남송(南宋)의 어려운 정국(북쪽 金의 압력으로 끊임없이 괴롭힘을 당함) 속에서 공적으로나 사적으로나 혜택을 받는 것 없이 생애를 강렬하게 그러나 유유자적하며 살아온 이 시인은, 때로는 나라를 근심하는 지극한 정을 불태우는 장수 같기도 했고 또 때로는 성미 까다로운 고독한 늙은이였다.

　음력 9월은 가을이 끝날 무렵에 가깝다. 여름에서 가을까지 병상에 누워 지내던 방옹(放翁)은 어느 날 아침 새벽닭보다 일찍 눈을 뜨면서 병석을 털고 일어났다. 취묵(醉墨)이란 술에 취한 감흥을 타고 붓을 옮기는 것을 말하는데 여기에서는 오랜 병으로 몸이 부들부들 떨리는 것을 술 취한 것처럼 익살스럽게 표현한 것이다.

　부들부들 떨면서도 오래간만에 붓을 잡고 놀라운 필력으로 쓰기 시작한다. '정히 오래 칩거한 용과 같이'의 구칩룡(久蟄龍)이란 오래도록 구멍에 파묻혀 있던 용이란 뜻이다. 용은 구멍에서 나와 하늘로 올라간다. 용이 올라갈 때는 하늘이 진동하는 격렬한 천둥과 번개를 동반한다. 자기는 그 용이며, 그 기세에 맡겨 글을 쓰는 모습은 번쩍번쩍 빛나는 번개와 같다고 했다.

　'청천벽력'은 한편으로는 붓을 움직이는 필력의 놀라움을, 또 한편으로는 병든 사람의 느닷없는 행동을 표현했다고 해석된다. 이것은 솔직하고 익살스러운 표현이 아주 훌륭하며 얼굴이 창백해지는 것 같은 갑작스러운 번개와 천둥은 결코 아니다.

앞 구절을 이어받아 시는 더욱 경묘하게 전개되며 자신에 대한 이 글에는 약간 기괴한 흥취가 있다. 딱하게 생각하여 가만히 떨어져 내려가면 어떻게든 존재를 계속할 수는 있을 것이다. 더구나 자기가 죽게 된다면 천금으로 구해도 얻을 수 없다. 표면으로는 어디까지나 경묘하고 익살스럽지만 역시 늘그막의 적막을 노래한 시이다.

이 시의 '청천벽력' 역시 돌발적인 사건을 뜻하고 있지만 현재의 우리들은 같은 돌발적인 사고라도 악한 일, 바람직하지 못한 일, 불행한 일 등이 일어났을 때 쓰는 것이 보통이다.

왜냐하면 이 시에서 청천벽력을 날리고 있는 것은 방옹(放翁) 자신이며, 우리들의 입장에서 보면 갑작스레 천둥이 치고 번개가 번쩍이는 것이 머리 위에 떨어지므로 좋은 일일 수는 없기 때문이다. 예를 들어 '그 소식은 나에게 청천의 벽력이었다.'와 같이 쓰인다.

靑 出 於 藍
청 출 어 람

푸른빛이 쪽에서 나왔지만 쪽보다 더 푸르다는 뜻으로, 제자가 스승보다 뛰어나다는 뜻.

푸를 **청** 날 **출** 어조사 **어** 쪽 **람**

스승보다 뛰어난 제자의 실력과 평판을 말한다.

이 말은 ≪순자≫의 권학편(勸學篇) 첫머리에 있는 문장에 다음과 같이 실려 있다.

군자가 이렇게 말하였다.

"배움을 그쳐서는 안 된다. 푸름은 쪽에서 취하였지만 쪽보다 푸르고, 얼음은 물로 이루어졌지만 물보다 차다."

君子曰 學不可以已. 靑取之於藍 而靑於藍 氷水爲之 而寒於水.

학문에 뜻을 둔 사람은 발전과 향상을 목표로 끊임없이 노력해야 하며 중도에 그만두어서는 안 된다. 그렇게 함으로써 그 사람의 학문은 더욱 깊어지고 순화되어 완성에 한 걸음 가까워질 수 있다.

그것을 푸름과 얼음에 비유하여 말하고 있다. 푸른 빛은 쪽이라 불리는 일년초 잎에서 취하는 색깔인데 그 색깔은 원료인 쪽보다 더욱 푸르다. 얼음도 물이 얼어 만들어지지만 그 얼음은 물보다도 차갑다. 두 가지 모두 학문과 마찬가지로 과정을 거듭 쌓음으로써 그 성질이 더욱 깊어지고 순화되어 간다.

그러나 ≪순자≫의 문장을 이와 같이 읽고 이해한다면 제목에서 말한 '청출어람(靑出於藍)'이라는 말이나 첫머리에서 말한 뜻이 아무래도 직접적으로 결부되지 않는 느낌이다.

우선 원문의 '청취지어람(靑取之於藍)'의 다섯 글자는 청(淸)나라 말기의 학자 왕선겸(王先謙)의 저서 ≪순자집해(荀子集解)≫ 중에서, 노문초(盧文弨)와 왕념손(王念孫) 등 선인 학자들이 풀이한 것을 인용하여 자세히 고증한 바에 의하면 '청출어람(靑出於藍)'으로 지은 원각서(元刻書)

도 있다고 한다.

왕선겸 자신은 '청취지어람(靑取之於藍)'을 지지하고 있지만 '청출어람(靑出於藍)'을 취한다면 '푸름이 쪽에서 나와' 라고 읽을 수 있으며, 따라서 '청출어람(靑出於藍)' 이라는 성어(成語)도 인정하게 된다.

'푸름이 쪽에서 나와 쪽보다도 푸르다.' 라는 말은 그 정제 과정(精製過程)에서 실수가 없는 한 당연한 일이며, '얼음이 물보다 차다.' 는 말도 결코 필연적인 것은 아니다. 오히려 스승이 훌륭하면 훌륭할수록 제자가 그를 능가한다는 것은 어렵다. 예를 들면 공자의 제자에는 우수한 사람이 많이 있었지만 안연(顔淵)이, '우러러보면 더욱 높고, 들으려 하면 더욱 굳으시다(≪논어≫ 자한편(子罕篇)).' 라고 칭송한 바와 같이 스승이신 공자의 위대함에는 미치지 못했던 것이다. 따라서 이것은 '청출어람(靑出於藍)' 의 예가 될 수 없다.

이 이야기의 주인공인 순자(荀子)에게도 제자에 한비자(韓非子)나 이사(李斯)와 같은 법치주의의 사상가나 정치가도 생겨났지만 그들의 경우도 '청출어람' 이라고 말하기에는 멀었던 것이다.

楚人遺弓 楚人得之
초 인 유 궁 초 인 득 지

초나라 사람이 잃어버린 활을 초나라 사람이 줍는다는 뜻으로, 도량이 좁음을 비유하는 말.

초나라 **초** 사람 **인** 잃을 **유** 활 **궁** 얻을 **득** 어조사 **지**

같은 내용의 공자 이야기가 ≪설원(說苑)≫과 ≪공총자(孔叢子)≫와 ≪공자가어≫ 등 여러 책에 실려 있기는 하지만, 그 문장에는 다소 차이가 있으므로 여기에서는 제목에 가장 가까운 문장으로서 ≪설원≫ 지공편(至公篇)에 있는 말을 실어 두겠다.

초(楚)나라 공왕(共王)이 사냥을 나갔다가 활을 잃어버렸다. 좌우가 찾기를 청하자 공왕이 말했다.

"그만둬라. 초(楚)나라 사람이 잃어버린 활을 초나라 사람이 주워갈 터인즉 또 찾아 무엇하겠느냐."

공자께서 이를 듣고 말씀하셨다.

"애석하도다. 그는 큰 인물이 아니로다. 사람이 잃어버린 활을 사람이 주워갈 뿐이라고 했어야 하거늘 어찌 하필 초나라 사람뿐이랴."

공자는 정말 큰 인물이셨다.

楚共王出獵而遺其弓 左右請求之. 共王曰 止. 楚人遺弓 楚人得之 又何求焉. 仲尼聞之曰 惜乎 其不大乎. 亦曰 人遺弓 人得之而已 何必楚也. 仲

尼所謂大公也.

초(楚)나라 공왕은 춘추오패(春秋五覇)의 한 사람으로 손꼽히는 초장왕(楚莊王) 후계자인 심(審)이다.

공왕이 어느 날 사냥을 나갔다가 자기가 소중히 여기는 활을 잃어버렸다. 그래서 주위에 있는 사람들이 '다시 한 번 찾으러 가 보십시다.' 라고 말하자 공왕은 그들을 만류했다.

"그럴 필요 없다. 초(楚)나라 사람이 활을 잃어버렸으니 언젠가는 초(楚)나라 사람이 다시 그 활을 손에 넣게 될 것이다. 일부러 찾으러 갈 필요는 없다."

공왕이 죽은 지 몇 해 뒤에 태어나신 공자께서 나중에 이를 평하여 말씀하셨다.

"인색하도다. 그렇게 말씀을 하시다니! 공왕은 큰 아량을 지닌 인물이 아니로다. 사람이 잃어버린 활을 다른 사람이 손에 넣을 뿐이라고 말하면 만족할 일이 아닌가? 구태여 초(楚)나라 사람들이 이러니저러니 할 필요는 없지 않은가?"

≪설원≫의 필자인 전한(前漢)의 유향(劉向)이, 공자는 역시 그 도량을 헤아릴 수 없다는 결론을 내리고 있는 것이다.

寸鐵殺人
촌 철 살 인

한 치의 쇠붙이로 사람을 죽인다는 뜻으로, 짤막한 경구로 의표를 찔러 듣는 사람을 감동시킨다는 뜻.

마디 **촌** 쇠 **철** 죽일 **살** 사람 **인**

옛날 중국에서는 성인 남자의 손가락 한 개의 폭을 한 치(寸)라고 했다. '철(鐵)'은 칼날이나 무기를 뜻한다. '촌철(寸鐵)'이란 한 치도 안 되는 칼날을 말하며, 그래서 흔히 '몸에 촌철도 띠지 않는다.' 라고 쓰이고 있다.

날카로운 경구(警句)를 촌철로 비유하여 '촌철(寸鐵)이 사람을 죽인다.' 라고 한다. 상대방의 허를 찔러 낭패시키는 한마디 말의 무게는 장차 천만 어를 능가한다.

이 '촌철(寸鐵)이 사람을 죽인다.' 라는 말은 남송(南宋)의 나대경(羅大經)이 지은 ≪학림옥로(鶴林玉露)≫의 '촌철살인(寸鐵殺人)'이 근본이 되었다. 나대경은 주자(朱子)의 제자 중 한 사람으로 보경(寶慶) 2년에 진사가 되었다.

≪학림옥로(鶴林玉露)≫는 그가 손님이 오면 주고받은 청담(淸談)을 매일 시동에게 기록하게 한 것으로, 천(天) · 지(地) · 인(人) 3부로 되어 있다. 시구와 시어의 해석으로부터 일화와 전설에 이르기까지 내용이 다양하며, 그 지부(地部) 7권에 '살인수단(殺人手段)'이란 항목이 다음과 같이 기록되어 있다.

종고(宗杲)가 선(禪)을 논하여 말했다.

비유하면 한 수레의 병기를 싣고서 하나를 희롱하여 마치면 또 다른 하나를 꺼내 와서 희롱함과 같지만 이것이 곧 사람을 죽이는 수단은 아니다. 나는 단지 촌철(寸鐵)이 있으므로 문득 사람을 죽일 수 있다.

宗杲論禪曰 譬如人載一車兵器 弄了一件 又取出一件來弄 便不是殺人 手段. 我則只有寸鐵 便可殺人.

종고 대혜선사(大慧禪師)는 북송(北宋) 임제종(臨濟宗)의 선승(禪僧)으로서, 공공의 사명은 끝까지 주체적인 큰 의심을 일으키는 데 있고 큰 의심의 근본에는 큰 깨달음이 있다는 '간화선(看話禪)'을 대성한 사람이다. ≪학림옥로≫에서 인용한 그의 이 말은 아마도 그의 어록(語錄) ≪정법안장(正法眼藏)≫에서 나온 것이리라.

보통사람들은 사람을 죽이려 하면 수레에 병기를 가득 실어 가지고 와서 차례차례로 그것을 꺼내어 휘두르곤 하지만 그런 것으로는 사람을 죽이지 못한다. 나는 단지 촌철(寸鐵)만으로 사람을 죽일 수가 있다.

이것은 선의 요체(要諦)를 갈파한 말로서 살인이라고는 하지만 물론 칼날로 상처를 입히는 것을 뜻하는 말이 아니라 마음속의 속된 생각을 없애는 것을 뜻한다. 아직 큰 깨달음에 이르지 못한 사람은 그 속된 생각을 끊어버리기 위하여 성급하게 이것저것 답을 해 오겠지만 집중이 부족하기 때문에 모두 날것들뿐이다. 그런 칼날로는 몇천, 몇만 개나 되는 깨달음의 경지에 이르지 못한다. 모든 일에 대하여 온몸과 온 영혼을 기울였을 때 충격적으로 번득이는 것, 이것이야말로 큰 깨달음이다.

秋高馬肥

추 고 마 비

가을은 높고 말은 살찐다. 기후가 좋아 활동하기 좋은 가을이라는 뜻.

가을 **추** 높을 **고** 말 **마** 살찔 **비**

당(唐)나라 초기의 두심언(杜審言)은 저 유명한 시인 두보(杜甫)의 할아버지로, 역시 시문(詩文)에 뛰어났다.

〈증소미도(贈蘇味道)〉라는 오언배율(五言排律) 한 수가 ≪당시선(唐詩選)≫에 실려 있는데, 이 시는 두심언의 시문 친구였던 소미도가 중종(中宗) 때 참군(參軍)으로서 삭북(朔北) 땅에 있을 때 하루라도 빨리 도읍 장안(長安)으로 돌아오기를 기다리면서 지었던 것이다.

이 시는 차가운 기운에 괴로워하는 변경의 정경과 이어서 당(唐)나라 군대와 오랑캐 군대의 공방(攻防), 그리고 승리를 거둔 당(唐)나라 군대의 빛나는 상황을 읊고, 개선하여 돌아올 친구를 맞이하는 기쁨의 기대로 끝맺고 있다.

구름이 깨끗하니 요사한 별 떨어지고,
가을 하늘이 높으니 요새의 말이 살찐다.
안장에 의지하여 영웅이 칼을 움직이니,
붓을 움직여 우서(羽書)가 날아온다.

雲淨妖星落 秋高塞馬肥

據鞍雄劍動 搖筆羽書飛

구름이 깨끗하게 걷히니 전란의 표징인 요사한 별은 떨어지고, 이제야 높은 가을 하늘은 맑게 개서 요새의 말들은 건장하게 살쪄 있다. 안장에 의지한 우리 장군은 명검을 휘둘러 넘치는 용기를 보여 주고, 그대는 싸움에 승리한 보고문이나 격문(檄文)을 쓰느라 붓을 휘두르고 있을 것이다.

이 '가을 하늘은 높고 요새의 말은 살찐다(秋高塞馬肥)'의 구절은 당(唐)나라 군대의 승리에 의한 평화를 구가하고 있으며 가을철의 날씨가 좋음을 비유하고 있다. 그리고 이 구절을 배경으로 이루어진 '추고마비(秋高馬肥)', 혹은 '천고마비(天高馬肥)'라는 말은 일반적으로 기후가 좋은 가을의 계절을 형용하는 말로 사용되고 있다.

그러나 흉노족이 위세를 떨치고 있던 무렵의 중국 민족에게는 하늘이 맑게 개어 높이 보이고 말들이 통통하게 살찌는 가을철이 반드시 구가할 만한 계절은 아니었던 모양이다.

흉노족이나 그밖에 서북방의 여러 민족이 중국의 변경을 침입했던 역사는 오래되었다. 은(殷)나라와 주(周)나라 시대부터 이미 그러한 기록이 있고 전국시대 말기에는 이를 위하여 만리장성을 쌓았다.

흉노족이 특히 위세를 떨치기 시작한 것은 모돈선우(冒頓單于)가 일어나 서북방 여러 민족에게 패자를 외치고부터이다. 그는 남하하여 한(漢)나라의 고조(高祖)를 괴롭혔는데 그 뒤로 한(漢)나라는 장기간에 걸쳐 흉노족에게 굴욕적인 강화를 강요당했다. 그와 같은 형세는 한(漢)나라의 무제(武帝)가 출현하면서 해소되었지만 오히려 흉노족의 변경에 대한 침공은 후한시대(後漢時代)까지 끊임없이 계속되었다.

요컨대 '추고마비(秋高馬肥)'란 처음에는 흉노족이 뜻을 얻은 때를 표현한 것이지만, 그 이후로는 일반적으로 기후가 좋은 가을의 계절을 형용하는 말로서 쓰이고 있다. 그런데 현재 우리나라에서는 '천고마비(天高馬肥)'만이 사용되고 있다.

逐鹿者不見山
축 록 자 불 견 산

사슴을 쫓는 자는 산을 보지 못한다는 뜻으로, 큰 일을 하려는 사람은 작은 일을 돌아보지 않는다는 뜻.

쫓을 **축** 사슴 **록** 놈 **자** 아닐 **불** 볼 **견** 뫼 **산**

'이욕(利欲)에 미혹된 사람은 도리를 잊어버린다.'는 것을 비유로 '사슴을 쫓는 자는 산을 보지 못한다.'라는 표현을 쓴다.

이것은 《회남자》 설림훈편(說林訓篇)에 다음과 같이 기록되어 있다.

짐승을 쫓는 사람은 눈으로 큰 산을 보지 못한다. 즐기고 욕심내는 것이 밖에 있으면 곧 밝음이 가리워지는 바가 된다.

逐獸者 目不見太山. 嗜欲在外 則明所蔽矣.

태산(泰山)에 들어가 짐승을 쫓는 사람의 눈에는 산의 모습이 보이지 않는다. 짐승을 쫓기 위하여 눈이 어두워져 있다는 뜻이다. '사슴을 쫓는 자는 산을 보지 못한다.' 라는 말은 여기에서 나온 것인데 직접적으로는 ≪허당록(虛堂錄)≫에, '사슴을 쫓는 자는 산을 보지 못하고, 돈을 움키는 자는 사람을 보지 못한다(逐塵者不見山 攫金者不見人).' 라고 실려 있음에 의거한다.

≪회남자≫의 설림훈편에는 또,

사슴을 쫓는 자는 토끼를 돌아보지 않는다. 천금의 재물을 결심하는 자는 몇 냥의 값을 다투지 않는다.

逐鹿者不顧兎. 決千金之貨者 不爭銖兩之價.

라고 기록되어 있다. 큰 사슴을 쫓는 자는 작은 토끼는 돌아보지 않는다. 이와 마찬가지로 천금의 재물을 거래하는 자는 얼마 안 되는 돈은 문제로 삼지 않는다는 뜻이다.

'사슴을 쫓는 자는 토끼를 돌아보지 않는다.' 라는 말은 앞의 '사슴을 쫓는 자는 산을 보지 못한다.' 와는 달리 '큰 이득을 뜻하는 자는 작은 이득을 돌아보지 않는다.', 혹은 '큰 일을 뜻하는 사람은 작은 일에 구애되지 않는다.' 라는 뜻으로 사용된다.

惻隱之心 仁之端也
측 은 지 심 인 지 단 야

불쌍하고 가엾게 여기는 것이 인의 근본이라는 뜻으로, 사람에게는
불쌍히 여기는 마음이 바탕에 깔려 있다는 뜻.

슬퍼할 **측** 숨을 **은** 어조사 **지** 마음 **심** 어질 **인** 어조사 **지** 끝 **단** 어조사 **야**

이것은 맹자의 사단론(四端論) 중에 나오는 말이다. 사단론은 공손추
편(公孫丑篇) 상(上)에 나오는데 이것을 언급하기 전에 등문공편(滕文公
篇) 상(上)에서, '맹자께서는 사람의 본성이 착함을 이르시고, 말씀하실
때마다 반드시 요임금과 순임금을 일컬으셨다.'고 한 것을 주목하기 바
란다.

요임금과 순임금은 말할 것도 없이 중국 고대의 성천자인 당요(唐堯)
와 우순(虞舜) 두 임금을 말하는 것으로, 왕도정치(王道政治)를 실천한
왕이라고 알려져 있거니와 맹자께서는 그 왕도정치의 근저에 흐르고 있
는, 소위 성선설(性善說)을 강조하신 것이다.

성선설이란 사람의 본성은 착한 것이라고 보고 그 마음을 확대해 나가
면 인의예지(仁義禮智)의 네 가지 덕을 완성하여, 다시 이 덕행으로 천하
의 백성들을 교화시킴으로써 왕도정치가 실현된다는 말이다.

맹자께서는 다음과 같이 논하고 있다.

사람은 다 사람에게 차마 못하는 마음이 있다. 왕이 먼저 백성에게 차
마 못하는 마음이 있다면, 백성에게 차마 못하는 정치가 있다. 백성에게

차마 못하는 마음의 정치를 행하면 천하 다스리기를 손바닥 위에서 움직일 수 있다.

人皆有不忍人之心. 先王有不忍人之心 斯有不忍人之政矣. 以不忍人之心 行不忍人之政 治天下 可運之掌上.

이것이 소위 왕도정치의 정신이어서, 사람에게 차마 못하는 마음이란 사람에게 해를 가하는 것을 차마 하지 못하고 사람의 불행을 앉아서 차마 보지 못하는 마음, 이 마음으로써 천하를 다스린다면 마치 손바닥 위에서 물건을 굴리는 것처럼 아주 쉽게 공을 거둘 수 있다는 말이다.

다음으로 맹자는 그와 같이 사람에게 차마 못하는 마음은 누구에게나 본디 있는 것으로서 소위 성선설을 입증(立證)하고 있다.

사람들이 다 사람에게 차마 못하는 마음이 있다고 하는 까닭은 이러하다. 사람들은 어린아이가 우물에 빠지는 것을 갑자기 당하면 다 놀라고 불쌍한 마음이 생긴다. 이것은 그 어린아이의 부모와 사귀려는 까닭도 아니며, 마을 사람들과 벗들에게 칭찬을 받기 위하여 그러는 까닭도 아니며, 원성을 듣기 싫어서 그렇게 하는 것도 아니다.

所以謂人皆有不忍人之心者 今人乍見孺子將入於井 皆有怵惕惻隱之心 非所以內交於孺子之父母也 非所以要譽於鄕黨朋友也 非惡其聲而然也.

사람들은 다 차마 못하는 마음을 지니고 있다는 것을 증명한 말씀이다. '유자(孺子)'란 걸음을 걷기 시작하는 어린이를 말하며, '출척(怵惕)'은 두려워하고 근심하는 것이며, '측은(惻隱)'은 깊이 불쌍하게 생각하는 마음이다.

한 어린이가 갑자기 우물에 빠지는 것을 보게 되면 사람들은 누구나 두려워 근심하고 깊이 불쌍하게 생각하는 마음이 들어, 반드시 달려가 이를 구원할 것이다. 그런데 이것은 그 어린이를 구원함으로써 그의 부모와 가까이 사귀려는 까닭이 아니며, 마을 사람들과 친구들의 칭찬을 받기 위한 것도 아니고, 또 구원하지 않았다고 원성을 들을까 봐 그러는 것도 아니다. 사람에게 차마 못하는 근본 마음이 본능적으로 행동하게 되는 것에 불과하다는 뜻이다.

그리고 이 일로 미루어 사람들은 누구나 '사단(四端)', 즉 '인의예지(仁義禮智)'의 도덕으로 성장해야 하는 착한 마음의 단서를 안에 갖추고 있다고 본다.

이로 말미암아 보면 불쌍히 여기는 마음이 없으면 사람이 아니며, 부끄러운 마음이 없으면 사람이 아니며, 사양하는 마음이 없으면 사람이 아니며, 옳고 그름을 아는 마음이 없으면 사람이 아니다. 불쌍히 여기는 마음은 인(仁)의 극치이고, 부끄러움을 아는 마음은 의(義)의 극치이고, 사양하는 마음은 예절의 극치이고, 옳고 그름을 아는 마음은 지혜의 극치이다.

由是觀之 無惻隱之心 非人也 無羞惡之心 非人也 無辭讓之心 非人也 無是非之心 非人也. 惻隱之心 仁之端也 羞惡之心 義之端也 辭讓之心 禮之端也 是非之心 智之端也.

그리고 맹자께서는 마지막으로,

"사람들에게 사단(四端)이 있는 것은 마치 사지(四肢)가 있는 것과 같다. 이 사단이 있으면서 능하지 못하다고 말하는 사람은 스스로를 해치

는 사람이요, 임금에게 능하지 못하다고 말하는 사람은 그 임금을 해치
는 사람이다. 무릇 나에게 사단이 있는 것을 확충시켜 나아갈 줄 안다면
불이 처음으로 타오르고 샘물이 처음으로 솟아오르는 것과 같다. 진실로
능히 이것을 확충시켜 나아간다면 온 사해(四海)를 보존하기에도 넉넉하
지만, 진실로 이것을 확충시켜 나아가지 않는다면 자기 부모를 섬기기에
도 부족할 것이다.” 라는 결론을 내린다.

痴人說夢
치　인　설　몽

어리석은 사람에게 꿈을 말한다는 뜻으로, 이해도 못하는 상대에게
열심히 설명해도 통하지 않는다는 뜻.

어리석을 **치** 사람 **인** 말씀 **설** 꿈 **몽**

어리석은 사람을 상대로 꿈을 이야기해도 상대방에게 통하지 않는다.
바보를 상대로 어떤 말을 할지라도 처음부터 소용이 없다는 말이다.

남송(南宋)의 석혜홍(釋惠洪)이 지은 ≪냉재야화(冷齋夜話)≫의 9권에
다음과 같은 이야기가 실려 있다.

당(唐)나라 시대에 서역(西域)의 고승(高僧) 승가(僧伽)가 용삭 연간(龍
朔年間)에 양자강과 회하(淮河) 사이, 지금의 안휘성(安徽省) 근처를 여
행하고 있을 때의 일이다.

기행(奇行)을 하던 사람이었기 때문에 누군가가 그에게 물었다.

"당신은 성이 무엇인가(何姓)?"

"성은 하씨다(姓何)."

"어느 나라 사람인가(何國人)?"

"하국 사람이다(何國人)."

뒤에 당(唐)나라의 문인 이옹(李邕)이 승가의 비문을 쓸 때, 승가가 희롱한 것을 잘 모르고 그의 전기에 '대사(大師)의 성은 하씨(何氏)이며 하국(何國) 사람이다.'라고 썼다. 이야말로 소위 '어리석은 사람을 향하여 꿈을 설명한 것.'이다. 이옹은 승가가 농담 삼아 한 대답을 진실로 받아들이는 어리석음을 범했던 것이다.

승가(僧伽)는 용삭(龍朔) 연간에 양자강과 회하(淮河) 사이를 유람했다. 그 행동이 몹시 이상하였다. 그래서 묻는 사람이 있었다.

"그대의 성은 무엇인가(何姓)?"

"성은 하씨다(姓何)."

"어떤 나라 사람인가(何國人)?"

"하국 사람이다(何國人)."

당(唐)나라 이옹(李邕)이 비석을 만들 때 그 말을 깨닫지 못하고서 이에 전하여 쓰기를, '대사의 성은 하(何)이고, 하국(何國) 사람이다.' 이것은 바로 어리석은 사람을 상대하여 꿈을 풀이해 준 것일 뿐이다. 이옹은 결국 꿈으로써 진실이 되어, 진실로 어리석음을 끊었다.

僧伽龍朔中遊江淮間 其迹甚異. 有問之曰 汝何姓. 答曰 姓何. 又問何國人. 答曰 何國人. 唐李邕作碑 不曉其言 乃書傳曰 大師姓何 何國人. 此正所謂對痴人說夢耳. 李邕遂以夢爲眞 眞痴絶也.

沈魚落雁

침 어 낙 안

물고기가 연못에 잠기고 기러기가 하늘로부터 떨어진다는 뜻으로,
아름다운 여자라도 물고기와 새에게는 두려운 존재라는 뜻.

잠길 **침** 물고기 **어** 떨어질 **낙** 기러기 **안**

≪장자≫의 제물론편(齊物論篇)에서 설결(齧缺)과 왕예(王倪)의 문답을 이야기 형식을 빌어서 왕예의 말로 기록하고 있다.

백성들은 소와 돼지고기를 먹고, 고라니와 사슴은 풀을 먹고, 지네는 뱀을 달게 여기고, 새나 까마귀는 쥐를 즐겨 먹는다. 이 네 가지는 모두 올바른 맛을 알고 있다. 원숭이는 편저(猵狙)라는 추한 암컷 원숭이를 쫓고, 고라니는 사슴과 더불어 교미하고, 미꾸라지는 물고기와 더불어 논다. 모장(毛嬙)과 여희(麗姬)는 사람들이 아름답게 여기는 바이다. 물고기는 그들을 보면 깊이 들어가고, 새는 그들을 보면 높이 날고, 고라니와 사슴은 그녀들을 보면 결단코 도망갈 것이다. 이 네 가지 중 누가 천하의 올바른 색을 알겠는가? 내가 보건대 인의(仁義)의 끝과 옳고 그른 것의 한계가 뒤섞여 혼란하다. 내 어찌 능히 그 구별을 알랴!

民食芻豢 麋鹿食薦 蝍蛆甘帶 鴟鴉耆鼠. 四者孰知正味. 猨猵狙以爲雌 麋與鹿交 鰌與魚游. 毛嬙麗姬人之所美也 魚見之深入 鳥見之高飛 麋鹿見之決驟. 四者孰知天下之正色哉. 自我觀之 仁義之端 是非之塗樊然殽

亂. 吾惡能知其辨.

　백성들은 소나 돼지고기를 먹고, 고라니나 사슴은 풀을 먹고, 지네는 뱀을 맛있게 생각하고, 새와 까마귀는 쥐를 즐겨 먹는다. 이것은 천성이어서 이 네 가지 중에서 어느 것이 가장 올바른 맛을 알고 있는지는 쉽게 단정할 수 없는 일이다. 원숭이는 편저(猵狙)라는 추한 원숭이를 암컷으로 삼아 쫓아다니고, 고라니는 사슴과 교미하고, 미꾸라지는 물고기와 사이좋게 지낸다.

　사람들은 모장(毛嬙)이나 여희(麗姬)를 절세 미인이라고 하지만 물고기가 그녀들을 보면 물속으로 깊이 들어가고, 새들은 그녀들을 보면 하늘 높이 날아오를 것이며, 고라니나 사슴이 그녀들을 보면 재빨리 도망칠 것이다. 이 물고기와 새들과 고라니와 사람 네 가지 중에서 어느 것이 천하의 진정한 아름다움을 알고 있는지는 결정할 수 없는 일이다. 이렇게 생각해 보면 세상에서 말하는 인(仁)과 의(義)나 옳고 그르다는 것도 그 한계나 길이 뒤섞여 있어 도저히 구별할 수 없게 된다.

　이 이야기 중 미인을 보고 물고기는 물속 깊이 들어가고, 새들은 하늘 높이 날아오를 것이라는 말에서 미녀의 형용으로 '침어낙안(沈魚落雁)'이란 말이 생겼으나 이것은 분명히 잘못 쓰이고 있다. 물고기나 새들이 도망치고 숨는 것은 사람을 두려워해서이지 그 사람이 미녀이거나 아니거나 상관이 없는 일이다. 그렇지만 '물고기가 깊이 들어가고 새들이 높이 난다.'는 '침어낙안(沈魚落雁)'이라는 말은 후세에 소설 등에서 미인을 형용하는 말로 자주 쓰이며, 다시 그 대구(對句)로서 '폐월수화(閉月羞花)'라는 말도 생겨났다. 달이 구름에 숨고 꽃을 부끄러워하게 한다는 뜻이다.

타

타산지석   태두   투향

他山之石
타 산 지 석

남의 산에서 나온 거친 돌. 자기보다 뒤떨어진 사람의 언행일지라도 자기의 몸을 닦고 덕을 쌓는 데에 거울로 삼을 수 있다는 뜻.

남 타 뫼 산 어조사 지 돌 석

남의 산에서 나온 거친 돌이라도 자기의 구슬을 가는 숫돌로 사용할 수 있다는 ≪시경≫의 시구로서, 자기보다 뒤떨어진 사람의 언행도 자기의 몸을 닦고 학문을 쌓는 거울로 할 수 있다는 뜻으로 '타산지석(他山之石)' 이라는 말을 쓴다.

이 말은 ≪시경≫ 소아(小雅)의 〈학의 울음(鶴鳴)〉에 이렇게 실렸다.

학이 높은 언덕에서 울거늘 그 소리가 온 들에 들리는도다.
물고기가 연못에 잠겨 있다가 혹은 물가로 나와 노니는도다.
저 동산에는 즐겁게도 이에 심어 놓은 박달나무가 있으며,
그 아래에 오직 개암나무가 있도다.
남의 산의 돌도 가히 써 숫돌로 삼을 수 있도다.

학이 높은 언덕에서 울거늘 그 소리가 하늘에 들리는도다.
물고기가 물가에 있다가 혹은 잠기어 연못에 있도다.
저 동산에는 즐겁게도 이에 심어 놓은 박달나무가 있으며,
그 아래에는 오직 닥나무가 있도다.

남의 산의 돌도 가히 써 구슬을 갈 수 있도다.

鶴鳴于九皐 聲聞于野

魚潛在淵 或在于渚

樂彼之園 爰有樹檀

其下維蘀

他山之石 可以爲錯

鶴鳴于九皐 聲聞于天

魚在于渚 或潛在淵

樂彼之園 爰有樹檀

其下維穀

他山之石 可以攻玉

학이 높은 언덕에서 울어도 그 소리는 온 들에 들린다. 물고기는 깊은 연못에 숨어 있어도 때로는 물가에 나와서 논다. 저 동산에는 향기로운 박달나무가 있어 그곳에서 즐기고, 그 아래에는 더러운 개암나무가 있다. 남의 산에서 나온 거친 돌도 구슬을 가는 숫돌로 쓸 수 있다.

이것이 시의 제1절 대의다. 제2절의 '곡(穀)'은 닥나무라는 뜻이다. 이 시는 들에 있는 현명한 사람을 노래한 것으로, 임금에게 그들을 맞이하여 '타산지석(他山之石)'으로 삼을 것을 권한 시라고 일러진다.

즉 학을 노래한 처음 두 절은 현명한 사람은 들에 숨겨 놓아도 그 이름이 저절로 나타난다는 것을, 물고기를 노래한 두 절은 현명한 사람이 들에서 유유자적하는 모습을, 동산을 노래한 세 절은 위에 밝은 임금이 있더라도 아래에 소인(小人)이 없다고는 말할 수 없다는 것을, 마지막 두

절은 현명한 사람을 맞이할 것을 노래한 것이라고 풀 수 있을 것이다.

泰斗
태 두

태산과 북극성이라는 뜻으로, 여러 사람들이 항상 우러러보며 남에게 존경받는 뛰어난 사람이라는 뜻.

클 **태** 별이름 **두**

한유(韓愈)는 당(唐)나라의 문학가였고 또 사상가이며 정치가이기도 했다. 그는 시인으로서도 뛰어났지만 문장가로서 더욱 유명했다. 문장가로서 한유는 소위 '당송팔대가(唐宋八大家)'의 첫머리에 놓여 있거니와 그 문장가의 공적은 산문의 문체를 개혁한 일이며, 이 점에서 그의 이름은 중국 문학사에 찬연히 빛나고 있다.

육조시대(六朝時代)부터 당(唐)나라에 걸친 산문은 사륙변려체(四六騈儷體)로, 운율에 여러 가지 제약이 있어 오로지 기교로써 꾸며 이루어진 문장이라 화려한 표현에 비해 내용이 빈약했다. 한유는 이 결함을 고쳐 소위 '고문(古文)'을 부활시켰다. 즉 한(漢)나라 이전의 자유로운 문어체 문장을 부활시켰던 것이다. 그 이후 한유가 죽은 뒤 중화민국에 이르기까지 천여 년 동안 산문체의 주류를 이루어 왔다.

한유는 또 노장(老莊)과 불교를 배척하고 유교를 높이 올린 것으로도 유명하다. 그런 한유에 대하여 ≪당서(唐書)≫ 한유전(韓愈傳)의 찬(贊)

에는 정원(貞元)과 원화(元和) 연간에 그가 육경(六經:역경 · 시경 · 서경 · 춘추 · 예기 · 악경)의 문장으로써 여러 학자들의 스승이 되어 노장(老莊)과 불교를 배척하고 유교를 높이 드날린 것을 이렇게 서술하고 있다.

"한유가 죽은 뒤에도 그의 학문은 크게 행해져, 학자들은 그를 태산이나 북두와 같이 숭앙했다."

自愈沒 其言大行 學者仰之 如泰山北斗云.

태산(泰山)은 산동성(山東省)에 있는 유명한 산인데, 예로부터 오악(五嶽)의 하나로 우러러 왔다. 북두(北斗)는 북극성(北極星)으로, 이 또한 별들 중에서 중심 존재로 우러러 왔다. 이 두 가지를 합친 것이 '태산북두(泰山北斗)'이며, 사람들이 항상 우러러보며 숭앙하여 높이는 것으로 비유되고 있다. 이것을 줄인 것이 '태두(泰斗)'인데, 나중에는 제일인자라든가 권위자를 뜻하는 말로 쓰이게 되었다.

偷香
투　향

향을 훔친다. 악한 일은 저절로 드러나게 된다는 뜻.

훔칠 **투** 향기 **향**

향을 훔친다는 말은 남녀간에 사사로운 정을 통하는 것을 말한다.

진(晉)나라 가충(賈充)의 딸이 향을 훔쳐서 미남인 한수(韓壽)에게 보내 정을 통했다는 고사에서 나온 말이다.

한밀(韓謐)의 자는 장심(長深)인데 그의 어머니 가오(賈午)는 가충의 딸이었다. 그의 아버지인 한수(韓壽)의 자는 덕진(德眞)이고 남양(南陽)의 도양(堵陽) 사람인데 위(魏)나라 사도(司徒)인 기(曁)의 증손자로서 얼굴 모습이 아름답고 행동이 좋았다. 가충이 손님들과 술을 마시면 그의 딸은 그때마다 푸른 발(簾) 뒤에서 이를 엿보곤 했으며 어느 날 한수를 보더니 그를 사모하게 되었다.

가충의 딸은 몹시 감동하여 자나 깨나 그를 생각했다. 그래서 좌우에 있는 하녀들에게 그 사람을 알고 있느냐고 물었다. 한 하녀가 한수의 성과 자를 가르쳐 주며 말했다.

"저분이 원래 주인이셨습니다."

하녀는 한수의 집으로 가서 가충의 딸 생각을 전하고, 또 비교할 사람이 없을 만큼 그녀의 행동이 올바르다는 것을 말했다. 한수는 그 말을 듣고 마음이 움직여 곧 그녀와 은근히 통하도록 했다.

하녀는 가충의 딸에게 말하였다. 그녀는 드디어 남몰래 정의를 통하여 서로 선물을 주고받으며 저녁때가 되면 한수를 불렀다. 한수는 다른 사람들보다 동작이 빨라 담을 넘어왔는데 집안에는 눈치 챈 사람이 없었다. 단지 가충만은 딸의 기뻐하는 모습이 평소와 다르다는 것을 깨달았다.

그때 서역(西域)으로부터 진기한 향을 공물로 받았는데 사람에게 한번 향이 스미면 한 달이 지나도 향내가 사라지지 않았다. 임금은 이를 몹시 귀중하게 생각하여 오직 가충과 대사마(大司馬) 진견(陳騫)에게만 그것을 하사했다.

　가충의 딸이 몰래 그 향을 훔쳐서 한수에게 주었다. 가충의 친구가 한수와 담소하다가 그 좋은 향내를 맡은 뒤 그것을 가충 앞에서 찬양했다. 이로부터 가충은 딸이 한수와 통하고 있다는 것을 알게 되었다. 그런데 대문과 쪽문은 엄중했기 때문에 어디로 들어왔는지 알 수가 없었다. 그리하여 밤중에 도둑을 핑계하여 놀라는 체하면서 담을 따라 그 변한 곳을 보였다. 좌우에 있는 사람들이 말했다.

　"달리 의심스러운 곳은 없습니다. 단지 동북쪽의 귀퉁이는 여우나 살쾡이가 지나는 길인 것 같습니다."

　그래서 가충은 딸 주위에 있는 사람들을 심문했다. 사람들은 자세히 그 실상을 토로했다. 가충은 이 사실을 비밀로 하고 그의 딸을 한수에게로 시집보냈다.

　투향은 이 고사로부터 나온 것이며, 또 '향을 훔치는 사람은 향에 나타난다.'는 말은 '악한 일은 자연히 드러난다.'는 것을 비유한 말이 되었다.

파

破鏡重圓

파　경　중　원

깨어진 거울이 다시 둥근 모양으로 된다는 뜻으로, 살아서 이별한 부부가 다시 만난다는 뜻.

깨뜨릴 **파** 거울 **경** 다시 **중** 둥글 **원**

서기 589년 정월, 남조(南朝) 최후의 왕 조진(朝陳)이 멸망했을 때, 태자사인(太子舍人:시종)인 서덕언(徐德言)은 간신히 살아남을 수 있었지만 그의 아내는 수(隋)나라 병사에게 사로잡혀 생이별이 되고 말았다.

그의 아내는 남조(南朝)의 마지막 황제가 된 진(陳)나라 진숙보(陳叔寶)의 누님으로, 낙창공주(樂昌公主)에 봉해져 있었다. 멸망하는 날까지 술과 여자에게 빠져 있던 황제의 궁중에는 수많은 미인들이 있었지만 그 중에서도 그녀는 문재(文才)와 얼굴 모습이 가장 뛰어났다.

결국 나라가 망하니 여자들은 점령군의 거친 병사들에게 짓밟힘을 당하여 아름다운 여자들은 사로잡혀 장교들의 희롱물이 되고, 황녀와 왕비들은 도읍으로 보내져 권력자들의 규방에 제공되었다. 그것은 나라가 망한 여자들에게 어느 나라나 피할 수 없는 숙명이었다.

서덕언은 수(隋)나라 대군이 양자강 북쪽 기슭까지 도착하자 만일의 경우를 생각하여 아내를 불렀다.

"이곳은 적군이 언제 공격해 올지 예측할 수 없는 접전 지역이오. 당신의 미모와 재주로 보건대 나라가 멸망하면 당신은 반드시 적군의 그럴듯한 자의 진으로 보내질 것이고, 그렇게 되면 두 번 다시 살아서 만나지 못할 것이오. 그러나 인연이 된다면 다시 만날 기회가 있을지도 모르오. 그때를 위하여⋯⋯."

그는 옆에 있던 거울을 둘로 깨뜨려 한 쪽을 아내에게 건네주었다.

"이것을 소중히 가지고 있어 주오. 그리고 정월 보름날에 도읍의 시장에서 팔아 주시오. 반드시 정월 보름날에 팔아야 하오. 만일 내가 살아남으면 반드시 그날 도읍으로 찾아갈 것이오."

두 사람은 깨어진 거울 조각을 하나씩 품안에 깊이 감추었다.

이윽고 나라가 멸망하자 그가 얘기했던 대로 그녀는 도읍으로 보내졌다. 수(隋)나라 문제(文帝)인 양견(楊堅)의 오른팔이었던 건국 제일의 공신으로 절대적인 권력을 휘두르고 있는 월국공(越國公) 양소(楊素)의 별관으로 보내진 것이다. 강남(江南)에서 자라 고도(高度)의 문명사회에서 기른 교양 넘치는 그녀의 아름다운 모습은 곧 반평생을 싸움터에서 보낸 양소의 마음을 사로잡았지만 그녀의 마음은 남편이 주었던 거울 조각에서 떠난 적이 없었다.

한편 서덕언은 아비규환(阿鼻叫喚)의 접전 지역에서 탈출하자 거지 노릇을 하며 1년이 걸려 도읍인 장안으로 올라갔다. 약속한 정월 보름날에 시장으로 가보니 깨져 반쪽만 있는 거울을 들어올리며 소리를 질러 파는 사나이가 있었다.

"이 거울은 단지 십 금이다. 누가 사지 않겠는가?"

단돈 한 푼이라도 살 사람이 없는 반쪽짜리 거울을 누가 십 금을 내고 살 것인가? 통행인들은 웃으면서 지나갔다.

"그것을 나에게 주오."

하고 외친 서덕언은 임시로 머무는 곳에 사나이를 데리고 가서 거울에 얽힌 내력을 얘기하고 자기가 지니고 있던 다른 쪽의 거울을 내놓았다. 두 조각의 거울은 완전히 하나가 되었다. 그는 한쪽 거울의 표면에 시를 한 수 써서 그 사나이에게 가지고 돌아가게 했다.

거울과 사람이 함께 가버리더니
거울은 돌아왔건만 사람은 돌아오지 않는구나.
항아(姮娥)의 그림자는 다시없고
공연히 밝은 달빛만을 머무르게 하도다.

鏡與人俱去 鏡歸人不歸
無復姮娥影 空留明月輝

사나이가 전해 준 거울을 본 서덕언의 아내는 이후 울기만 할 뿐 식사
도 하지 않게 되었다. 이 사실을 알게 된 양소는 두 사람의 굳은 애정에
마음이 움직여, 곧 서덕언을 불러들여 그녀를 돌려주고 고향인 강남으로
돌아가게 했다.

≪태평광기(太平廣記)≫ 166권 〈본사시(本事詩)〉에서 다시 기록한 양
소의 이야기이다. ≪태평광기≫는 양소의 의협심을 찬양하여 '의기(義
氣)'의 항목에 분류하고 있지만, 일반적으로 서덕언 부부의 재회를 그리
는 아름다운 이야기로 알려져 있다.

이 이야기로 인해 살아서 이별한 부부가 다시 만나는 것을 '파경중원
(破鏡重圓)'이라고 하게 되었다. 부부의 이혼을 가리켜 '파경(破鏡)'이라
고 하는 말도 여기에서 비롯된 것이다.

破瓜
파   과

외를 깨뜨린다는 뜻으로, 여자 나이 16세면 성인이 되어 남성과 처음으로 육체관계를 가진다는 뜻.

깨뜨릴 **파** 오이 **과**

  '과(瓜)'라는 글자를 둘로 나누면 八자가 둘이 된다고 하여 오이를 여성에 비유해 여자의 나이 16세를 '파과(破瓜)'라 하였으며, 여자가 처녀를 깨뜨린다는 뜻으로, 또 첫 월경이 시작된다는 뜻으로도 사용되고 있다.

  진(晉)나라 손작(孫綽)의 〈정인벽옥가(情人碧玉歌)〉라는 시에 이 말이 나온다.

  푸른 구슬이 외를 깨뜨릴 때 신랑은 정교를 한다.
  그에게 부끄러움을 느끼지 않고 몸을 돌려 신랑을 껴안는다.

  碧玉破瓜時 郎爲情顚倒
  感君不羞報 廻身就郎抱

  제2구 '전도(顚倒)'란 남녀의 정교를 뜻한다. 시의 대의는, '내가 외를 깨뜨릴 때 당신은 나에게 정을 붙입니다. 나는 감격하여 얼굴을 붉히지도 않고서 몸을 뒤틀어 당신을 포옹합니다.'라는 뜻이다.

청(淸)나라 원매(袁枚)의 ≪수원시화(隨園詩話)≫에는,

외를 깨뜨리니, 즉 풀어 말하기를 첫 월경이 시작되었을 때 외를 깨뜨리는 것과 같이 곧 홍조(紅潮)를 보게 된다. 그렇지 않은가?

破瓜 或解以爲月事初來 如破瓜則見紅潮者 非也.

라고 있고 또 청(淸)나라 적호(翟灝)의 ≪통속편(通俗編)≫에는,

살피건대 풍속에 여자가 몸을 깨침으로써 외를 깨뜨린다 하거니와, 그렇지 않은가?

按俗以女子破身爲破瓜 非也.

라고 씌어 있다. 그런데 두 시 모두 '그렇지 않은가?' 라고 한 것은 '파과(破瓜)' 라는 말이 일반적으로 첫 월경이 온다는 뜻으로도, 처녀성을 잃는다는 뜻으로도 사용된다는 것을 보여 주고 있다.

'파과(破瓜)' 라는 말은 이밖에도 88세와 64세를 말하는 것으로, 남자 나이 64세를 말하는 경우도 있다.
송(宋)나라 축목(祝穆)의 ≪사문유취(事文類聚)≫에는 당(唐)나라의 여동빈(呂洞賓)이 장기(張洎)에게 보낸 시에, '공성당재파과년(功成當在破瓜年)' 이란 글을 들어 '파과(破瓜)' 는 남자 나이 64세의 뜻이 있다고 기록되어 있다.

破竹之勢
파 죽 지 세

대나무가 쪼개지는 것과 같은 기세. 강대한 세력으로 적진을 향해
거침없이 쳐들어가는 기세라는 뜻.

깨뜨릴 **파** 대 **죽** 어조사 **지** 기세 **세**

서기 220년에 위(魏)나라의 건국으로 시작되는 삼국시대는 265년에
위(魏)나라가 멸망함으로써 끝나는데, 당시 중국의 동남쪽에 오(吳)나라
가 건재하고 있어 진(晋)나라와 오(吳)나라의 이국시대(二國時代)가 그
뒤 15년간 계속되었다.

오(吳)나라는 강남의 기름진 국토와 양자강이라는 자연의 요새를 확보
하고 있었기 때문에 만일 손호(孫皓)라는 기학증(嗜虐症)의 임금이 나오
지 않았더라면 남북조시대(南北朝時代)가 한발 빨리 실현되었을지도 모
른다. 손호는 마음에 들지 않는 자의 눈을 가리고 얼굴 가죽을 벗겨내는
등 잔인한 짓을 행했기 때문에 백성들의 믿음을 완전히 잃고 있었다.

진(晋)나라의 정남대장군(征南大將軍)이었던 양고(羊祜)는 양자강의
상류로부터 물길을 따라 공격해 내려올 계략을 세워 군대가 탈 배를 만
들고 준비를 갖추는 한편, 무제(武帝)에게 남정(南征)할 것을 수차 상소
했지만 북쪽의 흉노족이 남하할 것을 두려워하는 조정 대신들의 반대로
실현할 수 없었다.

결국 양고는 진(晋)나라 함령(咸寧) 4년, 후임으로 두예(杜預)를 천거
하고 죽었다. 두예는 양고의 남정책(南征策)에 대한 이해자의 한 사람이

었으며, 양고는 자기의 꿈을 두예에게 위탁했던 것이다.

양고를 대신해 진남대장군(鎭南大將軍)이 된 두예는 임명되자마자 양자강 북쪽 기슭의 요지 서릉(西陵)을 지키고 있던 오(吳)나라 명장 장정(張政)을 크게 격파했다. 장정은 수비를 게을리 한 책임을 피하기 위해 이 패전을 손호에게 비밀에 부쳤지만 두예가 일부러 포로들을 손호에게 보냈기 때문에 장정은 좌천되었다.

두예는 이렇게 하여 총공격을 개시하면서 첫 번째 장애물을 제거한 다음 함령(咸寧) 5년 가을, 남정(南征)을 권하는 상소문을 두 번에 걸쳐 제출했다. 지금 남정하면 십중팔구 성공할 가능성이 있지만 내버려둔다면 오(吳)나라 군대가 도읍을 옮기고 수비를 굳혀 만전의 체제를 갖추어 버릴 것이라는 내용이었다. 일찍부터 양고의 남정을 이해하고 있던 무제는 장화(張華)의 간언을 받아들여, 중신들의 의견을 물리치고 두예의 상소를 허락하는 남정을 결의했다.

이리하여 그해 겨울 11월에 진(晉)나라 대군은 일곱 방면으로부터 작전을 개시하여 다음해 2월에는 형주(荊州)를 완전히 점령했다. 여기서 장군들이 모여 작전회의가 열렸을 때 한 사람이,

"지금 단번에 승리를 거두기는 어렵다. 더구나 지금은 봄철이라 비가 많이 내리고 역병(疫病)도 발생하기 쉽다. 일단 작전을 중지하여 다음 겨울까지 기다리는 것이 어떨까?"

라고 발언했다. 그러자 두예가 말했다.

"옛날에 악의(樂毅)는 제서(濟西)의 한 번 싸움에 승리한 여세를 몰아 강국 제(齊)나라를 휩쓸었다. 지금 우리 군대의 사기는 크게 높아져 있다. 비유해 말하자면 대나무를 쪼개는 것과 같은 것이다. 마디를 몇 개 쪼개버리면 그 뒤에는 힘들이지 않아도 저절로 쪼개질 것이다."

옛날에 악의(樂毅)는 제서(濟西)의 한 번 싸움에서 승리하여 강한 제

(齊)나라를 합쳤다. 지금 아군의 위세는 이미 떨치고 있다. 비유하면 대나무를 쪼개는 것과 같다. 몇 마디를 쪼갠 다음에는 칼날을 맞아 다 쪼개어질 것이니 다시 손을 댈 곳이 없다.

昔樂毅藉濟西一戰 以并彊齊. 今兵威已振. 譬如破竹. 數節之後 皆迎刃而解 無復著手處也.(≪진서(晋書)≫ 두예전(杜預傳))

이리하여 두예는 일로현(一路縣)의 도읍을 점령할 것을 지시했으며 진(晋)나라 군대가 가는 곳마다 오(吳)나라 군대는 싸우지도 않고서 항복했으므로, 예전에 작전 중지를 주장한 장군은 두예에게 편지를 보내어 자기의 밝지 못함을 사과했다고 한다.

오(吳)나라는 다음해 3월에 항복하여 진(晋)나라의 천하통일이 이루어졌으며, 그후 두예는 경전(經典)을 연구하여 현재 가장 오래된 ≪좌전(左傳)≫의 주역서 ≪춘추좌씨전집해(春秋左氏傳集解)≫ 및 ≪춘추석례(春秋釋例)≫ 5권과 ≪장력(長歷)≫ 1권 등의 큰 업적을 남겼다.

이로 인하여 파죽지세란 강대한 세력으로써 적진을 향해 쳐들어가는 기세를 뜻하게 되었다.

그 무렵의 일로 말(馬) 상을 잘 보고 또 말을 좋아했던 대신 왕제(王濟)와, 거부를 축적하면서도 인색하기로 평판이 높았던 화교(和嶠)의 일을 두고, 두예가 왕제는 '말의 버릇'이 있고 화교는 '돈의 버릇'이 있다고 평하였다. 그 말을 들은 무제가 그에게,

"그렇다면 그대는 어떤 버릇이 있는가?"

하고 묻자 두예가,

"신에게는 좌전(左傳)의 버릇이 있습니다."

라고 대답한 것은 유명하다.

破天荒
파   천   황

거친 하늘을 깨뜨린다는 뜻으로, 지금껏 아무도 하지 못했던 일을
한다는 뜻.

깨뜨릴 **파** 하늘 **천** 거칠 **황**

옛날 중국에서 시행되어 오던 과거제도(科擧制度)는 수(隋)나라에서
시작되어 청조 말기(淸朝末期)의 광서(光緒) 31년에 폐지될 때까지 실로
1,300년간에 걸친 긴 역사를 가지고 있다.

유교의 경전(經典)에 대한 교양과 시문에 대한 재능, 정치에 대한 식견
(識見) 등을 주로 출제한 공개 경쟁 시험제도에 의하여 전국으로부터 유
능한 인재를 빠짐없이 흡수하려고 한 것으로, 그 이전의 문벌 편중(門閥
偏重)의 폐단을 타파하기 위한 획기적인 제도였다. 더구나 뛰어난 암기
력과 해박한 지식을 요구하였기 때문에 지방으로부터 중앙에 이르는 몇
차례의 시험에 급제한다는 것은 몹시 어려운 일이었다.

이 시험제도를 둘러싼 희비극은 청(淸)나라 시대의 장편소설 ≪유림외
사(儒林外史)≫에 잘 묘사되어 있는데 오늘날 '결코 없었던 일', '전대미
문(前代未聞)' 등의 뜻으로 사용되는 '파천황(破天荒)'이란 말도 과거 시
험의 난관을 돌파하는 고사에서 생겨난 것이다.

당(唐)나라 시대 과거의 주류는 시와 부(賦)의 창작 능력을 주로 한 진사과(進士科)로서 그 시험 자격은 각 지방에 설치한 국립학교의 성적이 우수한 자와, 지방 장관이 시행하는 선발 시험에 합격하여 중앙에 추천하는 자, 두 종류가 있었다.

후자의 선발 시험 합격자는 '해(解)'라고 불리었다. 모든 일에 통달해 있는 사람이라는 뜻이다. 송(宋)나라의 손광헌(孫光憲)이 지은 ≪북몽쇄언(北夢瑣言)≫ 권4에 나오는 '파천황해(破天荒解)'의 '해(解)'가 바로 그것이다.

당(唐)나라의 형주(荊州)는 의관들이 모이는 곳이니, 해마다 사람들을 천거하여 해(解)로 보내도 많이 이루지 못한다. 이름하여 말하기를 '천황해(天荒解)'라고 한다. 시종이 된 유세(劉蛻)가 형주의 해(解)로 급제했다. 그래서 '파천황(破天荒)'이라고 불렀다.

唐荊州衣冠藪澤 每歲解送擧人 多不成名. 號曰 天荒解. 劉蛻舍人 以荊解及第. 號爲破天荒.

'의관수택(衣冠藪澤)'이란 학문하는 사람들이 많이 모이는 곳을 말한다. 당(唐)나라 시대의 형주(荊州)는 학문하는 사람들이 모이는 곳으로, 해마다 지방 시험에 합격한 사람들을 중앙에 보내지만 급제한 사람이 없었다. 그래서 형주는 '천황해(天荒解)'라고 일렀다. 그런데 뒤에 시종(侍從)이 된 유세가 형주의 지방 시험 합격자로서 처음으로 중앙 시험에 합격했다. 그래서 '파천황(破天荒:급제하는 사람이 없음을 깨뜨렸다)'이라고 말하게 되었다.

당(唐)나라의 왕정보(王定保)가 지은 〈당척언(唐摭言)〉에 의하면 유세가 급제한 것은 만당(晚唐)의 선종(宣宗) 대중(大中) 4년의 일로, 이때 형남군 절도사였던 최현(崔鉉)은 '파천황전(破天荒錢)'이라고 하여 상금 칠십만 전을 유세에게 보냈다고 한다.

平地起波瀾
평 지 기 파 란

평지에 파란을 일으킨다는 뜻으로, 일부러 일을 어렵게 만들거나 사람들 사이에 분쟁을 일으킨다는 말.

평평할 **평** 땅 **지** 일어날 **기** 물결 **파** 물결 **란**

이 말은 '일부러 일을 어렵게 만드는 것', 또는 '사람들 사이에 분쟁을 일으키는 것'을 표현할 때 쓰인다.

중당(中唐)의 시인 유우석(劉禹錫)은 〈죽지사(竹枝詞)〉 9수 중 첫 수에서 이렇게 말하고 있다.

구당(瞿塘)은 시끄러이 열두 여울인데
사람들은 말한다, 도로는 예로부터 어렵다고.
길게 한하는 사람의 마음은 물과 같지 않아
등한히 평지에 파란을 일으킨다.

瞿塘嘈嘈十二灘 人言道路古來難
長恨人心不如水 等閑平地起波瀾

칠언절구(七言絕句)인 〈죽지사(竹枝詞)〉는 작자가 기주(夔州)에 부임
했을 때 당시의 민가(民歌)를 듣고 흥을 느껴 곡에 맞춘 시이다.

이 근처의 양자강에는 유명한 파동(巴東)의 세 산골이 있어 배로 여행
하기 어려운 곳이다. ≪악부시집(樂府詩集)≫의 이 시에 붙인 설명에 의
하면 작자가 원상(沅湘) 지방에 있을 때 민가인 〈죽지사(竹枝詞)〉의 가
사가 비속하여 그것을 바꾸어 시를 지었다고 하는데 내용으로 미루어
보면 역시 기주 자사(夔州刺史)로 부임했을 때 지은 것이라고 해야 할
것이다.

아마도 세 산골을 오르내리는 뱃사람들 사이에서, 혹은 강 나루터에서
불리던 천한 뱃노래가 원래이고, 유우석이 지은 〈죽지사〉는 말하자면 점
잖은 말로 바꾼 노래이다. ≪악부시집(樂府詩集)≫에는 작자의 말로써
다음과 같이 기록하고 있다.

'죽지(竹枝)'는 촉(蜀)나라의 노래이다. 촉(蜀)나라 어린이들은 짧은
피리를 불고 북을 쳐 가락을 취하면서 노래를 부른다. 그들은 옷깃을 걷
어올리고 기분 내키는 대로 춤을 춘다.

이 글에 의하면 죽지(竹枝)는 어린이들이 부르는 노래이지만 뱃노래와
관계가 없지는 않다. 유우석이 〈죽지사〉를 지은 이후로 원화(元和)와 정
원(貞元) 시대 사람들이 즐겨 이를 흉내 내어 시를 지었다고 한다. 지금
도 우리들은 같은 시대의 다른 죽지사(竹枝詞)를 볼 수 있는데 백거이(白
居易)에게도 이 시가 있다.

'조조(嘈嘈)'란 물소리가 시끄럽게 흐르는 모양이다. 구당에는 여울을 지나면 다시 여울이 나타나 열두 개의 여울이 줄지어 있어 시끄럽게 물소리를 낸다. 그러나 양자강의 이 빠른 여울보다 한이 서린 사람의 마음은 물과 같지 않아, 평지에 파란을 일으켜 세상을 어렵게 만들어 놓는다.

사람들은 마음 내키는 대로 사건을 일으키거나, 혹은 다른 사람들로 하여금 일부러 사건을 일으키게 하여 세상일을 어렵게 만든다는 뜻이다.

蒲柳之質
포 류 지 질

물가에 서 있는 갯버들 같은 체질이라는 뜻으로, 나이보다 일찍 머리가 세고 약한 체질이라는 뜻.

갯버들 **포** 버들 **류** 어조사 **지** 바탕 **질**

'포류(蒲柳)'란 물가에 서 있는 버드나무란 뜻이다.

물가에 가냘프게 서 있는 이 나무는 소나무나 잣나무 등 보기에도 늠름한 상록(常綠)의 키 큰 나무와 비교하면 일찍 잎이 떨어진다. 갯버들 같은 허약 체질(虛弱體質), 혹은 나이보다 일찍 머리가 세는 약한 체질을 뜻하는 것으로, '포류지질(蒲柳之質)'이라는 표현을 쓴 것은 동진(東晋)의 고열지(顧悅之)이다.

고열지는 간문제(簡文帝)와 같은 나이였는데도 불구하고 머리가 먼저 하얗게 되었기 때문에 간문제가,

"그대의 머리는 왜 나보다 먼저 희어졌는가?"

하고 묻자 그가 대답했다.

"갯버들 체질의 사람은 가을을 앞두고 잎이 떨어지지만 소나무나 잣나무 체질의 사람은 겨울의 서리를 맞아도 잎이 점점 무성해지는 것과 같은 이치입니다."

顧悅之簡文同年 而髮蚤白. 簡文曰 卿何以先白. 對曰 蒲柳之姿 望秋而落 松柏之質 經露彌茂.(≪세설신어≫ 언어편(言語篇))

"저는 어차피 몸이 약해서 폐하의 장건(壯健)하심에는 미치지 못하겠습니다."

하였다. ≪논어≫의 자한편(子罕篇)에도,

해가 추워진 뒤에야 소나무와 잣나무가 늦게 시듦을 알겠다.

歲寒然後 知松柏之後彫也.

날씨가 추워진 뒤에야 비로소 소나무와 잣나무의 잎이 번성함을 알 수 있다는 것이다. 사람의 진가는 위급하고 어려운 처지를 당해야 비로소 알 수 있다는 뜻으로 구절을 맺었거니와, 청담(淸談)이 유행하던 때이므로 기묘한 사람이라는 평판이 났을 것이다.

진서(晉書)의 고열지전(顧悅之傳)에 의하면 그는 젊은 시절부터 정의파(正義派)로 권세에 아부하는 일 없이 곧은 말을 했다고 한다. 벼슬은

상서우승(尙書右丞)으로 마쳤다. 그의 체질은 비록 '갯버들의 모습'이었는지 모르지만 타고난 성질은 '소나무와 잣나무'였음에 틀림이 없다.

그의 아들 또한 그림 그리는 재주와 기행(奇行)으로써 '개지(愷之)의 삼절(三絶)'이라고 일러지며, 그가 바로 후세에 문인화(文人畵)의 조상이 된 고개지(顧愷之)였다.

暴虎馮河
포 호 빙 하

맨손으로 호랑이를 잡고 걸어서 강을 건넌다는 뜻으로, 용기는 있지만 무모한 행동을 한다는 뜻.

맨손으로 칠 **포** 범 **호** 건널 **빙** 물 **하**

'포호빙하(暴虎馮河)'는 맨손으로 호랑이를 때려잡고 걸어서 강을 건너간다는 뜻으로, 용기는 있으나 무모하게 행동함을 말한다.

이 말을 먼저 사용한 것은 ≪시경≫ 소아(小雅)의 〈소민(小旻)〉에,

감히 맨손으로 호랑이를 잡지 못하고 감히 걸어서 강을 건너지 못함을,
사람들은 하나는 알지만 그밖의 것들은 알지 못하도다.
두려워하고 조심하기를 깊은 연못에 임한 것같이 하며
얇은 얼음을 밟는 것같이 하라.

不敢暴虎 不敢馮河
人知其一 莫知其他
戰戰兢兢 如臨深淵
如履薄氷

라고 한 데서 볼 수 있는데 그보다 더 빛나는 글이 ≪논어≫ 술이편(述而篇)에 실려 있다.

공자께서 안연(顏淵)에게 일렀다.

"등용되면 나아가 도를 행하고 쉬게 되면 들어앉아 도를 즐기거니와, 오직 나와 너만이 이를 행할 수 있다."

자로(子路)가 듣고 말씀드렸다.

"선생님께서 삼군(三軍)을 지휘하신다면 누구와 더불어 행동하시겠습니까?"

공자께서 말씀하셨다.

"맨손으로 호랑이를 잡고 걸어서 강을 건너다 죽어도 후회하지 않는 사람과는 함께하지 않겠다. 일에 임하면 반드시 두려워하고 도모함을 좋아하여 이루는 사람과 더불어 하리라."

子謂顏淵曰 用之則行 舍之則藏 惟我與爾有是夫. 子路曰 子行三軍 則誰與. 子曰 暴虎馮河 死而無悔者 吾不與也. 必也臨事而懼 好謀而成者也.

안연과 자로는 여러 제자들 중에서도 공자와 가장 가깝고 또한 공자가 사랑하는 제자라고 불리는 사람들이었다.

그런데 '덕행에는 안연과 민자건(閔子騫)과 염백우(冉伯牛)와 중궁(仲

로)이 있고, 언변에는 재아(宰我)와 자공(子貢)이 있고, 정치에는 염유(冉有)와 자로가 있고, 문학에는 자유(子游)와 자하(子夏)가 있다.'고 일러진 바와 같이 두 사람의 성격과 뜻이 반드시 같지는 않았다.

하지만 공자께서는 안연에 대해 거의 절대적이라고 할 만큼 사랑과 신뢰를 보이셨던 것에 비하여, 자로에 대해서는 그를 사랑하면서도 때로는 지나칠 정도로 솔직하여 경솔하게 되는 것에 비판적인 훈계를 내리셨던 것이다.

어느 날 공자께서 안연에게 일렀다.

"왕이 인정하여 등용된다면 물론 자기의 포부와 경륜을 행할 자신이 있지만, 버려져서 쓰이지 않는다면 자기의 재능을 감추고서 가만히 참아낼 수 있는 사람은 너와 나 두 사람뿐일 것이다."

옆에서 이 말을 듣고 있던 자로는 뺨을 불룩하게 하고서 불만스럽게 여쭈었다.

"선생님께서 제후의 군대인 삼군(三軍)을 지휘하는 지위에 선다면 누구와 함께 행동하시겠습니까?"

물론 그 질문에는 '그럴 경우에는 너라는 사나이가 있지 아니한가.'라며 칭찬해 주기를 기대하고 여쭌 것이리라. 그러나 공자의 대답은 전혀 달랐다.

"맨손으로 호랑이에게 대들고 걸어서 강을 건너가는 위험을 저질러 죽더라도 후회하지 않는 사나이와는 함께 행동하지 않겠다. 역시 일을 당하면 신중히 마음을 쓰고 나아가 충분한 계획을 세워서 성공시킬 수 있는 사람을 고르게 될 것이다."

물론 이것은 자로에 대한 부정적인 비판은 아니다. 자로의 적극적인 행동과 용기를 충분히 인정하면서도 큰일을 성공시키려면 신중함이 바람직하다는 소망을 부탁하신 말씀이다. 자로에 대한 깊은 이해와 애정에서 나온 말씀이라고도 할 수 있다.

또 ≪논어≫의 공야장편(公冶長篇)에 다음과 같은 글이 실려 있다.

공자께서 말씀하셨다.

"도(道)가 행해지지 않으니 뗏목을 타고 바다에 뜨리라. 나를 따르는 자는 유(由)일 것이다."

자로가 이 말을 듣고 기뻐하였다. 공자께서 말씀하셨다.

"유(由)야, 용기를 좋아하는 것이 나보다 더하는구나. 그런데 재목을 취할 곳이 없도다."

子曰 道不行 乘桴浮于海 從我者 其由與. 子路聞之喜. 子曰 由也 好勇 過我 無所取材.

공자께서는 세상에서 자기의 포부를 행하기 어려움을 한탄하시고 다음과 같이 말씀하셨다.

"도(道)가 행해지지 아니하니 뗏목을 타고 바다 저쪽으로나 가버릴까? 이럴 때 나를 따라와 줄 사람은 유(由)일 것이다."

자로가 이 말을 듣고 기쁜 모습을 나타내자 공자께서 다시 타일러 말씀하셨다.

"네가 용기를 좋아함이 나보다 더하지만……."

'재목을 구할 곳이 없다'라고 한 말은 여러 가지 뜻으로 해석되는데 '바다에 뜰 만큼 큰 뗏목을 만들려면 어디에서 그 재목을 구해올 것인가?'라고 해석하면, 우리는 멍청히 하고 있는 자로의 모습이 눈에 떠올라 미소를 짓게 된다.

豹死留皮 人死留名
표 사 유 피 인 사 유 명

표범은 죽어서 가죽을 남기고 사람은 죽어서 이름을 남긴다. 하찮은
짐승도 죽을 때 세상에 이익을 주는데 사람도 훌륭한 일을 하여 좋
은 이름을 남겨야 한다는 뜻.

표범**표** 죽을**사** 머무를**유** 가죽**피** 사람**인** 죽을**사** 머무를**유** 이름**명**

구양수(歐陽修)는 그의 ≪신오대사(新五代史)≫의 〈열전(列傳)〉 제20
을 〈사절전(死節傳)〉에 해당시켜,

어(語)에 말하기를, 세상이 어지러워지면 충신을 안다.(≪노자≫ 제18
장에 '국가가 혼란하면 충신이 있다.'라고 보인다) 과연 그러하다. 오대
(五代)에 즈음하여 인재가 없다고 하지 말아야 한다. 나는 절개가 온전한
선비 세 사람을 얻었다. 이에 사절전(死節傳)을 짓는다.

라고 기록했다. 그리고 후량(後梁)의 왕언장(王彦章), 후당(後唐)의 배약
(裵約), 남당(南唐)의 유인섬(劉仁贍) 등 세 명의 전기를 써서 남겼다. 이
들은 배신의 무리가 속출했던 오대(五代) 난리 중에 살았던 인물들로 절
개를 바친 무장들이다.

이 세 사람 중에서도 구양수가 가장 높이 평가하고 있는 것은 왕언장
으로, 그를 위하여 별도로 ≪왕언장화상지기(王彦章畫像之記)≫를 쓸 정
도이다.

왕언장은 일개 병졸로 출발하여 후량(後梁)의 태조 주전충(朱全忠) 밑

에서 장군이 되어 후당(後唐)의 장종(莊宗)을 매우 괴롭혔다.

그는 유례가 없을 만큼 용기와 힘의 소유자였는데 맨발로 가시밭길을 백 걸음이나 걸을 수 있었으며, 철창을 옆에 끼고 말을 몰아 적진으로 들어갈 때는 마치 날개가 달린 것 같아 그가 향하는 곳에는 적군이 사라질 형편이라 병사들로부터 '왕(王)철창'이라고 불리고 있었다.

후량이 멸망했을 때 충의(忠義) 강직한 그는 불과 오백 기(騎)의 적은 병졸로 수도의 방위를 여지없이 쳐부수었으나 마지막 임금 주진(朱鎭) 측근의 간신 때문에 중상을 입고 사로잡혔다. 후당의 왕 장존이 그의 무용을 아껴 목숨을 살려서 자기의 휘하에 보태려 했지만 그는,

"신은 폐하와 혈전하기를 20여 년, 지금 군대는 패하여 힘이 다했습니다. 죽지 않고서 무엇을 기대하겠소. 또한 신은 양(梁)나라의 은혜를 받아서 죽지 않으면 보답할 길이 없습니다. 어찌 아침에 양(梁)나라를 섬기고 저녁에 진(晉)나라를 섬길 수 있으며 살아서 무슨 면목이 있어 천하의 사람들을 보겠습니까."

하며 거부하고 죽음의 길을 택했다.

그는 타고난 무인으로서 글을 알지 못했기 때문에 책을 읽는 사람이 전고(典故) 인용한 것을 항간에 전했다. 속담으로 대신하였는데 그가 입버릇처럼 말하던 것은,

"표범은 죽어서 가죽을 남기고 사람은 죽어서 이름을 남긴다."

라는 말이었다.

언장은 무인으로서 글을 알지 못했다. 사람들에게 항상 속담을 일러 말하기를, '표범은 죽어서 가죽을 남기고 사람은 죽어서 이름을 남긴다.' 라고 했다.

彦章武人不知書. 常爲俚語謂人曰 豹死留皮 人死留名.

우리나라에서는 일반적으로 '표(豹)'를 '호(虎)'로 바꾸어 '호랑이는 죽어서 가죽을 남기고 사람은 죽어서 이름을 남긴다.' 라고 말하는 일이 많다.

風林火山
풍   림   화   산

바람같이 빠르게, 숲처럼 조용하게, 불처럼 맹렬하게, 산처럼 무겁게라는 뜻으로, 기회가 왔을 때 상황에 따라 군사를 적절하게 운용해야 승리를 거둘 수 있다는 뜻.

바람 풍 수풀 림 불 화 뫼 산

싸우지 않고서 적군을 이기는 것을 최선(最善)으로 삼는 손자(孫子)는 그 첫머리 제1편에서, '전쟁은 속임수이다. 전쟁이란 원래 정상에 반하는 도(道)이다.' 라고 규정했다.

싸우지 않고서 적군을 굴복시킬 수 있다면 최상이겠지만 그렇게 할 수 없어 부득이 싸움터에서 적군과 마주 보지 않을 수 없을 때는 전쟁이란 원래 '속임수' 이기 때문에 모든 책략을 써서 아군의 병사가 부상하는 일 없이 적군을 격파하는 것이 바람직하다. 그래서 전쟁이란 적군의 내부를 혼란시키는 것을 주안점으로 하되 항상 유리한 태세를 구하여 행동하고 분산과 집결에 여러 가지 변화를 일으켜야 하는 것이라고 말할 수 있다.

그러므로 군대는 속임으로써 성립되고, 이익으로써 움직이며, 나눔과 합침으로써 변화를 이루는 것이다.

故兵以詐立 以利動 以分合爲變者也.

손자(孫子)는 계속해서 말하고 있다.

그러므로 불의의 공격을 가할 때는 바람과 같이 빨리 하고, 서서히 행동할 때는 숲과 같이 조용히 하며, 적군을 침략할 때는 불길과 같이 맹렬히 하고, 움직이지 않을 때는 산과 같이 무겁게 있되, 적군의 눈을 속일 때는 그늘과 같이 은밀히 행동하고, 일단 행동을 개시하면 청천벽력과 같이 적군의 방위를 흔들어야 한다.

故其疾如風 其徐如林 侵掠如火 不動如山 難知如陰 動如雷震.

이 끝의 글자들을 따서 '풍림화산(風林火山)'이란 말이 생겨났다.

이렇게 한 다음, 적군보다 먼저 '우직지계(迂直之計)', 즉 먼 길을 가까운 길로 바꾸는 방법을 아는 사람이 승리를 거두게 되거니와, 이야말로 승리의 기선을 잡는 원칙이다.

先知迂直之計者勝 此軍爭之法也.

風馬牛

풍 마 우

바람난 말과 소. 서로 멀리 떨어져 있어 조금도 관계가 없다는 말.

바람 풍 말 **마** 소 **우**

　패자(覇者)로 이름이 높은 제(齊)나라 환공(桓公)이 어느 날 부인 채희(蔡姬)와 함께 동산의 연못에 배를 띄워 놓고 놀았다. 채희가 희롱으로 배를 흔들자 환공은 두려워서 얼굴빛을 바꾸며 계속 '그러지 말라'고 했지만 채희는 그치지 않았다.

　채희는 채(蔡)나라 공주였는데 멀리 남쪽 회수(淮水) 유역에 있는 나라였기 때문에 배에는 익숙했던 것 같다. 그렇지만 채희의 희롱이 도가 지나친 것 같아 환공은 화를 내며 채희를 고향으로 쫓아 보냈다.

　환공이 완전히 인연을 끊은 것은 아니었으므로 어디까지가 진심이었는지는 알 수 없다. 그런데 채(蔡)나라에서는 이것을 진심으로 받아들여 재빨리 다른 데로 재가시켜 버렸다.

　화가 난 환공은 다음해인 주(周)나라 혜왕(惠王) 21년에 송(宋)나라와 진(陳)나라, 위(衛)나라, 정(鄭)나라, 허(許)나라, 조(曹)나라의 제후들을 모아 군대를 이끌고 채(蔡)나라를 정벌했다. 채(蔡)나라가 패하여 멸망하자 환공은 그 여세를 타고 선봉 부대를 초(楚)나라로 향하게 했다. 이것을 보면 작은 채(蔡)나라는 구실에 불과하고 환공이 진정으로 노리고 있던 것은 초(楚)나라였는지도 모른다.

　그것은 그렇다 치고, 초(楚)나라의 성왕(成王)은 놀라서 곧 사자를 제

(齊)나라로 보냈다.

임금은 북해(北海)에 있고 과인은 남해에 있으니 지금 상태로는 바람난 말이나 소라 할지라도 서로 미치지 못한다. 임금께서 내 땅으로 건너오리라고는 생각지도 않았다. 그런데 이 무슨 까닭인가?

君處北海 寡人處南海 唯是風馬牛不相及也. 不虞君之涉吾地也. 何故.

풍마우(風馬牛)의 '풍(風)'은 '놓인다' 라는 뜻과, 위의 번역과 같이 '암내를 낸다.' 는 뜻의 두 가지로 생각할 수 있다. 후자라면 '이렇게 떨어져 있으니 암내를 내는 말이나 소가 상대를 구해도 미치지 못한다.' 라고 할 수 있다. 좌우간 '서로 미치지 못한다.' 라는 말에서 '풍마우(風馬牛)' 는 '조금도 관계가 없다.' 라는 것을 비유로 사용된다.

그러나 초(楚)나라 사자의 물음에 대답한 것은 제나라 재상 관중(管仲)이었다.
"옛날에 소강공(召康公)이 우리의 선군(先君) 태공망(太公望)에게, '제공(諸公)에게 죄가 있을 때는 이를 정벌하여 주(周)나라 왕실을 도우라.' 고 말씀하셨다. 지금 초(楚)나라는 천자에게 보내는 공물(貢物)을 게을리 하고 있기 때문에 우리 임금께서 그것을 구하려고 오신 것이다. 또 주(周)나라의 소왕(昭王)이 남쪽을 정벌한 후 귀환하지 않았기 때문에 그 이유를 들으려 하시는 것이다."
사자는 대답했다.
"공물을 게을리 한 것은 우리 임금의 죄입니다. 이제부터는 바치도록 하겠습니다. 그렇지만 소왕이 돌아가지 않은 이유는 그쪽 임금께서 한수

(漢水)에 물어보십시오.(소왕은 한수(漢水)에 빠졌다고 한다. 초나라가 알 바 아니라는 뜻이다.)"

그 결과 제(齊)나라 군대는 경(陘)으로 나아가 진을 쳤다. 그해 여름 초(楚)나라의 성왕은 대부(大夫) 굴완(屈完)을 제(齊)나라로 보내어 평화 교섭을 맡게 했다. 이리하여 양군은 충돌을 피했다.

風聲鶴唳
풍 성 학 려

바람 소리와 학의 울음. 어떤 것에 크게 한번 놀라면 조그마한 일에도 몹시 놀란다는 뜻.

바람 **풍** 소리 **성** 학 **학** 울 **려**

동진(東晉) 효무제(孝武帝) 태원(太元) 8년 11월, 사석(謝石)과 사현(謝玄) 등이 이끄는 팔만의 동진(東晉) 군대가 회하(淮河) 상류인 비수(淝水)에서 전진(前秦)의 부견(符堅)이 이끄는 백만의 남정군을 일거에 궤멸시킨 '비수의 싸움'은 그 뒤 약 200년에 걸친 남북조 시대를 출현시킨 계기의 역사적인 전투였다.

씨족(氏族:티베트 계통)의 부견은 재상 왕맹(王猛) 등 화북(華北)에 사는 한(漢)나라 명문들의 지지를 얻어 화북을 통일하고 서역(西域)의 여러 나라들까지 지배하에 둔 대제국을 건설하여, 후세에 5호(胡) 16국 중에서 명군(名君)이라고 일컫는 사람이었다.

부견은 일찍부터 동진(東晉)을 멸망시켜 천하통일을 이루려는 야망을 가지고 있었지만, 왕맹은 강남(江南)에 안정된 정권을 구축하고 있는 동진(東晉)을 손대기보다는 다른 이민족을 평정하여 화북(華北)에서 만대가 지나도 흔들림 없는 제국을 세울 것을 선결 문제로 생각하고 그것을 유언으로 말할 정도였다.

부견은 왕맹의 유언에 따라 화북(華北)의 통일을 달성하였으나 382년에 서역까지 세력을 펼쳤을 때 그의 가슴에는 또다시 강남(江南) 평정의 야망이 머리를 들었다.

그해 10월, 그는 조신들에게 남정(南征)을 물어보았다. 조신들은 온후하고 독실한 사안(謝安)을 재상으로 삼은 동진(東晉)은 안정되어 있으며 이를 정벌하는 것은 하늘의 도(道)에 어긋날 뿐 아니라 전진(前秦)의 군대는 오래 지속된 싸움에 지쳐 있다는 것 등을 들어 반대했다.

이에 찬성한 것은 선비족(鮮卑族) 출신 경조(京兆)의 윤(尹:도읍의 지사)인 모용수(慕容垂)와 강족(羌族) 출신의 보병교위(步兵校尉:보병사단장)인 요장(姚萇) 두 사람뿐이었다.

이민족인 두 사람 말을 경계해야 한다고 하는 사람도 있었지만 부견은 두 사람의 찬성에 크게 힘을 얻어 여러 신하들의 반대를 물리치고 다음해 8월, 남정(南征)의 군대를 일으켰다. 우선 모용수와 요장 등이 이끄는 선봉 부대 이십오만을 남하시킨 다음, 스스로 보병 육십여 만과 기병 이십칠만을 동원해 그 행렬이 천리에 뻗을 대군을 이끌고 남정(南征)의 길에 나섰던 것이다.

한편 동진(東晉)의 재상 사안은 동생 사석을 정토대도독(征討大都督)에 임명하고 조카 사현을 전봉도독(前鋒都督)에 임명하여 팔만의 군대로써 이에 대항하게 했다. 사현은 이보다 앞서 양자강의 북쪽 광릉(廣陵)에 주둔시켜 전진(前秦)과의 국경을 고수하여 한 걸음도 침략을 용서하지 않고 북군(北軍)을 두려움에 떨게 한 명장이었다.

11월에 부견은 대군을 회하(淮河)와 비수(淝水)의 선까지 남하시켰다. 그리고 선봉 부대인 양성(梁成)이 이끄는 오만의 군대는 일찍이 회하를 건너 지류인 낙간(洛澗)의 서쪽 기슭에 목책(木柵)을 둘러쳐서 전진 거점을 만들고 있었다.

광릉에서 서쪽으로 진격한 사현은 처음부터 적군의 기세를 꺾기 위하여 선봉인 부하 유뇌지(劉牢之)에게 정병 오천을 주어 이를 급습케 하여, 양성을 목 베고 북군(北軍)을 혼란 상태에 빠뜨린 뒤 그들을 추격하여 일거에 회하(淮河) 남쪽 기슭으로 나아갔다.

이 보고를 들은 부견은 남쪽 기슭의 동진(東晉) 군대의 모습을 보기 위하여 수양성(壽陽城) 망루대(望樓臺)로 올라갔는데 갑자기 얼굴빛이 바뀌었다. 그가 이제까지 30년 동안 해마다 상대한 북방 이민족의 군대와는 달리 남군(南軍)의 진영은 질서정연하게 정돈되어 있어 소수라고는 하지만 난공불락의 성처럼 보였기 때문이었다.

부견이 성으로 올라가 팔공산(八公山)의 풀과 나무를 바라보니,
모두 사람과 비슷하였다.
부견은 돌아보고 부융(符融)에게 일러 말했다.
"이는 또한 강한 적이다. 어찌 군대가 적다고 이르랴!"
실망하여 두려워하는 빛이 있었다.

堅登城望八公山草木 皆類人形. 顧謂符融曰 此亦勍敵也 何謂兵少乎. 憮然有懼色.(≪진서(晋書)≫ 부견재기(符堅載記))

자신만만한 부견을 두려워하게 할 정도의 명장 사현이었지만 상대방

의 십분의 일도 못 되는 병력의 군대로는 북쪽 기슭을 가득 메운 북군(北軍)을 공격할 수 없었다. 그래서 상대방의 총지휘관인 부융에게 사자를 보내어 제의했다.

"귀하는 군대를 오랫동안 이끌고 남하하여 회하를 따라 굳은 진을 갖추고 있습니다. 지구전이라면 괜찮겠지만 대군을 이끌고 할 일 없이 때를 보낸다는 것은 이득이 없을 것입니다. 진을 조금 후퇴해 주신다면 아군이 강을 건너 그곳에서 일거에 승부를 결정하겠습니다. 그러는 편이 좋지 않겠습니까?"

북군(北軍)의 여러 장군들은 적군의 세력이 없으니 승리는 확실하므로 이대로 있는 것이 가장 좋다고 주장했지만 부견은 이렇게 말했다.

"아군을 조금 후퇴시키고 적군이 강을 건너기를 개시하여 반쯤 건너왔을 때 아군의 철기(鐵騎) 수십만으로 몰아서 흩어지게 하면 필승은 의심의 여지가 없을 것이다."

부융도 이 말에 찬성했다.

북군(北軍)이 후퇴를 개시하고 남군(南軍)이 강을 건너기 시작했을 때 북군에 뜻하지 않은 혼란이 일어났다. 병사들은 강을 건너오는 남군을 두려워하여 서로 먼저 도망치기 바빴던 것이다. 가뜩이나 공포에 질려 있던 병사들의 사이를 누비며,

"우리들은 졌다. 빨리 도망치자."

라고 외치며 돌아다닌 사람이 있었다. 그것은 동진(東晋) 양양(襄陽)의 자사(刺史)인 주서(朱序)였다. 그는 여러 해 전에 양양에서 부하에게 배반을 당하여 전진(前秦) 군대에게 사로잡혔으며 부견으로부터 그의 굳은 절개를 인정받아 벼슬에 올라 있었다.

주서의 게릴라 작전으로 북군의 병사들은 혼란이 극도에 이르러 모두 무너지게 되었다. 정신없이 도망치는 병사들을 만류하기 위하여 혼란한

군대 사이를 달리던 부융은 타고 있던 말이 쓰러지면서 진(晉)나라 병사에 의해 죽임을 당했다. 부견도 날아온 화살에 맞아 말을 탄 채로 간신히 도망칠 수 있는 형편이었다.

부견의 무리들은 다 무너져서 아군에게 밟혀 죽고 강에 빠져 죽은 사람들의 수는 이루 헤아릴 수 없어 비수의 흐름도 이로 인하여 멈추게 되었다. 살아남은 자들은 갑옷과 투구를 버리고 밤에도 도망치며 바람 소리와 학의 울음소리만 들어도 적의 군대가 달려오는 소리로 들렸다. 무성한 풀숲을 걸어가고 들에서 노숙을 하다 굶주림과 추위가 겹쳐 열 사람 중에서 7, 8명이 죽었다.

堅衆奔潰 自相踏藉 投水死者 不可勝計 淝水爲之不流. 餘衆棄甲宵遁 聞風聲鶴唳 皆以爲王師已至. 草行露宿 重以飢凍 死者十七八.(≪진서(晉書)≫ 사현전(謝玄傳))

군대 백만이라는 위용을 자랑하며 남정(南征)을 한 전진(前秦)의 군대는 1년 만에 참담한 패배를 맛보고 겨우 십여 만이라는 패잔병만 도읍으로 돌아와 부견의 위세는 한풀 꺾였다. 다음해 384년에는 요장과 모용수가 각각 자립하여 후진(後秦)과 후연(後燕)을 세웠으며, 전진(前秦) 제국은 붕괴되고 부견 자신도 그 이듬해에 요장에게 죽임을 당했다.

한편 동진(東晉)의 도건강(都建康:남경)에 있던 사안은 북(北)의 대군이 박두해 왔다는 보고에 조야(朝野)가 온통 소란을 피우는 가운데에서도 태평스럽게 자기의 별장을 걸어 잠그고 바둑을 두고 있었다.

크게 승리하였다는 보고가 알려졌을 때에도 사안은 손님과 바둑을 두고 있었는데 그 긴급한 보고를 흘긋 보았을 뿐, 미소를 짓지도 않고 그 보고서를 옆에 두고는 그냥 바둑만 두었다.

한 대국이 끝난 뒤 손님으로부터,

"어떤 보고가 있었습니까?"

라고 묻자,

"아니, 젊은 친구들이 도적을 물리쳐 준 것 같습니다."

하고 대답했지만 손님이 가자마자 정신없이 자기 방으로 달려가느라 신발 축이 빠진 것도 깨닫지 못했다고 한다.

사물에 겁을 먹고 있을 때는 아무렇지도 않은 것에 쩔쩔매는, 즉 겁을 먹어 정신이 혼란해지는 것을 '풍성학려(風聲鶴唳)에 놀란다.' 라고 말하며, 적군의 기세에 겁을 먹어 풀이나 나무까지도 적군의 병사처럼 보이는 것을 '초목개병(草木皆兵)' 이라고 하는 말은 모두 이 고사에서 비롯된 것이다.

風蕭蕭兮易水寒
풍 소 소 혜 역 수 한

바람이 쓸쓸하니 역수가 차갑다는 뜻으로, 뜻을 펴기 전에는 자중해야 하고 뜻을 세운 후에는 망설임이 없어야 한다는 뜻.

바람 풍 쓸쓸할 소 어조사 혜 바꿀 역 물 수 찰 한

형가(荊軻)는 위(衛)나라 사람이었다. 독서와 격검(擊劍)을 좋아하여 배운 바를 위(衛)나라 원군(元君)에게 설득했지만 등용되지 못하고 여러 나라를 유람하다 연(燕)나라로 들어갔다. ≪사기≫ 자객열전(刺客列傳)에서는 연(燕)나라에서 형가의 생활 모습을 다음과 같이 묘사하고 있다.

형가는 이미 연(燕)나라에 이르렀다. 연(燕)나라의 개를 잡고 아울러 축(筑:거문고와 비슷한 악기)을 잘 치는 고점리(高漸離)를 사랑했다. 술을 즐기던 형가는 날로 개를 잡고 아울러 고점리와 연(燕)나라 시장에서 술을 마셨다. 술이 거나하게 취하면 고점리가 축을 치고 형가는 화답하여 시장 한가운데에서 노래를 불러 서로 즐거워했다. 서로 잡고 울어서 곁에 사람이 없는 것 같았다.

荊軻旣至燕 愛燕之狗屠及善擊筑者高漸離. 荊軻嗜酒 日與狗屠及高漸離飮於燕市. 酒酣以往 高漸離擊筑 荊軻和而歌於市中 相樂也. 已而相泣旁若無人者.

이것은 '방약무인(傍若無人)'의 출전(出典)이기도 하다.

형가는 술 마시는 사람과 접촉은 하고 있었지만 그의 인간성은 침착하고 생각이 깊은 독서가여서 그가 갔던 나라들에서는 어디에서나 현인(賢人)과 호걸, 덕이 있는 어른들과 사귐을 맺고 있었다. 연(燕)나라에서도 인망 높은 처사인 전광 선생(田光先生)의 안면을 얻고 있었다. 전광은 형가가 보통사람이 아니라는 것을 꿰뚫어보았던 것이다.

그 무렵 진(秦)나라는 압도적인 위세를 발휘하여 제(齊)나라와 초(楚)나라, 한(韓)나라, 위(魏)나라, 조(趙)나라를 공격하고 연(燕)나라까지 침범하려 하고 있었다.

연(燕)나라 태자 단(丹)은 어떻게 하면 이 진(秦)나라의 날카로운 기운을 꺾을 수 있을까 하며 머리를 쥐어짜고 있었다. 단순히 나라를 근심하는 것에 그치지 않고 이상하리만큼 강한 집념으로 응집되어 있었던 이유는 진왕(秦王) 정(政:뒤에 진시황)에 대한 그의 개인적인 원망이 겹쳤기 때문이었다.

단이 젊었을 무렵 조(趙)나라에 인질이 되어 가 있을 때 거기에서 태어난 어린 정(政)을 만나 함께 놀던 사이였다. 그 뒤 정이 진왕(秦王)이 되면서 단은 다시 인질로서 진(秦)나라에 갔다. 단은 정에 대한 그리움을 가슴에 품고 진(秦)나라로 갔는데 정(政)은 옛날 일은 잊어버린 것처럼 단을 냉정하게 대했다.

옛정이 깊은 원망으로 바뀐 단은 진(秦)나라를 도망하여 연(燕)나라로 돌아왔다. 그러나 강적 진(秦)나라를 무찌를 기발한 계책이 좀처럼 떠오르지 않았다. 단은 그 일을 태부(太傅)인 국무(鞠武)에게 의논했다. 국무는 경솔한 마음을 경계하였지만 단의 집념을 억제할 수 없음을 알자 이렇게 말했다.

"연(燕)나라에 전광 선생이 있는데 도모함이 깊고 염려함이 많으며 침착하고 과단성이 있으므로 그와 상의하는 것이 좋을 것입니다."

그리하여 단은 국무의 소개로 전광을 만났다. 전광은 말했다.

"나는 '준마는 젊고 왕성할 때 하루에 천리를 달리지만 늙어 쇠퇴하면 노새를 쫓아가지 못한다.' 고 들었습니다. 태자는 내가 젊었을 무렵의 일을 들은 것입니다. 그렇지만 나랏일에 무관심하지는 않으니 나를 대신하여 형가라는 사람을 추천하는 바입니다. 소용이 될 것입니다."

전광이 물러가자 단은 문까지 나와 전송했다.

"지금 얘기한 것은 나라의 큰 일입니다. 제발 선생께서는 다른 사람에게 누설하지 말아 주십시오."

전광은 형가에게 태자를 만나 보라고 부탁한 다음,

"유덕한 선비는 일을 행할 때 의심을 품지 않는다고 들었는데 태자가 이 일을 누설하지 말도록 요청한 것은 나를 의심하고 있는 것이다. 이것은 절개를 지키는 선비로서 면목이 서지 않는 일이다. 자네가 태자를 만나거든 나는 죽어도 다른 사람에게 비밀을 누설하지 않는다는 것을 분명히 전해 주게."

그렇게 말하고 스스로 목을 잘라 죽었다. 형가에게서 이 말을 전해 들은 태자는 눈물을 흘리며 전광의 죽음을 애석해 했다.

태자가 형가에게 부탁한 것은 사자로 가서 직접 진왕(秦王)을 만나 그를 위협하여 침략 계획을 그치게 하고, 만일 그 일이 실패했을 때는 진왕(秦王)을 찔러 죽이라는 어려운 요청이었다. 형가는 재주가 없다고 사양하였지만 단의 무리한 부탁에 마침내 그것을 승낙했다.

태자는 형가를 상경(上卿)으로서 최상의 대우를 해 주었다. 그런데 형가는 여간해서 출발할 움직임을 보이지 않았다. 그 사이에 진(秦)나라 군대는 조(趙)나라를 격파하고 북쪽으로 올라와 연(燕)나라 남쪽 변경을 위협했다. 태자 단은 이를 두려워하며 형가에게 빨리 출발할 것을 재촉했다.

형가도 태자의 초조한 마음을 잘 알고 있었다. 그러나 기왕 가려면 일을 성공시키지 않으면 안 되었다. 그러기 위해서는 진왕(秦王)이 기뻐할 만한 것을 바쳐서 신용을 얻을 필요가 있었다. 형가의 생각으로 그것은 연(燕)나라 독항(督亢)의 지도와 번어기(樊於期)의 목이었다.

독항은 연(燕)나라에서 가장 기름진 땅이었고, 번어기는 진(秦)나라의 장군으로서 죄를 범해 연(燕)나라로 도망하여 태자인 단에게 숨어 있었던 사람이었다. 진왕(秦王)은 막대한 상금을 걸어 번어기의 머리를 구하고 있었다. 단은 독항의 지도를 현상물로 하는 것에는 찬성했지만 번어기를 죽이는 것은 승낙하지 않았다. 자기를 의지하여 온 사람을 죽인다는 것은 차마 못할 일이었다.

형가는 직접 번어기를 만나 계획을 알리고 목을 소망했다. 그리고 그것이 진왕(秦王) 정에 대한 번어기의 원망을 깨끗이 하는 길이라고 설득했다. 번어기는 기꺼이 스스로 머리를 잘랐다.

준비는 갖추어졌다. 그렇지만 형가는 아직도 출발할 것을 망설이고 있었다. 그와 함께 행동하려는 사람이 오기를 기다리고 있었던 것이다. 그러자 단은 이제 형가가 비겁한 생각이 든 것이 아닌가 의심했다.

"이제 예정일이 다 되었다. 그대에게 다른 생각이 있는 것 같은데 그렇다면 진무양(秦舞陽)을 먼저 보내려고 한다."

진무양은 연(燕)나라에서 이름을 떨친 용사로, 13살 때 사람을 죽여 모두가 그를 두려워하며 아무도 그의 얼굴을 똑바로 보려고 하지 않을 정도였다. 단은 이 사람을 형가의 조수로 딸려 보낼 생각이었던 것이다.

형가는 태자의 말을 듣자 꾸짖어 말했다.

"조수를 보낸다니 무슨 뜻입니까? 중요한 일에 갔다가 실패하면 돌아오지 못하는 사람입니다. 한 개의 비수를 가지고 누구도 예측 못하는 강국 진(秦)나라로 들어가려는 것입니다. 나는 행동을 함께 하려는 사람이 도착하기를 기다리고 있었는데 태자가 그렇게 말씀하신다면 즉시 가겠습니다."

≪사기≫에는 이후 장면을 다음과 같이 쓰고 있다.

드디어 출발할 날이 왔다.

태자와 빈객 중에 그 일을 알고 있는 사람들은 모두 상복에 백장속(白裝束)을 갓에 붙이고 전송했다. 역수(易水) 물가의 도조신(道祖神)에게 제사를 지내고 길을 떠나기로 되어 있었다. 고점리가 축을 타고 형가가

화답하여 노래했다. 비장한 목소리였다. 사람들은 모두 눈물을 흘리면서
울었다.

형가는 다시 걸음을 옮기면서 노래했다.

바람은 쓸쓸하고 역수(易水)는 찬데,
장사 한번 가면 다시는 돌아오지 않는다.

遂發. 太子及賓客知其事者 皆白衣冠以送之. 至易水上 旣祖取道. 高漸
離擊筑 荊軻和而歌 爲變徵之聲. 士皆垂淚涕泣. 又前而歌曰 風蕭蕭兮易
水寒 壯士一去兮不復還.

그리고 이번에는 우성(羽聲:격렬한 가락)을 소리 내어 분개했다. 사람
들은 모두 눈으로 성내고 머리카락이 곤두서서 갓을 찔렀다. 이때 형가
는 수레를 타고 사라져 다시는 돌아보지 않았다.

復爲羽聲忼慨. 士皆瞋目 髮盡上指冠. 於是荊軻就車而去 終已不顧.

결국 형가는 한 걸음 못 미친 곳에서 진왕(秦王) 정을 찌르지 못해 죽임
을 당했다. 진무양은 새파랗게 질려 떨 뿐, 아무 소용이 없었다. 화가 난
진왕은 연(燕)나라를 공격하여 5년 후 이를 멸망시켰다.

축(筑) 솜씨로 진왕에게 불려 간 고점리는 형가의 친구인 것이 알려져
눈을 불로 지져 장님이 된 채 왕 곁에서 축을 타게 되었다. 고점리는 친
구의 원수를 갚기 위하여 축에 납을 넣어 진왕에게 달려들었지만 실수하
여 죽임을 당했다.

匹夫之勇

필 부 지 용

비천한 남자의 용기라는 뜻으로, 지략도 없이 혈기만 믿고 완력으로 일을 처리하려는 소인배의 용기라는 뜻.

혼자 **필** 지아비 **부** 어조사 **지** 날쌜 **용**

≪맹자≫ 양혜왕편(梁惠王篇) 하(下)에서 맹자와 제선왕(齊宣王)과의 대화는 왕도정치(王道政治)를 설명하는 맹자와 부국강병(富國强兵)을 생각하는 선왕(宣王)과 사고방식의 차이가 드러나 재미있다.

제선왕(齊宣王)이 물어보았다.

"이웃 나라와 사귀는 데 방법이 있습니까?"

맹자께서 대답하셨다.

"있습니다. 오직 인자(仁者)라야 능히 큰 나라로써 작은 나라를 섬길 수 있습니다. 그러므로 은(殷)나라 탕왕(湯王)이 갈(葛)나라를 섬기고 주문왕(周文王)이 곤이(昆夷)를 섬겼습니다. 그리고 오직 지혜 있는 왕이라야 작은 나라로써 큰 나라를 섬길 수 있습니다. 주태왕(周太王)이 훈육(獯鬻)을 섬기고 월왕(越王) 구천(勾踐)이 오(吳)나라를 섬겼습니다.

큰 나라로써 작은 나라를 섬기는 것은 하늘의 도(道)를 즐기는 것이요, 작은 나라로써 큰 나라를 섬기는 것은 하늘의 도(道)를 두려워하는 것이니, 하늘의 도(道)를 즐기는 사람은 천하를 편안케 하고, 하늘의 도(道)를 두려워하는 사람은 자기 나라를 편안케 하는 것입니다.

시경(詩經)에 이르기를, '하늘의 위엄을 두려워하면 나라를 길이 편안케 하도다.' 라고 하였습니다."

"크기도 하여라, 선생의 말씀이여! 그런데 과인에게는 한 가지 병이 있으니 과인은 용기를 매우 좋아합니다."

"왕께서는 제발 작은 용기를 좋아하는 일이 없도록 하소서. 칼자루를 어루만지고 노려보면서, '제가 어찌 감히 나를 당해낼 것이냐?' 하신다면 이는 필부(匹夫)의 용기입니다. 이는 곧 한 사람만을 대적함이니 왕께서는 제발 용기를 크게 부리소서."

齊宣王 問曰 交隣國有道乎. 孟子對曰 有 惟仁者 爲能以大事小 是故湯事葛 文王事昆夷. 惟智者 爲能以小事大 故大王事獯鬻 勾踐事吳. 以大事小者 樂天者也 以小事大者 畏天者也 樂天者保天下 畏天者保其國. 詩云 畏天之威 于時保之. 王曰 大哉言矣 寡人有疾 寡人好勇. 對曰 王請無好小勇. 夫撫劍疾視曰 彼惡敢當我哉 此匹夫之勇 敵一人者也 王請大之.

'필부지용(匹夫之勇)' 의 필부(匹夫)는 필부필부(匹夫匹婦)의 필부(匹夫)이며 비천한 사람이라는 뜻이다. '필부지용(匹夫之勇)' 이란 혈기로 널리 자랑하는 작은 용기, 완력을 쓰는 용기를 말한다.

하

何面目見之
하 면 목 견 지

무슨 면목으로 사람들을 볼 것인가 라는 뜻으로, 세상을 사는 것이 부끄럽다는 뜻.

어찌 **하** 낯 **면** 눈 **목** 볼 **견** 어조사 **지**

압도적으로 우세한 한(漢)나라 군대에 포위되어 해하(垓下)에 틀어박힌 항우(項羽)는 이제까지와는 다른 각오로 마지막 잔치를 베풀었다. 잔치가 끝나자 휘하의 장사 팔백여 명과 함께 포위를 깨고 어두운 밤에 말을 타고 탈출했다. 날이 밝자 한(漢)나라 군대도 이를 깨닫고 기장(騎將) 관영(灌嬰)에게 오천의 병사를 이끌고 그들을 추격하게 했다.

회하(淮河)를 건널 무렵에 항우를 따르는 사람은 백여 명으로 줄어 있었다. 음릉(陰陵)까지 왔을 때 길을 잘못 들어 그곳 농부에게 물어보니 '왼쪽으로 가라.' 하였다. 왼쪽으로 꺾어 들자 큰 진펄에 끼이게 되었다. 속았다고 깨달았을 때는 이미 한(漢)나라 군대가 가까이 다가오고 있었다.

하는 수 없이 동쪽으로 길을 돌려 동성(東城)에 이르렀는데 따르는 기병은 28명만 남았다. 이제 탈출할 수 없다고 생각한 항우는 부하를 돌아보며 말했다.

"나는 군대를 일으켜 오늘에 이르기까지 70여 번의 싸움을 했지만 단한 번도 패한 일이 없었다. 지금 여기에서 이렇게 괴로워하는 것은 하늘이 나를 멸망시킨 것이지 내가 싸움에 약한 때문이 아니다. 그 증거를 보여 주겠다."

하고 크게 외치며 말을 달려 한(漢)나라 대군 병사들을 베어 들어갔다. 한(漢)나라 장병들은 모두 두려워하며 좌우로 흩어졌다. 항우는 마주치는 긴 칼을 떨어뜨려 적장 한 사람을 베어 버렸다. 이 사이에 항우가 잃은 부하는 불과 두 사람뿐이었다.

항우의 군대는 이곳에서 동쪽으로 도망가 오강(烏江)의 긴 강줄기를 건너려 했다. 오강의 정장(亭長)이 배를 준비해 기다리고 있다가 말했다.

"강동(江東:강남)이 좁다고는 하지만 땅은 사방 천리나 되며 사람들은 수십만이나 있습니다. 그곳도 왕 노릇을 하기에 충분합니다. 제발 급히 건너가 주십시오. 한(漢)나라 군대가 오면 건너갈 수 없습니다."

그러자 항우가 웃으면서 말했다.

"하늘이 나를 멸망시키는 것이다. 내 어찌 건너가겠는가? 또한 나는 전에 강동(江東)의 팔천 여 자제와 함께 강을 건너 서쪽으로 갔지만 지금은 한 사람도 살아 돌아온 사람이 없다. 설사 강동의 부형들이 나를 불쌍히 여겨 왕으로 삼아 줄지라도 내 무슨 면목으로 그들을 볼 수 있겠는가? 설사 그들이 아무 말 하지 않을지라도 나 홀로 마음에 부끄러워하지 않을 수 없다."

天之亡我 我何渡爲. 且籍與江東子弟八千人 渡江而西 今無一人還. 縱江東父兄憐而王我 我何面目見之. 縱彼不言 籍獨不愧於心乎.

'하면목견지(何面目見之)'란 '무슨 면목으로 사람들을 볼 것인가.'라는 뜻으로, 낯을 들고 세상을 사는 것이 부끄럽다는 것을 표현한 말이다.

瑕玉
하   옥

티가 있는 구슬. 공연한 일을 하여 사태를 악화시킨다는 뜻.

티 **하** 구슬 **옥**

‘구슬에 티가 있다’는 한어(漢語)로 ‘하옥(瑕玉)’이라고 한다.

이 말은 《회남자》의 설림훈편(說林訓篇)에 다음과 같이 실려 있는 것이 그 기원이다.

쥐 굴을 다스리면 마을의 문이 부서지고 여드름을 만지면 뾰루지와 등창이 일어나거니와, 이는 마치 진주에 흠이 있고 구슬에 티가 있어서 이를 그냥 놓아 두면 곧 온전해지고 이를 제거하면 곧 이지러짐과 같다.

治鼠穴而壞里閭 潰小皰而發痤疽 若珠之有類 玉之有瑕 置之則全 去之則虧.

쥐의 굴을 막아버리면 마을의 문이 부서지고 여드름을 만지면 뾰루지와 등창이 발생하는 것은 마치 진주에 흠이 붙거나 구슬에 티가 있는 경우 그대로 놓아 두면 완전해질 것을, 그 흠과 티를 제거하느라 더 이지러지는 것과 같은 것이다.

또 같은 설림훈편(說林訓篇)에,

표범의 털가죽 옷이 복잡한 것은 여우의 털가죽 옷이 순수한 것만 같지 못하다. 흰 구슬이 티가 있으면 보배를 얻지 못한다. 이것은 지극히 순수하기가 어려움을 말한 것이다.

豹裘而雜 不若狐裘之粹. 白璧有考 不得爲寶. 言至純之難也.

라고 있다. 표범의 털가죽 옷은 반점(斑點)으로 뒤섞여 있어 여우의 털가죽 옷의 순수한 빛깔에는 미치지 못한다. 흰 구슬이라도 흠이 있는 것은 보배라고 말할 수 없다. 이것은 완전히 순수한 것은 얻기 어렵다는 것을 말한다.

한어(漢語)로 '하옥(瑕玉)'이 나온 것은 전자이며, '하옥(瑕玉)'이라는 말은 흠이 없으면 완전한데 아깝게도 흠이 있어 구슬의 결점이 된다는 뜻으로 쓰인다.

邯鄲之夢
한 단 지 몽

한단에서 꾼 꿈. 인간의 부귀영화는 허무하고 덧없다는 뜻.

고을 이름 **한** 조나라 서울 **단** 어조사 **지** 꿈 **몽**

당(唐)나라 덕종(德宗) 때 벼슬하였으며 ≪건중실록(建中實錄)≫ 등의 사서(史書)를 지어 역사가로서 이름이 알려진 심기제(沈旣濟)는 ≪침중기(枕中記)≫라는 전기소설(傳奇小說)을 썼다.

　당(唐)나라 현종(玄宗) 개원 연간(開元年間)의 일로, 도사(道士) 여옹(呂翁)이 한단으로 가는 도중 한 여관 앞에서 쉬었다. 거기에 푸른 망아지를 타고 허름한 옷을 입은 노생(盧生)이라는 마을의 청년이 일하러 가다 역시 여관 앞에서 쉬었다.
　청년은 도사 여옹과 즐겁게 담소하다가 자기가 입고 있는 누더기를 보더니 한숨을 쉬면서 말했다.
　"사나이로 세상에 태어나 혜택을 받지 못하고 가난에 쪼들리는 이 꼴이 무엇입니까?"
　여옹이 말했다.
　"보는 바로는 살결 빛이 깨끗하고 살도 많이 붙어서 건강한 것 같군. 지금까지는 즐거운 듯이 얘기하다 가난함을 한탄하니 어쩐 일인가?"
　"오직 목숨이 붙어 있는 것뿐입니다. 저는 조금도 즐겁지 않습니다."
　"즐겁지 않다니 어찌하면 즐거워지겠는가?"
　그러자 노생은 공명을 세워 장군이 되고 재상이 되어 부귀영화를 다하며 집안을 번영하게 하는 것이야말로 사는 보람이 있는데, 사나이로 한창 나이인 지금은 그런 희망도 없다고 배꼽을 잡고서 웃었다.
　노생은 이상하게 눈언저리가 근질근질하며 졸렸다. 여관 주인은 기장을 쪄서 식사 준비를 하고 있었다. 여옹은 가까이 있는 자루 속에서 베개를 꺼내 노생에게 건네주면서 말했다.
　"이것을 베게나. 부귀와 영화를 마음대로 할 수 있을 테니."
　그것은 청자(靑磁)로 된 베개인데 양쪽에 구멍이 뚫려 있었다. 노생이 그 베개를 베자 어물어물하는 사이에 구멍이 넓어져 그 속으로 들어갈 수 있었다. 노생이 일어나 그 안으로 들어가니 어느 집에 도착했다.

그리고 노생은 당대(唐代)에 으뜸가는 부호 청하(淸河) 최씨의 딸에게 장가들었다. 그후로 점점 운이 틔기 시작하여 노생은 날로 풍요해지고 과거에도 합격하여 출세 가도를 달리니, 3년 뒤에는 그 땅의 백성들에게 감사받을 만한 업적을 남기고 경조(京兆)의 윤(尹)에 임명되어 도읍으로 돌아왔다.

그때 토번(吐藩) 정벌의 싸움이 일어나 노생은 하서도 절도사(河西道節度使)에 임명을 받아 눈부신 무공을 세우고 변경 사람들이 현창비(顯彰碑)를 세울 정도로 감사를 받았다. 논공행상(論功行賞)으로 중앙의 요직에 나아가 각 부서를 역임해 가면서 청렴하고 중후하여 덕망을 모았지만 재상이 싫어하여 단주 자사(端州刺史)로 좌천되었다.

그러나 그것도 잠시, 3년 뒤에 다시 불리어 시종직(侍從職)이 되었고 곧 재상직에 나아갔다. 천자에게도 총애를 받고 집무는 엄정하여 어진 재상이라고 불리웠지만, 동료들로부터 미움을 받아 모반을 계획한다고 참소되어 갑자기 포졸들이 집을 둘러쌌다. 노생은 울면서 아내에게 말했다.

나의 집은 본래 산동(山東)인데, 좋은 밭이 몇 이랑 있소. 그리하여 추위와 굶주림을 막기에 족하오. 어찌 괴로워하며 녹을 구하리오. 그런데 지금은 이렇게 되었소. 다시 허름한 옷을 입고 푸른 망아지를 타고 한단의 길 가운데로 가고 싶지만 가히 그럴 수가 없구려.

吾家本山東 良田數頃 足以禦寒餒 何若求祿 而今及此. 思復衣短褐乘靑駒 行邯鄲道中 不可得也.(《태평광기》 제82권)

노생은 칼을 뽑아 자결하려고 했지만 아내가 말리는 바람에 죽지 못했다. 연좌된 사람들 모두 사형에 처해졌는데 노생만을 덮어 주는 사람이 있어 사형을 면하고 환주(驩州)의 장관으로 좌천되었다. 그래도 수년이 지나 죄가 없다는 것이 밝혀져 다시 재상직으로 돌아왔다.

아들이 다섯 있어 제각기 출세 가도로 나아가고 아들의 아내들은 모두 호족 출신이며 손자도 10여 명이 태어났다. 이렇게 50여 년 동안 비교할 바 없는 권세를 자랑하고 만년에는 수많은 미녀들을 껴안는 재미에 빠져 부귀와 영화를 극진히 했다.

재상직을 사임할 것을 원했지만 허락되지 않아 마침내 죽음의 자리에 나아가 성은을 받는 상소문을 보내니 드디어 허락이 내린 날 밤 노생은 깊이 잠들었다.

노생은 기지개를 켜고 하품을 하면서 깨어났다. 살펴보니 여관 문앞에서 자고 있었고 옆에는 여옹이 있었다. 주인은 기장을 찌고 있었으며 식사 준비는 아직 되어 있지 않았다. 주위의 모든 것이 원래 그대로였다. 그는 뛰어오르면서 말했다.

"이게 꿈이었던가?"

여옹이 웃으면서 말했다.

"이 세상의 일 또한 그와 같은 것이다."

노생은 그렇겠다고 생각했다. 한참 있다가 사례하며 말했다.

"총애와 치욕의 운수도, 영달이나 전락의 이치도, 삶과 죽음의 정도 다 알았습니다. 이 일은 선생께서 제 욕망을 막아 주신 것입니다. 감히 가르침을 받지 않더라도 결코 잊지 않을 것입니다."

노생은 여옹에게 두 번 절하고 떠났다.

盧生欠伸而寤. 見方偃於邸中 顧呂翁在傍. 主人蒸黃粱尙未熟. 觸類如故. 蹶然而興日 豈其夢寐耶. 翁笑謂日 人世之事 亦猶是矣. 生然之. 良久謝日 夫寵辱之數 得喪之理 生死之情 盡知之矣. 此先生所以室吾欲也 敢不受敎. 再拜而去.(≪태평광기≫ 제82권)

이상이 그 줄거리이며 이 전기(傳奇)에서 '한단지몽(邯鄲之夢)'과 '황량일취지몽(黃粱一炊之夢)'이라는 성어(成語)가 나왔다. 두 가지 모두 부귀영화나 영고성쇠(榮枯盛衰)가 인생에 얼마나 허무한 것인가를 비유하여 쓰이고 있다.

邯鄲之步
한 단 지 보

한단에서 걸음을 배운다. 자기의 힘을 생각하지 않고 남의 흉내를 내어 이것저것 탐내다가 하나도 얻지 못한다는 뜻.

고을 이름 한 조나라 서울 단 어조사 지 걸음 보

함부로 남의 흉내를 내어 자기의 본분을 잊어버리는 것, 혹은 자기의 힘을 생각하지 않고 다른 사람의 흉내를 내어 이것저것 탐내다가 하나도 얻지 못하는 것을 비유하여 '한단지보(邯鄲之步)'라고 한다.
이 말은 ≪장자≫의 추수편(秋水篇)의 이야기에서 나온 것이다.

장자(莊子)의 후배 공손룡(公孫龍)이 장자의 선배인 위모(魏牟)에게 물었다.

"나는 젊어서 선왕(先王)의 도(道)를 배우고, 자라서 인의(仁義)를 행하여 밝히며, 또 사물의 같고 다름을 비교하여 굳고 흼을 나누고, 그렇지 않음을 그렇다 하고 옳지 않음을 옳다고 하여 백가(百家)의 지혜를 괴롭혔으며 뭇사람들의 의론을 곤궁케 했습니다. 또한 스스로 진리에 통달했다고 할 뿐입니다. 지금 나는 장자(莊子)의 말을 들었으나 어리둥절하여 이를 이해할 수 없습니다. 알지 못하겠습니다. 나의 이론이 미치지 못하는 것입니까, 지혜가 같지 못한 것입니까? 나는 지금 뭐라고 말해야 할지 잘 모르겠습니다. 감히 그 까닭을 물어보겠습니다."

이에 대해 위모는 책상에 의지하여 숨을 내쉬고 하늘을 우러러 크게 웃으면서 말했다.

"자네는 우물에서 홀로 사는 개구리의 말을 듣지 못하였는가? 그 개구리는 동해의 거북에게,

'나는 즐겁다네. 우물 밖에 나오면 나무줄기 위로 뛰어오르고, 우물 속으로 들어가면 게가 빠져나온 구멍에서 쉬며, 물에 뛰어들면 두 앞발로 배를 끼고 고개를 들어 물에 뜨고, 진흙을 발로 차면 곧 다리가 빠져 물갈퀴가 없어지네. 자벌레나 게나 올챙이를 돌아보면 나를 따를 만한 자가 없다네. 또한 한 곳의 물을 독점하여 우물을 내 마음대로 하고, 수렁을 넘는 즐거움 또한 지극하지. 자네도 이번 기회에 들어와 보지 않겠는가?'

라고 자랑했지. 이 말을 들은 동해의 거북은 우물 속으로 들어가 보려고 했네. 그런데 왼발이 들어가자마자 오른쪽 무릎이 걸려 움직일 수조차 없게 되었네. 그래서 거북은 살살 뒷걸음질을 치며 개구리에게 바다를 얘기했네.

'저 바다는 천리나 되어서 그 크기를 말로 다할 수가 없다네. 천길이나 되는 높이도 그 깊음을 다하기에는 부족하지. 우(禹)임금 때 10년간 아홉 번이나 대홍수가 있었는데 그때도 바닷물은 늘지 않았네. 은(殷)나라 탕왕(湯王) 때는 8년간 일곱 번이나 한발이 있었는데도 바다의 언덕이 좁아지지 않았다네. 바다는 언제까지나 옮기거나 바뀌지 않고, 많고 적음으로써 나아가고 물러서지 않으니 이것이 동해의 큰 즐거움이라네.'

이 말을 듣자 우물 안 개구리는 깜짝 놀라 떨면서 어물어물할 뿐 어떻게 해야 할지 몰랐네.

도대체 그 지혜가 이 세상의 옳고 그름을 다투는 어리석음을 깨닫지 못하면서 장(莊)선생의 말씀을 이해하고 싶다는 자네의 생각은 마치 모기 등에 산을 지우고 그 산을 옮겨 놓겠다는 것과 같네. 필시 임무를 다하지 못하지. 또한 그 극묘(極妙)한 말을 이해할 수 있는 지혜도 없으면서 한때의 승리에 자적(自適)하는 사람은 곧 우물 안 개구리가 아닌가?

장자는 장차 황천(黃泉)을 밟고 대황(大皇)에 오른다네. 남쪽이 없고 북쪽이 없으며 사방의 만물 속에 녹아들어 헤아릴 수 없는 경지에 잠긴다네. 서쪽이 없고 동쪽이 없는 것은 검고 어두움의 시작이며 크게 통함에 돌아가지. 그대는 눈앞이나 입 끝으로 구하여 알려고 하는군. 이것은 곧은 대통(竹筒)으로 하늘을 보고 송곳으로 땅을 재는 것이니 그 또한 작지 아니한가? 어서 돌아가게."

"또한 그대는 수릉(壽陵)의 젊은이가 걷는 법을 배우러 한단(邯鄲)으로 갔다는 이야기를 듣지 못하였는가? 아직 그 나라의 걸음걸이에도 능하지 못하는데 제 나라의 걸음걸이마저 잃어, 엎드려 기어서 돌아갔을 뿐이라네. 그대가 당장 가지 않는다면 장차 그대의 방법을 잊고 그대의 본분을 잃어버릴 것일세."

공손룡은 혀가 올라가서 내려오지 않아 입을 벌린 채 다물지도 못하고, 곧 달려서 도망쳤다.

且子獨不聞夫壽陵餘子之學行于邯鄲與. 未得國能 又失其故行矣. 直匍匐而歸耳. 今子不去 將忘子之故 失子之業. 公孫龍口呿而不合 舌擧而不下 乃逸而走.

汗牛充棟
한 우 충 동

소가 땀을 흘려 마루를 채운다는 뜻으로, 수레에 실으면 소가 땀을 흘릴 정도이고, 집에 쌓으면 대들보까지 찰 정도로 책이 굉장히 많다는 뜻.

땀**한** 소**우** 찰**충** 마루**동**

당(唐)나라 중엽의 문장가 유종원(柳宗元)의 ≪육문통선생묘표(陸文通先生墓表)≫라는 글이 있다. 그 첫머리 부분에 이렇게 실려 있다.

공자께서 ≪춘추≫를 짓고서 천오백 년이 지났다. 이름이 전해지는 사람이 다섯 있는데 지금은 그 셋을 쓴다. 죽간(竹簡)을 잡고 초조하게 생각하여 읽고 주석(註釋)을 지은 백천(百千)의 학자가 있다. 그들은 성품이 뒤틀리고 굽은 사람들인데 말로써 서로 공격하고 숨은 일을 들추어내는 자들이다. 그들이 지은 책들을 집에 두면 '창고에 가득 차고', 옆으로 옮기려면 '소와 말이 땀을 흘릴' 정도였다.

공자의 뜻에 맞는 책이 숨겨지고 혹은 어긋나는 책이 세상에 드러나기도 했다. 후세의 학자들은 늙음을 다하고 기운을 다하여 왼쪽을 보고 오른쪽을 돌아보아도 그 근본을 얻지 못한다. 배우는 것에 전념하여 서로 다른 바를 비방하고, 마른 대나무의 무리가 되며, 썩은 뼈를 지켜 부자가 서로를 상처내고, 임금과 신하가 배반하기에 이르는 자가 이전 세상에는 많이 있었다. 심하도다, 성인 공자의 뜻을 알기가 어렵도다.

孔子作春秋 千五百年. 以名爲傳者五家 今用其三焉. 乘觚牘 焦思慮以爲讀注疏說者 百千人矣. 攻訐狠怒 以辭氣相擊排冒沒者. 其爲書 處則充棟宇 出則汗牛馬. 或合而隱 或乖而顯. 後之學者 窮老盡氣 左視右顧 莫得其本. 則專其所學 以訾其所異 黨枯竹 護朽骨 以至於父子傷夷 君臣詆悖者 前世多有之. 甚矣 聖人之難知也.

육문통(陸文通)은 춘추시대의 학자로 이름은 순(淳)이라고 하였지만 뒤에 헌종(憲宗)의 이름과 같다 하여 질(質)이라고 고쳤다.

유종원은 이 사람의 엄정한 역사의 안목을 배워 자신의 사상과 문학의 양식으로 삼았다. 육문통이 죽고 나서 여러 해 뒤에 그의 무덤을 찾아간 유종원이 갈(碣:원현의 돌)을 바쳐 기록한 문장이 바로 이것이다.

문장의 중요한 내용은, 문통 선생은 보통의 학자가 아니라 공자의 본래 사상을 그대로 받아들인 춘추시대의 훌륭한 학자였다는 것, 그러나 슬프게도 선생의 학문이 실제 정사에까지 미치지 못하고 돌아간 것을 말하며, 우리들은 공자의 글을 잘 주석하고 잘 지어 정통한 선생의 공적을 칭찬하여 '문통 선생(文通先生)'이라는 시호를 보낸다는 내용이다.

'한우충동(汗牛充棟)' 이란 지금은 장서가 많은 것을 뜻하는 데 그치지만, 원문에서는 다른 사람을 함부로 헐뜯고 자신만을 옳다고 여기는 무익한 책들이 세상에 많이 있는 것을 슬퍼한 말이다.

割鷄焉用牛刀
할 계 언 용 우 도

닭을 잡는 데 소 잡는 큰 칼을 쓸 필요가 없다는 뜻으로, 작은 일을 처리하는 데 큰 인물의 손을 빌릴 필요가 없다는 뜻.

벨**할** 닭 계 어찌**언** 쓸 용 소**우** 칼**도**

이 말은 ≪논어≫ 양화편(陽貨篇)에 공자와 그의 제자 자유(子游)가 주고받은 문답 중에 나오는 것으로, 여기에서는 그 말 자체보다 배경 이야기가 더 흥미 있다.

공자께서 무성(武城)에 가셨을 때, 현가(弦歌) 소리를 들으셨다. 공자께서 빙그레 웃으시면서 말씀하셨다.
"닭을 잡는 데 어찌 소 잡는 큰 칼을 쓸 필요가 있느냐?"
자유가 대답했다.
"전에 제가 선생님께 배움을 들었을 때는, '군자는 도(道)를 배우면 사람을 사랑하고, 소인은 도(道)를 배우면 부리기 쉽다.' 라고 하셨습니다."
공자께서 말씀하셨다.

"얘들아, 언(偃)의 말이 옳으니라. 아까 한 말은 농담이었을 뿐이다."

子之武城 聞弦歌之聲. 天子莞爾而笑曰 割鷄焉用牛刀. 子游對曰 昔者
偃也聞諸夫子 曰 君子學道則愛人 小人學道則易使也. 子曰 二三子偃之言
是也. 前言戲之耳.

무성(武城)은 노(魯)나라의 작은 읍(邑)이다. 공자의 제자 자유(子游)가
그 무렵 무성의 재(宰)가 되어 일찍이 스승 공자에게서 가르침을 받은 예
악(禮樂)으로 백성들의 교화에 전력을 기울여 왔다. 그러므로 공자께서
두세 명의 제자를 거느리시고 무성의 자유(子游)를 찾아갔을 때, 마을 여
기저기에서 거문고에 맞추어 시를 노래하는 소리를 들으시고 뜻밖에 빙
그레 웃으시면서 자유에게, '닭을 잡는 데 어찌 소 잡는 큰 칼을 쓰겠는
가?' 라고 물으셨다.
　'빙그레 웃는다' 는 것은 '조금 웃는 모습' 이니 적어도 조소하는 뜻은
포함되어 있지 않다. 호의적인 웃음이었을 것이다. 공자의 이 말씀은 두
가지 뜻으로 받아들일 수 있다. '예악에 의한 교화는 치국(治國), 평천하
(平天下)에 통하는 대도(大道)인데 이렇게 작은 읍에서 시도하다니 그 고
충이 많겠다.' 하는 뜻일 수도 있고, '너는 천하와 국가를 다스릴 만한 유
능한 인재인데 이렇게 작은 읍에서 열심히 하고 있구나.' 하는 뜻으로 받
아들일 수도 있다.
　자유는 공자의 말씀을 듣자 정면으로 말씀드렸다.
　"옛날에 저는 선생님께 배우기를, 군자는 도(道)를 배우면 사람들을 사
랑하게 되고, 소인은 도(道)를 배우면 부리기 쉽다고 들었습니다. 도(道)
를 배우는 것이 그만큼 큰 일이라면 그 도(道)에 통하게 되는 예악(禮樂)
은 군자나 소인에게 필요불가결한 것이 아니겠습니까?"

이 대답을 들으신 공자께서는 농담이 지나쳤다고 느낀 것이리라. 그래서 데리고 온 제자들을 돌아보며 말씀하셨다.

"제자들아, 자유(子游) 말이 옳다. 아까 내가 말한 것은 그저 농담이었을 뿐이다."

이 대화에서 우리들은 공자와 그 제자들 사이에 절박한 감정의 대립이 아니라 화기애애한 조화가 이루어짐을 느낄 수 있다.

偕老同穴
해 로 동 혈

함께 늙고 같은 무덤에 묻힌다는 뜻으로, 생사를 함께 한 부부 사이에 금슬이 아주 좋다는 뜻.

함께 **해** 늙을 **로** 같을 **동** 구덩이 **혈**

살아서는 함께 늙고 죽어서는 같은 무덤에 묻힌다는 뜻으로, '부부의 약속'을 말한 것이지만 뜻이 변하여 '부부의 사이가 좋은 것'을 형용하는 데 쓰이고 있다.

이 '해로(偕老)'라는 말은 ≪시경≫ 패풍(邶風)의 〈북을 치다(擊鼓)〉, 용풍(鄘風)의 〈군자해로(君子偕老)〉, 위풍(衛風)의 〈백성(氓)〉에서 나왔으며, '동혈(同穴)'은 왕풍(王風)의 〈대거(大車)〉 시에서 나온 것이다.

〈북을 치다(擊鼓)〉란 출정한 병사가 고향에 돌아갈 희망도 없이 아내를 그리워하는 시인데 그 5절 중 제1절에서 이렇게 노래하고 있다.

죽음과 삶과 만남과 헤어짐을 그대와 함께 언약하였도다.
그대의 손을 잡고서 그대와 함께 늙으리로다.

死生契闊 與子成說
執子之手 與子偕老

'계활(契闊)'이란 '만나고 헤어진다'는 말로, '사생계활(死生契闊)'이란
죽으나 사나 함께 있자고 맹세하는 말이다. 그대의 손을 잡고 늙어 죽을
때까지 함께 살겠다고 서로 맹세하는 것이다.
용풍(鄘風)의 〈군자해로(君子偕老)〉는 3절로 이루어진 시로, 제1절에
서 이렇게 노래하고 있다.

군자와 늙도록 함께 하니, 쪽 찌고 여섯 구슬 박은 비녀 꽂았으며,
얌전히 걸음 걷고, 산 같고 강 같아서,
부인의 예복이 이에 어울리거늘,
그대의 정숙하지 못함은 어떻게 된 일이오?

君子偕老 副笄六珈
委委佗佗 如山如河
象服是宜
子之不淑 云如之何

위풍(衛風)의 〈백성(氓)〉은 행상하던 여자가 경박한 사나이를 따라가

그의 아내가 되었지만 끝내 버림받아 탄식하는 것을 노래한 6절의 시로,
교훈이 들어 있는 노동가이다. 그 마지막 절에서 이렇게 노래한다.

그대와 더불어 늙고자 하였더니 늙어서 나로 하여금 원망케 하도다.
기수에도 언덕이 있고 진펄에도 반수(泮水)가 있도다.
총각으로 즐길 때는 말하고 웃는 것이 부드럽더니,
믿음으로 맹세할 때에는 반대로 바뀔 줄 생각 못했도다.
다시 반대로 생각하지 않는다면 이 또한 끝장이로다.

及爾偕老 老使我怨
淇則有岸 隰則有泮
總角之宴 言笑晏晏
信誓旦旦 不思其反
反是不思 亦已焉哉

왕풍(王風)의 〈대거(大車)〉에는 여러 가지 해석이 있는데 대부(大夫)가
수레를 타고 가는 것을 옛 애인이 보고 부른 노래이다.

살아서는 집이 다르나 죽어서는 한 구덩이를 같이하리라.
나를 미덥지 않다고 말한다면 밝은 해를 두고 맹세하리라.

榖則異室 死則同穴
謂予不信 有如皦日

≪시경≫ 네 편의 시 중 처음 셋에서 '해로(偕老)'를 따고 뒤의 하나에

서 '동혈(同穴)' 을 따 숙어로 만든 것이 '해로동혈(偕老同穴)' 이다. 네 편의 시 모두 '해로동혈(偕老同穴)' 의 즐거움을 노래한 것이 아니라 그 이룰 수 없는 그리움을 노래한 것이라면, '해로동혈' 이란 말은 단지 사이가 좋은 부부로만 해석하는 것은 옳지 않을지도 모른다.

解語花
해   어   화

말을 알아듣는 꽃. 양귀비 같은 미인을 뜻함.

풀 **해** 말씀 **어** 꽃 **화**

'말을 알아듣는 꽃' 이란 미인을 일컫는 말이다.

오대(五代)의 왕인유(王仁裕)가 엮은 ≪개원천보유사(開元天寶遺事)≫에 천보의 유사로서 다음과 같은 문장이 있다.

명황(明皇) 가을 8월, 태액지(太液池)에 천 송이의 흰 연꽃이 있었다. 그중 몇 가지에는 꽃이 무성하게 피었다. 황제는 양귀비(楊貴妃)와 더불어 잔치하고 감상했다. 좌우가 모두 감탄하며 부러워했다.

잠시 후 황제가 양귀비를 가리키며 좌우에게 말했다.

"내 말을 알아듣는 꽃과 견줄 만하도다."

明皇秋八月 太液池有千葉白蓮 數枝盛開. 帝與貴戚宴賞焉 左右皆歎羨.

久之帝指貴妃謂於左右曰 爭如我解語花.

　명황(明皇)이란 당(唐)나라의 현종 황제(玄宗皇帝)를 가리키는 말이다. 개원(開元)과 천보(天寶)는 현종이 재위(在位)하고 있는 동안의 연호로, 개원은 29년간, 천보는 15년간이다. 글 가운데 귀비는 말할 것도 없이 양귀비를 가리킨다.

　양귀비 아버지는 촉주(蜀州)의 사호(司戶)였다. 처음에는 현종의 아들 수왕(壽王)의 아내로 맞아들였지만, 원래 호색가였던 현종이 장안(長安)의 동쪽 여산(驪山)에 있는 온천장 화청궁(華淸宮)에서 그녀를 본 이후로 현종의 애첩이 되었다. 아들의 아내를 애첩으로 삼는 것은 역시 세상에 꺼리는 일이라 현종은 일단 양귀비를 도교(道敎)의 절로 보내어 중으로 만들었다가 뒤에 후궁으로 들어오게 했다. 안록산(安祿山)의 난으로 양귀비는 불행한 최후를 맞게 된다.

　이 글의 태액지(太液池)란 장안성의 동북간에 있는 성에 인접해 만든 정원의 대명궁(大明宮) 내에 있는 연못이다. 당(唐)나라 2대 천자 태종(太宗) 때 별궁으로 세운 것인데 고종(高宗) 이후로는 천자가 항상 기거하는 궁이 되었다.

　이 태액지의 수면에 널리 퍼져 있는 연꽃 중에서 몇 개가 피기 시작하였다. 그 아름다운 흰 연꽃에 반한 귀족들을 둘러보던 현종은 양귀비를 가리키면서,

　"나의 말을 알아듣는 이 꽃이 훨씬 더 아름답다."

라고 말한 것이다. 이때 현종의 나이는 65, 6세, 양귀비는 27, 8세였다.

見頭角

현 두 각

두각을 나타낸다는 뜻으로, 재능이나 역량이 남보다 유달리 뛰어나다는 뜻.

나타날 **현** 머리 **두** 뿔 **각**

재능이나 역량이 남보다 유달리 뛰어나게 나타남을 말하는 것이다. 이 말은 한유(韓愈)의 ≪유자후묘지명(柳子厚墓誌銘)≫에서 나왔다.

자후는 유종원(柳宗元)의 자로, 유종원은 한유와 함께 중당(中唐)에 살던 당대(唐代)를 대표하는 문장가였다. 한유와는 지기지간(知己之間)이며 한유가 다섯 살 연장자였다.

이 문장은 유종원의 유언에 따라 쓰인 것이다. 묘지명(墓誌銘)이란 고인의 덕을 칭찬하여 돌에 새겨서 관과 함께 묻는 문장이다. 유종원은 21세 때 진사가 되고, 26세 때 박사굉사과(博士宏詞科)에 합격했다. 한유는 이 시험에 세 번 응시했지만 끝내 합격하지 못했다.

43세 때 유종원이 속하는 붕당(朋黨)이 조정으로부터 배척되어 그는 호남성(湖南省)의 영주(永州)에 사마(司馬)로 좌천되었다. 이제까지 소장의 날카로운 기운의 선비로서 비교적 순조로운 관리 생활을 보내고 있던 그도 이후로는 중앙의 정치에 돌아오지 못하고 47세 때 다시 남쪽의 광서성(廣西省) 유주 자사(柳州刺史)로 전임되었으나 그곳에서 생애를 끝맺게 된다.

그의 문장 내용이나 형식이 참신함과 깊이를 가한 미증유의 경지를 열게 된 것은 후반생의 불행이 시작된 뒤의 일이다. 후세의 모범이 된 명문장은 그의 불행과 교환하여 이루어진 것이라고 말할 수 있다. 한유의 문장과 함께 그의 문장은 ≪당송팔가문(唐宋八家文)≫과 ≪문장궤범(文章軌範)≫의 중심을 이루고 있다.

유종원이 죽은 것은 원화(元和) 14년의 늦가을이나 초겨울이었다. 이해 정월에 한유는 〈부처님의 뼈를 논하는 표(表)〉를 지어 천자의 불교 숭배를 공격했기 때문에 조주(潮州)에 귀양가는 몸이 되었다. 조주는 유종원이 있던 유주에 가까운 광동성(廣東省)에 있다. 10월에 사면되어 조주의 북쪽에 있는 강서성(江西省) 원주(袁州)에 자사로 전임되었다.

부임해 가는 도중에 유종원의 부음에 접한 모양이다. 이듬해 봄에 한유는 임지에 도착하여 여기에서 〈유자후의 제문〉을 지었고, 또 유종원의 유언에 따라 묘지명(墓誌銘)을 지었다. 유씨 조상으로부터 설명을 시작하여 아버지의 공적을 서술한 뒤에 유종원에 대해서 말했다.

자후는 젊어서 정민(精敏)하였고 통달하지 않음이 없었다. 아버지 때에 이르러서는 비록 소년이라 할지라도 이미 스스로 성인이 되어 능히 진사에 합격되고 참신하게 두각을 나타냈다. 사람들이 말하기를 유씨 가문에 아들이 있다.

子厚少精敏 無不通達. 逮其父時 雖少年已自成人 能取進士第 嶄然見頭角. 衆謂柳氏有子矣.

한유의 이 문장은 유종원의 경력이나 성격, 일에 대한 업적, 친구와의 우정, 혹은 유씨의 땅에서 노복을 해방시킨 이야기 등을 쓰고 있다.

유종원이 노복을 해방시킨 이야기가 글 속에 있는 것처럼 그는 단순한 문장가에 그치는 인물이 아니었다. 〈포사자설(捕蛇者說)〉이라는 그의 뛰어난 문장에는 세금을 과중하게 물리는 비인간적인 두려움을 날카롭게 지적하고 있다.

그런 그의 사상가로서 혹은 정치가로서 인간적인 혁신성이 최근 중국에서 다시 제기되고 있다. 당대(唐代)의 귀족사회에서 정치가, 사상가로서 그는 중국사가(中國史家) 앞에 '참신하게 두각을 나타내' 온 것이다.

'두각(頭角)'은 머리의 끝을 말하며, '현(見)'은 '현(現:나타내다)'과 같은 뜻이다.

螢雪
형   설

반딧불과 눈빛. 어려운 역경 속이라도 열심히 학업에 임해야 된다는 뜻.

반디 **형** 눈 **설**

'형설(螢雪)'로 고학을 한 이야기의 주인공은 동진(東晉)의 차윤(車胤)과 손강(孫康)이다. 두 사람은 고학에 힘쓴 보람이 있어 관계(官界)에 나가고 후세의 수험생에게 표본이 되었다. 이 두 사람의 고사(故事)를 연결하여 젊은이에게 교훈이 되게 한 것은 성당(盛唐) 사람 이한(李瀚)이 지어 계몽하는 책 ≪몽구(蒙求)≫이다. 그 상(上)권에 '손강이 눈(雪)을 비추고, 차윤이 반딧불(螢)을 모았다.' 라고 있다.

≪손씨세록(孫氏世錄)≫에 다음과 같이 실려 있다.

손강은 집이 가난하여 기름 살 돈이 없었기 때문에 항상 눈(雪)을 밝혀 책을 읽었다. 그는 젊었을 때부터 청렴결백하여 친구도 골라서 사귀었다. 뒤에 관계(官界)에 나아가 어사대부(御史大夫)까지 승진했다.

진(晋)나라의 차윤은 자를 무자(武子)라고 하며 남평(南平) 출신이다. 그는 노력가로서 박학다식하였으나 집이 가난하여 기름 살 돈이 없었기 때문에 여름에는 얇은 비단 주머니에 몇십 마리의 반딧불을 넣어 그 빛으로 책을 읽을 정도로 밤과 낮 구별 없이 노력했다. 당시 그는 오은지 (吳隱之:효성으로 유명함)와 아울러 고학과 박학으로써 알려졌으며, 회합의 자리에서는 담론을 잘하고 성대한 잔치에 그의 얼굴이 보이지 않으면 사람들은,

"차공이 없으니 자리가 쓸쓸하다."

라고 했다. 벼슬은 이부상서(吏部尚書)까지 올라갔다.

손씨세록(孫氏世錄)에서 말했다.

"손강은 집이 가난하여 기름 살 돈이 없어 항상 눈을 비추어 책을 읽었다. 젊을 때부터 청렴결백하여 사귀고 노는 것이 잡되지 않았다. 뒤에 어사대부(御史大夫)까지 이르렀다. 진(晋)나라 차윤(車胤)은 자를 무자(武子)라 하며 남평(南平) 사람이다. 공경하고 힘써 게으르지 않았다. 널리 보고 많이 통하되 집이 가난하여 항상 기름을 얻지 못하여 여름철 달밤이면 얇은 비단 주머니에 수십 마리의 반딧불을 넣어 그것으로 비춰 책을 읽었는데 밤으로써 낮을 이었다. 때에 무자가 오은지와 더불어 고학과 박학으로써 세상에 이름이 알려지고 회합을 좋아했다. 당시 성대한

자리가 있을 때마다 무자가 있지 않으면 모두 말하기를,

'차공이 없으면 즐겁지 않다.' 라고 했다. 이부상서(吏部尚書)로 끝냈다.

孫氏世錄曰 康家貧無油 常映雪讀書. 少小淸介 交遊不雜. 後至御史大夫. 晉車胤字武子 南平人. 恭勤不倦 博覽多通 家貧不常得油. 夏月則練囊盛數十螢火 以照書 以夜繼日焉. 時武子與吳隱之 以寒素博學 知名于世 又善於賞會. 當時每有盛坐 而武子不在 皆曰 無車公不樂. 終吏部尚書.

이 이야기로부터 고학하는 것을 '형설(螢雪)' 이라고 말하게 되었다. 명대(明代)의 소화집(笑話集) ≪소부(笑府)≫에는 다음과 같이 실려 있다.

차윤은 반딧불을 주머니에 넣어 책을 읽고, 손강은 눈을 쌓아 그 빛으로 책을 읽었다.

어느 날 손강이 차윤을 찾아갔는데 집에 없었다.

"어디에 가셨는가?"

하고 묻자 문지기가 대답했다.

"반딧불을 잡으러 나가셨습니다."

그후 차윤이 답례를 하기 위하여 손강의 집을 찾아가니 손강이 마당 가운데 멍청히 서 있었다.

"왜 책을 읽지 아니하십니까?"

하고 묻자 손강이 대답했다.

"어차피 오늘 하늘을 보니 눈이 내리지 않을 것 같습니다."

虎溪三笑

호 계 삼 소

호계라는 시냇가에서 세 사람이 웃었다는 뜻으로, 습관처럼 늘 하던 대로 하지 않았다는 뜻.

범 **호** 시내 **계** 석 **삼** 웃을 **소**

동진(東晋)의 고승(高僧) 혜원(慧遠)은 중국 정토교(淨土敎)의 개조(開祖)로 알려져 있어, 뒤의 북주(北周)의 고승 혜원(慧遠)과 구별하기 위하여 흔히 '여산(廬山)의 혜원'이라고 불렀다.

처음에는 유교를 배우고 이어서 노장(老莊)의 도(道)를 닦았으며, 20세가 넘어서 출가하여 여산에 동림정사(東林精舍)를 경영하면서 역경(譯經)에 종사하는 한편, 원흥(元興) 원년에는 동림정사에 동지들을 모아 백련사(白蓮社)를 결성했다.

그런데 혜원이 두문불출한 동림정사 아래에는 호계(虎溪)라고 불리는 냇물이 흐르고 있었다. 혜원이 손님을 전송할 때는 이 호계까지 가서 작별 인사를 하되 결코 내를 건너는 일이 없었다.

어느 날 선비이자 시인이기도 한 도연명(陶淵明)과 도사 육수정(陸修靜)을 전송하려고 함께 나왔다. 이야기를 주고받으며 무심코 걸어가다가 갑자기 정신이 들어 보니 어느새 호계를 건너와 버려 세 사람은 얼굴을 마주 보면서 가가대소(呵呵大笑)했다고 한다.

송(宋)나라 화가 석각(石恪)이 이 고사를 주제로 그림을 그린 것이 〈호계삼소(虎溪三笑)〉이다.

샘이 흘러나와 절을 돌아 아래의 호계로 들어갔다. 옛날에 혜원 법사가 손님을 보내는데 여기를 지나면 호랑이가 울었다고 하여 그런 이름이 붙여진 것이다. 당시 도원량(陶元亮)이 율리산(栗里山)에 살았다. 산 남쪽의 육수정이 또한 도사였다. 일찍이 원사(遠師)가 이 두 사람을 보내는데 길에서 서로 어울려 이야기하느라 깨닫지 못하고 여기를 지났다. 그리하여 더불어 크게 웃었다. 지금 세상에 〈호계삼소(虎溪三笑)〉라는 그림이 전하는 것은 대개 여기에 근본하는 것이다.

流泉匝寺 下入虎溪. 昔遠法師送客過此 虎輒號鳴 故名. 時陶元亮居栗里山 山南陸修靜亦有道之士. 遠師嘗送此二人 與語合道 不覺過此 因相與大笑. 今世傳三笑圖 蓋本於此.

이것은 송(宋)나라의 진성유(陳聖俞)가 지은 ≪여산기(廬山記)≫에 나오는 이야기인데, 이 세 사람은 혜원과 도연명과 육수정이 아니라고 일러진다. 육수정이 처음에 여산에 올라간 것은 남조(南朝)의 송(宋)나라 문제(文帝) 원가 연간(元嘉年間)의 말기로, 그때는 혜원이 죽은 지 30여 년이었고 도연명도 20여 년전에 세상을 떠났으므로 세 사람이 얼굴을 마주 대할 수는 없었다는 것이다.

과연 말한 그대로이지만 적어도 〈호계삼소(虎溪三笑)〉의 그림에 한해서는 유(儒)·불(佛)·도(道)의 세 사람이 서로 마음으로부터 웃는 그림으로 보는 것이 좋겠다.

虎視耽耽

호 시 탐 탐

호랑이가 노려보고 있다는 뜻으로, 목표한 바를 한 치의 방심도 없
이 기다리고 있다는 뜻.

범 **호** 볼 **시** 노려볼 **탐** 노려볼 **탐**

  호랑이가 눈을 부릅뜨고 사냥감을 노려보는 것과 같이 한순간도 방심
하지 않는 태도를 말한다.

  원래는 ≪역경≫의 경문(經文)에 나오는 말인데 그 글자의 뜻으로 보
아도 '眈眈'이 옳고 '耽耽'은 그 속자(俗字)이다.

  역경의 64괘(卦) 중 하나에 이(頤)라는 괘가 있다. 이(頤)란 아래턱을
가리키는 말이며 동사로 쓸 때는 기른다는 뜻이 포함된다. 그 괘형(卦
形: ☶ ☳) 진하간상(震下艮上)은 두 양(陽)이 상하에 있고 사음(四陰: ☷
☷)이 가운데 끼어 사람이 입을 벌린 형상과 비슷하다. 이것을 구성하는
팔괘(八卦: ☶ 간과 ☳ 진)의 괘덕(卦德)으로 볼지라도 상(上)은 멈추고
하(下)는 움직이므로 음식을 먹을 때 아래위 턱이 움직이는 것과 비슷하
며 음식으로 사람의 몸을 기르므로 '기른다'는 뜻이 생겨났다.

  그래서 이괘(頤卦)에서는 '기름(사람이 내 몸을 기르고, 성인이 만민
을 기르고, 하늘과 땅이 만물을 기르는 등)'과 같은 뜻으로 괘 전체에 대
해서나 또 이것을 구성하는 육효(六爻)에 대해서 각각 해설하게 되는 것
이다.

  그런데 이괘의 육사(六四)의 효사(爻辭)에는,

거꾸로 길러지는 것도 길하다. 호시탐탐(虎視耽耽)하여 그 욕심을 쫓아가면 허물이 없다.

六四. 顚頤吉. 虎視耽耽 其欲逐逐 无咎.

라고 있다. 그 대의를 설명하면 다음과 같다.

이괘(頤卦)의 육사(六四)는 인간의 계급으로써 한다면 천자를 보좌하여 천하의 만민을 기르는 대신의 지위에 있는 몸이지만, 음유(陰柔)로 힘이 부족하기 때문에 혼자 힘으로 천하의 만민은 고사하고 자기 몸을 기르는 일조차도 불안하다.

그리하여 스스로 아래 지위의 원조와 협력을 구하지 않으면 안 되거니와, 다행히도 처음의 아홉은 양강(陽剛)의 몸으로써 아래 지위에 있다. 말하자면 아래에 있는 현명한 선비로서 육사(六四)와 서로 응하며 육사(六四) 또한 유순한 덕을 갖추고 있어 올바른 지위에 있는 몸이므로 처음 아홉에 순응하여 그 길러짐을 받을 수 있는 것이다.

그러므로 위에 있는 사람이 호시탐탐(虎視耽耽)하여 위엄이 있되 사납지 않은 태도로 정중하게 행동하면 아래 지위에 있는 사람도 감히 이를 깔보지 못한다.

또 사람에게 길러짐을 구할 때는 그 욕심을 따라 끊임없이 하면 일이 성취되고, 이렇게 하여 이미 위엄을 갖추고서 사람에게 길러짐을 구하는 것에 게을리 하지 않는다면 이윽고 만민에 대한 베풂도 다함이 없고, 따라서 허물을 얻지 않게 되는 것이다.

浩然之氣
호 연 지 기

하늘과 땅 사이에 가득 찬 기운. 사물에 아무런 구애됨 없이 넓고 풍부한 마음이란 뜻.

클 **호** 그럴 **연** 어조사 **지** 기운 **기**

이것은 맹자와 그의 제자 공손추(公孫丑)와의 문답 중에 나오는 말이다. '호연(浩然)'이란 넓고 풍부한 것을 형용한 말이며, 따라서 '호연지기(浩然之氣)'란 '사물에 아무런 구애됨 없이 넓고 풍부한 마음', 좀 더 어렵게 표현하면 '꺾이지 않고 흔들림 없는 도덕적인 용기'를 가리키는 말이다.

≪맹자≫ 공손추편(公孫丑篇)에 실려 있는 맹자와 공손추의 문답은 매우 길며, 맹자는 이 글 가운데서 '호연지기(浩然之氣)'에 대한 것뿐만 아니라 이와 관련된 '마음이 동요되지 않음(不動心)'과 '말을 알아들음(지언(知言):말의 옳고 간사함과 선악을 꿰뚫어보는 총명함)' 등의 주제에 대해서도 말하고 있다.

우선 '마음이 동요되지 않음(不動心)'에 대하여 맹자께서는,

"나는 40세가 되면서부터 마음이 동요되지 않았다."

라고 말씀하시자 공손추가,

"만일 그러시다면 선생님은 옛날 위(衛)나라의 맹분(孟賁)보다 훨씬 용감하십니다."

라고 말하자,

"그것은 어려운 일이 아니다. 고자(告子:맹자와 같은 시대 사람)도 나보다 먼저 마음이 동요되지 않았다."

라고 대답하셨다. 이어서 공손추가,

"마음이 동요되지 않게 하는 데 방법이 있습니까?"

하고 여쭈어 보자 맹자께서는 '있다.' 고 대답하시고 예로써 용기 있는 사람으로 평판이 높은 북궁유(北宮黝)와 맹시사(孟施舍) 등이 마음이 동요되지 않도록 수양한 방법에 대하여 말씀하시고, 다시 공자가 제자 증자(曾子)에게 한 말을 인용하여 진정한 용기를 설명하셨다.

"스스로 반성하여 옳지 못하면 비록 낡은 옷을 걸친 천인(賤人)에게도 두려워하지 않을 수 없지만, 스스로 반성하여 내가 옳다면 나는 가서 그들과 대적하겠다."

그러고는 덧붙여 설명하셨다.

"그러므로 맹시사가 용기를 지킨 것은 증자가 용기를 지킨 것만 못하다."

이어서 공손추가 물었다.

"선생님께서는 특히 어느 것에 뛰어나십니까?"

맹자께서 말씀하셨다.

"나는 남의 말을 잘 알며, 내 호연지기를 잘 기르고 있다."

공손추가 다시 물었다.

"무엇을 호연지기라 합니까?"

맹자께서 다음과 같이 대답하셨다.

"말로 설명하기는 어렵다. 그 기운은 몹시 크고 매우 굳센 것으로, 그것을 곧게 길러서 해 되게 하지 않는다면 하늘과 땅 사이에 가득 차게 된다. 그 기운은 정의와 도(道)에 맞는 것이며 이 기운이 없으면 굶주리게 된다. 이 기운은 안에 있는 옳음이 모여서 생겨나는 것이며, 밖에서 옳음이 들어와 취해지는 것이 아니다. 행동하되 마음에 만족스럽지 못한 것이 있으면 곧 굶주리게 되는 것이다."

敢問夫子 惡乎長. 曰 我知言 我善養吾浩然之氣. 敢問何謂浩然之氣. 曰 難言也. 其爲氣也 至大至剛 以直養而無害 則塞乎天地之間. 其爲氣也 配義與道 無是餒也. 是集義之所生者 非義襲而取之也 行有不慊於心 則餒矣.

즉 '호연지기(浩然之氣)'라는 말은 설명하기가 매우 어렵지만, 그 기운은 지극히 넓고 크고 굳세고 솔직한 것이어서 이 기운을 해치지 않고 잘 기르면 하늘과 땅 사이에 충만하게 되는 것이며, 이 기운이 없으면 사람은 기아 상태에 빠지게 된다. 결국 이 기운은 자신 안에 있는 옳음이 쌓인 결과로써 생기는 것으로 밖에서 옳음을 취하여 들여오는 것이 아니다. 그러므로 자기 행위에 어떤 불만스러운 점이 있으면 이 기운도 기아 상태가 되어 버리는 것이다.

胡蝶之夢
호 접 지 몽

꿈에 나비가 되어 즐거운 생각을 한다는 뜻으로, 인생의 덧없음을
비유함.

오랑캐 **호** 나비 **접** 어조사 **지** 꿈 **몽**

장자(莊子:이름은 주)는 꿈에 나비가 되어 몹시 즐거운 생각을 하였다
는 고사에서 나온 말로, 자연과 나의 구별을 잊어버리는 일, 혹은 자연과
내가 한 몸이 된 경지를 비유하여 '호접지몽(胡蝶之夢)' 이라 하며, 또 인
생의 덧없음을 뜻하기도 한다.

이 말은 《장자》의 제물론편(齊物論篇)에 다음과 같이 기록되어 있
다.

옛날에 장주(莊周)가 꿈에 나비가 되었는데, 나비가 된 것을 기뻐하였
다. 스스로 즐겨 뜻하는 대로 가고 있어서 자신임을 알지 못했다. 갑자기
깨달으니 곧 장주가 되어 있었다. 알지 못하겠다, 장주가 꿈에 나비가 된
것인지, 나비가 꿈에 장주가 된 것인지. 장주와 나비는 반드시 구별이 있
다. 이것을 자연이 된다고 말한다.

昔者莊周夢爲胡蝶 栩栩然胡蝶也. 自喻適志與 不知周也. 俄然覺 則蘧
蘧然周也. 不知 周之夢爲胡蝶與 胡蝶之夢爲周與. 周與胡蝶 則必有分矣.
此之謂物化.

'하늘과 땅은 나와 아울러 생겨나고, 만물은 나와 하나가 된다(天地與我並生 而萬物與我爲一).' 라고 장자는 말한다. 그와 같이 만물을 한 몸의 절대적인 경지에 서서 말한다면 장자와 나비, 현실과 꿈, 삶과 죽음도 구별이 없다. '있다고 보이는 것, 그것이 만물의 변화다.' 라는 주장을 나타내는 이야기의 하나가 이 '호접지몽(胡蝶之夢)' 이다.

'일찍이 나는 나비가 된 꿈을 꾸었다. 그때 나는 꽃에서 꽃으로 즐겁게 날아다니며 마치 나비 그대로였다. 얼마나 즐겁고 얼마나 분방(奔放)하게 날아다닌 것인가? 그러다 갑자기 눈을 떠 보니 변함없는 장주(莊周)였다. 그런데 이것은 장주가 꿈에 나비가 된 것인지, 나비가 꿈에 장주가 된 것인지 나로서는 알지 못하겠다.'

현실의 모습으로 말한다면 장주와 나비 사이에는 확실히 구별이 있다. 이것이 자연의 변화, 현상계(現象界)에서 임시의 모습이라고 말하는 것이다.

紅一點
홍 일 점

한 송이 붉은 석류꽃. 많은 남자들 가운데 단 한 사람의 여자라는 뜻.

붉을 홍 한 일 점 점

왕안석(王安石, 1021~1086)의 〈석류시(石榴詩)〉에,

만 가지 푸르름의 떨기 가운데 붉은 석류꽃 한 송이 피었네.

사람을 움직임에는 봄빛이 많은 것을 쓰지 않는다네.

萬綠叢中紅一點 動人春色不須多

라는 구절이 있어 이 성어(成語)가 생겨난 근본이라고 일컬어지지만 이
시가 왕안석의 작품이 아니라는 설도 있다.

　송(宋)나라 범정민(范正敏)의 ≪둔재한람(遯齋閑覽)≫에 '이것은 당(唐)
나라 사람의 시로, 작자의 이름은 분명하지 않다. 일찍이 나는 왕안석이
지니고 있던 부채에 이 구절이 자필로 씌어 있는 것을 본 적이 있다. 왕
안석이 스스로 지은 시라고 생각하는 사람이 있다면 그것은 잘못이다.'
라는 기록이 있다. 그러나 이것도 사실인지 아닌지는 분명치 않다.

　뜻은 말할 것도 없이 판연(判然)하다. 바라보는 많은 푸른 잎들 가운데
붉은 석류꽃이 한 송이 피어 있다. '유일하게 이채를 드러내는 것', 이에
바뀌어 '남자들만 있는 가운데 오직 한 사람의 여자가 끼어 있는 것'을
말한다.

　〈석류시(石榴詩)〉라는 제목의 시에 '홍일점(紅一點)'이라는 구절을 생
각할 때 석류꽃이 한 송이 피어 있는 경우가 과연 있을 수 있는 것일까
하는 의문이 일어난다.

　이 시구에 대해서도 왕안석이 '농록만지홍일점(濃綠萬枝紅一點)', 혹
은 '만록지두홍일점(萬綠枝頭紅一點)'이라고 썼다는 설도 있다.

和光同塵
화 광 동 진

빛을 부드럽게 하여 티끌에 동화된다는 뜻으로, 자기의 지혜를 자랑하지 않고 세속을 따른다는 뜻.

화할 **화** 빛 **광** 같을 **동** 티끌 **진**

'화광(和光)'은 빛을 늦춘다, '동진(同塵)'은 속세의 티끌에 같이한다는 뜻이니 '화광동진(和光同塵)'이란 자기의 지혜를 자랑하는 일 없이 오히려 그 지혜를 부드럽게 하여 속세의 티끌에 동화함을 말한다.

≪노자≫ 제4장에서 이렇게 말하고 있다.

도(道)는 텅 비었으되 아무리 써도 늘 다함이 없으며, 깊어서 만물의 근본과 같다. 그 날카로움을 꺾고, 그 어지러움을 풀고, 그 지혜의 빛을 늦추고, 속세의 티끌과 함께하는 것이며, 깊은 물이 가득 차 있는 것과 같다. 나는 그것이 누구의 자식인지 알 수 없어도 천제보다도 더 먼저 존재하는 것 같다.

道沖而用之 或不盈 淵乎似萬物之宗. 挫其銳 解其紛 和其光 同其塵 湛乎似若存. 吾不知誰之子 象帝之先.

도(道)는 얼핏 보기에는 공허하지만 그 작용은 무한하다. 연못과 같이 깊어서 만물의 근원과 같다. 모든 날카로운 기운을 약하게 하고, 모든 어지러움을 풀며, 지혜의 빛을 늦추고, 세상의 티끌과 하나가 되어야 한다. 도(道)는 가득 찬 물처럼 존재하는 것 같다. 나는 그것이 어디에서 생겨난 것인지 알 수 없지만 조물주인 천제(天帝) 이전부터 존재하는 것 같다.

이 장은 노자의 도(道)를 설명한 것이거니와 '그 날카로운 기운을 꺾고(挫其銳)' 이하의 열두 자는 제56장의 네 구절이 뒤섞인 것이라는 설도 있다. 확실히 제4장에서는 이 네 구절을 빼는 것이 뜻도 잘 통한다.

제56장에서 네 구절의 뜻은 제4장보다 분명해진다.

아는 사람은 말하지 않고, 말하는 사람은 알지 못한다. 그 이목구비를 막고 그 문을 닫아서 그 날카로운 기운을 꺾고, 그 혼란함을 풀며, 그 지혜의 빛을 늦추고, 그 속세의 티끌과 함께하니 이것을 현동(玄同)이라고 한다. 그러므로 가히 얻어서 친하지도 못하고, 가히 얻어서 성기어지지도 않는다. 가히 얻어서 이롭게 할 수도 없으며 해하지도 못한다. 가히 얻어서 귀하게 할 수도 없으며 천하게 할 수도 없다. 그러므로 천하에 귀한 것이 된다.

知者不言 言者不知. 塞其兌 閉其門 挫其銳 解其紛 和其光 同其塵. 是謂玄同. 故不可得而親 不可得而疏. 不可得而利 不可得而害. 不可得而貴 不可得而賤. 故爲天下貴.

참으로 아는 사람은 그 앎을 말하지 않으니, 앎을 말하는 사람은 아는 사람이 아니다. 진정한 앎이 있는 사람은 그 이목구비를 틀어막고, 지혜의 문을 닫으며, 지혜의 날카로움을 꺾고, 지혜 때문에 일어나는 혼란을 풀며, 지혜의 빛을 늦추고, 그리고 속세의 티끌과 하나가 된다. 이것을 현동(玄同)이라고 한다.

그러므로 이와 같은 현동(玄同)의 사람에 대해서는 친해질 수도 없고 성기어질 수도 없으며, 이득을 줄 수도 해를 줄 수도 귀하게 할 수도 천하게 할 수도 없다. 그러므로 천하에서 가장 귀한 것이 된다.

畵龍點睛
화 룡 점 정

용을 그린 다음 눈동자를 그린다는 뜻으로, 가장 중요한 부분을 끝내어 완성시키는 뜻.

그림 화 용 룡 점 점 눈동자 정

남조(南朝) 양(梁)나라의 장승요(張僧繇)는 관계(官界)에서 우군 장군 (右軍將軍)과 오흥(吳興) 태수 등을 역임한 사람이지만, 일반적으로 화가로서 알려져 있어 그의 입신(入神)을 비유한 수많은 이야기가 남겨져 있다.

그가 어느 날 한 벽면에 울창한 숲을 그렸는데 다음날 아침에 보니 그 벽 아래에 무수한 새들이 죽어 있었다. 새들은 그것을 진짜 숲으로 생각하여 날아들려다 벽에 부딪쳐 죽었다는 것이다.

더 유명한 것은 '화룡점정(畵龍點睛)' 이라는 성어(成語)가 이루어진 이야기이다. 그는 도읍 금릉(金陵:남경)의 안락사(安樂寺) 벽면에 네 마리의 용을 그렸는데 눈동자만 그리지 않았다. 어떤 사람이 이유를 묻자,

"그것을 그려 넣으면 용이 날아 올라가기 때문이다."

라고 대답했다. 사람들이 믿으려 하지 않았다. 그래서 그는 한 마리의 용에 눈동자를 그려 넣었다. 그러자 갑자기 우레 소리가 들리고 번개가 번쩍이면서 그 용이 벽을 깨치고 튀어나와 구름을 타고 하늘로 올라갔다. 나중에 보니 눈동자를 그려 넣지 않은 용은 그대로 남아 있었다.

장승요가 금릉의 안락사 벽에 용 네 마리를 그렸는데 눈동자를 점 찍지 않았다. 말하기를 '여기에 눈동자를 점 찍으면 곧 날아가 버린다.' 라고 하였다. 사람들이 거짓말이라고 하였다. 그래서 한 마리의 눈에 점 찍으니 갑자기 번개와 우레가 치면서 한 마리의 용이 벽을 부수고 구름을 타고 하늘로 올라갔다. 눈동자에 점 찍지 않은 것은 그대로 남아 있었다.

張僧繇於金陵安樂寺 畵四龍於壁 不點睛. 每日 點之卽飛去 人以爲誕. 因點其一 須臾雷電破壁 一龍乘雲上天. 不點睛者見在.(≪수형기(水衡記)≫)

이 이야기는 명(明)나라 장정사(張鼎思) ≪낭야대취편(琅邪代醉編)≫ 권18에도 나오는데 거기에, '장승요는 오(吳)나라 사람으로 천감(天監) 중 우장군에 벼슬했다.' 라고 실려 있으며, 두 마리의 용에 '눈동자를 점 찍었다.' 라고 되어 있는 천황사(天皇寺) 벽에 그렸을 때 역시 눈동자를 그리지 않았다가 수만 금의 돈으로써 눈동자를 그리라는 부탁을 받고 눈동자를 그려 넣자 역시 날아 올라갔다는 이야기도 전해진다.

따라서 '화룡점정(畫龍點睛)'이란 문장이나 그림의 가장 중요한 부분을 채워 넣는다는 뜻으로, 무슨 일을 할 때 가장 중요한 부분을 끝내어 완성시키는 것을 말하며, 보통은 '화룡점정을 빠뜨린다.'로 사용하는 경우도 있다.

華胥之夢
화 서 지 몽

화서에서 꾸는 꿈. 좋은 꿈을 꾼다는 뜻.

빛날 華 서로 胥 어조사 之 꿈 夢

황제(黃帝)가 꿈에 화서씨(華胥氏)의 나라에 놀러갔다가 깨어나자 크게 깨닫는 바가 있었다는 고사에서, 좋은 꿈을 '화서지몽(華胥之夢)'이라고 하며, 또 꿈을 꾸는 것을 '화서(華胥) 나라에 놀러간다.'라고 한다.

이 말이 나온 것은 ≪열자≫ 황제편(黃帝篇) 첫머리의 이야기이다.

황제가 즉위한 지 15년 만에 천하가 자기를 추대해 주는 것을 기뻐하여, 올바른 목숨을 기르고 귀와 눈을 즐겁게 하며 코와 입을 공양했다.

黃帝卽位十有五年 喜天下戴己 養正命 娛耳目 供鼻口.

황제는 즉위한 지 15년 후 천하의 사람들이 모두 자기를 따르고 있는 것을 보고 만족해 했다. 그리하여 내 몸을 기르기 위해 이목구비(耳目口鼻)를 즐기기에 힘썼다는 것이다. 그러나 몸을 올바로 기르지 못해 살갖이 검고 수척해지며 희로애락원(喜怒哀樂怨) 다섯 가지 감정이 어두워져 미혹에 빠지게 되었다. 그래서 다음 15년간은 천하가 다스려지지 않는 것을 괴로워하여 귀와 눈을 부릅뜨고 지혜의 힘을 짜내 백성들을 다스리는 일에 힘썼는데 다섯 감정은 더욱 혼란해졌다. 그래서 황제는,

"내가 아주 큰 잘못을 저지른 모양이다. 몸을 기르는 것에 힘써도, 백성들을 다스리는 일에 힘써도 이와 같이 근심만 얻을 뿐이다."

라고 탄식하며 이번에는 정사를 버려 두고 궁전에서 물러나 중신들도 멀리하며 악기도 연주하지 않고 식사를 줄이며, 태고 시절의 무위(無爲)의 제왕 대정씨(大庭氏) 저택에 틀어박혀 마음을 깨끗하게 하고 몸을 돌보며 3개월 동안 정치를 하지 않았다.

그때의 일이다. 황제가 낮잠을 잤는데 태고 시절 무위(無爲)의 제왕 화서씨(華胥氏)의 나라에 놀러 가는 꿈을 꾸었다.

화서씨의 나라는 엄주(弇州)의 서쪽, 태주(台州)의 북쪽에 있다. 제(齊)나라와 거리는 몇천만 리인지 모른다. 절대 배나 수레나 도보로 미치는 곳이 아니고 정신만이 놀러 갈 수 있는 곳이다. 그 나라는 다스리는 사람이 없고 자연일 뿐이다. 백성들은 즐기는 욕망이 없고 자연일 뿐이다. 삶을 즐거워할 줄 모르고 죽음을 싫어할 줄 몰라 젊어서 죽는 사람이 없다. 자기를 가까이 할 줄 모르고 다른 사람을 소홀히 할 줄 몰라 사랑과 미움이 없다. 반역을 할 줄 모르고 순하게 향함을 모르므로 이득과 손해가 없다. 모두가 사랑하고 아끼는 것이 없고 모두가 두려워하고 싫어하는 것이 없다. 물에 들어가도 빠지지 않고, 불에 들어가도 데이지 않고, 종아리를 쳐도 상처와 아픔이 없고, 찌르고 긁어도 아프지도 가렵지도 않다.

하늘에 올라가도 땅을 밟는 것과 같고, 빈 곳에서 잠자도 침상에 있는 것과 같다. 구름과 안개도 보는 것을 방해하지 않고, 우레도 듣는 것을 혼란시키지 않고, 아름다움과 미움도 그 마음을 혼란시키지 않고, 산과 골짜기도 그 걸음을 무릎 꿇게 하지 않고, 정신의 작용에 의하여 자유로이 행동할 수 있을 뿐이다.

華胥氏之國 在弇州之西 台州之北. 不知斯齊國幾千萬里. 蓋非舟車足力之所及 神遊而已. 其國無師長 自然而已 其民無嗜欲 自然而已. 不知樂生 不知惡死 故無夭殤. 不知親己 不知疎物 故無愛憎. 不知背逆 不知向順 故無利害. 都無所愛惜 都無所畏忌. 入水不溺 入火不熱 斫撻無傷痛 指摘無痟癢. 乘空如履實 寢虛若處牀. 雲霧不硋其視 雷霆不亂其聽 美惡不滑其心 山谷不躓其步 神行而已.

황제는 꿈에서 깨어나 맑은 생각으로 깨달음을 열어, 천로(天老)와 역목(力牧)과 태산계(太山稽)의 세 재상들을 불러 말했다.

"나는 3개월 동안 틀어박혀서 마음을 깨끗이 하고 몸을 가지런히 하여 한 몸을 길러 백성들을 다스리는 도(道)를 깨달으려고 했지만 그 기술은 얻을 수 없었다. 그런데 피로하여 잠자고 있는 동안 이와 같은 꿈을 꾸고 비로소 깨달았다. 도(道)의 극치란 사사로운 정으로 구해도 얻을 수 있는 것이 아니란 것을. 나는 꿈속에서 도(道)의 극치를 알고 그것을 깨달았다. 그러나 그것을 경들에게 말로 일러 줄 수는 없다."

그리고 이 이야기는 다음과 같이 끝맺고 있다.

또 28년 동안 천하는 크게 다스려져서 거의 화서씨(華胥氏)의 나라 같았다. 이윽고 황제가 승하하자 백성들은 그의 죽음을 울면서 슬퍼하였는데 200여 년 동안이나 계속되었다.

又二十有八年 天下大治 幾若華胥氏之國. 而帝登假 百姓號之 二百餘年
不輟.

도(道)의 극치는 마음이 없고 함이 없다(無心無爲). 무심무위(無心無
爲)란 도가(道家)들이 주장한 것이다.

和氏之璧
화 씨 지 벽

화씨의 구슬. 힘든 난관을 참고 견디면서 자신의 의지를 관철시킨다
는 뜻.

화할 **和** 성 **氏** 어조사 **之** 구슬 **璧**

초(楚)나라 사람 화씨(和氏:변화)가 산중에서 거친 구슬을 손에 넣어
여왕(厲王)에게 바쳤다. 여왕이 구슬장이에게 감정시켰더니,
"이것은 돌입니다."
라고 말하여 왕은 화씨의 왼발을 잘랐다.
여왕이 죽고 무왕(武王)이 즉위하자 화씨는 다시 그 거친 구슬을 무왕
에게 바쳤다. 무왕이 구슬장이에게 감정해 보자 역시,
"이것은 돌입니다."

라고 말하여 무왕은 다시 화씨의 오른쪽 발을 잘랐다.

　무왕이 죽고 문왕(文王)이 즉위했다. 화씨는 그 거친 구슬을 안고 산으로 들어가 사흘 낮 사흘 밤 동안 소리를 지르며 울었다. 눈물은 마르고 이어서 피가 흘렀다. 이 말을 들은 문왕은 그 이유를 물었다.

　"천하에 다리를 잘린 사람은 많다. 그런데도 너는 왜 그처럼 슬퍼하며 소리를 질러 우는가?"

　그러자 화씨는 이렇게 대답했다.

　"나는 다리 잘린 것을 슬퍼하는 것이 아닙니다. 보옥인데도 돌이라 불리고, 절개의 선비인데도 다리를 잘린 것이 슬픈 것입니다. 내가 슬퍼하는 이유는 그 때문입니다."

　이리하여 문왕은 구슬장이에게 거친 구슬을 감정시켜 보옥을 손에 넣게 되었다. 그리고 이것을 '화씨의 구슬' 이라고 이름 붙였다.

　이것은 《한비자》의 화씨편(和氏篇)에 실려 있는 이야기이다. 한비자는 계속해서 이렇게 말하고 있다.

　"대체로 주옥(珠玉)은 임금이 열중하여 구하는 것이다. 화씨가 바친 거친 구슬이 설사 돌이었다 하더라도 왕에게 해가 되지 않는데 화씨가 두 다리를 잘린 후 가까스로 감정을 받게 되었다. 구슬이 감정을 받는 것조차 이렇게 어려운 것이다. 지금 왕은 구슬을 구하는 것만큼 여러 신하들이나 백성들의 사사로운 악을 금하는 일에는 열중하지 않는다. 그런 상황에서 법이나 기술의 선비가 헌책(獻策)하거나 거친 구슬을 바치면 반드시 죽임을 당할 것이다."

　다시 이어서 한비자는, 초(楚)나라에서 법치(法治)를 단행한 오기(吳起)는 문벌과 귀족에게 습격되어 시체를 해체하는 형벌에 처해졌고, 진(秦)나라에서 법치를 단행하여 진시황의 천하통일 기초를 쌓은 상앙

(商鞅) 역시 문벌과 귀족의 술책으로 죽은 뒤 시체를 수레로 쪼개는 형벌에 처해진 일을 언급하고 있다.

화씨의 구슬을 지극한 보배로 만들어 낸 전설에 불과할지도 모르나 이것을 인용한 한비자의 내심에는 목숨을 걸 결의가 되어 있었던 것이다.

덧붙여 말하면 구슬이란 원형으로 편편하게 갈아 중앙에 구멍을 뚫어, 변두리의 폭과 구멍의 직경이 같게 한 둥근 모양의 구슬을 말한다.

춘추시대에 수(隋)나라 임금이 창자가 끊어져 괴로워하는 큰 뱀에게 약을 주어 구원했더니 큰 뱀이 은혜를 갚기 위해 물고 왔다는 전설이 있는 수후(隋侯)의 구슬이 있다. 밤에 빛이 나는 이 수후의 구슬과 화씨의 구슬은 둘 다 세상에 진기한 보배로 일러지고 있다.

火牛之計
화 우 지 계

소의 꼬리에 불을 붙이는 계략이라는 뜻으로, 상대방이 전혀 예상치 못한 뜻밖의 계략이라는 뜻.

불 **화** 소 **우** 어조사 **지** 꾀 **계**

연(燕)나라 소왕(昭王)이 즉위했을 무렵, 연(燕)나라는 자지(子之)의 난리에 설상가상으로 제(齊)나라 군대의 침략을 당하여 거의 파멸에 가까운 상태에 있었다.

소왕은 사부(師傅)인 곽괴(郭隗)의 권유에 따라 현명한 사람을 등용하여 정치에 힘썼다. 악의(樂毅)는 원래 조(趙)나라의 무장이었는데 연왕(燕王)이 선비를 후대한다는 소문을 듣고 연(燕)나라로 가서 소왕에게 벼슬한 사람이었다. 소왕은 악의의 인물에 반하여 그를 곧 아경(亞卿)에 임명했다. 이와 같은 소왕의 인재 등용 정책과 정치에 대한 열의가 결실하여 이윽고 연(燕)나라의 국력은 충실해졌다.

이제 소왕은 제(齊)나라에 대한 보복을 감행했다. 악의의 정책에 따라 진(秦)나라, 위(魏)나라, 조(趙)나라와의 동맹에 성공한 소왕은 주(周)나라 난왕(赧王) 31년에 악의를 상장군으로 임명한 후 다섯 나라의 군대를 이끌고 제(齊)나라로 공격해 들어갔다.

제(齊)나라의 민왕(湣王)은 스스로 군대를 이끌고 이를 맞아 싸웠지만 크게 패하여 도읍 임치(臨淄)로 후퇴했다. 네 나라의 군대는 여기에서 멈추고 악의가 이끄는 연(燕)나라 군대만이 제(齊)나라의 임치로 추격했다. 민왕은 이 연(燕)나라의 군대에 버티지 못하고 위(衛)나라로 도망갔다.

악의는 임치를 점령하자 소탕전을 펼쳐 제(齊)나라 70여 성을 항복받고 연(燕)나라 치하에 넣었다. 제(齊)나라에 남은 것은 오직 거(莒)와 즉묵(卽墨)뿐이었다. 민왕은 위(衛)나라에 있을 수 없게 되자 거(莒)로 도망하여 들어왔다가 결국 죽임을 당했다.

악의가 임치를 함락했을 때, 제왕(齊王)의 먼 인척인 전단(田單)이 작은 도읍의 관리로 있었는데 민왕이 위(衛)나라로 도망가자 임치를 벗어나 동쪽의 안평(安平)으로 도망갔다. 그러나 안평에도 적군이 공격해 들어왔다. 그러자 전단은 집안 사람들에게 수레 굴대의 끝을 끊게 하고 그곳을 쇠로 감게 하였다.

이윽고 연(燕)나라 군대가 안평을 공격하여 성이 함락되자 사람들은 앞을 다투어 도망치려 했으나 수레 굴대의 머리가 부러지자 수레마저 부서져 연(燕)나라의 포로가 되어버렸다. 오직 전단의 친척들만이 수레 굴대의 머리를 쇠로 감아 놓았기 때문에 수레가 부서지지 않아 탈출하여 즉묵으로 도망쳤다.

즉묵에서는 연(燕)나라 군대의 싸움에서 장군이 전사했기 때문에 전단을 장군으로 삼았다. 그때 연(燕)나라에서는 소왕이 죽고 혜왕(惠王)이 즉위했다. 혜왕이 악의를 좋지 않게 생각한다는 것을 알고 전단은 급히 간첩을 보내 유언비어를 유포시켰다.

"악의는 제(齊)나라에 머물러 왕이 되려고 하기 때문에 일부러 거(莒)와 즉묵을 함락시키지 않고 싸움을 연장하려는 것이다. 제(齊)나라의 무리들은 그것을 겨냥하여 재기를 도모하려 한다. 그러므로 제(齊)나라가 가장 두려워하는 것은 연(燕)나라가 악의를 다른 장군으로 바꾸어 둘밖에 없는 거점을 함락시키지나 않을까 하는 점이다."

원래부터 악의를 의심하던 혜왕은 전단의 계략에 말려들어 악의를 파면하고 기겁(騎劫)으로 교체시켰다. 전단은 다시 연(燕)나라 군대의 진중으로 간첩을 보내 말하게 했다.

"악의는 적군을 잔인하게 다루지 않았기 때문에 즉묵의 무리들이 연(燕)나라 군대를 두려워하지 않아 성이 보존될 수 있었던 것이다. 전단은 기겁 장군이 제(齊)나라 포로들의 코를 베어 성벽 앞에 줄지어 늘어놓는다면 성안의 무리들이 전의를 잃지 않을까 근심하는 것 같다."

그 말을 들은 기겁은 그대로 했다. 성안 사람들은 그것을 보고 분격하여 포로가 되기보다는 죽을 때까지 싸우는 편이 낫다고 하였다. 전단은 다시 간첩을 보냈다.

"연(燕)나라 군대가 성밖에 있는 묘지를 파헤친다면 어떨까? 즉묵 무리들은 조상의 혼령이 욕을 당하는 것을 본다면 어쩔 수 없이 항복할 것임에 틀림이 없다."

기겁은 무덤을 파헤쳐 보였다. 즉묵 사람들은 모두 눈물을 흘리면서 복수할 것을 굳게 맹세하여 사기가 더욱 높아졌다. 그때 전단은 연(燕)나라 군대에게 항복하겠다고 사자를 보냈다. 연(燕)나라 장병들은 역시 소문대로라고 기뻐하며 해이해졌다.

전단은 곧 성안에서 천여 마리의 소를 거두어 붉은 비단으로 옷을 만들어 입히고 여기에 다섯 가지 빛깔의 용 모양을 그렸다. 뿔에는 칼을 묶고 꼬리에는 기름 묻힌 갈대를 잡아맨 후 그 끝에 불을 붙여, 성의 수십 개의 구멍을 엿보아 소들을 밤에 내놓고 장사 오천 명에게 그 뒤를 따르게 했다. 꼬리가 뜨거워진 소들은 화내면서 연(燕)나라 군대 속으로 돌진했다. 연(燕)나라 군대는 밤중에 크게 놀랐다.

소 꼬리의 횃불은 밝게 빛나 눈부실 뿐이다. 연(燕)나라 군대가 보면 어느 것이나 용의 모양으로 보여 소에 닿는 사람들은 모두 죽거나 상처를 입었다.

오천 명의 장사가 이를 틈타 매(枚:소리가 나지 않도록 입에 문 나무 조각)를 입에 물고 공격했다. 그리고 성안에서는 북을 울리고 함성을 지르며 노약자들은 모두 구리 그릇을 때려 이에 응하니 그 소리가 천지를 진동했다. 연(燕)나라 군대는 크게 놀라 패하여 도망갔다. 제(齊)나라 사람들이 드디어 연(燕)나라 장군을 죽인 것이다.

위의 한 구절은 ≪사기≫ 전단열전(田單列傳)의 '화우지계(火牛之計)' 부분을 번역한 것으로, 본문은 다음과 같다.

田單乃收城中得千餘牛 爲絳繪衣 畵以五彩龍文 束兵刃於其角 而灌脂束葦於尾 燒其端 鑿城數十穴 夜縱牛. 壯士五千人隨其後. 牛尾熱 怒而奔

燕軍. 燕軍夜大驚 牛尾炬火光明炫耀. 燕軍視之 皆龍文 所觸盡死傷. 五千
人因銜枚擊之 而城中鼓譟從之. 老弱皆擊銅器爲聲 聲動天地 燕軍大駭敗
走. 齊人逐夷殺其將騎劫.

　장군을 잃은 연(燕)나라 군대가 오합지중(烏合之衆)으로 변하자 전단
의 제(齊)나라 군대가 이를 추격했다. 이렇게 되니 도망치던 성읍들은 모
두 연(燕)나라를 배반하고 전단을 따르게 되어 제(齊)나라 군대는 날마다
그 수를 더하게 되었다.
　연(燕)나라 군대는 바람에 쫓기는 구름이 천 갈래로 날아가듯이 제(齊)
나라 국경 밖으로 쫓겨, 연(燕)나라에게 빼앗겼던 70여 성은 곧 제(齊)나
라로 다시 돌아오게 되었던 것이다.

畫虎不成 反類狗者
화　호　불　성　반　류　구　자

호랑이를 그리다 이루지 못하면 오히려 개를 닮게 된다는 뜻으로,
소질이 없는 사람이 훌륭한 사람의 능력을 본받으려다 오히려 경박
한 사람이 된다는 뜻.

그릴 **화** 범 **호** 아닐 **불** 이룰 **성** 되돌릴 **반** 무리 **류** 개 **구** 사람 **자**

　마원(馬援)은 부풍군(扶風郡) 무릉(茂陵) 출신으로, 후한(後漢) 광무제
(光武帝) 즉위의 전후로 활약하다 이윽고 광무제에 벼슬하여 용장으로
이름을 떨친 인물이다.

마원은 복파장군(伏波將軍)에 임명되어 광무제 건무(建武) 17년부터 약 3년 동안 교지(交阯)를 공략하고 있었는데, 멀리 있는 고향에 편지를 보내어 형님의 아들 마엄(馬嚴)과 마돈(馬敦)을 훈계했다.

마원(馬援)에게는 형님이 셋 있는데 마황(馬況)과 마여(馬餘)와 마원(馬員)이라고 했다. 세 사람 모두 유능하였으며 마원은 12세 때 아버지를 여의고 형들의 도움을 받아 성장했다.

마황과 마원이 젊어서 죽어 마여만 아들이 있었는데 바로 마엄과 마돈이었다. 이 두 사람은 비판하기를 몹시 좋아하고, 또 놀기 좋아하는 경박한 무리들과 사귀고 있었다. 마원은 늘 그러한 두 사람에 대하여 근심하고 있었으므로 전투지에서 여가를 보아 다음과 같은 훈계의 편지를 보냈던 것이다.

나는 너희들이 사람의 잘못을 듣기를 부모의 이름 듣는 것같이 하기를 바란다. 귀로는 얻어 들어도 되지만 입으로 말해서는 안 된다.

사람의 장단(長短)점 논의하기를 좋아하여 망령되이 법이 옳으니 그르니 하는 것, 나는 이것을 크게 미워하는 바이다. 차라리 죽을지언정 자손에게 이와 같은 행동이 있음을 듣기 원치 않는다. 너희들은 내가 이를 몹시 미워함을 알 것이다. 다시 말하는 까닭은 너희들이 훌륭한 성인이 되는 것을 원하며, 부모의 경계를 거듭하여 너희들이 이를 잊지 않도록 하기를 바랄 뿐이다.

용백고(龍伯高)는 도탑고 후하고 두루 삼가서 입으로 가리는 말이 없고, 겸하여 줄이고 절검(節儉)하고 겸손하고 위엄이 있다. 나는 그 사람을 사랑하고 중히 여긴다. 원컨대 너희들은 이를 본받으라.

두계량(杜季良)은 호협(豪俠)하고 의(義)를 좋아하여 남들의 근심을 근

심하고 남들의 즐거움을 즐겁게 여겨 맑고 흐림을 잃는 바가 없다. 그의
아버지 장례 때 온 손님들이 몇 고을이나 이르렀다. 나는 그를 사랑하고
중히 여긴다. 그러나 나는 너희들이 그를 본받기를 원치 않는다.

용백고를 본받다가 얻지 못하더라도 차라리 삼가고 신칙하는 선비는
될 수 있지만, 즉 소위 '고니를 새기다가 이루지 못해도 차라리 집오리
를 닮지만', 두계량을 본받다가 얻지 못하면 천하에 경박한 사람으로 빠
져버리게 된다. 소위 '호랑이를 그리다 이루지 못하면 오히려 개를 닮게
되는' 것이다.

지금까지 두계량은 아직 자기를 잘 알지 못하나 군에 부임한 군수들이
수레를 내리면 문득 이를 갈며, 주(州)와 군(郡)에 말들이 많으니 내가 항
상 근심하는 바이다. 그러므로 나의 자손들이 그를 본받는 것을 원치 않
는다.

吾欲汝曹聞人過失 如聞父母之名 耳可得聞 口不可得言也. 好論議人長
短 妄是非正法 此吾所大惡也. 寧死不願聞子孫有此行也 汝曹知惡之甚矣.
所以復言者 施衿結褵 申父母之戒 欲使汝曹不忘之耳. 龍伯高敦厚周愼
口無擇言 謙約節儉廉公有威 吾愛之重之. 願汝曹效之. 杜季良 豪俠好義
憂人之憂 樂人之樂 淸濁無所失. 父喪致客 數郡畢至. 吾愛之重之. 不願汝
曹效也. 效伯高不得 猶爲謹勅之士. 所謂刻鵠不成 尙類鶩者也. 效季良不
得 陷爲天下輕薄子. 所謂畵虎不成 反類狗者也. 訖今季良尙未可知 郡將
下車輒切齒 州郡以爲言 吾常爲寒心. 是以不願子孫效也.

이 이야기는 《후한서》의 마원전(馬援傳)에 실려 있다. '호랑이를 그
리다 이루지 못하면 오히려 개와 비슷하게 된다.' 는 이야기는 여기에서
나온 것이다. 소질이 없는 사람이 영걸(英傑)을 본받으려 하면 도리어 경

박한 사람이 된다는 것을 뜻한다.

더불어 '고니를 새기다 이루지 못해도 차라리 집오리와 같다.' 는 말은
고니를 새기다가 실수를 하더라도 집오리와 비슷하게 된다는 말로, 삼가
고 곧은 사람을 표본으로 배운다면 거기에 미치지 못할지라도 착한 사람
이 될 수 있다는 비유로 말한 것이다.

換骨奪胎
환 골 탈 태

뼈를 바꾸고 태를 빼낸다는 뜻으로, 얼굴이나 용모가 몰라보게 좋아
졌다는 뜻.

바꿀 **환** 뼈 **골** 빼앗을 **탈** 아이 밸 **태**

황정견(黃庭堅)은 호가 산곡도인(山谷道人)으로 소식(蘇軾)과 아울러
북송(北宋)을 대표하는 시인이다. 그는 고전의 학식을 중히 여김과 동시
에 노장(老莊)과 불교 사상에 흥미를 기울였으며, 스승으로 섬긴 소식과
는 다른 경지를 개척하여 남송(南宋)의 강서시파(江西詩派)의 원조로서
숭앙을 받았다.

그는 박학다식으로 알려져 있거니와 근거가 되는 고사(故事)를 함부로
인용하여 그것을 자랑 삼아 보이지 않고 자기 것으로 만들어 독자적인
세계를 구축했던 것이다. 그의 독자적인 수법을 도가(道家)의 용어를 빌
려 표현한 것이 '환골탈태(換骨奪胎)' 라는 말이다.

황노직(黃魯直:정견의 이름)은 두로(杜老:두보)의 시를 일컬어 '영단
(靈丹) 한 알로 쇠를 이어 금을 이루는 것과 같다.' 라고 하였다.

黃魯直稱杜老詩 如靈丹一粒 點鐵成金.(남송 소박(邵博)의 ≪문견후록
(聞見後錄)≫)

두보(杜甫)의 붓에 걸리면 흔해 빠진 자연도 곧 아름다운 경치로 변하
는데, 그것은 마치 연금술사(練金術師)가 쇠에 한 알의 영단(靈丹)을 넣
어 황금으로 변화시키는 것 같다고 하였다.

황정견이 '영단' 이라고 한 것은 말할 것도 없이 시인의 시상(詩想)이
다. 도가(道家)에서는 이 영단, 혹은 금단(金丹)을 먹어서 보통사람의 뼈
를 선골(仙骨)로 변화시키는 것을 '환골(換骨)' 이라고 말한다.

'탈태(奪胎)' 의 '태(胎)' 또한 선인(先人)의 시에서 보이는 착상을 뜻하
며, 그것은 시인의 시상(詩想)이란 마치 아기가 어머니의 태내(胎內)에
있는 것과 같으니 그 태를 나의 것으로 삼아 자기의 시경으로 변화시키
는 것을 '탈태(奪胎)' 라고 한 것이다.

황산곡이 말하기를 '시의 뜻은 궁진함이 없고 사람의 재주는 한이 있
다. 한이 있는 재주로 궁진함이 없는 뜻을 쫓는 것은 도연명(陶淵明)이나
소릉(少陵:두보)일지라도 교묘함을 얻지 못한다. 그러나 그 뜻을 바꾸지
않고 그 말을 만드는 것, 이것을 환골법(換骨法)이라고 하며, 그 뜻을 규
모로 하여 이를 형용하는 것, 이것을 탈태법(奪胎法)이라고 한다.'

山谷曰 詩意無窮 而人之才有限. 以有限之才 追無窮之意 雖淵明少陵不
得工也. 然不易其意而造其語 謂之換骨法 規模其意形容之 謂之奪胎法.

(남송 석혜홍(釋惠洪) ≪냉재야화(冷齋夜話)≫)

　　'환골탈태(換骨奪胎)'란 선인(先人)이 애써 짜낸 성과를 훔치는 '표절 (剽竊)'과는 다른 것으로, 한시(漢詩)에서 선인이 지은 시의 어구(語句)나 결구(結構)만을 바꾸어 독자적인 자작시(自作詩)로 꾸미는 표현법이다.

歡樂極兮哀情多
환 락 극 혜 애 정 다

환락이 극에 달하면 비애가 생긴다는 뜻으로, 행복이 절정에 있을 때 오히려 인생의 무상함을 느껴 슬퍼진다는 뜻

기쁠 환 즐거울 락 다할 극 어조사 혜 슬플 애 뜻 정 많을 다

　　즐거움과 기쁨과 행복의 절정에 있을 때 오히려 인생 무상을 느껴 슬 퍼진다는 뜻이다. 모두가 덧없으며 순간적이고 영원히 허락되지 않는다 는 것을 사람들은 잘 알고 있기 때문이다.
　　≪문선≫의 23권에 있는 한무제(漢武帝)의 〈추풍사병서(秋風辭竝序)〉 에는 다음과 같이 노래하고 있다.

　　가을 바람이 일어나 흰 구름이 날고,
　　초목이 누렇게 떨어지니 기러기 남쪽으로 돌아가네.
　　난초에는 빼어남이 있고 국화에는 꽃다운 향기가 있어,

아름다운 사람을 생각하며 능히 잊지 못하네.

다락이 있는 배를 띄워 놓고 분하(汾河)를 건너니,

중류에서 가로놓여 흰 물결이 일어나네.

저와 북을 울리며 뱃노래를 부르니,

기쁨과 즐거움이 지극하여 슬픈 정이 많네.

어리고 젊음은 얼마 안 가니 이내 늙음을 어찌하리오.

秋風起兮白雲飛 草木黃落兮雁歸南

蘭有秀兮菊有芳 懷佳人兮不能忘

汎樓船兮濟汾河 橫中流兮揚素波

簫鼓鳴兮發棹歌 歡樂極兮哀情多

少壯幾時兮奈老何

이 시에서 무제가 슬픔에 사로잡힌 이유는 노래한 바와 같이 어리고 젊은 때는 지나가 버리기 쉬우며, 이윽고 늙음이 오고 죽음이 와서 즐거운 세상과 이별해야 함을 생각하기 때문이다. 어떠한 권세를 가지고라도 어쩔 수 없는 일이고 보면 위대한 권력자는 보통사람 이상으로 '기쁨과 즐거움이 극진하면 슬픈 정이 많다.' 라고 말하게 되는 것이다.

그런데 어떤 사람에게나 기쁨과 즐거움은 심히 덧없는 것이며 기쁨과 즐거움에는 슬픈 정이 따르기 때문에 이 말을 어떤 뜻으로 써도 관계가 없을 것이다.

'중류(中流)' 란 '흐름 가운데' 의 뜻이고, '소파(素波)' 란 '흰 파도' 를 말하는 것이며, '발도가(發棹歌)' 는 '뱃노래를 부르는 것' 이다.

嚆矢
효   시

소리가 나는 화살. 어떤 일의 맨 처음 시작이라는 뜻.

올릴 **효** 화살 **시**

'효시(嚆矢)'란 '우는 화살'을 말한다. 옛날 중국에서는 개전(開戰)의 신호로 적진에 우는 화살을 쏘았다고 한다. 이로부터 사물의 처음 시작, 혹은 사건이 처음 일어남을 효시(嚆矢)라 한다.

가장 오래된 예는 ≪장자≫의 재유편(在宥篇)에 실려 있다.

지금 세상은 사형자의 유해를 서로 베개하고, 차꼬를 찬 사람이 서로 밀리고, 형벌을 받은 사람이 서로 바라본다. 그런데도 유가(儒家)와 묵가(墨家)들은 비로소 발에 차꼬를 차고 손에 차꼬를 찬 사람들 사이에서 팔을 걷어붙이고 있다.

아아, 심하도다. 그 부끄러운 줄을 모르고 부끄러움을 알지 못하니 심하도다. 나는 아직 성인의 지혜가 목의 차꼬와 발의 차꼬에 쐐기가 되지 못하고, 인(仁)과 의(義)란 사람들을 괴롭히고 욕되게 하는 차꼬를 채우는 것이 되지 않음을 모르겠다.

어찌 증삼(曾參)이나 사유(史鰌)와 같은 사람이 걸왕(桀王)과 같은 폭군이나 도척(盜跖)과 같은 극악무도한 사람의 울리는 화살이 되지 않음을 알겠는가? 그러므로 말하기를, '성인을 끊고 지혜를 버리면 천하가 크게 다스려진다.'라고 하는 것이다.

今世殊死者相枕也 桁楊者相推也 刑戮者相望也 而儒墨乃始離跂 攘臂乎桎梏之間 噫甚矣哉. 其無愧而不知恥也 甚矣. 吾未知聖知之不爲桁楊接槢也 仁義之不爲桎梏鑿柄也. 焉知曾史之不爲桀跖嚆矢也. 故曰 絶聖棄知 而天下大治.

〈재유편(在宥篇)〉은 '천하의 죄를 용서함이 있음을 듣고, 천하를 다스림을 듣지 않는다(聞在宥天下 不聞治天下也)'라는 글로 시작되는데 '재유(在宥)'란 죄를 있는 대로 다 용서함, 또는 무위(無爲)로써 자연에 맡겨 천하를 다스리는 일이라는 뜻이다.

여기에 든 1절은 최구(崔瞿)라는 사람이 노자에게, '천하를 다스리는데 인위(人爲)를 버리면 사람의 마음이 잘 될 것이 아닌가?'라고 묻자 노자가 대답하는 형식으로 서술된 것이다.

'효시(嚆矢)'라는 말의 가장 오래된 예가 여기에 있다는 것만으로 장자(莊子)의 재유(在宥)라는 주장과 효시(嚆矢)라는 말과는 아무런 관계가 없음은 말할 필요도 없다.

效 顰

효 빈

찡그린 것을 본받는다는 뜻으로, 남의 단점을 장점으로 알고 본받으려 한다는 뜻.

본받을 **효** 찡그릴 **빈**

춘추시대 말기 월(越)나라의 미녀 서시(西施)가 가슴 통증 때문에 늘 눈썹을 찡그리고 다녔다. 그것을 본 추녀(醜女)가 자기도 그렇게 하면 아름답게 보일 것이라고 생각해 흉내를 내자 마을 사람들 모두 도망쳐 버렸다는 고사이다. 옳고 그름과 착하고 악함을 생각지 않고 함부로 남의 흉내를 내는 것에 비유하여 '효빈(效顰)' 이라고 말하게 되었다.

이것은 ≪장자≫의 천운편(天運篇)에서 나온 말로, ≪장자≫에는 '빈(矉)' 이라고 되어 있으나 '빈(顰)' 과 같다.

대저 삼황오제(三皇五帝)의 예의와 법도는 똑같은 것을 자랑으로 삼지 아니하고 다스림을 자랑으로 삼았다. 그러므로 비유하면 삼황오제의 예의와 법도는 오히려 산사자(山査子)와 배와 귤과 유자와 같은 것인가? 그 맛은 서로 반대이나 그래도 입에는 다 맞는다. 그러므로 예의와 법도란 때에 응하여 변하는 것이다.

지금 원숭이를 데려다 주공(周公)의 옷을 입힌다면 반드시 이로 물어다 찢어버려야 만족할 것이다. 예와 지금의 다름을 보건대 그것은 원숭이와 주공(周公)의 다름과 같다.

그런데 서시(西施)가 가슴을 앓아 찡그리자 그 마을의 추한 여자가 그것을 보고 아름답다고 하여 돌아와서 또한 가슴을 받치고 얼굴을 찡그렸다. 마을의 부자는 이것을 보고 문을 굳게 닫고 나오지 않았고, 가난한 사람은 이것을 보고 처자를 이끌고 마을에서 도망쳤다. 그녀는 찡그림을 아름답다고 알았을 뿐, 찡그림의 아름다운 까닭을 알지 못했다. 애석하도다, 그대도 그 궁함일진대!

夫三皇五帝之禮義法度 不矜於同 而矜於治. 故譬三皇五帝之禮義法度 其猶柤梨橘柚耶. 其味相反 而皆可於口. 故禮義法度者 應時而變者也. 今取猨狙 而衣以周公之服 彼必齕齧挽裂 盡去而後慊. 觀古今之異 猶猨狙之異乎周公也. 故西施病心而矉其里 其里之醜人見而美之 歸亦捧心而矉其里 其里之富人見之 堅閉門而不出 貧人見之 挈妻子而去之走. 彼知美矉 而不知矉之所以美. 惜乎 而夫子其窮哉.

이것은 공자의 제자 안연(顔淵)에 대하여 노(魯)나라 사금(師金:악사장, 이름은 금)이 한 말이라고 기록되어 있다. 공자께서는 주(周)나라의 문왕(文王)과 무왕(武王)과 주공(周公)을 이상으로 삼아, '서술하고 짓지 않으며 옛날을 믿고 좋아한다(述而不作 信而好古).' 라고 말한 바와 같이 옛날의 예악(禮樂)을 지금 세상에서 일으키려 하였지만 이 장(章)은 사금(師金)의 말을 빌려 그 상고주의(尙古主義)를 비난한 것이다.

서시(西施)는 오(吳)나라와 월(越)나라가 다툴 때 월왕(越王) 구천(勾踐)이 오왕(吳王) 부차(夫差)를 방심시키기 위하여 바친 미녀였는데, 부차의 총애를 한 몸에 받았다고 하거니와 그 이름은 후세까지도 미녀의 대명사로 사용된다.

後生可畏
후 생 가 외

뒤에 태어난 사람이 가히 두렵다는 뜻으로, 젊은 후배들이 선인의
가르침을 배워 어디까지 역량이 뻗어 나갈지 모른다는 뜻.

뒤 **후** 날 **생** 가히 **가** 두려워할 **외**

먼저 태어나 지혜와 덕에서 자기보다 뛰어난 사람이 선생(先生)이고,
자기보다 뒤에 태어난 사람, 즉 후배에 해당하는 사람이 후생(後生)이거
니와, '그 후생(後生)이 장래에 무한한 가능성을 지니고 있으므로 가히
두렵다.'라고 공자께서 말씀하신 것이다.

《논어》 자한편(子罕篇)에 이렇게 실려 있다.

공자께서 말씀하셨다.

"뒤에 태어난 사람이 가히 두렵다. 어찌 오는 사람들이 지금과 같지 않
음을 알 수 있으랴! 40이 되고 50이 되어도 명성이 들리지 않는다면 이
또한 두려워할 것이 못 된다."

子曰 後生可畏 焉知來者之不如今也. 四十五十而無聞焉 斯亦不足畏
也已.

여기에서 두려운 것은 무서운 것과는 달라서, 즉 좋은 의미로 존경하
고 주목할 만한 것을 말한다. '어찌 오는 사람들이 지금과 같지 않음을

알 수 있겠는가.' 라고 했듯이 뒤에 태어난 사람, 후배들의 장래가 어디까지 뻗어 나갈지는 헤아려서 알 수 없기 때문이다.

그러나 물론 그 기대가 허무하게 될 경우도 있을 수 있다. '40이나 50이 되어도 명성이 들리지 않는다면 이 또한 두려워할 것이 못 된다.' 그 사람은 이미 앞날을 알 수 있기 때문에 두려워할 상대가 되지 못한다는 말이다. 물론 실제로는 소위 '대기만성(大器晩成)', 즉 늘그막에 훌륭히 열매를 맺는 사람도 없는 것이 아니지만 대체로 40세나 50세의 모습이 그 사람을 판정하는 데 한계선이 되는 것이다.

공자께서 '후생가외(後生可畏)' 라고 말씀하신 것은 특히 재주와 덕을 갖추었던 수제자 안회(顔回)의 훌륭함을 두고 말한 것이며, 이것은 '나중에 난 뿔이 우뚝하다.' 라는 말과도 통한다.

깊이 있는 해설과 풍부한 원문해석으로
고전 해석의 깊은 감동을 드립니다.

일생에 한번은 꼭 읽고 마음에 새겨야할 《명심보감(明心寶鑑)》
"착한 일을 하는 사람에게는 하늘이 복으로 갚고,
악한 일을 하는 사람에게는 하늘이 재앙으로 갚는다."

《明心寶鑑》이는 곧 '마음을 밝혀 주는 보배로운
거울'이란 뜻이다. 사람이 세상에 태어나서 어찌
사람답지 못한 인간이 될 수 있으랴? 사람은 누구
나 자기 자신의 인격을 꾸준히 수양함으로써, 마음
이 선량한 데서 떠나지 않고 행동이 올바른 도리에
서 벗어나지 않게 되는 것이다.

'착한 일을 하는 사람에게는 하늘이 복으로써 갚
고, 악한 일을 하는 사람에게는 하늘이 재앙으로써
갚는다.'고 말하고 있다. 착한 행실은 선량한 마음
에서 나오고 악한 행실은 악한 마음에서 나온다.
그러므로 착한 행실을 하려면 먼저 마음부터 선량
하게 닦아야 한다. 극단적으로 말하면, 사람은 누
구나 자신의 마음을 가꾸기 위하여 일생을 산다고
해도 과언이 아니다. 사람의 마음은 그만큼 가꾸기
어려운 것이다. 그러나 또 본인 자신이 마음만 굳
게 먹는다면, 누구나 온전한 마음을 지녀 나갈 수
있는 것이다.

추적. 범립본 원저 | 박일봉 편저 | 신국판 양장 | 472쪽 | 정가 20,000원

고전 역사학자 박일봉 선생께서 직접 번역 · 감수하신
일봉 시리즈는 풍부한 원문해설, 어원, 뜻 풀이, 해설 등으로
정통 고전의 진수를 직접 확인해 보실 수 있습니다.

인격수양의 지침서 《채근담(菜根譚)》
부귀한 사람에게 경계를, 가난한 사람에게 기쁨을,
성공한 사람에게 충고를 주어 인생의 모든 일을 달성할 수 있게 한다.

세상에는 인생과 처세에 대한 수양서가 헤아릴 수
없이 많이 있지만 그 중에서 이 《채근담》 이야말로
동서고금에 그 유례가 없는 군계일학의 백미이리
라. 《채근담》 전 · 후집을 통하여 살펴보면 저자 홍
자성은 그 사상의 뿌리를 유교에 두고 있으나 노장
의 도교나 불교의 사상까지도 폭넓게 받아들이고
있다. 그러므로 그는 인생을 초탈하되 속세 속에서
초탈하라고 강조하고 있으며 물질과 명예도 맹목
적으로 부정하고 있지는 않다. 《채근담》이 현대인
의 공감을 불러일으키는 이유도 여기에 있는 것이
다. 이리하여 이 《채근담》은 부귀한 사람에게는 경
계를 주고 빈천한 사람에게는 안락을 주며, 성공한
사람에게는 충고를 주고 실의에 빠진 사람에게는
격려를 주어 누구에게나 인격수양의 지침서가 되
고 삶의 지혜의 샘물이 되어 만인에게 즐거움을 안
겨 주는 것이다.

홍자성 원저 | 박일봉 편저 | 신국판 양장 | 576쪽 | 정가 20,000원

아이의 미래, 교육의 미래를 위한

영감으로 가득 찬 루소의 자연주의 교육 사상서!

'에밀'의 주제는 교육론과 인간론이지만 루소의 탁월한 문학적
표현력을 가장 한국적으로 잘 표현한 역작으로 평가 받고 있다.

Jean-Jacques Rousseau · ÉMILE

장고의 시간을 거친 후 루소가 50세 되던 해인
1762년에 출판된 "에밀"은 제1부 첫 구절을 '신이
만물을 창조할 때에는 모든 것이 선하지만 인간의
손에 건네지면 모두가 타락한다.'로 시작한다. 교
육의 근원은 자연과 인간과 사물이라고 말하고 있
다. 이중에 자연의 교육은 우리의 힘으로는 어떻게
도 할 수 없으며, 사물의 교육은 어느 정도는 우리
가 좌우할 수 있지만 우리가 진정 마음대로 할 수
있는 유일한 것이 인간의 교육이다. '에밀'은 또한
보편적인 주입식 교육에 반대하고 전인 교육을 중
시했으며, 인간 중에서 가장 순수하게 자연성을 간
직하고 있는 어린이에게 자연과 자유를 되돌려 줄
것을 주장하고, 이를 시행하는데 사회와 제도에 때
묻지 않은 "자연주의"를 강조하고 있어 현대인들에
게도 귀중한 지침서라 할 것이다.

장자크 루소(Rousseau, J. J.)지음 | 민희식 옮김 | 신국판 양장 | 892쪽 | 정가 35,000원

이 시대를 구성하고 있는 우리 모두에게 사회 전반을 이해하는데 커다란 영향을 미칠 수 있는 역사 인식의 길잡이!!

'역사란, 역사가와 사실들 사이의 상호작용의 부단한 과정이며, 현재와 과거와의 끊임없는 대화이다.'

What is History?

이 책은 역사라는 근본 문제를 하나하나 빠짐없이 논한 역사철학서이다. 〈역사란 무엇인가〉는 아마도 현대에서 가장 새롭고 가장 뛰어난 철학서일 것이다. 이 책의 뛰어난 내용은 E. H. Carr 가 직업적인 철학자가 아니라 현대의 가장 탁월한 역사가라는 점과, 따라서 이 책이 그의 오랜 동안의 역사적 연구 및 서술의 경험을 통해 얻은 지혜의 결정(結晶)이라는 점이다.

"역사란 현재와 과거의 대화이다." E. H. Carr는 이 말을 이 책 속에서 여러 차례 반복하고 있다. 이것은 그의 역사철학의 정신이다. 한편으로는, 과거는 과거 때문에 문제가 되는 것이 아니라 우리들이 살고 있는 현재에서의 의미 때문에 문제가 되는 것이며, 다른 한편으로는, 현재라는 것의 의미는 고립(孤立)한 현재에서가 아니라 과거와의 관계를 통해 분명해지는 것이다.

E. H. 카 (Edward Hallet Carr) 지음 | 박종국 옮김 | 신국판 양장 | 240쪽 | 정가 13,000원

세상을 보는 눈과
마음을 키우는 책!

세상을 움직이는 책 시리즈

※ 세상을 움직이는 책 시리즈는 계속 출간됩니다.

경기도 고양시 일산동구 산두로 128, 909동 202호 | T·031-902-9948 | F·031-903-4315   육문사
Yukmoonsa

학문을 키워주는 미래로의 산책

온고지신
인문학

온고지신(溫故知新)

'온고(溫故)'는 옛것을 익힌다는 뜻이고, '지신(知新)'은 새것을 안다는 뜻으로
새로운 것을 알기 위해서 옛것을 익히고 배워야 한다.